卫聚贤文存
WEIJUXIAN WENCUN

清华大学国学研究院 主编
姚永辉 选编

江苏人民出版社

图书在版编目(CIP)数据

卫聚贤文存/清华大学国学研究院主编;姚永辉编. 一南京:江苏人民出版社,2021.12
(清华国学书系)
ISBN 978-7-214-25805-2

Ⅰ.①卫… Ⅱ.①清… ②姚… Ⅲ.①卫聚贤-文集 Ⅳ.①C52

中国版本图书馆 CIP 数据核字(2021)第 015887 号

书　　名	卫聚贤文存
主　　编	清华大学国学研究院
选　　编	姚永辉
责任编辑	李晓爽
装帧设计	姜　嵩
出版发行	江苏人民出版社
地　　址	南京市湖南路1号A楼,邮编:210009
照　　排	江苏凤凰制版有限公司
印　　刷	江苏凤凰新华印务集团有限公司
开　　本	652毫米×960毫米　1/16
印　　张	41.75　插页2
字　　数	563千字
版　　次	2021年12月第1版
印　　次	2021年12月第1次印刷
标准书号	ISBN 978-7-214-25805-2
定　　价	148.00元

(江苏人民出版社图书凡印装错误可向承印厂调换)

图 1　清华国学院时卫聚贤像
（采自吴其昌编《清华学校研究院同学录》，夏晓虹、吴令华编：《清华同学与学术薪传》，北京：生活·读书·新知三联书店，2009 年）

图 2　卫聚贤(右)、郭沫若(左)在考古发掘现场
（采自《说文月刊》1941 年第 3 卷第 4 期）

图 3 卫聚贤(左)、郭沫若(右)在重庆汉墓试掘现场
(采自《说文月刊》1941年第3卷第4期)

图 4 卫聚贤(左)、于右任(右)在都江堰离堆之上
(采自《说文月刊》1940年第2卷第5期)

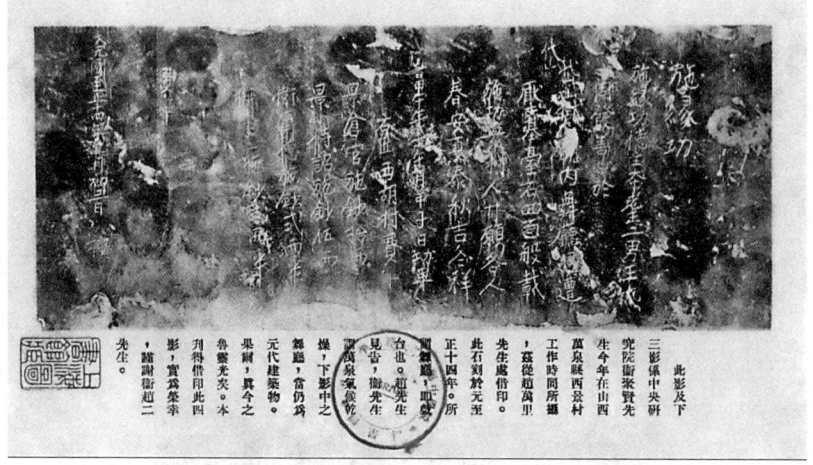

图 5 卫聚贤在山西万泉县西景村拍摄的元代舞台石刻图
（采自《清华中国文学会月刊》1931 年第 1 卷第 4 期）

图 6 参加南京栖霞山附近甘夏巷六朝古墓发掘工作,左起分别为
刘福泰、美国考古家裴晓氏、卫聚贤、董光新
（采自《图画时报》1930 年第 655 期）

图7 卫聚贤(左)、董聿茂(右)视察古荡遗址
(采自浙江省立西湖博物馆、吴越史地研究会编:《杭州古荡新石器时代遗址之试掘报告》,1936年)

图8 1940年访问汶川
(采自《石纽探访记》,《说文月刊》1940年第6—7期)

图 9　卫聚贤先生晚年在台湾
（采自《中国人发现美洲》,新竹:说文书店,1982 年）

总　序

晚近以来，怀旧的心理在悄悄积聚，而有关民国史的各种著作，也渐次成为热门的读物。——此间很重要的一个原因，当然是在蓦然回望时发现：那尽管是个国步艰难的年代，却由于新旧、中西的激荡，也由于爱国、救世的热望，更由于文化传承的尚未中断，所以在文化上并不是空白，其创造的成果反而相当丰富，既涌现了制订规则的大师，也为后来的发展开辟了路径。

此外还应当看到，这种油然而生的怀旧情愫，又并非只意味着"向后看"。正如斯维特兰娜·博伊姆在《怀旧的未来》中所说："怀旧不永远是关于过去的；怀旧可能是回顾性的，但是也可能是前瞻性的。"——由此也就启发了我们：在中华文明正走向伟大复兴、正祈望再造辉煌的当下，这种对过往史料的重新整理，和对过往历程的从头叙述，都典型地展现了坚定向前的民族意志。

正是在这样的背景下，本院早期既昙花一现、又光华四射的历程，就越发引起了世人的瞩目。简直令人惊异的是，一个仅存在过四年的学府，竟能拥有像梁启超、王国维、陈寅恪、赵元任、李济、吴宓这样的导师，拥有像梁漱溟、林志钧、马衡、钢和泰及赵万里、浦江清、蒋善国这样的教师，乃至拥有像王力、姜亮夫、陆侃如、姚名达、谢国桢、吴其昌、高亨、刘盼遂、徐中舒这样的学生……而且，无论是遭逢外乱还是内耗，这个如流星般闪过的学府，以及它的一位导师为另一位导师所写的、如今已是斑驳残损的碑文内容——"独立之精神，自由之思想"，都在激励后学们去保持操守、护持文化和求索真理，就算不必把这一切全都看成神话，但它们至少也是不可多得的佳话吧？

可惜在相形之下，虽说是久负如此盛名，但外间对本院历史的了解，总体说来还是远远不够的，尤其对其各位导师、其他教师和众多弟子的总体成就，更是缺少全面深入的把握。缘此，本院自恢复的那一天起，便大规模地启动了"院史工程"，冀能在深入研究的基础上，最终以每人一卷的形式，和盘托出院友们的著作精选，以作为永久性的追思缅怀，同时也对本院早期的学术成就，进行一次总体性的壮观检阅。

就此的具体设想是，这样的一项"院史工程"，将会对如下四组接续的梯队，进行总览性的整理研究：其一，本院久负盛名的导师，他们无论道德还是文章，都将长久地垂范于学界；其二，曾以各种形式协助过上述导师、后来也卓然成家的早期教师，此一群体以往较少为外间所知；其三，数量更为庞大、很多都成为学界中坚的国学院弟子，他们更属于本院的骄傲；其四，等上述工作完成以后，如果我们行有余力，还将涉及某些曾经追随在梁、王、陈周围的广义上的学生，以及后来在清华完成教育、并为国学研究做出突出贡献的其他学者。

这就是本套"清华国学书系"的由来！尽管旷日持久、工程浩大、卷帙浩繁，但本院的老师和博士后们，却不敢有丝毫的懈怠，而如今分批编出的这些"文存"，以及印在其前的各篇专门导论，也都凝聚了他们的辛劳和心血。此外，本套丛书的编辑，也得到了多方的鼎力支持；而各位院友的亲朋、故旧和弟子，也都无私地提供了珍贵的素材，这让我们长久地铭感在心。

为了最终完成这项任务，我们还在不停地努力着。因为我们深知，只有把每位院友的学术成就，全都搜集整理出来献给公众，本院的早期风貌才会更加逼真地再现，而其间的很多已被遗忘的经验，也才有可能有助于我们乃至后人,去一步一步地重塑昔日之辉煌。在这个意义上,这套书不仅会有很高的学术史价值,也会是一块永久性的群英纪念碑。——形象一点地说,我们现在每完成了一本书,都是在为这块丰碑增添石材,而等全部的石块都叠立在一起,它们就会以一格格的浮雕形式,在美丽的清华园里,竖立起一堵厚重的"国学墙",供同学们来此兴高采烈地指认:你看这是哪一位大师,那又是哪一位前贤……

我们还憧憬着:待到全部文稿杀青的时候,在这堵作为学术圣地的"国学墙"之前,历史的时间就会浓缩为文化的空间,而眼下正熙熙攘攘的学人们,心灵上也就多了一个安顿休憩之处。——当然也正因为那样,如此一个令人入定与出神的所在,也就必会是恢复不久的清华国学院的重新出发之处,是我们通过紧张而激越的思考,去再造"中国文化之现代形态"的地方。

清华大学国学研究院
2012 年 3 月 16 日

凡 例

1. 本文存为清华大学国学研究院院史工程中"清华国学书系"之一，重点展示国学院学子卫聚贤的生平与学术。

2. 本文存主要选编卫聚贤1949年以前的作品，然偶有1949年以后的作品，因回忆清华国学院事迹与个人经历亦酌情登录。

3. 本文存选文标准综合如下几个方面：作者认为能代表自己学术成就的作品；在当时学界有较大影响或引发较大争议的作品；能呈现作者研究领域的代表作；对后世有参考价值的作品。

4. 本文存所收论著，底本皆为原刊，有些文章曾登载于多种期刊，尽量选择最早或内容最全、印刷较精者录入。有些文章由于欠缺清晰底本，如修订版《巴蜀文化》《敦煌石室》等，虽在作者著述中较为重要，仍不予收录。

5. 本文存选文皆分类编排，标明原始出处。同类文章大致依照发表时间的先后顺序编排。

6. 本文存为兼顾现代阅读习惯，对部分行文格式略作技术调整，将尾注改为脚注，将一些繁体标点格式改为简体标点格式，在不害其意的情况下，合并一些段落。

7. 因原文为竖排繁体，故多以左、右言上、下文关系，现依原书体例，仍保留。如"考之于左",即"考之于下"。

8. 本文存尽可能忠实原本,对晚清民国时期的特殊用字及用词,如"哪里"(当时作"那里")等皆存原貌;其中明显文字错讹者,如错字、别字、衍字、倒误,皆径直更正而不出校记。

9. 原文或因审校排版不精,引述古籍文献错讹颇多,编者已尽可能核对原文并修订,然恐仍有遗漏,敬请读者引述之时多加留意、辨析。

目　录

前　言　*1*

古史研究　*81*
 《古史研究·第一集》1928 年版自序　*81*
 《古史研究·第一集》1934 年版自序　*83*
 《春秋》的研究（节选）　*85*
 《左传》的研究（节选）　*95*
 《国语》的研究（节选）　*129*
 《穆天子传》的研究（节选）　*157*
 《古史研究·第二集》1929 年版序　*169*
 《古史研究·第二集》1931 年版序　*170*
 《古史研究·第二集》1934 年版序　*172*
 《〈山海经〉的研究》序　*173*
 《山海经》的研究（节选）　*174*
 《墨子》各篇的作期及其派别　*220*
 古代中西的交通　*230*
 《古史研究·第三集》序　*255*

中国民族的来源(节选) 256

中国的氏族社会(节选) 305

中国古史的年代 317

考 古 349

《中国考古小史》自序 349

《中国考古学史》序 352

汉汾阴后土祠遗址的发现 354

新石器时代遗址发现的经过和见解 366

《杭州古荡新石器时代遗址之试掘报告》序 375

中国文化起原于东南发达于西北的探讨(节选) 379

浙江石器年代的讨论 392

吴越考古汇志(节选) 399

巴蜀文化 410

经济史 438

中国货币演变述略 438

《山西票号史》序与编纂经过 446

山西票号的历史 448

文学考证与戏剧类 463

元代演戏的舞台 463

周南、召南与邶、鄘、卫的关系 470

《杨家将》考证(节选) 479

《端节》序言 493

社会文化与民俗 494

《中国帮会》改版序 494

石纽探访记 495

数目字 510

傩(节选) 521

史学研究方法 525
应用统计的方法整理国学 525
《历史统计学》自序 541

其他 543
《十三经概论》序与总论(节选) 543
中国近来研究古史的人 544
《字源》的编纂计划(节选) 546
《说文月刊》一九四零年合订本序 547
《良渚》校后记 549
由著作人协会讨论稿费问题说到说文社出版部的困难 550
《中国人发现美洲》序 553

附录一:卫聚贤自传 556
附录二:卫聚贤年谱简编 595
附录三:卫聚贤学术论著简目 629

前　言

一、卫聚贤的生平

> 处处留心皆学问，
> 事事如意非丈夫。
> ——"鲁智深"格言

这是清华国学研究院第二届学生卫聚贤的自警格言，因喜爱《水浒传》中鲁智深粗中有细、鲁莽却不失通达，与己性情颇相近，遂以"鲁智深"为化名。在清华国学研究院培养的四届学生中，无论是人生经历抑或学术著述，他都算得上是位"特异"之人。由于深信自己的成长经历对性格养成、学术旨趣、人生理想影响甚巨，他曾不止一次撰写自传，这为我们考察卫聚贤的学术与人生，提供了丰富的线索和信息。

（一）

卫聚贤（1899—1989）[①]，字怀彬，号助臣、耀德、卫大法师等，曾化名

[①] 案：了解卫聚贤的生平，可参考卫聚贤的自传文，包括《卫聚贤的生活》(《新中国》1934年（转下页）

鲁智深、韦大发痴、班道汉等,清光绪二十五年(1899年)正月三十日申时生于甘肃庆阳县西峰镇安氏宅院。卫聚贤的外祖父苏氏,经营一家旅店,兼营磨坊,外祖母是蒙古人,生活丰裕。卫母苏春梅是长女,初配西峰镇西街小本商人安氏,生下长子"考娃",七年后再产次子,逢亲友有两人中秀才,遂取名"双考"。安双考约三岁时,生父病故,继遭旱灾,家人离散,与祖母和母亲三人艰难度日。适有山西万泉县北吴村卫世隆遭村人诱赌,败尽家产,逃至甘肃庆阳县西峰镇"魁盛林杂货"商号当伙计,后积攒本钱入股兼经理。卫世隆曾在西峰镇先后娶两女,皆自杀殒命,膝下无子。听说苏春梅寡居在家,央人议婚,苏姓亲友因卫世隆性情不好而反对,但苏春梅迫于家境允婚,并议定以次子安双考作为卫氏后,此即卫聚贤。

幼年失怙,母亲改嫁,卫聚贤性格变得颇为敏感。就自述文字来看,他对年少时的经历,可谓刻骨铭心。1903年,5岁的卫聚贤随家迁回继父的家乡——山西省万泉县北吴村,因语言中有些甘肃腔调,村中人多故意学他说话,他目之为"轻视"。幸有卫母既不溺爱子女,又不轻易责

(接上页)第1卷第6期)、《鲁智深传》(《说文月刊》1940年第1卷)、《历史自传》《反共杂录》,香港:自印,1952年)、《我的"胡说"》(台湾:《传记文学》1976年第28卷第2期。后收入夏晓虹、吴令华编:《清华同学与学术薪传》,北京:生活·读书·新知三联书店,2009年,第293—302页),以及《清华研究院》《战前与战时》《三十年前的今天》《捣乱》《胡说巴道》《政学系与我的恩怨》,新竹:张天然出版社,1982年)等文献。他人所撰,包括天行的《记卫聚贤》《幸福世界》1947年第1卷第10期)、丁中江的《卫聚贤书生报国》(台湾:《春秋》1975年第22卷第5期)、关国煊的《民国人物小传——卫聚贤》(台湾:《传记文学》2007年第91卷第4期)、卫月望的《卫聚贤传略》(晋阳学刊编辑部编:《中国现代社会科学家传略》第九辑,太原:山西人民出版社,1987年。后收入夏晓虹、吴令华编:《清华同学与学术薪传》,第303—315页)、《考古学家卫聚贤教授生平事略》(台湾:《山西文献》1990年第35期)、傅振伦的《怀念卫大法师》(《沧桑》1993年第1期)、李立明的《考古学家卫聚贤》(《香港作家怀旧》第一集,香港:科华图书出版公司,2000年)、散木的《卫聚贤其人其书》(《世界书窗》2001年第1期)、散木的《多发奇论、莫测高深——史坛怪才卫聚贤》(《现代学人谜案》,北京:金城出版社,2012年)、董大中的《卫聚贤传》(太原:三晋出版社,2017年)等。近年,研究卫聚贤的论文有散木的《话说考古学家与历史学家卫聚贤》(《文史杂志》2004年第3期)、刘斌与张婷的《卫聚贤与中国考古学》(《南方文物》2009年第1期)、赵换的《卫聚贤学术研究》(华东师范大学硕士学位论文,2010年)、范春义的《卫聚贤与20世纪戏台史研究的兴起》(《文学遗产》2013年第1期)、赵惠瑜的《论卫聚贤〈山海经〉的研究》(《民间文化论坛》2013年第4期)等。

骂,给予了卫聚贤足够多的关爱,哪怕家庭一度困窘,仍勉力支持孩子就学。卫聚贤七岁入私塾学习,至十五岁时,已读了《三字经》《弟子规》《百家姓》、四书、部分《诗经》。每日下午读生书五行(约八十字),晚间在家中再读,次早又读,生书总是背不过,常因不会背诵经文,受到私塾先生的责打。

卫世隆当年从山西逃走的时候,曾寄居村南沟边的破庙,许愿若他日回乡定将它改建一新。回到家乡第二年,他改建新庙,房脊上书"卫世隆建",然而村人却把他的名字刮掉,填上"北吴村建",这让卫世隆一直耿耿于怀。卫聚贤十五岁时,跟随继父离开山西回到甘肃庆阳西峰镇"魁盛林杂货"商号学商。对面商铺经理的儿子在"注音字母班"读了三个月毕业,为表庆贺,门上黏报单、放炮烛(那时小学毕业有红纸报单,中学毕业为黄纸报单)。卫世隆得知高级小学校毕业相当于秀才,为报村人刮名之恨,藉此撑掌门面,送卫聚贤入庆阳县立第二高等学校的附属小学念书。身为少柜,卫聚贤边学商边读书,需帮忙记账,逢会日(三、六、九)要写流水账一百页,夜间抄写至底账;非会日则到小学读书赶功课。卫聚贤后来认为当时学习生活颇为辛苦,影响了身体发育,以致身高有限。某次,他偶读到卫灵公"奚而不丧",感慕贤友扶持,改名为"聚贤",初号"助臣",期望广交好友。后又读到《左传·襄公二十九年》"卫多君子",更觉"聚贤"名甚好。

至十八岁时,继父中断经济支持,卫聚贤再次返回山西万泉县北吴村,入高小,次年进太原警察教练所,期望能谋得出路。未果,仍回原校念书。在此期间,卫聚贤需兼职支撑自己完成学业,不过这也锻炼了他从事社会事务的能力,并逐步产生了对于理想社会的构想。学校放假,卫聚贤担任村中"书手",负责管理"粮簿"、登记田地归属,着手村乡事业,力倡下级自治。高小毕业后,卫聚贤任西解村小学教员数月以维持生计,得知师范学校有公费,便考入山西运城省立第二师范学校。除书本学习之外,卫聚贤一生非常重视"做事",积极于社会事务,有时也会因此而惹来麻烦。他在中师学习时,因发声支持五四运动中的学生活动,被勒令退学,回南乡第三高小担任临时教员。继而投考太原工业专科学校,因有做学生代表的"前科",校方以教室座位已满为由拒录。后经人介绍,与安邑县的卫怀彬议妥,借其文凭考学,毕业后文凭归卫怀彬所有,遂冒名顶替考入太原商业专科学校。在商专时,名怀彬字聚贤,对外则名聚贤字怀彬。

卫聚贤极为珍惜来之不易的求学机会,在母亲的支持下,靠借贷完成学业,克服生活艰难,读书愈加勤奋,同时热衷事务,担任学生会代表。太原商业专科学校的学习条件较差,校内无图书馆,卫聚贤常至校旁文庙,即山西省立图书馆读书,查阅资料改订学校《商业史》教材。日积月累,视野渐扩,研究兴趣逐步聚焦于中国史:因不解齐桓公西伐大夏与张骞通西域至大夏的"大夏"是否是一个地方,作《齐桓公西伐大夏考》;又作《介之推隐地考》推断介之推隐地为汉汾阴后土祠,即柏林庙;作《汾水西流南流的问题》解释太原盆地的昭余祁、灵石南关与汾阳西的山道开凿之间的关系。加上《中国民族西来南来说》,共约五万字,合印为《一得录》。作《齐桓公西伐大夏》时,欲探明古代疆域,继作《春秋图考》,有石印地图21张,铅印考释四五万字。《一得录》与《春秋图考》显示出卫聚贤对于古史与中西交通、历史地理等,有着浓厚的兴趣。正是有此两书,他得以报考清华国学研究院。

太原商专毕业后,卫聚贤一心想要继续深造,投考北平师范大学研究所。未果,至师范大学旁听,兼在一所私立新闻大学学习。1926年,卫聚贤投考清华国学研究院,取为第二届"备取",因有考生体检未过,得以补入。清华国学研究院的学生培养制度,略仿旧日书院及英国大学制度,注重个人自修。开学之日,各教授将其所担任指导之学科范围公布,学员与教授们自由谈话,就一己志向、兴趣、学力之所近,择定研究题目,最终确定指导教授。这种教学模式,令颇有独见的卫聚贤感觉如鱼得水,他最初拟作经济史论题,转而从事古史考证,归王国维先生指导。

卫聚贤入学后,以考学时的研究题目"春秋战国时代之经济史"向王国维先生请教,先生问他的材料依据,卫聚贤答以《春秋》《左传》《国语》

《孟子》等。先生说:"《左传》是有问题的,有人说'左丘明'作,他是孔子时人,材料尚可用;有人说它是'刘歆'作,时代在西汉末年,材料可取的不多。"①卫聚贤由此知道不可盲目使用材料,应对史料有所甄别,史料不先经审定,做出来的文章不可靠。自卫聚贤小学时得知有"翻案文章"后就乐此不疲,中学时所作翻案文章更常得国文老师的赞扬。翻案文章固然有时能激发写作者另辟蹊径,但为翻案而翻案,也难免受批评对象牵制而失去自我主张。卫聚贤初到清华国学研究院,作文时仍习惯逐家辩驳各家学说,然后才说出自己的观点,王国维先生看了,说:"你自己说你的,何必管人家的。"卫聚贤说:"不把他人驳倒,我自己的学说站立不住。"王先生说:"你说对了,他们的不驳自然就倒了。"②在明师指导之下,卫聚贤逐渐养成读书作文,不尽信书本、独立思考的研究习惯,而这恰好是从事学术研究的基本素养。

　　王国维先生建议卫聚贤考证《左传》的作者,最初他并无头绪。不过,大学念商科时"积攒"下的统计学常识使他尝试用特别的视角考察《左传》,并且有了新发现。卫聚贤在阅读《左传》时,注意到不同时期所用材料有异,如前部分内容简略,往往一年载好几页,后面却是几页载一年,到末尾又简了。于是,他运用统计学方法,靠着算盘,对此作了一番研究,推测《左传》的成书年代约在周威烈王元年。后,又在梁启超先生启发之下,继续考证,判断作者应为"子夏"。正是在清华国学研究院学习期间,卫聚贤逐渐形成了运用统计学研究历史的学术方法和特色,这与梁启超先生的认可与鼓励密不可分。梁启超先生得知他用算盘来做学问,曾说道:做学问本来不可限于故纸堆,只须运用得当,任何工具都可能产生效果,希望算盘能帮助你建立一种做学问的基础。③待卫聚贤考证《左传》的研究陆续出炉之后,先生在燕京大学讲演"历史研究的方

---

① 卫聚贤:《清华国学院》,载于《政学系与我的恩怨》,第13页。
② 卫聚贤:《鲁智深传》,第830页。
③ 苏雪林:《谈反共学人卫聚贤教授》,载于联副三十年文学大系编辑委员会编:《人间壮游》,济南:联合报社,1981年,第63页。

法"时还特别予以赞扬。这令最初那些调侃"研究院招了一位打算盘的商人"的同学刮目相看。

20世纪20年代，中国现代考古学正蓄势待发。1926年，经丁文江引介，留学美国学习人类学的李济先生受聘为清华国学研究院讲师，紧接着主持了在中国考古学史上具有开创意义的科学考古发掘。1927年1月10日，清华国学研究院召开欢迎会，庆祝李济在山西西阴村新石器时代遗址的成功发掘。李济介绍了考古情况，并展示实物。这是中国人自己主持的第一次成功的科学考古发掘。卫聚贤参加活动，颇受震动，他曾不止一次提到，正是这次"新奇"的学习，自己开始关注现代考古与新石器时代文化。同年2月，卫聚贤利用归家之机，携带李济先生掘得的陶片三种，作为参考标准，在北吴村南、南吴村药王庙前后、袁家庄东沟西沟、北门外文庙附近、西门外老母洞北等地，发现新石器时代遗址遗存。在清华国学研究院学习期间点燃的考古学兴趣，一直持续至卫聚贤的晚年。

清华国学研究院以培养不逐时流的新人、造就适应新潮的国学为己任，为学子们营造了自由开放的学习环境。学生有选定的导师，然论题需要，可随时向其他导师请益。师生常聚会论学，有鹅湖、鹿洞之遗风。同学间也勤于切磋、乐于问难、畅所欲言，积极参与前沿讨论并将所论付诸文字，因学术主张的差异而分为两派：一为"实学社"，出版《实学》杂志，主要由研究院第一届学生组成，成员有刘盼遂、杜钢百、高亨等，以"实事求是，整理国故"为宗旨；二为"述学社"，出版《国学月报》杂志，主要由研究院第二、三届同学组成，重疑古，由卫聚贤、陆侃如、杨鸿烈、储皖峰、刘节、王力、谢国桢等九人组成。述学社员相约见面仅称姓，如"老张""老卫"等，号为"九老"，常利用晚上熄灯前一个小时谈天论学。论学中，同学多有遵从梁、王二先生之说，卫聚贤则主张"不管张三、李四说过没说过，照你的证据，是应如此说的"①。这种独立思考、对待学问以证据

---

① 卫聚贤：《清华研究院》，第17页。

为首的态度,深得梁、王二先生的认同。一次,谈论最崇拜的历史人物,卫聚贤言"鲁智深",同学便有称他为"卫大法师"。自此,非学术文章,卫聚贤多署"卫大法师"。① 大概当时卫聚贤就每有"怪论",同学常常说他"想象力高",好友陆侃如评以"特异"。他自认为这是由于脑海没有受到"学说"的污染,才能如此"胡说巴道"。

国学院诸先生注重培育有大志向与社会责任感的新人,引导同学们志存高远、进德修业,在"事上磨炼"智识与人格,以改变社会风气为己任。自中学时代开始,卫聚贤就关心时务,曾参与乡村管理事业。进入研究院后,逐渐形成中国有必要扩充下级自治的鲜明主张:"于下级自治之进行始终未息,以先从村县建设方面着手,至今成效颇著。"②担任万泉学友会会长的卫聚贤曾自费出版《万泉杂志》,分类刊载各项法规,方便民众了解知情。又兼任旅京同乡会会长,遇县里各学校开观摩会,备铜墨盒、纸、尺为奖品,上刻标语,大部分是"万泉县目前应急办的四件事",包括男孩不要念四书、女孩不要缠脚、组织村长联合会、练习保卫团等。③

离院前夕,作为王国维先生最后一批弟子,他亲历了先生自沉昆明湖事件,深为伤痛。1927年6月2日,卫聚贤陪同陆侃如,请先生为陆侃如题书签,追到颐和园,所得则是先生死讯。④ 卫聚贤以《〈春秋〉的研究》和《〈左传〉的研究》为论文毕业,渐由信古转向疑古,在学术视野和研究方法上有着"质的飞跃"。毫无疑问,正是清华国学研究院的培育,令卫聚贤得以在学术道路上扬帆起航。中西交融的学术环境,学术门径的纯正引领,使卫聚贤既得以吸收经学、小学、史地方面的知识与研究方法,又能获悉并参与前沿的学术对话,奠定养成做学问的能力与习惯。他在学术研究方面终身孜孜矻矻,好发新见,不随波逐流,尤重古史与考古,

---

① 卫聚贤:《卫大法师》,载于《政学系与我的恩怨》,第76页。
② 案:见吴其昌编《清华学校研究院同学录》之"卫聚贤自述",载于夏晓虹、吴令华:《清华同学与学术薪传》辑三。
③ 卫聚贤:《鲁智深传》,第824页。
④ 卫聚贤:《王(国维)先生的死因,我知道一些》,《中国时报》(台湾)1984年6月3日。转载自陈平原、王风编:《追忆王国维》,北京:生活·读书·新知三联书店,2009年,第259—260页。

积极于社会事务,创办学术刊物、开展民众教育,诸多成就,均与清华国学研究院的教育密不可分。

(二)

清华国学研究院毕业后,卫聚贤因母丧返回山西,与朋友合办兴贤大学,担任副学监,完成《〈国语〉的研究》,与《〈春秋〉的研究》《〈左传〉的研究》合编为《古史研究》第一集出版。后经同乡、冯玉祥连襟薛笃弼引荐,拜会蔡元培,任南京大学院(教育部前身)科员,专事审查历史教科书。北伐结束,卫聚贤受派北平,接管北洋军阀政府的教育部,担任编审兼南京古物保存所所长。古物保存所前身,为江苏省办,1915年由江苏巡按使韩紫石倡议创办,用以陈列明故宫遗物,内分古物、图书、总务及民族史料搜集处四个部门。古物保存所办公条件有限,据苏雪林回忆,1929年和陆侃如夫妇曾在卫聚贤的办公所观孙中山的奉安典礼,"规模实甚简陋,辟室一二间,陈列一些石斧、石锥之属,也有些出自唐宋仕宦人坟墓的陶制人首偶像"①。卫聚贤主事后,广搜古物,加之主持发掘明故宫、栖霞山六朝墓等,使馆藏古物数量急剧增多。据统计,至1935年时,所藏文物达五千余种。1937年,日军侵华,新任所长舒楚石,选择便于携带的118件文物西迁,余下古物多随南京沦陷而横遭兵燹。②

任职南京古物保存所两年多,卫聚贤的学术研究迅猛发展:一是,主持发掘南京栖霞山六朝墓,在焦尾巴洞、甘夏镇西岗头及土地庙侧三处,发现了石斧和几何陶纹,卫聚贤断为新石器时代遗物,提出江南有新石器时代文化。此外,主持发掘明故宫遗址,推测为工部所在。③ 1930年10月30日至11月8日,由美国华盛顿弗利尔艺术馆(Freer Gallery)资助经费,在山西万泉县发掘汉汾阴后土祠遗址。二是,参与墨子国籍论

---

① 苏雪林:《谈反共学人卫聚贤教授》,第62页。
② 孟国祥:《烽火薪传——抗战时期文化机构大迁移》,上海:商务印书馆,2015年,第90—96页。
③ 卫聚贤:《南京明故宫发掘古物记》,《史学杂志》第1卷第6期,第1—3页。

战,支持墨子是印度人等说。三是,出版《古史研究》第二集,考证《山海经》《穆天子传》等作品,认为秦汉之前中西已有交通。这些学术观点,在当时皆引起激烈讨论。

1931年,33岁的卫聚贤受聘北平女子师范大学研究所研究员兼图书馆主任,主持山西万泉县荆村新石器时代遗址发掘。该项目由山西省立图书馆附设博物馆、北平女子师范大学研究所、美国弗利尔艺术陈列馆三方合作,发现了圆形窖穴、炉灶等,掘得各类石器、骨器、粗印纹陶器多件,以及早期乐器"陶埙"等。后,因卷入师大与山西图书馆的纠纷,被师大解聘。① 待业期间,卫聚贤暂住北平山西蒲州会馆,结合摩尔根《古代社会》之类理论,研究中国社会发展史,撰成《母系时代》《奴隶社会》等篇,后合编为《古史研究》第三集。② 又在《进展月刊》上发表《吴越民族》一文,判断吴越民族与文化是独立起源,非受西北文化影响,乃江南新石器文化的早期代表。因文中材料有限,更多像是一种假说,当时未引起学界注意。

不久,一·二八事件爆发,卫聚贤不得已回乡,任山西十年建设委员会委员,又在国民师范学校授课。1931年秋,到上海暨南大学讲授"中国上古史"课程。期间,撰成《历史统计学》,出版《中国考古小史》。卫妻韩雪梅病逝,续弦黄中英。当时,卫聚贤有着雄心勃勃的研究计划,如三年内完成百万字《中国通史》,到西北开展考古发掘工作,至南洋、印度旅行,从缅甸、云南、广西、广东、福建回,考察先秦时代中印文化沟通之迹等。③ 次年,卫聚贤离开暨南大学,在上海中国公学任商学系主任,并同时在持志学院正始中学授"中国经学史""考古学小史"等课程,出版新版

---

① 案:"师大研究院欲大事发掘,恐山西不准将古物运出,乃聘鲁智深为研究员,与山西省立图书馆订立合同,以在山西发掘得古物,运到北平整理,一年以内运回山西陈列,山西恐师大不能践约,由鲁智深担保,鲁智深乃到万泉县荆村瓦渣斜发掘新石器时代遗址毕,运古物到了北平,师大将鲁智深解约,而古物未发还山西,报告书亦未出版",见卫聚贤《鲁智深传》,第825页。
② 卫月望:《卫聚贤传略》,载于夏晓虹、吴令华编:《清华同学与学术薪传》,第305页。
③ 卫聚贤:《新年的梦想》,《东方杂志》1933年第30卷第1号,第62页。

《古史研究》第二集两册、《历史统计学》。这几年的工作,使卫聚贤深感彼时大学教育之弊,"国民政府成立以来,对于学生资格限制甚严,而且对于自然科学极力提倡,是以文学院学生的程度较低,用不着有研究的人为教授,教授就随着校长的存废为转易","政界上失败的人也攒入学界,学校成了争夺饭碗地",而学生不用功也可得到文凭。① 他曾发表《改革大学教育的一个方案》,主张去校长私权、退坐享虚名的教授,学生培养方面严进严出,以使他们求得真学问等。大概由于对当时学校制度的失望,卫聚贤很快离开了教育界。

1935年,卫聚贤发起"中外文化协会",担任学术主任、中匈委员会委员,出任上海中央银行经济研究处专员和协纂。这一年的5月,一枚出自疑似古国奄城遗址(武进城南二十里许)的石球,引起了卫聚贤的注意,遂与张志良、金祖同、蒋大沂等作二次试探,得数百陶片,疑似新石器石物三、四件等。8月,探访金山卫戚家墩,又得疑似新石器时代古物陶片。考古工作中陆续发现新石器时代遗物,使卫聚贤愈加坚信江南有古文化,吴越文化有着独立于中原文化的发展历程。1936年2月,在常州奄城、松江金山两地发现的古物陶片,在上海文庙路民众教育馆展览,引起轰动,上海市市长吴铁城等二千余人参加。5月,在杭州古荡发现新石器时代遗址。为了更进一步探索研究江南古文化,卫聚贤与吴稚晖、叶玉甫等,与上海成立"吴越史地研究会",推举蔡元培为会长,吴稚晖为副会长,卫聚贤担任总干事,旨在研究吴越(以江苏、浙江二省为限)地区的前期文化,证明当地五六千年以前已有极高文化,而非如传说所云春秋时代尚为蛮荒之地。② 此后,施昕更在良渚发现黑陶,更加证实了卫聚贤的观点。毫无疑问,在江南古文化的研究方面,卫聚贤有筚路蓝缕之功。

卫聚贤在上海中央银行经济研究处工作期间,除着力研究吴越早期文化之外,还陆续出版《十三经概论》《古史研究·第三集》《中国考古学

---

① 卫聚贤:《鲁智深传》,第825页。
② 蔡元培:《吴越史地研究会成立开会词》,《申报》1936年8月31日。

史》《楚词研究》(与他人合著)等论著。同时,调查山西票号,采集诸多颇有研究价值的珍贵资料。1937年,日军侵华,上海闸北被焚,卫聚贤避居法租界金神父路花园坊,分租房屋收入百余元开设织袜厂一间,所入较丰,雇用十余人编辑《字源》,以帮助民众更好认识中国方块字而提高教育程度。为作宣传,又私人出资,于1939年2月在上海创办《说文月刊》。封面用"汉洗"图,花纹是"鹿鱼",取其谐音"禄余",暗示是用其薪俸之余发行的刊物,目的是研究学术而非藉此盈利。① 至1947年1月,近九年时间,《说文月刊》共出刊48期,1941年曾因上海沦陷而停刊,1942年8月15日在重庆复刊,出版巴蜀文化、史蠡、水利、西北文化、吴稚晖先生八十大庆纪念等专号。

《说文月刊》的内容涉文字、训诂、语言、历史、考古、古钱、文艺等,"纯以研究学术,发扬文化,提倡纯正思想为宗旨",崇尚学术创新,反对言之无物,主张证据多而议论少,"不问其结论是否正确,反对泛泛的空论及颠之倒之的将几句老话说了又说。更反对将谄谀的文字及不相干的捧场的无聊信件登载上去,空占篇幅"②。孔令谷也在为《说文月刊》第一卷合订本写的序言中特别追溯了王国维的学术研究,认为一代有一代之学术,王国维先生之所以在学术上取得如此大的成就,主要是因为采用了比清儒较新的治学方法,这并不是故为新奇以惑世,乃是学术环境下不得不接受这新的方策,而自己开辟了一条大路。《说文月刊》将以此自励,不囿于先儒们的藩篱,"尊重外来的新发见、新结论,以与我国古文相引证,而求其真正的可信的面貌。我们要用书籍外的土中遗物、社会遗俗、口中遗声、域外遗迹来解决我们所要讨论的问题,这些问题先儒们或者是不曾解答了,或者解答了而中有讹误,或者似解答了而实未解答"③。

《说文月刊》的学术文章虽所涉甚广,但有着鲜明的学术立场与观点。一是古史方面,相信中国古代有图腾制度,认为世界文化在上古曾

---

① 卫聚贤:《吴越考古汇志》,《说文月刊》1940年第1卷合订本,第394页。
② 卫聚贤:《说文月刊》之"序一",1940年第1卷合订本,第1—4页。
③ 孔令谷:《说文月刊》之"序二",1940年第1卷合订本,第2页。

互相沟通,中国文化发生于东南,主张神话还原论,即重视神话中包藏的史料价值,以及"三代一源说""苗夏同源说"等。二是力图通过文字学研究探求古史研究新途径,以民俗学说明文字,以文字学说明民俗古史。三是经济方面,偏重经济史的发展、历代货币的沿革、政制的改革、中外交通的一般现象、古代民族对于经济的观念及其组织等。锐意创新、不囿陈说、视野开放的《说文月刊》在开刊的第一年即广受学界关注,丁福保、赵景深、蔡凤圻、马叙伦、胡朴安、郭沫若、金祖同、陈志良、杨寿祺、吕思勉、杨宽、常任侠、姜亮夫等都陆续在《说文月刊》上发表论文,刊登了文字音韵、考古、民俗、神话、医学、宗教、经济、音乐等方面颇有新意且仍被今人参考援引的论文,如陈志良《图腾主义概论》等,以及对广西等地少数民族民俗与音乐的考察等。除此,《说文月刊》还特别注意刊登各地碑刻释读、新出土器铭考释、最新的考古报告,追踪引介海外学人的研究,如第一卷合订本就曾介绍高本汉、芬戴礼(Daniel. J. Finn, 1886—1936)等汉学家,并刊登其论文。《说文月刊》新论频出,办刊不久,就获得"该刊瑕瑜互见,然新创独得之论亦往往而有"①的赞誉。

1939年夏秋之际,因汉奸威胁,卫聚贤不得不向中央银行申请调离,途经香港、越南、云南、贵州,辗转到达重庆,升职为秘书。在抗战大后方重庆,卫聚贤在学术研究与社会事务方面,皆成绩斐然。当时,大批文化人士聚集西南,民族危机刺激着学人反思与讨论中国文化有无出路等问题,同时也为西部研究带来了契机。随着西南地区考古工作的推进,巴蜀有无古文化的问题,似乎有新的答案。1940年,卫聚贤与郭沫若等合作发掘重庆江北汉墓,发现西南地区的文化程度远比想象中高,后又在成都白马寺文物中发现早期文化痕迹,由此首倡"巴蜀文化"命题,认为巴蜀地区有着独立于中原文明发展的另行脉络。参照"吴越史地研究会"的经验,卫聚贤、郭沫若等发起成立"巴蜀史地研究会"以发扬、研究巴蜀文化,成员有沈尹默、马衡、金静庵、缪凤林、常任侠、杨家骆、蒙文通

---

① 孔令谷:《说文月刊》之"序二",1940年第1卷合订本,第14页。

等数十人。直至20世纪末,"巴蜀文化"都是考古学上最受瞩目的论题之一。此外,卫聚贤还和于右任等探访川康、西北,远赴敦煌,记录了彼时敦煌古物的状况,并就如何保护古物向政府建言。期间,曾受聘西北大学文学院院长而未就。①

受中央银行总裁孔祥熙支持,《说文月刊》在重庆复刊,成为中央银行经济研究处特种刊物之一。作为战时少有的优秀学术刊物,《说文月刊》是学者发表新见、讨论问学最重要的阵地。然而,因战时欠缺稳定经费,《说文月刊》的运营常有难以为继之窘。尽管卫聚贤通过募捐、刊登广告、增加售价等途径努力解决经费问题,仍然常面临停刊危机,直呼"大法师的法轮有些不灵活了"②。1943年,为节约成本,集聚力量共建文化事业,卫聚贤与商承祚、罗香林、傅振伦、黄芝冈等发起成立"说文社"。说文社包括出版部与两间书店,工人最多时有一百五十人,堪称战时重庆少有的大宗印刷厂。在经费紧缺的情况下,说文社仍然刊行了大量鼓舞民族士气的学术、戏曲和历史普及类书籍。因为这些工作,使卫聚贤在重庆文化界承担了"召集人"的角色,他在朝天门依山所建的石屋"聚贤楼",是重庆文化界人士的重要据点,郭沫若、周谷城、马衡等都是这里的常客。卫聚贤时常请朋友们到"聚贤楼"喝茶和摆龙门阵,《说文月刊》被比作"救济机构,凡在该刊投过稿者,稿酬十分丰厚,逢年过节,在渝者各赠食物等礼品,道远者则寄土布数丈。当时传为佳话"③。《说文月刊》与说文社在抗战时期坚持"以学术救亡",在文化界声名远播,登载的文章多能反映当时学术研究的前沿,是研究抗战前后学术史的重要文献。

在重庆期间,卫聚贤除继续编纂《字源》、整理并出版《山西票号史》,还踏入"现代史"研究领域,出版《帮:中国帮会·青红汉留》《党:中国各党各派现况》《红帮汉留人物故事》《江湖话》等,记录了彼时大量珍贵的

---

① 卫聚贤:《反共杂录》,第61页。
② 卫聚贤:《说文月刊》编后记,1943年第3卷第10期。
③ 苏雪林:《谈反共学人卫聚贤教授》,第64页。

调查资料,又对流行小说展开考证,发表或出版《杨家将及其考证》《包公案及其考证》《彭公案考》等,编写《雷峰塔》《端节》等戏剧剧本,撰《四书新注》,并将钱币研究的成果汇为《古钱》(与丁福保合作)一书出版。因工作需要,卫聚贤遍访西南、西北诸地,留心搜集古物,眼光独到,所获甚丰。战后,卫聚贤又到武汉、南京、上海、杭州等地,搜集过两次古物。前后所得,共计一万八千三百多件,品类繁多。①"这些档案、钞票、门神、边地民族服装,在一万八千三千百余件古物中,当日在册子上只作一件计算的。如果把这些一件一件计的话,古物总数在十万件以上",他曾计划在重庆开一间通俗博物馆,以飨普通民众。② 参观或搜集古物时,卫聚贤随见随记有《文物门神年画展览目录说明》《华西大学博物馆参观记》等,为今人的研究提供了不少有用的线索。

　　面对民族的生死存亡,有良知与社会责任感的学人,无不思考着如何用自己的方式为社会贡献心力。一向关心社会民生的卫聚贤,积极投身公众教育,组织说文社与重庆市民教馆联合举办宗教与民俗、古今货币、瓷器古物,以及民族女英杰秦良玉遗物等系列展览,编写中国历代名贤故事集之《勾践》,出版《唐代征东与青年军》,发表《重庆的古迹与历代抗战的故事》等,希望唤起民众抗战必胜、建国必成的新信仰。甚至,针对后方缺纸少墨的情况,"智多星"卫聚贤曾为交通部设计"节约信封",出谋划策改良丧葬墓志,甚至计划成立西北盐碱化学有限公司,将山西垣曲县的四交河作水力发电,制造盐碱。③ 后两件事,最终虽未办成,但足见他对社会事务的热心。

---

① 案:如档案类,包括在成都官宦后裔家搜集到清代"武功牌""监生执照",日本人在广西、安徽、湖北搜集到的大批旧档案,国民政府、汪精卫办公室的机关档案等;钱币类,包括中央银行拟销毁的旧钞票,二战后中央银行印制的越南钞票等;门神类,共两大箱,有获他人转出者,其中北平的门神居多,还有光绪三年的灶神,有委托中央银行在全国八十八个地区过年时搜集之门神;边地民族的服装,包括在甘肃安西县搜集到喀萨客族服装,在雅安搜集到的藏族、罗罗族服装,在贵州、桂林搜集到的苗族、瑶族的服装和首饰。
② 卫聚贤:《文字学》,台北:黎明文化事业公司,1979年,第394页。
③ 卫聚贤:《反共杂录》,第65页。

1951年初，因政治立场不同，卫聚贤在重庆拿了"通行证"前往绥远探望其女，到武汉遇到友人，相携至广州，从深圳铁丝网下进入香港边界。曾与生活同样拮据的饶宗颐先生蜗居在上环永乐街伟联行的办事处阁楼。后来，受聘于珠海书院，每月港币八十元，经济上有所缓解，遂迁居至筲箕湾富斗窟村的山头木屋，因而取笔名"斗筲之人"。次年2月，卫聚贤担任香港大学东方文化研究院研究员，月薪港币八百，又迁居至港大附近的"般含道"(取笔名"班汉道")。此后，卫聚贤陆续任教于联合书院、远东书院、华夏书院、崇基书院等。在联合书院的三年间，卫聚贤共授课十三门，包括中国史前史、中国上古史、中国中古史、中国通史、中国社会史、西洋华侨史、史学方法、史学名著选读、春秋左传、孟子、文字学、训诂学、乡村社会学等。每门课程皆悉心备课，如为"史学方法"课程特意编写"封神榜故事探源"，为"南洋华侨史"编写"中国人发现澳洲"，还曾特地前往婆罗洲古晋、马来西亚柔佛、新加坡收集材料。如此用心，加之不时融入独到见解，使卫聚贤的课程多能调动学生兴趣，例如文字学课程，学生评价"在未上文字学课以前，以为文字学是一门枯燥无味的课，恐不容易了解；及上课以后，对于文字学发生了兴趣"①。

在港期间，卫聚贤一家时常陷入困窘，他曾写道"联大书院月薪港币一百元，远东书院只有上课时有薪，年拿七百元，华夏书院一个钱没有，还要贴路费。我的两个小孩要读小学、中学、大学。我的太太是江苏高邮人，出生于大家庭，能作几手好菜，朋友请客，教会作家庭礼拜都叫他去作菜，每次给数十元及百元不等。在家中作包子由我提上篮子送到教会出售。学生念我的境遇，过年过节都送我些钱，少者十元，多者数十元，学生多了，送的总和起来数目也不少"②。困顿至极，遂向香港西区福利机构申请救济，获准由1971年11月起，每月领取救济金港币150元。即便如此，卫聚贤仍想方设法继续出书，自印"说文社中兴丛书"，包括

---

① 卫聚贤：《文字学》，第17页。
② 卫聚贤：《政学系与我的恩怨》，载于《政学系与我的恩怨》，第74页。案：卫聚贤在香港应该有娶妻陈幼平，育有卫香生、卫港生。见卫聚贤《香港》(《政学系与我的恩怨》，第29页)文。

《"北京人"的下落》《黎明的前夕》《互助与斗争》《反共杂录》《水牢》《中国预言》《智慧创造世界》,又有《封神榜故事探源》《中国社会史》《笔序字典目录》《中国饰物》《中国人发现美洲》《中国人发现澳洲》《么些文字典》《如何认识中国文字》(该书为中英文合刊,助益外国人识字,绝大多数销往美国与欧洲)等。

自18世纪法国汉学家德·吉涅提出中国人最早发现美洲说之后,这个问题就被历史研究者热议,章太炎、陈志良都曾对此发表见解,后者在《说文月刊》曾发表《中国人最先遗殖美洲说》,认为早在殷民族东迁就已到过美洲。一向对中西交通史颇感兴趣的卫聚贤,自然特别留意这件事。1961年夏初,卫聚贤偶然间看到《春秋》上有"六鹢退飞过宋都",认为会退飞的鸟仅有美洲的蜂鸟,遂以此研究中国古代与美洲的交通的问题。1969年,卫聚贤出版《中国人发现美洲》,引发学界持续热烈的讨论。1974年,为了验证中国人有无可能在两千年以前横渡太平洋到达美洲,奥地利人类学家库诺·克诺伯尔(Kvno Knobl)和丹麦人、美国人等八人组织了一个探险队,在香港仿广州出土的汉代陶船,制造了一艘帆船,长60英尺,取名"太极号",于6月18日起航,横渡太平洋。他们提出和卫聚贤合作,得到材料请他加以考证。航船沿日本海岸向东北漂流,最终抵达美国的阿拉斯加。

1975年,77岁的卫聚贤赴台定居,与阔别多年的女儿卫灵均相聚,任职辅仁大学,教授古文字源、古器物学等课程,自印《中华民国考》《古器物学》《龙年谈龙》《尧舜禹出现于甲骨文考》,考察台湾高山族与大陆族群的关系,著有《台湾高山族为越民考》《台湾山胞由华西迁来》《台湾山胞与越闽关系》等。曾在王汎森的陪同下,前往南港胡适墓祭拜。1980年,82岁的卫聚贤仍笔耕不辍,考察台东卑南古墓群、长滨的八仙洞等,提出卑南文化的发掘及设山胞生态陈列馆等计划。1982年,卫聚贤《政学系与我的恩怨》由台湾张天然出版社出版,该书收录《毛公鼎的真假问题》《清华研究院》《战前和战时》《香港》《陈寅恪先生之死》《政学系与我的恩怨》《卫大法师》《捣蛋》《中国帮会的复兴》《常用字解序》《吴国与日本》等曾经发表于《天然》杂志的文章共 40 余篇,其中有叙述自己一生的行迹。

1989 年 11 月 16 日卫聚贤于新竹逝世,享年 91 岁。

二、卫聚贤的学术研究

卫聚贤爱好历史,至耄耋之年仍笔耕不辍。他曾自言:"我是爱好历史的,但对中国'上古史'及'近代史'都不满意。因上古史把神话当史实,近代史又少人搜集原始材料。"①这使得卫聚贤的研究视野,绝非囿于一隅,包括考古学、人类学、民俗学等领域,皆有著述发表,内容包罗宏富,从古史问题到晚清民国的社会组织,纵横古今,关注本国,又放眼世界。

(一)

卫聚贤的研究,涉猎驳杂、著述等身,后世多许以历史学家、考古学家、古钱币学家、博物学家、文化人类学家等,他本人则每以历史学家自居:"我研究文字学及中国上古史,除书本记载外,是采用民俗学、考古学及社会学。有时找不到证据,只好用我的想象力而胡说八道。"②纵观其学术著述,他的兴趣始终围绕古史研究,即便用力甚勤的考古学,亦缘于对上古史的兴趣。

卫聚贤古史研究方面的代表作,首推《古史研究》三集,聚焦于三个方面:一是古史文献的考证,运用历史统计学考证《春秋》《左传》《国语》的作期、作者、作地等;二是中外早期交通与交流,主张春秋战国时期就有丰富的外来文化,提出了在当时极具争议、难以被学界接受的观点,如墨子、老子来自印度、《山海经》作者为印度人、扁鹊的医术传自印度等;

---

① 卫聚贤:《补白:考古的发掘和搜集》,《中国人发现美洲初考:文字及花纹》,台北:石室出版社,1975 年,第 91 页。
② 卫聚贤:《附:乔字补解》,载于《政学系与我的恩怨》,第 36 页。

三是民族起源与文明的发展,主张中华民族为二元构成,炎黄为南北民族的代表,强调吴越、巴蜀民族自有其古文化。

1.《古史研究》第一集:包括《〈左传〉的研究》《〈春秋〉的研究》《〈国语〉的研究》,考证《左传》《春秋》《国语》的作期、作地、作者等。尤其是运用统计学的方法,考证《左传》和《春秋》的成书年代和作者等,当时颇见新意。卫聚贤统计分析《春秋》中242年的记载,比较不同年代的材料使用量。首先,他以五年记录累计为一区格,将所有时段分为四期。统计结果显示:第一期低,第二期平,第三期高,第四期平。其次,求其所以然:第一期久远,材料少,故"低",向后材料渐多,就由平而高,最后一期又平者,卫聚贤判断是因为孔子整理《春秋》时有些材料未公布,有些是他怕得罪人不敢多写。循此方法,卫聚贤又研究《左传》。结果也是第一期低,第二期平,第三期高,第四期平。《春秋》的高点向后九十年是孔子死,卫聚贤用"已知数求未知数"的方法,由《左传》的高点向后推九十年,判断《左传》作者的年代是周威烈王元年。除此,卫聚贤还提供了补证材料,即《左传》列的"算卦",在"周威烈王元年"之前者皆应验,之后的卦都不应,他判断这是作《左传》的人,故弄玄虚,把他看到的事情说成早已算出。

因受了梁启超先生的鼓励,卫聚贤继续运用统计的方法考证作者。首先,统计《左传》《国语》《春秋》分国纪事的多寡,以推定作者所在的地域。《春秋》中记事多寡,以鲁国占第一,鲁国附近的小国如滕、薛、邹、莒占了百分之二三,但是秦和吴越等大国所占不到百分之一,卫聚贤由此推断《春秋》的作者离滕、薛、邹、莒,即今山东省近,而离陕西、浙江远;卫聚贤根据《国语》有《吴语》《越语》而无《秦语》,判断《国语》的作地离吴越近、秦国远;《左传》记事多寡,以晋国占第一,鲁国、齐国占第二,秦国占百分之二,吴越国占不到百分之一,卫聚贤由此判定《左传》作者离秦国近、吴越远。结合文中有"卫先君"的称呼,卫聚贤推断《左传》作者应是卫国人,运用统计学的方法缩小范围后,再用"社会学"的方法论证作者是卫国人卜子夏,后经吴起、吴期补充而成。

在《〈春秋〉的研究》中，受高本汉的影响，卫聚贤采用了统计学与语言学结合的方法。他考察了甲骨文、金文，《尚书》《诗经》《春秋》《国语》《孟子》《庄子》等作品中使用"于"与"於"的情况，判断春秋以前的作品，"于"用作介词，"於"用作感叹词，而春秋以后的作品都用"於"字作介词，证明《春秋》作于春秋以前。尔后，他又考察了"又"字在数目表达中的使用情况，发现在《尚书》《仪礼》《春秋》《论语》中均有用到"又"，而《左传》《国语》《纪年》《孟子》则没有，卫聚贤由此判断《春秋》作期在《左传》《国语》《纪年》《孟子》之前。① 卫聚贤重视从文法方面来研究古史，还体现在对《山海经》的考证之中，他说："一个民族有一个民族的文法，一个时代有一个时代的文法。《山海经》是中国战国中年的产品，其文法应与中国战国中年所产出书的文法均同，但找到抄录《山海经》的书，其文法均变。此类文法，在前未有，在后又绝，中间突然产出，而又与印度类似，不为外来是甚么？"②

鉴于考证《春秋》《左传》中所积累的经验，卫聚贤采用了比较明显法、记载异同法、布局异同法、文体异同法、逞显本能法、文法变迁法、本身考定法等考察《国语》的作期，判断该书系六人于不同时间辑录而成。再根据记载吴越事较《左传》详确，袒护楚国，多用楚方言和彼时有学者见到它并说是楚国的作品等证据，判断《国语》出自楚国，作者是齐人左丘明和他的子孙左人郢。

2.《古史研究》第二集：前后有三个版本。1929 年 7 月由述学社出

---

① 案：卫聚贤曾与学友陆侃如合译瑞典语言学家高本汉《论〈左传〉之真伪及其性质》。在这本书中，高本汉用语言学的方法研究《左传》，胡适对此大加赞赏，"《左传》的年代问题，此时还在讨论的时期。现在我们稍有把握的一点只是《左传》不是'鲁君子左丘明'做的。卫先生提出的'《左传》不是山东人做的'一个假定，得看珂先生的文法比较的结果，可算是有了强硬的佐证；而卫先生在《〈左传〉之研究》里举出《左传》袒魏，又详于述晋国霸业，而略于齐桓霸业，等等佐证也可以帮助珂先生的结论。这可见我们只要能破除主观的成见，务求客观的证据，肯跟着证据走，终有东海西海互相印证的一日的"。见胡适：《提要与批评》，载于高本汉著、陆侃如译：《〈左传〉真伪考》，上海：新月书店，1927年，第 40 页。
② 卫聚贤：《〈山海经〉的研究》，载于卫聚贤《古史研究·第二集》，上海：商务印书馆，1934年，第 29 页。

版初版,卫聚贤分别考证《穆天子传》《山海经》和《禹贡》的作期、作地和作者等问题,提出《穆天子传》是战国初年中山人的作品,《山海经》是战国中期印度人的作品,《禹贡》是战国末年秦人的作品。此版问世后,引发社会关注,卫聚贤陆续收到师友反馈,并向他引介日本学界如小川琢治、藤田丰八等人的论说。1931年,商务印书馆出版新的《古史研究》第二集,篇目同于初版,但内容做了较大修改,此版毁于日火。1934年,商务印书馆出版《古史研究》三集,篇目作了大幅度调整。原第二集的《〈穆天子传〉研究》调整到第一集,《〈禹贡〉研究》调整到第三集,第二集特加上副标题"先秦时代中印文化沟通的探讨",除《〈山海经〉的研究》之外,增加了15篇文章,包括卫聚贤的《〈山海经〉的研究》《〈墨子〉引书考》《〈墨子〉各篇的作期及其派别》《墨子小传》《老子是云南的苗民》《扁鹊医术来自印度》《古代中西的交通》《天地开辟与盘古传说的探源》等8篇文章,以及胡怀琛、金祖同、陈良盛、孔拉第(德)、藤田丰八(日)、小川琢治(日)等关于《墨子》、中国神话的研究论文。

《穆天子传》又名《周王游行记》,出自西晋初年的汲冢竹书,记述了周穆王西游昆仑见西王母的故事。历代关于《穆天子传》的性质、真伪、作期等说法纷纭。民国时期,随着新方法的引入,尤其是近代考古学的发现为学界研究《穆天子传》的上述问题提供了契机,刘师培、王国维等人都曾在《穆天子传》的研究方面有所推进,王国维曾将《穆天子传》《山海经》《竹书纪年》等先秦文献资料与金文结合来梳理中国古代民族史。擅长西北地理与古文字研究的顾实相信《穆天子传》的真实性,认为是西周时期作品,成书年代为穆王十三年及十四年,而书中所言穆王西行到西北旷原,当为欧洲或南亚某地。卫聚贤不同意顾实的观点,认为《穆天子传》是战国时期中山国人的《西游记录》,魏灭中山后,归于魏,魏襄王设编辑馆,编辑《纪年》《逸周书》等。时人传周穆王西征甚远,无史料可据,于是把从中山带来的《西游记纪录》加上周穆王的事实,作成《穆天子传》卷一至卷四。又以当时传说周穆王"周行天下",遂捏造《穆天子传》卷五,以周穆王盛姬死事附后,成《穆天子传》卷六。

《山海经》的成书时间,历来说法有二:或认为是禹夏时的作品,或认为出自战国好奇之士。卫聚贤运用文法分析,判定《山海经》应为战国中期作品。如《山海经》在提及数目字时无"又"字,如"凡十九山,二千九百五十七里"(《西山经》),不是"凡十又九山……",介词多用"以"字,为"自以至於",不是"自至于",介词用"於"字而不用"于"字,这些都是战国中期文法特有的现象。此外,通过文本对读,卫聚贤认为《山海经》中的西王母神话是根据《穆天子传》中的记载而来,因此《山海经》应比《穆天子传》晚出。在比较《山海经》与《淮南子》《吕氏春秋》《楚辞》《庄子》《周书》《鲁语》《晋语》中的神话故事及文法之后,卫聚贤提出《山海经》的写作时间不晚于《鲁语》《晋语》,应在公元前336年前。鉴于《穆天子传》与《鲁语》《晋语》相隔72年,取336年加72年数,推测《山海经》的成书时间应为公元前372年左右。关于《山海经》的作地,卫聚贤从书名、文法、方言、歧异的记载、神的能力太大、形状太奇怪、神的情形复杂、飞物、三头六臂、多蛇及征服蛇、十日、大木大禾、神光、昆仑山、甘露、不死、大人小人、长臂人长脚或长股人、一手一足人、大耳人、吉神穷鬼、物产、祭式、大九州岛、轮回、医药等23项子题出发,考察《山海经》的现象、中国的现象(固有的与受《山海经》影响的)、中国以外的现象(或印度的现象)、《山海经》有此现象的由来等,提出《山海经》的作地是印度。继而,又对照《随巢子》《墨子》等,推测《山海经》的作者是墨子的印度学生来中国所作。

中国文化的形成究竟是否受到、何时受到、多大程度受到外来文化的影响,是19世纪末至20世纪的学人热议的论题,有"西学中源说"与"人种西来说"两说激辩。受欧洲中心论的影响,梁启超曾在《新史学》中将人种分为能扩张本种以侵蚀他种的历史人种,与本种日以陵夷衰微且不能扩张于外、澌灭于内的非历史人种,而白种之阿利安种即为前一种世界史人种。法国人拉克伯里在光绪二十年(1894年)发表《中国太古文明西元论》,论述中国人种与文化西来。① 拉克伯里的言论在中国学界引

---

① 案:早在1882年,拉克伯里就曾提出八卦发源于巴比伦。

发巨大反响,蒋智由《中国人种考》、章太炎《訄书·序种姓上》、陶成章《在中国民族权力消长史》、黄节《黄史》、刘师培《中国历史教科书》等多引述其说。直至20世纪20年代,随着考古新发现,梁启超等人始反思这一学说。

"西学中源说"与"人种西来说"这两种主张都各有其历史背景与价值指向。主张"人种西来说"者,需要解决先秦时期的中西交通、先贤国籍、学问传承等问题。卫聚贤主张战国中期以后中国即受到外来文化的影响,他批评持"西学中源说"者陷入简单的逻辑,为求证自身也不失为强国,"一听西人发明火车,说是我们中国的诸葛亮曾发明木牛流马;一听西人发明飞机,说我们中国人的墨子曾发明了木鸢",不论木牛流马、木鸢有无其事,即使有其事,已否成为科学,又一问题? 即使木牛、木鸢与现在的火车飞机有同样的功效,但这是若干年前我们民族受的科学幸福,现在却没有了,否则怎么会遭受帝国主义的蹂躏。[①]

在此背景下,20世纪20年代初发生了一场关于墨子国籍的讨论。20世纪墨学史中有三次大论战,分别是20年代初的《墨辨》论战、20年代末的墨子国籍论战、90年代的墨子里籍论战,关于墨子国籍的论战尤为激烈。[②] 1928年4月,胡怀琛在《东方杂志》发表《墨子为印度人辨》,同年郑师许、吴进修、方授楚、陈登源等驳斥其说。随后,胡怀琛将论辩中的主要观点与证据集中整理为《墨子学辨》,于1929年6月请卫聚贤作序,同年10月铅印。除胡怀琛之外,金祖同提出墨子是阿拉伯人回教徒,陈良盛则从文法的角度指出《墨子》中篇、下篇的文法与先秦其他重要文献不类,却与回文相似,认为墨子是回教徒。因此,在《古史研究》第二集第三版中,卫聚贤收入胡怀琛《墨子学辨》、金祖同《墨子是回教徒考》、陈良盛《墨子文法研究》等,篇前撰"提要",作集中呈现,以供讨论。在这场论争中,卫聚贤极为欣赏胡怀琛大胆提出新说的勇气,赞同墨子

[①] 卫聚贤:《〈墨子辨〉序》,《国立中山大学语言历史学研究所周刊》1929年第9卷第97期,第22页。
[②] 郑杰文:《20世纪20年代墨子国籍论战述评》,《东岳论丛》第22卷第6期,2001年11月。

是外国人,他通过对《墨子》的文献分析等提出墨子是印度人。

具体而言,卫聚贤在《〈墨子〉引书考》中,指出《墨子》所引文献的"特异"之处:其一,《墨子》中引的书,其逸文较先秦任何书为多。卫聚贤对比了今本《诗经》与《墨子》引《诗经》,发现《墨子》引《诗经》句,有些不见于今本《诗经》,有些与今本《诗经》字句、次序不同,有些与今本《诗经》略同而换字;《墨子》所引《尚书》,篇名文字均不见于今古文《尚书》二十二条,与今古文《尚书》文字不同的九条。其二,《墨子》中的语句,就字解释,意义大乖,似为译音,如《非命中》"三代不国",与印度的 Aharva Veba 音近;引《尚书》中的文字大同小异,似为意译,如《尚贤中》"求圣君哲人,以裨补而身",《尚贤下》"睎夫圣武哲人,以屏补而身"等。其三,所引的《诗》《书》,语句不类中国文体。如《非攻中》引《诗》"一鱼水不务,陆将何及乎",孙诒让认为,"陆将何及乎"不类,"乎"字是"浅人所加"。卫聚贤质疑说,"浅人何以浅至此?唯以墨子为外国人说解释此问题。因外国人初到中国,看中国的韵文与散文没有大的分别,故以散文用的'乎'字'也'字加入韵文中"①。

卫聚贤认为今本《墨子》共五十三篇,非一人一时之作,也并非一派所作。他在《〈墨子〉各篇的作期及其派别》一文中将《墨子》篇章所作时间分为六期,分别是墨子时代、墨子学生禽子时代、墨子再传弟子稍前于孟子时代、墨子三传弟子在孟子同时或稍后时代、墨子四传弟子在孟子后时代、汉代。卫聚贤提出《经上》为墨子时代的作品,理由是:此篇没有"子墨子云",说明是墨子自作;文意简奥,故作期早,之所以有《经说》等篇章解释,或因为时间为古,后世人不明故特为之注,或因为空间太远,他国人不明其故实文义而为之注;《经上》篇末有"读此书旁行"五字,孙诒让以其分上下两段排列,为之"旁行",卫聚贤根据《史记·大宛传》说安息是"画革旁行以为书记",认为"旁行"为不直下书,《墨子·经上》原

---

① 卫聚贤:《〈墨子〉引书考》,载于卫聚贤编:《古史研究·第二集》,上海:商务印书馆,1934年,第535页。

为横写,是由印度文翻译而来。卫聚贤又通过文法分析等途径,将《墨子》各篇作者的派别归为三:下派(印度人苦获己齿派)、上派(五候子相里勤等北方近乎儒家派)、中派(南方邓陵子等介于儒墨之间派)。卫聚贤认为《尚贤下》《尚同下》《兼爱下》等下篇的文法完全不类中国,描述多非中国之俗,如《节葬下》说越之东骇沐国食长子等。《经上》《经说上》《经下》《经说下》等四篇所含的声学、光学、力学等自然科学亦非中国所有,其书为横行书法皆非中国现象。

根据上述研究,再辅以《墨子》与其他早期文献的记录,卫聚贤重新为墨子作传,认为墨翟非墨子之姓名,宋鲁仅仅是墨子的居住地,应为印度人或亚剌伯(阿拉伯)人。墨子的相貌特征是皮肤黑色、高鼻,秃头而发不黑,赤足,是南方的外国人,其籍贯距中国甚远,在周考王初年来中国,至周安王二十一年时墨子已死,曾用翻译,因道义与肤色不同而被中国人排斥,又因其自苦,极不合乎中国人的苟安性,至秦季而其学衰,汉世少有传者。

老子所处的时代、地域、生平历来就是糊涂账,司马迁《史记》罗列有关老子生平的几种说法后,竟言"世莫知其然"。卫聚贤曾在广东《中山大学历史语言周刊》与北平清华大学《认识周报》上,就此提出三个疑问:老子为周之柱下史,而《左传》《国语》为何未提到;孔子问礼于老子,而《论语》与《礼记》却未载;孟子辟杨墨却为何不言老子。卫聚贤认为《史记》的史源比较可靠,取材又谨慎,却对老子、墨子的年代"不加慎重",前后叙述抵牾,正是因为他们是外国人,司马迁无材料可取。尔后,卫聚贤从各类早期文献(主要依据《老子》)中归纳出老子尚左、多言江海而不言河与山、多言兕与毒虫为人害、其地无大风雨、言结绳而治、以柔胜刚的政策、言甘露等,提出老子是战国中期人,生于五岭以南不属于楚的地方,在云南昆明附近与苗民为同族,是云南人,受印度佛教的影响,中国人杨朱传其学说。

卫聚贤在1934年版《古史研究·第二集》中增加了孔拉第、小川琢治、藤田丰八等外国人的论文,以佐证自己的观点,"中国学术受外来的影响,在时间上,我只敢说在战国中间,战国中年以前是中国固有的文化;而安特生据新石器时代陶器上的花纹,李济之据殷墟铜器的形状,俱说中国在新石器时代及殷代与欧洲已有交通,文化亦曾受其影响。至藤田丰八认西周时所编《诗经》的《周颂》《豳风》及春秋末年所编的《左传》,也说受有外来的影响。在空间上,我只敢说到印度,而安特生以为亚述,李济之以为北欧,小川琢治以为希腊、埃及,中国的学术均有受其影响"①。需要指出,孔拉第、藤田丰八等人研究中国神话的逻辑是寻找与其他国家文化元素的相似之处,带有极强的先入为主的预设,径断是中国受外国的影响,多穿凿附会,难以令人信服。卫聚贤的研究中,也有着同样的问题。他曾对盘古开天的神话展开溯源,提出盘古的名词取自苗民,盘古的实质则是取自印度,将印度始祖梵天有大神力的故事附加于盘古。②

要研究中国文化是否有采自他国,必然要解决中外交通的路线、时间等问题。卫聚贤判断秦统一之前,中外交通包括西北陆路、西南陆路、东北海道、东南海道四条。西北陆路交通,远古已有,至春秋战国而频密,夏种族是高加索种,正是从西北迁入中国。基于对中外交通的判断、中印神话故事的对比,以及《山海经》医药研究的结论等,卫聚贤还对历史上争讼纷纭的扁鹊事迹展开考订。《史记·扁鹊仓公列传》记述了名

---

① 卫聚贤:《古史研究·第二集》之"总序",第2页。
② 案:孔拉第在《战国时中国所受印度之影响》中提出《庄子》说的吐纳之术、呼吸工夫,来自印度瑜伽师禅定,鲲鹏之化亦为大战书(Maha-Bharata)所传金翼鸟(Supanra)故事之变相。邹衍所谓五德终始与印度四大五谛相应;大九州说与印度四大部州尤相符;屈原《天问》中穿插了若干传自印度的故事,如月中有兔、仙岛和鳌、虬龙负熊,印度建筑所特有的短女体支柱至少在2世纪已出现在中国。藤田丰八则在《中国神话考》中将《天问》《山海经》《庄子》《尚书》《淮南子》等记载与印度神话比较,认为中国神话如巨鳌负山、十日并出、射日落羽、大鹏、尧以二女嫁舜、嫦娥奔月等受了印度的影响。又于《中国石刻的由来——附什么是"不得祠"》中提出秦始皇刻石颂扬功德,与波斯Darius,Xerxes刻石颂帝功德、教训臣民,及印度阿育王刻诏于石柱宣传佛教相同,推断中国曾受到波斯、印度的影响,又言《史记·秦始皇本纪》"禁不得祠"的"不得"即浮屠,是Buddha的音译,推断说中印交通或远在宗周初叶。小川琢治则通过对比《山海经》所载与印度、巴比伦、埃及、希腊神话多有相同之处,指出中国早期有对外交流。

医扁鹊治虢太子尸厥、诊疗赵简子、齐桓侯等生平行迹,然而其所载事实存在前后抵牾,如虢国在扁鹊为赵简子治病前120多年就已灭亡,从赵简子死到齐桓侯继位,期间有93年之久,扁鹊的寿命未免太长而违背常理。卫聚贤整理了早期文献中关于扁鹊生平事迹的记载,指出存在年代不明、籍贯不明、姓名不明、医术的来源不明等问题。他判断文献所载扁鹊的"禁方",是印度禁咒。印度人长桑君往来中印十余年,时扁鹊为旅馆的经理(少时为舍长),因善待长桑君而获传印度医术,由此名闻天下。扁鹊掌握两大奇术:未病先知、死后复生。有关扁鹊能未病先知之事,在《史记》《韩非子》《说苑》中略有参差,卫聚贤推测是将印度医王树(能透视人体)故事改编嫁接到扁鹊身上。

3.《古史研究》第三集:鉴于中国上古史中神话与史料相杂,难以开展研究,卫聚贤提出"一方面将书本子上的材料,广为搜集,排列起来,看他何者为可靠的史料,何者为神话,而这神话产生的背景及来源如何?推测出个大概来。一方面应用地下埋藏古人遗留下来的实物,而与书本上所记载的互相参照,再用社会学的原理,参考现存落后民族活动的状况,分为若干小题目,详为研究,庶有一线的道路可寻"①。在《古史研究》第三集中,卫聚贤主要依据古史材料与神话等论述民族与社会,包括《中国民族的来源》《荒古与盘古》《三皇与五帝》《虞夏》《商周》以及三则补遗(《夏人以犀牛为图腾》《熊为图腾》《媵的数目》)。

1909年,白鸟库吉在《中国古传说的研究》中提出"尧舜禹抹杀论",否定尧舜禹是历史上真实存在的人物,这个观点同样成为古史辨派的讨论焦点。顾颉刚断定尧、舜是儒家托古的人物,洪水非人力能治,依《说文》提出"禹"实为"虫",时反对派和赞成派论争相持不下。卫聚贤不同意顾颉刚的说法,他在《尧舜禅让与禹治洪水的探讨》中提出尧、摇、䍃、陶为一字,是夏民族发明陶器者,尧为夏民族始祖;舜、俊、夋、夔为一字,是殷民族始祖。夏民族曾治过洪水,以龙作图腾,禹为夏民族,故将各地

---

① 卫聚贤:《古史研究·第三集》之"序",上海:商务印书馆,1937年,第1页。

治理洪水事附会于禹。

卫聚贤主张中华民族二元论,炎黄分别为南北民族的代表,各有其系统,如在象形文字中,绘写动物之足与角有原形与减半之分;古器物花纹,有几何形与不规则形之分;语言分单音、复音两系;文字形势分粗、细两种。殷种族为中国南方土著,发源地在四川,后沿海北上,以燕为图腾,东南民族为殷,有吴越、氐、羌,分布在西藏、缅甸、暹罗、安南以至台湾及南洋群岛;夏种族是高加索种,以黄帝为代表,以鳄鱼为图腾,由西北迁入中国,西北民族为夏,有周、楚、秦、赵等,分布在蒙古、满洲、新疆以及西比利亚等。

卫聚贤判断吴越民族是殷民族之一,非中原民族,居于江南,未与夏民族同化,与马来半岛、南洋群岛、台湾、印度支那及内地的畲民、苗民为同族。对吴越民族来源的思考源于他此前在南京的考古发现,"我不是人类学家,吴越民族之作非其本分,不过我因为在南京发掘石器时代遗址,方发生此兴趣"①。他认为通常从《论语》《国语》《左传》中记载的"泰伯为吴国之祖"判断吴为周民族的说法并不可靠,太伯时周地东尚未及潼关,据甲骨文记载,殷地疆域尚不出河南北部,在陕西东南、河南西部、湖北、安徽当有若干民族组成的部落,忽有一小部落(周)的两个人,经过这些部落,又为一小部落(吴)的酋长,是不可能完成的任务。"泰伯奔吴"而为吴之始祖,是后人将泰伯在岐山以西的吴山误读为东南吴地的结果。接着,卫聚贤依据断发文身、黑齿雕题,人的命名方式不同于周等习俗,判断吴民族是土著,又以越人断发文身、命名方式不同、以蛇为上肴、音乐与盟誓仪式不同、语言不同,以及属于夏民族的楚人需借助"越译"进行沟通,判断越人非夏民族。后,吴民族被越民族合并,越民族中一部分又被汉武帝徙于江淮间与汉民族同化,其余徙于他处,散存于畲民、苗民、台湾、南洋群岛。卫聚贤援引了中央研究院著名人类学家林惠祥的研究以佐证自己的看法。林惠祥先后于1929年、1935年两渡台湾,

---

① 卫聚贤:《中国民族的来源》附"吴越民族",载于《古史研究·第三集》,第87页。

冒险进入当时日本人占领的台湾高山族地区展开调查、采购民族标本，后撰成其成名作《台湾番族之原始文化》，提出高山族人是古越人的后代的观点。因之，卫聚贤撰成《吴越民族》，但仅为"从书本子提出的证据而作假定"①，若要确定，须进行后续的工作，尤其是考古发掘和实地调查特定地区的语言、习俗、人种特征等。

美国民族学家摩尔根秉持社会进化论，依据对原始部落的调查，在其名著《古代社会》中阐述了人类从蒙昧到文明时代的发展进程。卫聚贤十分认同摩尔根的这种人类学的学术范式，在《三皇与五帝》导言中说："时间愈古，所传的材料愈少，而所载的历史愈为荒谬。幸而前人知利用由现存落后民族的社会状况，推测现已文明的民族而在未文明前的原始情形。"②卫聚贤讨论民族起源时，也常常以今之民俗推导过去的情况。卫聚贤持中国古代社会发展五期论，即原始社会、氏族社会、母系时代、奴隶社会、封建社会，认为社会发展并不一定与朝代同步，不赞同以断代来区分社会性质的做法，主张先不以断代分，将每个阶段作一篇文章，将其产生的原因，盛行的状况，消减的情形，一一叙出，最后再总结概括出某时代为某阶段。卫聚贤提出，殷为奴隶社会，夏为氏族社会，西周为奴隶社会后期，东周以后是奴隶社会余尾。在《中国的氏族社会》文中，卫聚贤从文字学角度解释了何谓"氏族"以及氏族来源，并从古帝王名、地名、姓氏上论述早期的图腾文化。在《中国的母系时代》中，卫聚贤指出中国神话中的帝王多有母而无父，崇拜女性为神，崇拜男女合二为一；从甲骨文与女字有关系的文字、春秋战国时期仍存留的母系时代遗俗、边地民族仍存留的母系时代遗俗，推断中国的母系时代在殷以前的夏，并勾勒其社会情状。

面临晚清中国的败局，多有人归因于人种劣势。19世纪末，内阁学士兼礼部侍郎洪钧出使沙俄，读到波斯人拉施特著的《史集》、伊朗人志

---

① 卫聚贤：《中国民族的来源》附"吴越民族"，载于《古史研究·第三集》，第84页。
② 卫聚贤：《三皇与五帝》，载于《古史研究·第三集》，第137页。

费尼写的《世界征服者史》和亚美尼亚人多桑编纂的《蒙古史》等历史书籍的俄文译本,看到了蒙古人当初西征的记载,于是在《元史译文证补》中最早介绍了匈奴、匈人同源的学说,且从语音的角度推断匈牙利人的Huni,音如"昏尼",是"匈奴"的变音。这一观点在西方并不新鲜,直到19世纪上半叶,有许多西方学者仍持有相似的看法。19世纪末传入中国后,获得了许多学人的支持,其潜在的心理因素是在人种上重建自信。卫聚贤认同此说,与何震亚合作撰成《匈奴与匈牙利人》,先发表于《中外文化》,后收入《古史研究·第三集》,以证明匈牙利人具汉族的血统。

古史研究,是卫聚贤毕生倾力之所在,他对于上古史的研究实以彼时欧洲、日本、中国学界的疑古思潮和科学研究历史的风潮为背景。卫聚贤在《〈古史研究〉自序》中提到上古史研究面临的困难与解决之道:考察过去的事实,依次序而来,应当先读上古史。但我们中国的上古史,有两点难读处:(一)后人伪造及改窜,失去了本来面目,使人读了莫名其妙。(二)处于伪造及改窜后二千年情形之下,要恢复本来的面目,实在很难。是以第一步先从古籍整理着手,保存本来的面目;第二步因书本上的材料是不够的,又要从考古学上着手,使有实物可资证明;第三步古物遗迹不能尽数遗留,再要从考察现存的野蛮民族上着手,得知活动的情形。① 基于上述认识,卫聚贤在古史研究时,综合运用了古籍整理、考古学、社会民俗学等多种方法。

(二)

卫聚贤对考古学的兴趣是因为他期望藉此解决上古史问题,曾自言"本是研究中国上古史的,对于考古是取材中之一种"②,"我的注意力集中在上古史,是以用考古学补证上古史之不足"③。

---

① 卫聚贤:《古史研究·第一集》之"自序",上海:新月书店,1928年,第1—2页。
② 卫聚贤:《鲁智深传》,第829页。
③ 卫聚贤:《战前和战时》,载于《政学系与我的恩怨》,第21页。

20世纪20年代,在新文化运动的影响之下,史学界掀起的疑古思潮迫使人们运用新方法拷问旧的古史体系,考古学遂引起古史辨派学者的注意;加之,1921年,瑞典人安特生在河南渑池发现仰韶文化遗址,刺激了国人对考古学的关注。于是,现代考古逐渐在中国兴起。1924年,留学法国巴黎大学的李玄伯回国,他在《古史问题的唯一解决方法》文中提出"用载记来证古史,只能得其大概……要想解决古史,唯一的方法就是考古学",即运用古人"直遗"的材料破解古史研究悬而未决的难题。① 顾颉刚在随后发表的《论古史研究答李玄伯先生》中对此表示认同,并特别指出传世文献与考古发现都不可偏废,应结合起来研究。② 随着1926年留学美国学习人类学的李济归国并至山西西阴村发掘,中央研究院又于1928年聘请他担任考古组组长,着手河南安阳小屯村的考古发掘,中国逐渐拥有了考古发掘的学术机构和专业组织,现代考古学正式走上舞台。③

卫聚贤将整理历史的方法分为书籍的整理、考古的工作、蛮族情形的探索,即将知识考古、地下考古、人类学研究相结合,认为"书籍多将神话与事实混合,致使上古无信史可言。由书籍的整理,学术上曾开了一次战争,但彼此都跳不出书本的圈子"④。卫聚贤主张"考古之目的,非为夸扬古国之文明,亦非为崇拜古人之伟大,更非为仿古以作复兴之举。实欲明了前途应走之大道",其方法有三:历史的、环境的、本身的,"欲求本身,则在调查与统计;欲观环境,则在翻译与考察;欲知历史,则在考证与考古"⑤。他强调考古不同于挖古,若只是为挖出的古物拍照画图,标注出它的长、宽、厚,读的古书太少,不能作考证,则只能叫"挖古",不能叫"考古"。并且,就"挖古"而言,也需要丰厚的知识以助判断,比如要在

---

① 李玄伯:《古史问题的唯一解决方法》,《现代评论》1924年第1卷第3期,第16页。
② 顾颉刚:《论古史研究答李玄伯先生》,《现代评论》1925年第1卷第10期,第15—17页。
③ 参考李伯谦:《中国考古学的历程》,清华大学的演讲。
④ 卫聚贤:《中国考古小史》之"自序",上海:商务印书馆,1933年,第1页。
⑤ 卫聚贤:《中国考古学史》之"序",王云五主编:"中国文化史丛书"第一辑,上海:商务印书馆,1937年,第1—2页。

平原而有丘陵处寻找遗址;发掘"坟墓"需要看"风水",在背山面水处发掘。① 卫聚贤认为,考古所以成学,需亲自发掘以观察并详细记录其地内保存的情形以及与共存事物的关系,并绘图照相,能做调查、发掘、整理、研究、陈列五种工作,方可成为考古者。无考古学识而发掘古物是毁坏古物;无社会学识去考古是埋没古物,发掘工作不应轻易开展。这些观点,即便在今天,也具有其价值与意义。

卫聚贤在考古方面,论著颇丰,涵盖考古学理论阐发、考古方法探析、考古调查发掘报告的撰写方法等多方面的内容,刊行有专著两部,即《中国考古小史》(1933年)和《中国考古学史》(1937年),这是民国时期具有开创意义的考古学史著作。《中国考古小史》是中国第一本考古学史著作。首冠以"前人对考古史的论文",包括阮元《商周铜器论》、梁启超《中国考古学之过去及将来》、王国维《最近二三十年中中国新发现之学问》,次为葛利普博士《中国之古生物学》,后为卫聚贤所撰《近代的发掘》,在该文中卫聚贤整理了从石器时代遗址至明故宫发掘的情况,最后罗列法、德、俄、日、瑞典、英、美等"外人在中国考古的成绩及纠纷"。李济先生在书序中说"严格的考古学在我国虽然很近的一种发展,旧学中却有它很深的根基。甲骨文的发现,适在清代古文字学隆兴之后,两相衔接,中国一切旧学,因此就辟出来一个新的途径。由此而注意发掘及文字以外的考古数据,只是向前进一步的事,可谓一种应有的趋势。再加以自然科学的影响,现代化的考古学就应运而生了。现在我们只是起首作这种工夫,好些研究的组织,尚不十分完备,那是不可讳言的。但近十年来,所得的材料,已不少了。卫聚贤先生现在把关于这类的事实,汇集起来,作了一个节略;并将相关的出版品,作了总介绍;冠以阮芸台、梁任公、王静安三篇考古的著述,成《中国考古小史》一本;使读者一阅而知中国考古学的重要事实,是很值得我们感谢的"②。附录"古物保存法"

---

① 卫聚贤:《考古与挖古》,载于《政学系与我的恩怨》,第167—169页。
②《中国考古小史》之"李序",第1页。

"古物保存法施行细则"等内容，对于了解民国时期的考古学颇具参考价值。针对"少有总合古今考古之各种事实而为考古史"①的情况，有别于《中国考古小史》详今略古，卫聚贤又撰《中国考古学史》，梳理古人在收集文物、调查古迹方面做的工作，包括"周至唐的古物与政治的关系""东周至唐的考古学者""宋至明的考古""清至现在的考古"等，阐述了什么是考古、考古的厄运与幸运等，附录"各地发现古物志"等，后收入王云五主编《中国文化史丛书》第一辑。

卫聚贤在考古学上提出了两个比较引人注目的见解，一是判定江南有新石器时代遗存；二是首次提出巴蜀文化的概念。

1. 江南于新石器时代已有人类，古代吴越自有其本位文化

1894 年，法国人拉克伯里在《中国太古文明西元论》论述"中国文化西来"说，所持有的证据之一便是中国没有发现新石器，因此他判定中国在新石器时代尚无人类。20 世纪 20 年代，随着瑞典人安特生在河南省渑池县仰韶村发现大量的彩陶与几百件新石器时代的石制工具，在《中华远古之文化》文中将仰韶文化确立为中国史前文化，推翻了"中国无石器时代"的看法，中外学界为之震动。然而在当时的中国，考古发掘事业尚处于起步阶段，欠缺其他参考材料，安特生将发现的仰韶文化彩陶与西方的安诺遗址彩陶联系在一起，提出仰韶文化可能从西方经中亚传入的观点。中国究竟有没有属于自身的新石器文化，这个问题刺激着当时的学人想要从更多的考古发现中寻找答案。

1926 年，参与清华大学、美国弗利尔艺术馆合作项目的李济等前往山西省夏县西阴村，发掘出新石器时代仰韶文化的彩陶遗址，并在清华园展出出土的陶片、蚕茧等。李济等人在山西的发掘被誉为中国考古学的里程碑，这是中国本土考古发掘工作的开端，并为推翻拉克伯里提出仰韶文化是外来文化的假说提供了有力的证据，李济也因此名闻当世。正是这场清华新石器时代文物展览以及随后李济开设的考

---

① 《中国考古学史》之"序"，第 2 页。

古学课程,为卫聚贤提供了解决上古史难题的另一种方法。卫聚贤从事考古工作,正是受到李济先生影响。他说:"我是一个研究上古史的,看见发表讨论石器时代文字的照片石斧等物,常想我几时能找到几件石斧,看看它究竟是件什么东西?人类怎么用法?自到清华听李济之先生讲授考古学,并看了些参考书,又到地质调查所历史博物馆参观宝物,始明石斧等物为如何形状。李济之、袁复礼两先生又从山西夏县西阴村将新石器时代古物掘发运回清华,更使我能详细的考察。"①

此后,卫聚贤利用回家乡山西万泉县之际,携带李济掘得的陶片三种作为标准,"到家询问本处有无此物,我侄月盛就引我到本村(北吴村)枣堰地,就有许多新石器时代遗址存在。于是追迹搜求,就在南吴村药王庙前后、袁家庄东沟西沟、荆淮村沟楞、荆村瓦子斜、南涧村涧薛村沟沿、秦王寨,城内东城壕县党部后院、南门外沟沿、北门外文庙附近、西门外老母洞北,发现了许多。这些遗址是连续不断的,南北长十余里,东西宽二三里,沿孤山东麓黄土坡上沟壕两面尽是"②。随着黄河流域新石器时代遗存以及北平周口店最古猿人时代始石器(Eolthic Age)的陆续发现,彻底推翻了拉克伯里认为中国的新石器时代遗存是外来文化影响的假说。

然而,江浙一带是否也有新石器文化遗存呢?卫聚贤任职南京文物保存所所长期间的考古发现让他大胆提出了"江南有新石器文化"的观点,并开启了一段持续十年的论争。过去的观点,都以人类及其文化起源于西北,发达于东南,主要从三方面言之:(1)传说中古帝王多都于黄河流域、如有巢氏在山东、伏羲氏在陕甘、黄帝在河北、尧舜禹在山西;(2)考古所得的材料多在北方,如北京人、黄河流域的新石器、河南殷墟等;(3)主张中国民族来自西北,吴越人由西北迁徙而来,江浙古文化只

---

① 卫聚贤:《新石器时代遗址发现的经过和见解》,《东方杂志》1929年第26卷第4号,第69页。
② 卫聚贤:《新石器时代遗址发现的经过和见解》,第69页。

能上推至春秋时代的吴越。① 然而，卫聚贤主持发掘南京栖霞山六朝墓时发现红色含砂质粗陶片、石斧与陶文、石刀、石锛等，他判断这是江南新石器时代遗物，似乎为解释江浙有更古文化提供了一种可能。

卫聚贤曾详细描述发掘过程。1930年3月，在南京栖霞山西北五里的张家库西北高家山焦尾巴洞发掘六朝墓，"因墓在半山坡，工人以土向上翻不易，乃于墓前凿隧道土掷山下，在此隧道中发现灰土木灰，余以注意于此，及发现鼎足长七八寸，余以断定为新石器时代遗址，因陶鼎为古人的造饭的锅，锅腿长七八寸，在用柴火而未发明炭火（《孟子》有"坐于涂炭"，战国时已有炭）以前，现在的炒锅腿长不及五分，即因用煤炭之故。但当时参加发掘的人，以江南向未发现过石器，江南在石器时代尚无人类，大为反对，余不顾一切，留意此遗址，不久发现一完整石斧，其为新石器时代遗址亦可证明，于是停止工作，请地质专家某视察，而某以石器为后代的药铲，又电请某考古家至，以其遗址只有一处不足为证，乃又在丹家巷西岗头上及土神庙侧又得二处，共得石器七八件，陶片数十块，花纹有七八种，全为几何形，而与黄河流域新石器时代遗址中陶器上花纹完全不同"②。在这里，卫聚贤提到的地质学家是李四光，考古学家是李济。为了引起学界关注，卫聚贤结合在古史与考古方面的研究心得，撰成《吴越民族》一文，初步判断吴越民族与文化是独立起源，非受西北的影响，曾多次被拒稿，最终发表于1931年的《进展月刊》。

如果说南京的考古发掘使卫聚贤提出了"江南有新石器文化"的假说，那么此后他在江浙，尤其在杭州古荡的发掘，则有力印证了他的观点。1935年，卫聚贤在常州南二十里之奄城发现大量几何形花纹，与栖霞山所发现者完全相同，又在金山卫海滨戚家墩、平湖的乍浦澉浦、石湖、镇江、杭州等地陆续发现新石器时代遗物。

卫聚贤曾在南京中央研究院看见何遂先生从杭州古玩商店购得的

---

① 卫聚贤：《中国文化起原于东南发达于西北的探讨》，《东方杂志》1937年第34卷第7期，第147—148页。
② 卫聚贤：《中国文化起原于东南发达于西北的探讨》，第149页。

石器三个,但出土地无法确知,有人怀疑是北方出土携至杭州出售。后,卫聚贤在杭州古玩商店又见到类似石器,包括两个石簇和一个石铲,得知在西湖北高峰后老和山下古荡附近修建第一公墓时,工人陆续掘得三十余件。古荡石器是工人无意间掘出,遗址被破坏,石器在土中的情形,以及与其他古物共存的关系如何,不得而知。带着这些疑惑,卫聚贤、金祖同与西湖博物馆合作,决定对该地作试掘。1936年5月,卫聚贤与乐嗣炳、金祖同、周泳先、董聿茂、胡行之、刘清香、施昕更、王维龟诸先生等,雇用工人十二名,于公墓内试掘三坑,公墓外南面试掘一坑,共得石器六件,陶片三块。乐炳嗣在《古荡考古的前途》中说"卫先生在国内考古学界是唯一相信江南有石器文化",但是因缺乏物证,"曾经碰过几趟钉子",在杭州买得石之后,去现场,是为了将二等史料变成一等史料。①杭州古荡的发掘工作,虽试掘所得器物不多,但可以确知当地有石器遗址,且就陶器花纹观察,较黄河流域新石器时代器物的条印纹、席印纹、绳印纹更为美观,北方固有刻纹及彩陶皆粗硬。卫聚贤认为这样的柔性文化滋养下形成了该地政策往往具有弹性,如此才使吴越民族在非常时期可应付一时。古荡新石器文化遗存的发掘有力证实了卫聚贤六年前在《吴越文化》文中的假说,且意义重大,"就民族言,中国遍地皆石器,可知在石器时代,中国之版图,即全为中国人所占领。就文化言,中国在石器时代已有这样美丽的花纹,可以比美于世界;就江浙言,其文化可拉长数千年"②。在古荡试掘报告公布之后,对于卫聚贤提出的江浙有古文化的说法,仍不乏商榷意见。如刘之远在《石器的形成与地层之探讨:质卫聚贤先生》文章中提出浙江出土的石器可能是殉葬物,不能作为浙江古远文化的证据。③但随着可作为有力证据的出土文物逐渐增多,终被学

---

① 乐炳嗣:《古荡考古的前途》,载于浙江省立西湖博物馆、吴越史地研究会编:《杭州古荡新石器时代遗址之试探报告》,1936年,第14页。
② 卫聚贤:《杭州古荡新石器时代遗址之试掘报告序》,载于浙江省立西湖博物馆、吴越史地研究会编:《杭州古荡新石器时代遗址之试探报告》,第6页。
③ 刘之远:《石器的形成与地层之探讨:质卫聚贤先生》,《江苏研究》1937年第3卷第5—6期,第2页。

界接受。

　　为了推进吴越历史与文化的研究,建立学术交流平台,1936年8月,卫聚贤等人在上海组织成立了吴越史地研究会,公开展览江南地区新石器时代古物,出版《吴越文化论丛》,推动吴越文化研究。吴越史地研究会的使命在于反驳过去认为江浙文化晚的论调,重新确立江浙的古文化时期,研究会认为这个工作有超越学术的意义,"吴越史地研究会,不仅将江浙古文化时期拉长数千年,而实与民族复兴、文化复兴上的关系甚巨","本其民族复兴、文化复兴之使命作去,至于能将江浙的古文化时期提高,不过为其副产物而已"。①

　　江浙一带的考古新发现,使卫聚贤更加坚定自己的看法,"由石器之发现,证明江南文化之古;由陶器花纹之美观,证明江南文化已高。而吴越几何形花纹,在殷墟有十余种相同,与余前主张殷民族由东南至西北之说合。因而作《中国文化起原于东南发达与西北》的探讨"②。吴越史地研究会成员主张中国古文化由东南传播于黄河流域,在《吴越文化论丛》中集中发表研究会的观点。③ 又有《江苏研究》1937年6月第3卷第5—6期"吴越文化专号",上海《时事新报》副刊《古代文化》等,共同推动吴越文化研究。基于自己对吴越文化的判断与认识,卫聚贤在20世纪40年代以后陆续对《史记》中涉及吴、越的世家、传等重新作注,发表于《说文月刊》。

---

① 卫聚贤:《吴越史地研究会》,《江苏研究》1936年第2卷第7—8期,第4页。
② 卫聚贤:《中国文化起原于东南发达于西北的探讨》,第149页。
③ 案:《吴越文化论丛》登载24篇文章,包括:卫聚贤的《吴越释名》《太伯之封在西吴》《殷民族由江浙迁于河南》《中原民族之开发东北》《中国古文化由东南传播于黄河流域》《纪念考古学家袁康》《浙江石器年代的讨论》《吴越民族》,罗香林的《古代越族的文化》,吕思勉的《南强篇》《越之姓》《与卫聚贤论吴越文化书》,何天行的《仲雍之国》,陆树枏的《吴越民族文身谈》,陈志良的《庆忌塔墓辩》,孔君诒的《虞舜耕地葬地的探讨》,施昕更的《杭县第二区远古文化遗址试掘简录》,慎微之的《湖州钱山漾石器之发现与中国文化之起源》,陈志良的《南京访古记》《袁山松遗迹考》,胡行之的《浙江果有新石器时代之文化》,刘之远的《石器的形成与地层之探讨》,松本信广的《吴越史地研究会两种报告之批评》,苏铁的《吴越文化之探查》。附吴越史地研究会之经过。

2. 首次提出基于考古学的"巴蜀文化"的命题

根据传世文献所载,巴蜀没有古文化,"巴国的古史有《山海经》《华阳国志》的《巴志》所载,惟其国靠近楚、秦,故《左传》上尚有段片的记载。蜀国的古史,则有《尚书》《蜀王本纪》(扬雄作,已亡,他书有引)、《蜀论》(来敏本作,《水经注》引)及《华阳国志》的《蜀志》"①,其古史记载多神话不可确信且无详载。19世纪末至20世纪上半叶的考古调查与发掘为历史学的研究带来了许多新的命题,"巴蜀文化"的提出即为一例。

自1886年英国人贝巴氏(C. E. Beber)至四川游历,在重庆附近购得磨制石器二枚后,便开启此后五六十年大批国内外学者赶赴四川对华西石器的调研与史前文化的关注。②20世纪20年代末30年代初,四川广汉县(今广汉市)城西十八里太平场附近真武宫南侧燕氏宅旁发现大批玉石器,其中不少种类在形制上与传世和其他地区出土的同类器型不同,引起有关方面注意。随后,英籍牧师董宜笃(A. H. Donnithone)与成都华西大学教授戴谦和(D. S. Dye),成都金石名家龚熙台等陆续开展调查研究,龚熙台甚至提出该玉器坑为蜀望帝葬所。1933年,华西大学博物馆葛维汉(D. C. Graham)教授及该馆助理馆员林名均应广汉县政府之邀,在燕宅旁开展正式田野考古发掘,并撰成《汉州发掘初步报告》文,发表于1936年第6卷《华西边疆研究学会会志》。郭沫若根据这些广汉玉器与华北、华中的发现相似,提出古代西蜀曾与华中、华北有过接触。③那么,巴蜀究竟有没有古史,若有,最早可追溯至何时等问题开始进入更多学人的视线。

抗日战争以后,西南地区成为专家学者的汇聚地之一,带动了对川康地区研究的热潮。30年代末40年代初,学界涌现了诸多讨论古巴蜀的文章,如朱希祖在《古蜀国为蚕国说》提出"蚕桑织锦之业,皆始于

---

① 卫聚贤:《巴蜀文化》(第一稿),《说文月刊》1941年第3卷第4期之"巴蜀文化专号",第1页。
② 郑德坤:《华西的史前石器》,《说文月刊》1942年第3卷第7期,第83页。
③ 段渝:《"巴蜀文化"研究发轫》,《史学史研究》2007年第4期,第50—51页。

蜀,而远启于虞夏以上"①,徐中舒在《古代四川之文化》中考述四川先秦至唐宋时期的史料,推断"其文化由来其古,即或出于秦汉,亦多萌茁于本土,而不必待于中原文化之浸溉"②,"秦汉以前之蜀,自有其悠远的历史,其文化亦必有可观者"③,但这些文章都主要从文献考证的角度展开阐述。

基于考古学角度的"巴蜀文化"命题的正式提出,实肇始于卫聚贤先生。后世的"巴蜀文化"研究,其概念有二分:一是考古学上的"巴蜀文化",即狭义的巴蜀文化,时代是从商代一直延续到秦统一巴蜀前(有的学者认为一直延续到西汉);一是文化学上的"巴蜀文化",整个四川古代与近代的文化。后者是对前者的延伸,其得名也源于此。④ 卫聚贤所阐述的"巴蜀文化",代表作是《说文月刊》1941年第3卷第4期之"巴蜀文化专号"中登载的《巴蜀文化》,以及《说文月刊》1942年第3卷第7期《巴蜀文化》同名文章,比之前文,内容扩充甚多。

卫聚贤开始涉足"巴蜀文化"命题的研究,始于1940年他与郭沫若、马同衡、常任侠、胡小石等在嘉陵江北岸展开的汉墓调查。⑤ 4月7日,卫聚贤与郭沫若游江北,在墙脚下见有古砖,循此以往,见一厕所墙壁全用古砖做成;10日,与郭沫若、马叔平、常任侠又前往,目的是与房主交涉,将厕所拆除,以新砖换旧砖,房主提到后院花砖甚多,又知其曾发现

---

① 朱希祖:《古蜀国为蚕国说》,《新四川月刊》转载《时事新报》,1939年第1卷第2期,第75页。
② 徐中舒:《古代四川之文化》,《史学季刊》1940年第1卷第1期,第28页。
③ 徐中舒:《古代四川之文化》,第32页。
④ 傅征:《关于"巴蜀文化"的命名》,《文史杂志》1993年第6期,第18页。
⑤ 案:详情可见郭沫若:《关于发现汉墓的经过》,《说文月刊》1941年第3卷第4期;常任侠:《嘉陵江畔汉墓残迹》,《良友》1940年第156期,第21页(内容与下文同);常任侠:《整理重庆江北汉墓遗物纪略》,《说文月刊》第3卷第4期,据该文介绍,"其先予游生生花园,见园路多汉砖,踏践无问者,颇惜之。盖建园之初,墓遂被毁矣。予尝以告友人吕君霞光,吕又告之郭先生沫若,后予复告之金大教授友人商承祚,以金大中国文化研究所,方集川中古砖图案文字也。某日郭与卫聚贤先生,来园访徇,无所见,因渡江作郊游。至培善桥,见人家墙角屋根,皆汉时砖,有'昌利'、'富贵'诸字,一砖又有'任文'二字阳篆小印,如封泥然"。还可见常任侠:《重庆附近之汉代三种墓葬》,《说文月刊》第3卷第4期。又,《卫聚贤报告汉墓试掘经过:重庆汉墓甚多应加保护,拟具意见请设立博物馆》,重庆《国民日报》1940年4月28日。

古墓,此砖是从古墓取下。14日,联合中大教授金静庵、胡小石等试掘。于附近防空洞下掘得古墓,得大批五铢钱、一把铁剑和数件陶器。① 试掘结束后,尽出所得,在墓傍之竹庐公开展览,参观人数达到两千人以上。

在这次发掘中,卫聚贤从墓砖的花纹与文字,以及其他的俑、钱、剑等物,判断巴地文化程度已很高,然而毕竟是汉墓,先秦巴人的文化究竟如何,还不可知。后,他在成都华西大学博物馆参观,发现川、康境内出土石器甚多,除一种扇面形外,形状多与黄河流域同,始认为蜀国有古文化。为了推进研究,借在重庆温泉公园发掘古墓之机,卫聚贤与温泉公园主任邓少琴、北碚前辞典馆长杨家骆、中大教授程仰之与常任侠等议及仿"吴越史地研究会"成立"巴蜀史地研究会",于1940年4月正式成立。②

契机来自一批引发学界讨论的兵器。1941年4月,卫聚贤在成都忠烈祠街古萤商店中陆续购得兵器若干,又从他人处看到数十件,兵器上手与心的花纹图案引起了他的注意,撰成《蜀国文化》一文,后读到《华西学报》刊登的相关内容(《华西学报》第五期,二十六年十二月出版)有镈于图,其花纹类此,知万县、什邡(四川)、慈利(湖北)、长杨(湖北)亦有此特异的花纹兵器等出土,包括古巴国在内,故又改此文为——巴蜀文化。在首次发表的《巴蜀文化》中,卫聚贤讲述了古巴蜀国实物遗存的情况。这种特异花纹的铜器,来自成都城外西北角白马寺附近坛君庙后李洪等数家地中。早在1921年白马寺坛君庙后,窑工即掘有铜器,兵器尤多,以其上钳金银花纹者为贵,有花纹者次之,素的最下,当时出售价格为:上等,一二十元;次等,十元左右;下等,一二元而已。各收藏家多有此物(据闻,英国人搜集去五百件,四川博物馆有四五十件)。卫聚贤分析了这些青铜兵器上的手与心、吞口、龙、蛙与蛇龟、狩猎、文字等,得出结论:蜀人有自己的文字,其时期在春秋以前。

---

① 卫聚贤:《复古物保管委员会函》,《说文月刊》1941年第3卷第4期,第121页。
② 卫聚贤:《温泉浴》(署名"卫大法师"),《说文月刊》1941年第3卷第4期。

几乎同时,顾颉刚撰成《古代巴蜀与中原的关系说及其批判》①文,从文献中整理出关于古巴蜀"求美"的历史叙述系统,继而遵照"求真"的原则,辩驳该历史叙述。顾颉刚认为古巴蜀史事的记载,可信度实在太有限,前人搭架得很像样的一个历史系统,一经分析,真的是"七宝楼台,拆卸下来,不成片段",古巴蜀的文化应该有其独立发展的脉络,"不幸历代人士为秦汉的大一统思想所陶冶,认古代也是一模一样的,终不肯说这一块土地上的文化在古代独立发展,偏要设法把它和中原的历史混同搅和起来,于是处处勉强拍合,成为一大堆乱丝。一班修史的人把这些假史料编进许多史书里去,彼此纠缠,把人们的脑筋弄迷糊了,古蜀国的真相再也看不清了","四川的古史传说弄清楚了,别地方的古史传说反正也逃不了这个格局。希望我能够好好地开这个头"。② 这些观点与卫聚贤的观察似乎不谋而合。

1942年《说文月刊》出"巴蜀文化"专号,登载了经卫聚贤大幅度增益后的《巴蜀文化》长文,以及附议与争议文章,包括于右任《巴蜀古文化之研究》、张继《四川古迹之调查》、吴敬恒《避巴小记》、王献唐《甲饰》、商承祚《成都白马寺出土铜器辨》、郑德坤《华西的史前石器》、林名均《广汉古代遗物之发现及其发掘》、董作宾《殷代的羌与蜀》、朱希祖《蜀王本纪考》、缪凤林《漫谈巴蜀文化》、徐中舒《蜀锦》、傅振伦《巴蜀在中国文化上之重大供献》、郭沫若《钓鱼台访古》等。

相对于1941年的简版《巴蜀文化》,卫聚贤在1942年的扩充版中主要增益了如下部分:其一,追溯了巴、蜀国名称的由来、传说的古史与比较可靠的古史。其二,阐述了巴蜀文化研究的起因,指出依靠文献与人类学的方法都难以展开巴蜀文化研究,"巴蜀传说的古史,则多神话;巴蜀可靠的历史,亦甚简略。居于二千年后,而欲从书本子上探访当日的文化则甚难。巴蜀的遗民散居山地文化落后,以遗俗推究古文化,尤更

---

① 案:该文发表于1941年9月《中国文化研究》(由齐鲁、华西、金陵三大学中国文化研究所联合出版委员会编辑)的创刊号,但顾颉刚在该文的附记中说此文是1941年4月写成。
② 顾颉刚:《古代巴蜀与中原的关系说及其批判》,第231页。

不易。无已,则以新出土古器物为证","四川各地出土的新石器,其伴出的陶器甚少,而且都是些碎片。既无如彩陶画的花纹,又无如黑陶刻的花纹,更无如印陶印的花纹,是就陶器的形状与花纹以研究古文化,则不可能。石器除广汉的一玉刀形状复杂,琪县的一石铲为扇面形,较为特别外,余均平常。以此而言文化,则甚不易。四川古铜器出土甚少。历代间有记载,而形状花纹文字不详;考古书上间有记录,不但对于出土地不明,时代也弄不清。故无人敢着手于巴蜀文化之研究"①。其三,在简版基础上增益大量材料,并从八个方面论证巴蜀文化,具体包括兵器的名称与花纹(手与心、龙、人、饕餮、蛇蛙鱼等)、猎壶的花纹(鸟、兽、爬虫、云纹等)、錞于上的花纹、金银错器、文字、兵器时代、兵器的真伪等方面,并藉此回应了对简版的不同意见。结论大体上同于简版的《巴蜀文化》。

自卫聚贤简版《巴蜀文化》登载后,引发学界热议,如商承祚、徐中舒等都提出反对意见,主要集中于成都白马寺出土铜器的真伪,最具代表性的文章是商承祚《成都白马寺出土铜器辩》,用商承祚的话说,这是和卫聚贤打擂台的论辩文。商承祚认为成都白马寺多出土陶瓦当,且花纹与这些铜器上的花纹迥异,忽然出土如此多的铜器且兵器居多,着实可疑,判断是商人抬高铜器价值的伎俩。尔后,又从兵器制度及年代的诠释、花纹文字的燃犀、锈色定地域、据铜质的优劣知非出于一地等方面展开分析,结论是成都白马寺出土的兵器,其年代制作属于西周,不是蜀人作品,是后人带入川中,甚至可能是伪造。② 有鉴于此,卫聚贤在扩充版《巴蜀文化》中专列"兵器的真伪"部分进行辩驳,他从伪造者的动机出发反推伪造的可能性,认为伪造者不过是为了赚钱,然而所售成都白马寺的兵器价格低廉并无利可图。③ 除此,关于"巴蜀人有文字否"这个问题也是争议的焦点,卫聚贤指出扬雄《蜀王本纪》"蜀……不晓文字",而《后汉书·西南夷传》"苲駹夷"条注"其王侯颇知文书",依据《华阳国志》"虽

---

① 卫聚贤:《巴蜀文化》(修订稿),《说文月刊》1942年第3卷第7期,第46页。
② 商承祚:《成都白马寺出土铜器辩》,《说文月刊》1942年第3卷第7期,第78—82页。
③ 卫聚贤:《巴蜀文化》(修订稿),第70页。

学者亦半引夷经"说明晋时苗人自有文字,不是在晋时突然产生的,"秦未灭巴蜀时,巴蜀是自有文字的",白马寺兵器上的文字与中原文字非属同一系统。① 卫聚贤指出"白马寺不发掘,这些问题是很难解决"②。

卫聚贤"巴蜀文化"命题的提出与研究,尽管存在论据与论证不足,甚至有明显错误之处(如将"右袒"误会为"左衽"),但是他突破既有认识的藩篱,运用二重证据法,阐述巴蜀古史,判定巴蜀自有文字,不是秦灭巴蜀后巴蜀人仿汉字所造,鲜明地提出巴蜀文化区别于中原文化的特性,对此后中国古文明发源等重大问题的讨论具有开创意义,今天所判定的巴蜀文化发展四阶段,成都平原史前城址群为代表的宝墩文化、三星堆文化、金沙遗址文化、战国青铜文化等,正以此为始。

卫聚贤除主持南京明故宫工部与栖霞山六朝墓、新石器时代遗址(栖霞山与山西万泉荆村、兰州)、巴蜀早期文化、重庆汉墓的考古之外,还作了许多其他的调查探访工作。敦煌文书遭受劫掠,引发社会广泛关注,迫使国民政府责令敦煌县派保安班守护莫高窟。20世纪40年代以后,学者、画家陆续前去探访,卫聚贤也是其中之一,他在《敦煌石室》文中介绍了敦煌史地、石室开凿的动机及发达的原因、敦煌石室写经的发现等,提出在人才与设备不够时,不要轻易发掘千佛洞和榆林库,建议将资料通过拍摄或临摹的方式提供给不同研究领域的学者。并且,卫聚贤还连载刊登了此行抄写的碑文,以飨学者。③ 文学研究虽不是卫聚贤的兴趣所在,但他在戏曲类文物的考古发掘方面却有重要的发现,是最早的戏曲文物研究者,"为戏曲文物研究的开场敲响了振奋人心的锣鼓"④。他根据山西万泉县"张瓮庙,解店楼,四望村台子,拔了头"的谚语探寻古迹,考察了宋元以后的戏曲舞台,拓宽了戏曲研究的视野,从戏曲文本、舞台表演研究走向表演载体研究,其宝贵的实地考察记录,至今仍有重

---

① 卫聚贤:《巴蜀文化》(修订稿),第64页。
② 卫聚贤:《巴蜀文化》(修订稿),第70页。
③ 卫聚贤:《敦煌石室》,《说文月刊》1943年第3卷第10期,第22—29页。
④ 参见冯俊杰:《戏剧与考古》,北京:文化艺术出版社,2002年,第2页。

要的参考价值。

(三)

大概是成长于商人家庭又曾求学于商专的缘故,卫聚贤对经济史领域始终有着浓厚的兴趣。卫聚贤曾提出,研究经济分三种途径:一是学理的探讨,二是现状的考察,三是历史的整理。他自己主要用力于现状的考察、历史的整理,曾计划编纂中国经济史,提出将可获取的书籍材料分为七类:经、史、子、文集笔记、志书、外国书、其他等,进而将所搜得的材料分为农业、工业、商业、矿业、经济学说、货币、财政、其他等八类,再突破地域限制,搜集经济史编纂处所在地未有的书,搜集未著录及未找过的碑帖、墓志,从民间遗留或仍在实行的风俗习惯等上找材料,从大商号旧账簿上找材料。资料收集完成后,分类编成中国农业史、中国工业史、中国商业史、中国矿业史、中国经济思想史、中国货币史、中国财政史等,时间段均至上古起,至清末为止。进而,汇总材料、严密编纂成一部巨大的中国经济史。① 卫聚贤撰写了《中国商业史》等文章,作为中国经济史一部分底稿,然而,因受制于人力、财力,这份"中国经济史"的编纂计划最终并未完成。②

除此之外,卫聚贤在古今货币与山西票号的研究方面成绩卓著。在卫聚贤的学术规划中,"中国货币史"赫然在列,由于需逐一考索历代的社会背景、经济状况,并未完成。最终成果为简版的中国货币史,即在重庆中央大学及中央政治学校的演讲稿——《中国货币演变述略》,介绍了中国历代的硬币与软币。1942年,说文社重新排印丁福保的《古钱学纲要》时,卫聚贤考虑到该书分量少且只重在古钱本身的说明,遂加入《中国货币演变述略》以补不足,书名为《古钱》,又命子卫月望编成"古钱年号索引",附于书后。1944年,卫聚贤还主编出版《古今货币》论文集,收

---

① 卫聚贤:《编纂中国经济史的组织计划》,《说文月刊》1940年第2卷第1期,第1—4页。
② 卫聚贤:《中国商业史》,《天南》1935年第4卷,第3页。

入卫聚贤《古今货币谈》、解毓才《两宋的楮币》、慕寿祺《甘肃发现金明时代之钞票》、谭彼岸《清中叶之货币改革运动》、魏建猷《清季银圆制度》、乔晋樑《民国以来之银元》、赵佩玺《辅币之铸造》等文章。卫聚贤在香港时，还曾著有《中国历代钱币史》，在前作基础上增加了对香港钱币史的介绍。次子卫月望，子承父业，后成为中国钱币史研究的大家。

　　卫聚贤在经济史方面最为人称道的是对山西票号史的调查与研究。作为山西同乡，卫聚贤与孔祥熙相识甚早。1935年，卫聚贤受聘到上海中央银行担任经济研究处专员和协纂之职，孔祥熙时为中央银行总裁。孔祥熙出身于山西太谷的晋商家庭，曾言"我们家在票号生意上很活跃，我家同好几家票号有联系，而且是志成信票号的主要股东"①。兴起于道光初年的山西票号，至民国初年已渐趋衰败，"在这八十年间，对于汇兑通畅，调济各地金融，代理国库，协助政府财政，在银行未成立以前，而有此大规模之金融机构，实为中国经济史上之重要阶段。但尚少有系统的记载以明究竟"②。有感于此，1936年冬，孔祥熙委派卫聚贤前往山西考察票号情况。此行收获颇丰，卫聚贤除收集了票号合约、号规、红账、信稿、账册等原始资料，还记录了票号人士的口述以及墓志铭等。所得材料，略加整理，分期在中央银行经济研究处出版的《经济月报》发表，并印成单行本若干，复寄回山西太谷、祁县、平遥，请曾在票号中工作过的人校正其误、补充材料，然因全面抗战，所得甚少。1944年，卫聚贤"将山西票号以历史的眼光"编为《山西票号史》出版。卫聚贤所收的材料后传入日本，收入滨下武志编《山西票号资料》（东洋学文献丛刊第六十辑，1990年）。

　　早在20世纪初，中外学人就开始关注并介绍山西票号，如徐珂所编的《清稗类钞》之"农商类"、艾约瑟《中国银行与物价》、瓦格尔《中国金融与银行》、日本东亚同文会编《支那经济全书》等，但多史料不足、叙述简略。《山西票号史》系统梳理了票号的前身、票号产生的原因与时代、票

---

① 《孔祥熙与朱莉·连英的谈话》，美国犹他州立大学袁清教授提供，转载自张正明：《晋商兴衰史》，太原：山西古籍出版社，2001年，第245页。
② 卫聚贤：《山西票号史》之"编纂经过"，重庆：说文社，1944年。

号的盛衰等问题。围绕着山西票号的起源有不同观点,有隋唐说(英国学者)、明末清初说(徐珂及日本学者)、康乾说等,后者立论的依据是曾担任过蔚丰厚票号分号经理的李宏龄在1917年编辑出版的《同舟忠告》(太原监狱石印)、《山西票商成败记》(太原监狱石印)。① 山西商专编著《晋商盛衰记》,把山西票号鼻祖日升昌的创办者雷履泰定为乾隆、嘉庆年间人氏,卫聚贤接受了山西票号为雷氏所发明的说法,然而"后各省友人闲谈中,以余为山西人,而又研究历史,也曾研究经济史,故尝以山西票号之故事为问。尤其是顾炎武发明票号一节,人多乐道之,而与余所闻为雷履泰所发明者异"②。

有鉴于此,卫聚贤在《山西票号史》中考证了票号起源的问题。"票号的发明人,传说是顾炎武,经我的考证,顾炎武与傅山及戴廷栻为推翻清室作革命工作而创设标局。标局是为商人运现,票号是抵制标局运费之大而设的。票号是谁发明的?传说是平遥县日升昌颜料庄经理雷履泰,但无直接证据"。太谷县协成乾票号股东孙培基曾说"票号是太谷先发明的,约在乾隆年间",然而究竟如何?尚待后续调查。卫聚贤认为,从表面现象看,票号的产生主要是为"抵制镖局抵运现金运费之高昂",而其深层次原因则是由于"商业发达至相当程度"而"交通及货运本身尚未能相随俱进",票号是"这个时代应运而生的金融机构"。③

卫聚贤还梳理了山西票号的商帮,以及其组织、人事、业务方面的情况,提供了诸多珍贵的原始资料,而他在调查中所运用的方法,颇具示范意义。其一,先访问。卫聚贤调查票号时,参考资料匮乏。通过采访票号经理和股东,采集关于票号名称,成立及歇业的年月,资本数目,几年一账,普通每股每账开银若干两,最多开过若干两,股东某人,经理某人,系某县某村人等概况。其二,读庙碑。卫聚贤原本想要通过庙碑布施人的记录采集信息,然而因为只录入序文,收获未果。其三,读谱牒、墓志。

---

① 李永福:《山西票号研究》,北京:中华工商联合出版社,2007年,第5页。
② 卫聚贤:《山西票号史》之"序"。
③ 卫聚贤:《山西票号史》之"序"。

主要是已故的票号股东与经理,欲从其生卒年月上知道一点票号的事迹,甚至到他们家中采访,阅其家谱,看其本主,并搜集其墓志,亲至墓上抄其墓碑,又请其后人或其亲友代为作传等。其四,广搜集。采集票号中各种账簿、报告清册、往来信稿、汇票执照、印章等重要材料。票号招牌,票号房屋以及股东经理之住宅,大部分皆照相记录。卫聚贤的"田野考察",使《山西票号史》具有极强的学术价值,直至今日仍是学界研究晋商的宝贵资料。

(四)

卫聚贤的文学研究聚焦于历史考证,文学创作则包括编写历史通俗小说与话剧剧本,后者以现实意义为取向。

1. 研究《诗经》《楚辞》

20世纪20、30年代,以古史辨学者为主展开了"《诗经》大讨论"。1923年,顾颉刚在《〈诗经〉的厄运与幸运》中阐述了先秦《诗经》史,对作者、诗歌本事、用诗等问题提出质疑。① 其中,"季札观乐"因关涉《诗经》编次、篇目与篇数、成书年代,又出自向来认为是可信典籍的《左传》,历来是古代学者讨论《诗》史问题极为重要的材料。然而,五四运动以后的疑古思潮使《左传》的真伪都成为一个问题,那么"季札观乐"的真实性以及其《诗》史叙述自然引发学人热议。

卫聚贤考证《左传》时,也关注到"季札观乐"与《诗》史问题,"季札观乐,与《诗》史有关,余对于《诗》毫无研究,不敢妄加以辩论;但此段系伪中之一,不宜缄口不言。除请王静安师指导外,友人陆君侃如专门研究《诗》史,颇有心得,余多得其指正"②,遂撰成《"季札观乐"辩》,副标题为"《左传》辨伪之一"。卫聚贤认为,刘歆好《左传》,以其不能列于学官,欲

---

① 顾颉刚:《〈诗经〉的厄运与幸运》,《小说月报》1923年第14卷3—5号。后编入《古史辨》改为《〈诗经〉在春秋战国间的地位》。
② 卫聚贤:《"季札观乐"辩》,《北京大学研究所国学门月刊》1927年第1卷第6期,第604页。

争胜公、谷,窜入解经之文即《毛诗序》,"季札观乐"这段就是明证,例如季札评《周南》《召南》"始基之矣",与《毛诗序》相近,即为后人依据《毛诗序》而窜入。卫聚贤的论证逻辑多出自他对《毛诗序》权威地位的质疑。事实上,1926年卫聚贤就曾发表《读〈吴桂华说豳〉》文,认为正是由于吴桂华深信《诗序》"豳风所陈者,乃周公陈当时之事"才导致讨论《诗经》牵强附会。① 而抛开《诗序》与笺注等重新研究《诗经》,正是"古史辨"派的主张。

《周南》《召南》为何不以"风"命名,《邶风》与《鄘风》是哪些地方的歌谣,历来在《诗经》学史上聚讼纷纭。1935年,卫聚贤撰《〈周南〉〈召南〉与邶、鄘、卫的关系》②,吸收王国维在"北伯鼎跋"中主张邶为燕、鄘为鲁,且原有目无诗的说法,作出进一步推断。周公封于河南南阳的"鲁山",故名为鲁国。周武王死,周公立为天子,东征殷人,拓展了大片疆域,把原封于鲁山的鲁移封于山东省曲阜县,仍名为"鲁",又将原封在河南省济源县的齐,移封于山东省临淄县,仍名为"齐";以原封于河南省偃城"召陵里"的召国,移封于河北省易县,仍名为"召国",因它直接在周人的势力下,又是最北的一个国家,因此为邶。山东曲阜原为殷人的"商奄之民"所居,奄与鄘通,因此将新封的鲁国称为鄘。周南,是周公原封地以南,召南是召公原封地以南,包括"汉阳诸姬"的诗在内,难以区分出自哪国,于是笼统称为《周南》《召南》。因孔子是鲁国人,鲁国为周公的后裔,孔子编诗,将"周南"排在"召南"之前。卫聚贤推断邶即《召南》,鄘即《周南》,邶、鄘原为《召南》《周南》编名下的注,被后人误列为正文,因此有目无诗,后人以卫诗较任何国风为多,乃将它们分割于邶、鄘之下,至1981年卫聚贤撰《〈诗经〉试释》时仍持此看法。③ 除此之外,卫聚贤还发表有《〈凯风〉之我见》《〈诗经〉中的恋爱观》等,然发明不多。

卫聚贤的《诗经》研究说到底仍然是一种"历史"研究,"我不是站在

---

① 卫聚贤:《读〈吴桂华说豳〉》,《北京大学研究所国学门月刊》1926年第1卷第5期。
② 卫聚贤:《〈周南〉〈召南〉与邶、鄘、卫的关系》,《教授与作家》1934年第1卷第1期。
③ 卫聚贤:《〈诗经〉试释》,《辅仁学志(文学院之部)》(台湾)1981年6月,第313—314页。

文学立场上释《诗》,而是站在历史立场上释《诗》,是以我只能释其大义,也就是由其诗句中所表现的'地区性',而推求其'时代性',以研究古史的人,引诗证史,不至于把时代较后的诗,列入在时代较前的史中"①。卫聚贤的这种历史眼光也同样将他带入到以疑古思潮为背景展开的屈原及其作品真伪的讨论中。司马迁的《史记·屈原列传》与《楚辞章句》有所抵牾,从宋代以后人们就开始怀疑司马迁记录的可靠性。20世纪初,廖平与胡适将屈原研究中存在的问题归结于对屈原本身认识的错误,先后对屈原是否存在提出质疑,主要理据正是《史记·屈原列传》存在矛盾,出现了司马迁死后的"孝武""孝昭"谥法,胡适在1921年的《读〈楚辞〉》中更将屈原视为"箭垛式的人物",即屈原的形象是汉儒集体创作的结果。②

1938年,吴越史地研究会出版的《楚词研究》中收录了卫聚贤、丁迪豪、何天行的研究论文,详细讨论屈原与《离骚》的作者问题,尤其是何天行的《楚辞新考》,认为屈原是淮南王刘安为浇胸中块垒虚构出的人物,《离骚》语句多承袭《淮南子》,且两书用"长"字处多改为"修",正是刘安避其父刘长的讳等。卫聚贤赞同何天行对《离骚》的作者是刘安的判断,在《〈离骚〉的作者——屈原与刘安》文中补充论据,不同的是,他提出屈原之名为贾谊伪造,司马迁将《离骚》故意归属于"屈原"。丁迪豪则认为司马迁把楚曲《离骚》附会到屈原身上。这场"屈原否定论"(日本学者稻田耕一郎的说法)在20世纪80年代以后,由于日本学者的附和再次发酵。③

"屈原否定论"产生的原因,自然是受疑古思潮与科学地整理国故的影响,学人检视经典文献,试图对那些古今作品中存在争议的问题提供新答案。在传统评价中,屈原被塑造为志洁行廉、忠君爱国,宣扬儒家伦理观念的典范。随着近代以来对传统的批判,屈原被请下神坛,成为学人用以为新时代思想张目的媒介,"自西汉以来儒家伦理观念著《史记》

---

① 卫聚贤:《〈诗经〉试释》,第315页。
② 贺光速:《屈原论争的歧误及其文化根源》,《湖北大学学报:哲学社会科学版》1990年第1期。
③ 王志:《百年屈学问题疏证》,北京:生活·读书·新知三联书店,2015年。

的司马迁,他在《屈原列传》中,好像别有用心的大肆赞叹着《离骚》,《离骚》的地位就因此而抬高","他们所以赞叹《离骚》的,是因为《离骚》是忠君爱国的观念的伟大意识的表现,是依经立意而合于诗人温柔敦厚的旨趣的杰作,故他们拥护《离骚》……原来中国历代的思想界,恰恰为着掩护封建制度的儒家所垄断,整个的社会,在他们笼罩之下而充满奴隶信条的忠君思想,《离骚》便随着这种潮流的震荡,成就他在中国文坛上的一种正统文学的权威"。①丁迪豪在《〈离骚〉的时代及其他》开篇这段论述,正是对胡适提出的"屈原的传说不推翻,则《楚辞》只是一部忠臣的教科书,但不是文学"②的注解。

2. 小说戏曲考证

"整理国故"运动同样促使人们将目光投射至过去不太被人所关注的古典小说领域,小说的考证与研究渐兴,学人在对古典小说、戏曲的作者、本事、版本流传等考索方面用力甚勤,如胡适《〈狸猫换太子〉故事的演变》(《现代评论》1925年第1卷第14期)、《〈三侠五义〉序》(上海亚东图书馆,1930年)、李玄伯《〈儿女英雄传〉作者文康的家世》(《猛进》1925年第9期)、孙楷第《谈谈〈包公案〉》(《国语旬刊》1929年第1卷第8期)等都是小说考证方面的开风气之作。

史学研究的立场与关怀,使卫聚贤的文学研究着眼于文学本事与作品真伪的考证。卫聚贤注意到史实演变为通俗文学作品过程中被不断"创造"而失真的现象,"一件事实,尤其是关于国家的大事,写在纸上,就失去了一部分真确性,因为有些地方在当时因种种关系不便写出的。后人编成历史,又失去了一部分真确性,因为有一部分是根据传说的。编成小说,再失去了一部分真确性,因小说描写要使人动听,要故意夸张。演成戏曲,更失去了一部分真确性,因为要配合音乐唱奏等"③。卫聚贤

---

① 丁迪豪:《〈离骚〉的时代及其他》,载于卫聚贤、丁迪豪、何天行:《楚词研究》,上海:吴越史地研究会,1938年,第1—2页。
② 胡适:《〈读《楚辞》〉》,《胡适古典文学研究论集》,上海:上海古籍出版社,2013年,第295页。
③ 卫聚贤:《〈杨家将〉考证》,《说文月刊》1944年第4卷合刊本,第827页。

因"考证古书真伪"的余兴而及此,力图通过考证,剥去史实外面的层层洋葱皮,接近真实的历史。卫聚贤对文学作品的考证,包括《〈薛仁贵征东〉考》《〈杨家将〉考》《〈彭公案〉考》《〈包公案〉及其考证》《〈封神榜〉故事探源两则》等。

《薛仁贵征东》讲述了唐太宗未征高丽时夜梦贤臣薛仁贵保驾东征,派张士贵求贤,张士贵以其女婿何宗宪冒名顶替,并欲加害薛仁贵,薛仁贵逃出并解救了被高丽大将盖苏文围困的太宗,杀死盖苏文、平高丽。"《薛仁贵征东》是民间最通行的一部小说,但其中所载多与两《唐书》不符"①,两《唐书》中记载太宗征高丽前后不及一年,以李勣之功居多,薛仁贵不过在安市城曾一显粮为太宗欣赏,至于张士诚有无迫害薛仁贵,史无可查。由于正史记载和小说差别太大,卫聚贤考证并探讨了《薛仁贵征东》的创作过程。

1935 年,卫聚贤依据两《唐书》校正薛仁贵征东的史实②,1939 年又出版《〈薛仁贵征东〉考》,1945 年出版《唐代征东与青年军》,详细考述唐太宗征东的动机与情况、薛仁贵征东的功绩等。卫聚贤在《〈薛仁贵征东〉考》中考证了薛仁贵的姓名、籍贯、家世、薛仁贵及其家属的死亡、招募士卒及投军、征东过程、功绩评价等。进而,深剖内里,考述何以会造成如此大的差异,即追问从史实到通俗文学创作的过程。他认为在宋代,薛仁贵的事迹就广为人知,然而并无张士诚迫害之事,欧阳修在《新唐书》中加入了家庙碑文中"薛妻劝其投军"的情节。至元明时代则逐步演变成今本《薛仁贵征东》的故事,卫聚贤推测元明时代陕西乾县樵夫因为受到戏曲宣传而毁掉了昭陵陪葬墓张世贵的碑文,至清初颂扬薛仁贵的功绩而批评张世贵罪恶更甚。《薛仁贵征东》是明末"内忧外患交迫卒至亡国,爱国之士愤激之作"。唐太宗征高丽十二年之久,就是因为薛仁贵未得重用,如果允许边将专权,满洲必克。及满洲入关,全民族应抵抗

---

① 卫聚贤:《〈薛仁贵征东〉考》,上海:秀州书店,1939 年,第 1 页。
② 卫聚贤:《从两〈唐书〉校正薛仁贵征东》,《前途》1935 年第 3 卷第 12 期。

异族,不意有汉奸出降,类安禄山进长安,有投降事以讥讽,因此作此小说以宣传爱国。卫聚贤认为作者"中都遗叟"即明末人赵炯然,著小说《说唐薛家府传》《说唐后传》,即后来广泛流行的《薛仁贵征东》。不过,戴望舒曾在《致赵景深》信件中认为卫聚贤考证作者为赵炯,甚为勉强。①

  妇孺皆知的杨家将故事,讲述了北宋名将杨业一家三代忠肝义胆、保家卫国,以及在北宋政治斗争中勇斗奸臣的事迹,以笔记、话本、戏曲、小说等为载体广为流传。在杨家将故事的流传中,逐步塑造了与杨家对立的奸臣潘仁美的形象,卫聚贤得《潘氏世族谱》,观宋元人的题字,以及为潘家所作的传记,甚感史实与文学作品的不合,遂作《〈杨家将〉考》。卫聚贤将《杨家将》与《宋史》、家谱、方志等对校,考证了宋太祖征上党及太原、杨业降宋、宋太宗征幽州与遗将北征、杨继业之死、杨业的妻子、潘美的子女及其族谱、杨家将传说之盛的历史。卫聚贤的一些结论,至今在学界讨论时还常有引述,如他提出穆桂英这一形象,于史无证,当是穆族女子,是由鲜卑族之姓"慕容氏"转音而来。来源可能是欧阳修为杨琪所作墓志铭"初娶慕容氏"的记载,因杨文广乃杨琪之堂弟,故杨文广亦有和慕容氏联姻的可能,小说家便由此生发出杨文广之妻穆桂英及后来的多出戏曲小说。他认为,因杨家将故事"不利"宋朝,推测应出自明人。宋太宗平北汉,杀戮晋阳,致民众结怨于宋甚深,前有山西戏曲《骂殿》演绎太宗信潘洪谗言致杨业战败,后有关于杨家将的小说。卫聚贤《〈杨家将〉考证》初收入《小说考证集》,1944年说文社出版单行本《〈杨家将〉及其考证》,附录章回小说《杨家将》和《杨文广平蛮》。卫聚贤以史学的眼光开其先,余嘉锡(《〈杨家将〉考信录》)、常征(《杨家将史事考》)、聂崇岐(《麟州杨氏遗闻六记》)、沈起炜(《杨家将》)等承其后,考证了杨家将史事与故事的创作史。

---

① 戴望舒:《致赵景深》,载于黄勇主编:《中国现代散文经典文库·戴望舒》,汕头:汕头大学出版社,2012年,第159页。

自孙楷第、胡适对《包公案》展开讨论后，卫聚贤也撰《〈包公案〉及其考证》分析该作品的题材来源、作者身份、作期等，但论证薄弱。《彭公案》是白话武侠公案小说，被誉为"清末民初最畅销的一部坊间小说"，描写了清康熙时旗人彭朋在绿林豪杰的帮助下由三河县任至平定西下的故事。因彭公断案明确，与宋包拯相似，取《包公案》而名此书为《彭公案》，晚清查禁《水浒传》后，《彭公案》代兴。卫聚贤因着力于晚清民国时期江湖帮派的研究，怀疑署名为"贪梦道人"创作的《彭公案》是以青红帮为背景撰写的小说，进而考证了彭公案的故事源流、作者、创作背景等问题。① 卫聚贤认为，彭公案故事是将彭鹏与旗人朋春的事迹拼合而成的小说。上半部之彭，由三河县升河南巡抚，与彭鹏由三河县后升至广西巡抚的经历相同，下半部则皆属朋春征罗刹（俄罗斯）占据黑龙江以北土地，后升为河南巡抚（三十八回）之事。广西、河南地虽不同，而为巡抚则一。惟彭鹏卒于康熙四十三年，朋春征俄罗斯后，又征喀尔丹，于康熙三十六年卒。卫聚贤以《天地会文献录》《近代秘密社会史料》等考察如"五百子弟兵功成被暗杀"等《彭公案》本事，推证来源于郑成功据台组织的帮会在台湾被清廷平后征罗刹、喀尔丹，又组建红帮的历史。卫聚贤据《彭公案》中反映的作者在自然地理、历史掌故、语言方面的知识推断，作者似为咸丰年间天津一带的人，对西北地理不熟悉，且站在青帮方面说话。卫聚贤的《〈彭公案〉考》大致观点与周贻白《洪门起源考》②相类，在作者考证方面略有补充。

3. 文学创作

卫聚贤的文学创作主要包括历史通俗故事、戏剧剧本两类。以文学作品实现社会教化、思想传播是近代学人投入文学创作的原因之一。1943年，抗日战争进入胶着阶段。3月，国民政府教育部史地教育委员

---

① 案：卫聚贤《彭公案考》发表于《东方杂志》1948年第44卷第7期，第40—49页。后有沈香阁《〈彭公案〉的作者与内容考》发表于《春秋》（台湾）1984年第636期，第20—24页。两文内容大同小异，后文取小标题分隔内容。疑"沈香阁"为卫聚贤的笔名之一。
② 周贻白：《洪门起源考》，《东方杂志》1947年第43卷第16号，第46—50页。

会召开会议,借各地史学家赶赴重庆开会之机,成立了中国史学会,选举傅斯年、顾颉刚、沈刚伯、缪凤林和黎东方为常务理事。记者潘公展通过黎东方,向中国史学会提出建议,共同编写一部中国名贤故事集以承担振奋民族精神的使命。潘公展在"《中国历代名贤故事集》编辑旨趣"中说"中国民族力量之雄厚,是导源于优良的文化传统与民族精神",这种中国精神,"在平时,我们是生于斯息于斯而不自知,可是一遇到国家危急之秋,只要有贤明领导者振臂一呼,把全国的意志力量集中起来"则无坚不摧,在"国将不国"与文化奴隶层出不穷之际亟待发扬光大。继而,又强调这套书的定位不是整理国故,也非怀古,更谈不上复古,唯一目的是希望在建国文化的坦途上贡献力量。历史上的名人代表是民族文化的结晶,要了解民族文化的精髓,先要研究这些伟人的事功,尤其是描写他们之所以成为伟人的原因。①《中国历代名贤故事集》包括民族伟人(如钱穆《黄帝》、吴晗《明太祖》)、历代贤豪(如邓广铭《岳飞》、罗尔纲《洪秀全》、朱希祖《李斯》)、学术先进等不同类别,写作上务必通俗,使读者如看传记文学。卫聚贤承担"历代贤豪"《勾践》的编写工作,包括越人的先世、越人的文化与风俗(例如长柄兵器、柔的哲学等)、晋楚与吴楚之争夺、勾践败后准备建国、勾践准备抗战的步骤、勾践灭吴与称霸、勾践对于功臣的处置、勾践的子孙、勾践的遗迹与遗物等,以其事功人格激励青年者。

　　五四运动以后,话剧运动此起彼伏,倡导现实主义的剧本创作。② 抗战以后,话剧运动转移至成、渝等大后方,出现了许多讽刺黑暗现实,暴露社会与人的丑陋,艺术上却较为粗糙的话剧创作,卫聚贤编写(疑陈白尘改编)的《雷峰塔》六幕剧即为此类。卫聚贤在小说考证方面追溯创作缘起与脉络,剥离后世附加的层层外壳,尽可能还原历史真相的意图也折

---

① 潘公展:《〈中国历代名贤故事集〉编辑旨趣》,载于卫聚贤:《勾践》,中国历代名贤故事集"第二辑"历代贤豪",重庆:胜利出版社,1944年,第1—8页。
② 案:可参考傅斯年:《论编制剧本》,载于赵家璧主编,胡适选编:《中国新文学大系建设理论集》第一集,上海:良友图书印刷公司,1935年,第390—391页。

射至他的戏剧创作中。他认为《白蛇传》的故事很有可能是刻意用神话的外衣来掩盖丑恶事实所编造出来的谎言,"在妇女贞操严重之下,儿子对于他母亲被人叫骂或指责为不贞洁,是儿子的大辱,在平民中遇有此事,往往起了纠纷——即叫骂他母亲不贞,为最大的侮辱,于是就互骂互打起来了。在知识阶层,他就想将这故事掩饰使人将故事的观点改变。《白蛇传》于最后有许仙的儿子许龙中了状元去祭塔,我就想这故事,是状元许龙捏造的","乡间人指责他母亲不节,为掩饰此种事情,造出他母亲前世为蛇,被人所获,他父亲在前世救过他母亲而放过白蛇,他母亲为报答前恩计,于是有'非父母之命,媒妁之言'的仪式下的婚姻"。①

在这样的设想之下,卫聚贤设计了剧本大纲,包括家变、西湖巧遇、端节醉酒、大闹金山寺、雷峰塔生子、祭塔等六幕。在剧中,白家与许家曾订婚约,后离散。白素贞因与家中仆人发生关系,被父亲逐出家门,与丫鬟小青逃至杭州。在西湖边巧遇许仙,并与许仙自行订婚而有孕。逢端午,白素贞饮酒吐真言,道出自己原本就是许仙的未婚妻,且曾与仆人发生关系遭家变云云。得知真相的许仙气得大病一场,心灰意冷,出家为僧。白素贞追到金山寺,与欲收许仙为徒的法海大闹,恰镇江水灾,法海以寺庙香火不盛,终让白素贞把许仙叫回去了。许仙出家不成,回杭后常住雷峰塔,与和尚来往甚密。白素贞临盆之际去雷峰塔找许仙,与和尚起冲突,被关在雷峰塔,诞下许龙,被许仙的姐姐寻了抱去抚养,白素贞则跟随来杭找她的母亲归老家。许龙长大后中状元,为掩饰父母的过往而编造出《白蛇传》的神话,撰写祭文祭塔,白素贞来杭州寻子,雷峰塔相遇,深感错失状元儿子,懊悔不已,在雷峰塔自尽,于是世人愈信神话,以为白素贞升天界。

卫聚贤撰成故事大纲后,华新公司欲演为电影,不久离沪至渝,因而中止,后与作家书屋姚蓬子先生谈及,将大意很简略地发表在《新蜀报》上。《桂林报》载卫聚贤编《雷峰塔》戏剧共十八幕,这并非事实,不过把

---

① 卫聚贤:《雷峰塔》,重庆:说文社,1944年,第1页。

他的写剧念头引起来了。① 卫聚贤认为《白蛇传》中说"妾身原是四川青城山清风洞白蛇是也",在陪都演出,特合适。又,"嘉靖时东倭入寇,疑塔中有伏,纵火焚塔,故其檐级皆去"②,目下,倭寇到处焚烧,而将三百九十年前倭寇之焚烧演出,时甚相宜。

卫聚贤编的《雷峰塔》甚粗糙,郭沫若看了剧本后说"你还是考古吧!戏剧是不容易编的"。又送给洪深看,他说"趣味甚好,就是离题太远了,我替你改过"。时,洪深在江津戏剧学校授课,忙于编戏排演,最后荐举了他的一个朋友(应为陈白尘)改编。③ 结构上,将"家变"和"祭塔"两幕删去,调整了其余四幕的情节结构,加上对状元祭塔前知情人揭破白蛇神异故事的序幕与尾声,依旧为六幕话剧。内容上,前后增加了知情人揭破事实,将白素贞与小青塑造为逃难女子,路遇结交为同性恋。暗恋白素贞的李仁和嫉妒许仙的小青设计挑拨白、许关系。许仙端午用酒使白氏说出逃难途中曾与人苟合的真相,气得大病一场,又因许仙在多地有家室,躲避白素贞闹,逃到金山寺,白素贞遂与法海起冲突。后,白素贞在雷峰塔生子,许仙给白素贞五十万养老金换子。倭寇来袭,法海在净慈寺训练僧兵抗敌,许仙携子逃离,白素贞与小青则拿着银子远走他方。不同于张扬个性、歌颂爱情的主流剧作,《雷峰塔》中许仙与白素贞之间的关系充斥着欺骗与背弃,爱情神话不攻自破。因此,《雷峰塔》副标题为:一个传说,一个预言,一个荒唐无稽的讽刺剧。

除了《雷峰塔》之外,卫聚贤还创作了《端节》三幕节日应景短剧。《雄黄酒》独幕剧是《雷峰塔》的缩写版,讲述端午节白素贞酒后吐真言的

---

① 卫聚贤:《雷峰塔》,第5页。
② 卫聚贤:《雷峰塔》,第12页。
③ 卫聚贤:《雷峰塔》,第13页。案:1942年至1943年国民政府禁演的话剧,其中包括《雷峰塔》。民国时期查禁,查禁年月为1943年6月,查禁原因是"无积极性,且技巧幼稚"。陈尘之女说"该剧在当时署名为卫聚贤,它实际上是由父亲为其代笔","为了宣传抗日救国,父亲改写了白娘子与许仙的故事,在全剧结束之时,就连法海和尚也参加了抵抗倭寇的队伍",陈白尘言"那是为人捉刀代笔,于三天内赶制出来的急就章,不能算作是真正的创作"。陈虹《写在〈陈白尘文集〉出版之日》,选自《我家的故事:陈白尘女儿的讲述》,南京:江苏文艺出版社,2015年。

故事;《粽子》独幕剧讲述粽子与屈原无干,本无屈原其人,"屈原"二字是贾谊以其"屈冤"而假托。《离骚》是汉淮南王刘安作,原名鹿藻。卫聚贤将他在《楚词研究》中的研究结果编写为话剧演出。《钟馗》四幕短剧,取材于钟馗捉鬼事,"在这个年头,有冤也无处诉,只好借此谈鬼了"①。除此,卫聚贤曾提到将依据《明史》《明神宗实录》《朝鲜中兴志》等材料考证"征倭援韩"的历史,并预告说将据此做成话剧出版,但未见此剧。

(五)

1. "党"与"帮"

卫聚贤对社会组织的研究,聚焦于"党派"与"帮派"。"外国人笑中国人没有组织,但不知中国的上层组织为党,下层的组织有帮。党为使人信仰他的主义与办法,各在宣传,出书甚多,余亦有综合性的《党》一书的出版。而帮因系秘密组织,帮内人不向外宣传,帮外人很少知道;即使是帮内人,因系口传,记载甚少,而正确的历史也难明了"②,因此尤需探明其发展脉络和情状。

卫聚贤编的《党》,副标题为"中国各党各派现状",是对民国时期会党资料的整理汇编。"抗日战争胜利后,召开政治协商会议,国民政府承认了各党各派的地位,于是旧的党派积极活动,新的党派也在创造。因为国民党过去曾有过'党外无党,党内无派'的口号,各党派的内容非各党派的人不得知道。今天党派公开了,于是大家希望知道各党派的内容",而彼时《再生》杂志(张君劢主持,1946年被国民党查禁)虽有"党派专号",但皆为各党派人自作,内容较为空洞,宇宙出版社亦有"中国现有党派概况表",又太简略。有鉴于此,卫聚贤受朋友之托编写该书。③卫聚贤追溯了"党"的字源(原意是户口册子),后发展为"乡党""党派",虽

---

① 卫聚贤:《端节:三幕短剧》(署名"卫大法师"),重庆:说文社,1947年,第2页。
② 卫聚贤:《帮》(改版)之"序",重庆:说文社,1947年(新五版)。
③ 卫聚贤:《党:中国各党各派的现状》之"序",1946年。

起自东汉,但是至民国时期,组织与政治主张兼具的党才逐渐发展成熟。接着,卫聚贤详细叙述了中国国民党、中国共产党、中国民主同盟党、中国青年党、中国国家社会党、中华民族解放委员会、职教派与民主建国会、救国会派、乡村建设派、中国民主党的简史、组织、理论、党纲等,附录介绍民本社、中国国民自由党,以及政治协商会议协议事项等。

  相比之下,卫聚贤的帮会史整理与研究更为出色。帮会,是一种以开山立堂、结盟拜会的方式招募群众,崇尚忠义,以散兵游勇、江湖侠客为首领、以破产劳动者为主要成员的游民结社组织。帮,是以师徒宗法关系为纽带,会是以兄弟结义关系为纽带,是血缘家族的变异形态。19世纪末叶以来,帮与会互相渗透,二者被统称为"帮会",是民间秘密结社组织。① 晚清以来的政治变局中,帮会发展迅猛,有时与革命运动纠葛在一起,帮会史的研究也应运而生。1912年,商务印书馆出版了日本人平山周被誉为帮会史开山之作的《中国秘密社会史》,记述了白莲会、天地会、三合会、哥老会、兴中会及同盟会、光复公会的历史,以及这些组织的帮规、堂规、仪式、代表人物等。1931年"九·一八"事件以后,洪门以兴汉灭满、抗日救亡的旗帜广纳会员、振兴帮会,并书写帮会史,如1935年出版的刘师亮《汉留史》,依洪帮手册《海底》编纂而成,"海底"(又称"金不换")是洪门的组织法和花名册的代名词,是洪门中视为最珍贵、秘而不宣之物。《汉留史》叙述了汉留的源流、定义、沿革、组织系统和内外规则条例等,附各公口新开山堂或新立码头行礼式。随后,美国出版的黄三德(美国致公堂首领)《洪门革命史》则补充了海外洪门的活动,如对辛亥革命的支援等,中国革命党与海外洪门的关系等。青帮,清雍正四年(1726年)潘清、钱坚及翁岩三人创立,由漕帮发展而来。1927年"四·一二"政变后青帮成为国民党政府统治的重要社会基础,1933年联谊出版社陈国屏《青门考源》有详细考述。②

---

① 周育民、邵雍:《中国帮会史》之"前言",上海:上海人民出版社,1993年,第1—5页。
② 邵雍:《民国时期帮会史研究的发展及其特点》,《上海师范大学学报》1993年第3期。

帮会皆为秘密结社,因此民国时期的帮会史书写,作者多为帮会成员或与帮会人物过往甚密,才能收集到翔实的内部资料,如平山周曾加入兴中会,刘师亮也与四川哥老会关系甚密。卫聚贤在重庆期间接触到四川的帮会组织,收集了不少珍贵的资料,先后撰成帮会研究的四部著述:《帮》(原版和改版)、《江湖话》《红帮汉留人物》《袍哥入门》等。

1946年5月,卫聚贤出版《帮:中国帮会·红帮汉留》,前为中国帮会史,追述了中国帮会的源头始于墨子,由墨而转为侠,继而叙述了两汉及三国的游侠,晋隋唐宋之侠,元明清初的秘密社会,清初以后到民国的帮会。卫聚贤指出,清代以来的秘密组织,"所记的为入会仪式与神前读词,历史部分多为假托。是要用些考古的方法,历史的叙述,方能有其系统,使一般人知光荣的历史";该书第二部分详细介绍红帮汉留的名称、组织、海底、开山设堂等,"四川木刻版的《汉留全史》海底、江湖问答等,错字太多,而且《汉留全史》对于帮会的历史并不详细,余除将中国的帮会史另写一篇外,并依刘师亮《汉留全史》,加入海底、江湖问答,并根据其他书籍等加以补充与修改,比《汉留全史》多了一倍",约十六七万字,内有锌版图九十余块。①

《帮:中国帮会·红帮汉留》对于帮会内外的读者群都有着重要的参考价值,"可作入社会时行礼的仪式之参考,而且可作社员对于社会的认识之必须参考,亦为一般人欲明了中国下层社会的组织,以及三百年来的革命史,更为重要的参考"。不过,就实际需要而言,赶着在该年五月出版,主要是因为"五月十三日为单刀会,四川各地的袍哥,乘这单刀会时,要收入很多的新社员,收社员需要海底等书,以作入社会仪式之用"。② 大概由于当时帮会发展新社员,需求量很大,该书出版三个月已印第四版。1946年12月,该书出新一版,增加了第三篇介绍青帮的名称、字派、帮规、香堂等;1947年12月,该书出新五版,增加了卫聚贤在南

---

① 卫聚贤:《中国的帮会》,《帮》,第1—2页。
② 卫聚贤:《中国的帮会》,《帮》,第1—2页。

京、上海、杭州、北平、西安、成都、重庆收集到的新材料,后收入《民国丛书》(第四编)。该书介绍的"现在上海的红帮""青红合组的湘西万寿社""中国新社会事业建设协会"等均对研究解放战争时期帮会史提供了宝贵的资料。

卫聚贤关于帮会的研究多为满足当时帮会发展的需要,所以帮会成员是重要读者群。《江湖话》,详细记载青帮、红帮汉留等,在江湖上拿言语的黑话,使用的手势,在茶馆中排列茶碗的规矩等,"社会上言语拿不顺,一切事都难办,如何拿言语法,请看此《江湖话》"①;《红帮汉留人物故事》,叙述红帮汉留中所崇拜的如羊左、桃园、瓦岗、梁山、郑成功等义气人物或民族英雄,"临时翻书找其故事的来源,则觉困难,是以再将故事的出处,历史的或小说的,录其原文,并加以说明与考证,俾帮会中人对于故事有所依据"②。正如卫聚贤参与编写《勾践》历史通俗故事以振奋抗战中的国人,在这本书中也带有这时期帮会书写与民族大义紧密相连的色彩,他指出此书的意义在于"在国际和平未定,强国侵弱,大国略小,在我们弱国的立场上,当然应崇拜着民族英雄,以保全我们的民族生存,国土完整"③。上述三本书,用卫聚贤的话来说,可供"大爷"(帮会中地位较高的成员)参考。1947年3月出版的《袍哥入门》则是特别针对刚入会的成员所撰,"初加入袍哥的应有一本浅近而可以知道大概的书"④,书中介绍了加入袍哥的好处、袍哥的历史、袍哥的名称、组织、加入的手段、袍哥发的凭证、拿言语、用手式等。尽管这些书多少是迎合社会需要的"畅销"读物,然而却保存了民国帮会的重要材料,成为后世研究帮会史的必读之参考。

2. 社会民俗与信仰

卫聚贤绝不是困守在书斋里的学人,或者说那个时代学人所从事的

---

① 卫聚贤:《江湖话》(署名"卫大法师")之"序",重庆:说文社,1948年,第1页。
② 卫聚贤:《红帮汉留人物故事》(署名"卫大法师")之"弁言",重庆:说文社,1946年,第1页。
③ 卫聚贤:《红帮汉留人物故事》之"弁言",第2页。
④ 卫聚贤:《袍哥入门》(署名"卫大法师"),重庆:说文社,1947年,第1页。

许多研究工作尤因寄托现实关怀而必须将眼光不时投射至社会生活。20世纪20年代传入中国的民俗学为学人提供了开展社会民俗调查的依据与方法,在此视角之下,一些向来"不登大雅之堂"的材料被重新界定其价值。五四新文化运动前后,以北京大学为重镇向全国搜集近世歌谣,并先后成立"歌谣研究会""风俗调查会"等,将民俗调查的范围扩大到风俗习惯与宗教信仰。至20年代后期,中山大学成立民俗学会,顾颉刚、钟敬文、何思敬等为核心成员,制定了系统调查两粤各地、西南少数民族以及其他省市的风俗和实物等工作计划,强调以民俗学田野方法研究国内各地方、各民族的风俗、习惯、信仰、思想、行为、艺术等,以杂志《民俗》为会刊。卫聚贤与《民俗》杂志的编辑刘万章曾多次在书信中就民俗调查问题展开讨论,他提出民俗调查需调动更多民众的力量,首要任务是广泛传播民俗资料的价值与意义,以及民俗调查工作开展的方法等;建议在全国各省立师范学校所在地设调查处,师范有附属小学,对于童话民俗容易着手搜集,应定以投稿奖励办法等。针对20年代末民俗资料搜集多集中于南方,卫聚贤向刘万章推荐崔盈科的《河东一带之歌谣集》,建议注意采集蒙、藏民话等。此外,卫聚贤自己也多留意采集各地习俗,例如在《婚礼存古》中记录了湘西麻阳保存的古风婚礼;在《傩》中记录了麻阳的古傩仪式;在《红苗见闻录》中记录湘西凤凰红苗(熟苗)的种族、风俗、语言。

卫聚贤也常借助民俗调查的方式为研究寻求新的佐证材料。如探访疑为大禹出生地之石纽。关于禹的出生地主要有两说:一说在豫西、晋南一带,《史记》"鲧取有辛氏女,谓之女志,是生高密"。一说生于石纽、长于西羌。如《竹书纪年》"帝禹夏后氏'母曰修己,出行,见流星贯昴,梦接意感,既而吞神珠。修己背剖,而生禹于石纽'"。《吴越春秋·越王无余外传》:"家于西羌,地曰石纽,石纽在蜀西川也。"《帝王世纪》"禹父曰崇伯鲧,母曰修己,生禹于石纽,长于西羌,西夷人也"。那么,石纽又在哪里,或说在汶川,或说在北川(石泉县),禹是否与居住在这里的羌民有关。带着这些问题,被后世誉为"影像人类学"的先驱庄学本曾至汶川一带调察，陈志良据此而作《禹生石纽考》(《禹贡》1936年第6卷第6期，第39—48页)，孔令谷发表《禹生石纽与禹为上帝辨》(《说文月刊》1940年第2卷第2—7期连载)。此后，卫聚贤与于右任等又探访汶川、北川，以弥补庄学本仅至汶川采集之失。

卫聚贤与于右任等此行的考察路线为：重庆、内江、成都、灌县、龙溪镇、兴文坪、汶川县；由渝至灌乘小汽车；由灌至汶往返均乘滑竿，沿途见古迹名胜、风土人情，卫聚贤皆详细记录，如灌县离堆、二郎庙，如溜索、崖墓、索桥、轿夫"江湖话"等，也特别留意收集古物。《汶川县志》载禹娶于涂山氏，卫聚贤一行探访山上的瓦寺土司衙署及其村人二十六家，记录了他们的世系、历史、管理、建筑、语言等信息。尔后，探访了题为石纽乡的刳儿坪羌民，采集他们关于大禹在刳儿坪出生且是羌人的传说，记录了羌民以端公驱邪、语言等风俗。此外，卫聚贤还对庄学本在西康采集的图片择要进行了古史考释。

因北川之行路遇二郎神庙，卫聚贤依据《后汉书·西南夷传》《华阳国志·南中志》《水经注·汶水》等书里关于"竹王三郎神"的记载，以及湘西麻阳有竹王庙祀三王等，提出老郎是川南贵北在古代以竹为图腾的民族，竹王有三个儿子，分为三部落："夜郎自大"为夜郎即大郎的意思，大郎的部落汉时被称为"夜郎"，被汉武帝灭亡；三郎的部落沿江而下至江西名三天子都；二郎的部落北上至川北以灌县为中心，二郎即开明鳖令，也就是李冰。[①]卫聚贤在川西、川北考察中见有雕刻兽头的"泰山石敢当"的石碑，受常任侠《饕餮终葵神荼》的影响，也作了一番考证，他认为这种四川人说的"吞口"全国各地皆有，是源于对狗的崇拜，根据《华阳国志》，羌民置有尖角的白石，每年用猪狗鸡等血涂于其上，而目为神。吞口的拼音为狗，所以汉代以前的四川人以狗为图腾。[②]

卫聚贤晚年在台期间，也始终对民俗调查保有浓厚兴趣，在撰写《台

---

① 卫聚贤：《二郎》，《说文月刊》1943年第3卷第9期，第132—138页。
② 卫聚贤：《泰山石敢当》，《说文月刊》1940年第2卷第9期，第3—5页。

湾山胞与越闽关系》《蝙蝠洞考古与台湾山胞》等著述时,搜集和采访了诸多台湾山胞等资料,自费探访新竹关西镇、五峰乡、尖石乡;桃源县复兴乡五次,三民村四次,忠贞新村六次,九龙村二次;苗栗县鲤鱼潭一次,台北县乌来一次,南投县日月潭一次,台南县五次,台中县丰原镇二次,花莲县一次,屏东县山地门一次,台东县三次,卑南乡二次,兰屿岛一次,长滨乡一次。为台湾史的研究保存了不少珍贵的史料。

(六)

因编写《字源》,1940年以后,文字学是卫聚贤的研究中较为重要的领域。早在清华国学研究院求学期间,受王国维、梁启超等先生的影响,卫聚贤就已认识到语言文字学之于历史学研究的价值,并将它作为探讨古史的重大工具,广泛运用于自己的研究。除此,卫聚贤的文字学研究还带有强烈的现实关怀。近代以来,人们在反思民族危机的过程中提出改革汉字,认为汉字较拼音文字难,汉字的普及度不高是导致民智落后的原因之一,"每天把大部分时间用在认生字记生字上,就把算术等科,无暇学习了。在青年记忆力最强的时期,把宝贵的光阴用在不能学习科学之上,此中国科学所以不发达,中国很少有科学发明家,即是这个原故"[1]。针对这个问题,有人提倡汉字拉丁化,即以拉丁字母拼写汉字,然而反对声浪很高,一是失去了楷书方块字的美感;二是遇同音的情况很难辨别是哪个字,因此国民政府最终因其妨碍国语统一运动,通令所属取缔汉字拉丁化。卫聚贤主张,首先应加强文字学的研究。由认识过去(古文字)以知现在(文字构造及运用之原理),并研究将来(是否走入拼音文字这条路);其次,他另辟蹊径,力图从汉字的查阅学习方法上有所突破,编辑《字源》,帮助国人解决彼时的识字难题。

中国的字书分三类:以形为主,由《说文解字》至《康熙字典》;以音为主的,由《玉篇》至《广韵》;以义为主,由《尔雅》至《方言》等。三类各有其

---

[1] 卫聚贤:《文字学》,第17页。

系统,形、声、意割裂,先儒们缺乏方法将它们归纳在一起,且认为声与形似绝无关系,难以自圆其说。针对这种情况,卫聚贤、孔令谷等想寻找恰当的方法,整合文字的形、声、意,主张"凡声的所在,即义的所在",提出"字根说"。卫聚贤与朋友所编的《字源》分为字形、字音、字义三篇,排印亦拟以三部独立,为三册,另印总检字一册,再另印一册新字。《字源》编好后,卫聚贤曾寄送高本汉,高本汉评价"搜集之材料极为丰富,排列上不仅极有系统,而且极有学者作风,是以此书用处极大"①。这项工作一直持续至卫聚贤在香港的大学授课时,他将自己逐步积累的一些观念和方法,编纂成《文字学讲义》。至台湾再版《文字学》时,又提出创制"中国新字"的构想:第一步,将合体字改为左右结构,将部首放左,注声的字放在右方,成为左形右声。排字时可节约成本,在乡县镇上可设小型印刷厂,使普及文化和教育,奏效较容易。第二步,简化部首。第三步,把注声字不合于国音的,换成较简而且近于国音的字。②

卫聚贤的研究所涉甚广,对经学、医学也有所关注。清末民初,关于经学存废是社会讨论的热点。五四运动之后,"经学无用论"始终主导着话语权,它所代表的传统文化与学术价值被彻底否定,仅以之用作研究对象的"国故"。针对经学价值何在的问题,卫聚贤引用《史记·秦本纪》中秦穆公和由余的一段对话来看这场是非之争,认为秦穆公站在封建社会的立场,故以"诗书礼乐法度为政"是维持长治久安之根本,而由余则站在氏族社会的立场,以"诗书礼乐法度为政"会导致乱象。因此,对经学价值的判断分歧实由于评判者所处立场不同。针对当时青年学子多认为经学无用,卫聚贤认为经学自有其价值,然而大学倡导读经,讲读者多依旧法,不能使学生得其妙,因此把他在持志书院讲授的《中国经学史》课程讲义修改为《十三经概论》出版,其中不乏对旧问题的新解释、对旧材料的新质疑,如他判定《诗经》周南为"廓",召南为"邶",认为《凯风》

---

① 1939年5月29日,高本汉致卫聚贤书信。
② 卫聚贤:《文字学》,第56页。

为爱情怨妇诗，以民俗解《诗》等。在重庆期间，卫聚贤还曾注解四书，但建树不多。

医学方面，卫聚贤曾在《〈山海经〉的研究》中从二十三个方面论证《山海经》系印度人到中国所作，其中用了颇长的篇幅探讨《山海经》中医药问题，又单独撰写了《〈山海经〉中的医药》文。卫聚贤认为《山海经》是战国中期的波斯人或者印度波罗门教人，因游历中国作成的一部讲海外故事的书，医药是其中之一。卫聚贤在医疗史方面最惊世骇俗之论，是提出扁鹊医术来自印度，这一观点如今看来似乎更多具有荒诞色彩。相比之下，卫聚贤所做的另一项工作则更有价值和意义。卫聚贤编《字源》时注意到可通过不同时期的字典来研究"某时代有某种病发生，又可知某时代人对于某种病的认识"①，可凭借《说文》(代表秦汉)、《玉篇》(代表六朝)、《广韵》(代表唐宋)、《康熙字典》(代表元明)、《医学大辞典》(代表清与民国初)来展开研究。他在编写《字源》时，将"疒部"字汇总，注明字书出处，由《新中医刊》主编朱中德先生按照病情性质将"疒部"作进一步分类。这项工作，对于今天的医疗史研究仍具参考价值。

卫聚贤代表性的学术观点主要集中于1950年以前，离开大陆之后的三十九年，做了如下几个方面的工作：一是对已有著作修订、增补，如《中国历代钱币史：附香港钱币史》《文字学》等；二是抱有极大的热情参与中国人发现美洲、澳洲，古代与美洲的交通等研究的实践证明工作；三是考察台湾山胞与越、闽的关系，继续开展考古工作——蝙蝠洞古物发掘，探访台东县卑南乡古墓群。晚年在台湾，著有《中华民国解》《台湾山胞与越闽关系》《台湾山胞由华西迁来》《〈大同篇〉注释及考证》《古器物学》《火与火药》等。

三、治学态度与特点

20世纪上半叶，中国学术界对古代中国学问的研究有三个重要的界

---

① 卫聚贤：《疒部文字历史观》，《新中医刊》1939年第2卷第4期，第49页。

标。一是,晚清最后十年的国粹之学,暗中为民族革命张本。二是,五四运动以后"科学地整理国故"运动持续发酵,借用西学方法衡定传统文化。三是,抗战时期,民族的生死存亡刺激了学人对中国文化的价值、民族前途等问题的思索。三十余年间,中国学术界在一轮轮激烈的讨论、对话中快速"新陈代谢"。卫聚贤的主要学术观点与代表作也产生于这一时期。正所谓理不辩不明,回到当时争辩语境,或许能对他的学术研究有着更准确的理解。

(一)

正如陈寅恪在《陈垣〈敦煌劫余录〉序》中指出:"一时代之学术,必有其新材料与新问题。……治学之士,得预此潮流者,谓之预流。其未得预者,谓之不入流。此古今学术之通义。非彼闭门造车之徒,所能同喻者也。"①可以说,清华国学研究院是培植学子预此学术潮流的土壤,既开阔同学们的研究视野,使之把握学术潮流的脉络,又金针度人,引导他们走进学术研究的堂奥。清华国学研究院学子大多满怀理想与热情投入学术研究,更自发成立学社、出版刊物以即时、公开表达自己的学术观点。卫聚贤与清华同学成立的"述学会",在《国学月报》发刊词中自信地说"我们是极恨这种'顽固的信古态度'及'浅薄的媚古态度'的。我们宁可冒着'离经叛道'的罪名,却不敢随随便便的信古;宁可拆下'学贯中西'的招牌,却不愿随随便便的媚古"②。正是在彼时疑古思潮的洪流中,卫聚贤开始用新方法考证古史,并逐渐形成了重视提出问题、善于提出问题、大胆假设的鲜明的治学态度。

卫聚贤常将学术讨论比作议会,认为学者的天职就是提出命题,"学术讨论,犹如议会的提案,凡出席会议的人,都有提案的义务"③。他曾述

---

① 陈寅恪:《陈寅恪集·金明馆丛稿二编》,北京:生活·读书·新知三联书店,2001年,第266页。
② 述学社:《国学月报发刊引言》,转引自孙敦恒:《清华国学研究院纪事》,葛兆光主编:《清华汉学研究》第一辑,北京:清华大学出版社,1994年,第315页。
③ 卫聚贤:《说文月刊》之"序一",1940年第1卷合订本,第2页。

及自己在学术研究上提出的几个重要问题,"一为春秋战国时中国学术受有外来的影响,一为文化起于东南,一为中国汉高祖以前历史年代应拉长",又如"中国的文字是有字根的,中国的古韵是可互相转通的,甲骨文在秦汉时已有发现,中国人在古代已移殖至美洲,中国古代是有图腾的,这些问题对于我国文化都有非常重大的关系,应请国内外学者予以注意而有所决定"①。上述观点,并非所有都被学界所接受,甚至有些轻而易举就可驳倒,但是他往往能从广搜、爬梳、比较各类一手材料中发现存在的抵牾,希望引发学界讨论,有些问题直至今天仍有待解答。

大胆假设②,使卫聚贤在学术研究方面时有创获。如,在南京发掘六朝墓的过程中发现新石器,陆续又在金山、杭州等地有所发现,遂提出江南地区有新石器文化的命题,把江南地区的古文化大大提前。当时批评的声音很多,有些学者斥为胡说,"以法官的眉眼,放肆讥詈"③。又,卫聚贤判断成都白马寺出土为早期文物,提出巴蜀有着与中原地区不同的文明发展线索,虽然他的《巴蜀文化》前后两文的确存在证据不足的问题,但是对这一命题的大胆假设使国内外更多的学者关注并参与其中。随着20世纪考古发掘的不断推进,最终证实巴蜀文化具有不同于中原地区的文明。

卫聚贤对于自己提出的观点坚持而不顽守,既自言"是个心地坦白的人,不愿自尽,也不受人恶意攻讦,而轻变立场。这是我所抱的治学态度"④,又强调"学问是研究出来的,应有自由发展的余地,对不对是另外一问题,特别是古史的研究至今在萌芽时期,比如言语,考古到现在还没

---

① 卫聚贤:《说文月刊》之"序一",1940年第1卷合订本,第3页。
② 案:卫聚贤曾在《胡说巴道》(《政学系与我的恩怨》,第63—67页)文中谈到,胡适提出"大胆假设,小心求证",他是不同意的。"先立'假设',就有了'先入为主'的成见。在'求证'时,把合乎自己'假设'的材料录出,不合乎自己假设的材料不录,这样的'结论'是有问题的。"卫聚贤反对先入为主的论证,笔者所言的"大胆假设",主要是指卫聚贤在收集材料时发现问题,尽管材料尚不够丰富,仍提出命题,供学界讨论。
③ 孔令谷:《说文月刊》之"序二",1940年第1卷合订本,第2页。
④ 卫聚贤:《说文月刊》之"序一",1940年第1卷合订本,第4页。

有考证清楚,所以我这个意见,也许三五年后自己也要推翻的,但在我还没有获得新的见解以前,我仍旧坚持这个主张"①。正如同事兼好友孔令谷评价"卫先生主张学术思想,应绝对自由,不应固执于己见,入主出奴,也不应坚壁清野,闭目不视"②。

卫聚贤自称好"胡说巴道",那些石破天惊的观点,如吴越、巴蜀自有其文明发展的脉络,获得不断证实,然而如扁鹊的医术来自印度等,却有些荒诞不经。他曾言及自己的判断:"大的'胡说巴道',细想一想,还能找出来龙去脉;小的'胡说巴道'就想不起来了,可以说是'信口开河'。我过去是'胡说巴道',我现在仍然是'胡说巴道',我将来依旧是'胡说巴道'。——我是不会改的。"③他坚持认为,提出问题是学者的义务,因此他并不认为"胡说巴道"没有意义,"我的'胡说巴道'不一定就对?我主张把问题都提出来,对不对是另一个问题。如不提出就没有人注意,就对于这个问题不生疑问,永远相传下去。或者已认为有问题,而永远找不到解决的途径"④。在追溯"胡说巴道"的由来时,卫聚贤认为有先天、环境等因素,例如其外祖母的蒙古人血统,使他有着强健的身体支持幻想与胡说巴道;母亲怀他的时候食鸡蛋较多,脑子较聪明,接受教育时逐步产生了质疑习惯,好作翻案文章等。

在卫聚贤看来,做学问要摒除私心,将目标聚焦于解决问题。在学术讨论中既不以私心独占史料,又要避免将个人的情感带入至学术论辩,以开放的态度对待不同意见。他认为"提案的人对于某一事提出应办或不应办,或提案人主张用甲种办法,另一提案人主张用乙种办法,或争论甚久另有人主张用丙种办法。议案通过与否,是对事言而不是对人言。但是往往提案人以为通过他的提案就是表示赞成他自己,以不通过

---

① 卫聚贤:《中国古代社会新论:史地讲座讲稿之一》,《史地丛刊(上海)》1933年第1期,第1页。
② 孔令谷:《说文月刊》之"序二",1940年第1卷合订本,第4页。
③ 卫聚贤:《我的"胡说"》,载于夏晓虹、吴令华编:《清华同学与学术薪传》,第294—295页。
④ 卫聚贤:《我的"胡说"》,载于夏晓虹、吴令华编:《清华同学与学术薪传》,第295页。

他的提案就是表示反对他自己;而赞成及反对的亦多以人为对象不以事为对象。这是根本错误应知所避免的。学术的讨论,何尝不是。学人提出的意见如果能成为讨论问题,讨论很久,结果这意见成立,则是解决了一个学术上的问题,不是解决了提出这问题的本人的一己问题;提出的问题,如果讨论了好久,不能成立,是这学术上问题尚待解决,并不是推翻提出问题人本人的一己问题。我主张学术应自由讨论,不宜强人以从己,亦不宜抑己以附人"①。又说,"我从来不作文章反驳人的,我是提倡'胡说巴道'的,说错了让别人更正吧,别人附带地骂我几句,我也愿意接受。因为他所骂的是我作的这篇文章,而不是骂我所作某一件事。'文''事''人'三个应当分开的,不是'你和我是朋友,你反对我的文章,就是对不起我'。如果要人不反对,只有一个方法,就是你一生不作一篇文章"②。

例如,卫聚贤判断成都白马寺出土物为蜀国遗物,提出巴蜀文化这一独立于中原文化的概念,在当时因为证据不足、论证不严等问题,引发了热烈的讨论,有不少学人提出反对意见,商承祚就是其中之一,然而卫聚贤一直催促他撰成《成都白马寺出土铜器辩》发表于《说文月刊》。商承祚在文章中说"聚贤向我征稿的时候,我就同他说写一篇'成都白马寺出土铜器辩',是同他绝对对立,拿客观的眼光来判断,作学术上的检讨,抛弃主观,不作强词夺理与人歪缠。他一口允许,并且极端的赞同。时时催促我赶快写。确实难怪,我是伏广将军、医中圣手,是来启复他的理智,是来医治他的沉疴,他如何不高兴欢迎!"③论辩双方的自信与对彼此的尊重跃然纸上。

也许是抱持着"提出假设具有非凡意义"的观念,卫聚贤认为"研究学术只要思想不落伍,方法精密些,就是证据不大确凿,也可继续去搜寻,至于结论的不大适当,暂不要管他,例如一个人提出一个议案,当他

---

① 卫聚贤:《说文月刊》之"序一",1940年第1卷合订本,第2—3页。
② 卫聚贤:《我的"胡说"》,载于夏晓虹、吴令华编:《清华同学与学术薪传》,第295页。
③ 商承祚:《成都白马寺出土铜器辩》,第77页。

提案时不能没有他的意见,是研究学术,也应当先有个假设的结论"①。然而,在大胆假设之后,由于论证过程不严密,其结论往往难以成立,这在他的古史研究系列中表现尤为明显。如他利用统计学发现《春秋》中不同时间段在材料丰富度上的差别后,用"已知数求未知数"的方法,根据《春秋》的高点向后九十年是孔子去世,判断《左传》的高点也应向后九十年,即为《左传》作者的年代,将问题解决方式化为极简,对文献生成过程的各种复杂因素完全忽略不计,使结论仍然停留于假设。大胆假设也使卫聚贤在研究中常陷入"结论先行"的泥淖(虽然他也曾批驳"结论先行"的做法)。例如,卫聚贤提出夏为西北民族,判断夏种族是与高加索种结婚,相貌类似欧人。如头发卷曲,《诗·小雅·采绿》"予发曲局",甲骨文中有象征人的头发波浪的象形字;高鼻,《史记·秦始皇本纪》言秦始皇为高鼻,"秦王为人蜂准",《集解》"蜂,一作隆",《正义》"高鼻也"。卫聚贤的逻辑是,预判夏民族为西北人,进而从西北人、西域人的记载中寻找与欧人相似之处,论证夏民族是高加索种等,证据中又多断章取义,如结合上下文语境,很难将"予发曲局"与天生卷发联系在一起。②

卫聚贤的古史研究系列出炉后,也有不少学人提出尖锐的批评。如,同毕业于清华国学研究院的朱芳圃,指出卫聚贤的考证过程待商榷处颇多,尤其在证明材料的拣择方面问题很多,"至其引以为论证之资料者,如《战国策》《韩非子》《吕氏春秋》《春秋繁露》、刘向《说苑》《韩诗外传》等,此种古籍,可作为论证之资料乎",取材不精确,且又加以附会,易发生伪造事实、曲解古书、妄立系统等弊端。③卫聚贤断定《左传》为子夏所作的理由,即《左传》著者之"本能(按当云特长)和环境"与子夏之"本能和环境"相合,张荫麟批驳两者皆不成立。④卫聚贤在早期中外交通与

---

① 卫聚贤:《古史研究·第二集》之"序言",上海:述学社,1929年。
② 卫聚贤:《中国民族的来源》,第1—92页。
③ 朱芳圃:《评卫聚贤〈古史研究〉》,《国立中山大学语言历史学研究所周刊》1928年第5卷第59—60期,第1—8页。
④ 张荫麟:《评卫聚贤〈古史研究〉》(署名"素痴"),《大公报(文学副刊)》第52期,1928年12月31日。

交流方面的论述所受批评最多,童书业认为卫聚贤对《穆天子传》《山海经》的考证存在过于武断、倒果为因、谬解古书、穿凿附会、论据怪诞、妄事臆测等六大问题。如武断之例,卫聚贤认为《穆天子传》定有匈奴人参与撰写,战国时匈奴人已能作中国古书匪夷所思;又如谬解古书之例,女娲的变化和印度佛教中观音变化有些相似,这种分身化身的玄妙思想在中国似没有,因孔子说"勿求备于一人",是用不着分身化身的;论据怪诞之例,卫聚贤根据《穆天子传》文法较《春秋》多一"也"字,判断《穆天子传》产生在《春秋》后等。① 王伯平曾撰写商榷文章,《再论中国民族起源问题——卫聚贤先生"尧舜禅让与禹治洪水的探讨"及"中国民族前途之史的考察"》,认为人类文化水平极低的时候,历史和神话往往分不开,在从神话中寻出历史脉络时,要特别注意分寸。他批评卫聚贤根据这些无稽之谈作肯定论断,很不慎重。② 苏越人批评卫聚贤对于扁鹊医术来自印度的推断,"今之学者好疑而不好阙。凡古史之可疑者疑之,其不可疑者亦疑之","岂异族之人皆有智慧,足以创造。而中土之性,皆是凡愚,无可发明乎"③。唐德众更措辞激烈地批评说卫聚贤编写的《古史研究》第二集,"怪诞离奇,不一而足","如视为学术论文,为'古史研究'我人实未敢信,不知'研究'二字作何解耳!"④

虽然,卫聚贤的大胆假设有时实为大胆想象,主张墨子、老子是印度人,扁鹊的医术来自印度,屈原在历史上并不真实存在等惊世骇俗的观点,他的认真求证常因论证不足、推论过简而显牵强附会。然而,他乐于观察、勤于思考和记录、善于发现问题、不为陈见所束的治学风格也给了他许多宝贵的灵感与创见,朱芳圃在批评之余也赞扬他立论新颖,不为

---

① 童书业:《评卫聚贤〈古史研究·第二辑〉》,《文澜学报》1937年第3卷第2期,第201页。
② 王伯平:《再论中国民族起源问题——卫聚贤先生"尧舜禅让与禹治洪水的探讨"及"中国民族前途之史的考察"》,《前途杂志》1934年第2卷第9期,第1—9页。
③ 苏越人:《书评:扁鹊医术来自印度》,《制言》1937年第45期,第1页。
④ 唐德众:《评卫聚贤〈古史研究·第二集〉》,《文澜学报》1937年第3卷第2期,第194—200页。

前人陈说所宥;诠释古书,时有特见,足令抱残守阙之徒,惕然自省。① 卫聚贤的同学吴其昌先生之女吴令华也曾评价,"卫聚贤治学,大胆假设,认真求证,不媚时,不轻信,不放弃,以自己实践所得资料,经过排比推理,作出自己的结论,虽未必全对,但也绝非瞽说,要彻底驳倒亦非易事。他的一家之言,会长存于学林之中,等待时间的检验"②。

(二)

史料的搜集、整理是史学研究的基础,卫聚贤对史料的态度是:一是认为学术重在研究,史料居其次,应公布史料,促共同研究,"有些人将史料据为己有,其公布的方式,要自己对于这史料有了研究,将他自己的研究及史料同时公布,否则就不公布,这些史料就淹没了。一个人的精力有限,各门学问都精,确是不可能的,对于自己没有研究的史料,不妨先公布,即不必加考证与研究,公布以后,待对于此有研究的人去研究,或者尚能引起对于此有关史料的注意"③。二是在采集史料时,不拘囿于某些常见史料类别,墓志、族谱、民俗调查、口述记录等皆为他所用。如墓志研究,至今方兴未艾,卫聚贤很早就注意到墓志对于历史学研究的意义,他认为整理墓志可以补校《职官志》,因州县设置时有兴废,地名时有变动,墓志记载也可补地理志,墓志后"颂曰"可以补诗等。④

处处留心采集各种不同类型的史料,既反映了研究者对史料的认识,同时也考验其智识与眼光。卫聚贤与于右任等一行探访石纽的途中,他特别注意采集民间的石斧、陶俑、石刻等资料,同行的林少和先生作诗调侃说"考古大家卫聚贤,目如电溜口河悬。乘危远迈羌夷寨,到处逢人问石棺",于先生看了戏改云"考古大家卫聚贤,手持石斧到岷山。

---

① 朱芳圃:《评卫聚贤〈古史研究〉》,第1页。
② 转载自散木:《多发奇论、莫测高深——史坛怪才卫聚贤》,氏著:《现代学人谜案》,北京:金城出版社,2012年,第135页。
③ 卫聚贤:《说文月刊》编后语,1943年11月第3卷第11期。
④ 卫聚贤:《墓志的整理及改良》,《卫星》1937年第1卷第1期,第27页。

仰天远迈夷羌寨,脸晒通红似姓关"。① "处处留心"为他带来了许多研究灵感,对新石器的持续关注与采集使他判断"江南地区有古文化";偶然间看到一些零散的文物继而又实地探访,逐步勾勒出"巴蜀文化"的命题;对家乡古建筑的探访,使他写出戏曲文物研究的开山之作《元代演剧的舞台》;在调查山西票号时,除广泛采集票号合约、号规、红账、信稿、账册等原始资料之外,还记录票号人士的口述以及墓志铭等,使他的《山西票号史》至今仍具有重要的参考价值。

除涉古材料之外,卫聚贤关注现实社会,勤于动笔,收集、整理了研究民国史的重要资料,如介绍上海通货膨胀时期辅币代价券的流通,民国时期各党各派的现状等。1947年重庆石柱传出奇闻,杨妹九年不进食引发社会热议,重庆市卫生局甚至成立了研究委员会逐日记载杨妹的生活,以找出杨妹不食的"科学根据",但最终证明是一宗"伪新闻"。卫聚贤整理了关于这桩事件的重要资料,包括重庆市卫生局观察杨妹的报告、探讨杨妹不食的座谈会、相信杨妹不食者、不相信杨妹不食者,研究杨妹的态度和方法、杨妹以外的不食者、杨妹的行动等,汇总为《九年不食的杨妹》②,是研究民国时期社会生态的重要史料。

史料的收集、整理,最终是为了更好地运用史料以解决问题。卫聚贤主张材料多,议论少,认为读者从排比的材料中自然能得出结论,反对发空论,强调尽可能查阅、使用一手材料,"书本子上材料,有的在类书中抄,有的从旧人书中译,而鲁智深多采用原文,即作一篇文章,则看一次书,将应用的材料一条一条的抄出来。因为类书的编辑自有它的目的,故其材料的取舍是要合乎它的胃口,间接引来作自己的证据,但是看了原文,而适与自己的目的相反,况且有多少材料埋在内面,非详加推究不能明了;前人编辑类书,多雇佣书记抄,是找到明显的材料,隐晦的非亲自找不可"③。

---

① 卫聚贤:《石纽探访记》,《说文月刊》1940年第2卷第6—7期,第3页。
② 卫聚贤编:《九年不食的杨妹》,重庆:说文社,1948年。
③ 卫聚贤:《鲁智深传》,第829页。

此外，卫聚贤在研究中，常常综合运用人类学、古文字学、文献学、神话学、民俗学、地理学等方面的知识，不拘于一隅，"要将一书本上记载，二古物或文字的象形，三现存的民俗，三者对比相合而采用，不是只民俗一项而推断的。并且落后民族一举一动，也印着古代社会的影子，是以鲁智深则采取莫尔根的《古代社会》，及《南荒民族》与西康、青海各民族的记载照像及实物，以至从电影中看到非洲土人、南洋土人、哀斯基摩人、印第安人的生活，均作参考"①。又，中国的现代考古学兴起之初，在考古学与历史学之间就存在壁垒，卫聚贤指出"研究考古的少有研究历史的，研究历史的亦少有研究考古的"，然而研究中通常需要同时借助地上与地下材料来解决问题，"不懂考古学的发掘古物是毁坏古物，不懂社会学的发掘古物是埋没古物"。而且，"考古的人自为得到密宝，不肯将材料发表，总要在他自己的研究的文章中引用几个，著人都引用他的结论"，因担心材料公布不全，卫聚贤常亲自作古物的调查与发掘。② 在讨论中国民族的来源时，卫聚贤为证明殷人是南方人，先引《诗经·商颂·玄鸟》"天命玄鸟，降而生商"，提出与苗民罗罗的神话相类，皆以鸟为图腾，再依据两者所使用的历法有相似处，苗民罗罗的文字形、音、文法等方面部分与甲骨文同，甲骨文中的象形字反映了殷人有断发文身的习俗等，推出殷人是南方人并且与苗民有关系。卫聚贤的研究，由材料推导结论往往失之易，如从《诗经》"玄王"得出"殷人以他们的始祖是黑色人种"等，令人难以信服。然而，他运用广博的知识，综合运用各类史料展开研究的方法，是值得肯定的。

(三)

卫聚贤的史学研究，一方面注重历史地理、文字学、音韵学，从文法考证古书；另一方面，特注重运用统计学的方法来展开研究。统计的方

---

① 卫聚贤：《鲁智深传》，第829页。
② 卫聚贤：《鲁智深传》，第829页。

法,中国古来有之。《史记·货殖列传》《汉书·食货志》《农政全书·田制》等,都有关于人口、田亩、财税等统计。随着晚清近代以来西方及日本史学的统计学传入,至20世纪20年代,中国史学界开始倡导新史学之历史统计学。梁启超在1922年东南大学史地学会所作的"历史统计学"演讲,第一次从理论角度提出并公开倡导应用统计的方法研究历史。① 他提出"历史统计学,是用统计学的法则,拿数目字来整理史料推论史绩。这个名称,是我和我几位朋友们杜撰的。严格的说:应该名为'史学上之统计的研究法'"。他认为历史统计学的方法意义在于"欲知历史真相,决不能单看台面上几个大人物、几桩大事件便算完结;最要的是看出全个社会的活动变化。全个社会的活动变化,要集积起来比较一番才能看见。往往有很小的事,平常人绝不注意者,一旦把他同类的全搜集起来,分别部居一研究,便可以发见出极新奇的现象而且发明出极有价值的原则"②。此后,1924年丁文江发表《历史人物与地理的关系》这一具体运用历史统计学的经典文章。1930年3月,上海成立中国统计联合会。卫聚贤在大学时曾学习过统计学,但将统计学运用到历史研究中,则主要受梁启超影响,"余曾毕业于山西省立商业专门学校,在商校时学过统计,及至清华研究院,即应用统计的方法整理国学"③。正是在梁启超先生的鼓励下,卫聚贤尝试运用历史统计学的方法研究《春秋》《左传》《国语》的作期、作地等,最终撰成《古史研究》第一集,正式进入学术研究领域。

历史统计学的兴起是20世纪初科学主义盛行的结果,"自然科学要试验,社会科学要统计"。卫聚贤认为历史学也有必要借助统计学的知识来进行"科学地"研究,"社会学所以需要统计,由于社会是复杂的;以这样复杂的社会,我们只知道了一小部分,举其一端以例一切,是不可能

---

① 历史统计学在民国时期的传播,可参考石莹丽:《民国学界对于历史统计学的认同与质疑》,《学术月刊》2015年第12期,第26—35页。
② 梁启超:《历史统计学》,《史地学报》1923年第2卷第2期,第7页。
③ 卫聚贤:《历史统计学》之"自序",上海:商务印书馆,1934年,第1页。

的。举一端以例一切既不可,而欲将复杂的社会,一目了然,是要从统计上着手;如人口的调查,工场的调查等;凡事经过调查,加以整理,类列起来,就容易看了;如再用表格,示以数目字,看时更容易了;若再画成各种图形,由图以表示事实,我们对于这类事实的概念,就很清楚了。社会学需要统计,是大家都知道的;而历史学需用统计,向来没人注意,虽有人常喊着:'用科学方法整理国学'的口号,但是作的人很少。"①在他看来,历史统计学是整理国学工作中不可或缺的科学方法。

卫聚贤在上海中国公学大学部文学系演讲"应用统计的方法整理国学"时提到,研究学问"理论要圆通,证据要确凿,方法要精密","发表言论,理论也圆通了,证据也确凿了,但方法不精密,不足以作定论",用科学精密的方法整理国故的方法很多,统计学就是其中的一个。② 那么,怎样运用统计学来展开研究呢? 卫聚贤分别从"前人应用统计方法整理过国学的举例"、"用统计方法整理国学的效用"、"制造统计图表的方法"、"由统计结果推求变化原因"等四个方面具体讲述历史统计学如何运用的问题。卫聚贤将自己在历史统计学运用方面的经验、方法等撰成暨南大学《历史统计学讲义》,在日军侵华期间印刷书稿毁于火。后在持志学院讲授"历史研究法"时重编,特点是"不注重高深的方法统计,而注重一般使用的应用统计;而应用统计除将学理解释外,注重在练习;即是欲各位同学会作统计表及统计图,使用于欲所统计的事实上去"③。

1934 年,卫聚贤的《历史统计学》出版,包括"历史统计学"与"中国统计学史"两部分。"历史统计学"是以"应用统计的方法整理国学"演讲稿的扩充版,介绍了统计材料的搜集、统计谱的编制、统计表的制造、统计图的绘制。"中国统计学史"按照时间先后讲述中国发明统计的时期、战国时统计的图表已发明、汉至清的统计表、中国的统计图、西洋统计传入中国的情形、用西洋统计方法研究中国历史,最后附文"统计法"。1933

---

① 卫聚贤:《历史统计学》之"自序",第 1 页。
② 卫聚贤:《应用统计的方法整理国学》,《东方杂志》1929 年第 26 卷第 14 号,第 73—84 页。
③ 卫聚贤:《历史统计学》之"自序",第 1 页。

年夏,中国统计学会在上海召开年会,卫聚贤将《历史统计学》《中国统计学史》的合订本赠给社员。统计学会会长盛俊对该书给予高度评价,"对于史料之如何收集,如何观察,图表之如何编制。如何应用,多所发挥,较诸新会发端之论,更具体化,不但鸳鸯绣出,而且把金针度人了","欲求学术之发展,人类之进化,端赖有这种前仆后继的努力,发扬光大的功夫,著者对于历史学上这种贡献,不消说是很足令人敬佩的","今以统计方法来治史,矫正向来以文学治史,以人生哲学治史的流弊,不但我国历史的改造,利赖于此,就是从纠正人心改良社会着想,也是一服对症药剂"①。曾撰《统计的训诂学》的胡朴安也评价《历史统计学》"虽一小册,而开研究历史者之一新途径"②。

运用统计学展开研究,除通过统计数据以发现问题,更重要的目标是通过数据结果以推求原因、发现问题,如果将考察时段拉长,那么还要分析发生了怎样的变迁及其理由等。卫聚贤曾设想组织一个团体,每人担任一部书,例如甲同学担任作《后汉书》,乙同学担任作《三国志》,把各时代的学者籍贯表都作成了,再依各表把历代学者籍贯总表填好,再依总表制造各种图形。表图都制好了,结论也得了,然后再求它所以然,假如结果是山东在两汉学者最多,江苏在明清学者最多,山西在唐明两代学者最多,求它一个地方为甚么古时学者多,现在学者少呢?又为甚么古时学者少,现任学者多呢?又为甚么学者在某时代忽多,在某时代又忽少,到了现在又慢慢地多起来呢?③ 不可凭空猜想,而是要回到史书中去探寻各种作用结果的原因。

卫聚贤在研究中广泛使用历史统计学,也因此发现了一些前人忽略的问题,如他讨论《山海经》作地部分所举证的23项子题,用统计学的方法归纳《山海经》中的现象、中国的现象、中国以外的现象等,虽然结论多令人难以信服,但这些不同地理分布偏向的统计数据的确提出了关于

---

① 盛俊:《历史统计学》之"序",第1—2页。
② 胡朴安:《历史统计学》之"序",第2页。
③ 卫聚贤:《应用统计的方法整理国学》,第84页。

《山海经》材料来源的一些新问题。除此之外,卫聚贤运用统计学整理晚清民国山西票号、帮会的一些资料,具有重要的参考价值,他所编写的《历史统计学》被誉为"既是我国历史统计学的奠基之作,也是30年代历史统计方法论的荟萃之著"①。

四、结语

自20世纪50年代开始,随着卫聚贤前往香港又定居台湾,他的身影与声音渐渐在大陆沉寂,直至80年代末才重新回到人们的视野。1987年,其子卫月望在《中国现代社会科学家传略》中详细介绍了父亲一生的行迹与学术。90年代初,卫聚贤曾经的朋友、《说文月刊》的特约编辑,原中国历史博物馆研究员傅振伦,在慨叹故友事迹鲜为人知之余,特别撰写《怀念卫大法师》,希望唤起学界对这位曾经尤其在考古方面有着筚路蓝缕之功的前贤的认识。近些年来,卫聚贤受到越来越多的学人注意。究其原因,一是如同傅振伦,学人渴望让更多的人知道这位曾经在三四十年代学术界有着较大影响力、对学术领域有所贡献、不乏奇论却被忽视的卫聚贤;二是由于山西地方政府或文化机构发掘本土的文化资源,力图彰显如卫聚贤这样的民国山西学人对于近代学术文化的贡献;三是20世纪90年代至今,大陆学界持续对民国学术史展开研究与讨论,涉足多个研究领域的卫聚贤自然而然进入学人的视野。

然而,我们相信,学人之所以被人们愿意记住或怀念,一定还有着更深层却又极其简单朴实的原因,那就是对学术研究从内心里升腾出的、赤诚的热情,也可以用韦伯所说的"作为一种志业"来诠释。"志业",德文中的Beruf,通常指职业,不过因为马丁·路德翻译基督教圣经的时候,给这个词提供了强烈的宗教背景和价值意涵,强调"奉神所召去从事某事",所以又可作Vocation,Calling,"没有这种圈外人嗤之以鼻的奇特

---

① 朱瑞强:《卫聚贤著〈历史统计学〉》,载于刘泽华编:《近九十年史学理论要籍提要》,北京:书目文献出版社,1991年,第75页。

的'陶醉感',没有这份热情,没有这种'你来之前数千年悠悠岁月已逝,未来数千年在静默中等待'的壮志——全看你是否能够成功地作此臆测——你将永远没有从事学术工作的召唤"①。正是这份热情,使卫聚贤即便面临生活的绝境也未曾停止学术研究与读书写文。

虽然卫聚贤的诸多观点不被学界认同,说他"治学同作文章,都不求甚解,写了就罢,说完就算,信不信由你,对不对在他"②。然而,他读书勤勉、博览群书,从他的研究所涉领域甚广、所采文献材料类别之多可见一斑,亦为学者所钦佩,"见解不一定全对,甚至有的根本错误,但'好学深思'四个字,总可当之而无愧的"③。张光直曾言"够资格称为书痴的人,才能够写考古学史。卫聚贤先生是我的大师兄,他一生以出怪论为著,我一生所最钦佩的读书最多的人就是他,有两部中国考古学史为证"④。晚年时的卫聚贤以"享清福为死亡的等待"⑤,仍然"不能把时间空放过——因为我不打牌、不抽烟,不酗酒(应酬时少饮一杯要与汽水掺合,但应酬我少去)。电视只看新闻和气象。闲着无聊,只好写作"⑥,"我的手脑尚能活动,我就拼命的写"⑦,至耄耋之年仍快乐于笔耕。朋友眼中的卫聚贤,待人和厚有礼,自奉俭约,在重庆期间,"每日三餐以山西拉面条为主,佐以大蒜香醋,别无菜肴。陪都炎热,夜卧唯一席、一枕、一被单而已,亦不张蚊帐,生活朴素,有如此者"⑧。他的勤俭,固然养成于从小艰难的生活环境,但大概更因为他相信"生活简单了,可以使脑筋简

---

① 马克斯·韦伯:《学术与政治》之第一章"学术作为一种志业",钱永祥等译,桂林:广西师范大学出版社,2010年,第158、165页。
② 商承祚:《成都白马寺出土铜器辩》,第77页。
③ 聂崇岐:《三十年来国学界的概况》,载于李孝迁编:《中国现代史学评论》,上海:上海古籍出版社,2006年,第356页。
④ 张光直:《中国史前考古学史研究(1895—1949)》序"考古人类学随笔",北京:生活·读书·新知三联书店,2013年,第34页。
⑤ 卫聚贤:《文字学》附"卫大法师自警语",第2页。
⑥ 卫聚贤:《由艾恺访问梁漱溟——谈起》,载于《政学系与我的恩怨》,第60页。
⑦ 卫聚贤:《文字学》附"卫大法师自警语",第2页。
⑧ 傅振伦:《怀念卫大法师》,第53页。

单;脑筋简单了,对事业学问要认真负责。若是吃饭菜的样子太多,调和的味太重了,使脑筋复杂,多方顾虑;平时为滑头,遇难则想两方面吊膀子"①。

以学术为志业,在内心应该还有着对自己这样的期许:去做那个粉碎桎梏、看见太阳的人。卫聚贤推崇学术创新,斥墨守成规为懒惰,认为提出命题是学者的天职,他在自己的学术实践中也提出了一些具有开创意义的命题,这份勇气、自信与笃定,与他在清华国学研究院短暂却受益终身的学习经历密不可分。一方面,"老清华国学院以研究中国传统文化为本色,但从一开始就不是守旧的,而是追求创新和卓越的,清华国学院的学术追求指向不是限于传统的学术形态和方法,而是通向新的、近代的、世界性的学术发展"②。另一方面,国学研究院的诸位先生言传身教,鼓励学子树立大志向,"做人必须做一个世界上必不可少的人,著书必须著一部世界上必不可少的书"③。这样的氛围潜移默化培养了学子们独立的思想与不凡的气度。

卫聚贤的学术研究有三变:在山西信古,在北平、南京疑古,在上海为有信有疑。从心潮澎湃地追随热闹到冷静独立的反思,正反映了他的成长历程,"所谓信古与疑古,全是取巧的方法。信古的以为凡是古的都是真的,明知有些靠不住的,他是古人造的假,不关他的事,于是说神农、黄帝时已是如何如何。疑古的凡是古的都是假的,明知有些真的,还要加考证与说明,于是将古代的一段,一笔消去,从后代说起。看了商务出版的文化史丛书,可以看出有很多的是两种不同的取巧法"④。亲历王国维先生自沉事件的卫聚贤,一定也曾为陈寅恪先生写下"独立之精神,自由之思想"所动容,所以在北平失业时,同学警告"你如果以后作文,说的

---

① 卫聚贤:《鲁智深传》,第821页。
② 陈来:《清华国学院的使命》。
③ 《梁任公先生在清华研究院茶话会演讲辞》,《清华周刊》第389期,1926年11月12日,第587—590页。
④ 卫聚贤:《鲁智深传》,第830页。

不奇怪与大家相同,敢保你在学术上有饭吃",他反问道:"大家是谁?是非以何作标准!现在人研究的问题,古人都注意过了,何必要现在人再重复说一句;大家既已说过,又何必再要我说第三次?"①

卫聚贤自青少年时代便关心时务、勇于发声,在家乡开展下级自治,晚年在台湾还积极筹划建设公众文化教育博物馆,以"过去人说:天下本无事,庸人自扰之;现在应说:天下本多事,庸人不理事"自警。② 这种价值观与梁启超先生的主张很是契合,梁先生曾教育国学院学子于事上磨炼,"希望以改造社会风气为各人自己的责任……将来无论在政治上,或教育上,或文化上,或社会事业上……乃至其他一切方面,你都可以建设你预期的新事业,造成你理想的新风气"③。这种大关怀应是每一位"以学术为志业"者所必须有的情怀与眼光。

毫无疑问,怀念在每一个时期都可能产生对于"当下"的意义,然而正如刘东先生在丛书总序中谈到,怀旧有时也可能具有前瞻的特质。这样的"向后看",不仅是整理曾经遗忘的过去,拼合起那个时代的一些"事实",也不只是从学人在时代动荡、颠沛流离的生活中仍笃定问学的事实中获得自省。回到学术史本身,我们还应该看到在 20 世纪上半叶此起彼伏的论争中,在特殊的时代背景下,前辈学人的困惑、思考与行动的展开过程,细察他们的创见或误区,由此窥探时代、学人与学术风气迁转之间的关系,为不断纵深推进的学术研究提供一点参考。

姚永辉

杭州师范大学

---

① 卫聚贤:《鲁智深传》,第 829 页。
② 卫聚贤:《文字学》附"卫大法师自警语",第 2 页。
③ 梁启超:《北海谈话录》,载于丁文江、赵丰田:《梁启超年谱长编》,上海:上海人民出版社,2009 年,第 1144 页。

古史研究

《古史研究·第一集》1928年版自序
（原载于卫聚贤《古史研究·第一集》，上海：新月书店，1928年）

人类的进化，不外"历史的""环境的""本能的"三种：就过去的历史，考察他进化的程序；就周围的环境，观察他进化的需要；就自己的本能，计画他进化的工作。例如我们现在用的写字的毛笔，要造一种很好的出来，先要看它用某种毛若干，求它所以不好的原因，根据这种过去的事实，把它改良好；但是，若是环境上都用钢笔或铅笔，那毛笔就没有改良的必要了；但是，就是环境上还需要毛笔，自己若是个外行，也是改良不好的。董仲舒曾说："古人有言曰：'不知来，视诸往。'今《春秋》之为学也，道往而明来者也。"（《春秋繁露·精华》）是以去到字纸楼中参观陈迹的，不能说他绝对的没有一点用处。

考察过去的事实，依次序而来，应当先读上古史。但我们中国的上古史，有两点难读处：（一）后人伪造及改窜，失去了本来的面目，使人读了莫名其妙，求不出所以进化的程序；（二）处于伪造及改窜后二千年情形之下，不信任所以进化的程序。是以第一步先从古籍整理上着手，保存本来的面目；第二步因书本上的材料是不够用的，又要从考古学上着手，使有实物可资证明；第三步古物遗迹不能尽数遗留下来，再要从考察现存的野蛮民族上着手，得知活动的情状。我目下正从事于第一步整理古籍的工作，同时并注意于考古（已在山西发现新石器时代遗迹十五处，河南一处，拟不久从事掘发）。

古籍的整理，应从较后者推上去。但战国时代史料很缺乏，是以暂缓整理，春秋时代有《春秋》《左传》《国语》三书，就差误人意了。但《春秋》被后人误解，史料就混乱了；《左传》若是刘歆伪造，史料当不可靠，《国语》若是割的剩余，史料的价值便不同。是以这三部书不得不下整理的工作。每书的整理，应分作期、作地、作者、辩伪四层手续。《春秋》整理的结果，证明它与旧说的春秋末年鲁人孔子所作同；中无大伪的，不过被后人附会误解了。《左传》整理的结果，证明它系周威烈王元年以后，二十三年以前，卜子夏在晋地作的，其中有许多系西汉人窜入。《国语》整理的结果，证明它系周考王十年后，周赧王初年前，楚人左人郢和他的子孙在六个时期陆续辑成的，《越语下》一篇系西汉末年人作的。

我在十五年夏到北京清华大学研究院，即作《〈左传〉之研究》一篇，刊登研究院《国学论丛》第一、二期中（商务出版）；至去年暑假时，又作了《〈春秋〉的研究》一篇，后发表于述学社《国学月报》第六期（北京朴社出版）；暑假旋里在太原兴贤大学作了《〈国语〉的研究》一篇，同时将《〈左传〉之研究》《〈春秋〉的研究》又修改了；现合并发刊，名为"古史研究第一集"。将来拟再作《诗经》《尚书》等的研究，作第二、三集。在清华时承王静安、梁任公、李济之、赵元任、陈寅恪诸先生指示很多。友人陆侃如、刘节、温子模三君均很帮忙。日前到沪，谒胡适之先生，承为介绍出版，并允作序。今来大学院，又承院长蔡孑民先生书签。这是我一并感谢的。

一七，五，二九，草于中华民国大学院

《古史研究·第一集》1934年版自序

(原载于卫聚贤《古史研究·第一集》，上海：商务印书馆，1934年)

人类站在人类的立场上，讲的是为我——人类——主义（如以昆虫分为益虫、害虫，均是对人类而言）。是以研究历史为明了人类过去和现在的活动情形，以便人类将来走的途径的选择和豫备。

人类进化的阶段固然相同，但各地方因各地方的气候水土等的不同，而风俗习惯就形成特异；是以各地方人应特别注重各地方的个别史，中国人应当注重中国史。

中国的过去，将史学、哲学、文学三种混在一起。旧的人所谓"文以载道"，这就是文哲不分；较新一点的人以为"某书固伪，但以经道破与世道人心有关"，这就是史哲不分，按文学本身的价值是在美，描写一件事物，能使人爱看爱读；至于描写的与事实相合否？是否是一种真理？则在其次，或不过问。哲学本身的价值是在求真理，将一件事物的情理说得通，能使人相信，则多不愿及事实，并不注重文字。史学本身的价值在明了事实，使人知道曾有这一种现象，而其事实与文字的好坏，则不管它；例如"三年之丧"，不论他的"子生三年然后免于父母之怀"，理由如何充足，总知它是孔子所提倡，并不是"古之人皆然"，及"自天子达于庶人三代共之"的；《阿房宫赋》描写得很好，但与《史记·始皇本纪》比，则事实不附，而且"蔓延三百余里"，由潼关至咸阳不过三百三十里，这一段路程尽建为阿房宫，人在何处住？路由何处走？是不近乎情理；即不能以《阿房宫赋》较《始皇本纪》作的好——动听，就抛开《始皇本纪》而信《阿房宫赋》。

中国的史学，尤其是古史，现在要研究起来，应有三个步骤：（一）考证书的时代。（二）在地下发掘古物以补证书本之不足或错误。（三）观察现存野蛮人的状况以补证原始人类活动的现象。关于第二、第三现在不讲，就第一考证书的时代说，应将它分为四大节段：1. 作期。考证这个书是甚么时代作的。2. 作地。考证这个书是某地方人作的。这个一方可以知某地人作，对于某地方的情形明了，其记载较确；一方可以由作地上帮助解决作期。3. 作者。考证这个书是某人作的。一方可以知某人系地系派，他对于某地某派的事实记载的较为详确，但也免不了袒护某地某派，而攻击对方的某地某派，其记载的事实有时也不可靠。再一方由作者的时代可以决定作期的。4. 辨伪。考证这书的全部或一部非某时某人所作，而为后人伪作或附加进取的。辨伪并不是说是伪的就把它抛弃不要了，有的本身是某时代的史料，被后人误认为被它本身早或迟的史料，应将它本身的时代考清楚，到将作它本身时代历史时将它编进去；有的是后人依托古人作的，这个固然可以叫作伪，但将它依托的时代考清楚，在作某事物的变迁上，到了依托的时代把它编进去，知道那个时代它已经转变成了某种形势了。

中国的历史多不真确，犹其上古史是太糊涂，不惟将史学、哲学、文学不分，而且将神话也参进去；并因中国民族是多元的，各民族有各民族的神话与传说，而将不同的神话与传说，强要归纳到一个系统之下，于是矛盾横生。保守者以古人犹其是古代有声望的人所言，不敢妄加批评，于是信以为真，激进者以其矛盾横生，疑古未有；新进者又以某书合乎社会科学者为真，否则为伪。

我拟对于中国秦汉以前的书籍，每个都将加以考证，把它的时代明了后，再作某问题时，引用它的史料，不至有误，这个工作我于民国十六年(1927)在清华大学研究院作了《〈左传〉的研究》曾刊于研究院的《国学论丛》(商务出版)，又作了《〈春秋〉的研究》曾刊于述学社的《国学月报》第六期(璞社出版)，十七年我在太原兴贤大学作了《〈国语〉的研究》，我到国民政府大学院将这《〈春秋〉的研究》《〈左传〉的研究》《〈国语〉的研究》，三篇修正，由新月出版。名为《古史研究》。

我在大学院时审查教科书，看见统计的书首多以我国的统计在夏禹时已有，以《禹贡》为据，我就从事研究。《禹贡》中是有统计的，不过《禹贡》不是夏禹时的书，而是战国末年的作品，曾草一文发表广东《中山大学周刊》上。我有一次到上海沪江大学访顾颉生先生，他就将他近来对于《穆天子传》的研究告诉我，因我对于《穆天子传》未加研究，不敢致可否，回去一看《穆天子传》，知道它是战国初年魏人从中山取得中山人的西游记录,不是周穆王时物,发表于广东《中大周刊百期纪念号》。研究《穆天子传》的结果,知道中国所以明白西北地理,由于从中山人的西游记录得来的;而《山海经》的地理,也远在中国以外,它的来历如何?也应考证,研究的结果,知道它是印度人作的。我将《穆天子传》《山海经》《禹贡》三篇合在一起,自出资印刷,作为《古史研究·第二集》。

同时胡寄尘先生说墨子为印度人,给我了不少的帮助,而万湘澄先生作了《〈山海经〉的渊源》及《读卫聚贤〈〈山海经〉的研究〉》两文稿着我看,他是反对我说《山海经》为印度人作的。并且指出我《〈山海经〉的研究》错误很多,于是我参考日人小川琢治的《支那历史地理研究》及高楠顺次郎、木村泰贤的《印度哲学宗教史》,并请汤锡予先生供给我印度黎俱佛陀等材料,我把《山海经》修正了,又将《穆天子传》《禹贡》也为修正,由商务印书馆出版,名为《古史研究·第二集》。同时我又从新月将《古史研究》版权取回由商务出版,名为《古史研究·第一集》。

商务印刷《古史研究》第一、第二集印订成本,尚未送至发行所时,而遭国难,同时将我的《国语》《历代建都于南京的货币》《明故宫发掘报告》等均殉国难了!现在我将《古史研究·第二集》中的《〈穆天子传〉的研究》放在《古史研究·第一集》中,仍由商务出版。

二十一年十二月十三日,记于上海国立暨南大学

《春秋》的研究(节选)①

(选自卫聚贤《古史研究·第一集》,上海:商务印书馆,1934年)

一、作期

《春秋》一书要研究它的作期,先要把《春秋》的起点和终点研究清

---

① 编者案:《〈春秋〉的研究》包括作期、作地、作者、组织、内容、版本,附《竹书纪年》。现节选作期与作地部分。

楚。今看《谷梁》《公羊》《左传》它三个传内的《春秋》都以鲁隐公元年为起点，是《春秋》的起点无问题了。《谷梁》《公羊》它两个传内的《春秋》以鲁哀公十四年"春西狩获麟"为终点，但《左传》内的《春秋》以鲁哀公十六年"夏四月己丑孔丘卒"为终点，是《春秋》的终点有了问题了。

《春秋》的终点既有了问题，《春秋》的作期当难决定。是以有人说《春秋》一书，是汉人将《谷梁》《公羊》《左传》三书的共同点，抄录出来，另成一书名曰《春秋》，假托周人孔子作的。那么《春秋》的作期就不容易解决了。但我对于这一点并不抱着悲观，试举左列几个统计表看看：

表一 "于""於"用作介词统计表

号数	书名	于	於		
			现有的	考定的	
甲	甲骨文	一四	无	无	
乙	金文	二五	一二	一	
丙	尚书	三七七	九	二	或无
丁	诗经	三一六	四四	一三	或无
戊	春秋	三九五	四	无	
己	左传	七六八	八七五	未定	约88%
庚	国语	二一〇	八四三	未定	约23%
辛	论语	六	一六一	未定	约3.7%
壬	孟子	二〇	四八一	未定	约4%
癸	庄子	一	八四九	未定	

依上表号数，将各书"于"与"於"字的有无多寡，说明于左：

（甲）甲骨文　据《殷虚文字类编》卷五，页五、六。所集的"于"字不同形的共有十四个，实际甲骨文上"于"字甚多，但无一个"於"字。

（乙）金文　据《金文编》卷五，页五、六。所集的"于"字不同形的共二十五个，实际"于"字不至此数。又据《金文编》卷四，页七，所集不同形的"於"字共十一个，但这"於"字即是"乌"字，作感叹词用，不作介词用。

陈昉敦"▦▦▦▦"《攗古録》卷三之二，页二十一，释为"孝於叔皇"。王静安师说："此为战国初年器；'▦'是'於'字，与'于'字用法同。"是"於"字在战国时方作介词用，在铜器中已有明证。

（丙）《尚书》　《尚书》今文二十八篇学者公认它不是伪的（实际有伪的在，暂以此计），是以我只统计这二十八篇，结果其中有九个"於"字。但《尧典》的"黎民于变时雍……佥曰：於！鲧哉"，《舜典》的"夔曰：於"，都作"乌"字感叹词用。其作介词用的惟《金縢》"为坛於南方……乃流言於国曰：公将不利于孺子"，《酒诰》"人无於水监，当於民监"，《顾命》"逆子钊於南门之外"。

按《金縢》一篇是伪的（详《〈金縢〉的研究》述学社《述学月报》），即使为真而《汉魏遗书抄》集《尚书大传》引《金縢》说"流言于国曰：公将不利于王"。《酒诰》的"於"，《吴语》韦注引"《书》曰：人无于水鉴，当于民鉴"。是"于"字不是"於"字。余《金縢》《顾命》的两个"於"字当是传写错了。是《尚书》中无用"於"字作介词的。

（丁）《诗经》　《诗》中有四十四个"於"字，除作感叹词"乌"字用外，尚有十四个"於"字。但《邶·静女》"俟我於城隅"，《说苑·辨物》引作"俟我乎城隅"。《十驾斋养新录》卷说"于、於两字义同而音称异，《尚书》《毛诗》例用于字，《论语》例用於字，唯引《诗》《书》作于字。今字母家以於属影母，于属喻母，古音无影喻之别也。可见《诗》中的"於"字古本作"于"字，今本是被后人传写错误了。胡适之先生在《〈左传〉真伪考序》页三一，说"於"字与"我"字连用共九次：为《邶》之《静女》，一；《齐》之《著》，三；《秦》之《权舆》，二；《曹》之《蜉蝣》，三。与"女"字连用二次：为《豳》之《九罭》，二。与"焉"字连用二次：为《小雅》之《白驹》，二。《周颂》之《清庙》"无射于人斯"一句不容易解。

适之先生又说《诗经》中用"乎"字作介词的二十二个中，有十六个和"我"字连用，"因为声音上的原因，不能不互相回避"。按《静女》的"於"，《说苑》引作"乎"，是今本《诗经》上的"於"字，或者不是后人传写错误是声音上关系,而用"於"字作介词了。

(戊)《春秋》 《春秋》中有四个"於"字,一为庄二年"公子庆父帅师伐於余丘",一为定五年"於越入吴",一为定十四年"於越败吴于檇李",一为哀十三年"於越入吴"。於余丘,吴澄说"於,发语辞;犹曰於越"。按《孟子》"处於於陵",是於余丘犹於陵,於读为乌。於越,陈傅良说"於越复从其旧号也"。汪克宽说"汲冢《周书·王会篇》有东越於越,或当时之所称欤?"(吴、陈、汪三说俱见《春秋传说汇纂》)按於余丘、於越皆专名词不是介词。是《春秋》中无"於"字用作介词的。

(已)《左传》 《左传》中的"于"和"於"字的多少,我是据瑞典人珂罗倔伦(Karlgren)《〈左传〉之真伪及其性质》(*The avthcnticity and naturo of the tso chuan*)(一九二六年出版,余与陆侃如君有合译本)他的统计,但是《左传》中的"於"字,以唐《石经》校勘有作"于"字的;又如《左传》中解经部分系刘歆窜入的;珂氏据此统计恐不大正确。其可靠的确数待我把《左传》辨伪的工作完了再说吧。

(庚)《国语》 《国语》中的"于"和"於"的多少,我是根据《四部丛刊》本统计的,若能找到古确本,他日再更正它。余皆根据《十三经注疏》校勘本。

(辛)《论语》 《论语》中的"于"字共计六个:为"而志于学……乘桴浮于海……饿于首阳之下……人于河……人于海……人于汉"。钱詹事说"《论语》例用於字",可见《论语》中"于"字是很少了。

(壬)《孟子》 《孟子》中虽有四十四个"于"字,但引《诗》《书》中的"于"字二十四个,引古语而未指出书名的十六个,它自己用"于"字的地方不过三四个。

(癸)《庄子》 《庄子》(商务印书馆影印《庄子集解》本)中只有一两个"于"字,可算是很少了。

据上统计甲骨、金文、《书》《诗》《春秋》,春秋以前的作品都无用"於"字作介词的。《左传》《国语》《论语》《孟子》《庄子》,春秋以后的作品都有用"於"字作介词的。这个观察不是全靠着现有的书本,铜器上文字在春秋前无用"於"字作介词的,战国的器上已有了。可知《春秋》的作期在春秋时代的,即在《左传》《国语》《论语》《孟子》《庄子》以前的。

1. "于""於"乱用作介词的缘故

按"呜呼"(音"ㄨㄏㄨ")二字,是作感叹词用的,但人到极哀痛的时候,绝不会有"ㄨㄏㄨ"二音发出。余尝疑此,一日闻小孩子哭声为"ㄚㄏㄚ",又听乌鸦叫的声音为"ㄚㄨㄚ",疑这二音是很近的;又看见毛公鼎感叹词"呜呼"的"呜"字,它作"䳡"乌鸦的形状;始明古人是很愚蠢的,他和小孩子一样,哭声为"ㄚㄏㄚ";待有了文字,"ㄚㄏㄚ"二音无法写出,于是找一个自鸣"ㄚㄨㄚ"与他哭声相近的乌鸦鸟儿来代表,故感叹词即书一"乌"字。原书为"䳡",后有书为"䳡"(效卣)为"𣂇䳡"(余义钟)的,一至书为"𣂇"(陈肪敦),就成了"於"字了。原音为"ㄚㄏㄚ"是小孩子声音,后来人类渐渐的灵动了,他和由小孩子变成大人一样,大人的声带状,哭音为"ㄡㄨㄡ";是以到现在把"ㄚㄨㄚ"的音,变为"ㄨㄏㄨ"了。按"ㄚ""ㄨ""ㄡ"古音和"于"同,是以战国的学者把它假借起来"于""於"通用;战国初年假借的用法尚有规则(如《左传》《国语》),到了战国中年"于""於"用法就错乱了(如《论语》《孟子》),到后来人把"于""於"当作一样,其用法就莫明其妙了(《书·金縢》校勘记说"传写舛错,初无义例")。

上列统计已证明《春秋》的作期;但孤证不足凭,兹再举统计表于左:

表二 "又"字用在数目中统计表

号数	书名	又字的有无		备考
甲	甲骨文	有	无	原有因书法省略而无
乙	金文	有	无	战国器无或有亦不多
丙	尚书	有		
丁	仪礼	有		
戊	春秋	有		
己	论语	有		
庚	左传	无	有	原无因述古语而略有
辛	国语	无	有	同上

(续表)

号数	书名	又字的有无		备考
壬	纪年	无		
癸	孟子	无	有	原无因仿古语而略有

据上表依次说明如左：

(甲)甲骨文中有无用"又"字在数目中，见下表：

别类	书法	释文	所见书		
有	十外又一十〇	在十月又一甲申	后编卷上第二十叶		
	十一〇又二	在十月又二	后编卷上二十一叶		
无	一〇 〇 〇	十一月	卷七第三十四叶	卷一第三十五叶	卷一一叶
	二〇 〇 〇	十二月	卷二第九叶	卷四第七叶	第廿二叶
	三外	十三月(有闰月)	卷二第二十五叶		

上表甲骨文中原有"又"字在数目中，但有因书法关系而省略的。

(乙)金文中有无用"又"字在数目中，见下表：

器名	释文	年代
庚申父丁角	隹王廿祀角又五(即二十又五祀)	商
同卣	隹十又一月	周初
小臣静彝	隹十又三月(闰月在内)	周初
罞卣	隹十又九年	西周
受尊	隹十又三月	西周
师汤父鼎	隹十又二月	西周
毕敦	隹王十又四祀十又一月	西周
宄敦	隹十又二月	西周
大鼎	隹十又五年	西周

(续表)

器名	释文	年代
望敦	佳王十又三年	西周
楷妃彝	佳十又二月	西周
鬲攸从鼎	佳卅又一年	西周
寰盘	佳廿八年	西周
大敦盖	佳十又二年	西周
虢季子盘	佳十又二年	西周
善鼎	唯十又一月	西周
卯敦盖	佳王十又一月	西周
盂鼎	六百又五十又九	西周
散氏盘	十又五夫之意	西周
丁亥旅鼎	佳十又一月	春秋
叔娟匜	佳十又二月	春秋
楚会侯钟	佳王五十又六祀	春秋
陈侯午镎	佳十又三年	战国初年
大梁鼎	廿又五年	战国初年
上军枪	十二年	战国
廿三年戟	廿三年	战国

上表春秋以前金文中皆有"又"字在数目中,战国初年的器也有,惟战国中年器就没有了。

(丙)《尚书》 《尚书》如《尧典》"期三百有六旬有六日"。《舜典》"十有一月朔","肇十有二州","封十有二川","二十有八载","咨十有二牧","咨汝二十有二人"。《益稷》"州十有二师"。《禹贡》"作十有三载"。《洪范》"惟十有三祀"。《洛诰》"在十有二月"。《无逸》"七十有五年","五十有九年","三十有三年"。按上"有"即"又"字(下同),是《尚书》有"又"字在数目中了。

(丁)《仪礼》 《仪礼》中如《士昏礼》"鱼十有四"。《特牲馈食礼》"鱼

91

十有五"。《少牢馈食礼》"鱼十有五"。是《仪礼》有"又"字在数目中了。

（戊）《春秋》 《春秋》中如隐元年"十有二月"。隐十一年为"十有一年"。是《春秋》有"又"字在数目中了。

（已）《论语》 《论语》如《为政》"吾十有五而志于学"。《乡党》"长一身有半"，是《论语》有"又"字在数目中了。

（庚）《左传》 《左传》如桓二年"惠之二十四年"，僖十五年"十一月晋侯归"，是《左传》无"又"字在数目中了。但《左传》抄录史稿原文时"又"字仍存在，如襄三十绛县老人说"四百有四十五甲子矣"，士文伯说"然则二万六千六百有六旬也"。是《左传》原无"又"字的，因述古语而略有"又"字了。

（辛）《国语》 《国语》如《周语》"三十二年春宣王伐鲁"，《晋语》"文公在狄十二年"，《楚语》"十二辰以致之"，是《国语》无"又"字在数目中了。但《国语》照抄原史稿文时"又"字仍存在，如《周语》卫彪傒说："玄王勤商十有四世而兴，……后稷勤周十有五世而兴，幽王乱之十有四世矣。"是《国语》原无"又"字的，因述古语而略有"又"字了。

（壬）《纪年》 《纪年》如"晋出公十年十一月于粤子勾践卒"（《史记·越世家》索隐引），"梁惠成王二十七年十二月齐田盼败梁马陵"（《史记·孙子吴起列传》索隐引）。是《纪年》无"又"字在数目中了。

（癸）《孟子》 《孟子》如《离娄下》"岁十一月徒杠成，十二月与梁成"。《梁惠王下》"吾有司死者三十三人"。《滕文公下》"十一征而无敌于天下"。是《孟子》无"又"字在数目中了。但如《万章上》引"《尧典》曰：二十有八载"的原文，是有"又"字的。又仿照这一类的话，他说"舜相尧二十有八载……昔者舜荐禹于天十有七年舜崩"，也是有"又"字的。是《孟子》原无"又"字，因仿古语而略有了。

据上表观察"又"字用在数目中的。在甲骨文中是有的。在金文中战国以前器上是有的，战国的器中就无了。《尚书》《仪礼》《春秋》《论语》中均有，《左传》《国语》《纪年》《孟子》都无。是《春秋》的作期在《左传》《国语》《论语》《纪年》《孟子》以前，即春秋时代的作品了。

［《论语》是零星记载起来的，据《考信录》以《论语》前十篇记载的较早——此段"吾十有五而志于学"不惟有"有"字而且用"于"字——是以上边列在有"又"字的一类较早的书中。但《论语》全部的作期很晚，如《子罕》有"牢曰"，《宪问》有"宪问耻"，直称孔子学生的名，当是曾子、有子等再传弟子的追记。是以在此处列在《左传》《国语》（一部分）作期后。］

2."又"字何以用于数目中及去掉？

古人是很愚蠢的，他认识数目只以十个为限（《鲁语》"十，数之极也"），因为他用手计算数目（按"又"字古文作"ㄋ"像手形，即古"手"字），他的两只手只有十个指头；"是以十个再多一个，他说十……又一"。我一天在家见我的女人教我的儿子月旺认识数目，他只搬手指头数到十个为止，我问他十一个如何数法，他张皇未答；我的女孩灵芝在旁边把她的一个手指头伸到我的儿子搬手指头的旁边说："这还是一个。"我的儿子连忙回答我说："有了！十个有一个了。"今研究古籍数目中用"又"字，见甲骨文中作"十月又一"，忆想到家庭状况，始悟古人初认识数目以十为止，加一则为"又一"。按甲骨文作"十……又……"，金文中作"十又……"，将"十"和"又"连在一处，这是进化的关系。到了战国时代的铜器和书籍，它把"十又……"的"又"字去掉了作"十……"。由繁就简是社会进化的程序，是以"十月又一"成了"十又一月"又成了"十一月"了。

据上"于、於用作介词统计表"，"又字用于数目中统计表"，观察的结果，《春秋》一书，是战国以前的作品。

二、作地

《春秋》的作地究在何处？试观左列的统计表：

诸侯卒表

国名	卒	弑	葬	奔	日	名	史表共数	比较	备考
周	8		4		8		13	少5	
鲁	11		7		10		12	全	

(续表)

国名	卒	弑	葬	奔	日	名	史表共数	比较	备考
齐	9	5	10		18	13	14	全	最多
晋	9	2	6		10	10	17	少□	
秦	6		3		1	2	15	少9	最简
楚	6	2			7	8	13	少5	
宋	8	3	6		11	11	13	少2	
卫	9	2	8	3	14	12	17	少3	
陈	10	1	7		10	11	12	少1	
蔡	8	1	7	1	7	9	12	少3	
曹	11		11		3	11	15	少4	
郑	11	1	5	5	13	12	17	少5	
吴	4	2				6	7	少1	
许	5	1	6			5			
滕	7		4		5	4			
薛	4	1	3		1	4			
邾	7		2		4	6			
莒						4			
杞	6		6		3	6			

据上表观察,鲁国君卒记载的很完备,齐、宋、卫、晋记载的也稍完备,滕、薛、邾、莒、杞的小国记载也完备。惟秦、楚的大国记载反略,如秦侯共十五代(据《史记·十二诸侯年表》),《春秋》记载他卒只有六个,而记名的只有两个——多记为"秦伯卒"——记日的只有一个。楚共十三代。《春秋》记了八个,而没有一个记他的葬。可知《春秋》记载秦、楚很简略了。近详远略是作史的通例,据此可知《春秋》的作地在鲁国了。

除上列统计表观察外,如《春秋》中的记载:于隐元年"公及邾仪父盟于蔑",这一个公字究指着谁?据《纪年》周平王四十九年(即鲁隐公元年)的记载。"鲁隐公及邾庄公盟于姑蔑"(《春秋经传集解》后序引《纪年》云),是此公即鲁隐公了;此公既是鲁隐公,而《春秋》于"公"字上未冠鲁字。又如记"天王使宰咺来归惠公、仲子之赗"的来字。桓十八年"葬我君桓公"的我字。《春秋》是鲁国人的作品无疑了。

《左传》的研究(节选)

(选自卫聚贤《古史研究·第一集》,上海:商务印书馆,1934年)

一、作期

《左传》著者的年代,有主左丘明为之,与孔子同时的。有以《左传》中有庶长与腊,疑为战国后制。甚至知郑先亡,知秦统一,疑系汉人刘歆割《国语》做成的。甲是乙非,辩论甚久,未曾解决。兹将我的主张,依法院判决书式,胪列于左:

揭要(主文):著者系周威烈王元年以后 二十三年以前的人

(一)著者最早的年代:周威烈王元年以后

(1)从文字中看出的——著者曾见及赵襄子卒(即周威烈王初年)

【证据】

哀二十七年《传》最末段:"悼之四年,晋荀瑶帅师围郑。……赵襄子由是慭知伯,遂丧之。知伯贪而愎,故韩、魏反而丧之。"

【考证】

哀二十七年已无《经》,当非后人因解《经》而窜入的。

【论断】

《左传》的最末段有"赵襄子",按襄子是卒后的谥法;襄子卒于周威烈王元年,著者说襄子,是著者系周威烈王元年以后人了。

(2)从统计图上看出的——著者系《左传》绝笔后二十余年人(即周威烈王初年)

【证据】

《春秋》《左传》记事详简统计图:

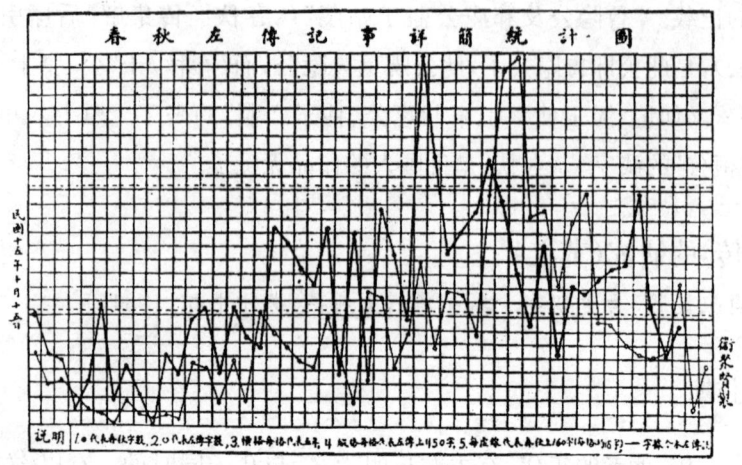

【说明】

计《春秋》共得一万六千余字,《左传》共得十八万余字,以每五年为一格(横格);以每五年字数最多的为顶格,最少的为底格(纵格)。但《春秋》的字数,不能与《左传》的字数适合,故《春秋》以虚线代之。

【论断】

兹将上列统计图二者高低之点观察之,约记于左:

《春秋》

(一)由横一格至十七格(八十五年),未有超过九格的……… 低。

(二)由十八至二十九(六十年),点虽忽有高低,但最高之点未有超过十八格的……………………………………………………… 平。

(三)由三十至三十五(三十年),此段之点最高……………… 高。

(四)由三十六至四十九(六十九年),其点之高低与(二)同…… 平。

《左传》

(一)由一至十七(八十五年),未有超过六格的……………… 低。

(二)由十八至三十四(八十五年),点虽忽有高低,但最高点未有超过十二格的 ……………………………………………………… 平。

(三)由三十五至四十二(四十年),此段三点最高……………… 高。

(四)由四十三至五十一(四十五年),其高低之点与(二)同…… 平。

由上列的观察，而推求高低的所由（暂以《春秋》计）。兹列于左：

（一）……低 《公羊传》隐元年公子益师卒条下说："何以不日？远也，所见异辞，所闻异辞，所传闻异辞。"《十一经音训》引汪克宽说："文公而上，一百一十四年，书日百十有七。宣公而下，一百二十八年，书日二百二十。年数略同，而日数倍。"作史的人，所搜集的材料，愈远愈简，乃是当然之理，此（一）之所以低了。

（二）……平 史料远简近详，当然之道，此段在前段后八十五年，在孔子前约八十年，其点当较前段为高，后段为低，此（二）之所以平了。

（三）……高 此段去孔子生前约三十年，去孔子卒约百年。按孔子年七十三而卒，其时人之寿高的，亦不过七八十岁。当孔子作《春秋》时（哀公十四年），年长于孔子的，或与孔子年相当的，多已物故。按古人以卒后方，将其生平的事迹宣布，孔子于其时作《春秋》，所得的材料为多，故于此段记载特长，此（三）之所以高了。

（四）……平 此段在孔子时，孔子耳闻眼见的事实，当较独凭搜集的材料为多，应当此段更高，何以反落于平？是因人未死亡，事迹未曾宣布，无所根据，故记载的不多；但不落为低者，赖有亲见的事实以为之补，此（四）之所以平了。

按上列的观察，求出《春秋》的高低平点的所由，以此原理推求《左传》的高低平点的所由，理是相同的。按《春秋》的最高点，后九十余年为《春秋》的著者孔子卒；今由《左传》的最高点，亦向后数九十余年，当能知《左传》著者的年代；这是用数学中比例法由已知数求未知数，用此方法推求的结果，著者系周威烈王初年人了。

（二）著者最迟的年代

（A）著者未及见鲁季氏亡——鲁季氏不知亡于何年，似著者于鲁哀公二十七年八月后离鲁他往。

【证据】

闵二年《传》"成季之将生也，桓公使卜楚丘之父卜之，曰：'男也，其名曰友，在公之右。间于两社，为公室辅。季氏亡，则鲁不昌。'又筮之，遇《大有》䷍之《乾》䷀。曰：'同复于父，敬如君所。'及生，有文在其手曰'友'。遂以命之。"

【考证】

此《传》不解《经》，《史记·鲁世家》以引此文。

【论断】

昭二十七年《传》："晋范献子曰：'季氏甚得其民，淮夷与之。'"昭三十二年《传》："晋使墨曰：'政在季氏，于此君也，四公矣！民不知君，何以得国。'"按上季氏逐鲁昭公，自摄国政，是筮所谓"敬如君所"——应。《史记·鲁世家》"悼公之时，三桓胜，鲁如小侯，卑于三桓之家。"按上季氏于周考王时尚存而甚强，又《孟子》的费惠公，注家或谓为季氏后，果尔，则季氏与鲁并存，为时频久。是卜所谓'季氏亡，则鲁不昌'——不应。

季氏的卜不应，而筮则应，岂卜不如筮吗？是有故在。《左传》载鲁哀公于二十四年往越，二十五年四月返鲁；至二十七年载"公欲以越伐鲁而去三桓。秋八月甲戌，公如公孙有陉氏，因孙于邾，乃遂如越"。著者以越在当时甚强，又与鲁为邻，其力足以亡鲁；哀公前曾去过越国一次，兹次又往越乞师伐鲁去三桓；在著者理想中，果乞师至，那么"季氏亡，则鲁不昌"了。故于其先捏造卜辞说："季氏亡，则鲁不昌。"实际师未乞至。季氏未亡，是著者于鲁哀公往越后，即离鲁他往；鲁后衰弱，无大事可惊动列国，著者再未闻得鲁事，不知鲁哀公乞师的结果如何；以理想推测，如乞师至"季氏亡，则鲁不昌"了。是著者未见及鲁季氏亡了。

（B）著者未及见齐田和为侯——系周安王十六年以前人

【证据】

庄二十二年《传》："陈完奔齐。……初，懿氏卜妻敬仲。其妻占之曰'吉'，是谓'凤皇于飞，和鸣锵锵，有妫之后，将育于姜。五世其昌，并于正卿；八世之后，莫之与京。'……'陈衰，此其昌乎？'……及陈之初亡也，陈桓子始大于齐；其后亡也，成子得政。"

【考证】

此传不解经,《史记·田(敬仲)完世家》已引此文,太史公《赞》亦称之。《史记探源》第五《陈杞世家》"齐懿仲"条下说:"案此无汉学家言。"

【论断】

《史记·田(敬仲)完世家》:完卒,谥为敬仲。仲生穉孟夷。田穉孟夷生湣孟庄。田湣孟庄生文子须无。文子卒,生桓子无宇(五世),田桓子无宇有力,事齐庄公,甚有宠(其昌)。无宇卒,生武子开与釐子乞。田乞卒,子常代立。田常卒,子襄子盘代立(八世),襄子使其兄弟宗人,尽为齐都邑大夫(莫京)。襄子卒,子庄子白立。庄子卒,子太公和立,立为侯。

著者于卜辞后加:"及陈之初亡也(昭八年),陈桓子始大于齐——五世其昌。其后亡也(哀十七年),成子得政——八世莫京。"数句评语,是著者明将已见的事实加入;既有先入的成见,故捏造卜辞了。总之:卜云'八世之后,莫之与京',是著者见田完八世孙襄子以兄弟宗人尽为齐都邑大夫,已有代齐之可能,故如此说。但按田完十世孙和为侯,卜何不说'五世其昌,十世为侯'呢?是著者未及见田和为侯,故不为之预言。按田和为侯,在周安王十六年,故知著者系周安王十六年前人了。

(C) 著者未及见周三十世与七百年——系周安王三年以前人

【证据】

宣三年《传》楚子问鼎,王使王孙满对曰:"成王定鼎于郏鄏,卜世三十,卜年七百,天所命也。周德虽衰,天命未改,鼎之轻重,未可问也!"

【考证】

此《传》不解经,《史记·楚世家》已引此文。

【论断】

欲明此卜的应否,先看周的世系及年代。兹列于左:

(1)武王 7 (2)成王 37 (3)康王 26 (4)昭王 51 (5)穆王 55 (6)共王 12 (7)懿王 25 (8)孝王 15 (9)夷王 16 (10)厉王 37 (11)共和 14 (12)宣王 46 (13)幽王 11 (14)平王 51 (15)桓王

23 (16)庄王15 (17)釐王5 (18)惠王25 (19)襄王33 (20)顷王6 (21)匡王6 (22)定王21 (23)简王14 (24)灵王27 (25)景王25 (26)敬王44 (27)元王7 (28)贞定王28 (29)考王15 (30)威烈王24 (31)安王26 (32)烈王7 (33)显王48 (34)慎靓王6 (35)赧王59

共三十五世,八百六十七年。

《史记·周本纪》"周公行政七年,成王长,周公反政成王。使召公复营洛邑,如武王之意,居九鼎焉",是计其"卜世三十",应从成王起;'卜年七百',应从成王七年定鼎于郏鄏起;计得三十世为安王,七百年为安王三年。但安王后还有四世,一百五十三年。这卜是应了一半,没有全应。

楚子问鼎,在定王元年,其时去三十世,相差九世;去七百年,尚有一百八十六年。但能知三十世恰是七百年,不是著者据已见的事实窜入是甚么?然按此著者系周之三十世七百年(周安王三年)时人吗?不是。当周考王的初年,周室有内乱,考王又封其弟于河南,以续周公之职,因有东周之号(见《史记·周本纪》)。周室内部分裂弱小,不适于竞争生存的时代。外则西与秦为邻,时秦未强大,不足为周室害;北与晋为邻,时晋政在三家,不暇外顾,是亦不足为周室害;东与郑为邻,时郑居四战之中,弱小不足为周室害;惟南邻楚国,甚是强大,已灭陈蔡。在著者理想中,楚始则尽吞汉阳诸姬,中则问鼎,而终灭周,亦属可能。然当楚子问鼎时,欲灭周室,则为未可。当那时强大的诸侯,犹有藉天子之名以号召的;如秦伯师于河上将纳王,狐偃言于晋侯曰"求诸侯莫如勤王"(时在楚子问鼎前二十九年)是。著者执笔至楚子问鼎见原稿为"王使王孙满应设以辞,楚兵乃去"(《史记·周本纪》是如此记载)。王孙满的辞究是甚么?史有阙文,不得而知;而著者乃窜入自造的卜辞说:"卜世三十,卜年七日。"著者在周威烈王初年观察,周内有分国之举,外有强楚与邻,周室所存,当属无几;时为周之二十九世……六百八十余年,去那三十世七百年不远,是以整数言之,为"卜世三十,卜年七百"哩。总之,著者未及见周之三十世七百年(若见到时,周未亡,著者何能如此说)。周之三十世七百年,为周安王三年,是知著者系周安王三年前人了。

(D) 著者未及见魏斯为侯——系周威烈王二十三年前人

【证据】

闵元年《传》:"毕万筮仕于晋,遇屯䷂之比䷇,公侯之卦也。公侯之子孙,必复其始。"

【考证】

此《传》不解《经》,《史记·魏世家》已引此文。

【论断】

《史记·魏世家》:"幽公之时,晋畏反朝韩、赵、魏之君,独有绛、曲沃、余皆入三晋。十五年魏文侯立(后二十二年魏文侯列为侯)。"

按上列的事实,晋当幽公时,三家已有列侯的可能,特周室于形式上尚未承认哩。著者睹此情状,故于述其所始时,捏造卜辞,以为张本。按卜辞说:"公侯之子孙,必复其始。"是知其子孙为侯了。然不用肯定语说"复其始",而用断定语说"必复其始",是著者尚未及见毕万的子孙为侯,而已断定其有为侯的可能了。况昭二十八年《传》说:"魏子之举也义,其命也忠,其长有后于晋国乎?"是著者祝祷魏长有后于晋了。如果著者及见魏斯为侯,是魏已脱晋独立,应说"其长有后于魏",不应说"其长有后于晋"了。按魏斯为侯,在周威烈王二十三年,是知著者系周威烈王二十三年前人了。

以上(A)(B)(C)(D)四条,皆从卜辞中看出来的。按《论语·为政》"子张问十世可知也。子曰:'殷因于夏礼,所损益可知也;周因于殷礼,所损益可知也;其或继周者,虽百世可知也。'"《孟子·梁惠王》,孟子对滕文公说:"苟为善,后世子孙必有王者矣。君子创业垂统,为可继也。若夫成功,则天也。"是孔孟尚不知卜,于此可见。即《左传》的著者,于桓十一年楚蒲骚之役,《传》说:"卜以决疑,不疑何卜。"古代的迷信未去,疑以卜决,容或有的。而使卜辞与后世的事实,若合符节的,不是著者窜入是甚么?况且于周威烈王初年以前的卜辞都应了,如:

鲁季氏的"敬如君所";

齐田和的"五世其昌,八世莫京";

周室的"卜世三十,卜年七百";

但于周威烈王初年以后的卜辞都未应,如:

鲁季氏的"季氏亡,则鲁不昌";

仲尼说"赵氏其世有乱乎?";

君子说"是以知秦之不复东征也"。

由上列的卜辞看来,著者确是周威烈王初年人了。但著者何以窜卜辞于事实中呢?

(三)反证

由上六点论断的结果,证明著者系周威烈王元年以后二十三年以前的人。但持反对之说的,亦有数点,兹言于左:

(甲)卫迁帝丘卜——此卦未应不足据

【事实】

僖三十一年《传》:"冬,狄围卫,卫迁于帝丘,卜曰'三百年'"。

【反说】

日人桥本增吉的《〈左传〉制作年代考》引饭岛氏说:"据《史记·卫世家》,居帝丘三百九年,即西元前三二〇年,离濮阳去号称君。卜曰'三百年',以大数言之,此预言之中者也。"(见日本《史学杂志》第七号第五一〇页)

【正证】

《左传》本条下疏说:"案《史记·卫世家》及《年表》,卫从此年以后,历十九君,积四百三十年,卫元君乃徙于野王。"

《汉书·地理志》"卫本国既为狄所灭,文公徙楚丘,三十余年,子成公徙于帝丘;故《春秋》经曰,'卫迁于帝丘'今之濮阳是也;本颛顼之虚,故谓之帝丘。……成公十余世,为韩魏所侵,尽亡其旁邑,独有濮阳。后秦灭濮阳,置东郡,徙之于野王"。

【论断】

卫迁于帝丘。后三百年，周显王四十年。据《史记·卫世家》说"嗣君五年（即西元前三二〇年），更贬号曰君，独有濮阳"，并没说从濮阳徙，日人何得说"离濮阳"呢？此卦独曰三百年，系有三百年的安呢？乱呢？还是至三百年时亡呢？迁呢？按"卫迁于帝丘，卜曰'三百年'"为连贯语，当仍以迁言之；但据《疏》的考证说是至四百三十年方迁，此卜是不应的。故欲以此卜说著者系卫迁帝丘后三百年（周显王四十年）时人，为不足据。

（乙）庶长与腊——秦宁公时有庶长春秋有腊不足据

【事实】

襄十一年《传》："秦庶长鲍、庶长武帅师伐晋以救郑。"

僖五年《传》："宫之奇曰：'虞不腊矣'。"

【反说】

陈氏说："其书称'虞不腊矣'，及'秦庶长'，皆战国后制。"朱子说："秦始有腊祭，而左氏谓'虞不腊矣'，是秦时文字分明。"（均见《十一经音训》引）

【正证】

《史记·秦本纪》"宁公卒，大庶长弗忌、威垒、三父废太子而立出子为君……怀公四年，庶长晁与大臣围怀公……出子十二年，庶长改迎灵公之子献公。……孝公拜商鞅为左庶长……"。《十二诸侯年表》秦景公十五年："我使庶长鲍伐晋救郑，败之栎。"《六国年表》秦厉公十年："庶长将兵拔魏城。"

《左通补释》"腊，祭名也。……'仲尼与于蜡宾，事毕出游于观之上。'……腊亦谓之蜡，周蜡于十二月，秦腊于孟冬，皆建亥之月也；晋侯以十二月灭虢遂袭虞，宫之奇曰：'虞不腊矣！'则腊在蜡月可知矣。《史记》秦惠文王初腊，《正义》曰'始效中国为之'，亦明腊不自秦始。……据《晏子春秋》二云：'景公令兵抟冶，当腊冰月之间而寒。'则春秋时有腊矣。"

【论断】

秦的庶长爵,在《史记·秦本纪》载秦宁公时已有,时在《左传》所载的"庶长"前一百三十六年,是庶长不是《左传》创始了。况《左传》中所载的那庶长,同时又见于《史记·十二诸侯年表》,是秦庶长鲍伐晋,不独《左传》有了。且《史记》于《秦本纪》载文公十三年"初有史以纪事",时在秦宁公卒庶长为乱前四十九年。又《六国表序》说"独有秦纪……"是太史公所载的"庶长",根据《秦纪》,并非抄自《左传》。是以"庶长"为战国后制不足据。腊不为秦惠文王所创始,不独《左通补释》如此说,而阎若璩亦曾辩过,是以"腊"为秦时文字不足据。

总上二条,庶长与腊,春秋时已有,而欲据此断定著者系战国中年人,为不足据。

(丙)吴季札观乐知郑先亡与秦统一——系毛公为作诗序而窜入的不足据

【事实】

襄二十九年《传》:"吴季札来聘,请观于周乐,使工为之歌《郑》,曰:'美哉!其细已甚,民弗堪也。是其先亡乎?'为之歌《秦》,曰:'此谓之夏声。夫能夏则大,大之至也。其周之旧乎?'"此段情形复杂,详细讨论,约计在二万言左右,叙列于此,则觉不便,当另发表,以省眉目。

总上三条,亦不能证明著者非周威烈王初年人。是以我对于《左传》著者的年代,特为断定如揭要。

……

二、作地及作者

《左传》著者的姓名,古文家说是左丘明,今文家说是刘歆;前篇已证明《左传》著于战国初年,公行于战国中叶,而说它是汉刘歆做的,不成问题。惟左丘明是否而为《左传》的著者,兹为说明于左:

揭要:著者系卜子夏

(一) 著者非丘明

(1)《史记》所说系太史公所误

【事实】

《史记·十二诸侯年表序》:"鲁君子左丘明,惧弟子人人异端,各安其意,以失其真;故因孔子史记具论其语,成《左氏春秋》。"

【证据】

《史记·太史公自序》:"左丘失明,厥有国语;孙子膑脚,而论兵法。"

【论断】

《论语》载有孔子自说"左丘明耻之,丘亦耻之"的话,是孔子见到左丘明的。又按"孙子膑脚",叫作"孙膑";与"左丘失明",叫作"左丘明"(《汉书·司马迁传》"左丘明无目")当是一例;是孔子曾见到左丘失明,叫他"左丘明"了。按"左丘明……成《左氏春秋》"与"左丘失明,厥有《国语》"。是左丘明未失明前有《左传》,失明以后著《国语》的,但《国语》有"赵襄子",襄子卒在孔子卒后五十四年,那么孔子安能见到他死后五十四年的人失明,呼他为"左丘明"哩!以年限考察,左丘明既在孔子死后五十四年纂《国语》,绝不能见到孔子而成那《左氏春秋》。太史公对此忽略过去,他在《年表》和《自序》上的记载是矛盾的。是以说《年表》所载"左丘明………成《左氏春秋》",是太史公的所误。因而《史记探源》疑《年表》为刘歆窜入,不为无因。

(2)《左传》与《春秋》相背,非"好恶与圣人同"的左丘明著

【事实】

《论语·公冶长》"巧言,令色,足恭,左丘明耻之,丘亦耻之。匿怨而友其人,左丘明耻之,丘亦耻之。"《汉书·刘歆传》"歆以为左丘明好恶与圣人同。"

【证据】

"《春秋》谨严,左氏浮夸"(韩愈《进学解》语);"《春秋》主常,左氏好怪;《春秋》崇德,左氏尚力;《春秋》明治,左氏喜乱;《春秋》言人,左氏称

神"(朱轼《左绣序》语)。

【论断】

左丘明与孔子好恶既相同,他二人所著之书必一致;然观古人的评语,何二书相背以至于此呢?可知《左传》的著者非左丘明了。

(3)《左传》名实不符与《国语》亦相背

【事实】

班固《司马迁传》赞:"孔子因鲁史记而作《春秋》,而左丘明论辑其本事,以为之《传》。又纂异同为《国语》。"

【证据】

《史记·太史公自序》"左丘失明,厥有《国语》。"

【论断】

按《左传》原名《左氏春秋》,若为左丘明所著,则名实不相符,试看:左丘明,左丘失明,《左氏春秋》,三者比较看来,左丘明系姓左丘名明呢?抑是姓左名丘明呢?据《史记》的"左丘失明"一语看来,左丘系复姓而单名明。《元和姓纂》:"齐国临淄县有左丘。"是复姓左丘有其族了。左丘明既是姓左丘,其书应名为《左氏春秋》,与那复姓的《公羊春秋》《谷梁春秋》同例,而何能与那单姓的《吕氏春秋》同例,名叫《左氏春秋》哩!是左丘明与《左氏春秋》,名实不相符的。

左丘明若著《左传》并纂《国语》,但《左传》《国语》相背的地方甚多。如:《周语上》"王子颓饮三大夫酒。……杀子颓及三大夫",庄二十年"王子颓享五大夫。……杀子颓及五大夫"。三、五不同。《周语中》"周文公《诗》曰:兄弟阋于墙……",僖二四"召穆公《诗》曰:兄弟阋于墙",周文、召穆则异。若说是"又纂异同为《国语》",是以有三、五不同,周文、召穆则异,但《国语》对楚誉左史倚相,而《左传》毁左史倚相(昭十二年《传》),何其主张又不一致呢?《经义考》引叶梦得说:"古有左氏左邱氏,太史公称'左邱失明,厥有《国语》',今《春秋传》为左氏,而《国语》为左邱氏,则不得为一家。文体亦自不同,其非一家书明甚。"是知《国语》与《左传》绝非一个人的作品。

(二)著者的本能和环境

(1)著者的本能

(甲)著者系文学家

【证据】

梁任公师《要籍解题及其读法:〈左传〉读法二》"《左传》文章优美,其记事文,对于极复杂之事项——如五大战役等,纲领提挈得极严谨而分明;情节叙述得极委曲而简洁,可谓极技术之能事。其记言文,渊懿美茂,而生气勃勃,后此亦殆未有其比。又其文虽时代甚古,然无佶屈聱牙之病,颇易诵习"。

【论断】

《左传》的文章,是很优美的,知著者系一个文学家了。

(乙)著者系军事家

【证据】

《武经七书汇纂》卷首,引用书目内有《左氏兵法测要》一书。

【论断】

著者军事智识特长,故其书适为后人取法,是以有《左氏兵法测要》之书。即三国时的关羽、吕蒙,素称善战,常观《左氏》,得力于其书不少。知著者系一个军事家了。

(丙)著者长于《易》

【证据】

《晋书·束皙传》:"汲冢……得《论语》《师春》一篇,书《左传》诸卜筮。"

【论断】

《左传》中的卜筮,多而且佳,适为后人取法,是以《师春》录之,另订为单行本,以为魏襄王的殉葬物。

(丁)著者长于《诗》

【证据】

宋程大昌《诗论》十一:"《左传》《国语》所尝登载,则深切著明,历历如见。"

【论断】

清杨名时《诗经札记》，多引《左传》诸《诗》证《诗》的次序。是知著者长于《诗》了。以上著者的本能，是长于文学，长于军事，长于《易》，长于《诗》。

(2) 著者的环境

(戊)著者与孔子的关系

【证据】

《左传》哀十六年《经》："夏，四月，己丑，孔丘卒。"

【论断】

《公羊传》《谷梁传》列经至十四年"春，西狩获麟"止，而《左传》续经直至孔子卒，且其中对于孔子及孔门弟子曾未涉及贬毁之辞，是知著者与孔子有关系了。

(己)著者与鲁季氏的关系

【证据】

昭二十五"政在季氏三世矣，鲁君丧政四公矣"；襄五年"君子是以知季文子之公也，相三君矣，而无私积，可不谓忠乎"；哀三年"季孙有疾，命正常曰：'无死，南孺子之子，男也，则以告而立之；女也，则肥也可。'季孙卒，康子即位。既葬，康子在朝，南氏生男，正常载以如朝，告曰：'夫子有遗言'，命其圉臣曰：'南氏生男，则以告于君与大夫而立之。'"今生矣，男也，敢告。"遂奔卫。康子请退，公使共刘视之，则或杀之矣。乃讨之，召正常，正常不反。"杜注"《传》备言季氏家事"。

【论断】

季氏逐君，于理不当，而著者反袒季氏。且于哀三年备言季氏的家事。是知著者与鲁季氏有关系了。

(庚)著者曾到过楚

【证据】

宣五年："(楚)斗伯比淫于䢵子之女，生文子焉。䢵夫人使弃诸梦中，虎乳之。䢵子田，见之，惧而归。以告，遂使收之。楚人谓'乳''谷'，谓'虎于菟'，故命之曰'斗谷于菟'，实'令尹子文'。"

【论断】

《孟子》："欲其子之学齐语也，学楚语也，挞而求之而不得。"成九年晋侯见楚囚，使与之琴"操南音"。可见其时南北的语言是不统一的；著者若未到过楚，何以知楚叫'虎'为'于菟'，叫'乳'为'谷'，与北方的方言不同，而特为标明的记载呢？是知著者曾到过楚国了。

(辛)著者与晋魏的关系

(1)记晋事详

【证据】

桓二年："晋穆侯之夫人姜氏，以条之役生太子，命之曰'仇'。其弟以千亩之战生，命之曰'成师'。……惠之二十四年，晋始乱，故封桓叔于曲沃。……惠之三十年，晋潘父弑昭侯而立桓叔，不克。晋人立孝侯。惠之四十五年，曲沃庄伯伐翼，弑孝侯，翼人立其弟鄂侯(皆在春秋前)。鄂侯生哀侯，哀侯侵陉庭之田。陉庭南鄙启曲沃伐翼。三年春，曲沃武公伐翼，次于陉庭……。"庄十六年："王使虢公命曲沃伯以一军为晋侯。"

【论断】

晋的历史如何？昭十五年周景王谓晋籍谈说："昔而高祖孙伯黡，司晋之典籍，以为大政，故曰籍氏。及辛有之二子董之，晋于是乎有董史。"杜注："孙伯黡，晋正卿，籍谈九世祖。"疏："其九世之次，《世本》云：黡生司空颉，颉生南里叔子，子生叔正官伯，伯生司徒公，公生曲沃正少襄，襄生司功大伯，伯生侯季子，子生籍游，游生谈，谈生秦。"

辛有是平王初年人(僖二十二年，平王之东迁也，辛有适伊川)辛有的二子为晋董史，当在平王季年，是晋在春秋初年已有了史官了。但此系晋翼的史官，不是晋曲沃的史官；晋曲沃有史官，当在庄十六年晋灭翼,王命曲沃伯为晋侯后;观《世本》载籍谈四世祖襄,尚为曲沃少正,即其证了。

《左传》对于晋事的记载,在曲沃未为侯以前,应记翼事;曲沃既为侯后,再载曲沃事方可。今《左传》略翼事而详曲沃,能于曲沃无史之中,而为推本探源的记载;一部《左传》中,求如此者,未有第二。《左传》记晋事为多,对晋五大战役,叙述详明;齐桓之霸,竟为略过。而且于成五年宗伯与舆人之辟重,襄三十晋卿计算绛县老人之年纪;对晋记得如此详细,而对于秦齐燕楚的大国,数世一书,间岁一记。著者与晋无关,何以至此?是知著者与晋有关系了。

(2) 祖魏过甚

【证据】

昭二十八:"魏献子为政。分祁氏之田以为七县,分羊舌氏之田以为三县。司马弥牟为邬大夫,贾辛为祁大夫,司马乌为平陵大夫,魏戊为梗阳大夫,知徐吾为涂水大夫,韩固为马首大夫,孟丙为孟大夫,乐霄为铜鞮大夫,赵朝为平阳大夫,僚安为杨氏大夫。……魏子谓成鱄'吾与戊也县,人其以我为党乎?'对曰:'……昔武王克商,光有天下。其兄弟之国者十有五人;姬姓之国者四十人,皆举亲也。夫举无他,唯善所在,亲疏一也。'……仲尼闻魏子之举也,以为义……又闻其命贾辛也,以为忠。……魏子之举也义,其命也忠,其长有后于晋国乎?"

【论断】

《史记·晋世家》:"(顷公)十二年,晋之宗家祁傒孙、叔向子,相恶于君。六卿欲弱公室,乃遂以法尽灭其族,而分其邑为十县,各令其子为大夫。晋益弱,六卿皆大。"

魏献子为政,灭公肥己,于理不当;而著者美魏的话,说个不了。姚氏疑《左传》系吴起为诒魏而作,不为无因。是知著者与魏有关系了。

(壬)著者与左丘明的关系

【证据】

《国语》《左传》分国记事起止统计图：

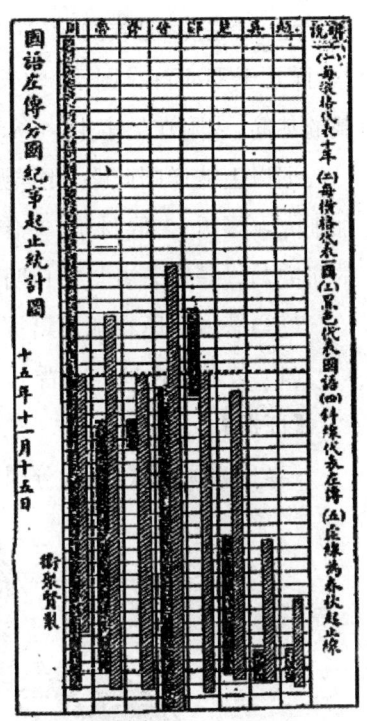

【论断】

周　《左传》的记载不如《国语》记载的长而且详（周在《国语》中长为第一，详列第二；在《左传》中长为第六，详列第八）。

鲁　《左传》的记载较《国语》长而且详（鲁在《左传》中长为第二，详列第三；在《国语》中长为第三，详列第二）。《国语》多半记的是琐事。

齐　《左传》的记载较《国语》长而且详（齐在《左传》中长为第四，详列第五；在《国语》中长为第八，详列第六）。《左传》对齐桓霸业最略，而《国语》独载此事。

晋　《左传》的记载较《国语》长而且详（晋在《左传》长为第一，详列第一；在《国语》中长为第二，详列第一）。二者记载相同的地方虽多，而《左传》对于霸业的荦荦大端，记载很多。

郑　《左传》记载较《国语》长而且详（郑在《左传》中长为第三，详列第四；在《国语》中长为第五，详列第七）。《国语》独载春秋以前事。

楚　《左传》记载较《国语》长而且详（楚在《左传》中长为第五，详列第二；在《国语》中长为第四，详列第三）。二者记载相同的地方亦多，但《国语》对于内政多详，外交反略。

吴　《左传》记载的较《国语》长而不如其详（吴在《左传》中长列第七，详列第九；在《国语》中长为第七，详列第五）。《国语》单记夫差亡国事，而《左传》对此反略。

越 《左传》记载的较《国语》长而不如其详(越在《左传》中长为第八,详几于零;而在《国语》中长为第八,详列第七)。《左传》对于越事记载的甚简,多附在吴事中。

据以上彼详则此略,此详则彼略,似二书互有关连,为补缺而作,再加细究,《国语》多取材于《左传》,又是左丘明子孙的作品(详见《〈国语〉的研究》)。是知著者与左丘明有关系了。

(癸) 著者的所在地及籍贯

(1) 著者所在地——晋

【证据】

《春秋》《国语》《左传》分国记事详简比较图:

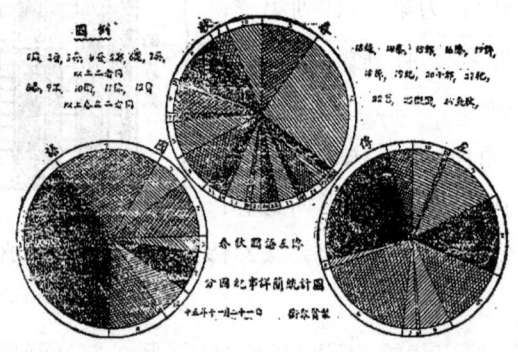

【说明】

《春秋》分国,据李琪《春秋列国世纪编》。《左传》分国,据凌斗隍《左氏节萃》(其书未完成,余依法补编)。

【论断】

a.《春秋》

2(鲁)占百分之二十四有奇　　3(齐)占百分之十有奇

4(晋)占百分之九有奇　　　　6(楚)占百分之四有奇

7(吴)占百分之一有奇　　　　8(秦)占百分之一尚不足

15(邾)占百分之三有奇　　　 22(莒)占百分之二有奇

16(滕)占百分之一有奇　　　 18(薛)占百分之一有奇

20(小邾)占百分之一有奇　　　　13(越)不足百分之一几等于零

《春秋》鲁占第一,是《春秋》为鲁国的作品(直证)。记滕、薛、邾、莒的小国,尚能有百分之一以上的地位,而秦越的大国尚不足百分之一。是知《春秋》的著地距滕、薛、邾、莒近,去秦、越远(旁证)。因为搜辑材料近详远略的缘故。

b.《国语》

4(晋)占百分之四十有奇　　　1(周)占百分之十九

2(鲁)6(楚)均占百分之十　　　7(吴)占百分之七有奇

3(齐)13(越)均占百分之五有奇　5(郑)占百分之三有奇

《国语》除晋因其他原因外(例外)。列吴、越为记,而无秦,是知《国语》的著地,距吴、越近,去秦较远了(旁证)。

c.《左传》

4(晋)占百分之二十六　　　　6(楚)占百分之十七有奇

2(鲁)占百分之十三有奇　　　3(齐)占百分之九有奇

7(吴)占百分之二有奇　　　　8(秦)占百分之一有奇

《左传》记晋占第一,是《左传》为晋国的作品(直证)。而有秦无越,可知著者距秦近,去越较远(旁证)。

1. 按《国语》虽记晋为第一,但《左传》记晋事共四万五千余字,《国语》记晋事为二万八千余字,几乎差《左传》一倍,又按《晋语》系取材于《左传》的(详见《国语的研究》),是从《左传》上抄录来的,不是自己搜集来的史料,故《国语》不适用此例。

又如"邾娄""邹"是一个国名,复音为"邾娄",单音为"邾",拼音为"邹"。《公羊》《礼记》读为"邾娄",《左传》《纪年》(《春秋经传集解》后序引)读为"邾",《孟子》《庄子》《郑语》读为"邹"。山东出品的《公羊》《礼记》用复音(原音)读为"邾娄",后起的《孟子》《庄子》《郑语》用的拼音读为"邹",山西出品的《纪年》用的单音读为"邾"。但与《纪年》记单音表同情用"邾"的为《左传》,可知《左传》是山西的产品了(《谷梁》亦称"邾",但谷梁系赵人,赵魏同为晋地,故《谷梁》亦同《左传》)。又如走个小道,山西河东人读"捷(〈ㄓ〉)经",山东人读为"接(ㄐㄧㄝ)经",按《左传》庄十二年"宋万弑其君捷",《公羊》记为"宋万弑其君接",《晏子春秋·内篇谏下》有"公孙接"《艺文类聚》《后汉书音义》作"公孙捷",《尔雅·释诂》:"接,捷也。"是山东出品的书《公羊》《晏子春秋》读"捷"为"接",与今山东人言同,而《左传》读"接"为"捷",与今山西人方言同,是《左传》用山西的方言。又如方言说"秦晋之间,美色为艳",《左传》桓二年"美而艳",现山西河东人说"好的很"为"艳的很"。方言"略,取也;秦晋之间曰略",《左传》成十二年"略其武夫,以为己腹心、股肱、爪牙",《杜注》"略,取也",今山西河东方言说在表面上取其轻浮的东西为"略过"。是就方言上说,也可证明《左传》是山西的产品。

据以上理由,可知著者所在地在晋了。

(2) 著者的籍贯——卫

【证据】

《左传》全部与获麟后各国记事详简统计图

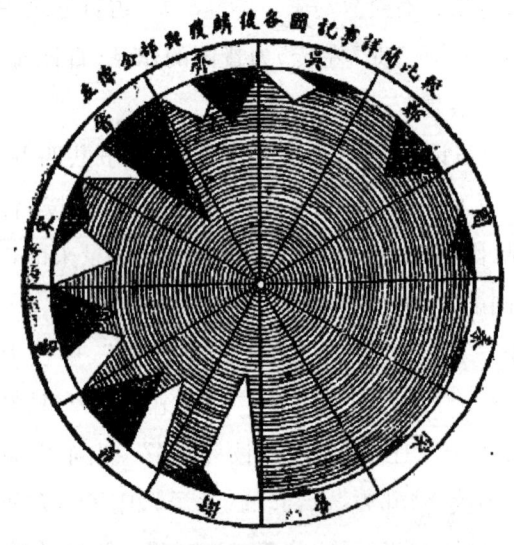

十六年十一月二十八日　　　　卫聚贤製

說明：　黑色代表左傳全部，白色代表獲麟後
　　　　部分，每圈線代表百分之一。

【论断】

据上统计图的观察,将各国在《左传》全部及获麟后一部分中,所占的地位及分数列左:

《左传》全部

晋第一 26.5%

楚第二 18%

鲁第三 14%

齐第四 10%

郑第五 10%

卫第六 6%

宋第七 5%

周第八 4%

吴第九 3%

秦第十 1.5%

陈第十一 1%

曹第十二 1%

获麟以后

卫第一 27%

楚第二 20%

鲁第三 14%

宋第四 14%

晋第五 10%

齐第六 8%

吴第七 7%

卫在《左传》全部中,位居第六,占百分之六;而在获麟以后,位居第一,占百分之二十七。按《春秋》记事是提纲挈领记的很简单的,《左传》叙述本末是很详细的;是《左传》与《春秋》相表里。获麟以前,可就是《左传》跟着《春秋》走,获麟以后,《左传》的著者可自由采取史料以编纂了。

但他采取史料常以所在地为详,今《左传》于获麟后卫为最详,可知著者所在地在卫了。

前既证明著者的所在地在晋,既在晋当不能又在卫,二者必有一为所在地,一为籍贯。按春秋时其人称他自己国的已故诸侯为"先君",今《左传》于叙事处,称卫国的已故诸侯为"先君";如隐四年"将修先君之怨于郑";僖三十"公入祀先君"。可知著者的籍贯在卫了。

据上著者的环境,与晋、魏、季氏、孔子、左丘明有关系,所在地在晋,籍贯为卫,又旅行过楚国。

(三) 具有著者的本能及环境的,是——子夏

(1) 子夏的本能

(子) 子夏系文学家

【证据】

《论语·先进》:"文学:……子夏。"

【论断】

子夏在孔门中,以文学著名,他是一个文学家;故用笔于《左传》中,文章很是优美。

——据(甲)(子)二条看来,著者是子夏。

(丑) 子夏系军事家

【证据】

《孟子·公孙丑》:"北宫黝似子夏。"

【论断】

《韩诗外传》载子夏与公孙悁在卫灵公前论勇,公孙悁号为勇士,但不若子夏处有三。而子夏自述用勇的经过,与孟子所谓北宫黝之养勇,不肤桡,不目逃,正同。是知子夏有勇过人,"不逞其志,借题抒写,以发其轮囷离奇之慨"(用《左绣序》语句)。是以叙述军事,精确详明,足为后世取法,因有《左氏兵法测要》的书出。

——据(乙)(丑)二条看来,著者是子夏。

(寅) 子夏长于易

【证据】

《说苑》"孔子读《易》至于《损》《益》,喟然而叹。子夏避席而问曰:'夫子何为叹?'孔子曰:'夫自损者益,自益者缺,吾是以叹也。'……子夏曰:'善!请终身诵之。'"

【论断】

王俭《七志》引刘向《七略》有《子夏易传》。《四库总要·经部·易类》题为《子夏易传》十一卷,其书虽伪,而总知子夏长于《易》适为后人所伪托了。《四库总要·易类》说:"《左传》所记诸占;盖由太卜之遗法。"《风俗通》对于卜姓的解释:"氏于事者,巫卜陶匠是也。"子夏姓卜,或为太卜之后;其家于《易》特有传授,故子夏长于《易》而窜太卜之遗法于《左传》中。其《易》既有特长,故《师春》录之以为魏襄王殉葬物。而《论语》:"子夏曰:'死生有命,富贵在天。'"此与《易》占祸福也有关系,总知子夏是好言祸福的人了。

——据(丙)(寅)二条看来,著者是子夏。

(卯)子夏长于《诗》

【证据】

《论语·八佾》:"子曰'起予者商也!始可与言《诗》已矣。'"

【论断】

子夏长的《诗》,故汉人有伪托子夏而作《诗序》的。子夏既长于《诗》,故于《左传》中引《诗》很多。

——据(丁)(卯)二条看来,著者是子夏。

以上子夏的本能,是长于文学,长军事,长于《易》,长于《诗》;与《左传》的著者相同了。

(2)子夏的环境

(辰)子夏与孔子关系

【证据】

《论语·先进》:"从我于陈蔡者,皆不及门也。……文学:子游、子夏。"

【论断】

子夏是孔子的学生,已有明文。子夏既是孔子直接弟子,是以在《左传》内续经至孔子卒,以表明他师生的关系。

——据(戊)(辰)二条看来,著者是子夏

(己)子夏与鲁季氏关系

【证据】

《论语·子路》"子夏为莒父宰。"

【论断】

《论语·微子》:"齐景公待孔子,曰:'若季氏则吾不能,以季、孟之间待之。'"孔注:"鲁二卿季氏为上卿最贵。"《左》昭三十二年:"政在季氏,于此君也,四公矣。"是季氏在鲁专权很久,子夏为莒父宰,与季氏当然有关,故在《左传》中袒于季氏,有五六处之多。

——据(巳)(己)二条看来,著者是子夏。

(午)子夏曾到过楚

【证据】

《论语·先进》:"从我于陈蔡者,皆不及门也。……文学:子游、子复。"

【论断】

《史记·孔子世家》:陈蔡围孔子于野,子贡至楚,楚昭王兴师迎孔子,然后得免。孔子厄于陈蔡,子夏随从。孔子脱围至楚,子夏亦当同行。故子夏对于楚国的方言,得明了其与中原不同,而为他日于《左传》中,特为标明的记述。

——据(庚)(午)二条看来,著者是子夏。

(未)子夏与晋魏的关系

【证据】

《吕氏春秋·察传》"子夏之晋过卫。"《史记·仲尼弟子列传》"子夏居西河教授,为魏文侯师。"

【论断】

《史记考证》引《容斋续笔》以："子夏已百三岁矣，方为诸侯师，岂其然乎？"但按魏斯为大夫之年，系周威烈王二年，时子夏年八十一。子夏于魏斯为大夫时为其师，后人以魏斯后为侯，子夏曾为其师，故谓子夏为魏文侯师，不必解释作魏斯为侯后，子夏为师，方可叫"魏文侯师"。

前已证明《左传》的著者，未见到魏斯为侯；此段又证明子夏不能寿一百零三岁，待魏斯为侯后，方为其师。子夏为魏斯师时，魏尚未脱晋独立，是子夏居魏犹是晋地。时晋都在魏斯所辖地之内，子夏得晋国详细史稿而著《左传》，故《左传》记晋事特多而且祖晋。子夏虽在晋国，实为魏地，且受魏斯之厚待，是以于《左传》中，祖魏特甚。

——据(辛)(未)二条看来，著者是子夏。

(申)子夏与左丘明关系

【证据】

《鲁语》"季康子问公父文伯之母"条下有："子夏闻之曰：'善哉！'商闻之曰：'古之嫁者，不及舅姑，谓之不幸。'夫妇学于舅姑，礼也。"

【论断】

《国语》的章法，多叙事于前，加评语于后。其评语有出自著者自己的，有引"君子曰"的，有引"仲尼闻之曰"的。惟此章此"子夏闻之曰"与"仲尼闻之曰"并列，而子夏闻之曰的"舅姑"，即《左传》文二年跻僖公条的"而先姑也"，可知《国语》的纂者，重视子夏了。《国语》是左丘明的子孙纂成的，又多取材于《左传》，是以推重子夏。可知子夏与左丘明有关系了。

——据(壬)(申)二条看来，著者是子夏。

(酉)子夏的所在地及籍贯

【证据】

《吕氏春秋·察传》："子夏之晋……。"

《春秋繁露·俞序》："卫子夏言有国家者，不可不学《春秋》。"

【论断】

《史记·儒林传》："孔子卒后，七十子之徒，游散诸侯。……子夏居西河。"子夏居晋为时已久。《春秋繁露》已明言子夏系卫人。是子夏的所在地在晋,籍贯为卫,与《左传》的著者所在地及籍贯相符合。

——据(癸)(申)二条看来,著者是子夏。

总观上列,著者系文学家,子夏亦系文学家;著者系军事家,子夏亦系军事家;著者长于《易》,子夏亦长于《易》;著者长于《诗》,子夏亦长《诗》;是著者的本能,子夏得而有了。著者续《春秋》至孔子卒,与孔子有关,而子夏与孔子系师徒之关;著者对鲁季氏为祖,而子夏为莒父宰,季氏必于为力;著者曾到过楚,子夏亦从孔子到楚;著者祖晋魏,而子夏设教于西河为魏文侯师;《国语》多取材于《左传》,当与其纂者左丘明的子孙有关,而《国语》竟引子夏与孔子并列;著者的所在地在晋,籍贯为卫,而子夏的设教于西河居晋,亦系卫人;是著者的环境,子夏得而有了。具有著者本能及环境条件的,孔门中独一子夏。子夏既隶孔门,故著《左传》续《春秋》至孔子卒,并对于孔子及孔门诸子无贬辞;局外人当不至此。是著《左传》的不是子夏是谁?

(四) 子夏与《春秋》的关系

(金)子夏参与孔子作《春秋》

【证据】

《公羊传》隐元年《疏》引闵因叙《感精符》《考异邮》《说题辞》等,皆说:"孔子使子夏等十四人,求周史记,得百二十国宝书。"

【论断】

《史记·十二诸侯年表》"孔子西观周室,论史记旧闻。"《左传》杜预《序》左丘明条下《疏》说:"《严氏春秋》引《观周篇》云:'孔子将修《春秋》,与左丘明乘如周,观书于周史,归而修《春秋》之经,左丘明为之《传》,共为表里。'"是子夏采各国史记为一事;孔子与左丘明如周观史记,又为一事;二者不宜相混。

杜预以鲁史由赴告,孔子因鲁史而成《春秋》。但单凭赴告的文字,其事是否真确,何由而定。如今日的报馆,但凭着官庭发给的稿,而为披露,则该报何有价值之可言?孔子的《春秋》,又何足以为信史?是必另有史料，以供参考；故孔子与左丘明如周观史记，为较信的事。但当春秋的末年，列国当不能时将史记均送周室，孔子一往观看，就尽知道；故命子夏等各国史记，亦为可信的事实。

《十一经音训》引"荀崧曰：'孔子作《春秋》，左丘明、子夏造膝亲受，无不精究。'"《史记·孔子世家》："听讼，文辞有可与人共者，弗独有也；至于为《春秋》，笔则笔，削则削，子夏之徒，不能赞一辞。"按此"不能赞一辞"，系指《春秋》而言，非于《春秋》以外，亦不能赞一辞的。又"子夏之徒"，是明指子夏的，换一句话说，《春秋》和子夏不能没有关系。

孔门弟子很多，何以孔子作《春秋》，独与子夏发生关系？按《吕氏春秋·察传》说："子夏之晋过卫，有读史记者曰：'晋师三豕涉河。'子夏曰：'非也！是己亥也。'夫'己'与'三'相似，'豕'与'亥'相似。至于晋而问之，则曰：'晋师己亥涉河也。'"是子夏长于古文字学，可以看懂各国的史稿，不至把"己亥"当作"三豕"的；故孔子作《春秋》，子夏帮忙，亦属可能。

（木）子夏接受《春秋》

【证据】

《公羊》隐元年《疏》引《孝经说》云："孔子曰：'《春秋》属商，《孝经》属参。'"

【论断】

《史记·孔子世家》："至于《春秋》，子夏之徒，不能赞一辞，弟子受《春秋》。……"按："弟子受《春秋》"，是孔子明将《春秋》传授给弟子了。《春秋说题辞》说"孔子作《春秋》，一万八千字，九月而书成，以受游、夏，游、夏之徒，不能改一字"。此当系因《史记》而演绎的。《春秋》在孔门未曾中绝，但再找不出第二个人与《春秋》有关，是以"《春秋》属商"较为可信。

（水）子夏研究《春秋》

【证据】

《韩非子·外储说右上》："子夏曰：'《春秋》之记，臣杀君，子杀父者，以十数矣，皆非一日之积也，有渐而以至矣。'"

《春秋繁露·俞序》:"卫子夏言:有国家者,不可不学《春秋》;不学《春秋》,则无以见前后旁侧之危,则不知国之大柄,君之重任也。"

【论断】

子夏既受《春秋》,对于《春秋》当有批评;以其评语书于《春秋》之后,韩非子、董仲舒等见了,故引用了一二条于他的著作上。恰留下这点痕迹,被我们看见,知道子夏与《春秋》脱不了关系。

(火)子夏传授《春秋》

【证据】

《〈公羊传序〉疏》引"戴宏序云:'子夏传与公羊高,高传与其子地,地传与其子敢,敢传与其子寿,至汉景帝时,寿乃与其弟子、齐人胡毋子都著于竹帛。'"

《风俗通》谓谷梁为子夏门人。唐杨士勋《〈谷梁传序〉疏》说谷梁子名俶,字元始;一名赤,受经于子夏。

【论断】

《公羊传》桓六年"子同生"条引"子公羊子曰……",《谷梁传》隐六年初献六羽条引"谷梁子曰……",是《公羊》《谷梁》不应自引其语,并自称为子?当系公羊、谷梁引他们先辈的话。《公羊》《谷梁》虽是汉时方著于竹帛的,但《公羊》《谷梁》内的《春秋》,当系从孔门独传《春秋》处,子夏那里抄来的。

(土)子夏著《春秋》——即《左传》

【证据】

《春秋》僖二十二:"冬,十有一月,已巳朔,宋公及楚人战于泓,宋师败绩。"《左传》僖二十二年:"楚人伐宋以救郑,宋公将战,大司马固谏曰:'天之弃商久矣,君将兴之,弗可赦也已!'弗听。冬十一月已巳朔,宋公及楚人战于泓。宋人既成列,楚人未既济,司马曰:'彼众我寡,及其未既济也,请击之。'公曰:'不可。'既济而未成列,又以告,公曰:'未可。'既陈而后击之,宋师败绩。公伤股,门官歼焉。国人皆咎公,公曰:'君子不重伤,不禽二毛。古之为军也,不以阻隘也;寡人虽亡国之余,不鼓不成列.'子鱼曰:'君未知战,勍敌之人,隘而不列,天赞我也;阻而鼓之,不亦可乎?犹有惧焉。且今之勍者,皆吾敌也;虽及胡耇,获则取之,何有于二毛?明耻教战,求杀敌也;伤未及死,如何勿重?若爱重伤,则如勿伤?爱其二毛,则如服焉?三军以利用也,金鼓以声气也,利而用之,阻隘可也;声盛致志,鼓儳可也。'"

《春秋繁露·俞序》:"仲尼之作《春秋》也……以为见之空言,不如行事博深切明,故子贡、闵子、公肩子、言其'切而为国家资'也。其为切而至于杀君亡国,奔走不得保社稷,其所以然,是皆不明于道,不览于《春秋》也。故卫子夏言:有国家者,不可不学《春秋》;不学《春秋》,则无以见前后旁侧之危,则不知国之大柄,君之重任也。……敌国不可狎……故善宋襄公不厄人。不由其道而胜,不如由其道而败,《春秋》贵之,将以变习俗而成王化也。故子夏言:《春秋》重人,诸讥皆本此。"

【论断】

宋襄公与楚人战,宋人大败,董仲舒他以为宋以战败的小国,而在《春秋》内反列在战胜的大国楚国上。——宋公及楚人——想是孔子以为宋襄公在战地上还行了些"君子……古之为"的礼,是以把宋列在楚上,故说"《春秋》贵之"。但《春秋》本文除去记月日外,正文为"宋公及楚人战于泓,宋师败绩"十二个字。看不出来《春秋》贵宋的原因;董仲舒说"善宋襄公不厄人",是明根据《左传》上所载而说的。但《左传》上原文对于宋襄公没有说他的好话,而且说是当未济不成列时击之,必操胜算,"何有于二毛……重伤"哩!董仲舒看见《左传》上所载,刚与他所说的《春秋》贵之相反,是以说是"……《春秋》重人"。但"《春秋》贵之"与"《春秋》重人"两个"春秋"容易混合,是以他标明的说:"子夏言《春秋》重人。"

董仲舒说:"子夏言:《春秋》重人,诸讥皆本此。"是说子夏言《春秋》重人,不只是宋襄公败于泓一事,而有"诸讥皆本此"的"诸"是子夏的《春秋》很多了。而"重人诸讥皆本此"的"皆",是子夏很多《春秋》皆重人了。而很长重人事的《春秋》,不是《左传》是甚么?

（五）子夏著《左传》失名的原因——远因：派别不同因而排挤

【证据】

梁任公师《儒家哲学》"《孟子·滕文公上》说：'昔者孔子没。……他日，子夏、子游、子张，以有若似圣人，欲以所事孔子事之。强曾子，曾子不可。……'这并不是曾子有意与有子为难，徒争意气，实际是两人学派，大不相同，所以就各走各人的路了。"

【论断】

《荀子·非十二子》"……子张之贱儒也。……子夏之贱儒也。……子游之贱儒也。"《史记·儒林传》："孔子卒后，七十子之徒，游散诸侯，故子张居陈，澹台子羽居楚，子夏居西河。"《史记·仲尼弟子列传》子游吴人，子张陈人，曾子武城人。是孔子卒后，子张归居于陈，子游归居于吴，曾子仍居于鲁，子夏居于西河。以地域分配之，曾子为东派，子张为中派，子游为南派，子夏为北派。派别不同，排挤特甚。是以子夏两挫于曾子：

《礼记·檀弓》："子夏丧其子，而丧其明。曾子数之以三罪。《韩诗外传》卷九："子夏遇曾子不入食。"曾子谓有三费三乐，其中亦有讥讽意。又挫于子张。《韩诗外传》卷九："孔子过康子，子张、子夏从，孔子入座，二子相与论。"子张以子夏的辞气隘，颜色变，大为讥讽。再挫于子游，《论语·子张》："子游曰：'子夏之门人。……本之则无。'"云云。见弃于孔子：《说苑》"孔子将行无盖，弟子曰：'子夏有之。'……孔子曰：'商之为人短于财。'"云云。

子夏的为人究竟如何？在《论语》中没见有如孔子责宰予诛冉求的同样举动，加在子夏身上。且说："起予者，商也！"有推重子夏意。《学而》载"子夏曰：'事父母能竭其力，与朋友交，言而有信。'"《为政》载其问孝，《颜渊》载其答司马中的交友，亦不见及子夏对于孝友之道，毫不讲究的。且《孟子》谓子夏已有圣人之一体。而何《礼记》《韩诗外传》《说苑》及《论语》的最末后最迟的子张，对于子夏攻击得如此激烈呢？这是派别不同，因为排挤的缘故。

子夏的门人，有名的如田子方、段干木、吴起、禽滑釐、文子等；但田与段干，虽系北方学派，后来继起无人，是以子方与木之名未著，子夏之名亦不得而扬。吴起曾隶东派,后以母死不奔丧,被开除名额,投入北派;但吴起仕魏不终,仕楚未得善果;故东南北派的儒家,不给吴起捧场,是以子夏的声望,亦不得因而传。禽滑釐虽可称为一家学者,但后背儒入墨,故子夏之名亦不得因而张。其余子夏之徒,一见挫于同派子张:《论语·子张》"子夏之门人,问交于子张",子张答以"异乎吾所闻"。再见挫于别派墨子:《墨子·耕柱》子夏之徒问墨子斗。墨子以行譬于狗狶,而说:"伤矣哉!"子夏之徒,不见容于儒墨,况子夏的北派后起无人(如《韩非子·显学》儒分为八,而无子夏的儒),不能如山东为儒家的策源地:是以子夏之名不闻,而《左传》的著者,遂使为张冠李戴。

2. 近因:左字看得太重因而弄错

【证据】

《史记·十二诸侯年表》:"鲁君子左丘明……成《左氏春秋》。"《汉书·刘歆传》"初《左氏传》多古字古言,学者传训故而已。及歆治《左氏》,引传文以解经,转相发明,由是章句义理备焉。歆以为左丘明好恶与圣人同,亲见夫子;而公羊、谷梁在七十子后,传闻之与亲见,其详略不同。"

【论断】

汉承秦火,书籍不完,是以"师说"和"传授"就讲究起来了。《左传》是左氏的人所传,因而书名《左氏春秋》;司马迁作《史记》,对此未加深究,见《左氏春秋》有"左"字,因说是:"鲁君子左丘明……成《左氏春秋》。"

汉代书籍既不完全,字句是以难读,因而注解家出,而入于解经的时代。《公羊》《谷梁》《尔雅》为其时出产解经最有名的几部书,是以时人多尚《公》《谷》,而刘歆独好《左氏》,欲立学官,时人以《左氏》不传《春秋》,多与反对,刘歆因而"传引文以解经,转相发明……治《左氏》传其《春秋》"。使《左氏春秋》上有那《公羊》《谷梁》的体例,以为时髦,但恐时人看出破绽,假托校秘书,从古文中得来的;如此就可以与《公》《谷》抗,得立学官了。他又"以为左丘明好恶与圣人同,亲见夫子,而公羊、谷梁在七十子后,传闻之与亲见,其详略不同"。把《左氏春秋》的著者安在左丘明身上,以为《左氏》立于学官,比较《公羊》《谷梁》更为必要了。

司马迁、刘歆以左氏《春秋》内续经至孔子卒,对于孔子及孔门无贬词,这书当与孔子发生关系;又见《论语》有孔子称赞左丘明的话,此书名《左氏春秋》,当系左姓人的作品,不管左丘明是复姓单姓,总有一个左字,糊里糊涂安在左丘明身上。自从他二人弄错以后,再没人敢翻这个陈案,成了冒名顶替,子夏实在冤枉。

总上各章,《左传》非左丘明所著,子夏具有著者的本能环境,又曾参与孔子作《春秋》,孔子又传给他《春秋》,他自己又研究《春秋》,又传给公羊、谷梁两个专门《春秋》家的《春秋》。且当孔子之作《春秋》,命子夏采取史料;《春秋》之既作,史稿又有余存(《史记·十二诸侯年表》:"孔子作《春秋》,约其文辞,去其烦重。"(去其烦重,即其余稿),子夏据而著《左传》,左丘明子孙据而纂《国语》,事属至明,理亦正当。特为断定如揭要。

三、传授

某书传给某人,某人又传给某人,以直往下数去,本无研究的必要;但《左传》的书名,不是因由著者得名,是由传者得名的。且前人所说传者的系统中。有一部分可使著者真名披露的助证,是以说明如左:

揭要:传者系卫左氏人吴起——前人所说传授系统错误的更正

【证据】

《别录》:"左丘明授曾申,申授吴起,起授其子期,期授楚人铎椒,铎椒作《抄撮》八卷,授虞卿。"(见王应麟《考证》引)

【论断】

《韩非子·说林上》:"鲁季孙新弑其君……吴起因去之晋。"鲁季孙新弑的君,当为悼公。按《礼记·檀弓下》:"悼公之丧,季昭子问于孟敬子曰:'为君何食?'敬子曰:'食粥,天下之达礼也。吾三臣者之不能居公室也,四方莫不闻矣,勉而为瘠则吾能,毋乃使人疑,夫不以情居瘠者乎哉!我则食食。'"此当是季孙弑鲁悼公之证。鲁悼卒在周考王十二年,是吴起去鲁时赵襄子尚在。那么《左传》最后的一段(有赵襄子),是左丘明传给曾申,曾申传给吴起,吴起去鲁三年后,左丘明方见到赵襄子的谥法，才作了这一段，急速命人到晋国，送给吴起，使添到《左传》上呢？还是左丘明在三年前，就预知赵襄子的谥法，而作这一段呢？可见前人说"左丘明传曾申，申传吴起"，这话是靠不住的。

《史记·孙子吴起列传》："吴起者，卫人也；好用兵，尝学于曾子；居顷之，其母死，起终不归，曾子薄之，而与起绝。……起至魏。"《史记·儒林传》"田子方、段干木、吴起、禽滑釐之属，皆受业于子夏之伦。"吴起以母死不奔丧，犯了曾子所办的学校校规，被曾子开除名额；子夏以乡亲关系，准吴起转学于他在西河所办的学校中。吴起就学子夏，对于子夏所著的《左传》，研究有得，是以《说苑》载有魏武侯问吴起元年云云。吴起后与魏武侯意见不合，乃从西河任上，乘车南往楚国去，而把他师傅卜子夏所著的《左传》，也带上去了。

吴起在楚是世传《左传》的。起卒后四十余年，楚威王传铎椒就吴期的《左传》，采取成败，作了《抄撮》八卷。铎后七十余年，赵相虞卿到楚，就吴氏家传的《左传》，作了一部《虞氏春秋》，并不是期授铎椒，铎授虞卿。虞后十余年，赵人荀卿仕楚，就吴氏家传的《左传》，抄过一次；后荀卿受谗返赵，把《左传》带到北方去了。是以他弟子韩非子在《备内篇》，把《左氏春秋》叫作《赵左春秋》（章太炎《春秋左传读叙录》证明《韩非子》"桃左春秋"，"桃"即"赵"字之假借）。韩非子既在北方见到《左传》，是以在他《奸劫弑臣》篇，引其原文说"《春秋》记之曰……"左氏《春秋》亦可单称《春秋》，如太史公于《十二诸侯年表》说"《左氏春秋》"，于《吴世家》"余读《春秋》古文"是。汉初以荀卿所传不如吴氏家传之久，是以归功吴氏，仍复其原名为"《左氏春秋》"。

《左传》以吴起家传而得名

【证据】

《韩非子·外储说右上》"吴起，卫左氏中人也……"

【考证】

《战国策·卫策》："卫嗣君时，胥靡逃之魏，卫赎之百金，不与。乃请以左氏。群臣谏，君曰：'民无廉耻，虽有十左氏，将何用之！'"（亦见《韩

非子·内储说七术》)

【论断】

吴起，卫国左氏邑人，后寓于楚。其家传的《左传》，不以姓著，而以故里之地名著者，示其不忘本哩！①

《左传》与《春秋》是相表里的，故战国及汉初的人，都叫它——春秋。②西汉中叶师说传授的风盛，《左传》是由左氏人传的，故西汉中叶的人，都叫它《左氏春秋》。③ 刘歆以《公羊》《谷梁》传《春秋》，左氏不传《春秋》，不能立于学官，故"引传文以解经"，窜入解经的话，因叫它《春秋左氏传》。④ 班固作《汉书·艺文志》，嫌《春秋左氏传》五个字名词太长，因裁截之叫它《左氏传》。⑤ 杜预又把"氏"字去掉，叫它《左传》。⑥ 韦昭因《国语》名《外传》，又

---

① 《隋书》西域康国条："康国其王本姓温，月氏人也。旧居祁连山北昭武城，为匈奴所破，西逾葱岭，遂有其国，支庶各分王。故康国左右诸国，并以昭武为姓，示不忘本也"。迁居远地，思念旧土，亦人之常，吴起由卫左氏迁居楚，其不忘左氏，亦同此例。书以地传，如《谷梁传》原名《谷梁春秋》，《水经注》博陵有谷梁城即其例。

② 《楚策》虞卿曰"近闻之《春秋》"，《韩非子》"《春秋》之记曰"，《史记》太史公曰"余读《春秋》古文"，《新序》田饶曰"《春秋》曰……"，俱名《左传》为《春秋》，已见于前。而《汉书·匈奴传》赞"《春秋》有道，'守在四夷'"，即《左传》昭三十二年"古者天子守在四夷"；《王莽传》"《春秋》晋悼公用魏绛之策……"见《左传》襄十一年《传》；是《左传》亦名《春秋》了。盖古代记事之书多名为《春秋》。

③ 《史记·十二诸侯年表》"成《左氏春秋》"，《汉书·景十三王传》："立《毛氏诗》《左氏春秋》传士。"《儒林传》："歆白《左氏春秋》可立"，"平帝时又立《左氏春秋》"，《东观记》郑兴"从博士金子严为《左氏春秋》"。都名《左传》为《左氏春秋》。

④ 《汉书·韦玄成传》刘歆议祖宗之制曰"《春秋左氏传》曰：'名位不同，礼亦异数。'"按《左传》原名《左氏春秋》，与《公羊春秋》《谷梁春秋》同例，如《史记·儒林传》"瑕丘、江生为《谷梁春秋》"，《汉书·梅福传》"明《谷梁春秋》"，《武五子传》"戾太子认受《公羊春秋》"是；而刘歆"引传文以解经"《刘歆传》"歆治《左氏传》，其《春秋》意亦已乖矣！"《五行志》），因将《左氏传》改为《春秋左氏传》；而《公羊春秋》《谷梁春秋》，亦随而名之曰《春秋公羊传》《春秋谷梁传》，如《韦玄成传》刘歆曰"《春秋谷梁传》'天于七庙，诸侯五………'"即其证。

⑤ 《汉书·艺文志》"《左氏传》三十卷，《公羊传》十一卷，《谷梁传》十一卷"，是班固为节省名词，而将三书的"春秋"二字去掉。但亦有将《左氏》简称为《春秋传》的，如《说文》所引。是《左传》本无定名，由人可以随便命的，不必将《左传》的左字看的太死。

⑥ 《左传》二字，《汉书》不见。《后汉书》有，在叙事的文中，当系范晔纂《后汉书》时，《左氏传》已变名为《左传》了，故叙入其中。惟《方言》卷三"楼裂须捷挟斯败也"条下说"南楚……或谓之谲楼，故《左传》曰：'筚路褴褛以启山林'殆谓此也"，已称《左传》。但按《方言》前后例，不引书为证；此处独引《左传》当系注文写为正行。惟杜预《左传序》说："或曰：'《春秋》之作，《左传》及《谷梁》无明文。'"是将"左氏传"三字，去掉个"氏"字，而名为《左传》，当是杜预作的。

把《左传》叫作《内传》。①

　　学者看见《左传》和左丘明，都有左字，死死的咬定，非是左丘明作的不可。那管他左丘明是复姓左丘，单姓左呢？又有看《论语》上孔子称赞左丘明，强把由齐奔楚的左丘明，说他是鲁国人。又因为左丘明的子孙纂过《国语》，说是"又纂异同"也可成那《左传》；竟不看笔法语气，当非出自一人之手。又有人说刘歆割《国语》为《左传》，但刘歆的文章我们尚能看见他两三篇，他的笔墨连《国语》都比不上，如何敢说《左传》呢？我因学者死死的看定"左"字，故把《左传》名词的沿革写出来。特为断定如揭要。

一六，一一，草于北京清华大学研究院
一七，一〇，修正于山西兴贤大学学监室

《国语》的研究（节选）②

（选自卫聚贤《古史研究·第一集》，上海：商务印书馆，1934年）

　　《国语》一书，司马迁在《史记·十二诸侯年表》说："左邱明……成《左氏春秋》"。又在他的《自序》说："左邱失明，厥有《国语》。"是司马迁认《国语》为左邱明的作品。《汉书·刘歆传》"歆以为左邱明好恶与圣人同"。按《论语》有"左丘明耻之，丘亦耻之"的记载，是刘歆以左邱明即《论语》上的左丘明。依司马迁、刘歆的话，再考察《国语》的最后记载。按《国语》九末段有"赵襄子"，"襄子"是死后的谥法，襄子死在周威烈王元年。按周威烈王元年，去孔子卒五十四年，《论语》既载孔子赞称左邱

---

① 《国语》这个名词，《淮南子》名《国语》，《史记》名《春秋国语》，《说文》亦名《春秋国语》，但亦有名《国语》的。而《汉书·律历志》刘歆曰："《春秋外传》曰：'少昊之衰，九黎乱德……'"（见《楚语》）。是刘歆以左丘明著《左传》，又著《国语》，《国语》不如《左传》，是以说是《春秋外传》。自《国语》有了"春秋外传"的称谓，韦昭《国语解序》"检之以《内传》"是因外传而名《左传》为《内传》。学者若以为《左传》有左字，系姓左的人所作；但《左氏》亦称《内传》，亦可说是姓内的人（如内史过等）作的吗？

② 编者案：《〈国语〉的研究》包括作期、作地、作者、辨伪等内容，节选作期。

明,是孔子卒时,左邱明只少许在二十岁以上。今以孔子卒时左邱明为二十岁计,又加上见到赵襄子卒五十四年,共计七十四年。假定左邱明寿以八十岁计,又假定《国语》是左邱明晚年的作品,是《国语》的作期,大约系周威烈王元年以后十年以前的作品。

司马迁、刘歆的话,究竟可靠不靠,我们应当审查他以下。司马迁一方面说"左邱明……成《左氏春秋》",又一方面说"左邱失明,厥有《国语》"。而"左邱失明,厥有《国语》;孙子膑脚,而论《兵法》",语句相连;以孙子膑脚后始有《兵法》与那左邱失明后始有《国语》例正同;又以孙子因膑脚,人称他为"孙膑",与左邱因失明,人称他为"左邱明"例亦相合。《国语》是左邱失明以后的作品,推司马迁的语气,《左氏春秋》当是左邱明未失明以前的作品。但按《左传》的末段也有"赵襄子",是《左传》之作至少也在周威烈王元年赵襄子卒后;《左传》在周威烈王元年以后著作时,左邱明还未失明,待其"左邱明………成《左氏春秋》"后,始有"左邱失明,厥有《国语》";左邱明既是周威烈王元年以后,成了《左氏春秋》始失明的,那么孔子安能见到他死后五十四年人失明,预先称他为"左邱明"呢?司马迁的话是矛盾的。刘歆说:"右邱明好恶与圣人同,亲见夫子,而公、谷在七十子之后,传闻之与亲见之,其详略不同。"刘歆要在国立中央大学特设《左传》一科,强拉上《论语》内的左邱明,说是《左传》的作者,以打倒后起的公、谷,是刘歆的话有作用的。

司马迁的话是矛盾的,刘歆的话是有作用的,他两人的话均不可作正确的史料。是以赵匡说:"《论语》'左邱明耻之,丘亦耻之'。夫子自比,皆引往人,故曰'窃比于我老彭'。又说伯夷等六人云'我则异于是'。并非同时人也。邱明者盖夫子以前贤人,如史佚、迟任之流,见称于当时尔。"(见朱彝尊《经义考·春秋》部分所引)按赵匡以"我则异于是"与"丘亦耻之",作比较的研究,这个方法很好,而且确当。按"巧言,令色,足恭,左邱明耻之,丘亦耻之;匿怨而友其人,左邱明耻之,丘亦耻之"。孔子这样美满的赞语,恐非二十岁左右的青年所能享受,是孔子死时左丘明绝对的在二十岁以上。再假使孔子说这话时,不是他临死的几年,这话若早说上二三十年,是左邱明绝对的活不到百岁以上。是以左邱明不是《国语》的作者,则《国语》的作期就有了问题了。

《国语》的作期,虽有了问题,我试用左列的几个方法决定它:

一、比较明显法

瑞人珂罗倔伦(Bernhard Karlgren)所著《〈左传〉真伪考》(*On the Authentioity and the Nature of the Tsochuan*)(余与陆侃如君有合译本)三十五页(上海新月书店译本初版)说:"从沙畹(Charannes)的研究,我们知道司马迁在《书经》内遇见古奥难懂的文句,常常用简明的文字来代替(《史记》译本第一册页一二七)。"他对于《左传》也是同样的,只要一比较便知司马迁根据《左传》,常常比《左传》简明一点;这便允许我们得到一个确实的结论,说司马迁作《史记》时便有一部《左传》。这是很明白的,当他叙述事实的时候,他改动的更自由一点;但他引说话的时候,对于《左传》更遵守一点。先举几个例子,第一个是相连贯的一段。两书上比较有趣味的异点,用括号标出:

《左传》文公元年——初(楚子)将以商臣为太子,访诸令尹子上。子上曰:"君之齿未也,(而又多爱),绌乃乱。楚国之举(恒)在少者。且(是人也)蠭目而豺声,忍人也,不可立也。"(弗听)(既又)欲立王子职而绌太子商臣。商臣闻之而未察,告其(师)潘崇曰:"(若之何而察之)?"潘崇曰:"(享江芊)而勿敬也云云。"

《史记》卷四十——初(成王)将以商臣为太子,语令尹子上。子上曰:"君之齿未也,(而又多内宠),绌乃乱。楚国之举(常)在少者。且(商臣)蠭目而豺声,忍人也,不可立也。(王不听)。(立之后,又)欲立子职而绌太子商臣。商臣闻而未审也,告其(傅)潘崇曰:"(何得其实)?"崇曰:"(飨王之宠姬江芊)而勿敬也。"云云。

除了把几个名词改来合他的脾胃,司马迁说明:(一)这里边的楚子就是成王;(二)古奥文辞"多爱"意思就是"多内宠";(三)"恒"同"常"是同意;(四)"是人"指商臣;(五)"弗听"指王;(六)"既又"意思即"立之后,又";(七)不明白名字江芊就是王的宠姬。………"

沙、珂二氏的方法可靠不可靠,我们应当审查他一下。因为他以《史记》与《尚书》相同的事实,《史记》的语句较《尚书》明显,证明《史记》是采取《尚书》的;又以《史记》与《左传》相同的事实,《史记》的语句较《左传》明显,证明《史记》是采取《左传》的。但《史记》上无明文说:"《书》曰:'……'",或"《左氏春秋》曰:'……'"。或者是《史记》采取别一种已逸的史料,与《尚书》《左传》所采取的相同,也未可知。今审查他们的方法,有一个好例子,如《老子》一书总可说是秦以前的书籍,《韩非子》一书总可说是在《老子》后。今《韩非子》有《解老》一篇,以解释《老子》为标题,是《解老》上所引《老子》的话,必是《老子》的。今依其法审查于左:

《老子》第三十八章(商务影宋本):故失道而后德,失德而后仁,失仁而后义,失义而后礼。《韩非子·解老》(商务影宋本):失道而后失德,失德而后失仁,失仁而后失义,失义而后失礼。按《老子》的原文,好像说"失道而后为德"的,原文不大明显,容易使人误解,故《解老》于每句而后下加一"失"字,意义明显。

《老子》五十四章——何以知天下之然哉。以此。

《老子》五十九章——夫唯啬是谓早服。

《韩非子·解老》——吾奚矣知天下之然也以此。

《韩非子·解老》——夫谓啬是以蚤服。

《解老》将《老子》的原文,换了几个明显的字,就容易懂了。

以上审查的结果,沙、珂二氏的方法不误,是以援用于左:

(一)《周语》

(《周语》上第十一段)子颓饮三大夫酒,子国为客,乐及遍舞。郑厉公见虢叔,曰:"吾闻之:'司寇行戮,君为之不举,而况敢乐祸乎?'今吾闻子颓歌舞不思忧。"(《左传》庄二十年)王子颓享五大夫,乐及徧舞。郑伯闻之,见虢叔,曰:"寡人闻之:'哀乐失时,殃咎必至'。"今王子颓歌舞不倦乐祸也。

按上列的比较,似乎《左传》采取《周语》的,如(一)《周语》"子颓",

《左传》"王子颓",说子颓即王子颓。(二)《周语》"吾闻之",《左传》"寡人闻之",说吾即寡人。但《周语》也似乎采取《左传》的,如(一)《左传》"郑伯",《周语》"郑厉公",说郑伯即郑厉公;(二)《周语》多"子国为客","闻之"下句话较繁。是二书似有互相采取的。

(《周语》中第五段)师轻而骄,轻则寡谋,骄则无礼,无礼则脱,寡谋自陷,入险而脱,能无败乎?(《左传》僖三十三年)秦师轻而无礼必败,轻则寡谋,无礼则脱,入险而脱,又不能谋,能无败乎? 按上彼此有互相加入的语句,似乎彼此是互相采取的。(《周语》下第八段)宾孟适郊,见雄鸡自断其尾,问之侍者曰:"惮其牺也。"遽归告王,曰:"吾见雄鸡自断其尾,而人曰:'惮其牺也',吾以为信畜矣。人牺实难,己牺何害。抑其恶为人用也乎? 则可也。人异于是,牺者,实用人也。"王弗应。(《左传》昭二十二年)宾孟适郊见雄鸡自断其尾,问之侍者曰:"自惮其牺也。"遽归告王,且曰:"鸡其惮为人用乎? 人异于是,牺者实用人。人牺实难,己牺何害。"王弗应。

按上除语句不同外,而语句前后倒置,是二书不是彼此互为采取的。

总上《周语》不是采取《左传》,《左传》也不是采取《周语》的。前两段似乎相似,但假使《左传》采《周语》作的,那么《周语》又如何能采取《左传》呢?

(二)《鲁语》

(《左传》庄十年)小大之狱,虽不能察,必以情。(《鲁语》上第一段)余听狱,虽不能察,必以情断之。按《左传》含糊的"必以情",《鲁语》作"必以情断之",加"断之"二字,意义明显。

(《左传》僖三十一年)使臧文仲往,宿于重馆。(《鲁语》上第八段)僖公使臧文仲往,宿于重馆。按《左传》说"使臧文仲往",究系何人所使呢?《鲁语》说"僖公使……"。

(《左传》襄四年)《三夏》,天子所以享元侯也,使臣弗敢与闻;《文王》两君相见之乐也,臣不敢及。(《鲁语》下第一段)夫先乐金奏《肆夏繁》《遏》《渠》,天子所以飨元侯也;夫歌《文王》《大明》《绵》,则两君相见之乐也。

按《左传》说"金奏《三夏》"，《三夏》究竟是甚么？《鲁语》说《三夏》就是"《肆夏繁》《遏》《渠》"；《左传》说："工歌《文王之三》。"《文王之三》究竟是甚么？《鲁语》说《文王》之三就是"《文王》《大明》《绵》"。

（《左传》昭元年）叔孙穆子曰："楚公子美矣，君哉！"郑子皮曰："二执戈者前矣！"蔡子家曰："蒲宫有前，不亦可乎？"（《鲁语》下第六段）穆子曰："楚公子甚美，不大夫矣，抑君也！"郑子皮曰："有执戈之前，吾惑之！"蔡子家曰："楚大国也，公子围其令尹也；有执戈之前，不亦可乎？"

按此处不用逐加解释，只要上下文以对照，便知《鲁语》较《左传》明白的多。总上《鲁语》较《左传》明显，《鲁语》是采取《左传》的。

（三）《齐语》

（《左传》僖九年）使孔赐伯舅胙，齐侯将下拜，孔曰："且有后命，天子使孔曰：'以伯舅耋老加劳，赐一级，无下拜。'"对曰："天威不违颜咫尺，小白余敢贪天子之命，'无下拜'恐陨越于下，以遗天子羞。"（《齐语》第二段）使孔致胙，且有后命，曰："以尔自卑劳，实谓尔伯舅无下拜。"桓公召管子而谋，管子对曰："为君不君，为臣不臣，乱之本也。"桓公惧，出见客，曰："天威不违颜咫尺，小白余敢承天之命。曰：'尔无下拜'，恐陨越于下，以为天子羞。"

按上互有明显，找不出《左传》采取《齐语》，或《齐语》采取《左传》的痕迹。但按《齐语》独载齐桓公事，与《管子》一书相似，或者《齐语》系采取《管子》的亦未可知。略为翻阅《管子》一次，《管子》中所载不惟与《齐语》不同，而且有相反的地方，是《齐语》不是采取《管子》的。但按《管子·小匡》一篇，与《齐语》所载多相符合，或者《齐语》采取《小匡》亦未可知。今依比较明显法，将《齐语》与《小匡》首数行，列左比较：

（《齐语》）桓公自莒反于齐，使鲍叔为宰，辞曰："臣，君之庸臣也，君加惠于臣，使不冻馁，则是君之赐也。"（《小匡》）桓公自莒反于齐，使鲍叔牙为宰，鲍叔辞曰："臣，君之庸臣也。君有加惠于其臣，使臣不冻饥，则是君之赐也。"

按上《小匡》较《齐语》明显,是《小匡》采取《齐语》的,不是《齐语》采取《小匡》的。又按《小匡》中有"请为关内之侯"。按"关内侯"系秦汉官制,《管子》中何得有此? 又《小匡》有"南至吴、越、巴、牂柯、䍧、不庾、雕题、黑齿"。按"牂柯"系汉武帝通西南夷后,所立的郡名,《管子》何得有此? 这分明是汉通西南夷后,学者见《齐语》与《管子》均写齐桓霸事。而两书不相同,于是采《齐语》《管子》编辑《小匡》一篇,窜入《管子》中。

总上《齐语》不是采取《左传》和《管子》的。换一句话说,《齐语》作时,尚未见到《左传》和《管子》的。

(四)《晋语》

(《左传》庄二十八年)"曲沃君之宗也,蒲与二屈,君之疆也,不可以无主。宗邑无主,则民不威;疆场无主,则启戎心;戎之生心,民慢其政,国之患也。若使太子主曲沃,而重耳夷吾主蒲与屈,则可以威民而惧戎,且旌君伐。"使俱曰:"狄之广莫,于晋为都,晋之启土,不亦宜乎?"(《晋语》一第六段)"夫曲沃君之宗也,蒲与二屈,君之疆也,不可以无主。宗邑无主,则民不威;疆场无主,则启戎心;戎之生心,民慢其政,国之患也。若使太子主曲沃,而二公子主蒲与屈,乃可以威民而惧戎,且旌君伐。"使俱曰:"狄之广莫,于晋为都,晋之启土,不亦宜乎?"

上段约一百字,除四五字不同外,而二书所载既完全相同;两书所载既完全相同,当免不了采取抄录的关系。

(《左传》闵二年)君其含之。

(《晋语》一第七段)君其释申生也。

(《左传》僖四年)姬谓太子曰。

(《晋语》二第一段)骊姬以君命命申生曰。

将"之"字、"姬"字、"太子"的代名词,换作"申生""骊姬"的专名词,是为求其明显的。

(《左传》僖十年)失众焉能杀?

(《晋语》第三段)失众焉能杀人?

(《左传》僖十五年)寇深矣,若之何?

(《晋语》三第四段)秦寇深矣,奈何?

(《左传》僖二十四年)王出适郑处于氾。

(《晋语》四第五段)居于郑地氾。

杀下加"人"字,指明是杀人。寇上加"秦"字,指明是秦寇。氾上加"地"字,指明为郑地。疑问辞的"奈何"为战国末年的文法。

(《左传》成五年)虽伯宗,若之何?

(《左传》成十六年)何以及此?

(《左传》襄三年)使臣斯司马。

(《左传》襄二十六年)不集,三军暴骨。

(《晋语》五第十三段)虽伯宗亦如是而已,其若之何?

(《晋语》六第八段)吾何福以及此?

(《晋语》七第二段)使臣狃中军之司马。(狃注训为就)

(《晋语》八第九段)不集三军之士暴骨。

上均于句中加几个字,较原文显明。

(《左传》昭十四年)纳其女于叔鱼,叔鱼蔽罪邢侯。

(《晋语》九第一段)纳其女于叔鱼,以求直;及断狱之日,叔鱼抑邢侯。纳女是为"求直"。不能以纳女就"蔽罪",当"俟断狱之日",甚是明显。

总上《晋语》是采取《左传》而作的。换一句话说,《晋语》在《左传》后。

(五)《郑语》

《郑语》记在春秋前,与《左传》上无相同的事实,故不适用此"比较明显法"。暂从略。

(六)《楚语》

(《左传》襄十三年)赫赫楚国,而君临之,抚有蛮夷,奄征南海,以属诸夏,而知其过,可不谓共乎?(《左传》襄二十六年)晋卿不如楚,其大夫则贤。皆卿材也,如杞梓皮革,自楚往也,虽楚有材,晋实用之。(《左传》定四年)郧公辛之弟怀将弑王,曰:"平王杀吾父,我杀其子,不亦可乎?"(《左传》哀九年)阖庐惟能用其民,以败我于柏举,今闻其嗣又甚焉。

(《楚语》上第二段)赫赫楚国,以君临之,抚征南海,训及诸夏,其宠大矣,有是宠也,而知其过,可不谓恭乎?(《楚语》上第四段)晋卿不若楚,其大夫则贤。其大夫皆卿材也,若杞梓皮革焉,楚实遗之,虽楚有材,不能用也。(《楚语》下第五段)郧公之弟怀将弑王,郧公辛止之,怀曰:"平王杀吾父,在国则君,在外则仇也,见仇弗杀,非人也。"(《楚语》下第六段)阖庐能败吾师,阖庐即世,吾闻其嗣又甚焉。

上列四例,除第一例第四例各为增句较为明著外,第二例《国语》于"皆卿材也"上,加"其大夫"三字;而《左传》于"不能用也",作"晋实用之"。第三例《左传》的"郧公辛之弟",较《国语》的"郧公之弟"多一"辛"字为明显;但《国语》下有补重的一句,又较《左传》为明显。似均各为求其明显而彼此增改的。

总上《楚语》用比较明显法,找不出比较明显的,是《左传》不是采取《国语》的,也不是《国语》采取《左传》的,是各有所据的。

(七)《吴语》

《吴语》与《左传》事实相同的很多,但语句找不出相同的;事实既同,语句不同,必是各有所据。是以《吴语》第二段的"越之在吴,犹人之有腹心之病也";《左传》哀十一年作"越在我,心腹之疾也"是《国语》较《左传》明显,似《吴语》在《左传》后;似此孤证的例外,不足以作证据。

(八)《越语》

《左传》记越事很简,而且多附在吴事中,即偶有相同的事实,但找不出语名相同的,故《越语》不适用比较明显法,暂从略。

总上。用比较明显法研究的结果:

(一)《周语》不是采取《左传》的。(二)《鲁语》是采取《左传》的。(三)《齐语》不是采取《左传》和《管子》的。(四)《晋语》是采取《左传》的。(五)《郑语》从略。(六)《楚语》不是采取《左传》的。(七)《吴语》不是采取《左传》的。(八)《越语》从略。

《周语》《齐语》《楚语》《吴语》未采取《左传》,是未见到《左传》。《鲁语》《晋语》已采取《左传》,是见到《左传》。卜子夏在魏西河作《左传》,其徒吴起于西元前三八四年奔楚，带往楚国，楚人采取《左传》作《鲁语》《晋语》两篇（详作地）。是《周语》《齐语》《楚语》《吴语》系西元前三八四年前的作品，《鲁语》《晋语》系西元前三八四年后的作品。

二、记载异同法

同一事实，其乙书与甲书记载相同时，则系乙书采取甲书或甲书采取乙书的，至少也可说是二书所采的是一个史料；反是，不是甲书采取乙书，或乙书采取甲书的。因为二书若是采取同一史料或甲书采乙书，或乙书采甲书的，绝不会有记载大异的地方，今考查《国语》中有无这种事实而统计之。是用这个"记载异同法"也可研究出作期之一。兹列其异同于左：

（甲）与他书比较

《左传》庄二十年"饮三大夫酒"，《周语》上第十一段作"享五大夫"，三五不同。《左传》襄十一年"八年之中，九合诸侯"，《晋语》七第七段作"七合诸侯"，九七不同。这些多举几个例，和少举几个例，无大关系，故不在记载异同法内所列。

（一）《周语》

（《周语》中第一段）富辰谏曰："不可，周文公之诗曰：'兄弟阋于墙，外御其侮'。"（《左传》僖二十四年）富辰谏曰："召穆公思周德之不类，故纠合宗族于成周而作《诗》……其四章曰：'兄弟阋于墙，外御其侮。'"《棠棣》一说是周文公作的，一说是召穆公作的；周文公系西周初年人，召穆公系西周末年人，二人相去数百年；不惟作者不是一人，而作期又差的很多，是《周语》未见到《左传》，故二书记载的有此大异。

（《周语》下第九段）欲城周，为之告晋，魏献子为政，一说苌弘而与之，将合诸侯，卫彪傒适周闻之，见单襄公曰："……虽晋魏子，亦将及焉。"（《周语》下第九段）卫彪傒适周闻之，见单襄公曰："苌弘其不殁乎？周诗有之曰：'天之所支，不可坏也；其所坏，亦不可支也。'"（《左传》昭三十二年）且令城成周，魏子南面，卫彪傒曰："魏子必有大咎。"（定元年）晋女叔宽曰："周苌弘、齐高张皆将不免，苌弘违天，高子违人，天之所坏，不可支也；众之所为，不可奸也。"魏献子取祸的原因，一说是由于与苌弘悦，一说是由于南面。苌弘取祸，一说是彪傒看到，一说是女叔宽看到。所引的《支诗》，一说所支不可坏，一说所坏不可支，诗文又是不同。是《左传》未见到《周语》，故二书记载有此大异。

总上《周语》与《左传》所记大异。

(二)《鲁语》

《鲁语》与《左传》找不出记载大异的，惟《鲁语》下第一段，解释《皇皇者华》为六句，作"六德"；《左传》襄四年解释《皇皇者华》为五句，作"五善"；是此多举一例少举一例的小异，不足作证，故证明《鲁语》与《左传》所记同。

(三)《齐语》

(《齐语》第一段)鲍子对曰："使人请诸鲁，……桓公使请诸鲁，如鲍叔之言，……以予齐使，齐使受之而退。"(《左传》庄九年)鲍叔帅师来言曰："管、召，仇也，请受而甘心焉。"……管仲请囚，鲍叔受之。

齐取管仲于鲁，一说是鲍叔告齐侯，齐侯使使者取的；一说是鲍叔亲身取的。是《左传》与《齐语》记载大异。

(《齐语》第二段)遂南征伐楚，……使贡丝于周。(《左传》僖四年)遂伐楚，……"尔贡苞茅不入"。

齐桓伐楚，责其不入贡于周，一说贡的是丝，一说贡的是苞茅，是《齐语》与《左传》所记大异。

总上，《齐语》与《左传》所记大异。

(四)《晋语》

《晋语》亦找不出与《左传》记载大异的，惟有一段，列左：

(《晋语》四第一段)过五鹿乞食于野人，……遂适齐，齐侯妻之，……过卫，卫文公有邢狄之虞，不能礼焉，……适曹。(《左传》僖二十三年)过卫，卫文公不礼焉，出于五鹿，乞食于野人，……及齐，齐桓公妻之，……及曹。

《晋语》以晋文公由狄奔齐，先过卫的五鹿，由五鹿到齐，由齐才到卫，由卫到曹；《左传》以晋文公由狄奔齐，先到卫，由卫出过五鹿，由五鹿到齐，由齐未再过卫就到了曹，此二书记载的大异。但《晋语》的作者，不明北方地理，妄据《左传》改了的。兹说明于后：晋文公数寺人披的过，说："余从狄君以田渭滨，女为惠公来求杀余。"按渭水在今陕西，是晋文公当日所奔的狄，在今陕西的榆林一带。由陕北的狄地，往山东的齐国，有两条路：（一）由狄南下经秦，东转经周郑卫方到齐。（二）由狄东行，经过太原、正定、顺德、济南方到齐。第一条路，因《左传》《国语》均于晋文公往齐时，未载经过秦、周、齐、郑，是晋文公当日未走这一条路。第二条路，是春秋末年才开辟的，当晋文公时尚无人从这条路上走。

晋文公由狄往齐，当是由榆林东行，从太原东南行，经过路安、怀庆，东行经过卫辉（因以大略言之，故用旧府名），又东行经过卫都（今河南滑县地）。卫文侯不礼，出而奔齐时，经过卫国的五鹿（今河北濮阳县地），然后到齐。

晋文公受辱五鹿，后归国取五鹿属晋，在《国语》的作者，以卫在晋东南，五鹿属晋，五鹿当在卫西北，五鹿当与晋地相连，疑晋文公由卫往齐不过五鹿？是以他将《左传》上连文的"过卫，卫文公不礼焉，出于五鹿"拆开作两段，说是先"过五鹿乞食于野人"，后由齐"过卫"。这是他不明北方地理的缘故。

《国语》以晋文公过卫的五鹿就奔齐，未入卫都见卫君的；但晋文公游诸侯以求归国，即到卫地五鹿，安有不入卫都见卫君之礼？这是他记载不妥处一。晋文公在五鹿受辱，《晋语》载子犯说："十有二年，必获此土。"按此土即卫之土，假使晋文公由齐到卫，卫文公厚礼之，那么晋文公"十有二年，必获此土"否？这是他记载不妥处二。是《晋语》记载属于错误的。《晋语》除此与《左传》小略，不足作证外，《晋语》与《左传》所记载是同的。

（五）《郑语》

《郑语》在《左传》前，故从略。

(六)《楚语》

(《楚语》上第四段)

次第	奔晋者	所主之役
(一)	王孙启	城濮之役
(二)	析公	东夏？
(三)	雍子	鄢陵之役
(四)	子灵	实通吴晋

(《左传》襄二十六年)

次第	奔晋者	所主之役
(一)	析公	绕角之役
(二)	雍子	彭城之役
(三)	子灵	通吴与晋
(四)	苗贲皇	鄢陵之役

蔡声子在楚令尹子木前挽留椒举。举出楚国历来奔晋被晋用以害楚的人，《楚语》与《左传》记载的大异。(一)举奔晋者所列的次序不同。(二)雍子所主之役，一说是鄢陵，一说是彭城。(三)鄢陵之役说明楚军内容的，一说是雍子，一说是苗贲皇。(四)《楚语》所举的第一例的王孙启，《左传》无这人；《左传》所举的第四例的苗贲皇，《楚语》无这人。

(《楚语》下第六段)子西叹于朝，蓝尹亹曰："何也？"子西曰："阖庐能败吾师，阖庐即世，吾闻其嗣又甚焉，吾是以叹。"对曰："子患政德之不修，无患吴矣。"(《左传》哀元年)吴师在陈，楚大夫皆惧曰："阖庐能用其民以败我于柏举，今闻其嗣又甚焉，将若之何？"子西曰："二三子恤不相睦，无患吴矣。"

《楚语》以子西怕吴，大夫劝他不要怕；《左传》以大夫怕吴，子西劝他们不要怕。

总上，《楚语》与《左传》所记大异。

(七)《吴语》

(《吴语》第四段)吴公先歃,晋侯亚之。(《左传》哀十三年)乃先晋人。黄池之会,一说吴为盟主,一说晋为盟主。

(《吴语》第六段)吴王夫差还自黄池,息民不戒……伐吴……灭吴。(《左传》哀二十二年)冬,十一月,丁卯,越灭吴。越灭吴一说在鲁哀公十三年,一说在鲁哀公二十二年。

总上,《吴语》与《左传》所记大异。

(八)《越语》

《越语》上下均以大夫种行成于吴,与《左传》同,与《吴语》异(《吴语》作诸稽郢);惟灭吴之年与《吴语》同,与《左传》异。

总上,《越语》一部分与《左传》同。

(乙)与本书比较

(《周语》中第十段)郤至曰"见其君而趋,礼也……",单襄公曰"奸礼为羞"。

(《晋语》六第四段)鄢之役郤至……见王必下奔……君子曰:"勇以知礼。"

鄢陵之役,晋郤至见楚平王下趋,一责其非礼,一奖其为礼。况《周语》的仓葛之呼,与《晋语》的仓葛之呼不同。是《周语》或《晋语》不是一个人的手笔。

(《齐语》第二、三段)鲁…乱……存之……筑夷仪……城楚丘……天下诸侯称仁焉。就其利而信其仁、畏其武。

(《晋语》二第六段)存亡国三以示之施,………今晋侯不量齐德之丰否,不度诸侯之势。

齐,桓存鲁封邢救卫,一"称仁"奖之,一"示之施"责之。一"信其仁",一"不量……德"。一"畏其武",一"不度……势"。所记大异。

(《吴语》第一段)乃命诸稽郢行成于吴。吴王夫差起师伐越。

(《越语》上、下第一段)遂使之行成于吴。越王勾践即位三年而欲伐吴。

越王勾践困于会稽,使行成于吴的,一说是诸稽郢,一说大夫种;鲁哀元年吴越之役,一说是吴先发难,一说是越先发难。

(《越语》上)越王勾践栖于会稽之上……遂灭吴。

(《越语》下)越王勾践即位三年而欲伐吴,范蠡进谏曰:"……不胜,栖于会稽……遂灭吴。反自五湖,范蠡辞于王……"

《越语》上从勾践困于会稽起,至灭吴止,《越语》下于勾践困于会稽前添了一段范蠡谏,于灭吴后添了一段范蠡辞。若系一人的手笔,何必两篇重复。

总上,《周语》《齐语》与《晋语》非一人作品,《吴语》与《越语》非一人作品,《越语》上与《越语》下非一人作品。

结上用记载异同法研究的结果:

(一)《周语》与《左传》记载相违。与《晋语》非一人作品。

(二)《鲁语》与《左传》记载不违。

(三)《齐语》与《左传》记载相违。与《晋语》非一人作品。

(四)《晋语》与《左传》记载相同。

(五)《郑语》从略。

(六)《楚语》与《左传》记载相违。

(七)《吴语》与《左传》记载相违。与《越语》非一人作品。

(八)《越语》与《左传》一部分不违。上下两篇非一人作品。

三、布局异同法

某书出于一人的手,其全书各篇布局大多数必是一致;反是必非一人的手笔。《国语》多列举事实,于结尾处加以论断,令名此法为"布局异同法",统计此法的多寡,而作以比较,亦可得作期的一证。兹分言于左:

(甲)结证法

《国语》多列事实于前,而加结证得失于后,如《国语》上第一段为"穆王将征犬戎,祭公谋父谏曰:'不可……'王不听,遂征之,得四白狼四白

鹿以归,自是荒服者不至。"是谋父谏穆王不听,结果使荒服不至,这是结证得失的一例。后略例不举,单统计其数目:

(一)《周语》上1(上,即《周语》上;1,即第一段;下仿此。),2,3,4,6,7,9,10,12,13,14。中1,5,7,8,10。下1,2,3,6,8,9,《周语》共三十三段,其中结证得失法占二十二段,为$\frac{22}{33}$。

(二)《鲁语》上12。下6。《鲁语》为$\frac{2}{38}$。

(三)《齐语》1,3。《齐语》为$\frac{2}{3}$。

(四)《晋语》一,3。二2,3,6。三3,6。四13。五2,14。六7,8,9,10。七1,3,4。八1,10,15,16。九19,20。《晋语》为$\frac{23}{110}$。

(五)《郑语》1。《郑语》为$\frac{1}{1}$。

(六)《楚语》上6,8。下3,9。《楚语》为$\frac{4}{18}$。

(七)《吴语》2,6。《吴语》为$\frac{2}{6}$。

(八)《越语》上1,《越语》为$\frac{1}{8}$。

总上:$\frac{22}{33},\frac{2}{38},\frac{2}{3},\frac{23}{110},\frac{1}{1},\frac{4}{18},\frac{2}{6},\frac{1}{18}=\frac{59}{100},\frac{5}{100},\frac{66}{100},\frac{21}{100},\frac{100}{100},\frac{22}{100},$ $\frac{33}{100},\frac{9}{100}$,依次排列为$\frac{100}{100},\frac{66}{100},\frac{59}{100},\frac{33}{100},\frac{22}{100},\frac{21}{100},\frac{9}{100},\frac{5}{100}$,去了十分以下最小的分数,为《郑语》《齐语》《周语》《吴语》《楚语》《晋语》)。

(乙)结论法

A 指名的结论

《国语》有指名的结论的,如《鲁语》下第十三段末为"仲尼问之曰:'……'"。今统计其法于左:

《周语》无。

《鲁语》上 9,10。下 13,14,15,16,17。为 $\frac{7}{38}$。

《齐语》无。

《晋语》三 1,2,3。为 $\frac{8}{110}$。

《郑语》无。

《楚语》无。

《吴语》无。

《越语》无。

B 无指名结论

《国语》也有无指名结论的,如《晋语》一第三段末为"君子曰:'……'"。今统计其法于左:

《周语》无。

《鲁语》无。

《齐语》无。

《晋语》一 3,8,9。二 8。四 6。六 4。七 7。为 $\frac{7}{110}$

《郑语》无。

《楚语》无。

《吴语》无。

《越语》无。

总上,《鲁语》《晋语》为一类。

结上,用布局略同法研究的结果:《郑语》《周语》《齐语》《楚语》《吴语》为一类,《鲁语》《晋语》为一类。

四、文体异同法

某书出自一人的手,其全书各篇文体,大多数必是一致;反是,必非一人的手笔。《国语》的文体为对偶排韵散文三种,今用此"文体异同法",依次说明于左:

(甲)对偶文

《国语》中的对偶文如《周语》上第六段"夫民之大事在农:上帝之粢盛,于是乎出;民之蕃庶,于是乎生;事之供给,于是乎在;和协辑睦,于是乎兴"。今依次于统计于左:

《周语》上 1,3,6,9,12,13,14。中 1,4,8,10。下 1,2,3,5,6,9。为 $\frac{18}{33}$。

《鲁语》上 4,9,13,14。下 1,2,4,6,12,13。为 $\frac{10}{38}$

《齐语》1,2,3。为 $\frac{3}{3}$。

《晋语》一 1。三 3,7。四 1,13。五 11。六 3,7。七 1,4。八 13。九 8,11。为 $\frac{13}{110}$。

《郑语》1。为 $\frac{1}{1}$。

《楚语》上 1,4,5,6,9。下 2,3,7,9。为 $\frac{9}{18}$。

《吴语》4,55。为 $\frac{3}{6}$。

《越语》上 1。为 1 9。

总上:$\frac{18}{33},\frac{10}{38},\frac{3}{3},\frac{1}{1},\frac{9}{18},\frac{3}{6},\frac{1}{9}=\frac{47}{100},\frac{30}{100},\frac{100}{100},\frac{11}{100},\frac{100}{100},\frac{50}{100},\frac{50}{100},\frac{11}{100}$,依次排列为 $\frac{100}{100},\frac{100}{100},\frac{50}{100},\frac{47}{100},\frac{30}{100},\frac{11}{100},\frac{11}{100}$,除去了二十分以下的最少分数,为《齐语》《郑语》《楚语》《吴语》《周语》《晋语》。

(乙)排韵文

《国语》中有用排韵文的,如《越语》下一段"天时不作,弗为人客",并"人事不起,弗为之始"。第二段"强索者不祥。得时不成,反受其殃。失德灭名,流走死亡"。今统计于左:

《越语》下共五段,均用韵文。

(丙)散文

《国语》中用散文的很多,除上列对偶排韵外,皆系散文。兹不列举。

总上,《越语》下与各篇不同。

结上用文体异同法研究的结果。

《齐语》《郑语》《楚语》《吴语》《周语》《晋语》《越语》上为一类,《越语》下另为一类。

五、逞显本能法

某书中记载某类事项精详,即知其作者长于某类事项;但全书一致为一人的作品,反是,必非一人的作品。《国语》中有记载礼军事等项,今用此"逞显本能法",统计于左:

(甲)礼

《国语》言礼的,如《周语》宣王不籍千亩,《楚语》昭王问祀平王的牲等,今依次类,统计于左:

《周语》上 1,3,6,9,12,13,14。中 1,2,6,7,9。下 2,3,4,5。为 $\frac{16}{33}$。

《鲁语》上 2,4,9,12。下 12,14,17。为 $\frac{7}{38}$。

《齐语》无。

《晋语》一 9。四 12。六 1。八 17。九 4。为 $\frac{5}{110}$。

《郑语》无。

《楚语》上 1,3,6,9。下 1,2,5。为 $\frac{7}{18}$。

《吴语》无。

《周语》无。

总上:$\frac{16}{33}$,$\frac{7}{38}$,$\frac{5}{110}$,$\frac{5}{110}$,$\frac{7}{18}$ = $\frac{48}{100}$,$\frac{18}{100}$,$\frac{4}{100}$,$\frac{38}{100}$,依次排列为 $\frac{48}{100}$,$\frac{38}{100}$,$\frac{16}{100}$,$\frac{4}{100}$,除去二十分以下分数最小的,《周语》《楚语》为一类。

(乙)军事

《国语》中谈军事的很少,惟《齐语》第一段,述管子练兵法很详;《吴语》第四段,述吴王排阵法很详。是《齐语》《吴语》为一类。

结上用逞显本能法研究的结果:《周语》《楚语》为一类,《齐语》《吴语》为一类。

六、文法变迁法

文法一时代有一时代的组织,某书文法全同,为一时代的作品;反是,非同一时代的作品。《国语》中文法不一致,必非一时代的作品,今用此"文法变迁法",而证明其作期。

(甲)他书文法变迁的举例

▲自………至于………

▲自………以至于………

书名	所见处	原文
甲骨文	殷墟卜辞廿九叶	自二田衣至于后亡它(二田即上甲)
	书契后编上廿叶	自一田至于武乙衣亡叴(一田即上甲)
金文	散氏盘	自瀗涉以南至于大沽
	同上	自棖木道左至于井邑
尚书	盘庚	自今至于后日
	酒诰	自成汤至于帝乙
	多方	自奄至于宗周
	无逸	自朝至于日中昃
春秋	文二年	自十有二月不雨至于秋七月
	文十三年	自正月不雨至于秋七月
左传	僖三十三年	自郊劳至于赠贿
	文八年	自申至于虎牢之竟
	宣十二年	自皇门至于逵路

书名	所见处	原文
	襄十七年	自阳关逆臧孙至于旅松
	昭八年	自根牟至于商
	同上	自幕至于瞽瞍无违命
	昭十四年	自日中以争至于昏
	定四年	自小别至于大别
孟子	公孙丑上	自耕稼陶渔以至为帝
庄子	齐物	自无适有以至三
韩非子	解老	自天地之剖判以至于今
大学	第一章	自天子以至于庶人

按上战国初年以前的文法为"自……至于……",战国中年以后的文法为"自……以至于……",多了一个"以"字,这是文法演进变迁的关系。

(乙)本书文法变迁举例

周语上	第六段	自今至于初吉
周语下	第三段	自我先王厉宣幽平而贪天祸至于今未弭
楚语上	第七段	自卿以下至于师长士
楚语下	第二段	自公以下至于庶人
晋语八	第一段	自穆侯以至于今

《周语》《楚语》为"自……至于……",《晋语》为"自……以至于……",《周语》《楚语》系战国初年的作品,《晋语》系战国中年的作品。(按《左传》无"以"字,《左传》是战国初年作品,与余前在《〈左传〉研究》中,证明作期相符)

结上用文法变迁法研究的结果,《周语》《楚语》系战国初年的作品,《晋语》系战国中年的作品。

七、本身考定法

某书系某时代的作品,虽某书未有明文,而文字中总有暗示的地方,着后人看出破绽,据以考定他的作期。今用此"本身考定法",研究《国语》的作期,实为要务。

兹依上列六法考定的分类,研究于左:

(一)《周语》《楚语》

《周语》下第三段有"景王崩,王室大乱,及定王,王室遂卑",第九段有"及定王刘氏亡"。《楚语》下第八段有"惠王以梁与鲁阳文子"。按《周语》的定王记在景王后,此定王当是贞定王;贞定王是谥法,贞定王后为考王,是《周语》最早当是周考王初年,即西元前四四〇年的作品。《楚语》的惠王,惠王也是谥法,惠王后为简王,是《楚语》最早当是周简王初年,即西元前四三一年的作品。是《周语》《楚语》为西元四三一年的作品。兹再用统计图证明于左:

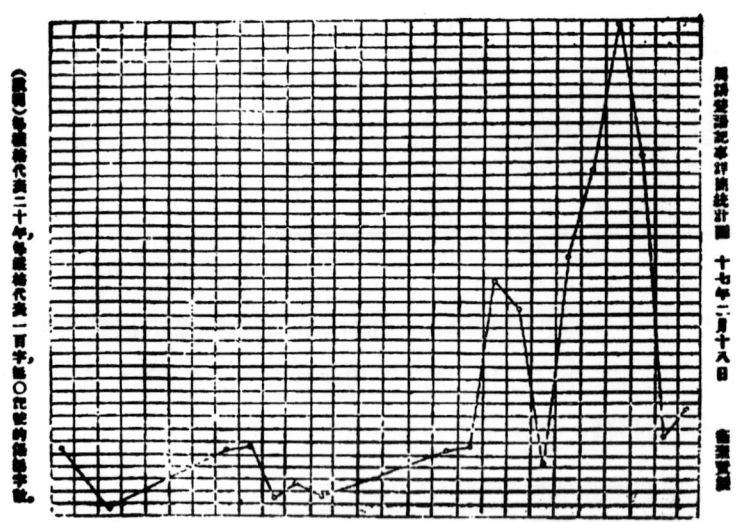

按上统计图与《春秋》《左传》记事详简统计图走的是同一的趋势,第一期共十八格(自周穆王十二年至周襄王十二年共三百六十年)低,第二期共四格(自周襄王十三年至周灵王十二年共八十年)平,第三期共三格

(自周灵王十三年至周敬王二十年共六十年)高,第四期共二格(自周敬王二十一年至周元王七年共四十年)平。由《春秋》的最高点向后数九十年为《春秋》的作期,由《左传》的最高点向后数九十年为《左传》的作期,今由《周语》《楚语》的最高点亦向后数九十年,亦必得《周语》《楚语》的作期;今按《周语》《楚语》最高点在周灵王二十五年,向后数九十年为周考王十年,是《周语》《楚语》为周考王末年的作品。

——按《春秋》最高点后九十年在鲁哀公十四年,而《春秋》系鲁哀公十四年绝笔;《左传》最高点后九十年在周威烈王元年,而《左传》有赵襄子为周威烈王元年襄子卒后的谥法;《周语》《楚语》最高点后九十年在周考王十年,而《楚语》有惠王为周考王十年所见到惠王的谥法。《春秋》《左传》《国语》三书最后的记载,与最高点后的落点均有相同之点。是援用此统计图不误。

(二)《齐语》《吴语》

《齐语》《吴语》除文字中找不出可作作期的证据外,而《齐语》《吴语》既未见到《左传》,当系在《鲁语》《晋语》见到《左传》以前的作品;而与《周语》《楚语》不为一类,当不是《周语》《楚语》同时的作品;或在《周语》《楚语》的作期前,或在其后。按《齐语》单记齐桓公事,《吴语》单载吴王夫差事;而齐桓公前后的历史很长,不容独载桓公一身;吴王寿梦时已通中国,经过数世方至夫差,不容独载夫差一身。《齐语》《吴语》记载既如此之短,无论何种史书,不应开首就载这样很短不全的两篇,是以证明《齐语》《吴语》在《周语》《楚语》后,《鲁语》《晋语》前。

(三)《鲁语》《晋语》

《鲁语》《晋语》前证明他是见到《左传》的,系西元前三八四年以后的作品了。今再就两篇的文字露绽处加以考证,《鲁语》对于孔子有三段吹牛太过的地方,可见他是去孔子时很远的作品。兹列其吹牛于左:

(一)识土怪

《鲁语》下第九段:"季桓子穿井,得土缶中有羊焉,使问之仲尼……对曰:'以丘之所闻羊也,……土之怪曰坟羊。'"

季桓子穿井所得，原物不存，无法考定；以理推测，不过是一种化石，那里是土怪呢？

（二）识大人骨

《鲁语》下第十八段"吴伐越堕会稽，获骨节专车，吴子使……问曰：'敢问骨何为大？'仲尼曰：'丘闻之，昔禹治群神于会稽之山，防风后至，禹杀而戮之，其骨节专车，此为大矣。'……'人之长极几何？'仲尼曰：'僬侥氏长三尺，短之至也。长者不过十丈，数之极也。'"

公序本于"长者不过十"，"十"下有"之"字，《左传》文十一年疏，《御览》学部六引《国语》均有"之"字。《史记·孔子世家》亦有"之"字。是古本作"长者不过十之"，但按"长者不过十之"，是讲不通的，"之"字当是"丈"字的形近而讹，（郭璞《山海经》注引《周语》作"十丈"）此处作"十丈"，与上文的"三尺"是相对的。

孔子说防风氏身长十丈，故骨节可专一车。但古人身高若干？《孟子》上说汤九尺，文王一丈，曹交九尺四寸；那么禹也不过是一丈左右的人，以一丈的人对于十丈的人，不论是用短刀长矛刺杀，总是不能及于要害的，禹将防风氏何能"杀而戮之"呢？这"骨节专车"，不过是昆龙时代的龙类遗骨；何尝是人的骨，都还有姓名可指为防风氏呢？

（三）识石砮

《鲁语》下第十九段："有隼集于陈侯之庭而死，楛矢贯之石砮……问之，仲尼曰：'隼之来也远矣，此肃慎氏之矢也……以分大姬，配虞朝公，而封诸陈……君若使有司求诸故府，其可得也。'使求得之金匮如之。"

石器时代以石作箭头，是这"石砮"是有的。民国十年安特生在奉天锦西县沙锅屯，发现新石器时代遗址洞穴一处，得有许多燧石箭头；按蒙古族在现在还是游牧时代，溯至周初当为石器时代，肃慎氏正在奉天方面，是"肃慎氏贡楛矢石砮"是有的。大鸟被蒙古人用石箭射了，带箭飞到河南的地方死了，是"有隼集于陈侯之庭而死的，楛矢贯之石砮"，也是有的。但周室以大姬嫁陈，嫁妆陪了个"石砮"，以至孔子是楚曾灭过陈，而"石砮"的重宝，尚未被楚国掳去，还藏在"故府"，恐怕没有这事吧？

按上三段看来，季桓子穿井得物，和吴王攻山得骨，并陈人在死鸟身上得石砮，或者都是使人问过孔子的。但是《国语》的作者，当是去孔子时很远，听人说过孔子答过季桓子、吴王、陈侯问过古董的话，他就推演出来，什么"土怪""防风氏骨""石砮尚在故府"的种种神话，吹嘘孔子。如果《国语》的作者，照司马迁、刘歆的话，说是"鲁君子左丘明……亲见夫子"作的，他和孔子不惟是同乡，而且是同时，何以有这种神话表演出来呢？是《鲁语》当是去鲁国很远的地方，和在孔子很后的人的作品。

《晋语》在文字中可找出破绽的有两处：

（一）《晋语》九第二十一段有"赵襄子"，襄子是死后的谥法，襄子死在周威烈王元年，即西元前四二五年，是《晋语》系西元前四二五年以后的作品。

（二）《晋语》四第一段有"商之飨国，三十一王，瞽史之纪曰：'唐叔之世，将如商数。'今未半也"。兹将晋世系列表说明于左（见下页）：

依上表晋共四十世，与所说如商之数三十一王不符。但殇叔未列为侯，殇叔一世应去；哀侯时曲沃武公已立，是哀侯小子侯晋、侯缗三世应去；成师、庄伯未列为公，是成师、庄伯二世应去；烈侯时周室命韩、赵、魏为诸侯，是烈公、孝公、静公三世应去；计共去九世，余三十一世，与所谓"商之飨国，三十一王；唐叔之世，将如商数"正合。又自唐叔虞至鄂侯共十三世，再加武侯、献公共十五世，下余为十六世，十五对于十六，为不过半，与在惠公之时所谓"今未半也"也正合。

《晋语》所说与晋世系正合，当系《晋语》的作者见到韩、赵、魏立为诸侯，故有此"若合符节"的话。按韩、赵、魏立为诸侯在周威烈王二十三年，即西元前四〇三年，是《晋语》系西元前四〇三年以后的作品。

前证明《鲁语》《晋语》在公元前三八四年以后见到《左传》作的，但系何年以前作的呢？按《晋书·束皙传》说魏襄王墓中有《楚语》《晋语》两篇；魏襄王卒于西元前三一九年，《晋语》与《鲁语》系一类，是《鲁语》《晋语》系西元前三一九年前的作品。又按孟子于西元前三三六年到晋看见《国语》（详作地），是《鲁语》《晋语》系西元前三八四年后，三三六年前，这五年间的作品。

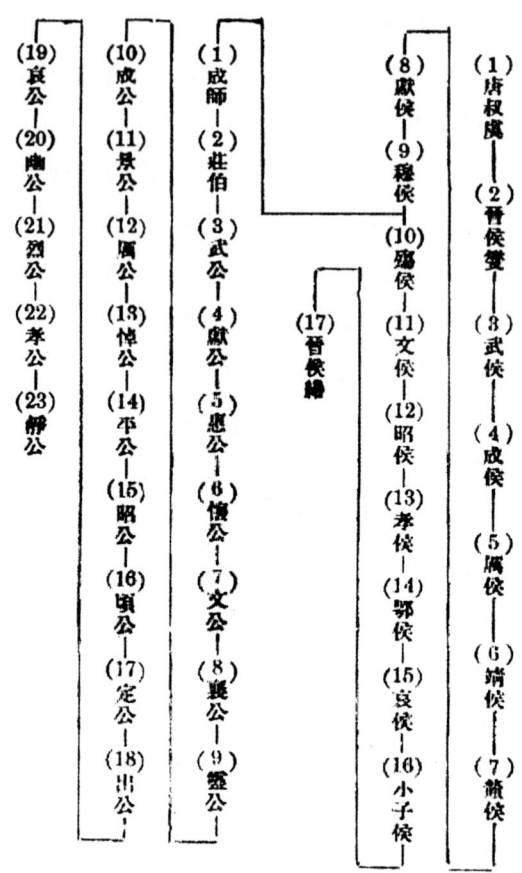

(三)《越语》上

《越语》上的作期,是很难研究的,柳河东的《非国语》总论说:"吴越之事无他焉,举一国足以尽之,而反分为二篇,务以相乘。"可见《吴语》与《越语》非一人的作品。又《吴语》以越人使行成于吴者为诸稽郢,《越语》以为大夫种,与《左传》相同,是它见到《左传》的;又《越语》记载越灭吴在鲁哀公十三年,与《左传》所记在哀公二十二年不同,而与《吴语》同,是《越语》以《左传》错误(误详作地)而根据《吴语》。《越语》上既见《左传》为西元前三八四年后的作品,但它不与《鲁语》《晋语》为一类,当较《鲁语》《晋语》还远。

(四)《郑语》

《郑语》的作期，在文字中可以看出它的破绽的有两条：

(1)"芈姓夔越，不足命也；蛮芈蛮矣，惟荆实有昭德，若周衰其必兴矣。""夔"，韦注"夔，越，芈姓之别国也"。《左传》僖二十六年"夔子不祀祝融与鬻熊，楚人让之，对曰：'我先王熊挚有疾，鬼神弗赦，而自窜于夔。'"是夔为楚之别国。"越"韦昭于《吴语》注"勾践，祝融之后。允常之子，芈姓也；《郑语》曰：'芈姓，夔越。'《世本》亦云：'越，芈姓也。'"《汉书·地理志》臣瓒注引《世本》"越，芈姓也"，是越为楚之别国。

《国语》吴曾祺《补正》说："《郑语》之越，乃熊渠立其子为越章王，与此无涉。"按《史记·楚世家》"熊渠……少子执疵为越章王"。是《补正》根据《史记》的。但按《索引》"《系本》无执字，越作就"，是《世本》作"熊渠少子疵为就章王"，《大戴礼·帝系》作"戚章王"。按"戚""就"古音同，是《史记》的"越章王"的"越"字系误。《史记》的"越"字既误，是《郑语》夔越的越，不是越章王的越，是吴越的越。

"蛮芈蛮矣"，《周官·职方氏》郑注引《国语》作"闽芈，蛮矣"。是《郑语》原文作"芈姓，夔越；不足命也。闽芈，蛮矣"。

《吴语》说："越灭吴，上征上国，宋、郑、鲁、卫、陈、蔡执玉之君皆入朝。"是越在勾践尚称霸，何以在西周末年就说到已"不足命也"呢？闽字除《山海经》外不见于古籍，是闽立国不早，何以西周末年就说到"闽"呢？按《越世家》"楚威王兴兵而伐之大败越，杀王无疆，尽取故吴地至浙江，……而越以此散。诸族子争立，或为王或为君，滨于江南海上，服朝于楚，后七世至闽君摇"，是它看见楚大破越，越以此散，是以它说："越，不足命也。"其时越的种族退到浙江南岸，据有浙江、福建一带，建立国号为闽，但已滨于浙江以南，与蛮族接近，不足有为，是以它说："闽芈，蛮矣"了。按楚威王破越在西元前三二九年，是《郑语》系公元三二九年以后的作品。

(2)"曹姓，邹莒；皆在采卫"

《楚世家》索隐引《世本》"曹姓者，邾是也"。《汉书·地理志》"鲁国驺故邾国曹姓"。驺与郑同。邹为山东的邹国,莒当为山东的莒国;以山东的邹莒在春秋前就要和湖北的楚国认本家,恐怕太早吧?兹列楚国疆域图于左:

据附图一:楚国在春秋初年,北境尚不及汉水;附图二:楚国在春秋末年,北境尚不及淮水;附图三:楚国在战国末年,北境已达到山东南部,邹、莒二国已并在境内了。这是明将战国末年的事实,提前到西周末年说出。

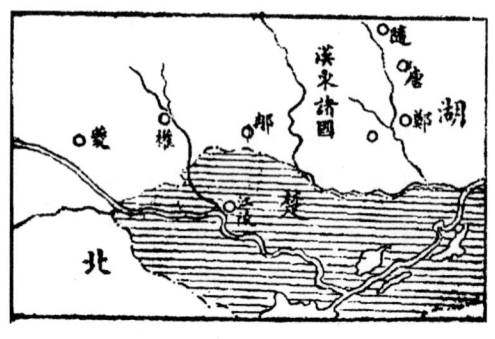

图一

莒国是楚国在西元前四三一年灭的,书有明文。邹灭于楚据赵岐《孟子题辞》说:"邹本春秋时代邾子之国,……国近鲁,后为鲁所并;又言邾为楚所并,非鲁也。"按鲁在战国末年,弱小不足以自立,安有力并邹?楚既灭莒,

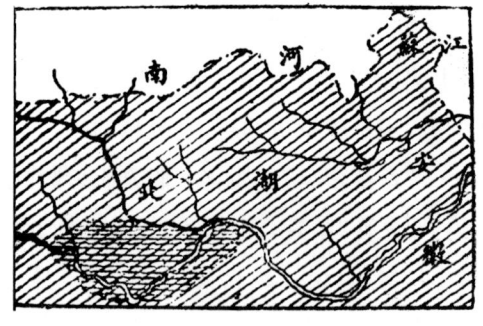

图二

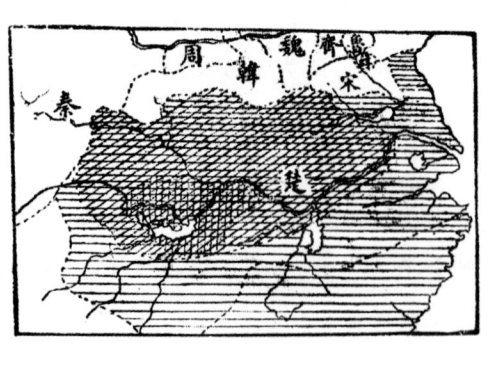

图三

莒、邹为邻,邹必为楚所并。邹究于何时灭于楚?《汉书·韦贤传》:"韦贤,鲁国邹人也……其先韦孟家作谏诗曰:'肃肃我祖,国自豕韦……赧王听谮,实绝我邦。'"是邹于周赧王时被楚灭了。

前证明《郑语》见到西元前三二九年楚破越,兹又证

明见到西元前三一四年楚灭邹,是《郑语》系公元前三一四年以后的作品。

(五)《越语》下

《越语》下一篇文体思想等均不与各篇同,是此篇当系《国语》中最后的一篇。

总结以上研究作期的结果:

(一)《周语》《楚语》系西元前四三一年,一个人的作品。

(二)《齐语》《吴语》系西元前三一年后三八四年前,一个人的作品。

(三)《鲁语》《晋语》系西元前三八四年后三三六年前,一个人的作品。

(四)《越语》上系西元前三八四年后更后一个人的作品。

(五)《郑语》系西元前三一四以后,一个人的作品。

(六)《越语》下系西元前三一四年后更后一个人的作品。

《国语》全部八国二十一篇,系六个人在六个时间辑录而成的。

《穆天子传》的研究(节选)[①]

(选自卫聚贤《古史研究·第一集》,上海:商务印书馆,1934年)

《穆天子传》是记周穆王游历事,周穆王的游历,他书也有记载,惟以《穆天子传》为最详。其中记西游一事,计其所行的路程,总数为"三万有五千里"。其走的道儿可谓不少了。他曾到了"西王母之邦,北至于旷原之野。"它说:"宗周至于西北大旷原,万四千里。"宗周在今陕西,由陕西向西北走上一万四千里,以现在看起来,当然跑到西北利亚(今西伯利亚)去了。他带的人数为"六师之人",总数在一万五千人以上。时间在

[①] 编者按:此文原载于1929年7月述学社出卫聚贤《古史研究·第二集》初版,经修改后,发表于《国立中山大学语言历史学研究所周刊》1929年第9卷第100期,第36—75页;1931年商务印书馆出版新的《古史研究·第二集》收入,但此版毁于日火;1934年,商务印书馆出版卫聚贤《古史研究》系列,将《穆天子传》研究调整到第一集。原文包括对《穆天子传》作期、作地等考证,此处节选作期。

穆王十七年(见《纪年》)。是于西元前九四九年，欧亚的陆路交通大有可观了。

王静安师《鬼方昆夷猃狁考》说："西自汧陇环中国而东北，及太行常山间，中间或分或合，时入侵暴中国……以厉宣之间为最甚。"猃狁民族自殷高宗至周厉王、宣王时，不断的骚扰中国西北，而穆王适于其中穿过敌方，敌方的人到处"乃献……"当无是理？是穆王时穆王不能到西北去。《穆天子传》为何时的作品，就不得不加以研究了。

作期

《穆天子传》不是周穆王时的作品，有左列数证：

(一)《穆天子传》与它未入土以前的他书记穆王西征事不符

《穆天子传》如果为周穆王时史料，在穆王以后的书籍记载穆王西征事，当与《穆天子传》记载的相符。若是穆王以后的书籍记载的与《穆天子传》不符，是穆王以后的书籍没有见到《穆天子传》，即是《穆天子传》的作期还在穆王以后的书籍以后。兹举例证明于左：

1. 《归藏》与《穆天子传》所记不符

《归藏》："昔穆王天子筮出于西征不吉，曰：'龙降于天，而道里修远，飞而冲天，苍苍其羽'。"(《御览》八十五引)。

《归藏》说"穆王筮征不吉"，当是穆王没有西征去，《穆天子传》偏说穆王西征的很远。《归藏》不知为何时书？按其文大约是战国中年物。《穆天子传》说穆王西征跑的很远，《归藏》似说他没有西征，是《归藏》成书时还没有看到《穆天子传》。

2. 《左传》与《穆天子传》记载不符

《左传》昭十二年楚子革说："昔穆王欲肆其心，周行天下，将皆必有车辙马迹焉。祭公谋父作《祈招》之诗以止王心，王是以获没于祇宫。"

《绎史》批评这条说："'欲'者，未然之谋也；'将'者，未然之事也。抑或穆王西征犬戎，祭公谏而不听更欲远游，闻《祈招》之诗而遂止。"

这段马氏解释的很好。按《左传》原文为"王是以获没于祇宫"，"没于祇宫"是明言穆王没有出游去,如果《左传》成书时有一部《穆天子传》在,《左传》应根据实录,也说穆王跑了多远,何能说是穆王"没于祇宫"呢?这明是《左传》没有见到《穆天子传》的。

3.《国语》与《穆天子传》记载不符

《周语》上第一段"穆王将征犬戎,祭公谋父谏曰:"不可……。"王不听,遂征之,得四白狼、四白鹿以归。"

兹将《穆天子传》西征所得物,列举于左:

(1)"䣙人……先豹皮十,良马二六,天子使井利受之";

(2)"天子猎于渗泽,于是得白狐玄貉焉,以祭于河宗";

(3)"河宗伯夭……先白○,天子使郊父受之";

(4)"珠泽……乃献白玉○只,○角之一三,可以○休……因献食马三百,牛羊三千";

(5)"天子于是取孳木华之实";

(6)"天子于是得玉策枝斯之英";

(7)"至于赤乌之人其献酒千斛于天子,食马九百,羊牛三千,穄麦百载";

(8)"天子于是取嘉禾以归,树于中国";

(9)"赤乌之人丌好献好女于天子";

(10)"曹奴……乃献食马九百,牛羊七千,穄米百车";

(11)"群玉之山……天子于是取玉三乘,玉器服物。于是载物万只";

(12)"鹗韩之人无皂,乃献良马百匹,用牛三百,良犬七千,牝牛三百,野马三百,牛羊二千,穄麦三百车";

(13)"旷原……天子于是载羽百车。己亥,天子东归";

(14)"智氏……乃献食马四百,牛羊三千";

(15)"天子升于采石之山,于是取采石焉";

(16)"西膜之人乃献食马三百,牛羊二千,穄米千车";

(17)"天子三日游于文山,于是取采石";

(18)"文山之归遗,乃献良马十驷";

(19)"巨蒐……乃献马三百,牛羊五千,秋麦千车,膜稷三十车";

(20)"犬戎胡觞天子于雷首之阿,乃献食马四六";

按上二十条,穆王所得物属于白色的为第二条在渗泽得"白狐",第三条在河宗得"白○",第二条系"白狐",非"白狼……白鹿"。但这"白狐"是"祭于河宗"了,没有带回,不得说是"得……白……以归"。第三条空缺处,假使就是"狼"字或"鹿"字,说是穆王西征得的是"白狼"或"白鹿";但这"白○"系河宗所得的产物,邽人在犬戎西,河宗在邽人西,是犬戎与河宗不相连属,不得以在河宗所得的"白○",即为在犬戎所得的"白狼……白鹿"。又按《穆天子传》当穆王西征路过犬戎时,犬戎并未献物;到穆王西征回来路过犬戎,犬戎才献了食马四十六匹,并没有"白狼……白鹿"痕迹在内。是《国语》成书时《穆天子传》尚未产生。

故事的通例,距离时间或空间愈远,故事的本体愈放大。《周语》作期在《左传》前约十年,《左传》尚说穆王没有出征,《周语》不应说他出征?按《左传》为晋地产品,《周语》为楚国产物,楚去周室较晋去周室路远,故《周语》记穆王的故事较《左传》放大,说穆王征犬戎得了四白狼、四白鹿,《左传》没这事。

(二)《穆天子传》与它入土时的他书记穆王西征事不符

同一时间,没有史料根据,有一个传说的故事,两个人把它记载起来,因各据各的传闻,是以有许多相悖的地方。例如《穆天子传》与《竹书纪年》同是魏襄王墓中物,《穆天子传》载穆王游历事,《纪年》也说穆王游历事,《穆天子传》如果为周穆王时物,《纪年》应当记载的和它相符。但是《纪年》没有见到周穆王时的《穆天子传》,只见到它同时产生的《穆天子传》,它以为《穆天子传》即是根据传说来记载,它也不妨就根据传闻来记载,你记你的传闻,我记我的传闻,故二书记载的不同。兹列举以证:

A 得物不同

《纪年》:"西征犬戎,取其五王以东,王遂迁戎于太原。"(《穆天子传》郭璞注引《纪年》只有"取其五王以东"六字。《后汉书·西羌传》有此十七字,静安师《古本竹书纪年辑校》记如此文)《穆天子传》没有取五王的事。

B 里数不同

《纪年》："穆王东征天下二亿二千五百里，西征亿有九万里，南征还有七百里，北征二亿七里。"(《开元占经》四引。《穆天子传》注引为"穆王西征远里，天下亿有九万里"十三字。)《穆天子传》："各行兼数三万有五千里。"按《穆天子传》与《纪年》里数相较，《穆天子传》西征的里数较《纪年》少去一亿五万五千里，约一与五之比。

C 时间不同

《穆天子传》"吉日甲子，天子宾于西王母"条郭璞注《纪年》：'穆王十七年西征昆仑'，正见西王母。其年来见，宾于昭宫。"《穆天子传》对于穆王西征，共用了若干日？没有总计，兹就干支推算于左：

饮天子蠲山之上。戊寅，天子北征……庚辰……癸未……乙酉……庚寅……甲午……己亥……辛丑……癸酉……甲辰……丙午……戊寅……癸丑……戊午……己未……乙丑……丙寅……丁巳……戊午……辛酉……癸亥……甲子……季夏丁卯……壬申……甲戌……乙卯……庚辰……辛巳……壬午……甲申……辛卯……癸巳……孟秋丁酉……戊戌……辛丑……壬寅……丙午……丁未……己酉……庚戌……癸丑……丙辰……丁巳……己未……癸亥……甲子……丁未……己酉……天子三月舍于旷原……己亥（上文"己酉"至此"己亥"，除中间经过"天子三月舍于旷原"三个月不计外，共为一百一十一日。但上文"孟秋丁酉"至下文"孟秋癸巳"共二百九十六天，按孟秋为七月，由本年七月至明年七月为七月，八月，九月，十月，十一月，十二月，正月，二月，三月，四月，五月，六月，七月，共计十三个月，为三百九十天，若上文"孟秋丁酉"的丁酉作七月末日计，下文"孟秋癸巳"的癸巳作七月初日计，除去两个七月，还有三百三十余日，故计算"己酉"至"己亥"多转一周，计"己酉"至"己亥"……共一百七十一日）……庚辰……癸未……乙酉……己丑……己亥……辛丑……甲辰……乙巳……庚辰……辛巳……丙戌……丁亥……庚寅……孟秋癸巳……丁酉……癸亥……乙丑……丙寅……己巳……壬申（原文为"己巳"，至于文山……天子三日游于文山……壬寅，天子饮于文山之下。按"己巳"去"壬申"正为三日。若作"壬寅"则去"己巳"为三十二日，是"壬寅"系误）……癸酉……甲戌……乙亥……癸丑……戊午……孟冬壬戌……癸亥……丙寅……癸酉……入于宗周。

兹为研究便利起见，列图计算于左：

按图上每周（自"甲子"至"癸亥"）六十天，共计十四周为八百四十天，但除自"戊寅"起在"甲子"后十四天，"癸酉"止距"癸亥"五十天外，是自"'戊寅'天子北征"至"癸酉入于宗周"，共计七百七十六日，为二年零三个月。即使其中干支有些错误，时间没有这么长？按"天子三日舍于鹞鸟之山"，"天子 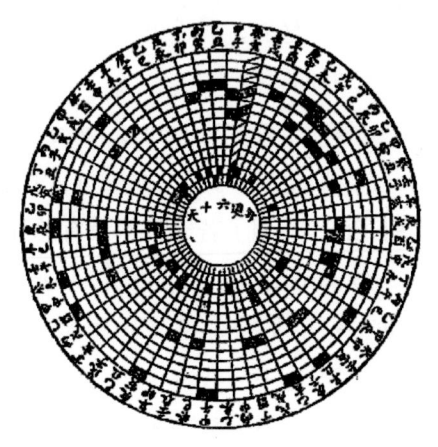 五日观于春山之上"，"于是降雨七日，天子留骨六师之属"，"天子四日休群玉之山"，"天子三日休于大池之上"，"天子三月舍于旷原"，"天子命重䨲氏共食天下之属五日"，"天子一月休"，"天子四日游于文山"，"天子五日休于澡泽之上"，有明文言各地停留的共四个月又三十五天。全年作三百六十五日计。除去四个月一百二十天及三十五天外，下余二百一十天。往来的里数核实计算为二万三千三百里，每日走路作一百里计，二百一十天走不了二万三千三百里路。

《纪年》："十七年西征……其年……来……"，是穆王于十七年西征，西王母于十七年来见，则穆王西征的同期也在十七年，换句话说《纪年》说穆王西征往来费了不到一年的时间，《穆天子传》记为二年多，是二书西征的时间不同。

总计，《穆天子传》和它未入土以前的《归藏》《左传》《国语》，并它同时入土的《纪年》，记载穆王西征事不同。可知《穆天子传》在《归藏》《左传《国语》以后,不是周穆王时的产物。

以上就是证明《穆天子传》不是周穆王时的产物。兹再就内证分言于左:

(三) 用夏正记日

"戊寅……庚辰……癸未……乙酉……庚酉……甲午……己亥……辛丑……癸酉……甲辰……丙午……戊寅……癸丑……戊午……己未……乙丑……丁巳……戊午……辛酉……癸亥……甲子……季夏丁卯。"

自"戊寅"至"季夏丁卯"共计二百九十日,季夏为六月,丁卯假定为六月的末一日,则戊寅为前一年的九月初日。这是用夏正计,若用周正计,则戊寅为七月初日。按《穆天子传》说:"癸未,雨雪……北循虖沱之阳……庚寅,北风雨雪。"九月河北虖沱河流域或有下雪情形,七月河北虖沱河流域当无下雪的情形。《穆天子传》又说穆王西征回来"孟冬,壬戌,至于雷首……雷水之平寒"。按雷首在山西孟县一带,孟冬夏正在十月,周正在八月,八月水不应寒。是知《穆天子传》用夏正计日。

《穆天子传》对于西北地理记载的很详,当是从穆王西征的人的记录。即是随从穆王的人的记录,应用周正。《穆天子传》用夏正记日,是知它不是周穆王时或周室的作品。

(四) 称穆王谥法

"帝曰:'穆满……穆满示女舂山之珤。'"郭璞对此条注说:"言谥,盖后记事者之辞。"《穆天子传》既称穆王的谥法,是至早当是穆王死后,共王时候的作品。

(五) 东周的观念

"升于大行,南济于河……遂入于宗周……吉日甲子,天子祭于宗周之庙。乙酉,天子帅六师之人于洛水之上。丁亥,天子北济于河。"静安师《古本竹书纪年辑校》有"穆王以下都于西郑"一条。西郑在陕西长安附近,是宗周当在陕西。但《穆天子传》记穆王回宗周,是"南济于河";自宗周出,是"北济于河"。且有"洛水之上……自宗周瀍水以西",洛水在

163

洛阳南,瀍水在洛阳东,这明是东周人的观念以洛阳为周都的。以现在的情状说为古时的情状,战国时本有其人,如孟子对于禹治水的记载,说是"决汝汉,排淮泗而注之江",排淮泗注于江是吴王夫差"阙为深沟,通于商鲁之间"(吴语)开运河以后的情状,孟子竟错认为禹治水的情状。以洛阳为宗周认为西周的都城,当是东周人的观念,换句话说就是《穆天子传》在东周以后才产生的。

(六)文法较繁

文法由简而繁,是一个通例。是同类的文法,繁的当在简的以后。兹举例以证:"是日,六鹢退飞过宋都"(《春秋·僖十六年》);"是日也,天子饮许男于洧上"(《穆天子传》卷五);"是日也,天子北入于邴"(同上)。按《穆天子传》较《春秋》多一"也"字,是《穆天子传》在《春秋》后。《春秋》是春秋末年的作品,《穆天子传》在《春秋》后。是《穆天子传》至早当是春秋末年以后的作品。

(七)介词用"於"字

"於是得绝钘山之队";"於是得白狐玄貉焉,以祭於河宗";"乃至於昆仑之丘";"而辨於乐";"何谋於乐";"於是取孳木华之实";"天子於是得玉策枝斯之英";"乃为铭迹於县圃之上";"於是取嘉禾以归";"至於黑水";"於是降雨";"於是取玉三乘";"於是载玉万只";"天子於是休猎,於是食苦";"宿於黄鼠之山";"於是取采石焉";"於是取采石";"於是射鸟猎兽";"则利於戎";"东游於黄泽";"於是白鹿一麌豢逸出走";"於是殇祀而哭";"南葬盛姬於乐池之南";"丧於旗以劝之";"至於因氏";"至於野王";"於是流涕";"出於永思";《穆天子传》用"於"字作介词共三十处,其为战国时作品可知。

(八)数目中无"又"字

"天子赐许男骏马十六";"饮逢公酒,赐之骏马十六";"乃陈腥俎十二"。《穆天子传》中数目为"十六",不是"十又六";为"十二"不是"十有二",其为战国时之作品无疑。

（九）行佛教礼

"昆仑之丘……乃膜拜而受。"郭璞对于此条注说："今之胡人礼。佛举手加头称南膜拜者，即此类也。音模。按佛在周穆王时尚未降生，其礼何能成？昆仑以西距印度很近，于战国时当已受佛教影响。"是《穆天子传》当是战国的作品。

（十）金属器物

"黄金之膏"；"银乌一只"；"千铁山之下"。铁是春秋战国时候有，银的使用也不古，惟金上加黄字，战国以前无情形。以上十证证明《穆天子传》是战国时的作品。《穆天子传》不是周穆王时物，上已证明，但是不是荀勖、郭璞以及六朝人的伪作？这个也有研究的必要。兹分段说明于下。

（十一）介词中少"以"字

我在《〈国语〉的研究》页一四九至一五二证明战国初年的文法为"自……至于……"，战国末年的文法为"自……以至于……"，多了一个"以"字。今《穆天子传》为"自……至于……"，不是"自……以至于……"，如："自宗周瀍水以西至于河宗之邦"；"自阳纡西至于西夏氏"；"自西夏至于珠余氏"；"自河首襄山以西南至于春山"；"自春山以西至于赤乌氏"；"自群玉之山以西至于西王母之邦"；"自西王母之邦北至于旷原之野"。据以上各条，《穆天子传》没有"以"字，可说它是战国初年的作品了。

（十二）非秦汉用字

《穆天子传》卷一："天子曰：'於乎！予一人不盈于德，而辨于乐，后世亦追数吾过乎？'"上用"於乎"，不用"鸣呼"与卷四"於鹊与处"（曹操诗作"乌鹊南飞"）不作"乌鹊於处"，"乌"字作"於"非秦汉以后的用字。

（十三）在《史记》前

一种史料，在某一个时期，曾公布过一次，那种史料虽经遗失，后来的人因受过公布的影响，对于该种史料事实，总有相当的传说。但史料已遗，没有实据，时间远了而传说的故事就放大了。

《史记·赵世家》："造父幸于周缪王，造父取骥之乘匹，与桃林盗骊、

165

骅骝、绿耳,献之缪王,缪王使造父御,西巡狩见西王母,乐之忘归。而徐偃王反,缪王日驰千里马,攻徐偃王,大破之。"《秦本纪》:"造父以善御幸于周缪王,得骥、温骊、骅骝、绿耳献之驷,西巡狩,乐而忘归,徐偃王作乱,造父为穆王御,长驱归周,一日千里以救乱。"

《史记》与《穆天子传》相同的是:(一)造父为御;(二)见西王母。

《史记》与《穆天子传》不同的是:(一)造父封赵;(二)徐偃王作乱。

"造父为御""见西王母",在我们搜得材料如《归藏》《左传》《国语》《楚辞》均没有。"造父封赵""徐偃王作乱",在《归藏》《左传》《国语》《楚辞》《纪年》《穆天子传》均找不到。这当是《史记》根据别的传说而来的。造父封赵的传说,当在《穆天子传》公布以后,秦赵本是戎族,戎族多马善御,戎族有一名造父者曾为过周穆王或周其他王的御人,秦赵到战国末年国势很盛,看看别的国均与周室有些关系,他就把与他有关系的造父(戎族)——曾为周王御认为他的祖宗,以便与周室发生关系,适合环境。造父为秦赵的祖宗是秦赵于他国家极盛时造出来的,《穆天子传》在这种传说盛行之前,是以只有造父为御没有造父封赵的记载,太史公作《史记》适承其造父为秦赵宗祖的传说,是以在《赵世家》说:"乃赐造父以赵城,由此为赵氏",《秦本纪》说:"穆王以赵城对封造父,造父族以此为赵氏。"是《穆天子传》在《史记》前。

(十四)在《列子》前

《列子》本是东晋人的伪造,《穆天子传》与《列子》记载事实相同处,而《列子》较《穆天子传》语句明显,是《列子》根据《穆天子传》的。兹用比较文法学的比较明显法,分段列举于下:

《列子·周穆王》

肆意远游,命驾八骏之乘:

右服骅骝而左绿耳;

右骖赤骥而左白㸸;

主车则造父为御,䚅䯄为右。

次车之乘:

右服渠黄而左踰轮;

左骖盗骊而右山子;

柏夭主车,参百为御,奔戎为右。

《穆天子传》卷四

天子命驾八骏之乘:

右服骅骝而左绿耳;

右骖赤蘙而左白牺；	右服渠黄而左踰轮；
天子主车，造父为御，卤卤为右；	右盗骊而左山子；
次车之乘；	柏夭主车，参百为御，奔戎为右。

上二书比较不出那一个比较那一个明显。

《列子·周穆王》	《穆天子传》卷四
至于巨蒐氏之国，	至于巨蒐，
巨蒐氏乃献白鹄之血以饮王，	之人䬸奴乃献白鹄之血以饮天子，
具牛马之湩以洗王之足及二乘之人。	因具牛羊之湩以洗天子之足及二乘之人。

上《穆天子传》"至于巨蒐"，《列子》说"至于巨蒐氏之国"，是说明巨蒐是个国。《穆天子传》"之人䬸奴"的文法在中国少有，《列子》作"巨蒐氏"与中国文法正合。《穆天子传》的"天子"，《列子》作为"王"。这都足以证明《列子》较《穆天子传》明显。

总上《列子》较《穆天子传》明显，是《穆天子传》在《列子》以前。《列子》是东晋的作品，《穆天子传》当是东晋以前的作品。

(十五) 注《穆天子传》的不是伪造《穆天子传》的

《穆天子传》："入于南郑"条下注"今京兆郑县也"。《纪年》："'穆王元年，筑祇宫于南郑。'传所谓'王是以获没于祇宫'者。"按"王获没于祇宫"，是言穆王未曾出游，而《穆天子传》载穆王游得很远，注者引此文，亦与原文违背。又如引《纪年》："取出五王以东"，"穆王西征还里天下，亿有九万里"，均与《穆天子传》不合，是注者只顾引经据典解释本句，而未将全篇顾到，故注文与本文相远。若是注《穆天子传》的就是伪造《穆天子传》的，何得如此作注，使露出破绽？可知注《穆天子传》的不是伪造《穆天子传》的。

(十六) 张湛注《列子》已见到《穆天子传》及郭璞注

《列子·周穆王》"后世其追数吾过乎"条下张湛注："自此以上至命

嘉八骏之乘,事见《穆天子传》。""而左白䮮"条下注"《史记》曰:'造父为穆王得骅骝赤骥白犧之马,御以游巡,往见西王母,乐而忘归。'与《穆天子传》略同。"这是张湛见到《穆天子传》了。"而左白䮮"条下注:"《史记》曰:'造父为穆王得骅骝赤骥白义之马,御以游巡,往见西王母,乐而忘归。'与《穆天子传》略同。郭璞注云:'皆毛色以为名也。'"按《穆天子传》卷一"天子之骏,赤骥盗骊白义踰轮山子渠华骝绿耳"条下郭璞注:"有八骏,皆因其毛色以为名号耳。"与张湛引郭璞注同,是张湛已见到《穆天子传》郭璞的注了。

张湛是东晋人,已见到《穆天子传》及郭璞注,是以《隋书·经籍志》说"《穆天子传》卷六郭璞《注》",不应因唐书误为"郭璞撰"说是《穆天子传》是荀勖、郭璞所伪造,或郭璞的《注》也为六朝人的伪造了。

《左传》昭十二年:"穆王……周行天下,将皆有车辙马迹焉。"

《楚词·天问》:"穆王巧挴,夫何周流,环理天下,夫何索求?"

《归藏》:"昔穆王天子筮出于西征不吉……道理修远。"

据上是周穆王曾为远征的。

《归藏》:"昔穆王天子筮出于西征不吉。"

《纪年》:"西征犬戎,取其五王以东,王遂迁戎于太原。"

据上是周穆王曾西征的。

《周语》:"穆王将征犬戎……遂征之……自是荒服者不至。"

《纪年》:"西征犬戎,取其五王以东,王遂迁戎于太原。"

《穆天子传》:"天子北征犬戎。"

据上是周穆王对于犬戎曾动过交涉的。

犬戎与狄均从犬,是北方多养犬的民族,就是现在的蒙古族,在周穆王时号为玁狁,时常侵略中国,穆王的征犬戎,或有其事?犬戎的大部分在中国西北,是穆王的征犬戎因而西征,也未敢定?犬戎是游牧民族,民住无定,败了就远遁,乘机又来侵,穆王或有大举穷追的计划。到了春秋战国,文献不足,事难足征,就成穆王远征的一种传说。这种传说要说没有其事凭空造出来的,则不可,要根据《穆天子传》说其事就是如此如此,更不可。

《古史研究·第二集》1929年版序

是古非今,是——反革命。

固步自封,是——不革命。

"非先王之服,不服;非先王之言,不言。"这类"是古非今",是种反革命。

"吾闻用夏变夷者,未闻变于夷者也。"这类"固步自封"的,是种不革命。

"革命"二字,不限于军事的、政治的。就是我们这"开倒车"研究历史的人,也应当本上革命精神去工作。

本书是研究《穆天子传》《山海经》《禹贡》三书,《穆天子传》证明它是战国初年中山人的作品,《山海经》证明它是战国中年印度人的作品,《禹贡》证明它是战国末年秦人的作品。

《穆天子传》《禹贡》研究的结果,与旧说无大出入,惟《山海经》的说法比较离奇一点,但我对于《山海经》证明它绝对是印度人的作品;退一步说,《山海经》不是印度人的作品,也可说是受了印度(或有希腊)的影响作的;再退一步说,《山海经》并没有受印度影响,也可说和印度人的思想是相同的。我想用科学方法,把中国以外的材料作出比较的研究,总比像药铺门上挂的标语式的招牌,写的"川广地道,土法炮制",而用上土法制土货,强一点吧!

学术系研究性,反对我这一说的人,最好请将埃及、希腊、印度及其他野蛮人的神话,和中国的神话列举出来,看它同的是甚么?不同的是甚么?再求它同与不同之所以然。同的如各地方神话,都说雷神身上有鼓,这当是以雷声如鼓,而受同样的感想;不同的如多日并出,这当是热带上人受了严日的感想而发生的。再将神话发生的时间考出来,如以黄土为人,中国最初见于应劭《风俗通》。当是受了希腊的影响。然后再和《山海经》作一比较的研究,能如此工作而证明《山海经》不是印度人的作品,我自然佩服。

研究学术只要思想不落伍,方法精密些,就是证据不大确凿,也可继续去搜寻,只于结论的不大适当,暂不要管它,例如一个人提出一个议案,当他提案时不能没有他的意见,是研究学术,也应当先有个假设的结论;但一经提出,经过大会长期的讨论,通过与否决,不能预定,是学术上假设的结论,也不敢说是就能证实。议案通过与否决,与提案人没大关系,不是议案通过了,提案人就有莫大之荣,否决了就是受辱,是以有时提案人把它原案自行撤回,或意见取消。只要大家对于《穆天子传》《山海经》《禹贡》本身的问题解决了,我这假设的结论,自然无效。

《古史研究》第二集,承冯沅君、苏雪林女士,欧阳竞无、汤锡予、胡寄尘、顾惕生先生,陆侃如、余绍孟、储逸庵、温子模、崔盈科君,指示很多,这是我一并感谢的。

一八,三,一六,记于南京古物保存所

附启:这书材料尚不够,印刷的也不好,故只印了一千本,作为稿本,请达者指示,再版当重为改正,另付印刷。

《古史研究·第二集》1931年版序

(原载于《国立中山大学语言历史研究所周刊》1930年第10集117期,第13—14页)

《古史研究·第一集》付印后,到上海沪江大学访顾惕生先生,因为我与顾先生从前通过信,这第一次见面,他就把他近来研究的《穆天子传》稿本着我看,他在一旁口中叙述他的大概。我从前是很赞成他这种说法,后来渐渐变了态度,听到他的话后,不敢自信,于是返京展开《穆天子传》一看,发生了许多疑问,与顾先生通信讨论,及顾先生回到南京时,又当面去讨论,故将《穆天子传》暂告一段落。

由《〈穆天子传〉研究》的结果,知道中国人所以明白西北地理,由于根据中山人的西游记录。但《山海经》的地理范围也在中国以外,中国何以也知道它呢?看它是在《穆天子传》后,西北上的地理是采《穆天子传》

的,而西南的地理已到印度,又看《世界史纲》上的几个印度婆罗门神像与《山海经》图相似,是以假定它是印度人的作品,方入手研究。时请教于欧阳竟无、汤锡予诸先生,从佛教上加以比较。

当我在大学院文化事业处第二科作统计工作,看见各种统计书首,多说中国统计发源于夏禹,以《禹贡》为根据。我就将《禹贡》作了一个统计,一方证明它作期很晚,一方证明它作地在雍州(秦)。后将此篇扩充为《禹贡考》,在广东《中大周刊》上发表。

《穆天子传》《山海经》《禹贡》都是地理一类的书,我把它合起来作为《古史研究·第二集》。《山海经》因为推测它是受印度婆罗门教的,中国人多研究印度佛教不研究婆罗门教,恐这种假定难以证实,故先将初稿印了一千份,分送各处,希望达者指导及介绍印度婆罗门教的书籍,并欲引起人的反对,以求其反证。

《古史研究·第二集》初稿印刷后,正如其预计。由同学王以中君介绍日人小川琢治的《支那历史地理研究》,程仰之君介绍高南顺次郎及本村泰贤的《印度哲学宗教史》,陆侃如君将万湘澄君的《〈山海经〉的渊源》及《读卫聚贤〈山海经〉的研究》两稿交阅。又请教于汤锡予、胡小石、柳翼谋、缪赞虞诸先生,温子模、崔斗臣二君常为帮忙,陈焕章君将医药一栏分类,同事马君博、张元熹二君又为抄搞,受了各方的指示,将《古史研究·第二集》初稿修正。

一天,同学陆侃如君问我:"你看万君的说法如何?"先是陆侃如君曾在《中国公学文学季刊》上,讨论《山海经》的作期,主张《山经》为战国时作,余为司马迁以后的作品,万君主张《山海经》系西汉人的作品。于是我就说:"依我的主观看来,你们都是反动的言论;不过'日近长安远',各说各的吧!"

《古史研究·第二集》修正稿,仍为《穆天子传》《山海经》《禹贡》三部分,《穆天子传》除在广东《中大周刊》百期纪念号发表外,又添了一点材料。《山海经》添的最多,《禹贡》较前加了四五倍。其主张与初稿同,不过说的详细一点,证据较多一点。这次发表,虽不能说把我的假定完全证实,所谓"庶几乎——不远矣"了。

《古史研究·第三集》是甚么？且慢，修正《古史研究·第二集》，在桌子上写的多了，身体觉得不受用，想作些考古的工作，把身体活动活动，但也过了暑假再说。

一九三〇，二，三

《古史研究·第二集》1934年版序
（原载于卫聚贤《古史研究·第二集》，上海：商务印书馆，1934年，第1—2页）

中国的历史到现在尚未整理清楚，致社会演变的阶段不能明了，使将来走的路子是没法决定的。尤其是中国的古史混乱特甚。我以为研究中国古史的方法有三：一，春秋战国以至秦汉人多托古改制，非将史料整理清楚，则真伪莫分；二，春秋以前史料太简，且与神话混合，非用考古学与社会学，则原因不明；三，战国时中国学术突然发达，若不知其受外来的影响是讲不通的。

除一在《古史研究·第一集》已发表了《春秋》《左传》《国语》，《穆天子传》四书即将再继续发表外，二将来在《古史研究·第三集》发表，至于三即现在所作的《古史研究·第二集》。

《古史研究·第二集》曾在商务出版，而毁于日火；原为《山海经》《穆天子传》《禹贡》三篇，现除将《穆天子传》放在第一集，《禹贡》放在第三集外，兹另加入十五篇，其中有五篇系译自外人的。本集虽系讨论《山海经》《墨子》、老子、扁鹊以及神话等问题，要皆归于"先秦时代中印文化沟通的探讨"，故以此为《古史研究·第二集》的另目。

中国学术受外来的影响，在时间上，我只敢说在战国中年，战国中年以前是中国固有的文化；而安特生据新石器时代陶器上的花纹，李济之据殷墟铜器的形状，俱说中国在新石器时代及殷代与欧洲已有交通，文化亦曾受其影响。至藤田丰八认西周时所编《诗经》的《周颂》《豳风》及春秋末年所编的《左传》，也说受有外来的影响。在空间上，我只敢说到印度，而安特生以为亚述，李济之以为北欧，小川琢治以为希腊、埃及、中国的学术均有受其影响。作此荒唐之说,中外均有人在!故汇其说,以为探讨,殆有所得,以作《古史研究》第二集之续。

一九三四,二,二三。记于上海国立暨南大学

《〈山海经〉的研究》序

(选自卫聚贤《古史研究·第二集》,上海:商务印书馆,1934年,第1—3页)

中国学术界在战国中年有两个特殊的现象,一为邹衍谈天及五行终始说;一为方士入海求神仙及志怪的《山海经》。邹衍之书不存,无从考知其原诿;方士入海求神仙,《史记·封禅书》与《汉书·郊祀志》仅记其大概,其详不可得而闻;惟现有志怪的《山海经》一书在,我们要推本探源求它志怪的由来。

原始人类,思想简单,以为一切自然现象均有神主宰,欲求解答这自然现象,于是造出许多神话出来。中国也曾经过这个野蛮时代,而由野蛮时代遗留下来这部《山海经》,原不足怪,但要有(一)时间(二)环境二种的限制。

《山海经》一书,旧说为夏禹时作,自甲骨文发现,其字多象形,文法甚简单。《山海经》决不能超过甲骨文以前。又它于数目中无"又"字,如"凡十九山,二千九百五十七里"(《西山经》),不是"凡十又九山……",与介词多一"以"字,为"自……以至於……",不是"自……至于……",并介词用"於"字不用"于"字,这都是战国中年文法特有的现象。但《王会》《庄子》《天问》《吕览》都采用它。是《山海经》为战国中年产品,确切无疑(《海内经》《大荒经》除外)。

《山海经》虽不是战国中年的中原人将中国边地如燕、赵、秦、巴、楚、吴、越尚存在野蛮人的神话写出来的?但按其中有吞象蛇、九头蛇,五围大的禾,百仞高的木,十日并出杀死女丑的神,这都是很明显的为热带上环境所产生的,绝非战国时黄河及长江流域所能有。

《山海经》的产地,我共分为二十四条,每条列为四类:(一)《山海经》上

的现象;(二)中国的现象,(包括)战国中年以前的——中国固有的,战国中年以后的——受《山海经》的;(三)中国以外的现象;(四)《山海经》有此现象的由来。就各条将这四类考证的结果,中国在战国中年以前的神话,与北欧洲类似;战国中年以后(包括《山海经》《王会》《庄子》《天问》《吕氏春秋》《淮南子》),与印度巴比仑、希腊、埃及热带上神话同。战国中年以前中国与北欧神话类似,是由于都处在温带环境相同的缘故,而《山海经》何独出于中国环境以外与热带相同呢?并且《山海经》中的神名物名等及其现象有与印度古代四大佛陀中所记载的相同,因而断定《山海经》为印度婆罗门教徒到中国游历的记录。

一九三二,一〇,一四记于暨大。

《山海经》的研究(节选)①

(选自卫聚贤《古史研究·第二集》,上海:商务印书馆,1934 年,第 1—313 页)

《山海经》的作期既定在战国中年,战国时为秦、楚、齐、燕、赵、魏、韩诸国,无论《山海经》是那一国人的作品,总不出中国的范围。即使如《穆天子传》前已证明系匈奴人作的,《山海经》也同此例为中国边地民族所作,那时将边地民族作戎狄蛮夷看,在现在也是中华民国领域以内的人,是以《山海经》作地确在甚么地方不可考,大致可说是中国人的作品。但按其实际,似有不然的现象,兹举几个例子看看:

一、名称

(一)《山海经》的现象

1.《南山经》……《南次二经》……《南次三经》

2.《西山经》……《西次二经》……《西次三经》……《西次四经》

3.《北山经》……《北次二经》……《北次三经》

---

① 编者案:《〈山海经〉的研究》包括作期、作地、作者、辨伪等内容,此处节选作地部分。

4.《东山经》……《东次二经》……《东次三经》……《东次四经》

5.《中山经》……《中次二经》……《中次三经》……《中次四经》……《中次五经》……《中次六经》……《中次七经》……《中次八经》……《中次九经》……《中次十经》……《中次十一经》……《中次十二经》……

"禹曰：'天下《名山经》，五千三百七十山，六万四千五十六里居地也。言其《五藏》'"，按《山海经》的书名，为"经"与"藏"。

（二）中国的现象

（1）以书名经始于墨

《墨子》有《经上》《经下》《经说上》《经说下》四篇。

《庄子·天下篇》："墨者……具诵《墨经》。"

（2）以书名藏始于佛

六朝时翻译佛书，以经、律、论为《三藏》。

（3）儒家书初不名经

《楚语》："叔时曰：'教之《春秋》……教之《诗》……教之《礼》……教之《乐》……'"

《左传》僖二十七年："赵衰曰：'说《礼》《乐》而敦《诗》《书》。'"

按儒家以书名经系秦汉以来事。

（三）印度的现象

印度原以线索作缝纫，缝纫有连贯义。文字写在贝叶上，用线索把贝叶连贯起来，故其名为 Sutra（修多罗）。《翻译名义集·总明三藏篇·修多罗》条："妙玄明有五译，一翻经……四翻线……《佛地论》云：经者，贯摄为义，贯穿所应知义。"

印度原以藏物的器具藏书，遂以一部或一类的书名为 Piteka（毕特迦）。《翻译名义集·总明三藏篇·俱舍》条："《摄论》云：'何名为藏？'答：'由能摄故。谓摄一切所应知义，无令分散，故名为藏。'"

（四）名称的由来

中国以书名"经"始于《墨子》《山海经》，墨子是印度人，印度以书名"Sutra"有连贯义，译为中国文字时，以中国织布经纬线的"经"有连贯义，故以"Sutra"译为中国的"经"字。中国以书名"藏"始于《山海经》和佛书，佛书是印度产，印度以一部或一类书名"Piteka"有装藏义，故以"Piteka"译为中国的"藏"字。墨子是印度人，《墨子》以书名经，《山海经》亦以书名经；佛是印度产，佛以书名藏，《山海经》亦以书名藏；是《山海经》为印度的产品了。

按《山海经》是一种游记体，每到一个名山，把这山上的事记在一个贝叶上，如第一个贝叶上记的是："南山经之首曰鹊山，其首曰招摇之山，临于西海之上，多桂多金玉。有草焉其状如韭而青花，其名曰祝余，食之不饥。有木焉，其状如谷而黑理，其花四照，其名曰迷谷，佩之不迷。有兽焉其状如禺而白耳，伏行人走，其名曰狌狌，食之善走。丽麕之水出焉，而西流注于海，其中多育沛，佩之无瑕疾。"第二贝叶是："又东三百里曰堂庭之山，多棪木，多白猿，多水玉，多黄金。"第三贝叶是："又东三百八十里曰猨翼之山，其中多怪兽，水多怪鱼，多白玉，多腹虫，多怪蛇，多怪木，不可以上。"

把在一条路上所记的："招摇山……堂庭山……猨翼山……杻阳山……柢山……亶爰山……基山……青邱山……箕尾山。"用线索穿连起来，因为属于南方，故名《南山经》。把属于一方的："《南山经》……《南次二经》……《南次三经》"藏在一个器具内，故名为"藏"。把全部分的"南……西……北……东……中"各藏一个器具，总名曰"五藏"。

按中国以书名经，是以全部名经，与《山海经》以书中一部分名经不同。如以《山海经》例《诗经》，应为"《周南经》《召南经》《邶经》《鄘经》《卫经》……《小雅经》《大雅经》《周颂经》《鲁颂经》《商颂经》"，又以类分应为"《风》《雅》《颂》"三藏。

以《诗经》名称分类与印度的 Stura 与 Piteka 不符，与《山海经》的情形正同，是以《山海经》为印度的产品。

中国的书，名"册"，名"卷"，名"本"，古用竹简、木简写字，用绳将竹简捆在一处名"册"，册即象形字。用紬绢写字，把紬绢捲处，故名曰"卷"，卷即古捲字。用纸写字，把纸订在一处，故名曰"本"。以册卷例经藏，以经藏例册卷，均不相同。经藏在中国不能产生，是"五藏三经"的《山海经》不是中国的产品。

二、文法

（一）《山海经》的现象

（1）用副词短语例

《西次三经》："泰器之山，观水出焉，是多文鳐鱼，状如鲤鱼，鱼身而鸟翼，苍文白首而赤喙；常行西海游于东海，以夜飞。"《西次二经》："自钤山至莱山，其祠之毛，一雄鸡，钤而不糈，毛采。"

（2）用代名词例

《海外西经》："白民之国，有乘黄，其状如狐，其背上有两角。"

（3）用副词例

《海外西经》："并封，其状如彘，前后皆有首。"《海外西经》："此诸夭之野，鸾鸟自歌，凤鸟自舞。凤凰卵，民食之。甘露，民饮之，所欲自从也。"

（4）用形容短语例

《海外西经》："女子国在巫咸北，两女子居水周之，一曰居一门中。"

（5）用"自"字、"即"字特例

《海外南经》："结匈国，南山在其东南，'自此山来'，虫为蛇，虫号为鱼。"《海外西经》："龙鱼陵居在其北，状如狸，一曰鰕。即有神圣乘此以行九野。"

（6）用解释语例

（甲）《中次三经》："和山，吉神泰逢司之，泰逢神动天地气也。"

（乙）《中次四经》："厘举之山，洛水出焉，而东北流注于玄扈之水，其中多马肠之物，此二山者洛间也。"

（丙）《中次五经》："尸水合天也。"

《西山经》："华山冢也……输山神也。"

《中次五经》："首山䰠也。"

《中次九经》:"熊山席也。"

《中次十经》:"騩山帝也。"

(丁)《中次七经》:"少室之山,百草木成囷。……其中多䲢鱼,状如盩蜼而长距足白而对。"

(戊)《中次十二经》:"禹曰:'天下名山经,五千三百七十山,六万四千五十六里居地也。'"

(己)《海外西经》:"肃慎之国在白民北,有树名曰雄常,先入代帝于此取之。"

(7) 修词学

(甲) 释名文特例

a.《西山经》天帝山"有草焉,其状如葵,其臭如蘼芜,名曰杜衡"。

b.《南山经》招摇山"有木焉,其状如谷而黑理,其花四照。其名曰迷谷"。

c.《南山经》基山"有鸟焉,其状如鸡而三首、六目、六足、三翼,其名曰鹧鸼"。

d.《南山经》招摇山"有兽焉,其状如禺而白耳,伏行人走,其名曰狌狌"。

e.《南山经》祇山"有鱼焉,其状如牛,陵居蛇尾有翼,其羽在魼下,其音如留牛,其名曰鯥"。

(乙) 解释文叙次法特例

某某之山:

有木焉,其状如……其华……其名曰……

有草焉,其状如……其叶……其名曰……

有鸟焉,其状如……其音……其名曰……

有兽焉,其状如……其鸣……其名曰……

有鱼焉,其状如……其音……其名曰……

(二) 中国的现象

以与《山海经》类同的为举例:

(1) 用副词例

《吕氏春秋·本味》:"鱼之美者……藿水之鱼名曰鳐,其状若鲤而有翼,常从西海夜飞游于东海。"

(2) 省代名词例

《周书·王会》:"白民乘黄似狐,背上有两角。"

(3) 省形容词例

《周书·王会》:"鳖封者若甗,前后有首。"

(4) 用子句例

《楚辞·湘君》:"鸟次兮屋上,水周兮堂下。"

(5) 用副词子句例

《大荒西经》:"……沃之野,凤凰卵是食,甘露是饮,凡其所欲,其味尽存。"

(6) 修词学

释名文例:

《穆天子传》:"爰有○兽,食虎豹,如麋而载骨盘○始如麕,小头大鼻。"

《周书·王会》:"奇干善芳,善芳者头若雄鸡,佩之令人不眛。"

《庄子·逍遥游》:"有鱼焉,其广数千里,未有知其修者,其名为鲲。有鸟焉,其名曰鹏。"

《荀子·解蔽》:"空石之中有人焉,其名曰觙,其为人也善射。"

(三) 中国以外的现象

中国以外的现象,除有例可举外,兹先将《山海经》与中国的文法加以比较于左:

(1) 用副短语变为副词例

《山海经》:"常行西海游于东海以夜飞。"《吕氏春秋》:"常从西海夜飞游于东海。"

《吕氏春秋》此段是抄《山海经》的,以《山海经》的"以夜飞"副词短语在中国很特别,它改成"常从西海夜飞游于东海"副词,在中国就普通了。

(2) 用代名词变成省代名词例

《山海经》:"其背上有两角。"《周书》:"背上有两角。"

《周书》此段是抄《山海经》的,以《山海经》的"其背上"代名词在中国很特别,它改成"背上"省了代名词,在中国就很普通了。

(3) 用形容词变成省形容词例

《山海经》:"前后皆有首。"《周书》:"前后有首。"

《周书》此段是抄《山海经》的,以《山海经》的"皆"用的在中国很特别,它改的不用"皆"字,在中国就普通了。

(4) 用形容短语变成子句例

《山海经》:"两女子居水周之。"《楚词》:"水周兮堂下。"

《楚辞》与《山海经》是类似的,《楚词》的用子句较《山海经》用形容词短语明白得多!

(5) 用副词变成副词子句例

《山海经》:"所欲自从也。"《大荒西经》:"凡其所欲,其味尽存。"

《大荒西经》是解释《海外西经》的,以副词改成副词子句就明白得多!

(6) 修词学

(甲) 释名文例

中国名物常在句首,《山海经》名物放在句尾,这是中国与《山海经》显然不同,就是《庄子》也模仿《山海经》,但还模仿的不大像。《荀子》模仿的就有点像了。

印度《黎俱吠陀》十卷九十篇十二章《大人歌》"其嘴为婆罗门,其两臂为武士,其两腿为平民,从其两足生出奴隶",与《山海经》的"有鱼焉,其状如牛,陵居蛇尾有翼,其羽在鲐下,其音如留牛,其名曰鲑"每句用"其"字为代名词同。这种每句用同一字为代名词,在中国少有,《山海经》独创,《黎俱吠陀》相同,其中关系可想而知。

(乙) 解释文叙次法例

《大会经》:"东方提头赖咤天王,领乾沓惒神,有大威德,有九十一子,尽字因陀罗,皆有神力。南方毗楼勒天王,领诸龙王,有大威德,有九十一子,亦字因陀罗,有大神力,西方毗楼博叉天王,领诸鸠槃荼鬼,有大威德,有九十一子,亦字因陀罗,有大神力。北方天王名毗沙门,领诸悦叉鬼,有大威德,有九十一子,亦字因陀罗,有大神力。"

这种整齐叙次法为:

东方……天王,领……有……皆有……
南方……天王,领……有……皆有……
西方……天王,领……有……皆有……
北方……天王,领……有……皆有……

与《山海经》的:

有草焉,其状……其华……其名曰……
有木焉,其状……其叶……其名曰……
有鸟焉,其状……其音……其名曰……
有兽焉,其状……其鸣……其名曰……

正同。(汉人赋体多如此,唐韩愈曾仿佛经此类文体,开明清两代八股之端。)

（四）文法的由来

一个民族有一个民族的文法,一个时代有一个时代的文法。《山海经》是中国战国中年的产品,其文法应与中国战国中年所产出书的文法均同,但找到抄录《山海经》的书,其文法均变。此类文法,在前未有,在后又绝,中间突然产出,而又与印度类似,不为外来是甚么？其他如:

1. "动天地气也";
2. "洛间也";
3. "尸水合天也";
4. "而长距足白而对";
5. "百草木成囷";
6. "居地也";

7. "先入代帝于此取之"。

均似翻译的文字。是就文法上说,《山海经》不是中国的作品。

三、方言

（一）《山海经》的现象

《海内西经》："开明北有……圣木曼兑,一曰挺木牙交。"

《海内西经》："昆仑……上有木禾,长五寻,大五围。"

《海内西经》："开明北有……木禾。"

（二）中国的现象

"曼兑"郭璞注"未详"。

《穆天子传》："爰有答菫,西膜之所谓木禾。"

《穆天子传》："至于黑水,西膜之所谓鸿鹭。"

（三）印度的现象

郭璞注"圣木"说"食之令人智圣也",于"曼兑"说"未详",是将"圣木曼兑"四字分开解。按"圣木曼兑一曰挺木牙交",是"圣木曼兑"即"挺木牙交","圣木曼兑"四字为一事。又按上文为"甘水",是"圣木"为一物,"曼兑"是"圣木"的名,这个名词郭璞说"未详"是在中国找不到。

印度名天花（即佛座的莲花,为神物）为 Mandara（曼多罗）,是"圣木曼兑"即"天花曼多罗"。（按 Dara 急读则与"兑"音近。）

《穆天子传》的答菫,西膜叫为木禾,答菫是甚么?《说文》"答小尗",即小豆。印度名小豆为 Masurah（马苏惹）。古音"木""马"同,Surah 急读则与"禾"音近。

《穆天子传》的黑水,西膜叫做鸿鹭,印度名黑为 Kala（哈喇）,与鸿鹭音近。

（四）方言的由来

中国在战国时方言甚多,著书的人也常用本地方言,但多系一音之转,没有像《山海经》这样特别。若"木禾"《穆天子传》有明文说是西膜人的名词,《穆天子传》于昆仑山东行的是"稽首"礼,昆仑山以西行的是"膜拜"礼,这两处显然不是一个民族,方言当有很大的区别,不应于中国人作的《山海经》中用西膜人的名词。西膜在昆仑山以西与印度地域接近,以"木禾""曼兑""鸿鹭"之音与印度音对,是知《山海经》系印度人的作品。

四、歧异的记载

(一)《山海经》的现象

1. 音

(1)《南山经》"杻阳之山……宪翼之水,其中多玄龟,其状如龟而鸟首虺尾,其名曰旋龟";

(2)《海外东经》"五亿十选九千八百步……一曰五亿十万九千八百步";

(3)《海外南经》"讙头国……或曰讙朱国";

(4)《海外南经》"三苗国……一曰三毛国";

(5)《海外南经》"贯匈国……一曰在穿匈国东";

(6)《海外南经》"周饶国……一曰焦侥国";

(7)《海外西经》"大乐之野……一曰大遗之野";

(8)《海外北经》"柔利国……一云留利之国";

(9)《海外北经》"拘缨之国……一曰利缨之国";

(10)《海外东经》"䃌丘……一曰嗟丘";

(11)《海外东经》"奢比之尸……一曰肝榆之尸";

(12)《海外东经》"劳民国……或曰教民";

(13)《海内西经》"圣木曼兑,一曰挺木牙交"。

2. 事

(1)《海外南经》"结匈国……南山在其东南,一曰南山在结匈东南";

(2)《海外南经》"比翼鸟在其东……一曰在南山东";

(3)《海外南经》"羽民国在其东南,其为人长头身生羽;一曰在比翼鸟东南,其为人长颊";

(4)《海外南经》"毕方鸟在其东……一曰在二八神东";

(5)《海外南经》"讙头国在其南……一曰在毕方东";

(6)《海外南经》"厌火国在其国南……一曰在讙朱东";

(7)《海外南经》"三珠树其为树如柏……一曰其为树若彗";

(8)《海外南经》"䯂国在其东……一曰䯂国在三毛东";

(9)《海外南经》"贯匈国在其东……一曰在䯂国东";

(10)《海外南经》"交胫国在其东……一曰在穿匈东";

(11)《海外南经》"不死民在其东……一曰在穿匈国东";

(12)《海外南经》"昆仑墟在其东墟四方;一曰在岐舌东,为墟四方";

(13)《海外南经》"凿齿持盾,一曰戈";

(14)《海外南经》"三首国在其东……一曰在凿齿东";

(15)《海外南经》"周饶国在其东……一曰焦侥国在三首东";

(16)《海外南经》"长臂国在其东,捕鱼水中……一曰在焦侥东,捕鱼海中";

(17)《海外南经》"狄山……一曰汤山";

(18)《海外南经》"爰有熊、罴、文虎、蜼、豹、离朱、视肉、吁咽……一曰爰有熊、罴、文虎、蜼、豹、离朱、鸱久、视肉、虖交";

(19)《海外西经》"鸾鸟、鹴鸟,其色青黄……一曰维鸟,青鸟、黄鸟所集";

(20)《海外西经》"两女子居,水周之,一曰居一门中";

(21)《海外西经》"龙鱼陵居,在其北,状如狸……一曰鳖鱼在夭野北,其为鱼也,如鲤";

(22)《海外西经》"状如狸,一曰鰕";

(23)《海外西经》"长股之国……一曰长脚";

(24)《海外北经》"一目国……一曰有手足";

(25)《海外北经》"柔利国……曲足居上……一云……人足反折";

(26)《海外北经》"博父国……邓林在其东,二树木;一曰博父。禹所积石之山在其东,河水所入";

(27)《海外北经》"跂踵国……两足亦大,一曰大踵";

(28)《海外东经》"甘果所生。在东海……一曰百果所生,在尧葬东";

(29)《海外东经》"大人国在其北……一曰在嗟丘北";

(30)《海外东经》"奢比之尸在其北……一曰肝榆之尸在大人北";

(31)《海外东经》"君子国在其北……一曰在肝榆之尸北";

(32)《海外东经》"䖵䖵在其北……一曰在君子国北";

(33)《海外东经》"青丘国在其北……一曰在朝阳北";

(34)《海外东经》"帝命竖亥……一曰禹令竖亥";

(35)《海外东经》"黑齿国在其北……一曰在竖亥北";

(36)《海外东经》"雨师妾在其北……一曰在十日北";

(37)《海外东经》"其为人黑,两手各操一蛇……一曰……为人黑身人面,各操一龟";

(38)《海外东经》"玄股国在其北……一曰在雨师妾北";

(39)《海外东经》"毛民之国在其北……一曰在玄股北";

(40)《海外东经》"其为人黑……一曰……为人面目手足尽黑"。

(二) 中国的现象

1. 音

《春秋》异音表

左传	敬嬴	邾	裂繻	时来	曲池	皋鼬	柏举	訾娄
公羊	顷熊	邾娄	履繻	祁黎	欧蛇	浩油	伯莒	丛
谷梁	顷熊	邾	履綸	时来	曲池	皋鼬	伯举	訾楼
异音数	2	25	1	1	1	1	1	1

上系《古史研究(第一集)·《春秋》同音表二》。

2. 事

(甲) 时间

《韩非子·外储说右上》:(1)"太公望东封于齐,齐东海上有居士曰狂矞华士……"一曰：太公望东封于齐，海上有贤者狂矞……（2）"申子曰：'上明见，人备之；其明不见，人惑之……'"一曰：申子曰："慎而言也，人且知女；慎而行也，人且随女……"（3）"田子方问于唐易鞠曰：'弋者何慎？'……"一曰：齐宣王问弋于唐易子曰"弋者奚贵？"（4）"宋人有酤酒者……故桓公问管仲曰：'治国最奚患？'"一曰：宋之酤酒者有庄氏者……一曰：桓公问管仲曰"治国何患"……

（乙）空间

《北史》：《西域传》《突厥传》：（1）"高昌……地势高敞，人庶昌盛，因名高昌……"亦云：其地有汉时高昌垒，故以为国号。（2）"突厥者，其先居西海之右，独为部落，盖匈奴之别种也……"或云：突厥本平凉杂胡，姓阿史那氏……又曰：突厥之先出于索国，在匈奴之北。……

（丙）意见

《汉书·五行志》："《春秋》成公十六年正月，雨木冰：刘歆以为上阳施不通下，下阴施不上达，故雨……刘向以为冰者阴之盛，而水滞者也……一曰时晋执季孙行父，又执公，此执辱之异，或曰今之长老名木冰为木介。介者，甲。甲，兵象也……釐公二十年五月己西西宫灾：《谷梁》以为愍公宫也……刘向以为釐立妾母为夫人……董仲舒以为釐娶于楚……《左氏》以为西宫者公宫也。成公三年二月甲子新宫灾：《谷梁》以为宣宫，不言谥，恭也，刘向以为时鲁三桓子孙始执国政……一曰三家亲而亡礼……一曰宣杀君而立……"，"是以揽仲舒，别向、歆，传载眭孟、夏侯胜、京房、谷永、李寻之徒，所陈行事，讫于王莽，举十二世，以传《春秋》，著于篇"。班固以董仲舒、刘向、刘歆在当时学说最有力举其名，余如眭孟等的意见则作一曰。

（三）中国以外的现象

中国以外的现象，在这里很难说，但将《山海经》的现象与中国的现象加以比较，如果《山海经》与中国同，《山海经》就是中国人的作品；若《山海经》不与中国同或与中国人记外国（空间）同，《山海经》就不是中国人的作品。兹比较于后：

1. 音

中国的地名和人名,常有甲书记为此字,乙书记为彼字,这是甲书的作者和乙书的作者不是同一地方人,各用各地方言所写的原因。如《春秋》上的地名人名,《左传》上记为甲,《公羊传》记为乙,《谷梁传》记为丙,这是《左传》用山西方言,《公羊》用山东方言,《谷梁》用河北方言,三书的作者不是同一地方人,故三书上记的字不同,若在同一书上,甲处记为此字,乙处记为彼字,这书就不是一个人的作品。但在同一条下如"三苗国,一曰三毛国",这当有它的原因。

2. 事

(甲)时间

有一件事,时间久了,无书可证,只有传说,甲的传说为此,乙的传说为彼,故后人两存其说,如《韩非子》是。

(乙)空间

当时的一件事,但距离著者很远,甲传来说为此,乙传来说为彼,著者不能亲去调查,只好两存其说,如《北史》是。《山海经》所记歧异的事,有许多等于零,如说"结匈国,南山在其东南,一曰南山在结匈东南";按上文有"结匈国",则"南山在其东南"的"其"字是"结匈国"的代名词;把这个代名词换成本文,就成了"南山在结匈国东南";是"南山在其东南","南山在结匈国东南"是相等的;《山海经》上文既为"结匈国南山在其东南",何必再有下文"一曰南山在结匈东南"呢?这个等于零的说法,当有它的原因在。

(四)歧异记载的由来

歧异记载的由来,是由于外国人初到中国,将中国的语言文字没有深究所致。就字音的方面说,如周饶＝蕉侥、三苗＝三毛、十选＝十万。《国语》《说文》为焦侥,不为周饶,但《国语》《说文》在《山海经》后,或者可说《国语》《说文》是采取《山海经》第二音的。若三苗在《山海经》前的《左传》,《山海经》后的《国策》,均没有叫做"三毛"的。尤其是"十万"为数目字,在中国不论甚么地方人都用,与周饶、三毛为一国名的译音不同,何以将"十选"作成"一曰十万"呢？这当是外国人到了中国,听的甲地人读"万"音为"选",他就记了个"十选",但有人说是"十万",故他又记为"一曰十万"。按中国的"万"字,《龟甲兽骨》第二卷第二叶作❂仲敦作❂均象蝎形,以蝎一次生子甚多,取多数为万义;若"选"则与数量不相干,当不能假借。又按《叔向敦》万字作❂止,与象文选字作❂形近,当是外人不识中国字而误。

事的记载方面,是外国人到中国,中国对他说"结匈国……南山在其东南",又有一个人因为他们把"其"字代名词懂不清,故对他们说"南山在结匈东南",他就记了两人的说法,为"结匈国……南山在其东南……一曰南山在结匈东南",不知这种记载等于零了。是就歧异的记载,《山海经》不是中国人作的。或者是幼稚的重复的文法。

五、神的能力太大

（一）《山海经》的现象

(1) 九首食于九山的神　《海外北经》:"共工之臣曰相柳氏,九首以食于九山,相柳之所抵,厥为泽豀,禹杀相柳,其血腥不可以树五谷种,禹厥之,三仞三沮,乃以为众帝之台,在昆仑北,柔利之东,相柳者,九首人面蛇身而青,不敢北射,畏共工之台,台在其东,台四方,隅有一蛇,虎色,首冲南方。"

(2) 河渭不足饮的神　《海外北经》:"夸父与日逐走,入日,渴欲得饮,饮于河渭,河渭不足,北饮大泽。未至,道渴而死。弃其杖,化为邓林。"

(3) 创造宇宙的神　《海外北经》:"钟山之神,名曰烛阴,视为昼,瞑为夜。吹为冬,呼为夏。息为风,不饮,不食,不息,身长千里,在无晵之东,其为物:人面、蛇身、赤色,居钟山下。"按《御览》九百三十九引作"钟山之神,名曰烛龙,身长三千里"。

（二）中国的现象

(1)《山海经》以前的现象　中国最古的神话,是很幼稚的,把禽兽看作神物。后来神话逐渐发达了,把神就看做人格化,神的权能智慧,虽超越凡人，可是神的性情品格思想等，却与凡人无甚差别。兹分言于左：

(a) 动物也为神　《诗·商颂·玄鸟》："天命玄鸟，降而生商。"《诗·大雅·生民》："诞寘之隘巷，牛羊腓字之；诞寘之平林，会伐平林；诞寘之寒冰，鸟覆翼之，鸟乃去矣，后稷呱矣。"《左传》宣四年："鬬伯比淫于邧子之女，生子文焉，邧夫人使弃诸梦中，虎乳之，邧子田，见之惧，而归以告，遂使收之。"

(b) 神原为一家后失和争斗　《左传》昭元年："昔高辛氏有二子，伯曰阏伯，季曰实沈，居于旷林，不相能也，日寻干戈，以相争讨，后帝不臧，迁阏伯于商丘，主辰，商人是因，故辰为商星。迁实沈于大夏，主参，唐人是因，以服事夏商。"

(c) 有的保护人民　《左传》昭元年："昔金天氏有裔子曰昧，为玄冥师，生允格台骀，台骀能业其官，宣汾洮，障大泽，以处大原，帝用嘉之，封诸汾川，沈、姒、蓐、黄，实守其祀，今晋主汾，而灭之矣，由是观之，则台骀汾神也。"

(d) 有的也为人害　《左传》昭四年："穆子……梦天压己，弗胜，顾而见之，黑而上偻，深目而豭喙，号之曰'牛，助余！'乃胜之。见而召其徒，无之。……所宿庚宗之妇人子，召而见之，则所梦也，未问其名，号之曰：'牛！'曰：'唯。'……初穆子之生也，庄叔以《周易》筮之……'以谗人入，其名曰牛，卒以馁死。'"

《国语》惠王十五年"有神降于莘，王问于内史过曰：'是何故？固有之乎？'对曰：'有之，国之将兴，其君齐明衷正精洁惠和，其德足以昭其馨香，其惠足以同其民人，神享而民听，民神无怨，故明神降之，观其政德，而均布福焉；国之将亡，其君贪冒辟邪，淫佚荒怠，粗秽暴虐，其政腥臊，馨香不登，其刑矫诬，百姓携贰；明神弗蠲，而民有远志，民神怨痛，无所依怀，故神亦往焉，观其苛慝，而降之祸。是以或见神以兴，亦或以亡。昔夏之兴也，融降于崇山，其亡也回禄信于聆隧；商之兴也，梼杌次于丕山，其亡也，夷羊在牧；周之兴也，鸑鷟鸣于岐山，其衰也杜伯射王于鄗。是皆明神之志者也。"王曰："今是何神也？"对曰："昔昭王娶于房曰房后，实有爽德,协于丹朱,丹朱冯身以仪之,生穆王焉。实临照周之子孙而祸福之。夫神壹不远徙迁焉,若由是观之,其丹朱乎?'"

(e) 有时要求人民享他 《左传》成五年"婴梦天使谓己:'祭余,余福女。'"《左传》昭七年"郑子产聘于晋,晋侯有疾,韩宣子逆客,私焉,曰:'寡君寝疾,于今三月矣,并走群望,有加而无瘳,今梦黄熊入于寝门,其何厉鬼?'对曰:'以君之明,子为大政,其何厉之有!昔尧殛鲧于羽山,其神化为黄熊,以入于羽渊,实为夏郊,三代祀之,晋为盟主,其或者未之祀也乎? 韩子祀夏郊,晋侯有间。'"

(f) 有时夺他神的享受用 《左传》僖三十一年"卫成公梦康叔曰:'相夺予享'公命祀相!宁武子不可曰:'鬼神非其族类,不歆其祀。杞鄫何事? 相之不享,于此久矣!非卫之罪也。'"

(g) 领袖人物是神赐的 《左传》昭元年"武王邑姜,方震太叔,梦帝谓己:'余命而子曰虞将与之唐,属诸参,而蕃育其子孙。'及生有文在其手曰'虞'。遂以命之。及成王灭唐,而封太叔焉。"《左传》宣三年"郑文公有贱妾,曰燕姞,梦天使与己兰曰:'余为伯倏,余而祖也,以是为而子,以兰有国香,人服媚之如是。'既而文公见之,与之兰而御之,辞曰:'妾不才,幸而有子,将不信,敢征兰乎?'公曰:'诺。'生穆公名之曰兰……穆公有疾,曰:'兰死,吾其死乎? 吾所以生也!'刈兰而卒。"《左传》昭七年"卫襄公之夫人姜氏无子,嬖人婤姶生孟絷,孔成子梦康叔谓己立元,余使羁之,孙圉与史苟相之。史朝亦梦康叔谓己,'余将命而子苟,与孔烝鉏之曾孙圉相元'。史朝见成子,告之梦,梦协。晋韩宣子为政,聘于诸侯之岁,婤姶生子,名之曰元。……故孔成子立灵公。"

(h) 领袖人物死了也能成神 《诗·大雅·文王》"文王陟降,在帝左右。"《左传》昭七年"王使成简公如卫吊,且追命襄公曰:'叔父陟恪在我先王之左右,以佐事上帝。'"《左传》成十年"小臣有晨梦,负公以登天,及日中,负晋侯出诸厕,遂以为殉。"

(i) 领袖人物死了还可以指导他们的子孙 《左传》昭七年"公将往,梦襄公祖,梓慎曰:'君不果行,襄公之适楚也,梦周公祖而行,今襄公实祖,君其不行。'子服惠伯曰:'行! 先君未尝适楚,故周公祖以道之;襄公适楚矣,而祖以道君,不行何之?'"《左传》昭七年"晋荀吴帅师涉自棘津……遂灭陆浑……宣子梦文公携荀吴而授之陆浑,故使穆子帅师,献俘于文宫。"

(j)生前为人所害死后亦可请于神以复其仇 《左传》僖十年"晋侯改葬共太子,秋,狐突适下国,遇太子,太子使登仆而告之曰:'夷吾无礼,余得请于帝矣,将以晋畀秦,秦将祀余。'对曰:'臣闻之,神不歆非类,民不祀非族。君祀无乃殄乎? 且民何罪,失刑乏祀,君其图之!'君曰:'诺,吾将复请,七日新城西偏,将有巫者,而见我焉。'许之,遂不见。及期而往,告之曰:'帝许我罚有罪矣,敝于韩。'"

《左传》成十年"晋侯梦大厉,被发及地,搏膺而踊曰:'杀余孙不义,余得请于帝矣。'坏大门及寝门而入。公惧,入于室,又坏户。公觉,召桑田巫,巫言如梦,公曰:'何如?'曰:'不食新矣。'公疾病,求医于秦。秦伯使医缓为之。未至,公梦疾为二竖子,曰:'彼良医也,惧伤我,焉逃之?'其一曰:'居肓之上,膏之下,若我何?'医至,曰:'疾不可为也! 在肓之上,膏之下,攻之不可,达之不及,药不至焉,不可为也。'"

(k)自己的神比他人的神尊贵 神话的形成,是有背景的,当春秋时,周为共主,诸侯各据一方,故其神除天帝(共主)外,各祀其国山川之神,不能混合。且自尊其神,视他国的神卑于己国的神。《左传》僖十年"晋侯改葬共太子,秋,狐突适下国,遇太子,太子使登仆而告之曰:'夷吾无礼,余得请于帝矣,将以晋畀秦,秦将祀余。'对曰:'臣闻之,神不歆非类,民不祀非族。君祀无乃殄乎? 且民何罪,失刑乏祀,君其图之!'君曰:'诺,吾将复请。……'"《左传》僖三十一年"卫成公梦康叔曰:'相夺予享。'公命祀相! 宁武子不可,曰:'鬼神非其族类,不歆其祀。杞鄫何事? 相之不享,于此久矣! 非卫之罪也,不可以间成王、周公之命祀! 请改祀命。'"《左传》成十六年"鄢陵之役,吕锜梦射月,中之,退入于泥。占之,曰:'姬姓,日也;异姓,月也;必楚王也。射而中之,退入于泥,亦必死矣。'及战,射共王,中目,王召养由基,与之两矢,使射吕锜,中项,伏弢。"

(l) 令他人祀自己的神　《左传》僖二十六年"夔子不祀祝融与鬻熊，楚人让之，对曰：'我先王熊挚有疾，鬼神弗赦，而自窜于夔，吾是以失楚，又何祀焉？'秋，楚成得臣、鬭宜申帅师灭夔。"《左传》昭二十九年"后土为社。稷，田正也，有烈山氏之子曰柱为稷，自夏以上，祀之；周弃亦为稷，自商以来，祀之。"

其时大侵小强并弱甲国战胜乙国，使乙国祀甲国的神，若是甲国灭了乙国，乙国的神就亡了享祀，同时甲国在乙国就把甲国的神祭祀起来了。

(m) 神藉巫以行事　《左传》成十年"晋侯梦大厉，被发及地，搏膺而踊曰：'杀余孙不义。余得请于帝矣。'坏大门及寝门而入，公惧，入于室，又坏户。公觉，召桑田巫，巫言如梦。"《左传》襄十八年"中行献子将伐齐，梦与厉公讼，弗胜，公以戈击之，首队于前，跪而戴之，奉之以走，见梗阳之巫皋。他日见诸道，与之言同。"《楚语》"古者神民不杂，民之精爽不携贰者，而又能齐肃衷正，其知能上下比义，其圣能光远宣朗，其明能光照之，其聪能听彻之，如是，则明神降之，在男曰觋，在女曰巫。"

(n) 其时人对于神的观念　《左传》桓六年"随公曰：'吾牲牷肥腯，粢盛丰备，何则不信？'季梁对曰：'夫民，神之主也，是以圣王先成民，而后致力于神。'故奉牲以告曰：'博硕肥腯。'谓民力之普存也，谓其畜之硕大蕃滋也，谓其不疾瘯蠡也，谓其备腯咸有也；奉盛以告曰：'洁粢丰盛。'谓其三时不害，而民和年丰也；奉酒醴以告曰：'嘉栗旨酒。'谓其上下皆有嘉德，而无违心也；所谓'馨香'，无谗慝也。故务其三时，修其五教，亲其九族，以致其禋祀，于是乎民和而神降之福，动则有成。"《左传》庄十年"齐师伐我，公将战，曹刿请见……公曰：'牺牲玉帛，弗敢加也，必以信。'对曰：'小信未孚，神弗福也。'"《左传》僖五年"晋侯复假道于虞以伐虢，宫之奇谏……公曰：'吾享祀丰洁，神必据我。'对曰：'臣闻之鬼神非人实亲，惟德是依。'故《周书》曰：'皇天无亲，惟德是辅。'又曰：'黍稷非馨，明德惟馨。'又曰：'民不易物，惟德馨物。'如是，则非德民不和，神不享矣！神所冯依，将在德知！若晋取虞，而明德以荐馨香，神其吐之乎？"《左传》

襄十一年"诸侯盟于亳,载书曰:'凡我同盟……或间兹命,司慎司盟,名山名川,群神群祀,先王先公,七姓十二国之祖,明神殛之,俾失其民,队命亡氏,踣其国家。'"

世界各地民族均有神话,中国是世界之一部,当不能有此例外,不过中国最古民族,居于天恩少惠的黄河流域,迫于实际生活的经营,奖励厚生;排斥玄想,孔子的"不语怪力乱神"为其代表。就是古代已有的神话,到了春秋战国时,因排斥玄想,是以把神话的原义也失掉了。例如《楚语》《周书》所谓重黎实使天地不通者何也？若无然,民将能登天乎？"这是古代天地开辟的神话(初民看见天空远处四周均似天地连接,在他自己看的地方看见天地是离开的,故推想他自己这里天地离开,当是有神或人把它分开的),把神话原义失掉,以学理解释解的不通了。

(2)《山海经》以后的现象　神话是越放越大的,中国的神话本来是质朴的,自《山海经》说的夸大以后,在《山海经》以后的书,说起神话来愈见其夸大了。

(a) 索魂长千仞的神　《招魂》"魂兮归来,东方不可以托些,长人千仞,惟魂是索些。"《招魂》上的长人千仞,索人的魂,其神话较《山海经》"大人国……为大人,坐而削船"已大了。

(b) 触折天柱的神　《淮南子》:"昔者共工与颛顼争为帝,怒而触不周之山,天柱折(天有柱,是受埃及神话的影响),地维绝,天倾西北,故日月星辰移焉,地不满东南,故水潦尘埃归焉。"《淮南子》上的共工氏,已可把天柱触折,比"坐而削船""长千仞"更大了。

(c) 创造宇宙的神　《五运历年记》:"首生盘古,垂死化身,气成风云,声为雷霆,左眼为日,右眼为月,四肢五体为四极五岳,血液为江河,筋脉为地里,肌肉为田土;发髭为星辰,皮毛为草木,齿骨为金石;精髓为珠玉,汗流为雨泽,身之诸虫,因风所感化为黎甿。"《述异记》:"盘古氏天地万物之祖也,张则生物始于盘古,昔盘古氏之死也,头为四岳,目为日月,脂膏为江海,毛发为草木。秦汉间俗说,盘古氏头为东岳,腹为中岳,左臂为南岳,右臂为北岳,足为西岳。先儒说泣为江河,气为风,声为雷,目瞳为电。古说喜为晴,怒为阴。吴楚间说盘古氏夫妻,阴阳之始也。今南海有盘古氏墓,亘三百余里,俗云:后人追葬盘古之魂也。"《五运历年记》《述异记》的盘古氏,已成了宇宙了。

中国在《山海经》以前的神,是人格化神,神比人的权能略微大点,到了《山海经》以后,神的权能,突张大起来了,其权能的大,在常人不可思议的!

(三)中国以外的现象

(1)埃及

埃及的日神喇(Re)因世人触怒,降洪水毁灭世界(Khnuni),拿泥土陶轮,再造人类。又一说他(Ptah or Pthah)为始神人,相传人类从他的眼睛中生出来,神从他口中生出来。

(2)巴比仑

巴比仑神话说大海中有狮身龙首的女怪物提亚华斯(Tianath)被马杜克(Marduk)所杀,将其遗体,分为两半,以一半造成天上诸神的房屋,以一半造成地。马杜克又创造日月星辰,发光普照天地。以芦苇一束致水面,旁放以土,草木始生。又得女神阿卢卢(Aruru)的帮助,将动物田园住宅城市造成。他自己又割破头,以血和土捏造有理性、有智慧的人类。

(3)印度

《梨俱吠陀》卷十篇九十章十二说天地开辟,从一个大人出来的,其歌为"其嘴为婆罗门,其两臂为武士,其两腿作为平民,从其两足生出奴隶"。十三"自其心生日,自其目生日月,自其口生因陀罗及阿者尼,自其气上伐由(风神)"。十四"自其脐生空气,自其头天乃转变,自其二足生地,自其耳生四方,如是他们(神)造成此世界"。

(4)斯干的那维亚

斯干的那维亚神话说,大神奥典(Odin)父子四人,把伊密耳(Ymir)所领的巨人族杀了,以其身体造地,以其血液造海洋,以其骨造山岳,以其发造树木,以其头颅造天,以其脑浆造天上的云等,于是始有天地万物。又拿槐树造一男人,赤杨造一女人,给他们生命灵魂理性言语等,始有人类。

就泥土造人一事,中国的《风俗通》"俗说天地未开辟,未有人民,女娲搏黄土为人,剧务力不暇供,乃引绳絚泥中,举以为人,故富贵贤知者,黄土人也,贫贱凡庸者,引绳人也",与埃及巴比仑同。

按上创造宇宙的神话,中国、埃及、巴比仑、印度、斯干的那维亚均类似。

(四)《山海经》神能力太大的由来

创造宇宙的神话,中国、埃及、巴比仑、印度、斯干的那维亚均类似,神话类似的原因,分独立起源及传播两种说法,中国、埃及、巴比仑、印度、斯干的那维亚神话的类似,是各自独立偶然类似?是传播所得是以类似?

按创造宇宙神话,埃及说是人类从他眼睛中生,神从他口中生,关于天地日月草木等,没有说出从甚么地方来,不够一个创造宇宙的神话。巴比仑说是马杜克把提亚华斯的身体造了天地,其余的日月草木田园住宅城市是另造的,与印度、斯干的那维亚及中国《山海经》所说不同,不能放在一起讨论。印度、斯干的那维亚和中国《山海经》所说的同。印度的这神话是西元前八百年已有,斯干的那维亚神话是西历第九世纪始写成的,西域诸国与印度早有交通,有被匈奴逼往西北利亚去的,将听到印度的这神话传播到北欧洲去,是以印度、斯干的那维亚所同。

中国人以中国为天下(登泰山而小天下),以中国以外为夷狄等国,因为文化不及中国,故多不注意,又以中国处于温带,生计艰难,多求实利,不务空谈,故中国人没有宇宙观。有人谈起宇宙创造的问题,他说:"遂古之初,谁传道之?上下未形,何由考之?"《山海经》上说了"视为昼,瞑为夜,吹为冬,呼为夏,息为风",宇宙的一部分,他就问"日安不到?烛龙何照?"

创造人类的神话,也是创造宇宙的一部分,其神话大别分为两类,一为泥土制造,一为由巨人身体分来。用泥土制造,埃及、希腊、巴比仑及中国的《风俗通》所说同,埃及、希腊、巴比仑因为地域相距不远,故可传播,中国去此三国虽远,但《风俗通》是东汉末年的产品,东汉末年中国与埃及、希腊、巴比仑已有直接或间接的交通了,故亦有传播的可能。

中国人没有宇宙观,是以《山海经》初说宇宙的创造,中国就有人反对,但时间久听得惯,就以为然了。故《五运历年记》《述异记》说的比《山海经》又加了一部分，《风俗通》又说人类的创造（人类的创造中国古代人以为是神鸟生的"天命玄鸟，降而生商"），是以也没人反对。

中国人对于神的观念，以为神的权能比人大一点，是以神对人只能降祸福，但聪明的人还不相信，是以说"祸福无不自己求之者"，绝没有把神的能力看做如钟山神烛龙那么大的。《山海经》的神力太大，在中国现象没有，是以《山海经》不是中国人的作品。

六、形状太奇怪

（一）《山海经》的现象

（1）神

形象	灵异	神名	所在山	所见经
鸟身龙首			自招摇山至箕山凡十山	《南山经》
龙身鸟首			自拒山至漆吴山凡十七山	《南次二经》
龙身人面			自天父山至南禺山凡十四山	《南次三经》
人面马身			自钤山至莱山凡十七山	《西次二经》
人面牛身四足一臂	飞兽神		同上	同上
马身人面虎文鸟翼		英招	槐江山	《西经三》
牛状八足二首马尾	天神		同上	同上
虎身九尾人面虎爪			昆仑山	同上
人状豹尾		长乘	嬴母山	同上
人状豹尾虎齿		西王母	玉山	同上
羊身人面			自崇吾山至翼望山凡二十三山	同上
人面兽身一足一手			刚山	《西次四经》
人面蛇身			自单孤山至提山凡二十五山	《北山经》
蛇身人面			自管涔山至敦题山凡十七山	《北次二经》
马身人面			自太行山至无逢山凡四十六山	《北次三经》
彘身彘玉			同上	同上

续表

形象	灵异	神名	所在山	所见经
彘身八足蛇尾			同上	同上
人身龙首			自樕䍃山至竹山凡十二山	《东山经》
兽身人面			自空桑山至䃌山凡十七山	《东次二经》
人身羊角			自尸胡山至无皋山凡九山	《东次三经》
人面鸟身			自辉诸山至蔓渠山凡九山	《中次二经》
人面豹尾小腰白齿		武罗	青要山	《中次三经》
人状虎尾	出入有光	泰逢	和山	同上
人面兽身			自鹿蹄山至元扈山凡九山	《中次四经》
豕身人面			自休与山至大騩山凡十九山	《中次七经》
人面三首			同上	同上
人面羊角虎爪	出入有光	蠱围	骄山	《中次八经》
人身龙首	出入有风雨	计蒙	光山	同上
人身方面三足		涉蠱	岐山	同上
鸟身人面			自景山至琴鼓山凡二十三山	同上
马身龙首			自女几山至贾超山凡十六山	《中次九经》
龙身人面			自首山至丙山凡九山	《中次十经》
豕身人面			自翼望山至几山凡四十八山	《中次十一经》
鸟身龙首			自篇遇山至荣余山凡十五山	《中次十二经》
兽身人面		祝融	南山	《海外南经》
人面蛇身		烛阴	钟山	《海外北经》
八首人面八足八尾	水伯	天吴	朝阳之谷	《海外东经》
鸟身人面		勾芒	东方	同上

上表所列神的形象,为龙、鸟、豕、马、蛇、羊、兽、虎、豹、牛、彘十一类混合而成。其中关于人的为三〇七,龙九四,鸟六七,豕六七,马五一,蛇四四,羊三三,兽二八,虎五,豹三,牛二,彘二,不是完全人形的神为三七

五,是人形的神为七九。《山海经》中的神共为四五四,人形神与非人形神约一与四之比。

(2) 人

形象	所在国	所见经
结匈	结匈国	《海外南经》
长头身生羽	羽民国	
人面有翼鸟喙	讙头国	
兽身黑色生火出其口中	厌火国	
匈有窍	贯匈国	
交胫	交胫国	
黑色寿不死	不死民	
一身三首	三首国	
短小冠带	周饶国	同上
一首而三身	三身国	《海外西经》
一臂一目一鼻孔	一臂国	
一臂三目	奇肱国	
人面蛇身尾交首上	轩辕国	
白身被发	白民国	同上
无䏬	无䏬国	《海外北经》
一目中其面而居	一目国	
一手一足反膝曲足居上	柔利国	
一手一目	深目国	
长而无肠	无肠国	
两手聂其耳	聂耳国	
人大两足亦大	跂踵国	同上
人大坐而削舡	大人国	《海外东经》
兽身人面大耳	奢比尸	
身生毛	毛民国	
人黑	黑齿国	
面目手足尽黑	劳民国	同上

《海外经》所列的国为:1.结匈国,2.羽民国,3.谨头国,4.厌火国,5.三苗国,6.𢧕国,7.贯匈国,8.交胫国,9.岐舌国,10.三首国,11.周饶国,12.长臂国,13.三身国,14.一臂国,15.奇肱之国(奇肱国人三目与印度摩醯首罗面有三目同),(16)丈夫国,17.巫咸国,18.女子国,19.轩辕之国,20.白民之国,21.肃慎之国,22.长股之国,23.无𦙶之国,24.一目国,25.柔利国,26.深目国,27.无肠之国,28.聂耳之国,29.博父国,30.拘缨之国,31.跂踵国,32.大人国,33.君子国,34.青丘国,35.黑齿国,36.玄股之国,37.毛民之国,38.劳民国。除不死民、奢比尸无明文"国"字作地方计算外,共三十八国,上表所列为二十六国,除白民、毛民、黑齿、劳民四国不大奇怪外,余为二十国。但岐舌、长臂、女子、长股等国,虽无奇怪的字样,但一睹其国名,即知其为奇异的种族之国。是奇怪人比不奇怪人占三分之二。而且既名为国,当是全国人如此,若其国有一人,当不能冠此名称,而全国人均如此奇怪,可算是形状太怪了。

(3) 鸟兽虫鱼

a. 鸟

形状	名称	产地
三首六目六足三翼	鹝鸺	基山
白首三足人面	瞿如	祷过山
人面四目而有耳	颙	令丘山
如枭一足	橐𩿨	𦌣次山
如鹊四首四足	鵸	翠山
如枭一翼一目相得乃飞	蛮蛮	崇吾山
如鹤一足人面	毕方	章莪山(羽民国东)
一首三身	鸱	三危山
三首六尾而善哭	鸱鵌	翼望山
如雉以其髯飞	当扈	上申山

(续表)

形状	名称	产地
四翼一目犬尾	嚣	梁渠山
如鹊白身亦尾六足	鹕	太行山
四翼六目三足	酸与	景山
一足彘尾	跂踵	复州山

b. 兽

形状	名称	产地
九尾四耳其目在背	猼訑	基山
如狐九尾	狐	青丘山
如羊无口	䍶	洵山
如赤豹五尾一角	狰	章莪山
如狸一目三尾	讙	翼望山
马身而鸟翼人面蛇尾	孰湖	崦嵫山
如鼠菟首麋身以其尾飞	耳鼠	丹熏山
长尾人首而牛耳一目行则衔其尾	诸犍	单张山
羊身人面其目在腋下虎齿人爪	狍鸮	钩吾山
如兔面鼠首以其背飞	飞鼠	天池山
如羊一角一目目在耳后	辣辣	泰戏山
如牛三足	獂	乾山
如犬六足	从从	枸状山
如狐而鱼翼	朱獳	耿山
如狐而有翼	獙獙	姑逢山
如狐而九尾九首虎爪	蠪姪	凫丽山
前后皆有首	并封	巫咸东
如狐背上有角	乘黄	白民国
四足九尾	狐	青丘国

c. 鱼

形状	名称	产地
如鸡赤毛三尾六足四首	鯈鱼	芘湖
一首而十身	何罗鱼	谯水
如鹊而十翼鳞在羽端	鳛鳛	嚣水
如鲋一首而十身	茈鱼	泚水
一目	薄鱼	鬲水

（d）蛇

形状	名称	产地
六足四翼一首两身	肥遗	太华山、浑夕山
四翼	鸣蛇	鲜山
人面而豺身鸟翼	化蛇	阳山

以上奇禽怪兽尚多，列举其大者共四十种。

（二）中国的现象

（1）中国在春秋战国用以尸代神制 《仪礼·士虞礼》："男，男尸；女，女尸。必使异姓，不使贱者。"《少牢馈食礼》"筮尸，如筮日之礼，命曰：'孝孙某，来日丁亥，用荐岁事于皇祖伯某，以某妃配某氏，以某之某为尸，尚飨。'"《有司彻》"尸与侑北面于庙门之外西上，主人出迎尸，宗人摈，主人拜，尸答拜。"《诗·大雅·凫鹥》"公尸燕饮"，《小雅·信南山》"畀我尸宾"，《召南·采苹》"谁其尸之，有齐季女。"《左传》襄二十八年"尝于太公之庙……麻婴为尸。"《晋语》"祀夏郊，董伯为尸。"《孟子》"弟为尸，则谁敬"按以尸代神制，即以祭者不同姓之人，衣神服，坐神位，为之尸，祭者祭尸如祭神。

（2）《山海经》以后的现象

（a）《墨子》

"昔者秦穆公当昼日中处乎庙，有神入门而左，鸟身，素服，玄纯，面状正方。秦穆公见之,乃恐惧,犇,神曰:'无惧!帝享女明德,使予锡女寿十年有九;使若国家蕃昌,子孙茂,毋失!'秦穆公再拜稽首曰:'敢问神名?'曰:'予为勾芒。'"(《墨子·明鬼》)按墨子是印度人,故这种奇怪神见于《墨子》,不足以作反证。

(b)《晋语》

"虢公梦在庙,有神人面白毛虎爪,执钺立于西阿,公惧而走。神曰:'无走!帝命曰:"使晋袭于尔门。"'公拜稽首,觉,召史嚚占之,对曰:'如君之言,则蓐收也。天之刑神也!天事官成。'公使囚之,且使国人贺梦。舟之侨告其诸族曰:'众谓虢亡不久,吾乃今知之!君不度而贺大国之袭于己,何瘳;吾闻之曰:'大国道,小国袭焉曰服。小国敖,大国袭焉曰诛。'民疾君之侈也,是以遂于逆命。今嘉其梦侈必展,是天夺之鉴,而益其疾。民疾其态,天又诳之,大国来诛,出令而逆,宗国既卑,诸侯远已。内外无亲,其谁云救之?吾不忍俟也,将行!'以其族适晋,六年虢乃亡。"

按《晋语》在《古史研究》中证明它的作期很晚,在《山海经》后,故《晋语》上奇怪神,也不足为反证。况虢公梦见神的事,又见于《周语》:"十五年有神降于莘,王问于内史过曰:'……今是何神也?'对曰:'昔昭王娶于房曰房后,实有爽德协于丹朱,丹朱冯身以仪之,生穆王焉。实临照周之子孙而祸福之。夫神壹不远徙迁焉,若由是观之,其丹朱乎?'王曰:'其谁受之?'对曰:'在虢土。'王曰:'然则何为?'对曰:'臣闻之,道而得神,是谓逢福;淫而得神,是谓贪祸。今虢少荒,其亡乎?'王曰:'吾其若之何?'对曰:'使大宰以祝、史帅狸姓,奉牺牲、粢盛、玉帛往献焉,无有祈也。'王曰:'虢其几何?'对曰:'昔尧临民以五,今其胄见;神之见也,不过其物;若由是观之,不过五年。'王使大宰忌父帅傅氏及祝、史,奉牺牲、玉鬯往献焉。内史过从至虢,虢公亦使祝、史请土焉,内史过归,告王曰:'虢必亡矣!不禋于神,而求福焉,神必祸之;不亲于民,而求用焉,人必违之。精意以享,禋也;慈保庶民,亲也。今虢公动匮百姓,以逞其违,离民怒神,而求利焉,不亦难乎?'十九年,晋取虢。"

再见于《左传》庄公三十二年:"秋七月,有神降于莘,惠王问诸内史过曰：'是何故也？'对曰：'国之将兴，明神降之，监其德也；将亡，神又降之，观其恶也。故有得神以兴，亦有以亡，虞夏商周皆有之。'王曰：'若之何？'对曰：'以其物享焉，其至之日，亦其物也。'王从之。内史过往，闻虢请命，反曰：'虢必亡矣！虐而听于神。'神居莘六月，虢公使祝应宗区史嚚享焉，神赐之土田。史嚚曰：'虢其亡乎？吾闻之，国将兴，听于民；将亡，听于神。'神聪明正直而壹者也，依人而行。虢多凉德，其何土之能得！"

按《周语》《左传》《晋语》共载有神降于莘，虢往祭的事，而奇怪之神独《晋语》有，而《周语》《左传》无。这当是《周语》《左传》未见到《山海经》，未受《山海经》的影响；《晋语》的作期在《山海经》后，见到《山海经》，是以把《山海经》内的奇怪神，也拉进去了。

（c）《招魂》"雄虺九首，往来儵忽，吞人以益其心些"，"一夫九首，拔木九千些"，"土伯九约，其角觺觺些；敦脄血拇，逐人駓駓些；参目虎首，其身若牛些。"按《楚辞·招魂》在《山海经》后，不足以为反证。

（d）凤首盉，日人泉屋清赏以为六朝时器，受有西域的影响，是其器在《山海经》后，不足据为反证。

（e）武梁祠石刻

（甲）第一石第二层有半人半蛇；（乙）第二石第二层有三人，二作鸟形，一有二首；（丙）第三石上层有人首鸟身，以尾蟠；（丁）第十三石第一层有一鸟三首；（戊）后室第五石第三层，左端二人有翼，骑马上，右驰，马皆龙首，身有鳞。按武梁祠石刻在东汉，其时在《山海经》后，不足据为反证。

（三）中国以外的现象

（1）埃及

（a）阿纽比斯（Arubis）是豺面人身，为墓地之神；（b）赫比（Hapi）是虎面人身，为尼罗河神；（c）赫索（Hathor）是羊首人身，为天空的女神；（d）叨特（Taurt）是鳄鱼首人身，为河神；（e）四极之神，都是蛙首人身，各有一位蛇首人身女神做配偶。帮助托斯（Thoth）擎举天空。托斯是鸟面人身的形状。

（2）希腊

（a）尼沙士（Nessus）是半人半马的怪物；（b）盘（Par）是半羊半人的牧神和树神；（c）术诺妥（Ninotaur）是牛首人身的巨怪；（d）史芬克斯（Sphiz）是女首狮身鸟翼鸟爪的巨怪；（e）特里顿（Triton）是人首鱼身；（f）泰坦（Titon）是半人半蛇，其族巨人，生有五十个头，一百个手；（g）泰弗阿斯（Typhceus）是一百个龙头的巨人；（h）海德喇（Hydra）是一条七个头的巨蛇；(i）赛伯鲁斯（Cerberus）是一条三个头的狗；（j）阿里翁（Arion）是一匹飞马。

（3）巴比仑

（a）提亚华斯（Tiawath）是狮身龙首的女怪；（b）奥安尼斯（Oamres）是半人半鱼的怪物；（c）阿弩（Anu）造一只飞牛。

（4）印度

（a）一切形（Visvarupa）是三头六眼的魔鬼；（b）乌拉那（Vtana）是有九十九只手的魔鬼；（c）鲁陀罗（Rudra）是有千眼，黑腹赤背青颈；（d）乾闼婆（Gandharva）是多毛的半人半兽形；（e）阿耶埃哈怕塔（Aja Ekapad）是一足野羊；（f）萨拉耶（Sarameya）是一条广鼻四只眼的犬；（g）罗刹（Raksas）有时具人形，惟或两口，或三头，或四目，或五足，或反走（《海内南经》枭阳国人反踵，《周书》州靡髳髳反踵，与此反走同），无指，有角在手上，熊颈；（h）紧那罗头上有角，雪山有二头鸟。

（5）墨西哥

墨西哥发现新石器时代遗址，其陶器上绘有兽，兽尾与兽爪上均长的人头。

（6）北欧洲

北欧洲的神话，除巨人外，没有奇怪的形象。巨人是身体伟大，雷神叨尔（Thor）会把他的手套，当作一所大房子住，但巨人的形象也不奇怪。

（四）怪像的来源

据上列的考证，埃及、希腊、巴比仑、印度是有怪像的，北欧洲、中国

(《山海经》及《山海经》以后的书除外)没有怪像的。埃及、希腊、巴比仑、印度都在热带,北欧洲、中国在温带及寒带。热带上的人幻想力大,由于:(1) 生计容易,有此闲功夫去幻想;(2) 理想常超过事实,热带生物较温带、寒带大,是在同一现象之下,热带人产生出来的幻想,比温带、寒带大,故产生出的神话,也比温带、寒带的神话奇怪;(3) 温带、寒带除业农外,多以牧畜佃猎为生,故被牧被猎的禽兽,属于征服的一类,不能视为神物。热带牧猎不及温带、寒带盛行,禽兽的种类多而且大,人类有时战不过它了,就作神物看待。是以有半人半兽的神话出现。兹将《山海经》的神与印度婆罗门教的神绘图于下;(4) 中国用以尸代神制,尸是人装的,一个人要把他改造成"蛇身鸟首""三头六臂"等形状是不能的事。印度是画像,画像是用笔画的,可以随意画,理想的东西,都能画得到,怪像的神物因此而生;(5) 神的形象是人看不见的,说它奇怪也可。当海道未通时,《海外经》列上许多的奇怪人,因为人没有看见过,也可以是这样说。但是《五藏山经》,尤其是《中山经》的地域,在中国内地,是中国人常看见的,它所列的鸟兽虫鱼,那样奇怪的形像,不惟在地质考古,古生物学上找不出,在生理学上也是不可解的。

神怪的上经海山　　　　神怪的度印

《山海经》与热带的埃及、希腊、巴比仑、印度的神话同,与温带、寒带的北欧洲、中国的神话不同,是以《山海经》不是中国作品。

七、神的情形复杂

(一)《山海经》的现象

(1) 人格化神

种类	名称	神异	所居仙窟	所在地
神	飞兽			自铃山至莱山共十七山
神	英招	司帝之平圃狗于四海其音如榴	帝之平圃	槐江之山
鬼	槐鬼	鹰鹯之所宅		诸毗
神	离伦	同上		同上
鬼	穷鬼	各在一搏		恒山四成
神	天神	其音如勃皇见则其邑有兵		同上
神	陆吾	司天之九部及帝之囿时	帝之下都	昆仑之丘
神	西王母	司天之厉及五残		玉山
神	长乘	司之是天之九德		嬴母之山
神	白帝少昊	主司反景	员精魄氏之宫	长留之山
神	江疑	多怪雨风云之所出		符惕之山
神	耆童	其音常如钟磬		騩山
神	蓐收			泑山
神	红光	西望日之所入其气员		同上
魃	神魃	其音如钦		刚山
神	熏池	是常出美玉		敖岸之山
魁	武罗	其鸣如鸣玉	帝之密都	青要之山
神	泰逢	出入有光动天地气也	河之九都	和山
神	骄虫		蜂蜜之庐	平逢山
神	天愚	多怪风雨		堵山
神	鼍围	出入有光		骄山

续表

种类	名称	神异	所居仙窟	所在地
神	计蒙	出入必有飘风暴雨		光山
神	涉䖤			岐山
神	耕父	出入有光见则其国为败		丰山
神	于儿	身操两蛇出入有光		夫夫之山
神	帝之二女	出入必有飘风暴雨		洞庭之山
神	怪神	载蛇左右手操蛇		同上
神	祝融	乘两龙左耳有蛇		《海外南经》
神	蓐收			《海外西经》
神	烛阴	视为昼,瞑为夜,吹为冬,呼为夏,不饮,不食,不息,息为风		钟山
神	禺强	珥两青蛇践两青蛇		《海外北经》
神	天吴	水伯		朝阳之谷
神	勾芒	乘两龙		《海外东经》

(2) 动植物神及庶物种

种类	名称	形状	能力及工作	转生	所在地
鸟	大鹗	如雕黑文白首赤喙虎爪	见则天下大兵	钦䲹——因与鼓杀葆江被帝所戮	钟山
鸟	鵸鸟	如鸱赤足直喙黄文白首	见则其邑大旱	鼓——因杀葆江被帝所戮而化	同上
鸟	精卫	如乌文首白喙直足	衔西山之木石以堙于东海	炎帝少女女娃——因游东海溺而不返	发鸠山
兽	天吴	八首人面八足八尾皆青黄	为水伯		朝阳之谷
飞兽		人面牛身四足一臂	操杖以行		自铃山至莱山
虫	骄虫	如人二首	是为螫虫实为蜂蜜之庐		缟羝山

(续表)

种类	名称	形状	能力及工作	转生	所在地
鱼	鯈䗩	如黄蛇鸟翼	出入有光		独山
鱼	鳛鱼	如鱼而鸟翼	出入有光		子桐山
草	䔄草	叶胥成黄叶实如菟丘	服之媚于人	帝女——为死尸所化	姑媱山
木	桑	大五十尺枝四衢叶大尺余赤理黄华青柎		帝女	宣山
木	邓林			夸父与日逐走死——其杖所化	《海外北经》
石	帝台之棋	五色而文其状如鹑卵	帝台之石所以祷百神也		休与山
钟	九钟		是知霜鸣		丰山

(3) 低级神

名称	形状	神异	成神原因	所在地
形天	以乳为目以脐为口	操干戚以舞	与帝争神被帝断其首葬常羊山	《海外西经》
相柳	九首人面蛇身而青	食于九山	共工之臣被禹所杀血腥为众帝台	《海外北经》
女丑	以右手鄣其面	居十日山上	十日炙杀之	《海外西经》
熊穴	夏启冬闭	冬启乃必有兵	恒出神人	熊山
四臂神	小颊赤肩	二八连臂	为帝司夜于此野	《海外南经》

(4) 神使

种类	名称	形状	工作	所在地
鸟	鹑鸟		司帝之百服	昆仑山
鱼	龙鱼	如狸	有神乘此以行九野	海外西经
鸟	鹰鹯		鹰鹯之宅	槐江山
鸟	三青鸟		为西王母取食	《海内北经》并见《庄子》《淮南子》

上除有明文为"神"列在人格化外，草木鸟兽等虽无"神"字冠于上，但据其所叙之文，则为神物。

(二) 中国的现象

(1) 与《山海经》相反的 《鲁语》：海鸟曰爰居，止于鲁东门之外，二日，臧文仲使国人祭之，展禽曰："越哉，臧孙之为政也！夫祀，国之大节也；而节，政之所由成也；故慎制祀，以为国典，今无故而加典，非政之宜也。夫圣王之制祀也，法施于民则祀之，以死勤事则祀之，以劳定国则祀之，能御大灾则祀之，能扞大患则祀之，非是族也，不在祀典……前哲令德之人，所以为明质也；及天之三辰，民所以瞻仰也；及地之五行，所以生殖也；及九州名山川泽，所以出财用也；非是，不在祀典。今海鸟至，己不知而祀之，以为国典？难以为仁且知矣！"（《鲁语》虽在《山海经》后，按《左传》文二年引孔子说臧文仲"祀爰居，三不知也"是祀爰居已有其事）

(2) 与《山海经》相同的 《诗·商颂·玄鸟》"天命玄鸟，降而生商。"《诗·大雅·生民》"诞寘之隘巷，牛羊腓字之；诞寘之平林，会伐平林，诞寘之寒冰，鸟覆翼之，鸟乃去矣，后稷呱矣。"《左传》宣四年"斗伯比淫于䢵子之女，生子文焉，䢵夫人使弃诸梦中，虎乳之，䢵子田，见之惧，而归以告，遂使收之。"《史记·秦本记》"秦之先帝颛顼之苗裔，孙曰女修，女修织，玄鸟陨卵，女修吞之，生子大业。"《史记·大宛传》"乌孙王好昆莫……匈奴攻杀其父，而昆莫生，弃于野，鸟嗛肉蜚其上，狼往乳之，单于怪以为神而收长之。"《后汉书·东夷传》"索离国王侍儿生男，王令置于豕牢，豕以口气嘘之，不死，复徙于马栏，马亦如之，王以为神，乃听母收养，名曰东明，东明南至掩㴲水，以弓击水，鱼鳖皆聚浮水上，东明乘之得度，因至夫余而王之焉。"又《南蛮传》说南蛮之祖为高辛氏狗槃瓠后。哀牢系沙壹捕鱼，触沉木有感，生十子，沈木化为龙，语沙壹，并舐其幼子九隆。

(三) 中国以外的现象

(1) 埃及崇拜自然，以自然现象人格化，故天地水日星等，都是有呼吸,有动作,有思想的;(2)巴比伦亦将自然人格化,以天地水风,都有神来主宰;(3)希腊亦是自然人格化,各物均有神主宰;(4)斯干的那维亚以霜雹冰雪水火等,均为巨人族约吞(Jotuns)所为;(5)印度以动植物及庶物均与人类相同;(6)北美洲土人以野兔为造化者;(7)台湾人祀祖的木主,上刻蛇头,中刻人形。

(四)神的情形复杂的由来

世界上的野蛮人,或现为文明曾系野蛮人,都相信宇宙万物有生命,有人性,有思想,又相信动物或植物有血统的关系,这是精灵崇拜(Animism)及图腾主义(Totemism)的象征。中国亦世界民族之一,亦不能外此例,况中国内地的殷周秦,及边地的乌孙、扶余、哀牢等都是这样。那么《山海经》上以动植物等为神,也不足怪的。

中国中原在春秋战国时,文化甚高,不会有野蛮人的思想,是以爰居岛到了鲁国,藏文仲要祭祀,展禽就根据当时的情形,说藏文仲不该设祭,并且援引古今,说了一大篇话。假若中国中原在春秋战国时,仍是以自然人格化,展禽何能说这话呢?况中国地处温带,生计艰难,多以实利为主,故展禽以有功于人方可祭祀,孔子也曾说"未知生,焉知死……赐不受命。"可知中国到了春秋战国时中原文化高了,不崇拜自然,以实利为主义。边地的民族,因文化还未进化到高处,崇拜自然也是有的。《山海经》若不能证明为集中国古代人或中国边地民族神话的大成,则《山海经》就不是中国人的作品了。

八、飞物

(一)《山海经》的现象

种类	名称	异状	所在地	所见经
神	英招	其状如马而人面虎文而鸟翼	槐江山	《西次三经》
神		鸟身而龙首	招摇山至箕山	《南山经》
神		人面鸟身	辉诸山至蔓渠山	《中次二经》

(续表)

种类	名称	异状	所在地	所见经
神		鸟身人面	景山至琴鼓山	《中次八经》
神		鸟身龙首	篇遇山至荣余山	《中次十一经》
神	禺强	人面鸟身	北方	《海外北经》
神	勾芒	鸟身人面	东方	《海外东经》
人	羽民	其为人长头身生羽	羽民国	《海外南经》
人	讙头	其为人人面鸟翼鸟喙	讙头国	《海外南经》
兽	孰湖	马身鸟翼	崦嵫山	《西次四经》
兽	獙獙	如狐而有翼	姑逢山	《东次二经》
兽	天马	状如白犬见人则飞	马成山	《北次三经》
蛇	肥遗	四翼	太华山	《西山经》
蛇	鸣蛇	四翼	鲜山	《中次二经》
蛇	化蛇	鸟翼	阳山	《中次二经》

（二）中国的现象

名称	异状	所见书
勾芒	鸟身	《墨子·明鬼》
人	有翼	《凤首盉足》

（三）中国以外的现象

种类	名称	异状	所见书
水神	雪兰	人面鸟身	希腊
火神	阿耆尼	有翼	印度
天夜叉		飞腾空中	印度

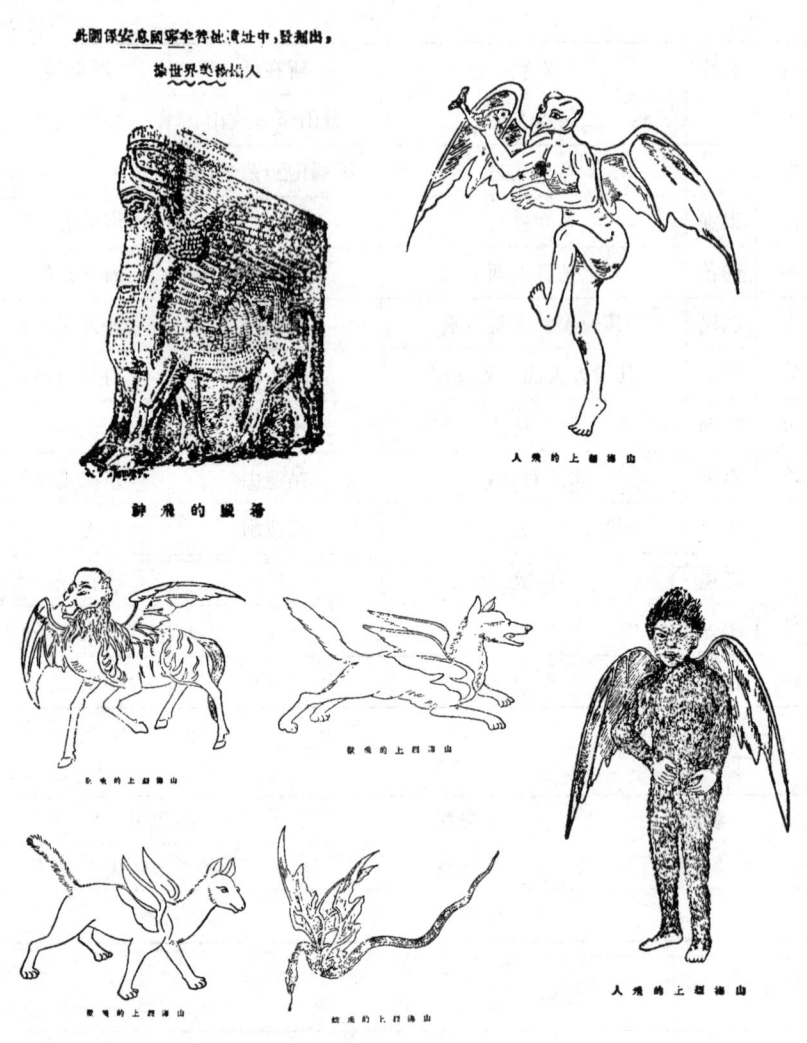

(四)飞物的由来

中国最古民族，沿着黄河流域居住，黄河及其支流航行不便。山岭起伏不一，山岭周围附着一层很厚的黄土，黄土性疏，易被水冲，故沟壑纵横错出。行走极感困难。中国古代交通不发达，因之影响到"勿欲速"的心理上，是以想不到用鸟翼来帮助飞来得快，故中国神人兽等，没有有翼能飞的神话。

九、三头六臂

（一）《山海经》的现象

种类	名称	形状	所在地	所见经
神		人面而三首	苦山少室太室	《中次一经》
人	伺琅玗树	三头	服常树	《海内西经》
人	三首国	一身三首	三首国	《海外南经》
神		二八连臂		《海外南经》
人	三身国	一首而三身	三身国	《海外西经》

（二）中国的现象

《庄子》"有人三头，递卧递起，以伺琅玗"（《海内西经》服常树条郭注引）。《尸子》"子贡问于孔子曰：'古者黄帝四面，信乎？'孔子曰：'黄帝取合己者四人，使治四方，不谋而亲，不约而成，大有成功，此谓之四面也'"（《绎史》引）。

(三) 中国以外的现象

(1) 希腊的泰坦(Titons)族有五十个头一百只手。(2) 印度的罗刹(Raksas)一切形(Visvarupa)都是三个头。乌拉那(Vrana)是九十九只手。

(四) 三头六臂的由来

幻想缘事实而生,热带生计既易,人民不像温带、寒带的人,日与自然斗争,是身体没有温带、寒带人强壮;又有一方面生计容易,用不着大组合去征服自然,故团结力少,因此之故,设想一个人若是战胜一个人时,应有多数人去战斗,但人数多了,不能一心,你打我不打,仍归失败。于是这么想:若是有一个人是三个头,被人割了一个还有两个,不只于死亡;又若是有六只臂,甲手拿绳,乙手拿刀,丙手拿箭,绑的绑,杀的杀,就可胜人的。是以三头六臂的神话出现。

《庄子》在《山海经》后,《庄子》所说的三头人,是根据《海内西经》的。《尸子》在《山海经》后,其载子贡问孔子的话,当是战国学者看见画的三头人(三头人即四面人,因背面一头看不见,只能看见三面,故叫三头人)。问他们的先生有无其人?儒者尊那"子不语怪",不以神话说明,乃假托孔子以学理解释。三头六臂的人在中国没有,是以《山海经》不是中国人的作品。此外如《路史·后纪》二注引《山海经》"女娲乘雷车,服驾应龙"。《楚辞·天问》"女娲有体,孰制匠之?"《淮南子·说林训》"女娲七十化"。与《华严经》"观音三十二相,现宰官身,而为说法;现女人身,而为说法"同。这是由三头六臂的分身法演变为化身法的。

三头四臂三的应甲

十、多蛇及征服蛇

（一）《山海经》的现象

（1）蛇

（a）蛇上有"多"字的

原文	所在地	所见经
多怪蛇	猨翼山	《南山经》
多大蛇	禹槀山	《南次三经》
多白蛇	泰冒山	《西次二经》
多积蛇	騩山	《西次三经》
多众蛇	诸次山	《西次四经》
多怪蛇	洹山	《北次二经》
多大蛇	碧山	《东次二经》
多大蛇	耿山	《东次二经》
多鸣蛇	鲜山	《中次二经》
多化蛇	阳山	《中次二经》
多怪蛇	崌山	《中次九经》
多蛇	风雨山	《中次九经》
多鸣蛇	帝囷山	《中次十一经》
多白蛇飞蛇	柴桑山	《中次十经》

(b) 蛇上有"大"字

原文	所在地	所见经
多大蛇	禺槀山	《南次三经》
是有大蛇	錞于毋逢山	《北次二经》
多大蛇	碧山	《北次二经》
多大蛇	耿山	《北次二经》
有大蛇	跂踵山	《东次三经》
有蛇名曰长蛇	大咸山	《北山经》
巴蛇吞象	巴	《海内南经》

(c) 蛇上有"怪"字及怪形的

原文	所在地	所见经
多怪蛇	猨翼山	《南山经》
多怪蛇	洹山	《北次二经》
多怪蛇	崌山	《中次九经》
有蛇一身两首曰肥遗	浑夕山	《北山经》
其中多肥遗之蛇	彭毗山	《北次三经》
有蛇为名曰肥遗	太华山	《西山经》
其中多化蛇其状如人面而豺身鸟翼而蛇行	阳山	《中次二经》
九首人面蛇身而青	相柳	《海外北经》

(d) 其他

原文	所在地	所见经
其下有白蛇	神囷山	《北次三经》
其东有谷因名曰蛇谷	浮戏山	《中次七经》
虫为蛇蛇号为鱼	南山	《海外南经》
其丘方四蛇相绕	穷山	《海外西经》
有一蛇虎色首冲南方	共工台	《海外北经》

上共二十七处有蛇，十四处多蛇，七处多大蛇，七处多怪蛇，五处有其他的蛇。

（2）征服蛇

（a）神

名称	征服的情形	所在地	所见经
于儿	身操两蛇	夫夫山	《中次十二经》
怪神	载蛇左右手蛇	洞庭山	《中次十二经》
蓐收	左耳有蛇	西方	《海外西经》
禺强	珥两青蛇践两青蛇	北方	《海外北经》
奢比尸	珥两青蛇		《海外东经》
雨师妾	两手各操一蛇，左耳有青蛇，右耳有赤蛇		《海外东经》

（b）人

名称	征服的情形	所在地	所见经
载国	能操弓射蛇	载国	《海外南经》
巫咸国	右手操青蛇左手操赤蛇	巫咸国	《海外西经》
黑齿国	唊蛇一赤一青	黑齿国	《海外东经》

上征服蛇的神六，征服蛇的人有三国。

（二）中国的现象

甲骨文"它（为有事故——即有蛇），无它（为无事故——即无蛇）"。《左传》庄十四年"内蛇与外蛇斗于郑南门中，内蛇死。六年而厉公入，公闻之，问于申繻曰：'犹有妖乎？'对曰：'人之所忌，其气焰以取之，妖由人兴也，人无衅焉，妖不自作，人弃常则妖兴，故有妖。'"《孟子·滕文公下》"当尧之时，水逆行，泛滥于中国，蛇龙居之……禹掘地而注之海，驱蛇龙而放之菹"。

（三）中国以外的现象

（1）埃及的神门赫特（Meuhef）、赛克赫特（Sekhet）、阿特赫考（Art Hekau）以蛇为冠饰。（2）希腊的神赫克士（Hercules），杀了一条七头的巨蛇海德喇（Hydra）。（3）印度人拜蛇及征服蛇。

印度孟加拉夸昔斯（Quihis）人用魔咒及音乐可以征服眼镜毒蛇（Cobra），或用蒙哥（Mongoos）小兽捕蛇，蒙哥者受伤时，则以某种树叶饲蒙哥，因某种树叶有解毒愈伤的效力。

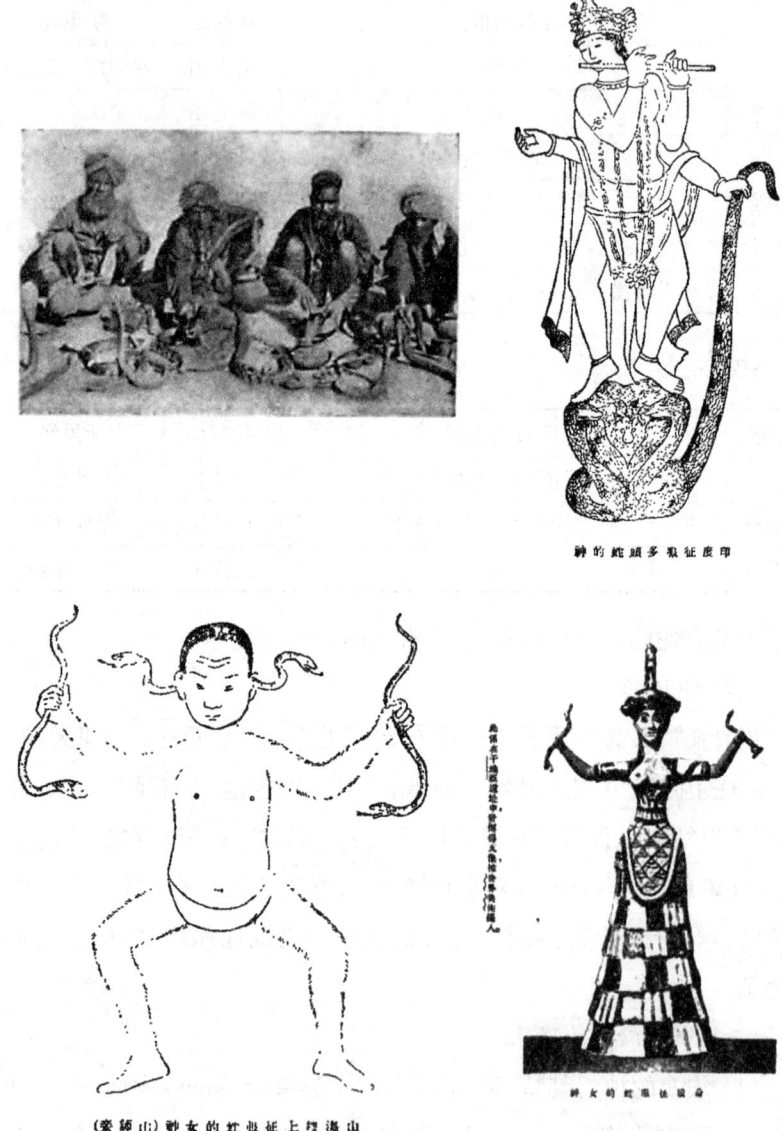

神的蛇頭多頭征度印

（夔師山）神女的蛇旛征上煙海山

神女的蛇張袒線母

（四）多蛇及征服蛇的由来

蛇是产生于气候湿热的地方，中国古代也是湿热的（全世界在古代也是这样），遍地是草，草中多蛇，人到草中站着或坐下，常被蛇咬伤，是后到的人问先到的人，或外来人的问本地方的人，说"有蛇吗？"后来气候渐渐冷了，蛇也就少了，但见人问"有蛇吗？"已成了习惯语，就变成了"有事故吗？"即是问"你好吗？无恙吧？"的意思。这个情形在殷代已

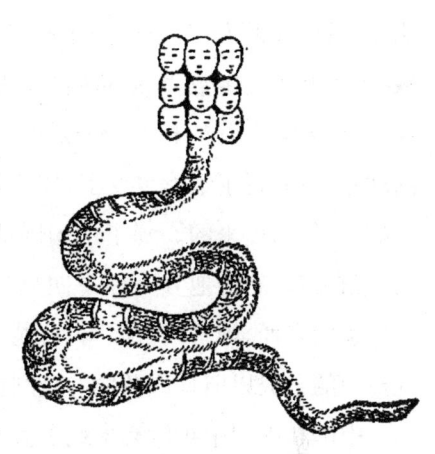

蛇头多的上柜海山

是如此，故甲骨文上的"它"即为卜于某日或某地有事故，"无它"即无事故，是在殷代遍地已无蛇了，故把问有蛇无蛇的原意失掉了。《山海经》若证明它不是殷代以前的产品，它绝不会有这多蛇征服蛇的现象。若说《山海经》是记述中国最古的传说多蛇及征服蛇，那么甲骨文为何把问有蛇的原意失掉，变成有它无它的有事故无事故呢？

《左传》记郑内蛇与外蛇斗，是件特殊的现象，是以下文紧接着说："公闻之问于申繻曰：'犹有妖乎？'对曰：'人之所忌，其气焰以取之，妖由人兴也。人无衅焉，妖不自作，人弃常则妖兴，故有妖。'"假若多蛇是普遍的现象，何能称为"妖"？《孟子》上所说是禹治水时现象，《山海经》上龙蛇很多，《孟子》在《山海经》后，是见到《山海经》的，以为《山海经》是禹治水书，故说"驱蛇龙而放之菹"。《晏子春秋·谏下》说"惟翟人与龙蛇比今君横木鸟兽，纵木龙蛇……"可知雕刻龙蛇非中国俗。

《山海经》上不是有蛇而是多蛇，不惟多蛇而且多大蛇，"多大蛇"共六处，而《北山经》占二处。征服蛇的神亦有北方的禺强，在中国的情形，南方多蛇多大蛇有征服蛇的神尚可，北方何能有此现象？

"巴蛇吞象"不一定是就可吞象，其蛇之大可知，这是热带上有大蛇的现象，故《天问》"一蛇吞象，厥大惟何？"即不信它这话。相柳的九首，

219

不是蛇有九首,是感受蛇咬的人,以为蛇是用口咬人,最厉害的蛇当然是头多,可以咬的人多,故幻想中有了九头蛇发生。九在中国大半是讲多数,不为九个的定数,是以希腊神征服七头蛇,印度神征服六头蛇,《山海经》上禹征服九首的相柳,是在同一环境下产生的。在一种环境下发生的现象,时间过了情形也变了,如菩萨庙前的四大金刚,有一个手中执一条蛇,这是印度来的。到了中国因情形的不同,有的地方把蛇头上案了两个角为蛟,有的地方又插了四只腿为龙,他们以为相传龙和蛟是神物很厉害的东西,神可以征服它,若蛇是用不着神征服的(无蛇的地方人是这样想的),故以旧日或及他的金刚执蛇是错了,因改为执蛟或执龙。

中国在战国中年没有多蛇多大蛇多头蛇的情形,用不着以征服蛇为能事的神,今《山海经》有此情形,是《山海经》不是中国人的作品,是热带上人的作品。(后略)

《墨子》各篇的作期及其派别

(选自卫聚贤《古史研究·第二集》,上海:商务印书馆,1934 年,第 541—556 页)

今本《墨子》共五十三篇,这五十三篇,不是一个时代作的,也不是一个人作的,并不是一派人作的。兹分言于左:

甲 墨子各篇的作期

(一)第一期——墨子时代

《经上》,毕沅以此篇"此翟自著,故号曰'经',中亦无'子墨子曰'云云"。孙诒让云:"以下四篇(《经上》《经下》《经说上》《经说下》)皆名家言,又有算术及光学、重学之说。精眇简奥,未易宣究。"

毕沅以为墨子著,孙诒让以为系"战国之时墨家别传之学"。《庄子·天下篇》以墨家俱诵墨经,宋潜谿以"上卷七篇号曰'经'",以经名篇固有异说,而《经上》《经下》有论理学、光学、重学、算学等,是将印度的科学撮要叙述,固然墨子的弟子也有印度人,也可以撮要叙述印度的科学,

而为此《经上》《经下》两篇。但文义"简奥",可以证明其作期为早,并且有《经说上》《经说下》的注解,书有注解,其因有二:

1. 时间为古,后世人不明其故实文义而为之注;
2. 空间为远,他国人不明其故实文义而为之注。

《经上》篇末有"读此书旁行"五字,孙诒让以其分上下两段排列,为之旁行。按《史记·大宛传》说安息是"画革旁行以为书记",《索隐》引韦昭云:"外夷书皆旁行,今南方林邑之徒,书皆旁行,不直下也。"《汉书·西域传》亦言安息为"旁行为书记"。注引服虔曰:"横行为书记也。"颜师古注云:"今西方胡国及南方林邑之徒,书皆横行,不直下也。"是"旁行"为横行,如现在英文的写法。《墨子·经上》原为横写,系由印度文翻译而来。《经上》系译文而有注解,亦不能证明其为早期作品。但《经说上》总在《经上》以后,《经说上》首(因原系横写故今文误列在末)有:"以人之有黑者,有不黑者也,止黑人;与以有爱于人,有不爱于人,止爱人;是孰宜止?彼举然者,以为此其然也;则举不然者,而问之若圣人。有非而不非。"

这是说中国颜色白的人不应排斥他们印度颜色黑的人。以中国人说的对了就准对,若说的不对了,就问中国的学者(若圣人),中国的学者说错了也不以为错。按"若圣人"当与"此圣人"为对,若圣人为中国的儒者而此圣人当为墨家的领袖,依其语气似墨子尚在。故以《经上》一篇断为墨子自著,列在第一期。若《经下》作期为晚,详后。

(二)第二期——墨子生禽子时代

A 《经说上》

中国古书无自著自解之例,《韩非子》有经有说,系其纲目,非为注解。《经上》是墨子自著,《经说上》为墨子学生著,以《经上》所言不明,故著《经说上》而为注解,以中国反对墨家者"则举不然者,而问之若圣人",以他有他的圣人,我也有我的圣人,似为墨子学生的语气。以"而问之若圣人,有非而不非",以若圣人是主观太深,似为墨子直接的弟子的语气。

B 《大取》《小取》

论理学的产生是由于辩论而来的。中国的古人多不愿发空泛宏大的议论，如《论语》载孔子说"予欲勿言"，说闵子骞"夫人不言"。而印度的宗教，崇尚辩论，故其论理学在公元前六百年左右，在印度的东北部，已正式成为一种科学。若中国在《墨经》中略有一点，《大取》《小取》专篇讨论，至公孙龙时横行于中国。一种科学的产生，第一要环境的允许，第二要经过长时期的酝酿。中国是"勿多言"，环境不能产生。由墨子至公孙龙不过数十年，是不能突然产生的。

《小取》有"此与彼同类，世有彼而不自非也，墨者有此而罪非之，无也故焉"，《大取》有"子墨子之言也"，是皆系墨子的学生所述。《墨经》中包含各种科学，其他的科学如光学、重学等皆不适于中国人的文雅性，故只取论理学一科，大为发挥后，公孙龙以此学说横行一时。以《墨经》论理学已有而不多，公孙龙时乃大行，《大取》《小取》适在其间，故断为墨子直接弟子作。

C 《辞过》《七患》

《辞过》一篇在《孟子》前。《辞过》有"大国累百器，小国累十器，前方丈，目不能遍视，手不能遍操，口不能遍味"，这是墨子尚节俭，墨子学生以为"古之民未知为饮食时"是如何如何的节俭，"今则不然"是如何如何的奢侈，故其语未免夸大不实，如云"手不能遍操"是在其时尚未发明用箸（用箸是汉时贵族使用，贫民尚无，故冥器的汉甗上有刀，有钗，有匙——与西餐同——而无箸），而"前方丈"，手何能探得到。又"大国累百器"，食器不论如何小，而方丈之内不可累百。他极力形容其奢侈，而未顾其语言的矛盾，不料孟子在《尽心篇》云："食前方丈，我得志弗为也。"这与我们家乡的一个故事同：有人从北京回到家乡，乡间人以其在都城，当看见过朝庭，朝庭吃饭当比乡里人吃得好，遂问说"朝庭吃饭每次有多少碗"——山西万泉请客以七碗为俭，九碗为中，十六碗为最上，故有以碗多为吃得好的观念。他说："朝庭吃饭，每次是一百个碗。"乡间人说："一百个碗在槕子上排得很宽，他用多长的筷子呢？"他说："用五尺长的筷子。"乡里人问道："五尺长的筷子箝着菜，筷子太长弯不回来，如何能放进口内？"他说"吃饭时同坐的人很多，对面的人用筷子箝菜放在我口内,我用筷子箝菜放在他口内的。"假使那时有人问孟子"食前方丈",用手如何能采到?孟子是不是答以我用手握菜掷到你口内,你手握菜掷到我口内,有同一的笑话发生吗?这是孟子引用《墨子·辞过》"前方丈"的典故,而未察其事实。又按"前方丈"与"食前方丈"的文法,"食前方丈"在后,系以"前方丈"不明显而加以"食"字使其语意明显,添成四字又使语句圆满的。

《辞过》有"内无拘女,外无寡夫",《孟子·离娄上》以"男女授受不亲,礼也"。《滕文公下》说:"不待父母之命、媒妁之言,钻穴隙相窥,踰墙相从,则父母、国人皆贱之。"是孟子对于男女之间主张不须苟且。而在《梁惠王下》又主张"内无怨女,外无旷夫",不是他思想自相矛盾吗?这"内无怨女,外无旷夫"二句是抄自《墨子·辞过》"内无拘女,外无寡夫"的。

墨子与子夏同时,故禽子先为子夏的学生,后为墨子的学生。孟子为子思的学生,子思为曾子的学生,曾子、子夏、墨子为同时。《辞过》在《孟子》前,正子思、子禽时,故断为墨子直接弟子所著。孙诒让以《辞过》:"《群书治要》引并入《七患》篇,此疑后人妄分,非古本也。"《七患》与《辞过》原为一篇,故《七患》亦为墨子直接弟子作。

D 《尚贤中》《尚同中》《兼爱中》《非攻中》《节用中》《天志中》《非命中》

墨子有十大主义——尚贤、尚同、兼爱、非攻、节用、节葬、天志、明鬼、非乐、非命(非儒系后加的)——每一主义,有上、中、下三篇说明,乃系墨子的学生,分为三派,每派各有说明其主义的。其中以中篇为早。

《兼爱中》:"譬若挈太山越河济也。"泰山在河水、济水之南,但距河、济不远,反对兼爱者以实行兼爱"譬若挈太山越河济也"。墨子反对其说云:"是非其譬也,夫挈太山而越河济,可谓毕劫有力矣,自古及今未有能行之者也。"《兼爱下》则作"犹挈泰山以超江河也",江在南方,河在北方,挈泰山而远走,其故事较"越河济"为放大。而《孟子·梁惠王上》:"挟泰山以超北海,语人曰:'我不能,是诚不能也。'"挟着泰山在陆地走不算,还要超越渤海的北海,其故事较"超江河"更放大。按故事的例子,时间愈后愈放大,《孟子》的故事较《兼爱中》为放大,可知《兼爱中》在《孟子》

前。《孟子》的"语人曰我不能,是诚不能也"。即根据《墨子》的"自古及今未有能行之者也"。

《尚同中》有"置以为左右将军大夫",《非攻中》有"晋有六将军",说者以"将军"为战国末年西汉初年事,孙诒让以《管子·立政》篇云:"将军大夫以朝。"《水经·河水》郦注引《竹书纪年》云"邯郸命将军大夫适子代吏皆貉服"。是"将军"名词在战国中年已有。

(三)第三期——墨子再传弟子稍前于孟子

A《尚贤上》《尚同上》《兼爱上》《非攻上》《节用上》《天志上》《非乐上》《非命上》

《非乐上》有"昔者齐康公与乐万"。齐康公死于周安王二十三年,在孟子至魏见惠王前四十三年,孙诒让云:"康公衰弱属于田氏,卒为所迁废,恐未必能兴乐如此之盛,窃疑其为景公之误,惜无可校验也。"假定《墨子》原文确系齐康公,康公在孟子至魏前四十三年,今假定其作期勘于孟子至魏十五年,而称三十年以前事为"昔者"亦无不可。

《非命上》有"昔者文王封于歧周,绝长继短,方地百里"。《孟子·公孙丑上》有"然而文王犹方百里起"。又《滕文公上》有"绝长补短",是《孟子》根据《墨子》的。而《孟子》在《公孙丑》说"文王犹方百里"。在《梁惠王》说"文王之囿,方七十里",以方百里的国,其囿占去方七十里,余方三十里为人民居,《孟子》的话不尽情理,是由于根据《墨子》方百里而前后矛盾的。《天志上》:"譬若轮人之有规,匠人之有矩,轮匠执其规矩以度天下之方圆,曰中者是也,不中者非也。"与《孟子·离娄上》的"规矩方员之至也,圣人人伦之至也"。也有相同处。但《非命上》说:"古者汤封于亳,绝长继短,方地百里。"《孟子·梁惠王下》:"七十里为政于天下者,汤是也。"以一百里与七十里不同,是各据传闻,亦《墨子》第三期在《孟子》前不远。

B《鲁问》《公输》

《鲁问》有"郑人三世杀其父",事在周安王八年后,又有"子墨子见齐大王",事在周安王十六年后,又有"子墨子游公尚过于越"。按越于周显王三十五年亡于楚,是《鲁问》在周安王十六年后,周显王三十五年前,这五十二年中作的。《鲁问》："公输子自以为至巧。"《公输》："公输盘为楚造云梯之械。"《孟子·离娄上》："公输子之巧，不以规矩，不能成方圆。"是公输子的巧名在孟子前已盛闻。

（四）第四期——墨子三传弟子在孟子同时或稍后

A《经下》

《经下》固称为《经》，但与《经上》非一个人的作品。《经下》文体每段有"说"字，如"止类以行人，说在同"，与《经上》文体不类。而且《经下》有"仁义之为内外也"，"仁义"二字连文是孟子所提出，辨别仁义为内外，是孟子与告子的事，今《经下》有此文，故列在第四期。

B《尚贤下》《尚同下》《兼爱下》《非攻下》《节用下》《节葬下》《天志下》《明鬼下》《非命下》

《兼爱下》："今天下之王公大人士君子中实将欲为仁义。"

《尚同下》："今天下王公大人士君子中情将欲为仁义。"

《节葬下》："或以厚葬久丧，以为非仁义。"

《非攻下》："今之为仁义者，将不可不察而强非者此也。"

《天志下》："不知此为不仁义。"

"仁义"二字为《孟子》所提出，而下篇则云"今之为仁义者"系指孟子而言，故断其在孟子后。但《非攻下》与《山海经》是随巢子所作，而《周书·王会》已受《山海经》影响。《周书》系魏襄王时作，魏襄王死于周慎靓王二年，在孟子至魏见惠王后十七年，是下篇约在公元前三三〇年左右作。

C《备城门》《备高临》《备梯》《备水》《备突》《备穴》《备蛾傅》《迎敌祠》《旗帜》《号令》《杂守》

《公输》："子墨子曰：'……然臣子弟子禽滑厘等三百人，已持臣守圉之器，在宋城上而待楚寇矣。'"《备城门》以下各篇讲防御策，系墨家后学根据《公输》而追述的。《备高临》称"禽子"，系禽滑厘的学生语气。《备城门》云"禽滑厘问于子墨子曰"，称禽滑厘之名。乃系禽滑厘再传弟子以后的情形。此系战国中年各小国多被大国所灭，次国以其朝不保夕，大讲防守策，墨子后学乃假墨子与滑厘的问答，而作此守城法六十六则以应世。秦汉时讲防守的成分少,故列在第四期。

(五)第五期——墨子四传弟子在孟子后

A《经说下》

《经说下》系注解《经下》的,《经下》列在第四期,故将《经说下》列在第五期。

B《亲士》《修身》《所染》《法仪》《三辩》

《亲士》有"吴起之裂其事也",吴起死于周安王二十一年,在孟子至魏前四十五年。但此不能限引证必在其时,故《亲士》之作最早不能在周安王二十二年以前,最晚则无可限。孙诒让云:"此篇所论,大抵《尚贤》之余义。"是为墨家三派之外,儒家好墨子之道的所作。《修身》与《亲士》的篇名,亦近于儒家的主张,故均列在第五期。

《所染》:"宋康染于唐鞅、佃不礼……所染不当,故国家残亡。"宋亡于公元前二八六年,距孟子至魏时五十年。《孟子》言宋王行仁政,是孟子未见到宋亡,《墨子·所染》见到,是《所染》在《孟子》后。《法仪》,孙诒让云:"此篇所论,盖《天志》之余义。"《三辩》,孙诒让云:"此篇所论,盖《非乐》之余义。"故列在第五期。

C《贵义》《公孟》《非儒下》

《贵义》"而用仁义"也应列在第四期,但《贵义》所载非全篇为一事,而系载墨子的小事,而且载墨子与其弟子的问答,仿佛《论语》《公孟》亦同此例,故列在第五期。《鲁问》:国家昏乱则语之《尚贤》《尚同》;国家贫,则语之《节用》《节葬》;国家憙音湛湎,则语之《非乐》《非命》;国家淫僻无礼,则语之尊天事鬼;国家务夺侵凌,即语之《兼爱》《非攻》。而无《非儒》在内。《鲁问》列在第四期,故《非儒》列在第五期。又《非儒》系墨家大盛。儒家排斥后的反响,孟子大事排墨运动,故《非儒》在孟子后。

(六)第六期——汉

《耕柱》:"昔者夏后开。"夏后开即夏后启,汉人避汉景[①]帝讳改为开。

[①] 编者案:此处原文为"汉文帝",误。

乙 墨子各篇作者的派别

《韩非子·显学》："自墨子之死也,有相里氏之墨,有相夫氏之墨,有邓陵氏之墨,墨离为三。"《庄子·天下篇》"相里勤之弟子,五侯之徒,南方之墨者,苦获、已齿、邓陵子之属,俱诵《墨经》,而倍谲不同,相谓别墨。"相里氏《元和姓纂》云:"晋大夫里克为惠公所灭,克妻司成氏携少子季连逃居相城,因为相里氏。"现在山西安邑县有北相镇,万泉县四望村有姓相里的。依《庄子·天下篇》以苦获、已齿、邓陵子为南方之墨,则五侯子、相里勤当为北方之墨。

邓陵氏,《元和姓纂》云:"楚公子食邑邓陵,因氏焉。"是邓陵子为楚人,故《庄子·天下篇》列为南方之墨。相夫氏,《元和姓纂》引韩子作"伯夫氏",是原文为伯夫氏,后讹为相夫氏。伯古音读为霸,霸苦音近,夫获音同,是苦获即伯夫的异译。苦获既有异音,而与已齿之名。不类中国,《庄子·天下篇》列为南方之墨,当非楚国而为印度人。

墨家三派,著作的各篇如左:

(一)下派——印度人苦获、已齿派

A《尚贤下》《尚同下》《兼爱下》《非攻下》《节葬下》《天志下》《明鬼下》《非命下》

下篇的文法,完全不类中国。《非攻下》有怪形的神,数目为五分之儿,非中国的现象。《节葬下》说越之东輆沐国食长子,楚南炎人国朽肉埋骨,均非中国的风俗,而且非有交通中国的中原人,是不能知道的。再就篇幅长短言:

字数\篇次\篇名	尚贤	尚同	兼爱	非攻	节用	节葬	天志	明鬼	非乐	非命	非儒	总数	每篇平均数	百分比
上	820	824	5805	420	602		1381		1450	1475		7562	945	3
中	2338	1396	1305	1276	577		2319			980		10191	1456	43
下	1519	1885	2618	2006		2651	2302	2433		1436	1940	16850	2106	47

中国人是"勿多言"的,是上篇系中国人作(详后),每篇平均未过千字,下篇系外国人作,每篇平均在二千字以上,超过上篇的一倍。

B《经上》《经下》《经说上》《经说下》

《经上》《经下》《经说上》《经说下》四篇文体不类中国,而且所含的声学、光学、力学等自然科学非中国所有。其书又系横行书法。均非中国所有的现象。

C《七患》《辞过》

《七患》有"五分之一……五分之二……五分之三……五分之四……五分之五",与中国十分之几情形不同,而且"五分之五"等于一。并有"重其子此疾于队"倒装文法。《辞过》对于住衣食行性的演变,说的很详,这种情形,非看见落后民族的现状,不能如此。

(二)上派——五侯子、相里勤等北方近乎儒家派

A《尚贤上》《尚同上》《兼爱上》《非攻上》《节用上》《天志上》《非乐上》《非命上》

上篇文法与中国先秦诸子完全一致,并且篇幅很短,类乎中国不多言的情形。

B《亲士》《修身》《所染》《法仪》三辩

文法同中国,篇幅亦不长,篇的名称类儒家。

(三)中派——南方邓陵子等,介于儒墨之间派

A《尚贤中》《尚同中》《兼爱中》《非攻中》《节用中》《天志中》《非命中》

中篇文法类下篇,即不类中国。但篇幅长短居中,如上篇平均约一千字,下篇平均约二千字,中篇平均约一千五百字,是中篇作者的一派(三墨之一)介居中外儒墨之间的。或者系中国人而与外人接头日深,文法乃习外人;或系外人与中国人接头日久,文法乃习中国;或系中国南方边地(楚)介居中印之间,中、印文法俱有相当的明了而作此类的文章。

B《大取》《小取》

《大取》《小取》专讲论理学,或系中国人深通外国学术,取墨经中各种科学之一的论理学,因中国人需要此空谈而非实验的科学;乃向外人

勤学此科而著此两篇。

C《耕柱》《贵义》《公孟》《鲁问》《公输》

《耕柱》言墨子能预知千年以后事（详《墨子传》），《贵义》言墨子色黑，《公孟》引《子亦》之书不类中国书名，《鲁问》言楚南啖人国食长子风，非中国人所能知，《公输》言守御事，与《备城门》等篇情形同。这均系中国明了外国情况的。

D《备城门》《备高临》《备梯》《备水》《备突》《备穴》《备蛾傅》《迎适祠》《旗帜》《号令》《杂守》

言守御事，而其方法都很机械的，是中国人受外人影响而作的。

现在把他总合起来，列表于左：

第一期	第二期	第三期	第四期	第五期	最后期
经上	经说上	尚贤上	经下	经说下	耕柱
	大取	尚同上	尚贤下	亲士	
	小取	兼爱上	尚同下	修身	
	辞过	非攻上	兼爱下	所染	
	七患	节用上	非攻下	法仪	
	尚贤中	天志上	节用下	三辩	
	尚同中	非乐上	节葬下	贵义	
	兼爱中	非命上	天志下	公孟	
	非攻中	鲁问	明鬼下	非儒下	
	节用中	公输	非命下		
	天志中		备城门		
	非命中		备高临		
			备梯		
			备水		
			备突		
			备蛾傅		
			迎敌祠		
			旗帜		
			号令		
			杂守		

墨子各篇作派表

第一派	尚贤下 尚同下 兼爱下 非攻下 节葬下 天志下 明鬼下 非命下 经上 经下 经说上 经说下 七患 辞过
第二派	尚贤上 尚同上 兼爱上 非攻上 节用上 天志上 非乐上 非命上 亲士 修身 所染 法仪 三辩
第三派	尚贤中 尚同中 兼爱中 非攻中 节用中 天志中 非命中 非儒下 大取 小取 耕柱 贵义 公孟 鲁问 公输 备城门 备高临 备梯 备水 备突 备穴 备蛾傅 迎敌祠 旗帜 号令 杂守

古代中西的交通

(选自卫聚贤《古史研究·第二集》，上海：商务印书馆，1934年，第733—772页)

引言

一个民族占据一块土地，因地理环境的关系，产生了一种特殊的文化；但同时也因地理环境的关系，而有其他的欠缺；于是乃不断的采取他人之长以补己之短。不过时间愈后而采取的范围愈大。中国当不能自古至今即保守着固有的文化，而没有采取他人的。

欲解决这种问题，先要研究中外的交通；中外的交通在汉武帝使张骞通西域始，已有明白的记载，也为大众所承认；但在秦统一以前，中外的交通有四条道路：

一、西北的陆路交通

西北的陆路交通甚早，在远古已有，不过至春秋战国时而频繁。

甲 人种的迁徙

中国的民族是两元的，其一为殷种族，为中国的土著；其一为夏种族，为高加索种，由西北迁入中国的。当其迁入时，业渔猎游牧生活，迁徙无常，而交通已不断的发生。（另有文详论）。

乙 新石器时代

仰韶期的色彩陶器（Painted Pottery），其花纹与亚述等相同，是在新石器时代东西已有交通。（详安特生《中华远古之文化》）

丙 殷代

中央研究院在安阳发掘殷墟，所得的铜刀，与欧洲第四期铜器时代的兵器同，而且在外蒙西比利亚也找到同样物，往来的路线更为明白。（李济之先生《殷虚铜器五种及其相关之问题》）

丁 春秋时代

春秋时代除由文化的输入，知由巴比仑输入天文的知识，（郭沫若误认为西元前二二〇〇年事），欧洲输入炼铁术，均有专文讨论，兹不详述。惟有齐桓公西伐大夏到新疆，为西北陆路的交通上一重要事件，兹为考证于左：

《国语·齐语》："西征攘白翟之地。至于西河，方舟设泭，乘桴济河，至于石枕，县车束马踰太行与辟耳之谿，拘夏，西服流沙西吴。"《管子·小匡》："西征攘白狄之地。遂至于西河，方舟投柎，乘浮济河，至于石沈，县车束马踰大行与卑耳之貉，拘秦（《霸形》云'而西伐秦'）夏，西服流沙，西虞，而秦戎始从。"《管子·封禅》："桓公曰：'寡人……西伐大夏，涉流沙，束马县车上卑耳之山。'"《史记·封禅书》："桓公曰：'寡人……西伐大夏，涉流沙，束马县车上卑耳之山。'"《史记·齐世家》："桓公曰：'寡人……西伐大夏，涉流沙，束马县车登大行至卑耳山。'"

《管子》系根据《齐语》的，《史记》是根据《管子》的。《齐语》系战国初年作品，（详《古史研究·第一集》），它所载的齐桓公西伐大夏，附带的征服了流沙西吴，《管子》并以附带的征服了秦国，于交通上关系甚大。兹将其地名考证于左：

1. 西河

战国时的西河在今山西的河东，陕西的关中，黄河两岸均是。在山西的西河即子夏教授处，及猗顿牧牛处；在陕西的西河即吴起为太守处，张仪所得之地。汉代的西河则在今山西汾阳一带。齐桓公所经的西河，当是山西河东的西河,汾阳在齐桓公时尚未属晋,亦非途次所经。

2. 济河至石沈

齐桓公既到了山西河东的西河,而以"方舟设泭,乘桴济河",当系在今山西临晋县的茶叶渡吴王渡或永济的风陵渡,因人多用舟渡不便,故用舟为桴桥,"济河"。至于陕西,"石沈"当系陕西一个地名。

3. 太行卑耳

《史记·封禅书》索隐:"卑耳,山名,在河东大阳。"大阳即今山西的平陆县。依《齐语》《小匡》,卑耳应在黄河以西陕甘之地;依《封禅》《世家》,卑耳又在流沙西,应在甘肃西部及青海、新疆之地。前者或为甘肃的六盘山,后者或为新疆的悬渡。

4. 流沙西吴

《禹贡》:"导弱水至于合黎,余波入于流沙。"又曰:"弱水既西",弱水西流,又入于流沙,弱水当在新疆,流沙当是新疆的大沙漠。

西吴亦名西虞,吴虞古字同,古吴有四:一为江苏之吴,乃殷种族沿江而下所遗留的,后为越王勾践所灭;一为山西之吴,系殷种族占有地,(传为舜后,《史记·赵世家》以吴广姓姚),后为晋献公所灭;一为甘肃之吴,系周太伯封地,战国末年曾与秦战,(《石鼓文》"吴人邻亟,朝夕惊惕,载西载北");一为青海之吴,系周太王封其臣长季绰。按此西吴当是青海之吴,《穆天子传》云:"赤乌氏先出自周宗,太王亶父之始作西土,封其元子吴太伯于东吴……封其嬖臣长季绰于舂山之虱,妻以元女。""赤乌"当是"赤吴",亦即西吴;它以太伯封于甘肃陇南之吴为"东吴",而赤乌当是青海的西吴。

5. 大夏

甲 甘肃有大夏

《汉书·地理志》:"陇西郡……大夏县。"《水经注》:"大夏川迳大夏故城南。"

乙 新疆有大夏

《山海经·海内东经》"国在流沙外者,大夏、竖沙、居繇、月支之国……西胡白玉山在大夏东。"

丙 阿富汗有大夏

《史记·大宛传》："大月氏……过宛西、击大夏而臣之。"依《齐语》《小匡》大夏在流沙之东,而且在西吴之东,当甘肃的大夏。但依《封禅》及《世家》文,"西征大夏"为标题,因西征大夏而"涉流沙,束马悬车上卑耳之山"。然后才到大夏,与上文"寡人北伐山戎,过孤竹"例同,是过了孤竹去伐山戎的。如此,则大夏应在流沙之西,"县车束马"即葱岭的"头痛、身热、悬度"的悬度,其大夏当即阿富汗之大夏。此非凭空推测,《博物志》亦有如此记载,它说:"齐桓公出,因与管仲故道。自敦煌西涉流沙往外国。流沙千余里,中无水,时时有伏流处,人莫能知。皆乘骆驼,骆驼知水脉,过其处辄停,不肯行,以足蹋地,人于其蹋处掘之,辄得水。"(《史补》)

《博物志》系晋张华作,时间太晚不足据,但《左传》襄十四年有晋范宣子数姜戎一事:"曰:'来!姜戎氏!昔秦人迫逐乃祖吾离于瓜州,乃祖吾离被苫盖,蒙荆棘,以来归我先君。我先君惠公有不腆之田,与女剖分而食之。今诸侯之事我寡君不如昔者,盖言语漏泄,则职女之由。诘朝之事,尔无与焉!与,将执女!'。"对曰:"昔秦人负恃其众,贪于土地,逐我诸戎,惠公蠲其大德,谓我诸戎,是四岳之裔胄也,毋是翦弃。赐我南鄙之田。……我诸戎饮食衣服,不与华同,贽币不通,言语不达,何恶之能为。"《左传》昭九年,有周使詹桓伯责晋云:"允姓之奸,居于瓜州,伯父惠公归自秦而诱以来,使偪我诸姬,入我郊甸,则戎焉取之。戎有中国,谁之咎也!"

上列的事实,可注意的是:

1. 瓜州有姜戎、允戎二种

姜戎即羌人,系以羊为图腾的民族,与殷民族同种。允戎即甲骨文上𠳭字,有译为"昆吾"的,有释为"猃狁"或"玁允"的,有释为"獯"或"犹"的,有释为"犬戎"的,有释为"曲阳"的,有释为"皀酉"的。原是以犀牛角为酒壶作图腾的夏民族,乃误将上一字释为"昆""犬""允""皀"的。允戎为夏种族，夏种族系高加索的白色人种，《齐语》《小匡》称征"白狄"而为之拘"夏"者即此。

2. 瓜州的地址

《左传》杜预注"瓜州，今敦煌"，《汉书·地理志》"敦煌"注"地生美瓜"……师古曰："即《春秋左氏传》所云允姓之戎，居于瓜州者也，其地今犹出大瓜，长者，狐入瓜中食之，首尾不出。"按现在新疆哈密以产西瓜出名，哈密与敦煌不远，或为古产美而且大的瓜地，故名瓜州。

瓜有四种，曰"西瓜"，曰"东瓜"，曰"南瓜"，亦名"北瓜"，曰"香瓜"或"甜瓜""碎瓜"。所谓"东瓜"者当产于东方，所谓"南瓜"，有的地方名"北瓜"，有的地方名"胡瓜"，当系外国胡地产，由南北两道输入中国，故有"南瓜""北瓜"之名。"香瓜"或为中国土产之瓜，若"西瓜"当系自西方来的。颜师古所谓"大瓜"当是西瓜，因香瓜不能大的可容狐，东瓜、南瓜皮厚而穰不美，狐不食其里，而将身钻入。

3. 惠公诱归

瓜州若在敦煌，则惠公归自秦而诱来的姜戎、允戎两种，系齐桓公伐大夏俘来的。《左传》僖九年"齐隰朋帅师会秦师纳晋惠公"，是晋惠公归秦之年在鲁僖公九年。《左传》僖九年载周宰孔谓晋献公不要会齐桓公于葵丘说："齐侯不务德而勤远略，故北伐山戎，南伐楚，西为此会也，东略之不知，西则否矣。"

这种"远略"即《齐语》《小匡》《封禅》《世家》所载齐桓公自云："寡人北伐山戎，南伐楚，西伐大夏。"而《左传》言其远略，只言"北伐山戎，南伐楚"，而西未言"伐大夏"，而易为"西为此会也"，"此会"即"齐侯盟诸侯于葵丘"的葵丘之会。葵丘在今河南考城县，不能谓为"西"？而更不能与"北山戎，南楚"相比为"远"？宰孔以齐桓公葵丘之会"东略之不知，西则否矣"，是葵丘之会为齐桓公西略的远略最后一次。

齐桓公西伐大夏之年，即"惠公归自秦而诱以来"之年，是齐桓公西伐大夏所俘的白狄、允戎，处于秦国。同时秦穆公藉齐桓公之兵力"负恃其众"，而伐姜戎"贪于土地"，也将姜戎俘归于秦。姜戎因秦人"贪于土地"而被伐,乃积极反对秦人;而允戎之土地亦归于秦,是允戎也有一部分反对秦人。秦穆公藉惠公归晋之时,将姜戎的全部允戎的一部,着晋惠公带领于晋地按插。晋惠公归国,以晋献公所灭虞虢之地,将其人迁于太原,虞虢成为荒墟,乃将姜戎处于虞地"赐我南鄙之田",将允戎处于虢地"入我(周)郊甸"。

允戎之在秦者,仍感不安,至僖公二十二年"秦晋迁陆浑之戎于伊川",杜预注"允姓之戎居陆浑,在秦、晋西北"。允戎不安于秦,势必使与前所迁于虢墟的允戎住于一处而后相安。允戎在秦,虢墟属晋,故秦晋合而迁之于伊川。

《论语》载孔子赞美管仲的功绩,亦可为此事的佐证。《宪问》云:"管仲相桓公霸诸侯一匡天下,民到于今受其赐。微管仲吾其被发左衽矣。""被发左衽"乃是西北民族之俗,《左传》僖二十二年云:"初,平王之东迁也,辛有适伊川,见被发而祭于野者,曰:'不及百年,此其戎乎?其礼先亡矣!'秋,秦、晋迁陆浑之戎于伊川。"杜预注:"允姓之戎居陆浑,在秦、晋西北。"辛有以被发为戎俗,中国人被发而祭,为被发的戎人入于中国的先兆,后来果然被发的允戎入于伊川。《说苑·善说》:"西戎左衽。"是被发左衽为西北的夏民族,将大举攻入中国,管仲相齐桓公西伐大夏,败其众使中国安居,故孔子特为赞美。

《吕氏春秋·简选》:"齐桓公良车三百乘,教卒万人,以为兵首,横行海内,天下莫之能禁,南至石梁,西至酆郭,北至令支。"高诱注:"酆郭在长安西南。"此亦足证明齐桓公曾用兵于西北的。

齐桓公伐大夏,固然是因"非我族类,其心必异"的种族战争,但也有因通商而起的纠纷在内。《管子·轻重甲》"禺氏不朝,请以白璧为币乎?昆仑之虚不朝,请以璆琳琅玕为币乎?……怀而不见于抱,挟而不见于掖,而辟千金者,白璧也,然后八千里之禺氏可得而朝也;簪珥而辟千金者,璆琳琅玕也,然后八千里之昆仑之虚可得而朝也。故物无主,事无接,远近无以相因,则四夷不得面朝矣。"

《管子·揆度》"玉起于禺氏之边山,此度去周七千八百里,其涂远,其至陇。"昆仑在今新疆,禹氏,《管子·揆度》云:"北用禺氏之玉。"唐房玄龄注云:"禹氏西北戎,名玉之所出。"此事不惟《管子》所云,而《尸子》亦言其事:"玉者,色不如雪,泽不如雨,润不如膏,光不如烛。取玉甚难,越三江五湖,至昆仑之山,千人往,百人反;百人往,十人至。中国覆十万之师,解三千之围。"(《御览》八百五引)

《尸子》传为商鞅师尸佼作。若其书不是汉武帝以后人作,以十万人至昆仑指汉武帝伐大宛(汉武帝伐大宛,目的在得天马,据《史记》《汉书》所载,不云取玉),此当指齐桓公西伐大夏事。

秦穆公伐戎事,亦可为佐证。《韩非子·十过》:"秦穆公……以女乐二八遗戎王……戎王见其女乐而说之,设酒张饮,日以听乐,终岁不迁,牛马死半。由余归因谏戎王,戎王弗听,由余遂去之秦,秦穆公迎而拜之上卿,问其兵势与其地形,既以得之,举兵而伐之,兼国十二,开地千里。""终岁不迁,牛马死半",这是游牧的现象,而且是寒带上的现象,他们是逐水草而居,夏则北徙,冬则南徙,而戎王自得秦之女乐,忘却了迁徙,以致冬季"牛马死半"。古代气候较现在为热,新疆一带的气候据《穆天子传》西王母邦的情形也不如现在的寒冷,而戎王所居之地,当在新疆以外西北利亚一带。(与《史记·大宛传》的康居情形同)亦即是秦得大夏后,再进一步灭戎王,故云"兼国十二,开地千里","十二"与"千里"的数目未必真确,而兼国开地是有之。若非齐桓公伐大夏而先得新疆地,何能越新疆而得西伯利亚地?

齐桓公所伐的大夏,虽不能说是张骞所到的大夏,在今阿富汗,但也不是甘肃的大夏。就流沙、昆仑、瓜州等名,而大夏当是《山海经》的"国在流沙外者,大夏"的大夏。齐桓公伐大夏,中西的交通至于新疆;秦穆公伐戎王,而交通远辟至西伯利亚。

戊 战国时代

齐桓公伐大夏的交通,是自山东沿陇海线经潼关、长安、凤翔,再经甘肃的陇南、皋兰、张掖、敦煌至新疆的。而尚有一条路径,是从平汉路河北省邯郸以北赞皇县起,经山西的平定五台出雁门关右玉至绥远的包头、五原，经宁夏及甘肃的皋兰，由西宁至青海巴颜哈剌山，复折而北经甘肃的张掖、敦煌往新疆的于阗。复由于阗往西北疏勒，经天山南路至迪化、哈密，而东经草地至宁夏，沿五原、包头的原路而归——自即《穆天子传》中所载。

1."穆天子……赞皇……"——今本《穆天子传》脱去首一行，兹据宋人所引。（详《古史研究》第一集）是载周穆王从河北赞皇县出发。

2."天子北征乃绝漳水……至于钘山之下，癸未，雨雪，天子猎于钘山之西阿"——钘山据《北堂书钞》作陉山，郭璞注："在今常山石邑县。"是钘山即今井陉（正太路经过），是由赞皇至井陉。

3."绝钘山之队，北循虖沱之阳"——是由井陉西北至山西孟县。

4."犬戎胡觞天子于当水之阳……乃绝隃之关隥"——郭注"隃雁门山也"，是犬戎（昆吾）在今山西五台崞县一带，由此路出雁门关。

5."至于焉居、禹知之平。辛丑，天子西征，至于郀人，河宗之子孙郀柏絮……"——焉居、禹知当是山西平鲁右玉一带，河宗临河，当在托克托附近。

6."西征骛行至于阳纡之山，河伯无夷之所都……逆天子燕然之山"，阳纡山当是五原附近的大青山。

7."自阳纡西至于西夏氏二千又五百里"，原文脱落不详，各据其后总计语补入此段。《水经注》："大夏川经大夏故城南"，是西夏氏当在今甘肃导河一带。

8."自西夏至于珠余氏及河首千又五百里"，是自导河经循化贵德至星宿海（河首）。

9."自河首襄山以西至于春山珠泽昆仑之丘七百里"，是由鄂陵海至巴颜哈剌由（昆仑）。

10."自春山以西至于赤乌氏三百里，东北还至群玉之山，截春山以北，自群玉之山以西，至于西王母之邦三千里"，是由青海巴颜哈剌山北绕布尔汗布达山，而西至新疆的于阗。

11."自西王母之邦北至于旷原——千有九百里"，由于阗至疏勒巴楚乌什的大旷原。

12. "宗周至于西北大旷原万四千里",这是一个总数。言"宗周"为误,按其出发在河北赞皇,其归在河南洛阳,他说"自宗周瀍水以西",郭注:"瀍水在洛西,洛即成周也。"

以上是由中国往西北去的路程,若由西北回来,不必再绕青海,他说:"宗周至于西北大旷原万四千里。乃还,东南复于阳纡七千里。"按它"自阳纡西至于西夏氏二千又五百里,自西夏至于珠余氏及河首千又五百里,自河首襄山以西南至于舂山、珠泽、昆仑之丘七百里,自舂山以西至于赤乌氏舂山三百里,东北还至于群玉之山,截舂山以北,自群玉之山以西至于西王母之邦,北至于旷原之野,飞鸟之所解其羽,千有九百里",共为九千九百里,而自大旷原至阳纡为七千里,短少了二千九百里,是没有绕青海,而由新疆的疏勒(大旷原)从天山南沿西套蒙古到了河套的,再从河套到了中原。

《穆天子传》中的路程,已明白了,而《穆天子传》相传是周穆王作的,其交通应列在西周,不应列在战国。但按它的文法,介词用"於"字,而少一"以"字,数目中无"又",均表显着战国初年的作品。而且大地名在小地名后,省略名词,数目中省略十字,用夏正,走的路线和出发点,赐的是胡人特产物,得的是胡人必需品,用的是土耳其方言,均足以证明它是战国时中山人的作品。

在春秋时相传周穆王"周行天下"的,俱无事实可证,到了战国初年魏文侯伐中山灭之,得到中山国人的《西游记》,直至魏襄王好古,招集文学之士编辑古书,除《纪年》《逸周书》等外,乃根据中山人的《西游记》而加上周穆王的名称,成为今本《穆天子传》卷一至卷四,又据其传说而作了东征南征的一卷,即《穆天子传》第五卷,另有"周穆王盛姬死事"一卷,现在也列在《穆天子传》内为第六卷,今本共计六卷。(详《古史研究》第一集《〈穆天子传〉的研究》)

《穆天子传》的原本只有日及方向,如"癸亥,天子南征",而没有"又南〇〇里"的里数,于是魏襄王时改作《西游记》,用着他(魏襄王)当时在西北交通的情形,假托周穆王的,而列在《穆天子传》第四卷末云:"庚辰,天子大朝于宗周之庙,乃里西土之数。曰:'自宗周瀍水以西,至于河宗之邦,阳纡之山,三千又四百里;自阳纡西至于西夏氏二千又五百里;自西夏至于珠余氏及河首千又五百里;自河首襄山以西南至于春山、珠泽、昆仑之丘,七百里;自春山以西至于赤乌氏春山三百里;东北还至于群玉之山,截春山以北,自群玉之山以西,至于西王母之邦三千里;自西王母之邦,北至于旷原之野,飞鸟之所解羽,千有九百里;宗周至于西北大旷原万四千里。乃还,东南复至于阳纡七千里;还归于周三千里。各行兼数三(疑为二)万有五千里。'"

出发地在河北赞皇,它计里数"自宗周瀍水以西",自知由宗周至赞皇的一段路程,原文不载,乃于第四卷最后补入一段云:"吉日,甲申,天子祭于宗周之庙,乙酉,天子〇六师之人于洛水之上,丁亥,天子北济于河〇羝之队,以西北,升于盟门九河之隥,乃遂西南。仲冬,壬辰,至囂山之上,乃奏广乐三日而终。吉日,丁酉,天子入于南郑。"它的错误是:1. 瀍水在洛阳,洛阳为成周而称为宗周——《穆天子传》作时(魏襄王)为东周,故云瀍水,而穆王为西周人物,其都名宗周,故又名宗周,是将东周、西周分不清楚。2. 宗周附近有郑,而南郑在汉中,误将宗周附近之郑称为南郑——《左传》言穆王将没于祇宫,《纪年》言穆王元年筑祇宫于南郑,遂误南郑为宗周。

它既有错误,当非根据原书照抄,是就他自己的地理知识而加入的。他加入了"自宗周瀍水以西……至于西北大旷原万四千里。……"当是战国时魏国往西北的一条大道,而其中分为阳纡、西夏、河首等段落,当是当时的大都会。

这一段路程在《战国策·赵策》苏厉上赵王书也说到:"秦……踰勾注禁常山而守,三百里通于唐、曲吾,此代马胡驹不东,而昆山之玉不出也。"赵国往西域也是这条路,被秦人截断了,昆仑山的玉就不能到赵。

西北的陆路在春秋战国时有两条路,一从陕西甘肃到新疆,一由河北、山西、绥远、宁夏、甘肃入新疆,由新疆逾葱岭而与外人交通,如《穆天子传》载在昆仑山以东是"再拜稽首",在昆仑山以西是"膜拜"。"稽首",郭注云"稽首,首至地也",为中国的叩首礼;"膜拜",郭注云"今之胡人礼佛,举手加头,称南膜拜者,即此类也",为西人的举手礼。又如云"至于黑水,西膜之所谓鸿鹭",印度音名黑为(Kala)及"爰有答堇,西膜之所谓木禾",印度名小豆为 Nasuzaho 是昆仑以西已受印度的宗教等影响,新疆为中西交通的中心地点。

此外如日人藤田丰八以《诗经》"兕觥其觩,旨酒思柔,彼交匪敖,万福来求"(《小雅·桑扈》),"朋酒斯飨,曰杀羔羊,跻彼公堂,称彼兕觥,万寿无疆"(《豳风·七月》)。他以为印度有"在其沼泽(Hyehasis),捕一角犀,以其角作酒杯,而有灵妙之力(解毒使人长寿)",以为由印度在上古即传入中国。这是他倒因为果的。

中国北部夏种族有以仿犀牛角作陶壶的民族,即用犀角作图腾,如甲骨文中有"癸丑,卜,在▆贞王旬亡咎,在二月"(《殷墟书契前编》卷二第十四夏第二块第二条)同块第四条有"▆",罗振玉释为"▆▆",此就字形写出,等于未释。此字音义形均全,▆为犀牛,▆为酒壶,▆为音,五字古音读丫,与犀字古音同。是将音标出的,有的不标音,为▆▆即《殷墟书契前编》卷七第十八页的"乙丑,卜,王贞,余代狁",及《龟甲兽骨文字》卷二第十五页的"庚寅,卜,贞,乎雀伐犹"。

上一字则有释为"昆"的,如"昆吾""混夷""绲戎"。有释为"允"的,如"狁允""玁狁""允姓之戎";有释为"犬"的,如"犬戎""犹""猷";罗振玉释为"▆"。至《汉书·地理志》"余吾","上曲阳""下曲阳"均是由音的转变。中一字多释为"五"。下一字有释为"口"字,如昆吾的"吾"字下的"口"字。有释为"酉"的,如"犹""猷"。在陶器未发明以前,饮器则用犀角,因原始人类,战败野兽,取其最凶猛之部,悬之于身,以示勇武,犀当取其角。其角为直不如牛羊角之湾曲,于其空中实木柄可为枪以杀物,故杀字为犀字变形。待至陶器发明,乃仿犀牛角作酒壶,山西万泉新石器时代遗址中的酒器为▆形。甲骨文酒字作▆

形,左三点代表水。《吕氏春秋·君守》"昆吾作陶",《说文》"壶,昆吾圜器也"。

壶(即酒壶)为昆吾人所发明,以之作为图腾,故其后人用此原物(兕觥)饮酒,以为长寿有吉祥义,是崇拜图腾的遗传。尖底酒器在中国北方新石器时代遗址及殷墟有,在欧洲地中海沿岸的新石器时代遗地中亦有。夏为高加索种,东下至中国以犀角作图腾,其后人如《小雅》《豳风》的作者尊其遗风以兕觥饮酒为祥,其遗风传至印度,也是以犀角杯饮酒为祥,不过其遗物传至地中海而为尖底器。以犀角饮酒有吉祥义,是印度在西周时受中国的影响,不是中国在上古受印度影响的。

藤田丰八又以《左传》襄三十年、昭公十二年的"复陶",汉时名为白垒布,系波斯语或土耳其语的(Pakhta,Pagtak,Pugtak)的异音。此物在汉时由西方传入中国,在春秋时秦、晋已有,是由西方传来的。他又以秦始皇的到处刻石颂扬功德,是受了波斯及印度的影响。又以《史记·秦始皇本纪》三十三年载"禁不得祀",以"不得"为"浮屠",以佛教已传入中国了。——其详见《中国石刻的由来》。

总之,西北陆路交通甚早,因与政治上少直接关系,故记载的多零碎片段,合而观之,则为可信。

二、西南陆路的交通

西南陆路的交通,有一总路曰孟永线,即由印度孟加拉湾至云南永昌(保山县)。其分路有三:一为永粤路,即由永昌经广西至广东的。一为永浙路,即由永昌沿五岭山脉的山南至浙江。一为永蜀路,即由永昌至四川。一为永楚路,即由永昌至楚国。兹为分言于左:

甲 孟永路

A 《山海经》所载

孟加拉湾至永昌的,首为《山海经》所载。《山海经》的《山经》共为五篇,第一篇为《南山经》,而第一段为《南山经》,第二段为《南次二经》,第三段为《南次三经》,除《南次二经》为永浙北路,《南次三经》为永浙南路

241

的路线详后外,而《南山经》所载即孟永路的路线。

《山海经·南山经》云:

1. 《南山经》之首曰"䧿山"。
2. 其首曰招摇之山,临于西海之上。

    多桂。

    多金玉。

    有草焉,其状如韭而青华,其名曰祝余,食之不饥。

    有木焉,其状如榖而黑理,其华四照,其名曰迷榖,佩之不迷。

    有兽焉,其状如禺而白耳,伏行人走,其名曰狌狌,食之善走。

    丽麈之水出焉,而西流注于海。

    其中多育沛,佩之无瘕疾。

3. 又东三百里曰堂庭之山。

    多棪木。

    多白猿。

    多水玉。

    多黄金。

4. 又东三百八十里曰猨翼之山。

    其中多怪兽。

    水多怪鱼。

    多白玉。

    多蝮虫。

    多怪蛇。

    多怪木,不可以上。

5. 又东三百里曰杻阳之山。

    其阳多赤金。

    其阴多白金。

    有兽焉,其状如马而白首,其文如虎而赤尾,其音如谣,其名曰鹿蜀,佩之宜子孙。

怪水出焉,而东流注于宪翼之水。

其中多玄龟,其状如龟而鸟首虺尾,其名曰旋龟,其音如判木,佩之不聋,可以为底。

6. 又东三百里柢山。

多水。

无草木。

有鱼焉,其状如牛,陵居,蛇尾,有翼,其羽在魼下,其音如留牛,其名曰鯥,冬死而夏生,食之无肿疾。

7. 又东四百里曰亶爰之山。

多水。

无草木。

不可以上。

有兽焉,其状如狸而有髦,其名曰类,自为牝牡,食者不妒。

8. 又东三百里曰基山。

其阳多玉。

其阴多怪木。

有兽焉,其状如羊,九尾,四耳。其目在背,其名曰猼訑,佩之不畏。

有鸟焉,其状如鸡,而三首,六目,六足,三翼,其名曰𪄀䳌,食之无卧。

9. 又东三百里曰青邱之山。

其阳多玉。

其阴多青䨼。

有兽焉,其状如狐而九尾,其音如婴儿,能食人,食者不蛊。

有鸟焉,其状如鸠,其音若呵,名曰灌灌,佩之不惑。

英水出焉,南流注于即翼之泽。

其中多赤鱬,其状如鱼而人面,其音如鸳鸯,食之不疥。

10. 又东三百五十里曰箕尾之山,其尾踆于东海。

多沙石。

汸水出焉,而南流注于淯。

其中多白玉。

凡䧿山之首,自招摇之山,以至箕尾之山,凡十山,二千九百五十里。

其神状皆鸟身而龙首。

其祠之礼:毛,用一璋玉瘗,糈用稻米,一璧,稻米,白菅为席。"

《山海经·南山经》全文如上(今本脱去"又东三百五十里曰○○之山"一条,)而䧿山为一个大山脉,招摇山乃䧿山脉之一支,招摇山"临于西海之上",而箕尾山是"其尾踆于东海",而这个西海与东海相距为"二千九百五十里",是"自招摇之山,以至箕尾之山,凡十山,二千九百五十里"系印度支那半岛,"临于西海"的西海即印度的孟拉加湾,"踆于东海"的东海即安南的东京湾。

招摇山产"育沛",章鸿钊以为"育沛即琥珀也",产于缅甸(详《石雅》)其理由是:

1. 育沛与琥珀音相近。

2. 《本草纲目》引宋、大明《本草》云:"琥珀破结瘕",则功用并同。

3. 以《蜀都赋》《后汉书》《博物志》樊绰《蛮书》等所载琥珀产于"永昌城界西去十八日程,琥珀山掘之"。现在以缅甸北境所产为世界第一,"其地望若相准"。

他以育沛的名称用途产地均与琥珀同,而以育沛产于缅甸北境,而招摇之山,当在缅甸,以其"临于西海之上",当在孟加拉湾,是䧿山即今阿剌山脉,招摇山即贝拉山。自招摇山曰"又东……又东"一直向东至箕尾山为止,由招摇山至箕尾山为二千九百五十里,是由印度贝拉山向东三千里处,当在云南永昌附近。《南次二经》乃是接《南山经》之首的,而《南次二经》之首云:"《南次二经》之首曰柜山……英水出焉,西南流于赤水。"云南的富良江在安南名红河,是赤水当即红河,而柜山当在永昌附近。《三国志·魏志》卷三十注引《魏略》云:"大秦道既从海北陆通,又循海而南与交趾七郡外夷，北又有水道通益州永昌，故永昌出异物。"《史记·大宛传》："……滇越而蜀贾间出物者或至焉。"《史记·西南夷传》："滇池……巴蜀民或窃出商贾，取其筰马、僰僮、髦牛，以此巴蜀殷富。"是永昌为西南陆路交通的一个大都会。

B 《史记》所载

孟永路亦即蜀贾人将邛竹杖蜀布售于印度并转售于大夏的一条路。《史记·大宛传》："大夏民多，可百余万，其都曰蓝市，城有市贩贾诸物……骞曰：'臣在大夏时，见邛竹杖、蜀布，问曰："安得此？"'大夏国人曰：'吾国贾人往市之身毒。'身毒在大夏东南，可数千里……有蜀物，此其去蜀不远矣。"《史记·西南夷传》："元狩元年博望侯张骞使大夏来言，居大夏时，见蜀布邛竹杖，使问所从来，曰：'从东南身毒国可数千里，得蜀贾人市。'"

C 《后汉书》所载

孟永路在一世纪时仍通行，《后汉书·南蛮西夷传》云："永元九年，徼外蛮及掸国王雍由调遣使重译，奉国珍宝！永宁元年，掸国王雍由调复遣使者，诣阙朝贺。献乐及幻人，能变化吐火，自支解，易牛马头，又善跳丸，数乃至千。自言我海西人，海西即大秦也。掸国西南通大秦。"掸国即 Shaii Stute 其地在今缅甸之东暹罗之北，云南之西南，是大秦（罗马）至中国要经过掸国，而从孟永路来的。

乙 永浙路

永浙路是依《南次二经》而考定的：

1. "南次二经之首曰柜山……英水出焉，西南流于赤水；……"
2. "东南四百五十里曰长右之山；……"
3. "又东三百四十里曰尧光之山；……"
4. "又东三百五十里曰羽山，……"
5. "又东三百七十里曰瞿父之山"
6. "又东四百里曰句余之山"
7. "又东五百里曰浮玉之山……苕水出于阴，北流注于具区"

8. "又东五百里曰成山……閭水出焉,而南流注于虖勺"

9. "又东五百里曰会稽之山……勺水出焉,而南流注于湨"

10. "又东五百里曰夷山,湨水出焉,而南流注于列涂"

11. "又东五百里曰仆勾之山"

12. "又东五百里曰咸阴之山"

13. "又东四百里曰旬山……旬水出焉,而南流注于阏之泽"

14. "又东四百里曰虖多之山……滂水出焉,而东流注于海"

15. "又东五百里曰区吴之山……鹿水出焉,而南流注于滂水"

16. "又东五百里曰鹿吴之山……泽更之水出焉,而南流注于滂水"

17. "东五百里曰漆吴之山……处于海"

"凡《南次二经》之首,自柜山至于漆吴之山,凡十七山,七千二百里",它的第一个山柜山的英水西南流入赤水,赤水当是红河,是柜山在永昌附近。由永昌向东走,各水俱南流,而苕水向北流,是沿着一个分水岭的大山脉,即是顺五岭山脉东行,苕水当是沅江,具区当是洞庭湖,除苕水外均向南流,而南流的未直接流于海,是沿着五岭山脉的山阳向东走。滂水东流于海,而东的鹿水泽更水注入滂水,滂水长在千里以上,而且东流于海,是滂水当为浙江。区吴、鹿吴、漆吴,当是吴地诸山。漆吴山处于海,当是海中的一岛,即舟山群岛,由漆吴山东望丘山,其光载出载入,是惟日次,丘山当是台湾。此段路程共长七千二百里,由永昌至舟山群岛其距离相当。但此段路程似乎作《山海经》的人除去首(柜山——句余)尾(虖多——漆吴)他亲到其地外,余为耳闻的,因他的"五百里"的路程太整齐了。

丙 永粤路

永粤路是由永昌至广州的,以《南次三经》为考证。《南次三经》云:

1. "《南次三经》之首曰天虞之山"

2. "东五百里曰祷过之山……浪水出焉,而南流注于海"

3. "又东五百里曰丹穴之山……丹水出焉,而南流注于渤海"

4. "又东五百里曰发爽之山……汎水出焉,而南流注于渤海"

5. "又东四百里至于旄山之尾"

6. "又东四百里至于非山之首"

7. "又东五百里曰阳夹之山"

8. "又东五百里曰灌湘之山"

9. "又东五百里曰鸡山……黑水出焉,而南流注于海"

10. "又东四百里曰令丘之山"

11. "又东三百七十里曰仑者之山"

12. "又东五百八十里曰禺槀之山"

13. "又东五百八十里曰南禺之山……佐水出焉,而东南流注于海"

"凡《南次三经》之首自天虞之山,以至南禺之山,凡一十四山,六千五百三十里"。

天虞山,郝懿行注"案山当在交广也"。浪水,《水经注》云"浪水又东至南海番禺县",浪水当是珠江的西江。南禺山当是番禺,今之广州,是自云南永昌经广西而至广东的。此段路程在汉武帝时尚通行,《史记·西南夷传》云:"唐蒙风指晓南越,南越食蒙蜀枸酱,蒙问所从来,曰:'道西北牂牁,牂牁江广数里,出番禺城下。'蒙归至长安问蜀贾人,贾人曰:'独蜀出枸酱,多持窃市夜郎。夜郎者,临牂牁江,江广百余步,足以行船。南越以财物役属夜郎,西至同师,然亦不能臣使也。'"

丁 永蜀路

永蜀路是由永昌至四川的,此路在汉武帝以前已通行。《史记》《汉书》云"滇越而蜀贾间出物者或至焉"(《史记·大宛传》);"滇池……巴蜀民或窃出商贾,取其筰马、僰僮、髦牛,以此巴蜀殷富"(《史记·西南夷传》);"元狩元年博望侯张骞使大夏来言,居大夏时,见蜀布邛竹杖,使问所从来,曰'从东南身毒可数千里,得蜀贾人市'"(《史记·西南夷传》);"唐蒙归至长安间蜀贾人,贾人曰'独蜀出枸酱,多持窃市夜郎'"(《史记·西南夷传》);"邛筰冉駹者近蜀……秦时尝通……"(《史记·司马相如传》);"巴蜀广汉本南夷,秦并以为郡,土地肥美,有江水沃野、山林竹木、疏食果实之饶,南贾滇僰、滇僰僮;西近邛筰,筰马牦牛"(《汉书·地理志》)。这段路程在战时已通,《国策·秦策》载司马错言伐蜀之利,有"利尽西海",这"西海"即《山海经·南山经》招摇山临于西海之上的"西海",即印度孟加拉湾,因永蜀路、孟永路的交通,则可以得到海外的奇物。

戊 永楚路

永楚路是由永昌至楚国的一条路,此条路虽无明文,然由楚所产的物品上言,似有交通的。《国策·楚策一》:"楚……乃遣使车百乘,献鸡骇之犀、夜光之璧于秦王。"《国策·楚策三》:"黄金、珠玑、象犀出于楚。"《楚辞·九歌·东皇太一》:"璆锵鸣兮琳琅。"

按《后汉书·西域传》言大秦"多金银奇宝,有夜光璧、明月珠、骇鸡犀、珊瑚、琥珀、琉璃、琅玕、朱丹、青碧……",产于大秦(罗马)的夜光璧、鸡骇犀、琅玕。而"明月珠",孔拉第以为即印度的魔法石,由月光构成的(Handrakanta),楚均有此物。当是楚于永楚路,由楚国至永昌,再由永昌至孟加拉湾,再由海道至罗马的。

三、东北海道

东北海道在春秋初年已通,《左传》僖四年齐桓公召陵之会时,陈谋以其师"出于东方,观兵于东夷,循海而归……齐侯许之"。是由淮水入海处射阳河口入海绕入勃海自淄河口登岸。不过这是由淮水至山东的,而由淮水至浙江一段在春秋末年已通,《国语·吴语》"越……率师沿海泝淮……",但这一条海道是否通至远洋,成为问题。《管子戒》:"桓公将东游,问于管仲曰:'我游犹轴转斛,南至琅邪。'"《晏子春秋·问下》第四"景公出游问于晏子:'吾欲观于转附朝舞,遵至琅琊。'"《孟子·梁惠王下》"昔者齐景公问于晏子曰:'吾欲观于转附朝儛,遵海而南,放于琅琊。'"上管子以为是齐桓公,晏子、孟子以为是齐景公,所游之地除琅琊外,而"转附朝舞"与"犹轴转斛"不同。

《管子》尹知章云:"言我之所游,必有所济,犹轴之转载斛石。"《孟子》赵岐注:"转附朝儛,皆山名也。"孙星衍以:"赵歧以为山名,盖因下琅琊推知之，齐实无此山也。"而以"当从《管子》……犹轴转斛，盖欲如轴舻转载斛石，是时齐海运，故景公欲浮舟而南。观《孟子》从流下从流上益信"。藤田丰八以《孟子》的"转附朝儛"，《晏子春秋》的"转附朝舞"，系佛语"瞻部洲，阎浮提洲，剡浮洲，咱哺"的异译，就是梵语的Jambu dvioa对音。《管子》的"转斛"即晏子、孟子的"朝舞"。《管子》的"犹轴"即晏子、孟子的"转附"，"犹""繇"古同字，"繇"亦读如尧，"尧""朝"音同，"轴""舞"音近，如此，则尹知章、孙星衍之解释有误。

孙星衍以"转附朝舞"为"齐实无此山也"，藤田丰八以为即印度传说中之南方地名。此为印度的神话传入中国，齐景公曾欲往游，而为晏子所劝阻。此与《庄子·山木》载市南宜僚见鲁侯，劝往游越南建德国情形同："市南宜僚见鲁侯，鲁侯有忧色，市南子曰：'……南越有邑焉，名为建德之国，其民愚而朴，少私而寡欲，知作而不知藏，与而不求其报，不知义之所适，不知礼之所将，猖狂妄行，乃蹈乎大方，其生可乐，其死可葬。吾愿君去国捐俗，与道相辅而行。'君曰：'彼其道远而险，又有江山，我无舟车……彼其道幽远而无人，吾谁与为邻；吾无粮，我无食安得而至焉？'市南子曰：'……君其涉于江而浮于海，望之而不见其崖，愈往而不知其所穷，送君者皆自崖而反。'"

"建德"为"转附"的异音。

《孟子》之文是"吾欲观于转附朝舞，遵海而南，放于琅琊"，是说要到转附朝舞去，其路线是遵海而南，到了琅琊再放于大海，与《庄子》以鲁侯往游建德，须涉江而浮于海同，因在齐景公时琅琊为大海口，故由临淄先至琅琊；鲁侯时（战国末年）杭州为大海口，故由曲阜先涉江至杭州。不过《晏子》改为"遵至琅琊"亦不明显，《管子》改为"南至琅琊"失其原义。

今本《山海经》的次序为《南山经》《西山经》《北山经》《东山经》《中山经》，《海外经》为《海外南经》《海外西经》《海外北经》《海外东经》。《山经》以《南山经》为首，《海经》亦以《海外南经》为首，而南下均接西，但按《海外南经》之首者"地之所载……"一段序文外，而有"海外自西南陬至东南陬者"，《海外西经》有"海外自西南陬至西北陬者"，《海外北经》有

"海外自东北陬至西北陬者",《海外东经》有"海外自东南陬至东北陬者",指明方向的记载,除南西东三经方向相同外,而北方与其文内所记的方向相违,《海外北经》首言"海外自东北陬至西北陬者",是由东北至西北,依例《海外北经》中所载为"在其西……西……西,……"而今其文为"无脊之国在长股东……一目国在其东……在一目东……"而为在东,是今本的次序为刘向所乱。

《海外南经》的末一山为"狄山,帝尧葬于阳……",而《海外东经》之首为"𨥥丘……在尧葬东",是《海外南经》之尾与《海外东经》之首衔接。《海外西经》之末为"长股之国……",《海外北经》之首为"无脊之国,在长股东",是《海外西经》之末与《海外北经》之首相衔接。《海外南经》之首为"结匈国在其西南",《海外西经》之首为"灭蒙鸟在结匈国北",是《海外南经》之首与《海外西经》之首相衔接。如此,《海外经》的方向为由西南角至东南角再至东北角,由西南角至西北角再至东北角,是《海外东经》之尾与《海外北经》之尾相衔接。

《海外经》的方向既明了,《山经》的方向亦是如此。当是《南山经》《东山经》《西山经》《北山经》《中山经》。如此,则《南山经》之尾与《东山经》之首相衔接。

《山海经》所表现的路线,《南山经》是孟永路,《南次二经》的永浙路,《南次三经》是永粤路,由广州由浙江至中国中原时,都由海道,因陆路多山,而且有楚吴越隔陔。以《南山经》之尾接《东山经》之首,除去中间一段水路,则《东山经》之首,当为东北海道的海口。《东山经》云:

1. "《东山经》之首曰:'樕𧏡之山,北临乾昧,食水出焉,而东北流注于海"

2. "又南三百里曰藟山……湖水出焉,东流注于食水"

3. "又南三百里曰枸状之山……氿水出焉,而北流注于湖水"

4. "又南三百里曰勃㕌之山"

5. "又南三百里曰番条之山……减水出焉,北流注于海"

6. "又南四百里曰姑儿之山……姑儿之水出焉,北流注于海"

7. "又南四百里曰高氏之山……诸绳之水出焉,东流注于泽"

8. "又南三百里曰岳山……泺水出焉,东流注于泽"

9. "又南三百里曰豺山"

10. "又南三百里曰独山……末涂之水出焉,而东南流注于沔"

11. "又南三百里曰泰山……环水出焉,东流注于江"

12. "又南三百里曰竹山,錞于江……激水出焉,而东流注于娶檀之水"

由樕螽山至泰山为三千二百里,而在樕螽山以下皆曰"又南",而泰山正北三千里处无山,惟东北方面有山,是樕螽山应在泰山东北三千里处,当在烟台附近。而"樕螽"与"芝罘"音近,当是芝罘。

《庄子·逍遥游》"《齐谐》者,志怪者也,《谐》之言曰:'鹏之徙于南冥也,水击三千里,抟扶摇而上者九万里。'"藤田丰八以大鹏即印度的金翅鸟(Snparna)其飞非常迅速,转瞬之间,可从大洋此岸达于彼岸。大鹏为印度的金翅鸟,而记载的《谐》书,当是印度的梵文书,或中国人译成中文书。既称其书为"《谐》之言曰",何又于"谐"上加一"齐"字为"齐谐"? 他说《齐谐》者,志怪者也",何以志怪之书不言为《晋谐》《楚谐》《秦谐》《卫谐》,而独言为《齐谐》! 当是齐国为海口,齐人多译或抄袭其印度的书,以其"志怪"而名"谐",以为齐人译或抄袭而名《齐谐》。

《孟子》以不近情理(合乎中国人心理)的话,谓为"齐东野人之语也",何以不言为齐西、齐北、齐南,而言为"齐东"? 当是齐东为海口,传入中国未听过的话,以为"齐东野人之语也"。齐东当是芝罘。《史记·秦始皇本纪》记秦始皇于二十八年东巡是"上邹峄山……上泰山……穷成山,登芝罘……南登琅琊",于这五处都有立颂功德碑,除峄山、泰山在内地外,成山、芝罘、琅琊均临海。而秦始皇于二十九年第二次东巡则"登芝罘……遂之琅琊",未至成山,可知成山为斗入海中,第一次所巡为的是至于极东,第二次只至芝罘、琅琊,是芝罘、琅琊为海口。

《山海经》最末一篇(第十八)的《海内经》,首云:"东海之内,北海之隅,有国名曰朝鲜、天毒,其人水居。"郭注:"朝鲜,今乐浪郡也,天毒即天竺国。"而这"东海之内,北海之隅,有国名曰朝鲜"是对的,而云"东海之内,北海之隅,有国名曰天毒"则错了。印度在中国西南,不在"东海之内,北海之隅"的。但《山海经》何以有这样的错误?当是朝鲜人由东北海至芝罘登岸,印度人也是在芝罘人登岸,朝鲜距中国近,知道她是在"东海之内,北海之隅";印度为远,不能知其所在,但它与朝鲜都从东北登岸,是朝鲜印度当相去不远是都在"东海之内,北海之隅"的。

《山海经》说印度在"东海之内,北海之隅"是错了。但由其错处,知道印度与中国交通是从山东登岸的。这段路程,以至晋时法显自印度狮子国(锡兰岛)归,还是这样。

琅琊之为海口,除《孟子》《晏子》载齐景公之所至,《史记》载秦始皇之所登外,而琅琊的名称,是由其口输入"琅玕"而得名。琅玕,《石雅》云:"产于兴都库什山北的巴达克山,是以《穆天子传》说产于采石山,《山海经》说产于挽江山及昆仑山,《禹贡》云为雍州贡品。此皆从西北陆路输入而名'琅玕'。"《后汉书·西域传》说大秦(罗马)产琅玕,《南史·中天竺传》说"西与大秦、安息交市,多大秦珍物琅玕",是琅玕也有从印度人手由海道输入中国的,"琅玕"与"琉璃""玻璃"同为译音,在中国无意义,而且二字拆开,其一字无解,显为译音。译音有译为"琅玕"的,有译为"琅琊"的,因"干""牙"古音同。

山东省立图书馆在琅琊附近得汉延熹时琅琊王相的墓表,其形与南京栖霞山附近梁墓前的墓表同,柱为图形,有凹条向内,与洋房前两根大柱为希腊式的同,柱靠近上端有横石一条,横石下有飞人。柱与横石洽成十字架,为耶稣教在东汉末年传入中国之证。

此外如王嘉《拾遗记》云:"燕昭王七年,沐胥之国来朝,则申毒国之一名也。"《拾遗记》虽为晋时人作,而《史记·封禅书》云:"自齐威宣之时,驺子之徒,论著《终始五德之运》,及秦帝而齐人奏之,故始皇采用之。"《孟荀列传》云:"驺子重于齐,适梁,梁惠王郊迎,执宾主之礼,适赵,平原君侧行襒席;如燕,昭王拥彗先驱,请列弟子之座而受业,筑碣石宫,身亲往师之,作《主运》。"邹衍除根据《山海经》作《谈天》外,墨子曾将印度的四大——地水火风,与中国的六府——金木水火土谷,混合之成为五行,邹衍扩而大之,成《终始五德之运》,荀子因骂其"按往旧造臆说,谓之五行"。中国在燕昭王方士已盛,而《拾遗记》所载印度遣使至燕较为可靠,况燕都考古团在河北易县发掘燕都,其陶器上的几何形花纹类苗民,鸟兽之怪类印度,在燕昭王时与印度有交通,诚属可能。

此外如在南洋婆罗洲砂勝越河口(Santobng)一个高三千尺小坵上,曾发现纪元前六百年与一百二十年及纪元五百八十八年后的中国货币(见日人深尼太郎所著的《殖民地大鉴砂勝越国》,Baring Gould and Bampfilde 所著的《砂勝越史》)。

四、东南海道

东南海道系战国末年所开辟,楚败越后,越人徙于浙江以南,故以杭州为东南海口。其事以《庄子》为据:"子不闻夫越之流人乎?去国数日,见其所知而喜;去国旬月,见所尝见于国中者喜;及期年也,见似人者喜矣。"(《徐无鬼》)离开家乡愈远其所喜的范围愈大,这是行远道已久的经验话,而《庄子》云为"越之流人",是越之航海者。"市南宜僚见鲁侯,鲁侯有忧色,市南子曰:'……南越有邑焉,名为建德之国……吾愿君去国捐俗,与道相辅而行。'君曰:'彼其道远而险,又有江山,我无舟车,奈何?'市南子曰:'……君其涉于江,而浮于海,望之而不见其崖,愈往而不知其所穷,送君者皆自崖而反。'"(《山木》)鲁侯欲往建德,是先要"涉于江",然后"浮于海","涉于江"当是渡过长江,渡过长江而南的第一海口当为杭州。《史记·越世家》:"楚威王兴兵而代之,大败越,杀王无疆,尽取故吴地至浙江……而越以此散。"《庄子》此语在楚威王败越而得有浙江后(以越称为"南越",)若在其前,而越会都于琅琊,当以琅琊为海口,越败散于浙水以南,当以浙水北的杭州为海口。

"南方有鸟,名曰鹓鶵……鹓鶵发于南海而飞于北海,非梧桐不上,非练实不食,非醴泉不饮"(《秋水》),鹓䲦当是南洋利孤生番所呼为 Banlock 鸟,《南荒民族》云"黄金雀"一名惊鸟,华侨也有呼它为黄雀的;马罗居的生番,呼它为沙鸡(Saki);利孤的生番,呼它为万绿(Banlock);旧人即名其为极乐鸟,或小凤凰;欧人则名之为义鸟。……雀重不过数两,而当价极涨时,竟至每只值银百盾……价格之高,直过黄金,真不愧其名之为黄金雀了。……雀在黑漆漆的夜里及炎热甚的午间,不知其眠息何处(或谓在危崖中浓密的灌木丛中作巢)迨至早晨五点至八点与午后三点至六点,天气清和之候,则群出飞集于十余丈高的"雀树"顶上。"群雀,少者一二对,多者至四五十只,以木实果腹,不吃昆虫等物;其早晚嬉戏的场所,亦只有二种乔木——雀树——上,而不栖止别树,有点像中国的凤凰,非竹实不食,非梧桐不栖的样子。"

《山海经·南次三经》的南禺之山有"凤凰鹓䲦",郭璞注鹓䲦云"亦凤属",实际凤凰即孔雀,鹓䲦即黄金雀。《山海经》云其产于南禺山(广东),《庄子》云产于南海,而今产于南洋群岛。庄子时若与南洋无交通,何以鹓䲦与 Banpok 的名称情形相同呢?

庄子对于南方的知识,不是自楚国得来的,《天运》云"南行者至于郢北面,而不见冥山,是何也?则去之远也",他以到楚都郢为远。而对于越则常言,如"今日适越而昔至"(《齐物论》),"越鸡不能伏鹄卵"(《庚桑楚》),"子不闻夫越之流人乎"(《徐无鬼》),"南越有邑焉"(《山木》),皆是由越而往海外之证。

"计中国之在海内,不似稊米之在太仓乎"(《秋水》),庄子以中国在海内,犹稊米在太仓,比孔子的"登东山而小鲁,登泰山而小天下"的眼光大的多了。庄子所以有此眼光,当是中外已有交通,邹衍以中国为大九州之一,庄子以中国为太仓之一粟,都是受了中外交通,眼光放大的影响。

"我知天下之中央,燕之北越之南是也"(《天下》),以天下的中央,在燕之北,越之南,是没有一定的,已发明地图说,而地图乃由于世界的交通。

《汉书·艺文志·天文类》有《海中星占验》十二卷,《海中五星经杂事》二十二卷,《海中五星顺逆》二十八卷,《海中二十八宿国分》二十八卷,《海中二十八宿臣分》二十八卷,《海中日月慧虹杂占》十八卷,共六种一百三十六卷。这种海中占验与《唐书·天文志》所载"开元二十年诏太史交州测星,以八月自海中南望老人星殊高",亦即王应麟云"即张衡所谓海人之占也"。为着海中交通而占验的。《汉书·艺文志》是班固录刘向《别录》的,此六种海中占验书只少在刘向以前已有。刘向以前海中占验书如此之多,其海中交通之繁可知。

此外如食长子为缅甸风俗,而《墨子》言之;交阯或交阯为马来半岛等处奉行印度教的盘脚座,而《墨子》《山海经》言之;凿齿为南洋人之打牙,而《山海经》《淮南子》言之;甘露为印度人的酥麻,而《墨子》《山海经》《老子》言之。均由于有交通而发生的。

一九三三,八,二六,记于上海真如四才阁

《古史研究·第三集》序

(原载于卫聚贤《古史研究·第三集》,上海:商务印书馆,1937年)

中国的上古史,神话与史料混在一起,是最难研究的。一方面将书本子上的材料,广为搜集、排列起来,看它何者为可靠的史料,何者为神话,而这神话产生的背景及来源如何?推测出个大概来。一方面应用地下埋藏古人遗留下来的实物,而与书本上所记载的互相参照。再用社会学的原理,参考现存落后民族活动的状况。分为若干小题目,详为研究,庶有一线的道路可寻!

余年来在各杂志发表过的论文,及在各大学所编的讲义,依照旧日所用时代的名称,将从新考订的排列进去,作为《古史研究》第三集。这集是注重民族与社会,下集注重经济,再集注重文化,一集一类,这样的论文集合的多了,自然中国上古史就可清楚了。

二十五年七月十三日,记于上海中央银行经济研究处

中国民族的来源(节选)[①]

(选自卫聚贤《古史研究·第三集》,上海:商务印书馆,1937年,第1—92页)

小引

世界上的人类,有一元说(Monogenism)及多元说(Polygenism)两种。中国的人类是两元,即:(一)中国东南的民族为殷,其分类有吴越、氐羌等,其分布有西藏、缅甸、暹罗、安南以至台湾及南洋群岛,并印第安人、哀斯给摩人,此即所谓苗民;(二)西北的民族为夏,其分类有周、楚、秦、赵等,其分布有蒙古、满洲、新疆以及西比利亚等,此即接近阿利安种的混合种。

兹将其两元说推论于左:

一、就神话言分炎、黄两族

《国语·周语下》:"皆炎黄之后也。"炎帝的炎字从二火,《淮南子·氾论训》"炎帝于火,而死为灶",以南方属于热带,其热如近火,是以《山海经·海内经》"炎帝之妻,赤水之子听訞生炎居,炎居生节并,节并生戏器,戏器生祝融,祝融降处于江水"。《帝王世纪》以炎帝崩葬于长沙,是以炎帝为南方民族。

黄帝有熊氏为人类离开熊洞在黄土层内凿穴居住传说的演变(《帝王世纪》"黄帝梦大风吹,天下之尘垢皆去",此为地质学家所谓北方于五万年左右风吹黄土成层的传说。人类原居于山洞,时与熊争,待黄土层成立,因黄土性疏,水易排泄,故人类离开熊洞凿穴居处,相传为黄帝有熊氏),《河图握矩》以黄帝为北斗黄神之精,《史记·五帝本纪》以黄帝死葬于桥山(甘肃广阳),《史纪·封禅书》以秦所祀的上帝有黄帝,《穆天子

[①] 编者案:《中国民族的来源》中阐述了殷民族、夏民族、周民族、赵、楚、秦民族、吴越民族的来源,除赵、秦、楚民族的来源省略之外,其余皆录入。

传》昆仑山上有黄帝宫,《山海经·海外西经》有轩辕之国,《魏书·序纪》以拓跋氏为黄帝的子孙。是黄帝为北方的民族。

炎、黄既为南北二民族的代表,而炎、黄各有其系统。《山海经·海内经》:"炎帝之妻,赤水之子听𬣞生炎居,炎居生节并,节并生戏器,戏器生祝融,祝融降处于江水,生共工,共工生术器……共工生后土,后土生噎鸣……"《国语·周语下》:"昔共工之从孙四岳佐之……祚四岳国,命以侯伯,赐姓曰姜,氏曰有吕……申吕虽衰,齐许犹在。"是炎帝之后在春秋时有姜姓的申吕齐许等。

《国语·晋语四》:"黄帝之子二十五人,其同姓者二人而已,唯青阳与夷鼓皆为己姓。青阳,方雷氏之甥也;夷鼓,彤鱼氏之甥也。其同生而异姓者,四母之子别为十二姓。凡黄帝之子、二十五宗,其得姓者十四人,为十二姓,姬、酉、祁、己、滕、箴、任、荀、僖、姞、儇、依是也。唯青阳与仓林氏同于黄帝,故皆为姬姓。"黄帝之后在春秋时,有姬姓的周、酉(醜)姓的狄、祁姓的唐、己姓的杞、任姓的薛、姞姓的南燕国等。

炎、黄既为两族,而两族因其"非我族类,其心必异",常起战争,故相传为炎、黄之争。《国语·晋语四》:"黄帝以姬水成,炎帝以姜水成。成而异德,故黄帝为姬,炎帝为姜。二帝用师以相济也,异德之故也。"《新书》:"炎帝者,黄帝同母异父兄弟也。各有天下之半,黄帝行道,而炎帝不听,故战于涿鹿之野,血流漂杵。"《史记·五帝本纪》:"黄帝……与炎帝战于阪泉之野,三战然后得其志。"《归藏》:"黄帝与炎帝争斗涿鹿之野。"(《绎史》引)

二、以像形文字言其动物之足与角分原形与减半的绘写

甲骨文对于动物的腿,就照原形减半绘写,如鸟为两条腿,在甲骨文上画为一条腿;兽为四条腿,在甲骨上画为两条腿;人为两条腿,在甲骨上也画为一条腿。除少数的龟照原形画为四条腿外,是殷墟都为减半的绘画。

安特生(C. G. Anderson)在甘肃新石器时代遗址的陶器上花纹,有

羊犬龙均为四条腿，人鸟均为两条腿，都是照原形画的（见《甘肃考古记》）。而贝加尔湖畔新石器时代的画壁，其鸟为两腿，兽为四腿（见日人滨田耕作的《亚洲东北考古记》）。匈奴的动物，兽亦为四腿（见时代的《蒙边西北专号》）。我于二十年在山西万泉县荆村瓦渣斜新石器时代遗址陶器上刺有一蛙，亦为四腿。是山西甘肃蒙古贝加尔湖都为照原形绘画。

甲骨文对于动物的角，是照原形画的。如牛羊鹿麟（《铁云藏龟拾遗》第十五页第二块第五块二兽为麟），均是画两个角。若犀是一角的动物，则画为一角（日人高田忠周的《古籀补》误为驴字，商承祚的《甲骨文字类编》误为马，董作宾的《获白麟》又误为麟）。

甲骨文对于兽的四条腿画为两条腿若说是省略，而兽的两角，也可省略成一角，何于角不省而于腿则省略呢？这显然属于两种民族的不同。《述异记》："秦汉间说蚩尤氏，耳鬓如剑戟，头有角，与轩辕斗，以角觝人，人不能向。今冀州有乐名《蚩尤戏》，其民两两三三，头戴牛角而相觝。汉造角觝戏，盖其遗制也。"蚩尤为苗民酋长，苗字为田，系脸上所画的花纹，即所谓雕题文身；其廿即戴两角的帽子。《殷墟书契前编》卷二第二十一页第四块有"贞翌庚戌步于🀄"，殷人即步于其地，其地当属殷氏族，而其氏族以头戴两牛角为图腾。现在西藏人、台湾人，尚有戴鹿头及山羊头等两角帽的。若北方人所戴的帽子如何？于古无征，而现在蒙古人跳舞，尚有戴一角向前的帽子，山西河东庙中的画壁及演戏扮胡人的，头戴雉尾一，或即一角的转变。一角与两角的不同，恐亦系民族的关系。

三、以古器物花纹言有几何形与不规则形之分

十九年三月我在南京栖霞山及去年杭州古荡发掘新石器时代遗址，其陶器上花纹，完全为几何形。而与北平地质调查所陈列的香港新石器时代陶片，以至我所见的广东广州市瓦窑后街所出土的汉南越王宫殿遗址陶器上花纹，并日人在朝鲜所发掘乐浪遗址花纹同，并且与现在马来人台湾人所穿的衣服上的几何形花纹同。

安特生在河南的仰韶,辽宁的沙锅屯,及甘肃的沙井等,李济在山西的西阴村,我在山西的万泉及文水,梁思永在殷墟遗址的下层,所得到新石器时代遗址陶器上花纹,均系不规则的,与所谓几何形的花纹;完全相反。

殷墟骨刻的花纹及陶器上花纹,至燕都的古物(燕为殷民族),其花纹均接近几何形。是花纹的不同,亦因民族之异。

四、就语言言分单音、复音两系

语言分为单音语系及复音语系两种。单音即一字一音,复音为一字数音。甲骨文已为一字一音的单音语,而现在中国的汉人、苗人、西藏人,以至缅甸、暹罗、安南均为单音语系。新疆出土的与匈奴语有关的文字为复音语,而现在的蒙古人,以至西伯利亚等均为复音语系。语言的不同,亦系民族的不同。

五、就文字的形势言分为粗细两种

甲骨文的字刻的字画很细,与殷民族有关的民族,如齐、宋、楚(楚为夏民族,受苗民同化)吴越的铜器上的文字,均属细纹。山西、河南、甘肃新石器时代花纹,均甚粗硬。周人铜器上的文字,字画亦甚粗硬。而晋人的铜器,秦人的石鼓(晋都于夏墟,秦为夏民族),字画亦甚粗。字画的细粗不同,亦属民族不同。就上所言,中国的民族,显分两个系统,即中国为两元的民族。

殷为南方民族

中国的民族,分为夏、殷两种,夏为西北。殷为南方最老的土著。因为一种动物的迁徙,有三种原因:(一)因气候的冷热;(二)因食物的有无;(三)因特殊的关系。人是由猴类演进的,猴不像熊象雁燕随气候的迁徙,猴的食物为果品,在有果品的地方可以常住,不像牛羊逐水草而居的。若因冰川的特殊的关系,各动物均得迁徙,而若住于近热带处,冰川不至或少至之地,则其地的猿及人猿以至于人,即为其地的土著。其地

的土著,因不向远处迁徙,故其地民族甚老。殷为世界上最老的民族,其证于左:

一、单音语较复音语为早

单音语系由复音语进化的,亦即由复音拼成单音的。现在地球上,除亚洲东南部中国的汉人、苗人、藏人,及缅甸、暹罗、安南外,均为复音语。单音语之在中国,不是现在如此,而在甲骨文上已是如此。(甲骨文的复音只有几个,拼音的亦占极少数,单音的占最大多数)在距今一万年左右,殷人已演进成单音,而世界民族除西比利亚小部分系六朝后中国人迁徙外(其地为单音语而信佛教当系六朝以后的)尚为复音,是殷民族较世界任何民族为老。

二、简单文字较复杂文字为古

儿童的绘画,始则依原物形画,继则省略作简单的画。甲骨文的人鸟两条腿画为一条腿,兽的四条腿画为两条腿,这是由复杂的花纹演进为简单的文字。山西甘肃贝加尔湖的新石器时代的花纹,人鸟为两条腿,兽为四条腿,以至埃及的象形文字,人鸟亦为两条腿,兽为四条腿,均为复杂的花纹及幼稚的文字。在距今一万年左右,殷已用很进步的文字,是殷较世界任何氏族为老。

三、简单的文法较复杂的文法为早

中国的文法较地球上各国文法为简单。欧洲的文法中,以英文法为进步,故英文的文法为简单,与中国文法接近,而甲骨文的文的文法,与英文法更接近,是中国在一万年前,其文法进步较现在英文法尚为简单,即中国的人种在地球上较任何的人种为古。

殷民族发源地在四川

一、人猿的遗留地在四川

人是由猿演进的,现在在地球上发现人猿的化石,一为南洋爪哇的直立类人猿(Pithecanthropus erectus),二为北平周口店的中国猿人(Sinanthropus Pekinensis),三为欧洲的海得尔伯人(Heidelberg)及皮尔当人(Pithdownman)。但据书本上的记载,人猿的遗留地,在川、滇、桂之地:《吕氏春秋·博志》:"荆廷尝有神白猿,荆之善射者,莫之能中……。"《礼记·曲礼》:"猩猩能言。"《华阳国志》:"永昌郡有猩猩能言。"《博物志·异兽》:"蜀山南高山上,有物如猕猴,长七尺,能人行健走,名曰猴玃,一名化,或曰猳玃。伺行道,妇人有好者,辄盗之以去,人不得知,行者或每遇(过)其旁,以长绳相引,然故不免。此得男子气自死,故取女也。取去为室家,其年少者,终身不得还,十年之后,形皆类之,意亦迷惑,不复思归。有子辄送还其家,产子皆如人,有不食养者,其母辄死,故无不取养也。及长与人无异。皆以杨为姓,故今蜀中西界,多谓杨率皆猳玃、化之子孙,时时相有玃爪者也。"

《后汉书·西南夷·哀牢传》猩猩条下注云:"郦道元《水经注》曰:猩猩形若狗,而人面,头颜端正,善与人言,音声妙丽如妇人对语,闻之无不酸楚。"《南中志》曰:"猩猩在山谷行,行无常路,百数为群,土人以酒若糟设于路,又喜屐子,土人织草为屐,数十量相连结,猩猩在山谷,见酒及屐,知其设张者,即知张者先祖名字,乃呼其名而骂云'奴欲张我'。舍之而去,去而又还,相呼试共尝酒,初尝少许,又取屐子著之,若进两三升,便大醉,人出收子,屐子相连不得去,执还内牢中。人欲取者,到牢边语云'猩猩!汝可自推肥者出之',既择肥竟,相对者泣。"即《左思赋》云"猩猩啼而就擒"者也。昔有人以猩猩饷封溪令,令问饷何物,猩猩自于笼中曰:"但有酒及仆耳,无它饮食。"《山海经·海内南经》:"狌狌知人名,其为兽如豕而人面。"郭璞注:"《周书》曰'郑郭狌狌者,状如黄狗而人面,头如雄鸡,食之不眯'。今交州封溪出狌狌,土俗人说云'状如豚而后似狗,声如小儿啼也'。"《通典·边防》:"尾濮,汉魏以后在兴古郡(云南)……其人有尾,长三四寸,欲坐辄先穿地为穴,以安其尾。尾折便死,居木上,食人……唯识母而不识父。"

据上所载,川、滇、湘、桂的猴,能人言,知人名,掳人类的妇女为其妇,则与人类相差不远,按云"如猕猴""形若狗""状如豚"是决非以野蛮人当作猩猩的。现在四川的猴洞,冬季贮果食甚多,尚闻能以果食造酒。中国的川、滇、湘、桂为地球上人类发生最早之地,故其地尚有人猿的遗物。现在中国人去猿甚远,而澳洲、非洲土人多类猿,即欧洲的白种人亦类猿,唐颜师古注《汉书·西域传》云乌孙状类猕猴。即中国早已超过类人猿时代,不类猿猴。欧非澳的人类超过类人猿的时代不远,故尚类猿猴。

二、相传人类的发源地在四川

《史记·五帝本纪》正义云:"《华阳国志》及《十三州志》云:蜀之先肇于人皇之际。"中国所谓三皇为天皇、地皇、人皇,这是后来史学家推测古史的阶段,以天皇为天体,地皇为地球,人皇为人类的产生,以人皇出自蜀,即相传人类发源于四川。

三、单音语系的中心在四川

单音语系为藏人、苗人、缅人、暹人、汉人,按此中心地在四川。即由四川产生此单音语系,可向四周分布,若以殷人产于西藏,何以新疆及葱岭以西无单音语?若以殷人发源于山东或辽宁,何以黑龙江以外无单音语?以单音语系中心地言,殷人发源于四川。

殷民族由南方沿海北上的

一、殷与苗民的关系

《诗·商颂·玄鸟》:"天命玄鸟,降而生商。"苗民的罗罗说他们的祖先是鸟,与殷人的神话同,是同为以鸟作图腾的。春秋时有夏正、殷正、周正三种历法在中国各地各别的通行。殷正较夏正早一个月过年,即阴历的十一月底过年,现在苗民的罗罗及暹罗均于阴历的十一月底过年,其历法与殷同。

天干的甲乙丙丁戊己庚辛壬癸,即日月彗(彗星)星弋毕(网)风工(钻木取火)雷,夏民族所崇拜的神物。地支的子丑寅卯辰巳午未申酉戌亥,即鼠牛狮(中国无狮以虎代)兔龙蛇马羊猴鸡(彝)狗猪是依着动物在各个月的盛衰及对人的利害,而以某动物为某月的名称(详我的《读释干支》)。殷人在上甲微未伐夏人摇民以前,如王亥等是以地支为名的,至上甲微与夏民族接触,始以天干为其名。现在苗民罗罗的正月、二月、三月、四月、五月、六月、七月、八月、九月、十月、十一月、十二月为猪月、鼠月、牛月、虎月、兔月、龙月、蛇月、马月、羊月、猴月、鸡月、狗月。

苗民罗罗的文字,其形其音其文法有一部分与甲骨文同。

二、就殷的名称言

甲骨文上无"殷"字而有"商"字,商为其都城名,而非其种族名。但有"衣"字为"殷",如:王田衣,亡灾(《殷墟书契前编》卷二第十一);田衣,亡灾(同上卷二第三十二页及卷六第三十三页);往衣(同上卷七第六页及《龟甲兽骨文字》卷二第二十二页);贞归衣(《殷墟书契前编》卷六第十二页);庚午卜,出衣(同上卷五第十一页);贞昱〇辰王〇衣入(同上卷六第五十二页)。

以上如"田衣""往衣",衣为商以外的地名。若"出衣"与"衣入"则衣与商为异名的同地,此外如陈东田商衣殷均为一字。东与田为异音,《汉书·地理志》信都国有"东昌"注云"莽曰田昌",是东田为一。商与衣为异名,而商与陈亦系异名,如《左传》云陈完奔齐,《史记》作田完,《吕氏春秋·执一》的"商文",《史记·吴起传》作"田文"。衣与陈亦为异音,如《左传》的夷,《公羊》作陈;《公羊》的辰,《谷梁》作夷(见《古史研究·春秋异文表》)。陈与殷亦为异音,如《左传》的逞,《公羊》作楹;《谷梁》作盈(见《古史研究·〈春秋〉异文表》)。衣与殷亦为异音,如《左传》的意,《公羊》作隐;《左传》的夷,《公羊》作寅(见《古史研究·〈春秋〉异文表》)。而《书·康诰》的"殪戎殷",《中庸》作"壹戎衣"。

以上的殷衣商原地不知何在,而陈在山东。陈与东为一字,陈字本为东字,其阝系后人以其为国名而加的符号。《左传》襄二年"齐侯……召莱子,莱子不会,故晏弱城东阳以逼之"。《诗·鲁颂·闷宫》:"俾侯于东。"

殷人以玄鸟为图腾,《诗·商颂·玄鸟》郑笺云"玄鸟,燕也。一名鳦音乙",是其所崇拜的图腾,有名为乙,故自名其种族为衣,周人读为殷而名殷。《楚辞·天问》以舜姓姚,《左传》哀元年以虞思姓姚,此虞即山西平陆县之虞,春秋时为晋献公所灭,迁其民族于太原,《史记·赵世家》载赵武灵王在昭余祁游,遇其女吴娃纳以为妾,而亦姓姚。又陈为舜后。

舜为殷人始祖。是殷原名为吴,在四川称吴(音东),到了江苏仍名吴,到了黄河流域仍名吴,不过有的读为衣、为殷、为虞、为陈,要知衣吴虞殷陈古音是相同的。

三、就殷人断发文身言

《殷墟书契后编》卷下第十二页有一盥字,其字为[字],像人洗脸形,而洗脸不应披发,且其发端未超过于耳,知为断发。

中央研究院在安阳发掘得石础人,为"抱腿而坐的人像,膀腿均刻有花纹……身后有槽是预备别种立方形的柱子插进去的;抱腿而坐是一种托东西的姿势。……这种东西在现在的中国建筑中没有遗留,但在太平洋群岛以东,尚有可以比较的材料,新西兰岛卯利民族所筑的神屋内外图腾柱下均有人形作柱础"(《安阳发掘报告》第二期)。

断发文身为热带人类的现象,在春秋时吴越人是如此。以人作柱础现在新西兰岛存此遗风,是殷由南方而北徙的。

四、就殷人崇拜图腾言

子　以狮子作图腾

"甲子卜……[字]凼……"(《书契菁华》第十页);

"壬甲,贞,求年于[字]"(《殷墟书契后编》卷上第二十二页);

"[字]受年"(刘惠之的《书契丛编稿本》卷一第二十四页);

"饷宝[字]"(同上卷一第四十二页);

"……[字]众上甲其饷"(同上第四十四页)。

上有尾而蹲的动物,有各种释文:

(1)《山海经》《庄子》《吕氏春秋》释为夔

《山海经·大荒东经》:"东海中有流波山,入海七千年里,其上有兽,状如牛,苍身,而无角,一足,出入水则必风雨,其光如日月,其声如雷,其名曰夔。黄帝得之以其皮为鼓,橛以雷兽之骨,声闻五百里,以威天下。"《庄子·秋水》:"夔谓蚿曰吾以一足,趻踔而行,予无如矣。今子之使万足,独奈何。"《吕氏春秋·察传》:"鲁哀公问于孔子曰'乐正夔一足,信乎?'孔子曰:'……若夔者,一而足矣,故曰夔一足,非一足也。'"

古文有一𢡔字,因为未为正面绘写为两足,而为侧面绘写成一足,《山海经》《庄子》误为一足,《吕氏春秋》未见其字,而将传说的"一足",用学理为之解释,假托为孔子说的话。

王静安先生先释此字为俊,后改释为夔,在《古史新证》说"诸书作'喾'或'倍'者,与'夔'字声相近;其或作'俊'者,则又夔字之为也"(述学社《王静安先生专号》)。

(2) 王静安先生释为俊为喾

"卜辞有字𢡔,其文曰'贞𢡔古燎字于𢡔'"(《殷墟书契前编》卷六第十八页),又曰:"燎于𢡔口牢。"(同上)又曰:"燎于𢡔六牛。"(同上第二十页)又曰:"于𢡔燎牛六。"又曰:"求年于𢡔九牛。"(两见,以上皆罗氏拓本。)又曰:"(上阙)又于𢡔。"(《殷墟书契后编》卷上第十四页),案𢡔二字象人首手之形,疑即夋字。《说文解字》夂部"夋,行夋夋也;一曰倨也;从夂允声",考古文允字作𠑐或作𠑗本象人形;𢡔字复于人形下加𠂊,盖即夋字。夋为帝喾之名,《史记·五帝本纪》索隐引皇甫谧曰"帝喾名夋",《初学纪》九引《帝王世纪》曰"帝喾生而神异,自言其名曰夋",《太平御览》八十引作"逡",《史记正义》引作"岌",逡为异文,岌则讹字也……帝俊之子"中容季釐",即《左氏传》(文十八年)之"仲熊季狸",所谓高辛氏之才子也。"有子八人",又《左氏传》(文十八)所谓高辛氏有才子八人也。妃曰常義,又《帝王世纪》所云帝喾次妃诹訾氏女曰常仪生帝挚者也,曰义和曰娥皇,皆常义一语之变……(《殷卜辞中所见先公先王考》夋条)。

"前考,以卜辞之𢡔及𢡔为夋,即帝喾之名,但就字形定之,无他证也。今见罗氏拓本中有一条曰'癸巳贞于高祖𢡔(下阙)',案卜辞中惟王亥称'高祖王亥'(《书契后编》卷上第二十二页),或'高祖亥'(哈氏拓本),大乙称'高祖乙'(《后编》卷上第三页)。今𢡔亦称高祖,斯为即夋之确证,亦即夋为帝喾之确证矣。"(《殷卜辞中所见先公先王续考》高祖夋条——

以上均见《观堂集林》。)

按俊、舜、喾、夔、契均系甲骨文上 一字的演变。

(甲)帝舜即帝喾

《国语·鲁语上》:"商人禘舜而祖契,郊冥而宗汤。"

《礼记·祭法》:"商人禘喾而祖契,郊冥而宗汤。"

《礼记》以为"喾",《国语》以为"舜"是帝舜、帝喾为一人之证。

(乙)帝俊即帝舜

《山海经·大荒南经》:"大荒之中,有不庭之山,荣水穷焉,有人三身。帝俊妻娥皇,生此三身之国,姚姓,黍食,使四鸟,有渊四方,四隅皆达,北属黑水,南属大荒,北旁名曰少和之渊,南旁名曰从渊,舜之所浴也。"

据上所载,有左列三事可以证明:

(1) 帝俊舜

上文为"帝俊……",下文为"舜……",是帝俊和帝舜为一人之证。

(2) 姚姓

《山海经》"帝俊……姚姓",按《左传》哀元年"少康……逃奔有虞……虞思于是妻之以二姚",《楚词·天问》"尧不姚告,二女何亲",是帝俊、帝舜均姓姚,则舜、俊可为一人之证。

(3) 妻娥皇

《山海经》"帝俊妻娥皇",按《尸子》说尧试舜"妻之以媓,媵之以娥"(《类聚》十一引)。是帝俊舜为一人之证。又按帝喾、帝俊、帝舜均妻娥皇,是喾、俊、舜三人为一人之证。

(丙)夔、契、喾为一字

杨筠如在暨大的《中国史讲义》云:"古夔契为同部,并且夔、契、喾三字同为双声……。"他有两个证据:

(1)《史记》以高辛为帝喾,王先生更证明帝俊也是帝喾,《山海经》说帝俊有子八人,应即《左传》高辛氏的才子八人。但《山海经》说此八人

"宾始为歌舞",则应为《尧典》的乐官之夔;《荀子》以仓颉造字夔作乐,相提并论,夔似应为开始作乐之人,《尧典》说他能令百兽率舞,指夔似无疑。而《左传》的才子八人,其职为五教,则又应当指《尧典》为司徒之契,是契与夔有本为一人分化的痕迹了。

（2）《荀子》以迁商始于契子昭明。据昭元年《左传》迁商为高辛之子阏伯。而襄九年又说陶唐氏之火正阏伯居商丘祀大火,而火纪时焉,相土因之,故商主大火。以《史记》考之,相土之前为昭明,于阏伯迁商恰合,昭明之称,或与祀大火有关。昭明果为阏伯,则契当即高辛也;就是与帝喾为一人分化的痕迹了。

为甚么这一个字,而读为：

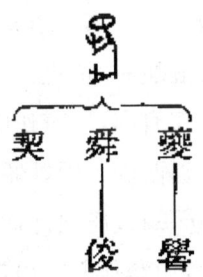

的五个音？

是殷人以狮子作图腾,狮子在中国有三种读音：

（金）《尔雅》以狮子为狻

《尔雅·释兽》"狻麑,如虪猫,食虎豹",郭璞注"即师子（狮子）也,出西域"。狮狻古同音,故以狮子为狻。以狮子为图腾,故名为夋,为帝俊,后转为舜。

（木）苗民镇康语读狮为誉

云南永昌镇康的苗民,狮子的字写为🦁其音为🦁。以狮子呼为🦁,而狮子的图腾名为誉与夔。

（水）苗民族潞江语读狮为契

云南永昌潞江的苗民,狮子写🦁为其音为🦁也。是以狮子为图腾的呼为契。

殷人以狮子为图腾，故写其高祖为一有尾而蹲的兽。狮子为热带物，是殷民族由南方来。

（丁）以玄鸟为图腾

《诗·商颂·玄鸟》："天命玄鸟，降而生商。"《左传》昭十七年郯人说他们是以鸟纪官，"玄鸟氏，司分者也"，《诗·玄鸟》郑笺云："玄鸟，燕也，……春分玄鸟降。"燕为候鸟，冬则徙南，夏则徙北，是燕为宜于热带的动物；以宜于热带的动物而作图腾，是殷民族亦有由南向北迁徙的遗迹。

全国各省，以家中有燕来巢为吉，广东人好食小动物，而不食燕，亦为崇拜图腾的遗俗。燕为候鸟，热则北来，冷则南徙，是燕原为热带的动物，因其身小轻便，故能北飞就食。殷人当原在热带，及北徙后看见故乡的鸟来了，故祀以为神。《殷墟书契前编》卷六第四十三页第三块有"吉燕"，同书四十五页一块有"贞惠燕"，同书四十四页五块有"贞惠吉燕"，"惠"即"祀"。以燕名为"吉燕"，而为之"惠"，完全是崇拜燕，以燕作图腾的。此与《隋书》所谓康居等国原居昭武，被匈奴所逼西徙，"因姓昭武，示不忘本也"。现在湖南麻阳城有江西帮商人，共立一庙，庙祀许仙，守庙的于每年第一次看见绿黄色背有肉瘤的一种大蛙，说是他们的祖神许仙来了，就要演戏。因此种蛙在江西甚多，在麻阳县少见，见其故乡物，以为祖神，与殷人祀燕同。

五、殷人始祖为黑色人种

《国语·鲁语》"上甲微能帅契者也，商人报焉；高圉太王能帅稷者也，周人报焉"；

《国语·鲁语》"自玄王以及主癸莫若汤；自稷以及王季，莫若文武"。

以一为"契"，以一为"玄王"，故韦昭注云"玄王，契也"。

《荀子·成相》"契玄王，生昭明，居于砥石迁于商"，亦以契即玄王。

《诗·商颂·长发》"有娀方将，帝立子生商，玄王桓拨，受小国是达，受大国是达"，直认殷人的始祖为"玄王"。

"玄"为黑色，"玄王"当是"黑王"，亦即黑颜色的王，是殷人以他们的始祖是黑色人种。"舜"是殷人的始祖，而古书载舜为黑色，如：

《尸子》"舜墨"(《御览》七十七引);

《文子·自然》"舜黧黑";

《淮南子·修务训》"舜徽黑"。

此外如殷人以狮子作图腾,其形为𤑳后人有释为俊字、舜字、夋字的,而《山海经》以夒为"苍色",苍即黑色。佛家所谓青狮白象,是古人有认狮子为黑色的。

人类皮肤的颜色的浓淡,是受日光直射旁射的关系。现在人类的颜色分为五种,为黑种、棕色种、红种、黄种、白种,黑种当在日光直射下产生的,白种是在日光旁射下产生的。是黑种的发源地距热带最近,白种的发源地距热带最远。殷人的始祖为黑色,其发源地当在热带,即中国的南部。

殷人在南方时为黑色人种,其北徙后,因距太阳稍远,皮肤变为赤色,春秋时名为赤狄。《左传》宣六年"秋,赤狄伐晋,围怀及邢丘,晋侯欲伐之,中行桓子曰'使疾其民,以盈其贯,将可殪也。'"《周书》曰"'殪戎殷',此类之谓也。"《路史·后纪》一"赤狄、巴氏服四姓为廪君",《后纪》四"炎帝参卢……黄帝乃封参卢于路,有隗氏皋落氏"。《左传》以殪赤狄与殪戎殷同类,《路史》言殷人即赤狄,在山西上党一带。若在陕西的为白狄(《左传》成十三年吕相绝秦云"白狄及君同州"),即夏种族混合的白种人为白狄。《楚辞·天问》"眩弟并淫",指舜妻娥媓,舜弟象谋害舜而妻其二嫂。以舜为"眩",眩系黑目,是与夏人的"碧眼"为别。

六、就铜器中所含锡的分量言

中央研究院在安阳发掘殷墟,其铜器经北平地质调查所化验的其中含锡百分之五又六;中央研究院化学研究所化验的,其中含锡百分之十又七一。英人用显微镜观的结果,刀中含锡百分之十五,矢中含锡百分之十七,句兵含锡百分之二十,礼器含锡百分之十又二。

殷代铜器中含锡最多的为百分之二十,只少的也在百分之五,是殷代已用大量的锡。锡在中国的产地,黄河流域没有,惟湖南产少数,以云南所产的为多。殷人直接管辖的土地很小,向南甲骨文只有淮字,及羌字（羌在河南的南阳），而江漠等字均无，是殷人的势力只能及于河南及安徽、江苏的北部。殷墟之所以有大量的锡，是由滇、湘运来的。滇、湘距殷墟甚远，殷人之所以知滇、湘产锡，是由于原从长江以南至黄河流域，而不断的回顾老巢，因将其锡运至北方，与铜参合，使其质化硬。又山西长子出土赤狄潞国铜器上有乳状突起，与苗民的铜鼓乳钉同。

七、就使用舟车言

周人在西周的卜辞——《易经》，其中没有舟楫的字样，而渡河的器具是"包荒，用冯河"（《泰》九二）；"过涉灭顶，凶"（《探过》上六）；"曳其轮，濡其尾"（《既济》初九）；"濡其首，厉"（《既济》上九）。对于舟未使用，渡河用涉，或用柴草（荒）或用车。而车已为使用，如"大车以载有攸往"（《大有》九二）；"见舆曳，其牛掣"（《睽》六三）；"曳其轮，濡其尾"（《既济》初九）。

是周人居于陕甘之交，其地大水为渭泾等，而渭水、泾水很小，其浅处可涉，深处不过用柴薪为浮而渡，环境上用不着舟，故无舟楫；而陆地甚广，故产生车。而东南靠近海的吴越，他不惟善于用舟，而且舟有专名，如《左传》昭公十七年吴人的舟名为"余皇"。但吴人在春秋时尚不会乘车，由楚奔晋的巫臣，巫臣与其子狐庸为晋的使臣至吴，乃教吴人乘车，其事见于《左传》成七年及襄二十六年、《国语·楚语上》。是东南靠近海的地方，产生舟实较西北陆地产生车为早。

殷人据甲骨文所载，有舟有车，是殷处在大陆及洹水黄河之处，故舟车并用，但车字远不如舟字之多。而殷与周所处的环境同，周人无舟而殷人多舟，当与海滨及东南民族有关。

八、就甲骨文昔字言

甲骨文以今日为"今"，以今日以后为"昱日"，今日以前为"昔"。昔字在甲骨文写法是：🔣（《殷墟书契后编》卷下第五页），🔣（《书契菁华》第六页）像日在水上，是殷人以其昔日会在水中或经过大水的。在传说中以殷人始祖夔及相土均在东海中；"东海中……有……其名曰夔"（《山海经·大荒东经》）；"相土烈烈，海外有截"（《诗·商颂·长发》）。殷人是由四川沿江而下至江苏镇江沿海而北,故殷人的传说是从海外来。

九、就东阳地名言

有"东阳"一地名,散见于山西的二,河北的一,山东的三,河南的一,安徽的一,江苏的一,浙江的一,四川的二。"东"字在古为方向的东西北南的东,站在个人所在的地方,称其东方的地为"东",如东山东川之类;"阳"字由向着太阳而来,故"山南曰阳,水北曰阴";"东阳"二字,《水经注》解释是"以在阳水之阳,即谓之东阳城,世以浊水为西阳水故也"。是以漳阳古音同,漳水亦称阳水,浊漳为西阳,故清漳为"东阳"。但山东临朐县、费县均有东阳,而费县、临朐非漳水所经,故《水经注》的解释为不当。《逸周书·作雒解》有"东"国,为"三叔及殷东徐奄及熊盈以叛"。《诗·鲁颂·閟宫》"俾侯于东",是鲁为古东国地。

"东"字即"陈"字,陈与殷同音,陈国的始祖为舜,是东即为殷,即殷人到了某处,将某处的山或水名"东",在其山或水之阳的名"东阳"。兹将各地名"东阳"的列左:

(1) 山西

榆次县南三十里有东阳镇;

黎城县东二十五里有东阳关。

(2) 河北

邯郸一带名有东阳,即:

"赵胜率东阳之师以追之"(《左传》襄二十三年);

"荀吴略东阳……以息于昔阳之门外,遂袭鼓"(《左传》昭二十三年);

"绝赵之东阳"(《国策·齐策》)。

(3) 山东

恩县西北六十里有东阳镇,即《汉书·地理志》的东阳县;

临朐县东有东阳城,即《左传》襄二年"晏弱城东阳以逼之";

费县西南七十里有东阳,即《左传》哀八年"吴师克东阳而进"。

271

(4) 河南

邓县南有东阳,即《后汉书·郡国志》"育阳有东阳聚"。

(5) 安徽

天长县西北七十里有东阳,即秦二世时陈婴为东阳令史。

(6) 江苏

句容县西北六十里有东阳镇,或即南朝宋所置的东阳郡。

(7) 浙江

浙江上游称东阳江,即三国时吴置的东阳郡。

(8) 四川

巴县有东阳,即南齐置的东阳郡,巫山县有东阳,即隋置的东阳府。

是殷人原在四川称东,沿江而下至江浙亦称东,沿海北上至安徽称东,山东称东,再北至河北、山西称东,西向至河南亦称东。

十、就《殷本纪》所载殷先公与巴蜀神话及江南地名言

《史记·殷本纪》列殷人第一世祖为誉,第二世祖为契,但誉与契为一人,误分为二。而誉即以狮子作图腾的,前文已言。兹就其第三世以下言之:

(1) "契卒子昭明立,昭明卒子相土立"

巴蜀的神话,原始有开明与土宇二人,《华阳国志》云:"杜宇……会有水灾,其相开明决玉垒山,以除水害。"昭明在甲骨文为"羔"字,昭羔音同,而羔从火,明亦属火,开明亦即昭明;相土在甲骨文作土,"杜""宇"二字古音同,是杜字即土。因四川为盆地,水不能就底流至海,而由日光蒸发,陆地渐渐露出,以杜宇为土地,以开明为太阳。是殷人在巴蜀的洪水神话。

(2) "相土卒子昌若立"

昌若在甲骨文作"娥",而我若音同义同、如《殷墟书契前编》卷五第二十二页第二块有"弗若不我其受又",而"弗若"与"不我"为重复语,"弗若"即不诺,"不我"即不应我。而我与鄂音同,三国时吴于鄂城置武昌郡,是殷人由四川至湖北鄂地而居,后人误为其先公名为昌若。

(3)"昌若卒子曹圉立"

曹圉在甲骨文作王吴,江苏常熟县西北有虞山,在殷时当为海中一岛,殷人居此甚久,其地为吴,故春秋时有吴国。

(4)"曹圉卒子冥立"

《国语》"冥勤其官而水死",是殷人沿海北上,渡海时不知死了若干人,以其海水色黑,故名为冥,以其渡海难,故曰水死。

殷人沿海北上,经过安徽由东至天津,黄河北的夏人将殷人王亥的牛羊掳去了,又将王恒杀了,经过了王恒等朝代,上甲微大胜夏人,夏人乃渡河而北,上甲微有此大功,故甲骨文多有"自上甲至于多后衣",由上甲领衔。

此外如甲骨文人形跪时则双膝着地,与苗民同与蒙古人异。旧史画伏羲神农的头有歧齿,今马来人头两额突出,蛛丝马迹,均有可寻。

《越绝书》二"胥女南小蜀山……去县三十五里",蜀在四川,而江苏吴县有小蜀山,是四川与江苏在古有民族迁徙而遗留的痕迹。又《越绝》二"虞山者巫咸所出也",巫咸为殷人,而出于江苏常热之虞山。又《越绝》二"蒲姑大冢,吴王不审名冢也,去县三十里",蒲姑据《左传》在山东,而《越绝书》言在江苏,并且是吴之先王,是殷人由江苏至山东亦其一证。

据上推论,殷人原在中国西南部,沿长江南岸东下,至镇江而止,自名其族为丫(苗蛮吴越闽马来,古音均有 W),故于镇江附近遗留之国为吴(吴王夫差之吴),渡江沿海北上(那时江苏的江北全为海),经安徽至河南商丘而止,杨筠如云"商丘为他们的发祥地,是无可疑"(暨大《中国通史讲义》)。

殷人由商丘向北发展至山东,王静安先生的《说自契至于成汤八迁》据《世本·居篇》云"契居蕃",疑即《汉志》鲁国之蕃县。又以《左传》定九年"取于相土之东都,以会王之东蒐",以东都在东岳下,商丘乃其西都。按《铁云藏龟》一八六五有"王入于弇",弇在山东曲阜附近。

殷人又北至于易水,其酋王亥被夏摇民(尧)所杀,牛羊亦被掳去,后经上甲微的反攻,摇民始渡河而北,夏殷乃据河为界。清末河北涞水县张家洼出土《北伯鼎卣》及易水出土的《祖兄父三戈》。王静安先生云"足征易涞之间，尚为商邦畿之地"(《北伯鼎跋》及《古史新证》)。

黄河古时由天津入海，殷人的势力尚及于天津的海滨，安阳的发掘，得有鲸鱼骨，鲸为海中物，当系殷人在海滨拾得退潮后的死鲸，用浮木乘黄河的水运至首都的。

殷人向北阻于河，乃回头向西发展。王静安先生《说亳》云："孟子言汤居亳与葛为邻，皇甫谧、孟康、司马彪、杜预、郦道元均以宁陵县之葛乡为伯国……若蒙县西北之薄，与宁陵东北之葛乡，地正相接。……汤所伐国，韦、顾、昆吾、夏桀，皆在北方。昆吾之墟地卫国……《续汉书·地理志》东郡白马县有韦乡……顾《古今人表》作鼓，案《殷虚卜辞》云'王步于鼓'，鼓当即鼓字。卜辞所载地名，大抵在大河南北数百里内，知亦距韦与昆吾不远。"陆懋德《中国上古史》以葛在今河南宁陵县，韦在河南滑县，顾在山东范县，昆吾在河北濮阳县。《礼记·缁衣》引《尹告》云"尹躬先见于西邑夏"，是殷西向攻夏。

夏桀的居地，《国语·周语》"昔伊洛竭而夏亡"。《国策·魏策》"夫夏桀之国，左天门之阴，而右天谿之阳，庐睪在其北，伊洛在其南"。是夏桀居于洛阳附近，殷人西向先攻葛顾韦昆吾，再西向攻桀。

殷既胜夏，又西进至于陕西，甲骨文有"丙辰卜在奠"，杨筠如以奠即郑，系《汉志》京兆的郑县，为郑桓公的采邑，在今陕西华县。《史记·秦本纪》说秦宁公"与亳战，亳王奔戎，遂灭荡社"。《史记集解》引郑玄曰"商国在太华之阳"，司马迁又误殷人来自西方，在《六国年表序》云"收功实者，常于西北，故禹兴于羌，汤起于亳"。

殷人败于周，在山东的附于齐鲁，在河南的附于卫(《左传》定四年)，而陈许独立于南，宋保殷余民于东。春秋末年吴越起兴，后吴败于越，越败于楚，汉之东越、闽越、南越次第同化，未同化的有山越，盛于三国六朝，至唐后而微。现在福建的畲民，滇桂的苗民，尚保存原始形态，未为同化。

夏为西北民族

中国的民族分为殷夏两种，殷为西南，已如上述。夏为西北，兹为推论于左：

一、西北多夏地

(1) 山西名夏，《左传》定四年"唐叔……封于夏墟"，《国语·晋语》"戎夏交捽"，韦昭注"夏，谓晋也"，《秦公敦》"虩使献夏"，即楚晋。《左传》昭元年"迁实沈于大夏主参……故参为晋星"。(2) 陕西名夏，《左传》襄二十九年"为之歌秦，曰此之谓夏声"。(3) 河南名夏，《史记·货殖传》"陈夏千亩漆"。(4) 山东名夏，《书·禹贡》"雷夏既泽"。(5) 绥远名夏，《周书·王会》"正北大夏"，《史记·秦始皇本纪》载琅邪刻石"北过大夏"。(6) 甘肃名夏，《汉书·地理志》陇西郡有大夏县。《水经注》大夏川迳大夏故城南。(7) 新疆名夏，《山海经·海内东经》"国在流沙外者，大夏、竖沙、居繇、月支之国"。(8) 阿富汗亦名夏，《史记·大宛传》"大月氏……过宛，西击大夏而臣之"。

在西方的名西夏，《穆天子传》"自阳纡至于西夏氏"，《逸周书·史记解》"昔者西夏性仁非兵"。在东方者为东夏，《左传》襄二十一年"闻君将靖东夏"，《国语·楚语》"使不规东夏"。在南方者为南夏，《魏书·序纪》"不交南夏"，《北史·魏本纪》三"廓平南夏"。在中央者为中夏，《晋书·习凿齿传》"魏武帝功盖中夏"。

总合其名曰诸夏。《左传》闵元年"诸夏亲昵"，《国语·鲁语》"而大攘诸夏"，《论语·八佾》"夷狄之有君，不如诸夏之亡也"，《穆天子传》"和治诸夏"，《吕氏春秋·慎行》"近于诸夏"。至若汉水发源于西北，故亦称汉水为夏水，《左传》昭四年"楚沈尹射奔命于夏汭"，《国策·燕策》"乘夏水而下江，五日而至郢"。夏在北方，故《国语·楚语》云"踰诸夏而图东国"，是楚人以武胜，以北为夏。而在中原的观念，以其南为夏。春秋时人名字多相应，如卫公子楚字子南，卫公子郢字子南；郢为楚都，楚在南方，故字子南。而陈公子少西字子夏，郑公孙夏字子西，当以夏在西方，故名西的字夏，名夏的字西。

夏种族自西北来，故西北多夏地，而以西北为夏。

二、用玉

《穆天子传》:"天子乃循黑水,至于群玉之山,容成氏之所守,曰群玉山。"《国策·赵策》:"秦……踰勾注禁常山而守……而昆山之玉不出也。"《史记·李斯传》李斯谏逐客书:"今陛下致昆山之玉。"《汉书·西域传》:"于阗多玉石。"

新疆产玉自战国以至秦汉,均如此说。山西万泉县荆村新石器时代遗址,有玉瑗等,其玉亦为新疆所产,是在新石器时代,中原已与新疆有交通。新疆的产玉,据《文献通考》云"于阗于每岁秋水小之后,国人取玉于河,谓之捞玉"。是玉在新疆,由水中捞出;而春秋时人为誓,多投璧于河(如《左传》僖二十三年晋文公与子犯誓"投其璧于河"),因其玉原出于河,其誓死投璧于河,有还原义。以此可推夏种族来自西北,因在石器时代,使用石器而观察玉有各种美丽的颜色,故用玉为古代中国北方人的嗜好。

三、北方民族在周代多用夏正

春秋时的历法,分夏正、殷正、周正三种。夏正系渔猎时代所产生,故以阴正月为岁首,为夏民族所使用;殷正系游牧时代所产生,故以阴十二月为岁首,为殷民族所使用;周正系农业时代所产生,故以阴十一月为岁首。《礼记》以孔子至杞得《夏小正》,《论语》以孔子主"行夏之时",是夏民族用夏正。

在春秋战国时,用周正者为周、鲁等国,用殷正者为齐、楚、宋,用夏正者为豳(《诗·豳风·七月》)、晋(《左传》)、中山(《穆天子传》)、魏(《纪年》),而豳、晋、中山均邻西北,魏虽居中原但由沿晋用夏正之习。是夏种族由西北方来,故西北多用夏正。

四、神话中黄帝曾往昆仑

《穆天子传》:"天子升于昆仑之丘,以观黄帝之宫。"《庄子·天地》:"黄帝游乎赤水之北,登昆仑之丘而南望。"黄帝为夏种族的代表,而神话中黄帝曾往昆仑,是夏种族自西北来而遗留的传说。

五、就所崇拜的图腾言

夏种族的图腾为蝉,其氏族图腾有伯冀有鱼有陶壶,有二龙,以这些作图腾,都是渔猎时代的反映,其中以二龙作氏族的图腾,与夏种族由来有关。《左传》昭二十九年"有夏孔甲,扰于有帝,帝赐之乘龙,河汉各二,各有雌雄",《国语·郑语》"夏之衰也,褒人之神化为二龙",《史记·周本纪》"昔夏后氏之衰也,有二神龙止于夏帝庭"。

禹字从虫从九,而九字古亦训虫(详我《中国古代社会研究》)。是禹字为二虫合成,但也有一虫的,兹将甲骨金文的禹字略举于左:

(1) 神

辛卯卜𡧛于𧊒(《殷墟书契前编》卷四第五十二页);

今日……于𧊒三豕(同上第五十五页)。

(2) 国

其𢦏𧊒(《殷墟书契前编》卷四第五十五页);

取𧊒人之饎鼎(金文《取它人之善鼎》)。

(3) 地名

庚辰卜王般(涉)𧊒(《殷墟书契前编》卷四第三十八页)。

(4) 人

勿令从𧊒(《殷墟书契前编》卷六第五十一页);

咸有九有口处禹之堵(金文《齐侯镈钟》)。

因为夏氏族有以虫为图腾的,故有崇拜其图腾为神,以其国崇拜其图腾,故以此图腾名其国名其地名其人。

此二虫或一虫,有的训为蛇,有的释为龙,实系鳄鱼。鳄鱼为热带物,而崇拜鳄鱼,系产鳄鱼较远的地方的人,如非洲距尼罗河近的人民杀鳄鱼,距尼罗河远的地方人民崇拜鳄鱼。夏氏族以鳄鱼为图腾,是夏氏族离开热带较远的地方的民族。

夏种族系于高加索种(Caucasian Race)结婚故其容貌语言等有类似欧人的,兹推论于左:

一、容貌

(1) 发

地球上的人类,其发约分三种形状:(一)直发(Leiotrichy);(二)波状发(Cymotrichy);(三)羊毛状发(Ulotrichy)中国夏种族的头发何状?《殷墟书契前编》卷五第四十六页第六块有"丁子贞。㘝凶"。其发左边的二根确为波状。《诗·小雅·采绿》"予发曲局",传"局,卷也"。《都人士》"卷发如虿"。《老子化胡经》(敦煌本)以西域人为"须发拳鞠,梳洗至难"。是夏人的为波状的。雅即夏(详我的《〈诗经〉篇目考》),而夏人的头发为"曲局",即波状发类,波状发在地球上属于高加索种。

(2) 须

《殷墟书契前编》卷五第四十六页第四块有"丁酉卜出贞令况中往㘝"。此字为地名,象人头形,头边有口字,系指示人口在向上的那面,故其上为鬓,下为发,其人为长发,而又为多须并且为长须。此条为往此地,前条此地名上缺一字当为往字,以往其地凶,其地当为殷敌人夏人之地。

《史记·大宛传》:"自大宛以西至安息国……其人皆深眼多须髯。"王静安先生《西胡续考》云:"胡之容貌……不同之处,则深目多须……自唐以来,皆呼多须或深目高鼻者为胡或胡子……两汉人书虽无记匈奴形貌者,然晋时胡羯,皆南匈奴之裔……冉闵……诛之,于是高鼻多须至有滥死者。"颜师古《汉书·西域传》"乌孙"条说:"今之胡人……赤须。"

现在蒙古及新疆的奉回教的一部分人,均系多须。而多须髯的种族近高加索种。

(3) 目

《史记·大宛传》及《汉书·西域传》均言自大宛以西,人皆深目。《北史·于阗传》云自高昌以西,诸国人皆深目高鼻。王静安先生《西胡考上》云"《西域记》及《唐书》皆言疏密护密人并碧瞳,均与波斯大秦人相似"。《西胡续考》云:"王晋卿尝过巩洛间,道旁有后唐庄宗庙……及观神象,两眼外皆眦也。"

夏种族深目，又为碧眼，乃高加索种的特征，现在外蒙古人，亦有一部分深目碧眼的。

(4) 鼻

《史记》《汉书》《北史》等均言胡人为高鼻，冉闵杀胡羯，高鼻多死。而《史记·秦始皇本纪》言秦始皇亦为高鼻，"秦王为人蜂准"，《集解》"蜂，一作隆"，《正义》"高鼻也"。按《史记·吕不韦传》"不韦，阳翟大贾也，其姬邯郸豪家也"，《史记·货殖列传》以阳翟为夏人所居，而邯郸在春秋时属于夏氏族的邢（甲骨文作妌），是秦始皇的父母均为夏族，故秦始皇为高鼻。

尼革罗种属于阔鼻(Platyrrhine)，中国人属于中鼻(Mesorrhine)，高加索种属于高鼻(Leptorrhine)，中国的夏民族为高鼻，当属高加索种。

二、语言文字

王静安先生《西胡考上》："以语言言，则《汉书》言自宛以西至安息国，虽颇异言，然大同俗，自相晓知也。……近日西人于新疆南北路发见三种古文字，一粟特语，二睹货罗语，三东伊兰语。睹货罗语与玄奘所称名同，粟特语当玄奘之所谓窣利，东伊兰语则当其所谓葱岭以东诸国语也。三者皆属阿利安语系，与印度波斯大秦语族类相同；而粟特语用东伊兰语尤与波斯语近。"《史记·大宛传》"画革旁行为书记"，《汉书·西域传》"安息，画革旁行为书记"，颜师古注"服虔曰'横行为书记也'"。中国文字系纵行，其横行与欧洲同。

三、风俗

王静安先生《西胡考上》："以风俗言，则《汉书》言自宛以西至安息国，其人善贾市，争分铢，贵女子。《西域记》言宾主之乡，无礼义，重财贿，短制，左衽，断发，长髭，有城郭居之，务货殖之利。又言黑岭以来，莫非胡俗，大率土著建城郭，务田畜，性重财贿，俗轻仁义，嫁娶无礼，尊卑无次，妇言是用，男位居下，吉乃素服，凶则皂衣。亦与大秦波斯俗尚略同。"

四、货币

《史记·大宛传》"安息以银铸钱，钱如王面，王死辄更钱，效王面焉"。《汉书·西域传》"罽宾以金银为钱,文为骑马,幕为人面",西北科学考察团在新疆得此种货币甚多。中国的货币,初用贝,继用铜仿贝为蚁鼻钱,后仿兵器为刀,仿农具为布,又后则仿纺织轮为园,最后则用外圆内方。币上铸有铸地及法定价值,如"安邑货一金",即战国时魏都安邑所铸的货币,以价值规定为一金。(金为黄金,一金约四两,值钱一万)至秦汉则去其铸地而只言价值,如"半两""五铢"。其上除铸有铸地及价值的文字外,别无何种花纹,而所谓"骑马……人面"完全不同,而与欧洲的货币类似。

五、服装

战国时赵武灵王曾用胡服,王静安先生的《胡服考》,列其类种是:冠,饰貂尾;雉毛;带,贝带;履,靴;服,上襦下袴。此服在秦汉时的匈奴,三国时的扶余、大秦(罗马),南北朝的蠕蠕、高车,隋时的高丽,尚为沿用。

六、帝王世次以数计

《史记·秦始皇本纪》:"朕为始皇帝,后世以计数,二世三世至千万世。"《史记·匈奴传》"冒顿死子稽粥立",《集解》"徐广曰'一云稽粥第二单于,自后皆以第别之'"。按蒙古语以冒顿为第一。

匈奴冒顿之立在秦二世元年,较秦始皇定世次以数计迟十二年,但非匈奴抄袭秦的,因匈奴与秦均为夏民族,均接近高加索种,而沿用其世次以数计,如拿破仑第一、拿破仑第二等。秦始皇统一六国,冒顿将诸引弓之民尽为一家,故俱另为纪元,一称始皇,一称冒顿。始皇之后至二世而亡,冒顿之后传之尚久。

七、文法

《穆天子传》系战国初年夏民族中山人往西域的游记,魏文侯灭中山,将其档案带归,魏襄王好古,招集学者将中山人的《西游记》,据传说的周穆王西征,加上周穆王的事实,为《穆天子传》(详我《古史研究》第一集——商务本)。其中的文法,有不与中国相同,而类阿利安语系的,兹为列左:

(1) 大地名在小地名后

"以饮于枝洔之中，积石之南河"，"鄗伯絮觞天子于澡泽之上，斸多之汭，河水之所南还"。枝洔在积石之南河，即饮于积石南河的枝洔之中。又"澡泽之上"在"斸多之汭"，"斸多之汭"在"河水之所南还"。因"河水之所南还"是黄河的一大湾，"斸多之汭"是河水大湾里一个小湾，"澡泽之上"是小湾里的小水边。这种文法在中国未有，而在阿利安语系中则有。

(2) 省略名词

"甲戌，至于赤乌之人，其献酒千斛于天子"——应为"至于赤乌，赤乌之人其献酒千斛于天子"；"辛巳，入于曹奴之人戏觞天子于洋水之上"——应为"入于曹奴，曹奴之人戏觞天子于洋水之上"；"至于巨蒐之人䋣奴乃献白鹄之血以饮天子"——应为"至于巨蒐，巨蒐之人䋣奴乃献白鹄之血以饮，天子"。这种省略名词在中国未有，故张湛伪造《列子》，其《周穆王篇》即不省略。

夏民族较殷民族占有中原为晚。在一般的传说为尧、舜、禹益，似乎先有夏民族的尧，后有殷种族的舜，而《汉书·律历志》载张寿王《殷历》云"化益(伯益)为天子代禹，在殷周间"。按甲骨文所载，殷人已演进为男系的中心，而所俘虏的夏人多为女性(详我的《中国的母系时代》)，是夏在殷末尚为母系时代，故夏民族之外来较晚。

《汉书·西域传》："乌孙民有塞种、大月氏种云。始张骞言乌孙本与大月氏共在敦煌间……塞种分散，往往为数国，自疏勒以西北，休循捐毒之属，皆故塞种也。"颜师古于《西域传》注云"即所谓释种者也"，于《张骞传》注云"塞……即佛经所谓释种者"。印度佛教的始祖释迦牟尼，今人考为阿利安种，颜师古以塞种为释种，塞种即夏种，大月氏即殷种，是夏种为阿利安种。

王静安先生《西胡续考》云："晋之羯胡，则明明匈奴别部，而其状高鼻多须，与西胡无异；古之匈奴盖可识矣。"在《西胡考上》云"以语言言，属阿利安语系"，是王静安先生认夏种族后的匈奴与阿利安种为接近。

为什么夏人的容貌类似高加索人呢？因夏人世与高加索人呼衍氏为亲，血统上有些混合，《史记·匈奴传》言"呼衍氏兰氏其后有须卜氏，此三姓其贵种也"，按《后汉书·窦固传》言于西历七十三年"击呼衍王……追至蒲类海"，《西域传》言西历一百三十二年"北房呼衍王常展转蒲类、秦海之间"，又言于西历一百五十一年"出塞至蒲类海，呼衍王闻而引去"。蒲类海即巴尔塔什湖南的小湖，呼衍王世居其地，是呼衍王为高加索种。

周民族的来源

一、周人自承认他是夏后裔

《书·康诰》："王若曰'孟侯朕其弟小子封，惟乃丕显考文王，克明德慎罚，不敢侮鳏寡，庸庸祗祗，威威显民，用肇造我区夏。'"《诗·周颂·时迈》："明昭有周，式序在位，载戢干戈，载櫜弓矢，我求懿德，肆于时夏，允王保之。"《诗·周颂·思文》："思文后稷，克配彼天，立我烝民，莫匪尔极，贻我来牟，帝命率育，无此疆尔界，陈常于时夏。"时夏即夏，《书·多士》"则惟帝降格，向于时夏"，《多方》"惟帝降格于夏"。时为兹，时夏即兹夏。

二、周人的诗名夏

诗的大雅小雅，即大夏小夏，雅即是夏，如《荀子·荣辱》"越人安越，楚人安楚，君子安雅"。《儒效》云"居楚而楚，居越而越，居夏而夏"，以"安雅"与"居夏"对称，是雅即夏，现在广东人尚读夏为雅。《墨子·天志下》云："于先王之书《大夏》之道之然：'帝谓文王，予怀明德，毋大声以色，毋长夏以革，不识不知，顺帝之则。'"这"帝谓文王……顺帝之则"六句，在《诗·大雅·皇矣》篇，以《大雅》而名为《大夏》，是雅即夏。按《大雅》《小雅》之诗，乃系西周末年至东周初年周人作品，故《左传》引《大雅》《小雅》有称为"《周诗》曰"的。周人作的诗而名为夏，是周为夏人之后。

三、周褒同为夏民族

《国语·郑语》"夏之衰也，褒人之神，化为二龙"，夏是以二龙为图腾，褒人亦以二龙为图腾，是褒亦夏民族。《郑语》说幽王"弃聘后而立内妾",韦昭注"聘后,申后。内妾,褒姒"。《郑语》又云"先王娶后于异姓",言幽王不应聘同姓褒姒为后。褒为夏民族,周与褒为同姓,是周亦夏民族。

四、周人发为卷曲

《诗·小雅·采绿》:"予发曲局,薄言归沐。"《都人士》:"彼君子女,卷发如虿。"夏人接近高加索种,其发卷曲,周人发亦卷曲,是周亦夏民族。

周为夏民族,而夏民族蔓延于中国西北,周民族究从何处来?《诗·大雅·公刘》:"笃公刘,于豳斯馆,涉渭为乱。"《诗·大雅·绵》:"民之初生,自土沮漆……率西水浒,至于岐下。"

周人最初在土沮漆之间,土沮漆在陕西富平耀县,后迁于陕甘之交的豳,后来由豳渡渭,是自北而南,再后向东发展,乃是"自西徂东"。但周民族是自东而西,发源于山东的。以《国语·周语》"我姬氏出自天鼋",韦昭注"天鼋即玄枵,齐之分野也……齐地属天鼋,故祀天鼋"。按天鼋即金文上的⿱大黾后人误释为"子孙"二字,此即伯冀与金蛙,现在徐州尚有此爬虫类动物,呼为皮蝎。后至山西上党一带,如周人以后稷为其始祖。

《诗·周颂·思文》:"思文后稷。"《诗·大雅·生民》:"厥初生民……时维后稷。"《诗·鲁颂·閟宫》:"赫赫姜嫄……是生后稷。"《左传》昭九年:"我自夏以后稷。"《国语·周语》:"我太祖后稷之所经纬也。"

周人以其始祖为后稷,后稷的元妃为"燕姞",《左传》宣三年云:"燕姞……吾闻姬姞耦……姞吉人也,后稷之元妃也。"燕为春秋时的南燕,在河北南部与山西东南部,即顺德与上党之交,姞在甲骨文为㠱方,在殷墟的西北,《诗·大雅·韩奕》:"韩侯取妻,汾王之甥……为韩姞相……韩姞燕誉……溥彼韩城,燕师所完……奄受北国,因以其伯。"《淮南子·地形训》"汾出燕京",《职方氏》并州有昭余祁,《尔雅》以燕有昭余祁,是燕本在太原及上党,燕近于汾,故曰"汾王之甥"。

周在其相传始祖后稷时,尚是一个小的部落,若在陕甘之交的豳,绝不会与相去很远晋冀豫之交的燕人联婚,是周当距山西上党不远。

《左传》宣十五年:"潞子……夺黎氏地……晋侯治兵于稷,以略狄土,立黎侯而还。"黎在山西上党黎城,稷当近于黎地,在山西沁县阳城之地。按稷即小米,北方以山西沁县东乡产小米为最佳,名"沁州黄",当以其地产稷,由酋长(后)加以种植,故名后稷。《国语·鲁语》"稷勤百谷而山死",《太平御览》引《隋图经》云:"稷山在绛郡,后稷播百谷于此山。"是稷地由后稷得名。而山西闻喜县之西万泉县之东,有山名稷山,相传为后稷居地,其上有后稷庙。《史记·刘敬传》:"自后稷,尧封之邰,积德累善,凡十余世,公刘避桀居豳。"《吴越春秋》"后稷母有骀氏女,稷亦封于骀"即此。

《左传》昭九年周人曰:"我自夏以后稷、魏、骀、芮、岐、毕,吾西土也;及武王克商,蒲姑、商奄,吾东土也;巴、濮、楚、邓,吾南土也;肃慎、燕亳,吾北土也。"魏即《左传》晋献公所灭,《诗·国风·魏风》的魏,在山西永济临晋荣河一带。骀即《左传》昭元年的"台骀",其"宣汾洮,障大泽,以处大原……封之汾川",在今山西曲沃新绛一带。芮即春秋时芮国,被秦所灭,在陕西朝邑县,岐即《禹贡》"既载壶口,治梁及岐"的岐,即今山西河津稷山县北的马首山。毕即毕原,在陕西咸阳县北五里,是后稷之国,在山西曲沃新绛以东,故云其地为"西土",即今山西沁县阳城之地。

《诗·大雅·绵》"古公亶父",亶父为人名,古为国名,山西汾城县北有古山古水,《水经·汾水注》"汾水西过长修县南,又西与古水合",董祐诚曰"水在西北古山下,亦名鼓堆泉",是古公亶父,其在山西古地,因名古公。《绵》"周原膴膴"的"周原",《水道提纲》云:"汾水东北自河津县城西南流注曰汾口,西岸即韩城东之周原堡也。"周民族由山西汾城之古迁于陕西韩城之周原,始名为周。甲骨文有"命周侯",可知此时周决不远在陕甘之交的豳,而在山陕之交的韩城。《绵》"率西水浒,至于岐下",此岐即《禹贡》"荆岐既旅"的岐,《禹贡锥指》以"荆山在今朝邑",岐在荆后,是"至于岐下"之岐,不是长安以西岐山的岐,而是长安以东朝邑韩城靠近黄河的山名岐。此即《穆天子传》"太王亶父始作西土"而西迁的。

《绵》"自土沮漆"。沮漆二水在陕西富平耀县,而土亦当在其处。《公刘》"笃公刘","笃""土"古音同,因其居于土,即《墨子》所载周宣王杀杜伯之杜。故曰"土公",亦曰"笃公","刘"为其人名。《公刘》"笃公刘……豳居允荒。笃公刘,于豳斯馆,涉渭为乱"。豳在陕西的邠县常武,甘肃的庆阳静宁。刘后由豳南下,渡渭而南。

周原系夏民族在山东,被殷人北上所败,乃西徙于山西沁县,再至汾城,渡河而西居于陕西韩城。徙于土,迁于豳,后至岐山之下。

现在山西的垣曲平陆,河南的陕县,陕西的常武,甘肃的庆阳,均有穴居。其穴与新石器时代遗址的穴不同,即于平地凿深约三丈,宽广约十二丈的方穴平底,平底为院,于此方穴北横凿二穴,上圆下方,宽约一丈二尺,高约一丈五尺,深约二丈为窑,在北靠西的为主人翁居,在北靠东的为厨房,西面靠北的居人,靠南的为磨房厕所,东面靠北的居人,靠南的为牛圈马房,南面靠西的为羊圈,靠东的为小窑,由此窑斜穿至于地面,为出入的隧道。院低于地,院中之水流不出,而于院之西南凿一深池,以便贮水。

垣曲、平陆、陕县、常武、庆阳之人,都长于农而短于商。平陆、庆阳人登高大声呼唤远处的人,在名前先呼一"○"音,如"○卫聚贤",其发音同。山西平陆与甘肃庆阳的穴居及长于农与发音均同,我常疑系春秋时晋惠公归自秦,所迁的姜戎的缘故,后考姜戎原在甘肃敦煌,不在庆阳。是山陕甘之相同,由于周人自东而西所致。

周人不纯粹是夏民族,也混合了苗民的羌(姜)人在内,如周人以其始祖后稷之母为姜嫄。《诗·大雅·生民》:"厥初生民,时维姜嫄。"《诗·鲁颂·閟宫》:"赫赫姜嫄……是生后稷。"

周为夏殷混合种,故祭祀其祖为"喾"与"稷",如《国语·鲁语》:"周人禘喾而郊稷。"喾为殷人以狮子的图腾,喾即后稷,为周人始祖,是周为夏殷混合种。

殷民族的姜,居于四川湖北,及陕西的汉中,河南的南阳,甲骨文记伐姜经过孟,是姜在殷之西南。而《绵》亦云"率西水浒,至于岐下,爰及姜女，聿来胥宇"，是周民族至岐后始与羌民族接触，而以其女为妻，成了混合种。

羌民族居于周民族的西南，周民族中混合的羌民族，以其原由西南来，故其大门向西南开，如《诗·小雅·斯干》："筑室百堵，西南其户。"匈奴原由北来，《史记》言匈奴系以其门向北开，《诗·豳风·七月》"塞向墐户"相同。《大越史记》以安南人原由蜀王子南下的，《史记》名为"北向户"，中原的人多系殷人，由安徽至山东的，故黄河流域人，以大门向东南开为吉，周人有"西南其户"的，不是周民族自西南来，而是混合的羌人自西南来的。

……

吴民族的来源

吴越民族是殷民族之一，因他尚居于江南，未与夏民族同化，而后人以吴为周民族，越为夏民族，故详为辩证于后：

吴民族的来源，据下列各书载《史记·吴世家》："吴太伯，太伯弟仲雍，皆周太王之子，而王季历之兄也。季历贤而有圣子昌，太王欲立季历以及昌，于是太伯、仲雍二人乃奔荆蛮，文身断发，示不可用，以避季历。季历果立，是为王季，而昌为文王，太伯之奔荆蛮，自号句吴。荆蛮义之，从而归之千余家，立为吴太伯。太伯卒，无子，弟仲雍嗣立，是为吴仲雍。仲雍卒，子季简立。季简卒，子叔达立，叔达卒，子周章立。是时周武王克殷，求太伯、仲雍之后，得周章。周章已君吴，因为封之，乃封周章弟虞仲于周之北故夏墟，是为虞仲，列为诸侯。周章卒，子熊遂立。熊遂卒，子柯相立。柯相卒，子彊鸠夷立。彊鸠夷卒，子余桥疑吾立。余桥疑吾卒，子柯卢立。柯卢卒，子周繇立。周繇卒，子屈羽立。屈羽卒，子夷吾立。夷吾卒，子禽处立。禽处卒，子转立。转卒，子颇高立。颇高卒，子句卑立。是时晋献公灭周北虞公，以开晋伐虢也。句卑卒，子去齐立。去齐卒，子寿梦立。寿梦立而吴始益大，称王。自太伯作吴，五世而武王克殷，封其后为二，其一虞，在中国，其一吴，在夷蛮，十二世而晋灭中国之虞，中国之虞灭二世，而夷蛮之吴兴。大凡从太伯至寿梦十九世，王寿梦二年,楚之亡大夫申公巫臣怨楚将子反而奔晋,自晋使吴……。"

《史记》系西元前九〇年左右作品,距太伯奔吴时约一千年;时久失真,不可根据,兹再向前去找。《穆天子传》说:"赤乌氏之先,出自周宗,大王亶父之始作西土,封其元子太伯于东吴,诏以金刃之刑,贿用周室之璧。封丌璧臣长季绰于舂山之虱,妻以元女,诏以玉石之刑,以为周室主。"《穆天子传》以赤乌为极西的国,吴为极东的国,当以江苏为东吴。但《穆天子传》系西元前三二〇年左右作品,似乎资格不老,再向前找。《左传》:"子贡曰:'太伯端委,以治周礼,仲雍嗣之,断发文身,赢以为饰,岂礼也哉,有由然也……。'"(哀七年)"黄池之会……吴人曰'于周室我为长。'"(哀十三年)"楚子西曰:'吴,周之胄裔也,而弃在海滨,不与姬通,今而始大,比于诸华。'"(昭三十年)"伍员曰:'姬之衰也,日可俟也,介在蛮夷,而长寇雠,以是求伯,必不行矣。'"(哀元年)"晋士蔿曰:'太子(申生)不得立矣……不如逃之,无使罪至,为吴太伯,不亦可乎?犹有令名。'"(闵元年)"吴人谓随人曰:'周之子孙,在汉川者,楚实尽之,天诱其衷,致罚于楚,而君又窜之,周室何罪?君若顾报周室,施及寡人,以奖天衷,君之惠也。'"(定四年)"晋侯复假道于虞以伐虢,宫之奇谏曰:'……太伯虞仲,太王之昭也。太伯不从,是以不嗣。'"(僖五年)——《史记·吴世家》"赞"太史公即根据《左传》此条说:"余读《春秋》古文,乃知中国之虞与荆蛮句吴兄弟也。"

《左传》系西元前四二〇年左右作品,其中的记载,若系根据原史料,不是作《左传》人的杜撰,那么其中的僖五年一条系西元前六五五年,去太伯奔吴约四百年。即使《左传》此段记载,无信史可据,由口头相传,但因时间不远,也是较为可靠的。又如《论语·述而》:"君取于吴为同姓,谓之吴孟子。"《论语·泰伯》:"泰伯其可谓至德也已矣,三以天下让,民无得而称焉。"《国语·吴语》:"吴……使王孙苟告劳于周……王曰伯父。"是晋人作的《左传》,鲁人作的《论语》,楚人作的《国语》,中国各地普遍的都说太伯为吴国之祖。是就时间和空间的记载考察,吴为周民族,似无疑义。不过,我有左列的几个问题:

一、就理想上推测太伯不能远奔吴地

古公亶父由邠到岐不过二百里,诗人以其困难,大叙其事。太伯时周地东尚未及潼关,殷的地域据甲骨文记载,尚不出河南北部,其陕西东南,河南西部,湖北、安徽当有若干民族,成为若干部落。忽有一小部落(周)的二个人,经过这些部落,又为一小部落(吴)的酋长,在事实上是不可能的事。是以太伯仲雍由周奔吴,就没有这一回事。

二、就名字不避讳上观察吴民族不是周民族

《左传》桓九年"周人以讳事神,名终将讳之"。是周民族避他们自己祖先的讳。吴国的人名,依《史记·吴世家》和《左传》所载。列表于左:

人名	世次	关系	所讳的字	所见书	备考
夫槩 夫差	一	叔侄	夫	《左传》	夫槩王是阖卢之弟夫差之叔
柯相 柯卢	四	祖孙	柯	《史记》	
烛庸 弥庸	四	祖孙	庸	《左传》	公子烛庸王孙彌庸
彊鸠夷 夷吾 余桥疑吾	五 六	祖孙	夷吾	《史记》	
周章 周繇	七	祖孙	周	《史记》	
余祭 余昧 余桥疑吾	一二	祖孙	余	《左传》《史记》	
季兰 季札	一八	祖孙	季	《左传》《史记》	

年代远了,或可不避讳。而夫槩王与夫差仅一世,何以就同名不讳。周民族是避讳的,吴民族不避讳,是吴民族不是周民族。

吴民族不是周民族,疑他为本地的土著,其证如左:

一、吴人是断发文身黑齿雕题

(1)《左传》哀七年:"子贡曰:'太伯端委,以治周礼,仲雍嗣之,断发文身,嬴以为饰,岂礼也哉,有由然也。'"(2)《左传》哀十二年"吴短发"。(3)《左传》昭三十年:"吴灭徐,徐子章禹断其发……以逆吴子。"(4)《史记·吴世家》:"太伯、仲雍二人,乃奔荆蛮,断发文身,示不可用。"(5)《国策·赵策》:"被发文身,错臂左衽,瓯越之民也;黑齿雕题,鳀冠秫缝,大吴之国也。"

断发文身,《汉书·地理志》说:"以避蛟龙之害。"《史记》注:"应劭曰:'常在水中,故短其发,文其身,以象龙子,故不见伤害。'"似乎是因环境关系而断发文身的。但齐燕居于海滨,何不行此短发文身之制?况为避水中之害,而与黑齿无涉,又使发不断,被发浮水,发散水中,尤足以助威吓水中动物的使用,何为断?《南洋见闻录》对于文身有一段记载,"问之知业此而食者,曰雕文之人,童子及岁,则至其家露肤受刺(以铁尖煤墨刺之,血与墨并,其色终身不败)既毕,自远视之,疑如一裹粉紫之巾。刺时极痛,虽强有力者,亦不能一朝而毕,必累年而后周也。文身之后,即为成人,此犹西印度人命名之礼欤?历观数人之文,无一同者,问之,知缅人所以必文身之意,非为美观,意欲祓除不详,其用等于符箓。所居之处,多若某物之为害者,则刺某物以克之,如某文则知欲以避虎患也,某文则知欲以避蛇患也"。是文身与宗教有关,中原的周人无此宗教,吴人文身非周民族。

二、人名不同周

周人的命名,《左传》上有一段很好的故事,《左传》桓六年:"子同生……公问名于申繻,对曰:'名有五:有信,有义,有象,有假,有类;以名生为信,以德命为义,以类命为象,取于物为假,取于父为类;不以国,不以官,不以山川,不以隐疾,不以畜牲,不以器币。周人以讳事神,故名终将讳之:故以国则废名,以官则废职,以山川则废主,以畜牲则废祀,以器币则废礼。晋以僖侯废司徒,宋以武公废司空,先君献武废二山,是以大物,不可以命。'"

依照周人命名的原则,看吴人命名如何:

(1)不吉祥。《左传》成七年"吴子寿梦说之……"。按"寿梦"二字,以寿如梦,言寿甚短,为不吉祥语,不宜命为人名。《左传》哀二十年"吴公子庆忌骤谏吴子……"。按"庆忌"庆为庆贺,是吉利语,但庆下加"忌"字为不吉利语,"忌"是忌嫉,忌嫉是不应当庆的,人名"庆忌"是不应当有的。《史记·吴世家》:"夷吾卒,子禽处立。"按"禽处"二字,是与禽兽为伍的,古人以此名为不善。上用不吉祥语命,与中原人命名的原则不合(似为译音),是吴民族不是中原民族。

(2) 无音义

《史记·吴世家》:"彊鸠夷、余桥疑吾、颇高、句卑、去齐、夫差。"按"彊鸠夷"三字命名无意义。"余桥疑吾"四字命名亦无意义,而四字命名在周人未有(四字不连姓,连姓为五个字)。颇高、句卑、去齐、夫差均似以身体大小命名。与周人命名的原则均不合,是吴民族不是周民族。

(3) 多译音

(1) 寿梦——乘

《左传》成七年"吴子寿梦说之……",《春秋》襄十二年"吴子乘卒",《左传》襄十二年"吴子寿梦卒……"。按"寿梦"拼音为"乘"。

(2) 诸樊——遏

《春秋》襄二十五年"吴子遏伐楚,门于巢,卒",《左传》襄二十五年"吴子诸樊伐楚,……门于巢……卒",《左传》襄三十一年"巢陨诸樊"。按"诸樊"为"遏"的拼音或异音。

(3) 州于——僚

《左传》昭二十年"员如吴,言伐楚之利于州于",《春秋》昭二十七年"吴弑其君僚"。按"州于"拼音为"僚"。

(4) 阖卢——光

《左传》昭二十七年"吴公子光曰:'此时也,弗可失也'……阖卢以其子为卿"。《史记·吴世家》"光因代立为王,是为吴王阖卢"。按"阖卢"为"光"的拼音或异音。

(5) 州来——札

《左传》襄三十一年"延州来季子其果立乎"。《左传》襄十四年"将立季札"。《春秋》襄二十年"吴子使札来聘"。《左传》襄三十一年"非启季子也"。《史记·吴世家》"延陵季子封于延陵,故号曰延陵季子"。按"延陵"为其封地,"季"为兄弟排行的少弟,是"州来"为"札"的拼音或异音。

（6）余祭——戴吴——句余

《春秋》襄二十九年"阍杀吴子余祭"。《左传》襄三十一年"阍戕戴吴"。《左传》襄二十八年"齐庆封奔吴,吴句余予之朱方"。按"余祭"与"戴吴"及"句余"为异音。

（7）终累——夫差

《左传》定六年"吴太子终累败楚舟师"。《左传》定十四年"夫差使人立于庭"。按"终累"与"夫差"为异音。

（8）夷末——余祭

《春秋》昭十五年"吴子夷末卒"。《史记·吴世家》"王余祭卒,弟王余眛立"。按"夷末"与"余祭"为异音。

（9）掩余——盖余

《左传》昭二十七年"公子掩余"。《史记·吴世家》"公子盖余"。按"掩余"与"盖余"为异音。上吴国人名不应用拼音异音如此之多？当为译音可知。

三、舟有专名

《左传》昭十七年"吴伐楚……战于长岸……大败吴师,获其乘舟余皇,使随人与后至者守之,环而堑之,及泉,盈其隧炭,陈以待命。吴公子光请于其众曰:'丧先王之乘舟,岂唯光之罪,众亦有焉,请藉取之,以救死。'众许之,使长鬣者三人,潜伏于舟侧,曰:'我呼余皇则对。'师夜从之,三呼,皆迭对,楚人从而杀之,楚师乱,吴人大败之,取余皇以归"。中国的舟有普通名词无专名词,今这舟名"余皇"有专名词,与现在效外人的江楚舰等同。

据以上三证,吴民族不是周民族。

吴民族不是周民族,何以在春秋时已相传为周太伯的后？按吴通中国,由于申公巫臣使吴,时吴王为寿梦,故《春秋》《左传》《史记·十二诸侯年表》均从寿梦记起,因寿梦以前不通中原,不知其史。而寿梦依氏族社会兄终弟及制,后人误以季札贤欲传位季札,季札到过各国(襄二十九年聘鲁,昭二十七年聘晋),为各国人士所知名,其传位的故事,适与太王以季历贤而欲传位与季历故事同。其时相传太伯因避季历奔吴,寿梦的国名吴,故以太伯奔吴的故事,加在吴王寿梦的祖先身上。

太伯因避季历奔吴,是一件很好的事(孔子称为"至德"),何不见于诗? 其事有无不可知。即使有其事,而《管子·小匡》"西至流沙西虞",《国语·齐语》作"西吴",又《汉书·地理志》右扶风汧条下注"吴山在西,古文以为汧山"。《石鼓文》第十鼓"吴人邻极,朝夕敬惕,载西载北,勿奄勿伐"。是太伯奔于汧山即吴山,在今甘肃南部,周的西方,为秦的西邻,故秦的石鼓称为"邻极","载西载北"是在秦的西北,《师酉敦》"唯王元年正月王在吴,格吴太庙",阮元《积古斋钟鼎款式》说"古籍周王无适吴事。此吴古虞字也"。《诗·周颂》"不吴不敖",《史记·孝武纪》引作"不虞不骜",《左传》僖五年"虞仲",《吴越春秋》引作"吴仲"……,"即使所奔之吴在周东为东吴,按虞为吴,是泰伯奔于山西南部之吴,何能奔于江苏之吴? "吴"(吴王夫差之吴)为译音有左列数证:

《尸子》"使干越之工"(《御览》七六七引)。《荀子·劝学》"干越夷貉之子",杨倞注"干越犹言吴越"。《庄子·刻意》"干越之剑",《释文》司马云"干,吴也"。《淮南子·原道训》"干越生葛绵",高诱注"干,吴也"。《史记·吴世家》"句吴兄弟也";《管子·小匡》"西至流沙西虞";《攻吴王夫差鉴》"攻吴大差择其吉金自作御鉴"(《周金文存四册补遗》);《工𬯎王钟》"攻𬯎王皮难……"(《艺术丛编》卷一补);《攻敔王元厰剑》"攻敔王元厰自作其宝用"(《观堂别集·攻吴王夫差鉴跋》引)。现在宁波人称我(自称)为"丫ㄌ丫",吴人当亦名我为"丫ㄌ丫",中原人听了有写为"吴"字的,有写为"干"字的,有写为"工"字的,有写为"𬯎"字的。以"吴"为泰伯所奔的"吴",而"干""𬯎""句""攻""工""敔"是谁所奔的呢?

周民族原住于甘肃的庆阳静宁,陕西的常武、邠县一带,至太王时被夏民族(玁狁)所侵乃南下至岐山,时周已至农业社会,新得的领域,一国管辖不周，乃对其子为二国，《诗·大雅·皇矣》说："帝作邦作对，自太伯王季。"王季的国在周原（《大雅·绵》"周原膴膴"）故国号周；太伯的国在吴山（吴山见前）故国号吴。吴原在邠西南，吴山又在周原西，故《皇矣》说："乃眷西顾，此维与宅。"周吴两国之封为封建的开始，《皇矣》的作者鉴于前此国与国争甚烈（实为种族与种族争），而周、吴两国相处相好（系一个种族）。是以说："维此王季，因心则友，则友其兄。"

王季的周国处在太伯的吴国之东，向东发展较易，是以文王代崇，武王灭殷，周公成王向东再事经营，除将殷民族战败外，又渡河而东（《易》有筮"涉大川"的十三条），战胜夏民族，以其地封晋（《左传》定四年说成王将唐叔"而封于夏墟"）魏等国。又将太伯的吴国分封于其地为虞（《吴世家》云封周章之弟于故夏墟——见前），至春秋时为晋献公所灭。

太伯之后有西吴、东吴（周章弟所封）二国，西吴国因处于西垂，中原无闻，仅于《石鼓文》见其侵秦（见前）。东吴国处于中原，为人所注意。后人不明王季的周国之所大，伐殷而主中原，乃以东周的现象——传位于长子的系统观念，说太王欲传其位于王孙文王，太子太伯因避位于公子王季，东至于吴自成一国。此种错误，由于太伯不为灭殷的周武王的祖，而周东又有吴国（山西南部之虞），此尚不大差。后至春秋末年转为江苏中部的吴，使错了二千余年，大有不能挽回之势！

越民族的来源，据左列各书载：《史记·越世家》："越王勾践其先禹之苗裔而夏后少康之庶子也，封于会稽，以奉守禹之祀，文身断发，披草莱而邑焉，后二十世余，至于允常，允常之时与吴王阖庐战而相怨，允常卒，子勾践立，是为越王。"《吴越春秋》："少康……乃封其庶子于越，号曰无余，无余始受封……无壬生无瞫，无瞫卒，或为夫谭，夫谭生元常。"《越绝书》："越王夫镡以上至无余久远，世不可纪也，夫镡子允常，允常子勾践，大霸称王，徙琅琊都也……"

依上列证据，越是夏禹的后，到了春秋末年允常、勾践始兴。但夏后在春秋时为杞，是史有明文的。而春秋时的白狄，战国时的中山，秦汉的匈奴，乃为夏后。夏是北方民族，越是南方民族，两不相干。以越为夏

293

后，由于越王勾践被吴王夫差败了，保守于会稽山上，时相传禹治水东南至会稽山，会稽山在越境内，故附会越为夏后。（或者汤放桀于南巢，其后南下与越人一部分混合，相传少康曾奔国，故附会在少康身上）如其不信，试看左列数证：

一、断发文身

《墨子·公孟》："越王勾践剪发文身。"《国策·赵策》："被发文身，错臂左衽，瓯越之民也。"《淮南子·泰族训》："刻肌肤，镵皮革，被创流血，至难也，然越为之以求荣也。"《史记·越世家》："文身断发，披草莱而邑焉。"《说苑·奉使》："越剪发文身。"《汉书·地理志》："文身断发，以避蛟龙之害。"

前证明断发文身非周民族，越民族为断发文身是非夏民族。

二、命名不同

（1）不讳

《吴越春秋》："无余……无壬……无瞫……无彊……"《史记·东越传》："无诸。"越王有五世均同"无"字而不讳，是非中原民族。

（2）不祥

常寿过——《左传》昭五年"越大夫常寿过帅师会楚子于琐"。寿梦——《左传》昭二十四年"越公子仓归王乘舟，仓及寿梦帅师从王"。不寿——《史记·越世家》"王翳与卒，子王不寿立"。按"常寿过"似为希望不要多寿，"寿梦"以寿如梦，是很短的寿，"不寿"是不常寿，均不吉祥语，不宜命为人名，而越命以为人名，是非中原民族。

（3）译音

种——诸稽郢。《左传》哀元年："使大夫种因吴太宰嚭以行成。"《国语·吴语》："乃命诸稽郢行成于吴。"按"诸稽郢"拼音为"种"。

三、不穿鞋、不戴帽

《韩非子·说林上》："鲁人身善织履，妻善织缟，而欲徙于越，或谓之曰：'子必穷矣。'鲁人曰：'何也？'曰：'屦为履之也，而越人跣行；缟为冠之也，而越人被发。以子之所长，游于不用之国。'"《韩诗外传》卷八："越王勾践使廉稽献民于荆王……使者出见廉稽曰:'冠则得以礼见,不冠不得见。'廉稽曰:'夫越亦周室之列封也,不得处于大国,而处江海之陂,与鼋鳝鱼鳖为伍,文身剪发而后处焉。今使至上国,必曰'冠得礼见,不冠不得见,'如此,则上国使适越,亦将劓墨文身剪发而得以礼见,可乎?'"越人不穿鞋不戴帽,与中原不同,是非中原民族。

四、食物的上品不同

《淮南子·精神训》:"越人得髯蛇以为上肴,中国得而弃之无用。"按《孟子》"熊掌鱼我所欲也"。中原以熊掌与鱼为上肴,越人以蛇为上肴(现在广东人亦以蛇为上肴),与中原不同,是非中原民族。

五、音乐不同

《吕氏春秋·遇合》:"客有以吹籁见越王者,羽角宫徵商不谬,越王不善,为野音而反善之。"越王是懂中原的五音(羽角宫徵商)故不善,是非中原民族。

六、盟誓的仪式不同

《淮南子·齐俗训》:"越人契臂,中国歃血,所由各异,其于信一也。"越人与中原盟誓的仪式不同,是非中原民族。

七、语言不同

《说苑·善说》:"鄂君子皙(楚王母弟官为令尹)之泛舟于新波之中……越人拥楫而歌,歌辞曰:'滥兮抃,草滥予,昌枑泽予,昌州州饳州焉乎,秦胥胥,缦予乎,昭澶秦踰,渗惿随河湖',鄂君子皙曰:'吾不知越歌,子试为我楚说之',于是乃召越译,以楚说之曰:'今夕何夕兮,搴中洲流;今日何日兮,得与王子同舟。蒙羞被好兮,不訾诟耻;心几顽而不绝兮,知得王子,山有木兮木有枝,心悦君兮君不知。'"楚人听了越人的唱歌不懂,召"越译"翻译,其原辞楚人也看不懂,是非夏民族(楚为夏民族)。

越人名见于《纪年》的为"于粤子句践卒,是为菼执,子鹿郢立"(《史记·越世家》索隐引)。"于粤子不寿见杀,是谓盲姑次,朱句立"(同上)。"于粤大子诸咎弑其君翳,十月粤杀诸咎。粤滑吴人立孚错枝为君"(同上)。"于粤大夫寺区定粤乱,立无余之"(同上)。"于粤寺区弟思杀其君莽安次，无颛立"（同上）。"于粤子无颛卒，是为荛蠋卯。"

以上的"朱句""诸咎""孚错枝""寺区""无余之""莽安次""无颛"名均奇怪。及"荛执""盲姑次""荛蠋卯"谥法均奇怪，为中原所不用。

吴越民族多以"丫"音字命名，如：余祭，余昧，句余，州于，掩余，余桥疑吾，屈羽，夷吾，无余，无壬，无彊，无诸，译吁宋，鼫与，余善。

国名则有：句吴、攻敔、工䰽、攻吴、于越、干越。按——句、吴、攻、敔、䰽、于、越、干、余、于、吾、羽、无、余、吁、与——古音均读为"丫"。广东中山大学《语言历史研究所西南民族专号》页二四语："……古代总称南部的蛮族为蛮（Man），又福建附近的民族称为闽（Min），这种音近似（Miao）(mu')（Mu''）现居住在印度支那的民族又称为（Mon）的……实在大可注意。凡南部民族其种族名多有'M'字的发音。"

按"丫"与"M"及"马"音的相近，是吴越民族与苗民为同族。

吴越民族非中原民族，而为苗民，我在上文已经说过了，兹将吴越民族的分布及从事研究的准备，分叙于后：吴民族被越民族合并了，但越民族的结局如何？试看：

《史记·越世家》："句践卒，子王鼫与立，王鼫与卒，子王不寿立。王不寿卒，子王翁立，王翁卒，子王翳立，王翳卒，子王之侯立，王之侯卒，子王无彊立，……楚威王兴兵而伐之，大败越，杀王无彊……而越以此散。诸侯子争立，或为王，或为君，滨于江南海上，服朝于楚。后七世，至闽君摇，佐诸候平秦，汉高帝复以摇为越王，以奉越后。东越，闽君，皆其后也。"

《史记·东越传》："闽越王无诸及越东海王摇者，其先皆越王勾践之后也。姓驺氏（徐广曰：'驺一作骆。'）孝惠三年……立摇为东海王、都东瓯……东瓯请举国徙中国，乃悉举众来，处江淮之间。汉五年，复立无诸为闽越王，王闽中故地，都东冶……闽越王郢……诛……立丑（无诸孙）为越繇王，奉闽越先祭祀，……闽越王郢……其弟余善……自立为王……因立余善为东越王，与繇王并处……繇王居股……俱杀余善……封繇王居股为东成侯……皆将其民徙处江淮间，东越地遂虚。"

《淮南子·人间训》:"秦皇…利越之犀角象齿翡翠珠玑,乃使尉屠睢,发卒五十万,为五军,一军塞镡城之岭(注'镡城在武陵西,接郁林'),一军守九疑之塞(注'九疑在零陵'),一军处番禺之都,一军守南野之界(注'南野在豫章'),一军结余干之水(注'余干在豫章'),三年不解甲弛弩,使监禄无以转饷,又以卒凿渠而通粮道,以与越人战,杀西呕君译吁宋,而越人皆入丛薄中与禽兽处,莫肯为秦虏,相置桀骏以为将,而夜功秦人,大破之,杀尉屠睢,伏尸流血数十万,乃发适戍以备之。"

《史记·南越尉佗传》:"秦时已并天下,略定杨越,置桂林南海象郡,以谪徙民与越杂处……南海尉任嚣曰:'南海东西数千里,颇有中国人相辅'(是越非中国民族)……佗自立为南越武王。……佗曰:'蛮夷中间其东闽越千人众,号称王。其西瓯骆裸国亦称王。'……建元四年卒,佗孙胡为南越王……太子婴齐请归,胡薨……婴齐代立。婴齐薨……太子兴代立……除其故黥劓刑(黥劓刑为苗民法,是苗越同族。苗字上'艹'为带的兽角帽,'田'为雕题形),用汉法……元鼎六年,南越已平矣,遂为九郡。"

《汉书·地理志》:"粤地……今之苍梧、郁林、合浦、交阯、九真、南海、日南皆粤分也。其君禹后,帝少康之庶子云。封于会稽,文身断发,以避蛟龙之害。后二十世至勾践称王……遂伐灭吴,兼并其地……后五世为楚所灭,子孙分散,君服于楚,后十世至闽君摇佐诸侯平秦,汉兴复立摇为粤王……是时秦南海尉赵陀亦自王,传国至武帝时尽灭以为郡云。……中国往商贾者,多取富焉。……为儋耳珠厓郡……兵则矛,盾,刀,木弓弩,竹矢,或骨为镞……自初为郡县,吏卒中国人多侵陵之,故率数岁一反……自日南、障塞、徐闻、合浦船行可五月有都元国,又船行可四月有邑卢设国,又船行可二十余日有谌离国,步行可十余日有夫甘都卢国,自夫甘都卢国船行可二月余有黄支国,民俗略与珠厓相类。"(是南洋群岛与珠厓均苗民,故俗相类。)

《后汉书·度尚传》:"杭徐……初试守宣城(注'在……南陵县东')悉移涂林远薮椎髻鸟语之人,置于县。"(《南洋风闻录》说缅甸人"髻长委地,椎结为髽,男女皆同然也"与此同。)

297

《三国志·孙权传》:"建安五年,权分部诸将,镇抚山越,讨不从命。"

《三国志·孙皓传》:"甘露元年,分会稽为东阳郡,分吴丹阳为吴兴郡,以镇山越。"

《陈书·世祖本纪》:"世祖以功授持节都督会稽等十郡诸军事,会稽太守。山越深险,皆不宾附,世祖分命讨击,悉平之,威惠大震。"

《新唐书·裴休传》:"休父肃,贞元时为浙东视察使,剧贼栗锽诱山越为乱,陷州县,肃引兵破禽之。自记平贼一篇上之,德宗嘉之。"

越民族除一部分被汉武帝徙于江淮间与汉民族同化外,上徙于他处者,尚有保存原状,其迹可寻的:

(1) 畲民苗民

《连江县志》:"连江深山中有异种曰畲民,五溪槃瓠之后也。"

《后汉书·南蛮传》:"昔高辛氏有犬戎之寇,帝患其侵暴,而征伐不克,乃访募天下有能得犬戎将军头者,购黄金千镒,邑万家,又妻以少女。时帝有畜狗,其毛五采,名曰槃瓠。下令之后,槃瓠遂衔人头造阙下,群臣怪而诊之,乃吴将军首也。帝大喜,而计槃瓠不可妻之以女,又无封爵之道,议欲有报而未知所宜。女闻之,以帝皇下令,不可违信,因请行,帝不得已,乃以女配槃瓠。槃瓠得女,负而走入南山,止石室中。所处绝险,人迹不至。于是女解去衣裳,为仆鉴之结,着独立之衣。帝悲思之遣使寻求,辄遇风雨震晦,使者不得进。经三年,生子一十二人,六男六女,槃瓠死后,因自相夫妇。织绩木皮,染以草实,好五色衣服,制裁皆有尾形。其母后归以状白帝,于是使迎致诸子,衣裳斑兰,语言侏离,好入山壑,不乐平旷;赐以名山广泽。其后滋蔓,号曰蛮夷。"

畲民南蛮及壹湾(见后)的神话均云出自槃瓠,而槃瓠以"吴将军"为起,是这神话与吴当有关系。又以"得……吴将军头",是吴国的对方发生的。按越王勾践败于吴,困在会稽山上,几乎亡国,常思报吴,乃与范蠡等谋,卒灭吴国,是这神话系越地发生,"吴将军"当系吴王夫差。

越王勾践身质于吴,而越民族当也感觉亡国的痛苦,当思有以报吴。及灭吴,范蠡的功居多,但越王勾践不用他,使之"遂乘轻舟以浮于五湖,莫知其所终极……"(《国语·越语下》)当其伐吴时,全国动员,及灭吴当不能全国人均受赏赐,是以不得受赏赐随范蠡逃去,故广州蛋民自以为范蠡后(见《西南民族专号广州蛋俗杂谈》)。"船"山西河东人读为"匚ㄢ",《方言》卷九"舟……东南丹阳、会稽之间,谓艖为欚",是吴越人以船名欚,"范蠡"或即"船欚"的异音,因乘船欚而逃,故云为范蠡,范蠡致大夫种书说"飞鸟尽,良弓藏;狡兔死,走狗烹"。范蠡自称为越王勾践的走狗,《史记·越世家》正义引《吴越春秋》云"范蠡从犬窦蹲而吠之",直以范蠡为狗。及其乘船欚逃去,随去人的后裔,据其祖先传说,或把"范蠡"音读转为"槃瓠",故说其狗槃瓠得吴将军头,不得受封,逃往山中,因繁育其子孙云云。

(2) 台湾

《史记·东越传》:"闽越王无诸及越东海王摇者,其先皆越王勾践之后也。"《国语·郑语》:"闽芈蛮矣。"《山海经·海内南经》:"闽在海中。"《山海经·海内北经》犬封国下郭注:"昔盘瓠杀戎王,高辛以美女妻之,不可以训,乃浮之会稽东南海中,得三百里地封之,生男为狗,女为美人,是为狗封之国也。"《临海水土志》:"夷州在临海东南,去郡二千里,土地无雪霜,草木不死,四面皆山,众山夷所居,山顶有越王射的正白,乃是石也。"(《御览》七百八十引)

《郑语》系周赧王初年作品,其时已有"闽"名。《史记》说"闽……为越后"。《海内经》系刘歆作,说"闽在海中",是闽民族由福建到海中去了,郭璞以"会稽东海中,三百里地"(当系台湾)的犬封尉为盘瓠(范蠡)后。《临海水土志》以夷州(台湾)"山顶有越王射的正白"(当系夷州土人的话,著《临海水土志》人录其原语,下加以"乃是石也"的解释),是台湾民族系吴越民族,于西元前一〇〇年至西元时由浙江福建到台湾去的。

中央研究院林惠祥先生的《台湾番族之原始文化》一书,其中关于台湾民族为吴越民族,有几点列左:

(一) 断发

吴越民族前证明他是断发的,今按《临海水土志》"夷州……人皆髡发"。林君以夷州为台湾甚是,是台湾吴越同为断发民族。

(二) 文身雕题

吴越民族前证明他是文身雕题的,今按《隋书·琉球国传》"妇人以墨黥手为虫蛇之文"。《台湾番族之原始文化》页十派宛族条"有文身之俗,但不于面而于手臂背等处"。同书页七太么族条"男女皆黥面为饰,故又称'黥面番'"。男子自额至颔之中央作直纹,女子自口经两颊至两耳作横而斜上之阔纹,使口似有锐突之势,汉人称之为"乌鸭嘴"。林君以琉球为台湾甚是,而台湾现有文身雕题人存在,是台湾与吴越同为文身雕题民族。

(三) 黑齿

吴越民族前证明他是黑齿的,今按《台湾番族之原始文化》页十七食物条:"嗜槟榔,唇齿皆红污。"是台湾与吴越同为黑齿民族。

(四) 鲲冠蠃饰

吴越民族前证明他会用鲲冠蠃饰的,按《后汉书·倭国传》"会稽海外有东鲲人,分为二十余国……"。《隋书·琉球国传》:"衣……缀毛垂螺为饰……下垂小贝。"《台湾番族之原始文化》页一五为"织贝衣"其贝为六六三〇〇颗。同书页一六衣服饰物条"妆饰品之种类有耳饰、颈饰、腕束、脚饰等,其原料为贝壳……",是台湾与吴越同为鲲冠蠃饰民族。

(五) 短须

《左传》昭四十七年"楚……大败吴师,获其舟余皇……吴公子光请于其众……请籍取之……使长鬣者三人,潜伏于舟侧……楚人从而杀之。"是楚人为长鬣,吴人为短须,故找三个长须似楚人的作间谍,使楚人认不出。据此,吴人为短须的。按《隋书·琉球国传》"男子拔去髭鬓,身上有毛之处皆除去。"林君云:"番族原乏毛,非拔去也。"《台湾番族之原始文化》页三体质条"髭须甚缺,体毛亦少"。是台湾与吴越同为短须民族。

(六) 音乐

前证明越人不知五音而善野音的,《台湾番族之原始文化》页二二

"尚有一种奇异之乐器,即'音乐杵'系长数尺重数斤之大木杵,持之捣于石上,其音'铛铛'然,五六根合敲成歌。"《永春州志》"畲民……少年群集而歌,擘木相击为节,主者一人,盘旋四舞"。以"擘木相击"的"音乐杵"捣石成声作乐。当然不懂所谓五音。此可证明台湾为吴越民族,而且与畲民为同族。

(3)南洋群岛

南洋群岛民族与吴越民族多同俗。

(一)文身

《南洋见闻录》"文身涅齿(黑齿)由来久矣,文身之俗,存于缅甸、日本、安南、暹罗之人"。按日本原为马来族,后被蒙古族侵入,现为混合种,文身是印度支那民族的特征,日本亦马来种,故日本亦文身。吴越民族文身,是吴越亦同马来种。

(二)黑齿

《南洋见闻录》"暹罗人好嚼槟榔,饮食之外,恒投于口中,非至熟寐,则不得休,口津遗地,红几如血,谚曰:'相狗有齿,狗齿则白;人而白齿,胡不遄死?'可见其俗矣。槟榔大如黑枣,皮缘质松,软于海绵,吾尝之味辛而涩,眉为之蹙也。土人之所食者,和红石炭与烟叶于中。儿童能语,即向其母索槟榔粉,童齿未全,故饲以粉。人出必携槟榔自随。乞人乞饭,亦乞槟榔。吾意暹罗人之嗜此,亦犹南美土人之嗜料楷叶,始藉以激动神经而耐饥寒,久之遂以成俗。"爪哇泗水土人是"好嚼槟榔荖叶(荖荖树名,荖树之叶也),中调石灰,取其能黏着齿间易于过瘾,初吃时口红紫似喷血,久则深若髹漆然"。

槟榔之产,《南洋见闻录》说:"为常绿乔木,属棕榈科,高约三丈,干径约五方寸,有叶无枝……叶聚顶端,为羽状复叶。产于热带。五年始结实,初开黄花如稻穗,实聚生一簇,数可百枚。……苏门答腊东海岸,婆罗洲西海岸,及巴达维亚(爪哇西)附近皆产之。"南洋群岛人之黑齿由于嚼槟榔,吴越人之黑齿,亦当由嚼槟榔而生。槟榔产于热带,在南洋群岛中只限于苏门答腊、婆罗洲、爪哇之间,吴越不产槟榔,当无由嚼槟榔而黑齿，犹如与吴同地域的徐舒，同纬度的楚巴，均因不产槟榔而无黑齿，吴越不产槟榔而有黑齿，是其民族原系同族，带其习俗而往。

（三）短须

《南洋见闻录》"马来土人……男子无髯须"，此与吴越台湾民族同。

附：对于吴越民族研究的意见

吴越民族不是中原民族，而与马来半岛、南洋群岛、台湾、印度支那及内地的畲民苗民为同族，这不过是从书本子提出的证据而作假定的，若要作为确定，须有下列的工作：

（一）考古

（甲）南京石器时代遗址

南京古物保存所于十九年三月在南京栖霞山西北甘家巷附近发掘六朝墓时，发现石器时代遗址三处。第一遗址在张家库高家山焦尾巴洞前，第二遗址在甘家巷冈头上，第三遗址在甘家巷土地庙北。在这三个遗址中得有未磨石器六件，半磨石器四件，磨光石器三件，陶鼎残腿二十四，陶器残片五十块，其中花纹系几何形的七八块，玩具二件，均陈列在南京古物保存所。但彩色陶器未发现。

（乙）香港石器时代遗址

北平地质调查所内陈列有香港的石器时代的陶片，其花纹为几何形。

（丙）南越王宫殿遗址

南越王宫殿遗址，闻在广东广州市瓦窑后街，近被人发现，古董商争往其地向居人购买其上有字的陶片，南京有孙某于其处得一百六十余片，我得其拓片三册。

南京石器时代遗址中的陶片上的花纹，与辽宁（见《奉天锦西县沙锅屯洞穴层》）、河南仰韶（《中华远古之文化》、山西西阴（《西阴村史前遗址》）及我们这次在山西万泉县荆村瓦渣斜所发掘的，甘肃（《甘肃考古记》）均不同。而与香港石器时代的陶片，花纹完全相同，与南越王宫殿遗址花纹相近,这是一件最可注意的。

(一)调查

(甲)南京附近的句容

南京城南由牛首山以至句容一带,有可注意的三点:

(一)语言　我在南京常出城到乡间去考古,栖霞山一带的语言很好懂,他们相传是从安徽及徐州移来的。惟南京城南南乡牛首山以至句容一带的语言极难懂,就是南京的人也不懂他们的话,但常到南京城内的男子语言尚可懂得一点,若妇女的语言就不懂了。

(二)习俗　南京南乡及句容一带的语言,土匪甚多,行人畏惧,我询南京地方的人,他说那些人并不是土匪,是嫉生人的,看有个而不相熟语言、服装与本地不同的人,他们就大为注意,若是二三人同行,他们把这行旅的衣服钱财夺去;若是一人独行,他们就推到塘子里去。他们家里就是有几百顷地也作如此行为,按此种习风与台湾番族及婆罗洲不乃子族相同。

(三)特征　中央大学建筑系教授刘福泰先生,他说他们广东人大多数人的脚趾的小趾趾甲是分为两半个的,名曰双趾,并将他的袜子脱了着我看过的。袁允中先生告我,他们江苏海门一带人有一部分也是脚有双趾,相传这些有双趾的都从句容移来的。按此双趾当为"交趾",句容与广东人同此特征,大可注意。此种特征,由于种族的遗传?疾病的遗传?这是人类学家及医学家所当注意而应急解决的。

(乙)西南民族

西南民族的调查,广东中山大学曾作过初步的调查。

(丙)畲民族

福建畲民现已有人注意,但未着手调查。

调查工作,未作初步调查的,应作初步调查;已作初步调查的,再作详细的调查。南京的石器时代遗址发现,算是作为初步调查的工作,应再作大规模的发掘,供献学术并解决这吴越民族的问题。但我不会做官,使南京栖霞山附近石器时代遗址发掘的报告未发表而即离职,不惟对于这吴越民族直接的证据,受一打击,即长江下游第一次发现石器,因我人轻言微的关系也没人去注意。

我这稿草成以后,向各杂志去投,求其发表,都说你这是个假定,待确定了再发表,我以为真正的确定是没有日子的,大概的确定,在中国还得若干年。因为:

第一,现在书本子上的材料尚未整理,真伪未定,即根据书本作为假定也有问题,例如郭沫若先生所著的《古代社会研究》一书,大体上是很可佩服,但他不信任《左传》而信任《周礼》,诗的解释也不正当,这是他一点小误。

第二,地下的材料未发掘出,现在对于石器时代已有个概念,殷墟知其略情,而由石器时代至殷墟甲骨文字时代,中间尚未发现其遗址,由殷墟至燕都(燕都考古尚未有报告),其间的东西两周尚未掘。现在假若要根据考古学作上古史,时间上尚接连不起来,空间上当谈不到。

第三,中国内地的非汉族及周围的民族与中国有直接关系,尚未明了其现象。如蒙古、西藏、苗民,尚无详细的研究,而朝鲜、台湾、南洋群岛、暹罗、缅甸、印度、阿富汗、波斯、阿拉伯、土耳其、西伯利亚以至哀斯极磨人、印第安人均与中国有直接关系,我们一点不知道,而其材料没法引用。

以上三点,要有个大概情形,还得中外学者努力三十年,到那时我们专门研究一个问题,其他的问题,根据其他的学者研究的结论,那时的文章方可谓之确定。但一切文章待到那时再发表,未免太迟吧!

未得到确定的结论,而先发表,是要作个提案,请大家注意这一点,提出问题后方可慢慢的解决。但守旧的听得有提出新的问题,便不看其书的内容(或者竟未见其书),成为问题不成为问题,以"大胆妄言"四字批评。学术的批评,最好用只少被批评的原文三分之一长的文字发表,就大体上着想,不宜攻击其小节。不要像官僚式的批示"所请之处""碍难照准""著无庸义",不说明理由(法院判决书尚列有理由一项)的四字批评,使受批评者有辩护的余地。

我不是人类学家，吴越民族之作非其本分，不过我因为在南京发掘石器时代遗址，方发生此兴趣。如果大家"不以人废言"平心静气作前列各项工作，以解决这吴越民族是否周夏之后，而为中原民族。

《吴越民族》一文，一九三〇，八，二〇。草于北平首善公寓，后发表于北平《进展月刊》中。）

中国的氏族社会（节选）①

（选自卫聚贤《古史研究·第三集》，上海：商务印书馆，1937年，第211—238页）

导言

中国的社会史，多系断代的画分，即以某时代为某社会，就在某时代专讲某社会，另一个时代为另一个社会，又专讲另一个社会。但不知某一个社会阶段，不是突然产生的，也不是突然消灭的，在甲阶段时乙阶段的情形已产生了，在丙阶段时而乙阶段的现象尚未消灭。故在甲阶段讲乙，在丙阶段也讲乙，殊为不合。是以我对于中国的社会史，先不以断代分，而将每一个阶段作一篇文章，将其产生的原因，盛行的状况，消灭的情形，一一叙出。将各阶段作毕后，拢合起来，再在前面作一篇总论，再说出某时代为某阶段。

《中国的母系时代》，我已作过了在《明日》上分两期发表，不过还要补充。奴隶社会作成了，在《新中国》由第一期至第四期上发表了。现在我将氏族社会作成了，在《新中国》上分期发表。

原始社会氏族社会母系时代均在史前，在中国史上无直接的材料，只好用旁证去推测，故其文简略。奴隶社会封建社会有书可据，故能详述其事。是以母系时代约二万余字，氏族社会约三万余字，奴隶社会约四万余字，将来作原始社会至多不过万余字，而封建社会或可有七八万字，将来合成中国的社会史，约二十万字左右。

---

① 编者案：《中国的氏族社会》包括绪论、图腾等内容，节选图腾部分。

我对于中国的材料，不如老先生博；对于理论，不如社会学家彻底。我在这过渡期，只好作这非牛（牛津）非马（马克斯）的文章。其遗漏错误处，俟拢合时改正。

一九三四，二，二。记于上海真如李家阁

图腾

中国的氏族的族字从旗，旗为图腾。但是古代是否有图腾的使用？按《左传》昭十七年："郯子来朝，公与之宴，昭子问焉，曰：'少皞氏鸟名官，何故也？'郯子曰：'吾祖也，我知之。'昔者黄帝氏以云纪，故为云师而云名。炎帝氏以火纪，故为火师而火名。共工氏以水纪，故为水师而水名。大皞氏以龙纪，故为龙师而龙名。我高祖少皞挚之立也，凤鸟适至，故纪于鸟，为鸟师而鸟名；凤鸟氏，历正也；玄鸟氏，司分者也；伯赵氏，司至者也；青鸟氏，司启者也；丹鸟氏，司闭者也；祝鸠氏，司徒也；雎鸠氏，司马也；鳲鸠氏，司空也；爽鸠氏，司寇也；鹘鸠氏，司事也——五鸠，鸠民者也。五雉为五工正，利器用，正度量，夷民者也；九扈为九农正，扈民无淫者也。自颛顼以来，不能纪远，乃纪于近，为民师而命以民事，则不能故也。"仲尼闻之，见于郯子而学之。即而告人曰："吾闻之'天子失官，学在四夷'，犹信。"

依此段记载，中国在颛顼以前是使用图腾的，到了春秋时中原已无图腾使用，惟"四夷"边地落后的民族尚有图腾存在。《三国志·夫余传》"夫余……皆以六畜名官。有马加、牛加、猪加、狗加、大使"，在颛顼以前使用图腾的为黄帝、炎帝、共工、大皞、少皞五帝。而少皞是以鸟为图腾的，分为凤凰氏族、玄鸟氏族、伯赵氏族、青鸟氏族、丹鸟氏族，五个氏族；又分为祝鸠、雎鸠、鳲鸠、爽鸠、鹘鸠五个氏族；又分为五个雉氏族，九个扈氏族，共计二十四个氏族。春秋时郯子对于原义不明，误为以鸟纪官。

图腾在中国古代是有的，但图腾的来源及情形如何？是：

(1) 因需要某种物，久之则生敬仰心，乃奉以为图腾，如夏人祀龙。

(2) 因害怕某种物，久之则生畏敬心，乃奉以为图腾，如楚人祀熊。

（3）因某种物在其地有，迨人类徙居至他处后，而某种物因其他的原因，亦徙其地，人类迴思故土，乃奉之如神，久之则为图腾，如殷人祀玄鸟。

（4）氏族各自奉图腾，以资识别。

（5）因崇拜某种物，而以为其族均为某种物的子孙，某种物在暗中可以保护他们。

（6）因崇拜某种物，是以其族不须伤害某种物。

（7）氏族因分析的关系，一氏族可以奉某物的一部分为图腾，如尧为犀牛角。

（8）氏族因合并的关系，一氏族可有两个图腾，所谓佛赖德里的图腾（Totems do Phraties）。

由图腾以证氏族，但中国的图腾在上古使用，故至有详细文字记载时，图腾的意义已不明了，现在只好从古帝王名、地名、姓氏上推测：

（甲）从古帝王名号上使用图腾

子 舜为殷狮子氏族图腾

"甲子卜……🦁……"（《书契菁华》第十页）；

"🦁"（《殷契佚存》八五七）；

"壬申贞求年于🦁"（《殷墟书契后编》卷上第二十二页）；

"🦁受年"（刘惠之《书契丛编》稿本卷一第二十四页）；

"享宾🦁"（同上第四十二页）；

"……🦁众上甲其享"（同上第四十四页）。

上为一有耳有尾而蹲之兽，殷人向此兽求年并享，而并为之"燎"，与殷人祀其祖先礼同，况有"癸巳贞于高祖🦁…………"，与"高祖亥"及"高祖乙"同例，是殷人认此兽为其始祖。此兽为狮子，其释另见。

丑 燕亦为殷人图腾

《诗·商颂·玄鸟》："天命玄鸟，降而生商。"《诗·玄鸟》郑笺云："玄鸟，燕也……春分玄鸟降。"《左传》昭十七年"玄鸟氏，司分者也"，是玄鸟为燕,殷人以为他们祖先是燕所生,因以燕为图腾,故殷人祀燕:"吉燕"(《殷墟书契前编》卷六第四十三页第六块);"贞惠燕"(同上四十五页一块);"贞惠吉燕"(同上四十四页五块)。惠为祀,因殷人以燕为图腾,故殷人祀燕。燕为黑色,故名"玄鸟",是以殷人名其始祖为"玄王";《国语·鲁语》"自玄王以及主癸莫若汤",韦昭注"玄王,契也"。《诗·商颂长发》"有娀方将,帝立子生商。玄王桓拨,受小国是达,受大国是达"。《荀子·成相》"契玄王生昭明,居于砥石迁于商"。均以契为玄王。

而《楚辞·天问》的"眩弟并淫",指舜与象,而以舜为眩,亦属于黑,故《尸子》"舜墨"(《御览》七十七引),《文子·自然》"舜鳌黑",《淮南子·修务训》"舜黴黑"。燕为候鸟,夏则北徙,冬则南徙,殷人发源于四川,沿江而下,至江苏镇江沿海北上。殷人由南方至黄河流域,看见其故乡的燕子亦来,因"示不忘本也"故为之祭,后与其祖并祭,因传错为"天命玄鸟,降而生商",后又以燕子不能生人,乃有狄简吞燕卵而生子的神话。

寅 殷人的象氏族

《左传》庄二十二年"陈公子完……奔齐……有妫之后,将育于姜",是陈为妫姓。妫字从女从为,女字是后人附加的,原当姓为,为字在甲骨文为𤇾,像手牵象形。甲骨有祀象:"而申卜穀贞,惠宾为"(《前编》卷五第三十二页);"丁酉卜穀贞惠宾为"(同上);"贞勿为宾"(后下一〇)。

而陈亦系殷氏族之一,《左传》昭八年云:"陈,颛顼之族也……自幕至于瞽瞍无违命,舜重之以明德,置德于遂,遂世守之,及胡公不淫,故周赐之姓,使祀虞帝。"陈字从东从阝,阝系后加的地名的标,故陈原为东,《逸周书·作雒解》:"三叔及殷东徐奄及熊盈以叛。"三叔为周民族,熊盈系楚之祖,为夏民族,而东与殷连在一起,是东为殷民族。而且《左传》的陈完奔齐,《史记》作田完,《史记·吴起传》的田文,《吕氏春秋》"执一"作商文,《汉书·地理志》信都国的东昌,王莽作田昌,是陈、东、田、商古为一字,亦即陈为殷氏族之一之证。

陈为殷氏族之一,陈的图腾是象,故甲骨文有殷人祀象。

舜(狮子)为殷甲氏族的图腾,象为殷乙氏族的图腾,舜象原为一个种族，故后人误认象是舜弟。因狮子氏族与象氏族曾起过一次战争，故误为象谋害舜。其故事以《孟子·万章上》为详："父母使舜完廪，捐阶，瞽瞍焚廪；使浚井，出，从而揜之；象曰：'谟（同谋）盖（揜）都君（舜），咸我绩（功绩）；牛羊父母，仓廪父母；干戈朕，琴朕，弤朕，二嫂使治朕栖。'象往舜宫，舜在床琴。象曰：'郁陶思君尔。'忸怩。舜曰：'惟兹臣庶，汝其于予治。'"

《左传》有鄋瞒国，系长狄夏民族之一，甲骨文有国为𤔲，像人手持火把入地穴，鲍鼎以为即鄋瞒国。当亦为瞽叟之叟。瞽为无目者，古代俘虏系刺瞎其左目，瞽叟当系殷人俘虏夏人鄋瞒国的俘虏而刺瞎其目以作奴仆的，中国人往往将后来者居上，如禹治水为中国黄河流域的神话，春秋时吴通于晋，传入浙江张大帝（黑鱼精）治水的神话为鲧（鲧为玄鱼），两神话冲突，故作调和说，以鲧为禹父，先治水未成，禹继成其功。而长江治水的神话为共工，周南受楚的传说，又作调和，故在《周语》中说共工先治，鲧次之，禹为后。如此，以瞽瞍为舜象的父母，亦同此误。

殷人战争使用俘虏作战，在甲骨文上已有，如"贞勿登人乎卧土方"（《前编》卷五第二十页），𠂤即卧字，系臣服义，而"丙戌卜㲋贞，今春王从卧乘伐下㠯，受土又"（《铁云藏龟》第二百四十九页），是乘为俘虏，故于乘上加卧，而《殷契佚存》七二六，其卧为𠂤，像人脚底有物，系脚镣，恐俘虏逃走。"王从卧乘"当以"卧乘"为主力战，与瞽叟为主力战同。

狮子氏族与象氏族战争，象氏族曾将俘虏鄋瞒国的奴仆使之作战，用火烧过（焚廪）用水攻过（揜井），结果狮子氏族败了，象氏族论功行赏，将牛羊仓廪赏给奴仆（父母），而武器归己（干戈朕，弤朕），主人主祭故乐器归己（琴朕），将俘虏的妇女归己（二嫂使治朕栖）。《稽瑞》引《墨子》"舜葬于苍梧之野，象为之耕"，是狮子氏族曾衰亡象氏族曾代兴。但狮子氏族虽败，未为灭亡，象氏族与狮子氏族又和解了（象往舜宫，舜在床琴）。这是氏族社会的传说遗留到战国时，被儒家改造舜、象兄弟之争的故事。

卯　禹为夏龙氏族的图腾

禹字《说文》训为虫，金文《叔向敦》禹字作 ♅ 形，《秦公敦》禹字作 ♆ 形。是禹字系两个九字所合成，按九字在甲骨文有左列各形。

♌《后编》卷上第二十八页第六块；

♍《前编》卷四第六页；

♎《前编》卷四第四十页。

金文则有：

♏古刀币文；

♐曾伯簠；

♑伯敦。

是以九与禹常有连带的关系，如定九州、九山、九川、九河、九泽、九津、九浍、九道（《孟子》《墨子》《尚书》《史记》《淮南子》《吕氏春秋》）。而又杀九首（《山海经》），命九牧（《新书》），作九鼎（《左传》《国策》《史记》《汉书》《说文》），和九功，叙九叙（《大禹谟》），亲九族，夏籥九成（《淮南子》）乐成九韶（《五帝本纪》），恂于九德（《书·立政》），为九代之舞（《山海经》），妻为九尾白狐（《吴越春秋》），作九辩九歌（《左传》《楚辞》），天锡九畴（《书·洪范》），帝告九术（《纬书·河图握拒纪》），以九等定赋（《禹贡》），以九洛期上皇（《庄子》），至于东教九夷（《墨子》），以至寿为三百六十（四九之乘——《纬书》），定国千八百（二九之乘——《淮南子》）。

而九当即虯字的 ♒，虯《说文》云"虯，龙子有角者，从虫，♒ 声"。《抱朴子》"母龙曰蛟，子龙曰虯，其状鱼身如蛇尾"。《广雅·释鱼》"有鳞曰蛟龙，有角曰虬龙。"是九为龙之一种，故禹与龙多有连带的关系，如禹凿龙门（《墨子》《尸子》《吕氏春秋》《淮南子》《史记》《吴越春秋》《拾遗纪》），青龙生于郊（《史记》），黄龙负其舟（《吕氏春秋》《淮南子》），神龙为驭为导（《拾遗记》《抱朴子》《楚词》），以至鼍鼋为梁（《拾遗纪》），蛟龙龟鱼迁虞事夏（《尚书大传》），及御云而行（《春秋孔演图》）——详姜亮夫的《屈曲考》。

九本龙形,而金文的《叔向敦》《秦公敦》《齐侯镈钟》均为两九相交形,但甲骨文上有两九相并形,可分为四类:

(A) 神

辛卯卜贞于❍(《前编》卷四第五十二页),

今日……于❍三豕(同上第五十五页)。

壬辰卜昱甲午贞于❍(《后编》卷上第九页)。

(B) 国

其戈❍(《前编》卷四第五十五页)。

(C) 地

庚辰卜王般(涉)❍(《前编》卷四第三十八页)。

(D) 人

勿令从❍(《前编》卷六第五十一页)。

其为神、为国、为地、为人,以图腾解释,可以解决此问题。因夏人以龙为图腾,故殷人祀为神;奉龙为图腾的国,当以龙为国名;奉龙图腾国之地有一部分被殷人所占领,故有此地名;龙图腾国之人,故以龙为名。不然,相传禹为夏初的帝王,在殷代以前,殷人祀为神则可,何以有国、有地、有人的存在?况金文的《鱼匕》有"……❍人……"《取宅人之善鼎》为"取❍人之膳鼎",不过出两龙变为一龙;《鱼匕》及《取它人之善鼎》为周代物,何以周代尚有禹国存在?且《左传》有鄅国,当即奉龙为图腾的禹国之后。

夏以二龙为图腾,在神话中尚有存留的,如《左传》昭二十九年"有夏、孔甲,扰于有帝,帝赐之乘龙,河汉各二,各有雌雄"。《国语·郑语》"夏之衰也,褒人之神化为二龙"。《史记·周本记》"昔夏后氏之衰也,有二龙止于夏帝庭"。山西万泉县荆村瓦渣斜新石器时代遗址,为夏民族遗物(详后),而陶器上有所谓"日蛇花纹"者是❍。

而春秋时夏后的杞为已姓,已字在《说文》训为蛇,又夏后的匈奴,在汉时尚有祀龙之风:《史记·匈奴传》:"岁正月,诸长小会于单于庭,祠。五月,大会茏(《汉书》作龙),祭其先天地鬼神。"《索隐》引崔浩云:"西方胡皆事龙神,故名大会处为龙城。"《后汉书》亦云:"匈奴有三龙祠,祭天神。"

由新石器时代陶器上的两蛇花纹,以至夏后己姓为蛇,并夏时有二龙的传说,及夏后匈奴有祀龙风,与金文的禹字系两九字交错而成,前后的例证,则甲骨文上的 ⿰ 及 ⿰ 当是禹字。禹字不论为两蛇并行或交错,古龙蛇不分,是禹为用两龙作图腾的。

龙即鳄鱼,夏人为甚么要用鳄鱼作图腾呢?此用埃及的情形解释。

埃及有尼罗河,定期泛滥,泛滥时将上游浮来腐物的肥料,向两岸上推移,水落后肥料搁置岸旁,农业藉此发达。而泛滥之前,鳄鱼随水而往,故先见鳄鱼,继见水涨,乃以鳄鱼为水神或农神则大加奉祀。但靠近尼罗河畔的人,常受鳄鱼的侵扰,时猎鳄鱼,而距尼罗河稍远祀鳄鱼的部落,因近尼罗河的人不应伤害他们所祀的鳄鱼,因此常起战争。

夏自西北来,至黄河流域,其地宜于农业,夏人发明农业,故《论语·宪问》有"禹稷躬稼,而有天下"。鳄鱼为热带物,在中国地势言,愈南愈多愈北愈少,夏在中国北部,当是少有鳄鱼区域。河北、河南、山东、江苏、安徽的大平原,黄河自郑州以东,在此大平原横流,故黄河有自天津及山东、江苏入海的。上游河水暴发,下游河水横流,浮去上游冲的肥料,向左右两岸推移,夏人藉此发明农业。而在河水将涨之际,鳄鱼先至,夏人因以为水神(故有禹治水的传说)或农神(《论语》说"禹……躬稼")。

夏人因祀鳄鱼为水神或农神之故,因画二鳄鱼为其图腾,万泉新石器时代陶片上花纹,即其遗物;匈奴祀龙,即其遗俗;殷人因夏人祀二龙为神,故亦以神祀之,因用"贲"祭;但其以鳄鱼作图腾之国,为"非我族类,其心必异"之故,而为征伐,故有"其哉禹";征伐后得其土地,仍以原名名其地为禹,王有时往其地,故有"王涉禹";以鳄鱼为图腾人之动作,殷人有仿效,而王禁止之,故有"勿令从禹"。

禹为夏人以二鳄鱼为图腾的民族,因图腾的崇拜,后演变为神,再后则演变为古代的帝王。

辰　尧为夏人仿犀牛角作陶壶氏族的图腾

甲骨文中有国名为:

多释为"猷"字,其文是:

癸巳卜㲋贞商戋猷(《前编》卷七第十二页);

贞猷归其作钟(《铁云藏龟》第八十一页)。

又有:

多释为"犹"字,其文是:

乙丑卜王贞余伐犹(《前编》卷七第十八页);

庚寅卜贞呼雀伐犹(《龟甲兽骨》文字卷二第十五页)。

上其旁的一即酒字一旁的"酉",而释为"酉"则可;若其一旁的或释为"犬"则不当。又有:

余释此为"昆吾",其文云:

癸巳卜在昆吾,贞王……亡𡆥。在……(《前编》卷二第十页);

癸巳王卜贞旬亡𡆥,在九月,在上昆吾。(同上第十四页)。

上字罗振玉就行上释为"龟䵋",这等于不释,但在古代亦有各种不同的释法,如《诗·大雅·绵》"混夷駾矣",《说文》马部引作"昆夷",《口部》引作"犬部"。《史记·匈奴传》作"緄戎",《尚书大传》作"畎夷",《史记·五帝本纪》作"荤粥"，《史记·周本纪》作"薰育"，《孟子》作"獯鬻"，《诗·小雅·出车》作"玁狁"，《史记·匈奴传》又作"猃狁"，金文《虢季子白盘》作"𤞤𤞻"，《不娶敦》作"𤞤允"，而《尔雅·释兽》有"騉駼"，《史记·匈奴传》有"昆邪王"，《汉书·地理志》有"允吾"县，及"曲阳"县、"上曲阳"县，皆系音转。

除音同不计外，而形有作"猃狁""玁""獯""畎""犬"，将🐾字均释为"犬"亦误。惟将🐾字释为"昆"为"𩽚"，则与原形尚相近。但亦不知🐾为何兽？独就其形而写为"昆"为"𩽚"。

按𩽚及🐾均为犀牛，而🐾系一独角兽，而兽类一角的为犀牛，甲骨文上的犀字，除《殷墟书契前编》卷一第十九页第六块有十个犀字排在一处外，其显著的为：

🐾"获犀十一"（《前编》卷四第四十七页第六块）；

🐾"贞犀归"（同上第四十六页第六块）；

🐾"告麋犀"（同上第四十八页）；

🐾"逐犀"（同上卷七第四十一页）；

🐾"逐犀获"（同上第三十四页）。

犀牛的主要部为角，故于其角画的特大。甲骨文上有"卜角"的，如："卜角获"及"角不其获"（《龟甲兽骨文字》卷二第十二页第五块及第六块）。《淮南子·地形训》"南方之美者，有梁山之犀象焉"，高诱注"有犀角象牙"，《元和郡志》"辰州贡犀角"，是卜角为卜犀角。

甲骨文对于兽的四条腿画为两条，鸟的两条腿画为一条，系减半画；而对于角则不减半，如牛为🐮羊为🐏；但此为正面形，而侧面形的鹿字为🦌，麟字为🦌（《铁云藏龟拾遗》第十三页第五块），与此🐾字同，何以鹿麟均为二角，此独为一角，而与犀字相同。

🐾字为"犀"，而下为"酉"，即系仿犀牛角而作的陶壶，其中为"五"系音，五古音读为丫，犀音亦如丫，此字为音形义合成的一个字。若"犹"及

"猷",则省略了音的"五"。而 ![] 亦即 ![]（《戬寿堂殷墟文字》第四十一页）![]（《后编》卷上第三十页），不过将角的 ![] 画为简单的了。

山西万泉县荆村新石器时代遗址，其陶器中多有尖府器，尚有座为：

此即仿犀牛角而作的酒壶。人类在陶器未发明以前，猎兽将兽凶猛的部分（角爪牙）佩带以示其勇武，犀当佩其角，其角除作占卜及号筒外，并用作为饮器。待制陶术发明，乃仿犀角而作陶壶，后专用于饮酒器，故酒字为：

![]（《前编》卷四第三十四页）；

![]（同上卷五第四十七页）；

![]（同上卷五第十七页）。

其旁的彡表示水。

![]字上为"昆"，以日为头，以比为腿；中为"五"下本为酉，而有简写为"口"，乃合中下二字为"吾"，故曰"昆吾"。昆吾本即仿犀角而作的酒壶，是以相传陶壶为昆吾所发明：《世本》"昆吾作陶"（《史记·龟策传》集解引），《吕氏春秋·君守》"昆吾作陶"。《说文》"壶，昆吾圜器也"。

昆吾既为仿犀角所作的陶壶，但与尧有何关系？按尧与陶唐有关：《汉书·律历志》"尧封于唐，天下号曰陶唐氏"。《后汉书·郡国志》则称为"陶尧"。而陶与繇同：《楚词·离骚》"挚咎繇而能调"，王逸注咎繇"一

作皋陶"。而繇同猷及犹；《书·大诰》"王若曰猷"，马本作"王若曰繇"。《吕氏春秋·权勋》"内繇"，《史记·樗里子传》作"仇犹"。而繇同䌛，金文上的䌛字为：

䍃彔伯敦，

而《芇伯敦》的犀字作：

文为"王命仲到归芇伯犀甲"。

是繇字旁的"系"为 即独角的犀；繇字旁的"䍃"从"缶"，亦即"酉"字的变形；故繇同猷同犹。而系犬 均为犀。

尧即为陶，而陶等于繇，繇等于猷，是尧即猷。

夏人仿牛角作陶壶，而英人伊文斯（Arthur Evans）于地中海附近克雷特（Ctno）发现西元前二二〇〇年至一五〇〇年新石器时代陶工印章以：

为标识，则夏人当以陶壶为图腾。图腾为氏族的崇拜物，故传说用犀牛角作酒杯饮酒有吉祥义，如：《诗·周南·卷耳》"我姑酌彼兕觥，维以不永伤"；《诗·豳风·七月》"称彼兕觥，万寿无疆"；《诗·小雅·桑扈》"兕觥其觩，旨酒思柔，彼交匪敖，万福来求"。尧为夏陶壶氏族的图腾。

尧为夏陶壶氏族的图腾，禹为夏龙氏族的图腾，舜为殷狮氏族的图腾。图腾为其氏族所崇拜，因崇拜而认为祖先，后氏族扩大成为国家，乃将图腾演变成为祖先的又演变成为其国的帝王，后又因统一的观念，又演变为共同的古帝王。《左传》有一部分载尧为唐国的仁君，舜为虞国的仁君，禹为夏国的仁君，各不相关。后因统一的观念，尧舜禹既都是古代共同的帝王。又因人君多被群小包围，仁君离不了贤臣辅佐，故将尧舜禹的时间列在一起，以尧为君，舜臣尧，尧死了人民拥戴舜为君，禹又臣舜，舜死了人民拥戴禹为君。但到了战国人臣急功好利，待不了人君死就想代为君，是以有"尧老而舜摄也"的禅让说，燕王哙与其相之子的实行禅让。因燕王的试行失败，而有尧让许由、巢父不受之说。

尧舜禹本为氏族图腾的演变，其演变因其有社会的背影。不应相信古真有尧舜禹其人，亦不应一笔抹杀并无其事，为春秋战国时人所伪造。

中国古史的年代

（原载于《说文月刊》1940年第1卷，第267—292页）

一、绪论

我近来研究中国通史，假若依《世界大事年表》的年代欲求中国一切演变的阶段，实不可通，于是提出这个"中国古史的年代"的问题。但天文学家动以若干光年计，地质学家动以几百万年甚至几千万年计，古生物学家动以几十万年几百万年计，考古学家动以几万年几十万年计，而研究历史的，除古初的神话不计外，信史正确的年代总不出万年，如以黄帝元年为距今四千六百三十六年；以与地质学家生物学家考古学家所言的年代较未免太短了。

我现在根据中国有人类的"中国猿人"（Sinanthrpus Pekinenis）的年代，而以工具演变的阶段，生活演变的阶段，社会演变的阶段，参以象犀的南迁，及世界各古国的年代，从新决定在汉高祖元年以前的年代。这固然一时没法解决，但总可知中国古史的年代是有问题的，《世界大事年表》的年代是靠不住的。

原始人类以草木荒落一次为一年；他们的年龄，以参加过祭祀或吃过祭祀分的赈肉若干次为据，但他们又忽略了他们在未参加祭祀以前（未成年）的年龄。是在古史无年可记，例如："秦……文公十三年，初有史以纪事"(《史记·秦本纪》),而"《秦记》又不载日月,其文略不具"(《史记·六国年表序》)。"孙伯黡司晋之典籍以为大政,故曰籍氏。及辛有之二子董之,晋于是乎有董史"(《左传·昭公十五年》),而"晋靖侯已来,年纪可推,自唐叔至靖侯五世,无其年数"(《史记·晋世家》)。"鲁惠公使宰让请郊庙之礼于天子,桓王使史角往,惠公止之……"(《吕氏春秋·当染》),而"鲁自周昭王以下亡年数,故据周公、伯禽为纪。鲁公、伯禽推即位四十六年,至康王十六年而薨,故《传》曰'燮父、禽父,并事康王'。言晋侯燮、鲁公伯禽,俱事康王也……"(《汉书·律历志》)。"上古至周厉王,无年可记,而皇甫谧诸儒所记皆有年,众说差互不同"(《资治通鉴外纪》注)。

中国在周厉王以前未有纪年,后人所"推"的,成了"众说差互不同",但竟有《世界大事年表》,将黄帝元年列为西元前二六九七年,黄帝以来均有其年。凡言中国史的年代,均以此《世界大事年表》为据。

二、中国古史年代的分歧

A. 由天地开辟至春秋获麟的年代

《补三皇本纪》引《春秋纬》:"自开辟至获麟,凡三百七十二万六千年。"《春秋元命苞》:"天地开辟至春秋获麟之岁,凡二百七十六万七千年,分为十纪。"《博雅》:"天地辟设,人皇以来,至鲁哀公十有四年,积二百七十六万岁,分为十纪。"《续汉书·律历志》:"光晃以为开辟至获麟,二百七十五万九千八百八十六岁。"

《春秋元命苞》与《后汉书·律历志》较,相差九十余万年。而《博雅》从人皇数起,《始学篇》言天皇年代云"天地立有天皇十三头,号曰天灵,治万八千岁",《贞源赋》言地皇的年代云"地皇君一十一人,人各万八千余年",天皇、地皇其总的年代为四十三万二千年,再加人皇至获麟时的二百七十六万年,合计为三百一十九万二千年,以《春秋纬》与《博雅》较,差五十余万年。而《博雅》与《后汉书·律历志》较,又差四十三万二千一百一十四年。

《通鉴外纪》言有巢氏"有天下百余年,或云百余代万八千年"。《六艺论》云"遂皇之后历九十一代乃至伏羲?"《贞源赋》言"燧人子孙相承二万一千年至伏羲"。

B. 伏羲至六朝时的年代

《列子·杨朱》:"伏羲以来三十余万岁。"《洞冥记》:"黄安……坐一神龟,广二尺,人问'子坐此龟几年矣?'对曰'昔伏羲始造网罟,获此龟以授吾。……此龟畏日月之光,二千岁即一出头,吾坐此龟已见五出头矣……'世人谓黄安万岁矣?"由伏羲至东汉及六朝时,一云一万年,一云三十余万年,相差甚巨。

C. 神农的时代

《新书》:"炎帝者,黄帝同母异父兄弟也。"《春秋命历序》:"炎帝号曰大庭氏,传八世,合五百二十岁。"《尸子》:"神农七十世有天下,岂每世贤哉,牧民易也。"一云神农与黄帝为兄弟,一云炎帝尚传八世而至黄帝,一云神农传七十世三说不一。

D. 黄帝的年代

《史记集解》引皇甫谧云"在位百年而崩,年一百一十一岁",《大戴礼》宰我问:"荣伊言黄帝三百年。"《春秋命历序》:"黄帝传十世,一千五百二十岁。"三说各不同。而由黄帝至西汉末年时,其年代又有两说,《汉书·律历志》云:"张寿王言黄帝至元凤三年,六千余岁。"宝长、安单、安国、安稜、栖育治终始,"言黄帝以来三千六百二十九岁"。

E. 颛顼、高阳氏的年代

《史记集解》引皇甫谧云:"在位七十八年,年九十八。"《春秋命历序》:"颛顼即高阳氏,传二十世三百五十岁。"两者相较,差二百七十二年。

F. 帝喾、高辛氏的年代

《史记·五帝本纪》:"帝喾崩,而挚代立,帝挚立不善崩,而弟放勋立,是为帝尧。"《春秋命历序》:"帝喾传十世。"《史记》以帝喾传其子挚与放勋共一世,《春秋命历序》云为十世,相差九世。

G. 尧舜的年代

《韩非子·显学》:"乃欲审尧舜之道于三千岁之前,意者其不可必。"《洞冥记》:"偓佺生于尧时三千岁(太初二年时)。"《世界大事表》以尧在西元前二三五七年,而在战国末年韩非时,不过二千零数十年,云为三千年以前,相差当在一千年以上。

《尧典》以虞舜让位于夏禹,是虞只有舜一代,而《韩非子·显学》云"虞、夏二千余岁",以虞与夏各为一千余岁,即舜后一千余年而传至夏禹的。

H. 夏的年代

《韩非子·显学》:"虞、夏二千余岁",是夏为千余年。《左传》宣三年"载祀六百",载为夏,是夏为六百年。《孟子·尽心》"尧舜至于汤,五百有余岁",是夏为五百余年。《孟子·离娄下》:"舜……文王……世之相后也,千有余岁。"以夏、商各五百余年。《汉书·律历志》:"夏后氏继世十七王,四百三十二岁。"《易纬稽览图》:"夏年四百三十一。"《墨子·耕柱》:"夏后殷周之相受也数百岁矣。"《三朝记·少闲》:"禹崩十有七世乃有末孙桀即位。"《六韬·大明》:"禹之德流三十一世,至桀为无道。"夏代的年数不同,世数亦异。

I. 殷的年代

《史记·殷本纪·正义》引《纪年》:"自盘庚徙殷,至纣之灭,七百七十三年",再加上盘庚以前的年数,当在八百年以上。《韩非子·显学》"殷周七百余岁",是殷为七百余年。《国语·晋语》:"商之享国三十一王。"《汉书·律历志》:"凡殷世继嗣三十一王,六百二十九岁。"《史记·殷本纪》集解引谯周曰"殷凡三十一王六百余年"。《左传》宣三年"载祀六百",祀为殷年,是殷为六百年。《鹖子》:"汤之治天下也,二十七世,积岁五百十六岁至纣。"《孟子·尽心》:"由汤至于文王,五百有余岁。"《史记·殷本纪》集解引《纪年》:"汤灭夏以至于受,二十九王,用岁四百九十六年也。"《神仙传》:"彭祖,帝颛顼之玄孙,至殷末已七百六十七岁。"颛顼的玄孙在尧舜时代,是夏、殷共为七百六十七年,每代不及四百年。殷的年代,多的为八百余年,少的不及四百年。

J. 西周的年代

《史记·匈奴传》:"武王放逐戎夷,其后二百有余年而穆王伐犬戎,穆王之后二百有余年,申侯与犬戎杀幽王于骊山之下。"是司马迁以西周为四百余年。《史记·周本纪》集解引《纪年》:"自武王灭殷以至幽王,凡二百五十七年也。"《孟子·尽心》:"由文王至于孔子五百余岁",按东周平王四十九年为春秋开始的年,春秋共二百四十二年,由东周初年至孔年为二百九十一子,《孟子》言由文王至孔子为五百余年,是西周为二百余年。《汉书·律历志》:"凡伯禽至春秋三百八十六年。"三说均异。

K. 由春秋获麟至汉高祖元年的年代

刘向上《〈战国策〉表》云:"继春秋以后讫楚、汉之起,二百四十五年。"《史记·六国年表序》:"起周元王讫二世,凡二百七十年也。"《孟子·尽心》:"由文王至于孔子五百有余岁,由孔子而来至于今,百有余岁。"《公孙丑》"由周而来七百有余岁矣",孟子在战国末年,由孔子至孟子百余年,由孟子至汉为数十年,是孟子亦主张西周为二百余年。《越绝书》卷二:"越王勾践徙琅邪凡二百四十年,楚考烈王并越,于琅邪后四十余年,秦并楚,复四十年汉并秦。"按此由获麟至汉高祖元年为三百三十余年。

《汉书·律历志》:"秦昭王之五十一年也,秦始灭周,周凡三十六王,八百六十七岁",由周亡时至汉高祖元年为五十年,是由周初至汉共九百一十七年,除孟子所云"由文王至于孔子五百有余岁",九百余减去五百余,为四百年,即由孔子至汉为四百年,亦即由获麟至汉高祖元年为四百年。

《吴地记》:"罗城……周敬王六年丁亥造。至今唐乾符三年丙申,凡一千八百九十五年。"唐乾符三年至汉高祖元年为一千零六十二年,周敬王六年在获麟前三十三年,一千八百九十五年减去一千零六十二年再减去三十三年,为八百年,即春秋获麟至汉高祖元年为八百年。按《春秋》二百四十二年中,记载日食三十七次,但是:鲁隐公三年,宣公十年及十七年，襄公二十年，昭公七年，定公十五年，这五次日食，均见于中国以南及南洋，在山东的鲁国是看不见的。襄公十四年，昭公二十二年，定公五年，这三次日食，均见于中国西南及西藏，在山东的鲁国是看不见的。僖公五年及十二年，文公十五年，成公十七年，昭公十七年与二十四年，及三十一年，这七次日食均见于中国西北及蒙古，在山东的鲁国是看不见的。桓公十七年，庄公十八年，二十五年，文公元年，成公十六年，襄公二十七年，定公十二年，这七次日食均见于中国南部及长江流域，在山东的鲁国是看不见的。

《春秋》中所载的日食，竟有三分之二在山东看不见，尤其是在亚洲西北及澳洲东南，距鲁国甚远，当日是否有交通，诚为问题？即使有交通。非短时间所能到，当不是亚洲西北及澳洲东南的人，到了鲁国把他们自己地方的日食告知鲁国史官，史官补在《春秋》上的。一定是鲁国能看见日食，方记在《春秋》上的；但《春秋》上的日食，据天文推算，在鲁国只能看见三分之一；这当不是《春秋》原文无日食，后人推算出来加在《春秋》上的；他即能推算，何以有三分之二在鲁国不能见？况依天文推算，在《春秋》二百四十二年中，鲁国能见的日食当不至三十七次，何以不都推算出来加上去呢？

这个问题是天文家太拘于历史家推算的一年代，以鲁隐公元年为西元前七二二年。如果能将这个观念打破，再向前推算，几时推算到《春秋》中日食均在鲁国能看见，或者错误之点到了极小数。然后才可决定《春秋》以后至汉高祖元年以前的年代。

时间是很长的，多几年少几年也算不了甚么！不过时间计算不清楚，社会演变的程序就闹不明白，将来应走的前途就要多转湾子。

中国古史年代这样纠纷，汉时的学者多想用天文学解决这个问题，如刘歆等根据《国语》《左传》所述古时天象，参以《诗经》《春秋》的日食，《尚书》的年月日用《三统历》等推算。《汉书·律历志》云："鲁自周昭王以下亡其年数，或据周公、伯禽以下为纪，鲁公、伯禽推即位四十六年，至康王十六而薨，故传曰'燮父、禽父并事康王'言晋侯燮、鲁公、伯禽俱事康王也。"

日人新城新藏批评刘歆这种方法为不当,他在《周初之年代》云:"豫先假定一年代,然后对于既已假定之年代,案《三统历》推算其日月,以及其他事项。更为示著斯推算之结果。颇适合于事实起见,遂附记以'故曰云云',作为引证之文献。要之,此乃一种记述法,实则先取所引用之根史料,俾与此等史料不矛盾,并互相适合,而推定周初之年代耳。"

就武王伐纣时言,《纪年》云在辛卯,《史记》云在甲午,《帝王世纪》云在乙酉,《大衍历》云在庚寅,《诗》正义云在辛未,《三统历》《通志》《通鉴前编》均云在己卯,前后相差八十三年。而日人新城新藏精于天文,他推算武王伐纣在西元前一〇六六年。但新城新藏仍袭刘歆的旧法,不过比刘歆多了些金文的材料。他都是根据段片记载年月日的史料,强把他放置于某年;这些段片的材料,提前或移后数十年数百年均可。

刘歆与新城新藏用天文学解决中国古史的年代,这个方法固然好,但根据的材料都有问题,故其成绩均等于零。同用天文学推算中国古史的年代,而张寿王推算由黄帝至汉为六千余年,宝长推算为三千余年,二者相差为三千年,已非小数。是用天文学解决中国古史的年代亦不可靠。

司马迁作《史记》,其年表自共和元年起,共和前司马迁认为不可靠,故未列表。但在司马迁认为可靠之中,除《春秋》编年的二百四十二年外,由获麟至汉高祖元年,有二百四十五年,二百七十年,三百三十年,四百年,八百年,的五种说法。在这种歧异之下,莫所适从;而在此歧异之中,抽出其一,统一其他,大多数认为满意,对于中国古史的年代不加怀疑,诚属怪事!

三、各阶段本身演变的年代

中国古史的年代,我以为用左列几个方法解决:

(一) 工具演变各阶段的年代

人类使用工具的质料,曾经过:始石器时代、旧石器时代、新石器时代、铜器时代、铁器时代、钢器时代这六个阶段。中国人都曾经过的,如始石器在北平西南房山县周口店(即中国人猿发现处)发现。旧石器在宁夏的水东沟,鄂尔多斯的萨拉乌苏沟,陕西榆林县的油头房,以至甘肃的庆阳县,均有遗址发现。新石器在中国发现的最多,如河南渑池县的仰韶,山西夏县的西阴村,万泉县的荆村,辽宁锦西县的沙锅屯,南京栖霞山的张家库,杭州的古荡,福建的武平,广东的海丰,香港的舶辽洲,广西的武鸣。甘肃宁定县的齐家坪,青海乐都县的马厂沿等。铜器在河南安阳的殷墟,河北易县的燕都,山西万泉县的汾阴后土祠均有发现,而历代发现的钟鼎彝器,见于宋人清人的考古图录,以至故宫及私人所收藏的甚多。铁器现在还使用着。钢器则为机械等所用。

用人类使用工具来划分的这六个阶段,每一个阶段本身有若干年,距现在有若干年,言人人殊,现在把她决定于左:

(甲) 周口店的始石器距今四十万年

周口店的始石器遗址,断为距今四十万年,其原因有三:一,其遗址在奥陶纪的石灰岩中,遗址是淤泥积压而成,而淤泥已变成沙质泥岩,这非经过四十万年的长期不能如此。二,其遗址中有刀齿虎灵猫等,这些刀齿虎灵猫在四十万年以后已绝迹。三,爪哇的人猿化石断为四十万年,周口店的人猿化石与爪哇同,故亦断为距今四十万年。

(乙) 旧石器、新石器、铜器,旧日决定的年代不可靠

河套所发现的旧石器遗址,以为在五万年以前,而安特生以仰韶的新石器遗址,在西元前一千五百年至五千年;但在五万年以后西元前五千年以前,既不是旧石器时代亦不是新石器时代,这个时代究用甚么工具呢?况铜在新石器以后,新石器既迟至西元前一千五百年,铜器当为西元前一千五百年以后物。而铁在西元前五百年已有,是铁器在中国至

少有二千五百年的历史。铜器的时代总要比铁器时代长,而铜器时代只有一千年,比铁器的时代反短,是旧日所决定工具演变各阶段的年代为不可靠。

(丙)铁器时代在中国为三千五百年

铁器本身的演变,约分三期:一,装饰期,因铜系红色,铁为白色,铁初发明很少,乃作在铜器内的装饰品。二,耕具期。即以铁器作为耕具,因铜的产量不多,耕具与土摩擦消耗甚速,故发明铁后。即用为耕具以代铜。三,兵器期,铜的硬度较铁为次,故最后用铁作兵器。燕都的发掘已有铁器。作钉环等用;汉汾阴后土祠的发掘铁已作为兵器。《孟子》有"以铁耕乎",是在战国时铁已演变到第二期。现在假定铁在装饰期为三百年,在耕具期为九百年,在兵器期为二千七百年,共为三千九百年。但中国若不是受欧洲的影响,是中国工具本身的演变,再四五百年方能走到钢器的时代。现在假定在秦汉时中国的铁器走到兵器期为二千三百年,在秦汉以前九百年为耕具期,再前三百年为装饰期。是铁器在中国共有三千五百年的历史。

(丁)铜器时代为一万零五百年

工具演变首(始石器)尾(铁器)两期的年代确定了,再求决定中间各阶段的年代。

演变的阶段是级数的,即时间愈古其阶段愈长,时间愈晚其阶段愈短。但这级数为如何?我以为用三倍。但何以不用二倍?因二倍为:

$3500 \times 2 = 7000 \quad 7000 \times 2 = 14000 \quad 14000 \times 2 = 28000 \quad 28000 \times 2 = 56000$

$3500 + 7000 + 14000 + 28000 + 56000 = 108500$

始石器时代距今为十万零八千五百年,与周口店始石器距今四十万年,实际数目不符。若以四倍,其数为:

$3500 \times 4 = 14000 \quad 14000 \times 4 \times 56000 \quad 56000 \times 4 = 224000 \quad 224000 \times 4 = 896000$

$3500 + 14000 + 56000 + 224000 + 896000 = 1193500$

始石器时代距今为一百一十九万三千五百年,与周口店始石器距今

四十万年,实际数目不符,若以三倍,其数为:

$3500 \times 3 = 10500$ $10500 \times 3 = 31500$ $31500 \times 3 = 94500$ $94500 \times 3 = 283500$

$3500 + 10500 + 31500 + 94500 + 283500 = 423500$

始石器时代距今为四十二万三千五百年,与周口店始石器距今为四十万年,实际的数目相近。

用三倍的结果,铁器在中国为三千五百年,则铜器在中国为一万零五百年。

(戊)新石器时代为三万一千五百年

用三倍法,铜器在中国为一万零五百年,则新石器在中国为三万一千五百年。

(己)旧石器时代为九万四千五百年

用三倍法,新石器在中国为三万一千五百年,则旧石器在中国为九万四千五百年。

旧石器断为在今五万年以前。而铁器的三千五百年加铜器的一万零五百年再加新石器的三万一千五百年共四万五千五百年,与推测的五万年数目相近。

兹为明了起见,再表于左:

工具演变的阶段及年代表

距今年代	本身年代	演变的阶段
四十二万三千五百年	二十八万三千五百年	始石器
十四万年	九万四千五百年	旧石器
四万五千五百年	三万一千五百年	新石器
一万四千年	一万零五百年	铜器
三千五百年	三千五百年	铁器

各阶段不应划分的这样齐整,实际上这一阶段到了末期,即是后一阶段的初期,如铜器在其末期,而铁器的装饰期已在其内,故应减去三百

年,其算法是:

(3500－300)3200＋(10500－800)9700＋(31500－2400)29100＋(94500－7000)87500＋(283500－22000)261500＝391000

实际始石器距今为三十九万一千年。

B. 生活演变各阶段的年代

人类生活演变的阶段,为:采拾经济时代、渔猎时代、游牧时代、农业时代、工业时代五个阶段。但采拾经济时代在猿的时代尚未演变成人,故这一期不计。工业时代中国尚未走到,故这一期亦不列入,余渔猎时代、游牧时代、农业时代三个阶段。

(甲)农业时代为三万年

农业是甚么时代产生的,瑞士于一八五四年在其湖中发现新石器时代末期湖上居人遗址,其中有谷类甚多,证明在新石器末期已入于农业时代。我于民国二十年在山西万泉县荆村瓦渣斜发掘新石器时代遗址,得有火烧焦过的谷穗;况新石器遗址中,其石器有锄有锛有铲,似均为耕种的器具。

就神话式的古史言,中国将古代的帝王排列的次序为盘古氏、天皇氏、地皇氏、人皇氏、有巢氏、燧人氏、伏牺氏、神农氏、黄帝有熊氏。除盘古氏系后加的天地开辟神话外,天皇、地皇、人皇,亦系后人推测先有天,后有地,继有人。只若有巢氏是巢居的时代,燧人氏为发明火的时代,伏牺氏为征伏野牲而为游牧时代,神农氏为农业时代,黄帝有熊氏为人类离开熊洞在黄土层内凿穴自居的新石器时代。

中国古史帝王的排列,很合乎社会演变的阶段,这种现象有两种解释,一是由口碑相传,因人类每经过一次大变动,给人类一深刻的影响留在脑子中,故将其传说到了有史时代而被文人笔记起来。二为中国边地落后的民族,有的尚系巢居,有的尚在游牧,有的已成农业,中原的学者把他排列起来,作为人类演变史,后人误将演变的阶段作为古帝王的名称。

以神农列在黄帝前,似乎在新石器时代以前的旧石器时代已发明农业，又如《越绝书》卷十一云："轩辕、神农、赫胥之时以石为兵……黄帝之时以玉为兵……禹穴之时以铜为兵……当此之时（春秋末年）作铁兵。"这一段文字他排列为石兵、玉兵、铜兵、铁兵，正是旧石器、新石器（新石器是磨光的，故名为玉兵如玉的光滑）、铜器、铁器工具演变的阶段。以神农为农业时代，而以神农用石为兵器，亦以在石器时代农业已为发明。

由新石器遗址发掘得有谷穗，神话中神农用石器，两重的证据可以证明新石器时代已有农业。不过新石器时代有农业当是末期以后的事。新石器本身为三万一千五百年，其初期为两千五百年，中期为七千五百年，末期为二万二千年，农业发明在新石器末期以后，假定为一万六千年。由铁器的三千五百年，加铜器一万零五百年，新石器末期以后的一万六千年，共计三万年。是农业时代在中国有三万年。

（乙）游牧时代为九万年

农业时代为三万年，用三倍法，游牧时代为九万年，距今为十二万年。伏羲为游牧时代，故《洞冥纪》以伏羲距东汉一万年，《列子》以伏羲距东晋为三十万年，均认为游牧时代在很远的年代。

（丙）渔猎时代为二十七万年

游牧时代为九万年，用三倍法，渔猎时代为二十七万年，距今为三十九万年。周口店始石器遗址中有始石器甚多为猎兽用，而堆积的兽骨亦不少，其骨上有用石器括打的痕迹，是始石器时代即渔猎时代。始石器时代距今四十万年，渔猎时代距今三十九万年，其数相同。

C. 社会演变各阶段的年代

人类社会演变的各阶段，是：原始共产社会、氏族社会、封建社会、资本主义社会。人类社会的演变，中国除资本主义尚未走到外，有原始共产社会、氏族社会、封建社会三个阶段。

（甲）封建社会为三万年

封建社会普通以为自西周起，西周距今三千年，实际距今为一万三千年，甲骨文中已有豹侯及侯杞，是在殷代已有封建，而封建当在一万三千年以前。封建社会是由奴隶社会形成的,殷代为奴隶社会,至周始成正式成封建社会。尧舜为氏族社会末期,距今五万年,而封建社会当有三万年。

封建社会以农业为基础,新石器时代有农业,即不能决定新石器时代为封建社会。但新石器时代确为氏族社会,在山西万泉县荆村,文水县上贤村所发现的新石器时代遗址,均系聚居,尤其是万泉县东涧沟两岸的遗址,北自北里村北,南至荆村南,南北长约十里,东西宽约三里。新石器时代人类既系聚居,当为农业而非游牧,若游牧系迁徙无常,决不能有这样大的遗址。但在荆村瓦渣斜发掘人类穴居的洞穴三十余所,其中有数洞有人骨,且一洞有人骨十余副,与兽骨堆在一起,并身首异处,知为当时有食人风俗,而为奴隶社会的初期。

万泉荆村瓦渣斜的发掘,其洞穴有三十余所,但其中只有两个有旁门隧道可以自由出入,余只有顶门而无旁门,其洞穴系下大上小,非梯不可上下,是为囚俘虏的土牢。在此遗址东十丈余处,有烧陶器窑的遗址,是以俘虏为奴隶使作陶器。甲骨文的学字为▨形,教字为▨形,其▨为子字即古俘字,其爻为花纹的纹,原为水波形,后人名为格子形,新石器的彩陶(Painted Pottery)上多有此花纹。

新石器时代已使奴隶作陶器,而为奴隶社会初期,以奴隶社会与封建社会合成一个阶段,其本身的年代共计三万年。

(乙)氏族社会为九万年

封建社会为三万年,用三倍法,氏族社会为九万年,距今为十二万年。

(丙)原始共产社会为二十七万年

氏族社会为九万年,用三倍法,原始共产社会为二十七万年,距今为三十九万年。与周口店始石器时代年代相符。

工具生活社会三种演变的阶段,是否相同,列表于左:

工具生活社会演变的阶段共同表

工具	始石器时代	旧石器时代	新石器时代	铜器时代	铁器时代
生活	渔猎时代	游牧时代		农业时代	
社会	原始共产社会	氏族社会		奴隶时代—封建社会	

工具生活社会演变各阶段的年代如何？兹绘图于左：

莫尔根（Morgan）在他所著的《古代社会》（Ancient Society）将社会分为野蛮时代、未开化时代、文明时代三期。他说："假定人类在地球上的生存期间为十万年，在十万年之中，至少六万年应归于野蛮时代。"人类在地球上的生存期间为四十万年，有爪哇人猿及北京人猿可证，莫尔根假定的十万年太少。我现在以始石器时代，渔猎时代，原始共产社会为野蛮时代，这个阶段共计二十七万年，莫尔根估计为六万年，以四倍之（因莫尔根以人类只有十万年历史，我以为人类有四十万年的历史，为莫尔根的四倍）。为二十四万年，相差甚微。

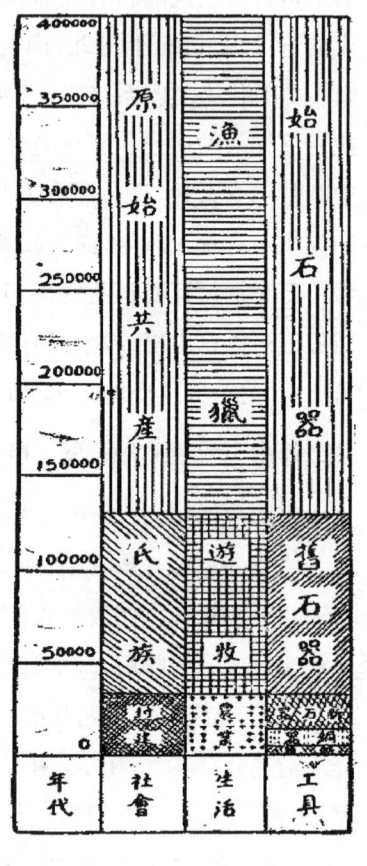

根据工具演变的阶段，由已知最近一阶段的铁器年代，用级数三乘上去，结论似乎不差，但理由是甚么？是由于冰田的产生。

冰田共分四期，第一期距今四十万年，第二期距今三十万年，第三期距今十七万年，第四期距今五万年。而第一次冰田时代，适当于始石器；第三次冰田时代，适当于旧石器；第四次冰田时代，适当于新石器的开始。

为甚么第一次冰田时代适当是始石器之开始？因为人类在人猿时代的采拾经济时代，已经会使用小石块打落树上的果实；到了冰田发生，树多冻枯,果实不生,人类食料发生问题,于是不得不舍弃果实而吃兽肉。但兽比人善奔,人类追不上时,故用石块投击。由投石击兽,石为工具,于是始石器产生。

为甚么第三次冰田时代,适当于旧石器之开始?因为人类经过第一次冰田,舍果就肉,是不得已之举,第二次冰田使人类的食肉又发生了重大的困难,于是日谋改进,又经过长时期的研究,才知道有尖的石块击兽易毙,待至第三次冰田发生,兽类骤然稀少,人类不得不将石块打尖成为旧石器,其打尖功用有二:1.尖石容易刺破兽皮,使血流出,兽带血奔,依血迹追去,容易找到。2.兽若流血过多,腿软不能行动,容易被人捉住。

为甚么第四次冰田,适当于新石器之开始?因为第四次冰田,使兽类更少,人类不能不舍肉而食谷。而石不磨光,铲地时泥土容易贴在石器上,于是将石磨光,此新石器之所以发生。

为甚么第二次冰田时代,不能影响于工具的演变?因为本能到的差不多了,环境才能使之演进;第一次冰田距第二次冰田才十万年,在人猿时代进化很慢,这十万年中,人类对于工具并无进步,故虽有恶劣环境,不能刺激其改善。

地球经过了第一次冰田、第三次冰田、第四次冰田这三个时期,促成人类使用始石器、旧石器、新石器三个时代,形成了三的级数。

人类使用工具,在过去因为三的级数使成自然,故新石器时代以后,虽无冰田发生,而也有铜器铁器钢器的三级数。

社会所以演变由于生活业已演变,而生活所以演变,由于工具业已演变;而工具所以演变,由于冰田的发生。换句话说,即由自然环境中气候所使然。

四、从新决定中国史的年代

A. 安阳小屯村殷墟遗址距今为一万三千年

(甲)就工具演变的年代言

殷墟的发掘,铜器甚少,其铜器之少可知。但在殷墟得到大批石器,如石刀、石镞等，总数在数百件以上。是石器较铜器为多，可以说殷墟为石器的末期铜器的初期。铁器时代为三千五百年，铜器时代为一万零五百年，共计一万四千年，减去铜器初期八百年，再减去铁器初期已包括在铜器的末期三百年，是安阳殷墟遗址。距今为一万三千年。

（乙）就象犀南迁的年代言

地球是从太阳中分出来的，初分出是一团火，后渐次冷却，地皮成为硬壳，再渐次冷却而产生动植物。有的动物产生于地球尚热时，至地球冷后不能生存而绝种，有的动物随着气候转徙而生存至今。地球的本身固渐次冷却，而地球因受太阳直射旁射的关系，两极为冷，赤道为热。当地球未完全冷却时，两极之地亦甚热，亦产生如现在热带的象犀、长颈鹿、孔雀、鳄鱼等。地球渐次冷却，这些动物就渐次向着热带方面移动。观其移动路线的长短，而推测其年代的多寡。兹将中国产象犀及象犀南迁的时代列左：

子、殷墟有象犀

殷墟的发掘有象骨，而甲文上有象字，如："今月其雨，获象。"（《殷墟书契前编》卷三第三十一页）"……惠象……获象。"（同上卷四第四十四页）"……其来象三。"（同上《后编》卷下第五页）象为长鼻，其字易识。甲骨文中的犀字，是："获犀十一。"（《前编》卷四第四十七页）"逐犀获。"（同上卷七第三十四页）"乙巳，卜出贞，逐六犀毕。"（《后编》卷上第三十页）犀为一角，董作宾误认为神话的麟，商承祚误角为耳名马，高田忠周又误为驴。

长颈鹿即麒麟，在《铁云藏龟之余》第十三页有二，《殷墟书契续编》亦有。角为二而短不歧不曲，知非牛非鹿，颈长而曲，尾短小，腿长而细，故断为长颈鹿。

孔雀即凤凰，甲骨文有凤字为：。

其尾羽与孔雀翎同（凡为注音古凡字，凡风古音同）。而凤孔古音亦同，凤鸟即孔雀。

鳄鱼在中央研究院发掘殷墟所得的甲骨(尚未发表)中有。

此外尚有獏竹鼠獐圣水牛，均热带动物，在殷墟已有其骨骼的存在，殷墟有鲸鱼骨，但鲸系勃海岸因鲸乘潮水而来，搁置于沙滩上而死，被其附近人食其肉，以骨甚大，酋长得之以夸耀其功，后被殷人掳去，是鲸不产于殷地，故殷人有掳自土方的，不宜以殷墟有鲸鱼骨，说殷墟在殷代尚为海，而解殷墟之象，亦如鲸鱼例系外来，而非产于殷墟。殊不知甲骨文上有获犀之文，而无捕鲸之记载，何得作为一谈。

丑、西周时黄河流域仍有象犀

《易·乾》："龙见于渊。"龙即鳄鱼。《诗·小雅·吉日》："殪此大兕。"《诗·大雅·卷阿》："凤凰鸣矣，于彼高冈。"

寅、春秋战国时象犀徙至于长江以南

《左传》僖二十三年："羽毛齿革，则君地生焉。"《国语·楚语》："巴浦之犀犛兕象，其可尽乎。"《孟子·滕文公》："周公相武王诛纣伐奄……驱虎豹犀象而远之。"《吕氏春秋·古乐》："商人服象为虐于东夷，周公以师逐之至于江南。"《荀子·王制》："南海则有羽翮齿革曾青丹干焉，然而中国得而财之。"

战国时中国已无象，故中国人无象的观念，如《国策·魏策》"白骨疑象"。《韩非子·解老》："人希见生象也，而得死象之骨，按其图以想其生也，故诸人之所以意想者，皆谓之象也。"

卯、汉时象犀已至中国最南部及中国以南地

《论衡·书虚》："苍梧多象之地。"《说文》："犀，徼外牛。"汉时的象犀，产于现在的广西；现在的象犀，产于安南。汉距现在二千年，广西距安南一千里；以一千里象犀的迁徙用二千年，是每二百年迁徙一百里。广西距黄河流域为三千里，其象犀由黄河流域迁徙到广西需七千年，再加上西汉至现在二千，共九千年。

黄河流域在西周时尚有兕(《诗·小雅·吉日》)、孔雀(《大雅·卷阿》)，并不是到了殷朝末年象犀已离开黄河流域南徙了。西周时黄河流域有象犀，殷时黄河流域象犀正在繁盛时期，故甲骨文上象犀甚多。是殷墟当在距今九千年以前。不然地质学家在黄河流域得到象犀的化石，定为距今几十万年或几百万年，若依《世界大事表》殷墟距今三千余年，在三千年时黄河流域有象，不是将地质学家所定的年代推翻吗？再就《诗·豳风·七月》的"十月蟋蟀，入我床下……十月获稻"，可知在西周时黄河流域尚热。

（丙）就世界各古文明国的年代比较言

文化的产生，与气候地域环境的关系极大。气候适宜，地理优美，其文化产生的就早，反之则产生的就迟。地球在一百万年以前无人类，因那时地球的本身太热，人类不宜生存。两极及赤道无文明国，因两极太寒，赤道太热，不适有文化产生。于是在相当的年度，在相当的地域，文化就产生了。地球上的古文明国，推巴比仑及埃及，但巴比仑前有苏马尔人（在巴比仑遗址的下层），为地球上最早的一个古文明国，学者推算其年代，距今约一万二千年。苏马尔人的居地，在北纬三十五度，在底格里河及幼发拉底河流域，在其北有里海，西有地中海。中国的黄河流域，也在北纬三十五度，有黄河及渭、汾、洛、济、漳等支流，在其东北有渤海。东有黄海。中国与苏马尔人所处的气候相同，地理环境相同，何以苏马尔人于一万二千年时已有文化，中国以神话中的黄帝计，也不过距今四千六百余年，何以迟了六七千年？

埃及的文化，学者推算以为距今约八九千年。但以埃及文化较苏马尔人迟三四千年，因埃及在苏马尔南十度近于热带。印度与埃及同在北纬二十五度，何以印度的文化又较埃及迟二三千年。因埃及南有非阿比尼亚山脉，山阴气候凉；印度在喜马拉雅山南，山阳气候热，故印度的文化较埃及为迟。

殷墟甲骨文字尚多像形，巴比仑文字已成拼音，是巴比仑较殷墟为进步，即殷墟较巴比仑为早，与苏马尔人相当，在今一万三千年时代。

（丁）就《殷本纪》所载遗漏的帝王言

《史记·殷本纪》所载殷代的王公，在甲骨文上大半都找着了，如誉契（㔾），昭明（羔），相土（土），昌若（娥），曹圉（王吴），冥（季），振（亥—

恒），微（上甲），报丁（报丁），报乙（报乙），报丙（报丙），主壬（示壬），主癸（示癸）天乙—汤（大乙—唐），太丁（大丁），外丙（卜丙），中壬（南壬），太甲（大甲），沃丁（虎且丁），太庚（大庚），小甲（小甲）雍巳（中巳），太戊（大戊），仲丁（中丁），外壬（卜壬），河亶甲（开甲），祖乙（且乙），祖辛（且辛），世甲（虎甲），祖丁（且丁），南庚（南庚），阳甲（羊甲），盘庚（般庚），小辛（小辛），小乙（小乙），武丁（武丁），祖庚（且庚），祖甲（且甲），廪辛（一）庚丁（庚丁），武乙（武乙），太丁（文武一），帝乙（一），帝辛（一）。

上依《殷本纪》所载，将甲骨文中的填上去。但依文例有左列殷代的先公先王而未列入《殷本纪》：

1. "贞兄丁违"（《殷虚书契前编》卷一第三十九页第二块）；
2. "兄戊"（同上卷一第四十页第四块）；
3. "兄巳"（同上，一，四一，一，二）；
4. "贞士豕于父甲"（同上，一，二四，三）；
5. "贡牲齿御于父乙"（同上，一，二五，一）；
6. "贞士于父庚俘"（同上，一，二丁，六）；
7. "戊辰，卜旅贞，且戊我惠羊"（同上，一，二三，二）；
8. "己卯，卜贞王宾且巳"（同上，一，二三，三）；
9. "士于戊丁"（一，四，四）；
10. "丁卯，卜旅贞，其事小丁"（一，二二，六）；
11. "贞士于丰戊"（六，四五，一）；
12. "贞士于咸戊"（一，四三，五）；
13. "贞士于苜戊"（一，四九，三）；
14. "癸亥，卜浚贞，士俘示任燎"（一，一，一）
15. "癸酉，卜宾贞，王宾示癸"（一；二，三）；
16. "贞于甲牲御归；俘"（一，四三，四）；
17. "贞丙御"（一，三九，四）；
18. "贞惠戊"（一，四五，三）；
19. "丙申，卜献贞，惠宾为"（五，三二）；

335

20. "壬辰,卜昱甲午,燎于禹"(一,五三,二);

21. "己亥,王宾游,三十牛"(《殷墟卜辞》一一六四);

22. "甲子,卜贞,王宾莫,亡尤"(《第篇》六,六一,四)

23. "燎于东母,豕三,犬三"(《铁云藏龟》一四二,二);

24. "庚申,卜贞,王宾熊,亡尤"(《后编》上,九);

25. "庚戌,卜……燎于洍"(《铁云藏龟》二四〇);

26. "癸未,卜贞燎于罒,十小牢,卯十牛,黍用"(前四,七);

27. "贞士于蔑"(后上,九);

28. "贞士于贲"(前一,五三,二);

29. "燎于昌"(前一〇四九);

30. "贞于弟果"(前一,四七);

31. "贞于夆"(前一,五一,四);

32. "燎于罗东"(前一,五一,三);

33. "贞于麘"(前一,五二,五);

34. "贞燎于兕"(前一,五〇,三);

35. "士于□"(前一,五三,二)。

是《殷本纪》据殷先公先王有功于后世的记载,其功小的未载,在甲骨文中找到三十五个,其无功不祀不载在甲骨文的尚不知若干?是不宜根据《殷本纪》的王公积世而推求殷代的年代。

B. 西周的时期共计一万年

西周由文王至幽王时共计为一万年,兹列其证于左:

(甲)就西周世系有脱代言

《史记·周本纪》所记的周世系,兹录于左:

"……后稷卒,子不窋立……,不窋卒,子鞠立。鞠卒,子公刘立……公刘卒,子庆节立……庆节卒,子皇仆立。皇仆卒,子弗差立。弗差卒,子毁隃立。毁隃卒,子公非立。公非卒,子高圉立。高圉卒,子亚圉立。亚圉卒,子公叔祖类立。公叔祖类卒,子古公亶父立。……古公有长子曰太伯,次曰虞仲,太姜生少子季历……古公卒,季历立;……季历卒,子昌立,是为西伯。……西伯崩,太子发立,是为武王。……武王……崩,太子诵代立,是为成王。……成王既崩……太子钊遂立,是为康王。……康王卒,子昭王瑕立。……昭王……卒……立昭王子满是为穆王。……穆王……崩,子共王繄扈立。……共王崩,子懿王囏立。……懿王崩,共王弟辟方立,是为孝王。孝王崩,诸侯复立懿王太子燮,是为夷王。夷王崩,子厉王胡立。……厉王死……太子静……立之为王,是为宣王。……宣王崩,子幽王宫涅立。……遂杀幽王……立故幽王太子宜臼,是为平王。……平王崩,太子洩父蚤死,立其子林,是为恒王。……桓王崩,子庄王佗立。……庄王崩,子釐王胡齐立……厘王崩,子惠王阆立。……惠王崩,子襄王郑立。……襄王崩,子顷王壬臣立。顷王崩,子匡王班立。匡王……崩,弟瑜立,是为定王。定王崩,子简王夷立。简王崩,子灵王泄心立。……灵王崩,子景王贵立。……景王崩,……国人立长子猛……猛为悼王……晋人……立匄,是为敬王……敬王崩,子元王仁立。元王……崩,子贞定王介立。……定王崩,长子去疾立,是为哀王。……弟叔袭杀哀王而自立,是为思王。……少弟嵬攻杀思王而自立,是为考王……考王……崩,子威烈王午立。……威烈王崩,子安王骄立。……安王……崩,子烈王喜立。……烈王崩,弟扁立,是为显王。……显王崩,子慎靓王定立。慎靓王……崩,子赧王延立。……赧王卒……后七岁,秦庄襄王灭东西周。"

《史记·周本纪》的世系,我们可分两段研究:第一段自后稷至武王的世系,第二段自武王以后的世系。现在先言第一段,其世系前人已疑有脱误,按《索隐》引谯周云:"按《国语》云'世后稷以服事虞夏。'言世稷官。是失其代数也。若不窋亲弃之子,至文王千余岁,唯十四代,亦不合事情。"

《正义》引《毛诗疏》云:"虞及夏殷共有千二百岁,每世在位皆八十年,乃可充其数耳。命之短长,古今一也。而使十五世君在位皆八十许载,子必将老始生,不近人情之甚。以理而推,实难据信也。"

是周代世系之有脱代,前人曾为言及。不过这问题,要强解作以"文王以前年代久远，周人无所记载，司马迁没有根据，故有脱代"也可。但从此表现出司马迁的记载不是完全可信，已有一点线索。

第二段武王以后的世系，在《国语·周语》中有两段记载，对于西周的世系，均缺而不言，一为太子晋谏周灵王壅川云："自后稷之始基靖民，十五王而文始平之，十八王而康克安之，其难也如是。厉始革典，十四王矣。（韦注'谓厉、宣、幽、平、桓、严、僖、惠、襄、顷、匡、定、简、灵'。）基德十五而始平，其祸十五，其不济乎？"

其二为周单襄公言苌弘与刘文公城周事云："后稷勤周，十有五世而兴；幽王乱之，十有四世，守府之谓多，胡可兴也？"除由后稷至武王十五世，系周人传说外，其一由厉王以后数起，其二自幽王以后数起，而于康王以后厉王以前的中间一段均未言及，即"上古至周厉王无年可记"，是西周世系本有脱代，在周人博学的太子晋及单襄公均不知而不言，在秦火以后的司马迁将脱代连接起来，就认为不误，实属可笑。

《左传》昭二十六年载周王子朝宣言（使告）于诸侯的话录左："昔武王克殷，成王靖四方，康王息民，并建母弟，以蕃屏周，亦曰'吾无专享文武之功，且为后人之迷败倾覆，而溺入于难，则振救之'。至于夷王，王愆于厥身，诸侯莫不并走，其望以祈王身。至于厉王，王心戾虐，万民弗忍，王居于彘，诸侯释位，以间王政。宣王有志，而后效官。至于幽王。天不吊周，王昏不若，用愆厥位，携王奸命，诸侯替之，而建王嗣，用迁郏鄏，则是兄弟之能力于王室也。至于惠王，天不靖周，生颓祸心，施于叔带。惠襄辟难，越去王都，则有晋郑，咸黜不端，以绥定王家，则是兄弟之能率先王之命也。在定王六年，秦人降妖，曰'周其颔王，亦能克修其职，诸侯服享，二世共职王室，其有间王位，诸侯不图，而受其乱灾。至于灵王，生而有颔，王甚神圣，无恶于诸侯。灵王、景王，克终其世。"

现在就其中"至于"二字研究于左：

一、"至于"二字的来源

至字在甲骨文及金文均作🔣，

上 ▨ 为箭,下一为地,即箭射出落到地上为至。

于字在甲骨文及金文写为 ▨。

第二字系第一字的简写,现在言第一字,系顺着河岸弯弯曲曲走的路。再言附带的字,如行字甲骨文为 ▨,系都市中十字街大道。路字左旁的足为征字,口为国,止为足,足向前为往;右旁的各字为来格的格字,即来字,上夊为反足,下口为国;即国与国间彼此往来的为路。道字从首从走,系人在山上行走,山上有草遮住人身露出人头,故道为山路。于字即干字,亦即古岸字,《诗·魏风·伐檀》"河之干",即"河之岸"。于系沿河岸而行,故于有往义,如《书》"予翼以于",《诗》"君子于役"。又以河道弯曲行走很慢,故于同迂,同於(在)。

"至于"二字合文,有从此地到达彼地,将中间经过的省略,现在新式标点作为"……"的符号。

二、"自…至于…"用例

1. 甲骨文"自上甲至于多后衣"(《殷墟书契前编》卷三第二十七页第七块)。
2. 金文"自根木道左至于井邑"(《散氏盘》)。
3. 《尚书》:"自成汤至于帝乙"(《酒诰》)。
4. 《春秋》:"自正月不雨至于秋七月"(文十三年)。
5. 《左传》:"自幕至于瞽瞍无违命"(昭八年)。
6. 《国语》:"自今至于初吉"(《周语上》)。
7. 《穆天子传》:"自西王母之邦北至于旷原之野。"
8. 《庄子》:"自无适有以至今"(《齐物》)。
9. 《韩非子》:"自天地之剖判以至于今"(《解老》)。
10. 《大学》:"自天子以至于庶人"(第一章)。

自某某至于某某,是中间隔断了很多的,若系按次排列,则为某某某某某,用不着"自……至于"的。

三、"至于"用例

《禹贡》上两地相连接处，就接着写，如："治梁及岐，既修太原"，"覃怀底绩"，"道沇及岐"，"壶口雷首"，"太华、熊耳外方桐柏"；两地相隔的，就用"至于"二字，如："既修太原，至于岳阳。覃怀底绩，至于衡漳"，"浮于积石，至于龙门。……导河积石，至于龙门"，"导沇及岐，于至荆山，逾于河，壶口雷首，至于太岳。底柱析城，至于王屋，太行、恒山，至于碣石"，"导河积石，至于龙门，南至于华阴，东至于底柱，又东至于孟津，东过洛汭，至于大伾，北过降水，至于大陆"。《禹贡》用"至于"为空间而省"自"字，与王子朝宣言例同。

四、王子朝宣言用"至于"例

王子朝宣言中，列举周代先公先王的治乱，其王在《史记·周本纪》中相接连的（即某王崩，某王立）不用"至于"二字，如："昔武王克殷，成王靖四方，康王息民"，"厉王……王居于彘，诸侯释位，以间王政，宣王有志"，"惠襄辟难，越去王都"，"灵王、景王，克终其世"。

两王不相接连，则用"至于"二字，如："康王息民……至于夷王"，"用迁郏鄏……至于惠王"，"在定王……至于灵王"。

依此例，而《史记·周本纪》的"夷王崩，子厉王胡立"，是夷王与厉王中间不隔代，而王子朝宣言为："……夷王，王愆厥身，诸侯莫不并走，其望以祈王身。至于厉王。"

又如《史记·周本纪》的"宣王崩，子幽王宫涅立"，而王子朝宣言则为"宣王有志，而后效官，至于幽王"。依王子朝宣言的文例，夷王与厉王中间有脱代，宣王与幽王中间有脱代，究竟脱了若干代？不得而知。

《史记》之作在秦始皇禁止，楚霸王焚烧之后，其古代史料当不正确。不过《史记》是根据《世本》，《世本》在秦以前作，但在"诸侯恶其害已也，而皆去其籍"（《孟子》）以前的。况周有内乱，"晋师克巩，召伯盈逐王子朝,王子朝及召氏之族、毛伯得、尹氏固、南宫嚚,奉周之典籍以奔楚"(《左传》昭二十六年),周室的典籍已亡,《世本》的作者对于很远西周的世系,当有错误。

西周铜器的铭文,有直言某王,有言王在某宫,或某太室的,某某宫某太室即周之先王,依此求之,约得两类：

A.《周本纪》有某帝王的

一、文王

"显考文王"(《大豊簋》),"丕显玟王"(《大盂鼎》),"王肇遹省文武"(《宗周钟》),"鲁公作文王尊彝"(《鲁公鼎》)。

二、武王

"锡于武王"(《南宫中鼎》),"公朿铸武王、成王异鼎"(《作册大鼎》),"王肇遹省文武"(《宗周钟》)。

三、成王

"唯成王大奉在宗周"(《献侯鼎》),"王在成周太室"(《吴彝》),"王各于成宫"(《舀壶》),"公朿铸武王成王异鼎"(《作册大鼎》)。

四、康王

"王在周康宫"(《扬簋》),(《伊簋》,《鬲攸从鼎》,《休盘》),"王在康宫太室"(《君夫簋》),"王在康宫"(《康鼎》),"王在周各康庙"(《师兑敦》),"王在周康宫新宫"(《望敦》)。

五、昭王

"来逆邵王"(《宗周钟》),"䏝邵王"(《剌鼎》)。

六、穆王

"穆王在丰京"(《遹敦》),"王在周穆王大○"(《舀鼎》)。"王各穆庙"(《善夫克鼎》)。

七、共王

"龚王在周新宫"(《赵曹鼎》)。

八、懿王

"懿王在射卢"(匡卣)。

341

B.《周本纪》无其帝王的

一、曾王

"曾王穫段厝"(《段敦》)。

二、新王

"龚王在周新宫"(《趞曹鼎》),"王在周新宫"(《师汤父鼎》),"王在周各新宫"(《师遽敦》),"王在周康宫、新宫"(《望敦》)。

三、康邵王

"王在周康邵宫"(《颂鼎》《颂敦》《颂壶》)。

四、康穆王

"王在周康穆宫"(《善夫克簋》《克盨》《裹盘》)。

五、康剌王

"王在周康剌宫"(《克钟》)。

六、般王

"王在周般宫"(《趞曹鼎》),"王各般宫"(《利鼎》)。

七、丰王

"王各丰宫"(《丁子鼎》)。

八、华王

"王在华宫"(《何敦》)。

九、庚熊王

"王各于庚熊宫"(《庚熊卣》)。

十、蠱伥王

"王在蠱伥宫"(《大敦》《大鼎》)。

十一、湿王

"王在丰京、湿宫"(《史懋壶》)。

十二、师汙父王

"王在周在师汙父宫"(《牧敦》)。

十三、师戏王

"王在师戏太室"(《豆闭敦》)。

十四、师汞王

"王在周师汞宫"(《师晨鼎》《师毼敦》《谏敦》)。

铜器的铭文,不是将周代的帝王都排列上去的,铸鼎于必要时偶尔铸上一个。铸王于铜器上的铜器,现在未作大规模考古发掘工作,其铜器偶尔出土一个。已出土的铜器,散在各地,无法全为搜集。但就已搜集到的,有十四个帝王在《周本纪》中没有,是西周之有脱代,已可断定。

西周既有脱代,要将西周的年代拉长若干年都可。我假定西周为一万年,固然太长;但《大事年表》定为三百五十一年,绝对太短!

(乙)就王公积年言

周代的王公积世既有问题,则王公积年一节当谈不到,但依旧日的各种的记载,是互相矛盾的,如新城新藏在周初之年代举九种记载,而自武王至厉王各王位的年数不同,兹列于左:

史记	《御览》引《史记》	帝王世纪	皇极经世	通鉴外纪	通志	通考	通鉴前编	今本竹书纪年	世界大事年表
3	武王	—	7	7	7	7	7	7	6	3
—	成王	—	7	37	37	37	37	37	37	37
—	康王	—	26	26	26	26	26	26	26	26
—	昭王	—	21	51	51	51	51	51	19	51
55	穆王	55	55	55	55	55	55	55	55	55
—	恭王	—	20	12	10	10	10	12	12	12
—	懿王	25	—	25	25	25	25	25	25	25
—	孝王	15	—	15	15	15	15	15	9	15
—	夷王	—	16	16	15	15	16	13	8	16
37	厉王	37	—	37	40	40	37	37	12	37
	共数			281	281	281	281	281	209	277

注:表格列对应有所误,请参照原书。

多者为二百八十一年,次者为二百七十七年,少的为二百零九年,究竟根据何种记载的王公积年以决定西周的年代?

（丙）就周人叙其先世历史言

《诗·大雅·生民》："厥初生民,时维姜嫄,生民如何?克禋克祀,以弗无子;履帝武敏歆,攸介攸止,载震载夙,载生载育,时维后稷。……诞寘之隘巷,牛羊腓字之;诞寘之平林,会伐平林;诞寘之寒冰,鸟覆翼之;鸟乃去矣,后稷呱矣。实覃实訏,厥声载路;诞实匍匐,克岐克嶷,以就口食;蓺之荏菽,荏菽旆旆,禾役穟穟,麻麦幪幪,瓜瓞唪唪。"

"履帝武敏歆"是母系时代不知父为何人的现象。"诞寘之隘巷……平林……寒冰"是游牧时代弃子的现象。"蓺之荏菽",是初发明的农业现象。以母系时代,游牧时代,农业时代三个阶段认为后稷一个人的事,非年代久远不能如此。

周人对于远祖后稷叙述不明,因时代太远,情有可原;若由豳迁歧的人,《诗·大雅·绵》说"古公亶父,来朝走马,率西水浒,至于歧下",是古公亶父。但《公刘》"笃公刘,于豳斯馆,涉渭为乱",又说是笃公刘。由豳迁歧的是亶父是刘不能决定。《孟子》以亶父即太王,但由太王至西周末年《诗·大雅》作时不过三百余年,何以有这样歧异的记载?是西周经过很长的时间(约一万年),久而失传,故周人两记其人。

（丁）就社会演变言

《左传》僖二年云:"太伯、虞仲,大王之昭也……虢仲、虢叔,王季之穆也。"《史记·周本纪》以"太伯、虞仲……二人亡如荆蛮",殆不知太伯、虞仲所奔之地在周西,即《诗·大雅·皇矣》"乃眷西顾,此维与宅"。又在秦的西北,即《石鼓文》的"吴人邻亟,朝夕惊惕,载西载北"。是太伯、虞仲另封于甘肃天水县的吴,而非江县、吴县的吴。《史记·吴世家》以"太伯、仲雍……二人乃奔荆蛮……太伯卒,无子,弟仲雍立",太伯、仲雍在一国,是吴尚行的两个酋长制。

虢原在陕西宝鸡县自成王伐奄而胜,乃将武王时封于河南的国,移封到山东、河北;而将陕西原有的国,移到河南填防。虢由陕西迁于河南,在陕西的为西虢,在河南的为东虢。原在陕西的国,何以用虢仲、虢叔二人为王?这也是其时尚行的二人酋长制。氏族社会其酋长为二人,吴以太伯、仲雍二人为酋长,虢以虢仲、虢叔二人为酋长,是吴虢二国在西周初年尚为氏族社会。周在王季、文王时尚为氏族社会,至武王、成王时大事封建而为封建社会。其社会的演变未免太快。

(戊)就文体演变言

甲骨文的语句甚简,而且有不应省略的也省略,如《殷墟书契前编》卷一第四页第四块云"土于戊丁",即祭于戊丁,语句太简,而日人福斯所藏第十块为"贞不其雨,贞勿二十人",这种语句简单的连原义都看不明白。其篇幅有用一个字的,如《殷虚卜辞》一六零三页为一"烧"字,其最长的莫如《书契菁华》前几块,但至长也不过二三十字。较甲骨文为迟的《易》的卦辞、爻辞也甚简单,以与《国语》《左传》比,相差甚大。甲骨文为殷末物,《易》为西周作品,《国语》与《左传》为战国初年物,依《世界大事表》不过五百年左右,以五百年的时间,文体繁简,不应如是之甚。

就《诗经》的本身论,《周颂》的语句甚简,如《维清》一章五句共十八字:"维清缉熙,文王之典,肇禋,迄用有成,维周之祯。"

《大雅》的《抑》,十二章一百一十四句,四百六十九字,其文录于左:"抑抑威仪,维德之隅,人亦有言,靡哲不愚;庶人之愚,亦职维疾;哲人之愚,亦维斯戾。无竞维人,四方其训之,有觉德行,四国顺之;讦谟定命,远犹辰告,敬慎威仪,维民之则。其在于今,兴迷乱于政,颠覆厥德,荒湛于酒;女虽湛乐从,弗念厥绍,罔敷求先王,克共明刑。肆皇天弗尚,如彼泉流;无沦胥以亡,夙兴夜寐;洒扫庭内,维民之章;修尔车马,弓矢戎兵;用戒戎作,用逷蛮方。质尔人民,谨尔侯度;用戒不虞,慎尔出话;敬尔威仪,无不柔嘉;白圭之玷,尚可磨也;斯言之玷,不可为也。无易由言,无曰苟矣;莫扪朕舌,言不可逝矣;无言不讎,无德不报,惠于朋友,庶民小子,子孙绳绳,万民靡不承,视尔友君子,辑柔尔颜,不遐有愆。相在尔室,尚不愧于屋漏;无曰不显,莫予云觏,神之格思,不可度思,矧可射思;辟尔为德,俾臧俾嘉;淑慎尔止,不愆于仪;不僭不贼,鲜不为则;投我以桃,报之以李;彼童而角,实虹小子。荏染柔木,言缗之丝;温温恭人,维德之基,其维哲人,告之话言,顺德之行,其维愚人,覆谓有僭,民各有心。

於乎小子,未知藏否？匪手携之,言示之事,匪面命之,言提其耳,借曰未知,亦既抱子,民之靡盈,谁夙知而莫成?.昊天孔昭,我生靡乐,视尔梦梦,我心惨惨,诲尔谆谆,听我藐藐;匪用为教,覆用为虐;借曰未知,亦聿既耄。於乎小子,告尔旧正;听用我谋,庶无大悔,天方艰难,曰丧厥国;取譬不远,昊天不忒;回遹其德,俾民大棘。"

《周颂·执竞》有"自彼成康,奄有四方",是《周颂》为成王、康王以后昭王时作。《抑》诗序以为"卫武公刺厉王",按其文义似系宣王初即位,被臣下的警告。据《世界大事表》昭王至宣王为二百三十余年;以二百三十余年的短时间,不应《抑》较《维清》长二十六倍。由文体观,不能于短时间演变的如此之速。

C. 夏及尧舜禹的年代

夏是一个民族,不是一个朝代。夏本高加索种,由西比利亚至中国,其占据黄河流域较殷民族为早。殷本苗民,发源于四川,沿长江东下,至镇江沿海北上,至黄河流域与夏民族接触。因夏民族先占黄河流域,后人误夏为殷前的一个朝代。

尧系夏民族仿犀牛角而作的陶壶,以此陶壶作其民族的图腾。陶器是新石器时代始发明的,新石器时代在距今四万五千年以前,是尧亦应在距今四万五千年以前。但在未发明陶器以前,因西北距海远,不能以贝为饮具,而以犀牛角为饮具,故待陶器发明,仿犀牛角而作陶壶如 𓎺 (新石器遗址中多此陶器),甲骨文酒字为 形,尚存原义,苏联在比拉牙河(Bielager)左岸爱尔苦次克(Irkutsk)附近马尔他村(Mata)旧石器遗址中发现犀角,是夏民族在旧石器时代曾经用犀角作饮器。相传尧时有洪水,这洪水当系第四冰川时代的洪水,第四冰川时代在距今五万年前,是尧在距今五万年时旧新石之交。

舜是殷民族以狮子作图腾,相传舜耕于历山,是舜在新石器时代末期,农业发明的时代,在距今三万年左右。

禹是夏民族以两条鳄鱼作图腾,以鳄鱼作图腾亦系农业时代的表现,故《论语》有"禹稷躬稼",是禹亦在距今三万年左右,与舜时期相等。

但《汉书·律历志》载张寿王言"化益为天子代禹,骊山女亦为天子,在殷周间"。以禹在殷周之间,距今一万三千年左右。

尧在距今五万年,舜在距今三万年,禹在距今一万三千年,故旧日排列为尧舜禹。因那时尚是氏族社会,故有尧传舜,舜传禹之说。禹时已为封建社会,故有禹家天下之说。

殷人王亥所牧的牛羊被夏人摇民所掳,是殷人至中原尚在游牧时代。而至中原当在第四冰川退后,是殷代在距今五万年至一万三千年之间。黄帝有熊氏为人类离开熊洞在黄土层内凿穴自居,为新石器时代的开始距今四万五千年。黄帝本夏民族之一,在尧以前,因尧为陶壶,在新石器以后。神农氏为农业时代,本在新石器末期,但神农为殷民族,殷民族为世界上最古老的民族,而且殷民族文化高于夏民族,欲压倒夏民族,故将神农列在黄帝前。实际神农距今为三万年。伏羲氏为游牧时代,距今为十二万年。燧人氏、有巢氏为原始共产社会现象,在距今四十万年至十二万年之间。人皇氏为人类的产生。在距今四十万年前。地皇氏为地球的成立,在距今几万万年。天皇氏为天体诸星系成立,在距今几万光年。

盘古氏是苗民以狗作图腾的盘瓠,系越王勾践另一部落的酋长范蠡,距今为二千余年。后人将印度梵天的神话放在盘古身上,遂成为开天辟地第一人。

五、结论

(甲)就历法演变言汉高祖元年以前无确实的年代

甲骨文上记年月日法是:1. 不记日,"贞,求年于岳"(《前编》一,五十,一)。2. 记日的,"甲申,卜贞黍年"(《前编》三;二九,四)。3. 记日及月的"庚申,卜贞我受黍年,三月"(《前编》三,三十,三)。4. 记日月年的"癸未,王卜贞酒,肜日,自上甲至于多后衣,亡违,自庚,在四月,唯王二祀"(《前编》三,二七,七)。

最初占卜当不记日。但卜系求未来的事,欲求其卜的验否?故记日以便检查。但中国古代的记法,不是以次数如一日二日等,系用干支配合而成的甲子乙丑等;而甲子六十天一周,一年之中有六个甲子,这个甲子究在某月,应于卜事之后书月。但每年均有其月,此月究在何年;故于末书"唯王×祀",知系王的某年某月某日所卜。卜官为他自己检查便利,故用年月日,未计其他至金文开首书为"唯王×年×月××",是为记事而记年月日的,但是"唯王",在后人看起来,历代的王很多,究系那一个王呢?于是发生了问题,乃有编年体的《春秋》出。编年体的《春秋》出,中国的年代始可据。但可惜自鲁哀公十四年以后至汉高祖元年的中间,无同样的编年书出,故又差数百年,由汉至今一年不差,因二十四史的本纪系按年叙述的。

(乙)各家未开联席会议,中国史的年代难确定

天文学家动以光年计,地质学家动以千万年计,古生物学家动以百万年计,考古学家动以万年计,而历史学家所记总不出几千年中;假使天文学家,地质学家,古生物学家,考古学家,历史学家,五种学者开一联席会议,将各学家所计的年代的冲突避免而划一,再决定中国史的年代,我敢相信,虽不如天文学家所言的那么长,但也不能如历史学家所记的那样短,折中计算,我所假定中国古史的年代,或在其中。

我并不是以我是中国人而有对立思想,有意将中国史的年代拉长,以便与世界各古文明国的年代相比。实因中国史的年代不拉长,一切演变的阶段是讲不通的。如研究社会史的人,以周初至现在为封建社会,殷为氏族社会,殷以前为原始共产社会。但以年代计,周初至现在为三千年,殷为五百年,何以封建社会为三千年,氏族社会总要比封建社会时期长,反而短了六倍?中国人类史有四十万年,原始共产社会就占了三十九万六千年又未免太长。

考 古

《中国考古小史》自序
(又名《我国考古的四大时期》,选自卫聚贤《中国考古小史》,上海:商务印书馆,1933年初版)

欲研究人类进化的程序,是要把过去的历史整理清楚,整理历史的方法,可分为三个步骤:

一、书籍的整理。

二、考古的工作。

三、蛮族情形的探索。

现在单就考古方面言,在中国目下是很需要的,因为书籍多将神话与事实混合,致使上古无信史可言。由书籍的整理,学术上曾开了一次战争,但彼此都跳不出书本的圈子,故考古的工作,一时很为摩登。考古的过去是些甚么现象,我想一定有不少的同志,要回头一望,我就赶快写出这个《中国考古小史》,以应时需。

中国的考古可分为四大期:春秋战国为宝贵期,汉至唐为祥瑞期(除梁),宋至近代为研究期(除元明),现在为发掘期。兹分言于左:

（1）宝贵期

中国在春秋战国时，有不少的为着古器物而发生战争，是已视此古器物为"重器"，在阮元的《商周铜器论》（见前）已说明了。

（2）祥瑞期

新垣平伪造古器物埋藏汾阴，诈谓汉文帝说："周鼎亡在泗水中，今河溢通泗，臣望东北汾阴直有金宝气，意周鼎其出乎？兆见不迎则不至。"汉文帝听其说，于是"使使治庙汾阴，南临河，欲祠出周鼎"（《史记·封禅书》）；至汉武帝元鼎元年，"得鼎汾水上"（《汉书·武帝纪》），乃为改元"元鼎"；至元鼎四年六月在后土祠旁得鼎，乃"见于祖祢，藏于帝庭"（《汉书·郊祀志》）。后世因以得古器物为祥瑞，故多载于《符瑞志》《宋书》）、《祥瑞志》（《齐书》）中。

（3）研究期

古器物而为学者研究，不自宋始，不过宋代甚发达，特为人所注意。东汉许慎作《说文》以"郡国亦往往于山川得鼎彝，其铭即前代之古文"（《说文》序），已知利用古器物上文字。晋时汲冢偶出大批古书，曾"付秘书，校缀次第，寻考指归，而以今文写之"（《晋书·束皙传》），作过整理的工作。至南朝梁时，始有学者从事研究，陶宏景著有《刀剑录》，自夏启至梁武帝，共七十九器，虞荔著有《鼎录》，除第一条为"皇帝"外，自汉景帝至王羲之共七十二器，此二书均近详远略，当非伪造。《四库全书提要·集古录》：《金楼子·著书篇》有碑集十帙百卷，以为是"金石文字之祖"。《隋书·经籍志》于《石经》下注梁石经若干卷。按南京一带，梁代陵墓前华表有反刻倒读文字，是为发明搨石技术的所始（熹平《石经》立"摹写者……填塞街陌"——《后汉书·蔡邕传》。尚不知搨）。宋至近代，梁任公先生的《中国考古之过去及将来》，王静安先生的《近二三十年中国新发见之学问》已说明了。

过去的考古，千端万绪，难以撮要叙述，故取前人成说，如阮元的《商周铜器论》，自商周至唐，将历代出现的古物，说了个大概。接着梁任公先生在《中国考古之过去及将来》，将自宋至近代的考古撮要叙述。又接着王静安先生在《近二三十年中中国新发见之学问》,将近二三十年的考古说的很详。梁先生的文补阮氏的不足,王先生的文补梁先生的不足,三文并列,中国过去的考古可知大概。

(4) 发掘期

前人研究古物,可说是一种"金石学",或"古器物学"。现代的考古,即西人所谓"锄头考古学"(Archaologie Des Spaterls),注重在发掘。研究动物学的人,若是在《尔雅·释兽》上找材料,不如到博物院动物标本室去看;在动物标本室看死的动物,不如到深山旷野看活的动物,知道它生活的状况。考古学也是这样,看拓片照片,和在《释兽》上找材料一样;到古物保存所去看,和到动物标本室一样;若能到田野作发掘的工作,就和到了深山旷野中看动物,知道古物共存的现象,遗址的情形,由地层而观其时代。是发掘非常重要,故本书对此部分特为注意。

发掘是一件难的事,我年来作考古工作,从经验上知道,(一)考古时非有大批人员不可。除地质、测量、摄影、绘图各专家外,应有一美术家用石膏将遗址作为模型,因照片绘图,只能知其大概,而此遗址发掘过即毁,非参加工作人不能知其究竟。并有人类学家、古生物学家,遇见人骨、鸟兽骨时,从遗址中由专家取出,勿使其次序失乱,不要此处取一头,彼处取一腿,取其不同的,以为就可代表一切。(二)发表报告,至少须分两期,第一期报告发掘情形,第二期再根据第一期报告的事实,作对于本遗址遗物的推论,不宜将报告与推论放在一处。将与自己推论合的报告详一点,与自己不合的,略为不记,未参与工作的人不知其情形,免埋没及伪造证据的嫌疑。(三)与外人合作,条件应慎重,职权详为分明,费用若全由外人负担,要有预算,在预算以内,不得中途停付。团长须由中国人担任,起初条件订的不详细周到,到了工作时发生问题,牵扯就大了。

考古学以甚么为范围?我国《古物保存法》第一条"本法所称古物,指与考古学、历史学、古生物学及其他文化有关之一切古物而言",以古生物包括在内。法人达毛根(De Morgan)在他所著的《考古学研究的目的及方法》(Les Rechcrches Archeologique, Leur But et Lenrs Procedes

P.3)说"考古学研究的分野,包括自人类出现以后,以至现在,人文过程的全部",以人类学包括在内。日人滨田耕作在他著作《考古学通论》页一四说:"以有人类物质的遗物,自文献不全备时代起……所谓古代史的部分,及有史以前的部分,为考古学最可尽力的领域。"我以为考古学的范围,自人类会使用器物时始,至其器物为现在社会普通看不见止。故本书对于自周口店始石器时代至明故宫的发掘,介绍的特为详细。古生物已出于考古学范围,但我国《古物保存法》已有明文规定,故将古生物在中国近十年来的总成绩,采葛利普博士的《中国之古生物学》一篇,列于考古发掘之首,以符法令,而使知其大概。至于美人安竹思(Hapman Andrews)在蒙古发现恐龙卵等,不另列章,而附于《外人在中国考古成绩及纠纷》中。若因考古发掘而连带得到的人骨、鸟兽骨等,则列在各遗址的"遗物"一项中。

此书之作,关于发掘所得的古物,除已陈列者外,尚在整理中的,承特别允其参观;并承将未发表过的照片借印。西阴村、殷墟、城子崖的李济之、梁思永、董彦堂,西北科学考察团的黄文弼、周口店的裴文中,燕都的马叔平、庄尚严,晋塚的胡肇椿,与安特生同行的白万玉,这几位先生,均曾将他们考古工作情形见告,并承陆懋德、刘子植、王静如、高远公、姚达人、丁迪豪、袁允中、黄毓甲、王韬、温应楷诸先生指正讨论帮忙,这是我一并感谢的。

一九三一,一二,二九,记于北平后百户庙住宅。

《中国考古学史》序

(选自卫聚贤《中国考古学史》,上海:商务印书馆,1937年)

考古之目的,非为夸扬古国之文明,亦非为崇拜古人之伟大,更非为仿古以作复兴之举。实欲明了前途应走之大道。

欲明瞭前途应走之大道,其法有三:

一为历史的,即从历史上观察各演变之迹,由上古之事以推中古,由中古之事以推近古,由近古之事以推现在,由现在之事以求将来。

一为环境的,世界各国现都走入那一条道,我国为世界中之一,当然不能孤立,从其大多数走的道路中跟着走。

一为本身的,本国的情形如何?人民的能力如何?所处的国际地位如何?走某一条道,是否走得通?

假如从历史上指示我们应走某条道,世界各国也走某条道,我们的本身也能走到某条道。三方面都走着某条道,是走某条道就无危险可言了。

欲求本身,则在调查与统计;欲观环境,则在翻译与考察;欲知历史,则在考证与考古。

欲明了一事的如何产生?事实发展到如何程度?结果何在?影响何如?因书本子是平凡的记载,不得不将材料一条一条的找出,排比类列,加以考证,作为有系统的叙述。并且书本子记载既不详而且不确,于是考古之道兴。况于有史以前及史料缺乏之时代,全赖于考古的材料,故中国之考古,日盛一日。

考古之书可考者有两千余种,今所存者千余种,不是对于古物本身之考证,即是对于考古事实之叙述,而少有总合古今考古之各种事实而为考古史。有类似者,如《金石学录》《印谱》等,但注重在考古之人与考古之书,而不注意考古之事。

余前有《中国考古小史》之作,但略古而详今。今已出版五年,新事实发生不得不增补,而五年之中考古上并未突飞猛进,材料也增加不了许多。因而另有此《中国考古学史》之作。

本书共计六章,附录二篇,各方叙述均有,目为考古学可,目为考古史可,目为考古评论亦可,目为考古成绩的总叙述,更无不可。

上海自东方图书馆被毁后,参考书甚为缺乏,尤其是金石一类书,更感困难。宣古愚先生藏金石书五六百种,既借余观,又承指导,特附志于此。以谢。

一九三六年九月十一日　记于上海中央银行经济研究处

汉汾阴后土祠遗址的发现

(原载于《东方杂志》1929年第26卷第19号，第71—81页)

汾阴后土祠是汉代祭地的所在地，由汉武帝元鼎四年(西元前113年)至光武建武十八年(西历42年)，在这一五五年间除特派有司与祭不计外，天子亲到汾阴后土祠与祭共十六次。天子既到过后土祠十六次，其后土祠之大，与后土祠附近天子的行宫从官的住所建筑物亦不在少数。假使我们能得到这个遗址发掘起来，当有大批古物存在。

后土祠遗址在甚么地方？《汉书·武帝纪》元鼎四年立后土祠于汾阴脽上条下注："如淳曰：'脽者，河之东岸特堆掘，长四五里，广二里余，高十余丈，汾阴县治脽之上，后土祠在县西，汾在脽之北，西流与河合。'"据如淳所说，后土祠在汾阴县西，黄河东岸上。《荣河县志》说后土祠遗址沦入河中，现在庙前的后土祠系宋代所建筑。后土祠遗址既在荣河县西，沦入黄河中，所有古物早已流落东海，当无发掘的可能了。

汾阴系汉代所立县，到唐武德三年将汾阴东介山附近划出置为万泉县，汾阴县仍保守原名，有峨嵋坡下地，至宋始改为荣河县；细审《封禅书》《郊祀志》《武帝纪》等所载，后土祠似在万泉不在荣河，这次西北考古，在万泉发现了后土祠的遗址。又推想到在汉武帝未立后土祠于汾阴时，汾阴旧有的民祠后土祠，为春秋时晋文公祠介子推的祠。兹分述于左：

一、介子推的隐地

(1) 介子推隐居的事实

介子推隐居的事实，据左列各书说：《左传》鲁僖公二十四年："晋侯赏从亡者，介子推不言禄，禄亦弗及，推曰：'献公子九人，唯君在矣，惠怀无亲，外内弃之，天未绝晋，必将有主，主晋祀者，非君而谁？天实置之，而二三子以为己力，不亦诬乎？窃人之财，犹为之盗，况贪天之功，以为己力乎？下义其罪，上赏其奸，上下相蒙，难与处矣！'其母曰：'盍亦求之，以死谁怼？'对曰：'尤而效之，罪又甚焉，且出怨言，不食其食。'其母曰：'亦使知之若何？'对曰：'言，身之文也，身将隐，焉用文之，是求显也。'其母曰：'能如是乎？与汝偕隐。'遂隐而死。晋侯求之不获，以绵上为之田。曰：'以志吾过，且旌善人。'"《楚词·惜往日》："介子忠而立枯兮，文君寤而追求；封介山而为之禁兮，报大德之优游；思久故之亲身兮，因缟素而哭之。"《悲回风》："求子推之所存兮，见伯夷之放迹。"《庄子·盗跖》："介子推至忠也，自割其股以食文公，文公后背之，子推怒而去，抱木而燔死。"

《史记·晋世家》："文公元年春，秦送重耳至河，咎犯曰：'臣从君周旋天下，过亦多矣，臣犹知之，况于君乎？请从此去矣！'重耳曰：'若反国所不与子犯共者，河伯视之！'乃投璧河中，以与子犯盟；是时介子推从，在船中，乃笑曰：'天实开公子，而子犯以为己功，而要市于君，固足羞也，吾不忍与同位。'乃自隐。渡河秦兵围令狐，……赏从亡，未至隐者介子推，推亦不言禄，禄亦不及，推曰：'献公子九人，唯君在矣，惠怀无亲，外内弃之，天未绝晋，必将有主，主晋祀者，非君而谁？天实开之，二三子以为己力，不亦诬乎？窃人之财，犹曰是盗，况贪天之功，以为己力乎？下冒其罪，上赏其奸，上下相蒙，难与处矣！'其母曰：'盍亦求之，以死谁怼？'推曰：'尤而效之，罪有甚焉，且出怨言，不食其禄。'母曰：'亦使知之若何？'对曰：'言，身之文也，身欲隐，安用文之？文之，是求显也。'其母曰：'能如此乎？与汝偕隐，至死不复见。'介子推从者怜之，乃悬书宫门曰：'龙欲上天，五蛇为辅，龙已升云，四蛇各入其宇，一蛇独怨，终不见处所。'文公出，见其书，曰：'此介子推也，吾方忧王室，未图其功。'使人召之，则亡，遂求所在，闻其入绵上山中，于是文公环绵上山中而封之，以为介推田，号曰介山。'以记吾过，且旌善人。'"

(2) 介子推隐地，一说在介休县

各书所载，介子推隐居于绵上山中，这绵上在甚么地方？《后汉书·周举传》："举稍迁并州刺史，太原一郡旧俗，以介子推焚骸，有龙忌之禁，至其亡日,咸言神灵,不乐举火;由是士民,每冬中辄一月寒食,莫敢烟爨,老少不堪,岁多死者。举既到州,乃作吊书以置子推之庙,言盛冬去火残食,损民命,非贤者之意。以宣示愚民,使还温食,于是众惑稍解,风俗颇革。"

《左传》僖二十四年绵上条下杜预注:"西河界休县南,有地名绵上。"《后汉书·郡国志》:"太原郡……界休有界山,有绵上聚。"《周举传》所载介子推的隐地太原郡,《郡国志》及杜预注,介子推的隐地在太原郡的界休县,界休,晋改为介休,后介休县又分出灵石县,介庙划归灵石,介庙在今灵石县东四十余里,距纪时汽车站十里,庙在大林中,庙的创始不可考,庙中有宋碑。

据书籍所载,及庙宇所在,介子推的隐地在今山西灵石县。

(3) 介子推隐地一说在万泉县

《水经注》汾水条:"介山,文颖言'在皮氏县东南,则可三十里',乃非。今准此山,可高十余里,山上有神庙,庙侧有灵泉,祈祭之日,周而不耗,世亦谓之子推祠。扬雄《河东赋》曰:'灵舆安步,周流容与,以览于介山,嗟文公而愍推兮!勤大禹于龙门。'晋《太康记》及《地道记》《永初记》并言子推所逃隐于是。……"《后汉书·郡国志》:"河东郡……汾阴有介山。"《汉书·武帝纪》太初二年介山条注:"文颖曰:'介山在河东皮氏县东南,其山特立,周七十里,高三十里。'"《汉书·武帝纪》太初二年夏四月诏曰:"朕用事介山,祭后土,皆有光应……"《汉书·扬雄传》:"其三月,将祭后土,上乃帅群臣,横大河,凑汾阴,既祭,行游介山,回安邑……雄作《河东赋》以劝,其辞曰:'灵舆安步,周流容与,以览于介山,嗟文公而愍推兮!勤大禹于龙门。'"

汾阴至唐分出万泉县,介山划归万泉,万泉东南十里有柏林庙,庙西有双泉,依《水经注》所载,介子推祠庙侧有灵泉,是柏林庙即当日的介子推祠。

据书籍所载,庙宇所在,介子推的隐地又在今山西万泉县。

（4）隐地在万泉县的可能

《史记·晋世家》说当咎犯渡河要文公时，介子推看见了就有隐居之心。既有隐居之心，当渡河后，处处应留意可隐之地，按"秦兵围令狐"，令狐在今猗氏县北坡上，距万泉县介山二三十里，举目可望，介子推当留意于此。若介休县绵山在晋都东北四百余里，非途次所经，当不知其地可隐而往彼。《史记·晋世家》载晋文公归国年六十二，其从者介子推年与文公相等，计介子推之母年当在八十以上。晋都在今新绛县北二十五里史庄村东，距万泉县介山一百一十五里，距介休县绵山四百二十里。介子推年六十以上已属衰年，其母年八十以上，行步当不便利，不堪远往介休，当以万泉为是。

《大戴礼·卫将军》："观于四方，不忘其亲；苟思其亲，不尽其乐，盖介山子然之行也。"《史记·仲尼弟子列传》："孔子之所严事……介山子然，孔子皆后之，不并世。"依《大戴记》所载，介山子然的行为与介子推同，依扬雄《河东赋》所载，介子推隐居介山，是介山子然当是介子推。《列仙传》："介子推者，姓王名光……"《广舆记》说介子推是晋临人。由此可推介之推姓王名光字子然，隐居介山，推诿不仕，号介之推。

介子推既为晋临人，从晋文公出游，其母当家居以待其子，介子推从文公归，路过临晋，其母从子入晋都，后文公赏不及介子推，母子二人始行归家，由新绛经汾城、稷山、万泉、猗氏到临晋，其路捷，途中闻文公使人追，故于途中入介山。况晋都西北有吕梁山，东北有霍山，东南有干犀析城，西南有稷山介山，介子推就近隐居，不宜远往介休绵山。

《史记·晋世家》说："环绵上山中而封之。"其山若为介休绵山，按《介休县志》说："绵山，东接沁源，南连灵石。"其山是绵延数百里的。若为万泉介山，文颖说："介山，高三十里，周七十里。"其山是很小的；数十里可"环封"，数百里是不可"环封"的。况当彼时介休地属赤狄、白狄所有，文公初归国，诸事不待整理，即以兵败狄人，环封绵山，在事实上是不可能的。

《左传》说："以绵上为之田。"《史记·晋世家》说："闻其入于绵上山中。"绵上系一地名,绵上的山乃为介子推所隐居的山,并不是入于绵山中。《山海经·中山经》:"霍山……又北五十二里曰合谷之山……又北三十五里曰阴山,多砺石文石,少水出焉。"《水经注》:"少水,即沁水也。"毕沅《山海经注》:"阴山即绵山,在山西祁县、沁县二县界。"在霍山北八十七里的阴山当即绵山。是介休之山,在前者为阴山,后者为绵山,并无绵上之名。绵上,据《左传》襄十三年:"晋悼公蒐于绵上以治兵。"定六年:"赵简子逆宋乐祁饮之酒于绵上。"顾炎武《日知录》对于前者说:"此必近国都之地。"对于后者说:"自宋如晋,其路岂出于西河界休县乎?其地当在翼城之境,以翼城有小绵山云。"按涑水之北,浍水、汾水之南,有土岭名峨嵋岭,东起翼城,西抵临晋,《山西省志》说:"峨嵋岭,东起绛县,西抵河滨。"是这峨嵋岭绵延很长,即为绵上。峨嵋岭上有两山,一名稷山,一名介山,是稷山、介山为绵上山。介子推隐于绵上山中,当即峨嵋岭上之介山。

《史记·魏世家》说:"秦取魏平周。"《十三州志》说:"平周在介休县西五十里。"《战国策》《史记》所称之光狼兰、离石等地均为赵邑。是以《汾阳县志》说:"灵石以南为魏地,自介休以北为赵地。"是当战国时赵魏之界,以介休为界,秦因之置界休县。自相传界休为介子推隐地后,因名思义,以界休当为介子推休息处,故晋代改界休为介休,又以后人多读《左传》,并以杜注为根据,故介子推隐地在介休之说,在一般人的脑筋中较为有力。

据以上的论证,介子推的隐地在万泉县介山,不在介休县的绵山。

二、汉汾阴后土祠的所在地

(1)汾阴后土祠所在地的误会

汉汾阴后土祠的所在地,在《史记·封禅书》有一段,容易使人误会其遗址在今荣河县的,就是:"(新垣平谓汉文帝)曰:'周鼎亡在泗水中,今河溢通泗,臣望东北汾阴直有金宝气,意周鼎其出乎?兆见不迎,则不至。'于是上使使治庙汾阴,南临河,欲祠出周鼎。……元鼎四年六月中,汾阴巫锦为民祠魏脽后土营旁,见地如钩状,掊视得鼎……有司皆曰:'……鼎迁于夏商,周德衰,宋之社亡,鼎乃沦没,伏而不见。'"

新垣平说:"周鼎亡在泗水。"有司说:"宋之社亡,鼎乃沦没。"义易混合。"于是上使使治庙汾阴,南临河,欲祠出周鼎。"而"汾阴巫锦为民祠魏脽后土营旁,见地如钩状,掊视得鼎"事实又易混合。是以容易使人误会汉文帝在汾阴南临河处所治之庙即后土祠。但细审新垣平的话,是新垣平埋鼎汾阴河岸。按他说"周鼎亡在泗水中,今河溢通泗,臣望东北汾阴直有金宝气,意周鼎其出乎?"周鼎亡于泗水否?我们暂不要管它。但泗水在山东,汾阴在山西,虽是河溢通泗,而鼎决不能由山东黄河的下流而逆流到山西的黄河上流来。《汉书·武帝纪》:"元鼎元年……得鼎汾水上。"这就是新垣平埋鼎汾阴,以至汉武帝元鼎元年始发现,是以改元为"元鼎"。至于元鼎四年汾阴、巫锦所得之鼎在魏脽上,不在汾水上,巫锦所得之鼎为另一鼎,而非新垣平所埋之鼎。是汉文帝"使使治庙汾阴,南临河",与汉武帝于元鼎四年十一月立后土祠于汾阴、脽上非一地。即汾阴后上祠的遗址不在临河处,而在脽上。

(2) 汾阴后土祠的所在地

《史记·封禅书》:"天子郊雍,议曰:'今上帝,朕亲郊,而后土无祀,则礼不答也。'有司与太史公、祠官宽舒议:'天地牲角茧栗,今陛下亲祠后土,后土宜于泽中圆丘为五坛,坛一黄犊太牢具,已祠尽瘗,而从祠衣上黄。'于是天子遂东,始立后土祠汾阴脽丘,如宽舒等议(《汉书·郊祀志》作'于是天子东幸汾阴,汾阴男子公孙滂洋等见汾旁有光如绛,上遂立后土祠于汾阴脽上'),上亲望拜如上帝礼,礼毕,天子遂至荥阳而还。"《汉书·武帝纪》:"元鼎四年自夏阳东幸汾阴,十一月甲子立后土祠于汾阴脽上,礼毕行幸荥阳,还……"

汾阴后土祠为西元前一一三年十一月所立,汾阴为今荣河、万泉二县地,但脽丘在今荣河?万泉?是有研究的必要。《汉书·武帝纪》元鼎四年立后土祠条注:"如淳曰:'脽者,河之东岸特堆掘,长四五里,广二里余,高十余丈,汾阴县治脽之上,后土祠在县西,汾在脽之北,西流与河合。'"据如淳所说,这脽丘在今荣河县西。但同条注:"颜师古曰:'脽者,以其形高起如人尻脽,故以名云。'"是颜师古已注意到"脽"字的本训。按《封禅书》说:"汾阴、巫锦为民祠魏脽后土营旁。"又说:"始立后土祠汾阴脽丘。"《汉书·郊祀志》始说:"立后土祠于汾阴脽上。"按所谓"魏脽",为晋所灭之魏,即《诗·魏风》之魏,有今荣河万泉地,战国时分晋之韩赵魏的魏,亦有今荣河万泉地,故称"魏脽"。"脽丘"当是其脽成丘,其脽丘当然甚高,只少在当日汾阴界内为最高之地汾阴为今荣河、万泉二县地,今荣河、万泉二县最高地,首推万泉的孤山(即介山)。是汾阴脽丘即汾阴介山。

《汉书·武帝纪》太初二年:"三月行幸河东祠后土,夏四月诏曰:'朕用事介山,祭后土,皆有光应……。'"《扬雄传》:"其三月将祭后土,上乃帅群臣,横大河,凑汾阴,既祭,行游介山,回安邑……雄作《河东赋》以劝,其辞曰:'灵舆安步,周流容与,以览于介山,嗟文公而愍推兮,勤大禹于龙门。'"按汉武帝祭后土而"用事介山",汉成帝祭后土而"行游介山",是后土祠不在介山上,当在介山附近。

兹次在西北考古,到山西万泉县南吴村药王庙西南柏林庙东南严子圪塔,有土岭高约五丈,沿边有阶形地层,上为平形,南北长东西窄,约三百余亩,其西北角有乱石堆积,名曰"小山",小山北有用人工开凿宽丈余之大坡道三,现已荒芜,遗迹尚可看见,相传其地有古寺遗址,余至其地,见四周崖壁上,露出破瓦残砖甚多,检视砖瓦上之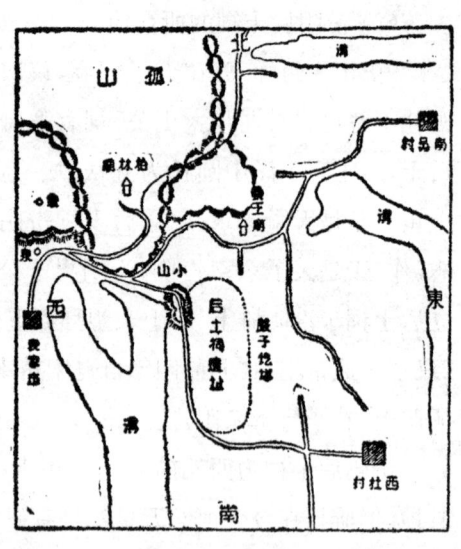花纹,知为汉代物,略加发掘,即得砖一方,(图一)残砖一块,(图三)又一残砖上有"千秋"二字。(图二)瓦二件,(图四图五)瓦当七八件,(图六至

图十)文为"长乐未央",(图六图七)"宫宜子孙"(图八为"宫"字,图九为"宫"、"子"二字,图十为"子"、"孙"二字,合为"宫子孙",按图十"孙"字右有一"一"与"宫"字的"㠯"左直画同,当为"宜"字,是即"宫宜子孙"。此瓦当前人尚未见到)。① 兹种砖瓦、瓦当等运至南京古物保存所陈列,与研究砖瓦、瓦当的《千甓亭古砖录》《秦汉瓦当文字》等书,及在各处搜得之汉砖及瓦当加以比较研究,确为西汉物。

(3)汾阴后土祠遗址及遗物

a. 后土祠遗址所在地略图。

b. 后土祠的遗物。

(请看卷首插图)

---

① 编者案:文中所言图一至图十,在《东方杂志》第 26 卷第 19 期原文中并未见。对应编码的插图,在第 26 卷第 20 期有图五帧,附下。

三、后土祠即介子推祠

(1) 原有的后土祠

《史记·封禅书》："六月中汾阴巫锦为民祠魏脽后土营旁,见地如钩状,掊视得鼎……"《汉书·武帝纪》："元鼎四年……六月得鼎后土祠旁。"是于元鼎四年六月在汾阴魏脽后土祠旁得鼎的。

《史记·封禅书》："天子郊雍,议曰:'今上帝朕亲郊,而后土无祀,则礼不答也。'有司与太史公、祠官宽舒议……于是天子遂东,始立后土祠汾阴脽丘,如宽舒等议。上亲望拜如上帝礼,礼毕,天子遂至荥阳而还。"《汉书·武帝纪》："元鼎四年自夏阳东幸汾阴,十一月甲子立后土祠于汾阴脽上,礼毕,行幸荥阳,还……。"《郊祀志》王莽奏："孝武帝祠雍曰:'今上帝朕亲郊,而后土无祠,则礼不答也。'于是元鼎四年十一月丙子,始立后土祠于汾阴。"是于元鼎四年十一月在汾阴脽丘上立后土祠的。

当在元鼎四年十一月未立后土祠前,汾阴巫锦在汾阴魏脽后土祠(《史记·封禅书》作"后土营",《汉书·武帝纪》作"后土祠"),建民祠而得鼎。是汉武帝未立后土祠于汾阴时,汾阴已有后土祠。汉武帝建筑后土祠于汾阴,汾阴始有国立的后土祠,不是"民祠"的后土祠。

《史记·封禅书》："宽舒议:'……后土宜于泽中圆丘……。'天子曰:'间者河溢,岁数不登,故巡祭后土,祈为百姓育谷。今岁丰庑未报,鼎曷为出哉?'"汉武帝立后土祠于汾阴,因为(一)年凶为百姓祈谷;(二)汾阴出宝鼎;(三)宽舒以为"宜于泽中圆丘",文颖说"介山周七十里,高三十里",正如"圆丘"。按《水经注》说"介山……山上有神庙,庙侧有灵泉,祈祭之日,周而不耗,世亦谓之子推祠",现灵石之介庙有宋碑云介子推能兴云雨。万泉柏林庙祠为风伯雨师(神像风伯为男,雨师为女,相传雨师为风伯妻。晋临县平宜村为风伯丈人家,风伯系旧历六月二十三日生,平宜村于每年六月二十三日到柏林庙焚香,云为伊姑夫祝生日;此与介子推为临晋人故事相同)。山中空气寒冷,遇水蒸汽易于凝结,山之附近多云（现万泉孤山上有发云寺），天旱时雨量较多，民智未开，以降雨有神主司，介子推隐居中山，为人所重，以介子推之神灵当然有主司降雨之神格化。人民沿祠已久，汾阴后土祠旁出宝鼎，为汉武帝所注意，因于旧有的民祠后土祠旁而新建筑大规模的国祠后土祠。是旧有的民祠后土祠即为介子推祠。

（2）后土祠旁得鼎情形

《史记·封禅书》："六月中汾阴巫锦为民祠魏脽后土营旁，见地如钩状，掊视得鼎，鼎大异于众鼎，文镂无款识，怪之，言吏，吏告河东太守胜，胜以闻，天子使使验问巫，得鼎无奸诈，乃以礼祠迎鼎至甘泉，从行上荐之（《汉书·郊祀志》作'从上行荐之'），至中山，曣㬈（《郊祀志》作'晏温'），有黄云盖焉，（《郊祀志》无'盖'字），有麃过，（《郊祀志》'麃'作'鹿'），上自射之，因以祭云。至长安，公卿大夫皆议请尊宝鼎，天子曰：'间者河溢，岁数不登，故巡祭后土，祈为百姓育谷。今岁丰庑未报，鼎曷为出哉？'有司皆曰：'闻昔泰帝兴神鼎一，一者壹统，天地万物所系终也（《郊祀志》'终'作'象'）；黄帝作宝鼎三，象天、地、人；禹收九牧之金，铸九鼎（《郊祀志》此下有'象九州岛'三字），皆尝亨鬺上帝鬼神。遭圣则兴，鼎迁于夏商。周德衰，宋之社亡，鼎乃沦没，伏而不见。'（《郊祀志》于'上帝鬼神'下作'其空足曰鬲，饪承天祐，夏德衰鼎迁于殷，殷德衰鼎迁于周，周德衰鼎迁于秦，秦德衰宋之社亡，鼎乃沦伏而不见'。）颂云：'自堂徂基，自羊徂牛，鼐鼎及鼒'，'不吴不骜，胡考之休。'今鼎至甘泉，光润龙变，承休无疆。合兹中山，有黄白云降，盖若兽为符，路弓乘年（《郊祀志》'年'作'矢'），集获坛下，报祠大享。唯受命而帝者，心知其意，而合德焉。鼎宜见于祖祢，藏于帝廷，以合明应。制曰：'可。'"《汉书·武帝纪》："元鼎四年六月得宝鼎后土祠旁。"

《汉书·郊祀志》："张敞曰：'昔宝鼎之出于汾脽也，河东太守以闻，诏曰：朕巡祭后土，祈为百姓蒙丰年，今谷嗛未报，鼎焉为出哉？'博问耆老，意旧藏与？诚欲考得事实也。有司验脽上非旧臧处，鼎大八尺一寸，高三尺六寸，殊异于众鼎。'"

据《郊祀志》《封禅书》所载"有司验脽上非旧藏处","天子使使验问巫得鼎无奸诈"。真所谓"鼎曷为出哉?"《孟子》"前以士,后以大夫;前以三鼎,而后以五鼎"的记载推想,春秋战国人的祭祀,平民用一鼎,士用三鼎,大夫用五鼎,诸侯用七鼎,天子用九鼎;贫者用陶鼎,富者用铜鼎。介子推隐居介山被文公焚死,文公当以大夫之礼设祭,用五鼎,是以鼎高八尺一寸,宽三尺六寸,汾阴人巫锦得其一,余四鼎当尚在土中。其鼎说"文镂无款识",按《左传》载"以志吾过,且旌善人",是有一鼎上当有款识,记介子推从亡之苦,自己忧王室,未赏其功,如何如何对不起的一类话,是当然有的。

(3) 两汉天子祠后土的情形

《汉书·武帝纪》:"元鼎四年自夏阳东幸汾阴,十一月甲子立后土祠于汾阴脽上,礼毕行幸荥阳还……元封四年,自代而还,幸河东,春三月祠后土,诏曰:'朕躬祭后土地祇,见光集于灵坛,一夜三烛;幸中都宫,殿上见光;其赦汾阴、夏阳、中都死罪以下。'(《郊祀志》'自西河归幸河东祠后土')……元封六年三月行幸河东祠后土,诏曰:'朕礼首山,昆田出珍物,化或为黄金;祭后土,神光三烛,其赦汾阴殊死以下。'(《郊祀志》'幸汾阴祠后土')……太初二年三月行幸河东祠后土,夏四月诏曰:'朕用事介山,祭后土,皆有光应,其赦汾阴安邑殊死以下。'……天汉元年三月行幸河东祠后土……。"

《宣帝纪》:"神爵元年三月行幸河东祠后土,诏曰:'……东济大河,天气清静,神鱼舞河……'(《郊祀志》'其三月幸河东祠后土,有神爵集,改元为神爵'。)五凤三年三月行幸河东,祠后土,诏曰:'……郊上帝,祠后土,神光并见,或兴于谷,烛耀斋宫,十有余刻……'(《郊祀志》'春幸河东祠后土'。)"

《元帝纪》:"初元四年三月行幸河东,祠后土,赦汾阴(《郊祀志》'元帝即位遵旧仪……又东至河东祠后土')……永光五年三月上幸河东,祠后土……建昭二年三月行幸河东,祠后土。"

《成帝纪》:"建始二年三月北宫井水溢出,辛丑,上始祠后土于北郊。

《郊祀志》'成帝初即位,丞相匡衡、御史大夫张谭奏言:'……汾阴则渡大川,有风波舟楫之危……河东后土之祠,宜可徙置长安……'）永始三年太后诏有司复……汾阴后土……(《郊祀志》:太后诏有司曰:'……定后土于汾阴,而神祇安之,飨国长久,子孙蕃滋……殆在徙南北郊,违先帝之制……其复……汾阴后土如故……'谷永说上曰:'……祠后土,还临河,当渡,疾风起波,船不可御。'）永始四年三月行幸河东祠后土……元延二年三月行幸河东祠后土……元延四年三月行幸河东祠后土……绥和二年三月行幸河东祠后土……。"

《郊祀志》:"哀帝即位,皇太后诏曰:'……其复……汾阴后土祠如故。'上亦不能亲至,遣有司行事而礼祠焉……平帝元始五年大司马王莽奏言:'……孝武皇帝祠雍曰:今上帝,朕亲郊,而后土无祀,则礼不答也。于是元鼎四年十一月丙子,始立后土祠于汾阴……建始元年徙……河东后土于长安南北郊,永始元年三月以未有皇孙,复……河东祠,绥和二年以卒不获佑,复长安南北郊,建平三年惧孝哀皇帝之疾未瘳,复……汾阴祠……。'"《后汉书·光武纪》:"建武十八年三月……进幸蒲坂,祠后土……中元二年春正月辛未初立北郊,祀后土……"

东汉都洛阳去汾阴甚远,路多山岭,行走不便,故于中元二年将后土祠移于洛阳北郊,此后对于汾阴后土祠已成废祠了。

据上列所载,除第一次为十一月祭,末一次为正月祭外,都是以"三月"祭的。按《荆楚岁时记》:"去冬节一百五日,即有疾风甚雨,谓之寒食,禁火三月,造饧大麦粥。据历合在清明前二日,亦有去冬至一百六日者。"《山堂肆考》:"晋文公与介子绥俱亡,子绥割腓股以啖文公,文公复国,子绥独无所得,作龙蛇之歌而隐,文公求之不肯出,乃燔左右木,子绥抱木而死,文公哀之,今人三月五日不得举火,后人谓之禁烟,又谓之冷节,又曰热食。"

《左传》僖二十四年:"三月晋侯潜会秦伯于王城,己丑晦,公宫火。"己丑为三月的终日,是文公即位当在四月,周正四月为夏正二月,文公即位赏从亡者不及子推,子推隐居介山,文公求之不得,焚山而烧子推,当为夏正三月事,故《荆楚岁时记》说去冬至一百零五日,正为三月,《山堂肆考》载为三月五日。按万泉县东有土岭名曰界岭,是稷山、介山以此为界(明碑尚作'界'字,今县志作'介'字),上有介庙祠药王,亦有介子推像,于每年三月三日迎神赛社,现为县立第二高级小学校地址。介子推祠在万泉孤山麓,后人以其东十五里有界岭,因于其地建介庙,地址虽误,而三月三日的迎神赛社其由来已久。两汉天子祠后土均在三月,当是因汾阴旧祠后土在三月故,而三月祠后土,正是以介子推死于三月而祠介子推。

四、发掘的计划(略)

一九二九,六,十二,记于南京古物保存所

新石器时代遗址发现的经过和见解

(原载于《东方杂志》1929年第26卷第4号,第69—77页)

研究历史是求社会所以进化的程序,但社会所以进化的程序,书本子上未必完全记载,是以我国在宋代的学者就注重到金石文字以补证古籍。但这仍限于有文字以来的情形,在未有文字以前多系推测,从无实物可资证明。近年西人发现许多石斧、石刀,在这种情形之下,从未发现过文字,因断定此期在有文字以前;因为他们用石斧、石刀等叫做"石器时代";但石器有粗细的分别,故又划分"旧石器时代""新石器时代"两大时期。现在我国学者受外人的影响,也注重到新石器时代的古物,常在杂志上发表或专著讨论。

我是一个研究上古史的,看见发表讨论石器时代文字的照片石斧等物,常想我几时能找到几件石斧,看看它究竟是件甚么东西?人类怎么用法?自到清华听李济之先生讲授考古学,并看了些参考书,又到地质调查所历史博物馆参观实物,始明石斧等物为如何形状。李济之、袁复礼两先生又从山西夏县西阴村将新石器时代古物掘发运回清华,更使我能详细的考察。

在这详细考察之下,脑筋的阴影中好像在甚么地方看见过这种东西?去年二月回家,就带了李济之先生掘得的陶片三种作为标准。到家询问本处有无此物,我侄月盛就引我到本村(北吴村)枣堰地,就有许多新石器时代遗址存在。于是追迹搜求,就在南吴村药王庙前后,袁家庄东沟西沟,荆淮村沟楞,荆村瓦子斜,南涧村涧薛村沟沿,秦王寨,城内东城壕县党部后院,南门外沟沿,北门外文庙附近,西门外老母洞北,发现了许多。这些遗址是连续不断的,南北长十余里,东西宽二三里,沿孤山东麓黄土坡上沟壕两面尽是。

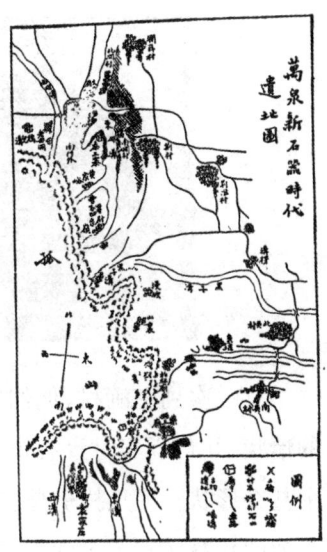

以上各地黄土层中加着一层高低不等的灰土层,这灰土层中就露出我从北平带回的标准陶片很多。此外田间尤遍地都是,农人以瓦片等有碍田苗生长,常常拾起堆在路旁,就在这堆积中找新石器时代陶片,彩色的也有,绳印纹、席印纹、条压纹也有,鬲腿鼎足碗杷也有,残石斧残石刀也有,不必掘发,每天要几十担,尽管拿取,没人过问,于是我就得了许多新石器时代的陶片。我们乡间对于无作为的人说是"你真是城壕里瓦乍,弭物"(乍系小物碎片,弭物即废物),以为城壕里的碎瓦片是没用的,我现在拾了很多陈列在家中柜子内,就惹起一般人的注意。

有一次到南涧村,他们问我拾陶片的原因,我就告诉他古代人居住的情状,并且说那时没有铜铁,用的刀斧都是石头的。他们问:"石斧是个甚么形状?怎么样劈柴?"我就说:"石斧作打禽兽用,像个斧头,没有安杷的孔窿。"有个小学生在旁边说:"我家有个打胡桃瓜子的石头,和你说的一样,我取来你看看是不是。"取来一看,果是石斧。我问他怎么得来的,他说从地里拾来的。我知道小学生多有这物,是以每个石斧出二三百钱,收买了有几十个。又在崖壁上看见露出一点青石,掘得的石斧石刀石镞也不少。共计得完全的石斧五十余,石锛四五个,残的不计。

居家不久,又到清华带了一部分新石器时代遗物,与清华地质调查所历史博物馆比较正同。既得新石器时代遗址,于是又参考考古学书籍,有疑难处请教于李济之先生,我的考古学兴味,从此日隆。暑假旋里,就带了地质调查所出版的《甘肃考古记》《河南石器时代之着色陶片》《奉天锦西县沙锅屯洞穴层》等书,以作参考。到家又从新考察,发现许多"袋装土穴",并得了一块作陶器的模型。因为我没有掘发的经验,故先从事调查,一次到文村(在万泉县城东三十里稷山东麓介岭之西)在路上拾了残石斧一块,知此处也有新石器时代遗址,于是搜求,得到陶片很多,但无彩色的,与北吴村一带出土的不同。

九月要到清华求学,将在万泉所得的古物一部分捐送山西教育厅。当路过平遥时,见上西关古代遗址很多,但不见石器,找得一鬲,腿内已实,长仅寸余,是为煤炭火上使用物,知此遗址时代很晚。到了太原,因路不通,居住兴贤大学,时到太原附近调查古物,是以在榆次县长凝村(距火车站二十里)南,文水县上贤村(在汽车路旁)西,汾阳县花枝村(在汾阳县西十里)西,均有新石器时代遗址发现,太原附近以文水上贤村遗址为最广,其处多红底红花陶器,与万泉红底黑花的不同。与友人薛振太在上贤村略事掘发,所得石斧陶片甚多,本年二月南来,带一部分捐送古物保管委员会。

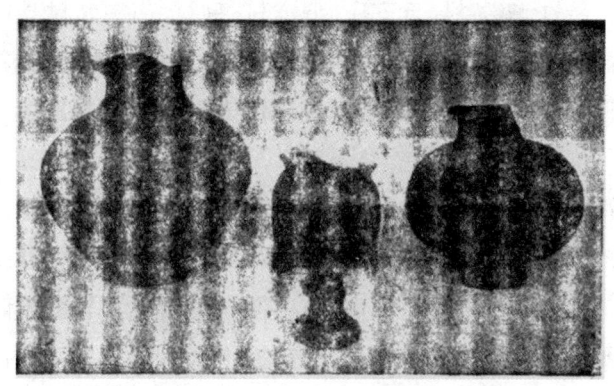

北平克复,大学院派我到北平接收教育文化机关,事毕到山西调查古物。来时路过洛阳,劝阻图利的掘发古物的大举动,在洛阳东十里史家湾看见一个新石器时代的鬲,据云系在该村北掘土所得,又在洛阳东五里汤家湾西路旁崖壁上得石斧残块二。曾在火车上看见渑池县西英豪镇车站东北土坡上有新石器时代遗址露出。以在山西发现的经验,推测洛阳以西土岭起伏的斜坡上,新石器时代遗址当不在少数。安特生在仰韶村秦王寨所发现的,正在洛阳以西渑池县境,与我在英豪镇所发现的相去不远。

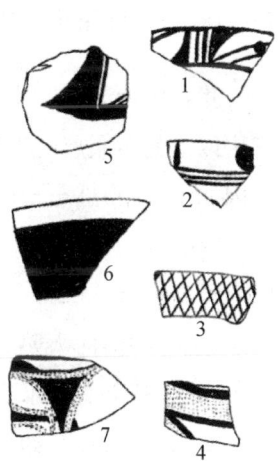

到山西万泉从新考察,因装一大箱运到南京,现已陈列于教育部内图书馆。(现在教育部派我兼任南京古物保存所主任,我不久拟将

这些古物搬到古物保存所去)。计有石锛二,石斧七,残石斧十余块,石刀四,石环一。陶鬲一,残陶鬲二。彩色陶片数十片,以红底黑花占多数,灰底红花,红底黑花白花兼施的三片,线缠纹陶片八,泥瑗三。此外有周壶一,战国末年陶器一,上有"二子"二字,文为"二斗",当为量器。汉陶罐一,汉残砖一,汉残瓦当二,上有"长樂"二字。所有新石器时代的石斧、石锛、石刀、石环、陶鬲、彩色陶片、线缠纹陶片、泥瑗碗柄,均系山西万泉县北吴村、南吴村、袁家庄、荆淮村、荆村、南涧薛村县城北出土。石斧、石锛,除完整的少数向小学生买得外,余与陶片泥瑗陶鬲汉砖瓦均系我亲往调查时在露出地面拾得的。周壶战国量器罐等系农人掘土所得。

兹将彩色陶片仿绘于左:上黑色代表黑彩,白色代表红彩,点代表白彩。第一图与《河南石器时代之着色陶器》第十一版第五十四图相似,第二图与第十三版第六十八图相似,第三图与第四版第七图相似,第四图与第十一图相似,第五图与第十二版第五十六图相似,第六图与第二版第二图相似,第七图与第五版第十四图相似。

兹次系调查性质,非专门掘发,没有详细的记载。惟以调查所得,将新石器时代情形推测于左:

一、新石器时代的所在地

我在山西万泉文水汾阳榆次所发现的新石器时代遗址,多在距平地三丈以上的黄土层的斜坡上,又多在土岭东面并沟壑的附近。兹推测其原因如下:(甲)红土土质干则坚硬,用石器不易凿穴居住,湿则泥滑行走不便,故多在黄土层中。(乙)平地穴居,遇大水容易灌入,故多居于三丈以上的斜坡上。(丙)冬天西北风多,土岭的西北面受风太冷;夏天太阳直照,土岭的南面太热;故多居于土岭东面。(丁)凿池穿井在石器时代较难,故多就天然的水道旁边居住,取水便利。

就以上的原因,如果新石器时代少有例外,要去北方调查新石器代遗址的,应到"在三丈以上的土岭东面天然水道的旁边"就可发现了。

二、陶器的制造

陶片上有绳印纹、席印纹、条压纹、线缠纹，在山西万泉文水发现的都有。我在万泉荆村得了一块陶器的模型，它系比砖还硬带着琉璃的一块砖质物，一面系凹形，内有绳印纹存在。因推测古人制造陶器的步骤如左：

（甲）用树木的细枝条编成筐，于筐内涂泥一层，投入火中燃烧，筐化成灰，则所涂之泥就成了陶器。因涂泥在枝条上，故陶器外面有条压纹存在。（乙）每作一个陶器即烧毁一筐，太不经济，因于筐的周围及底部置厚泥，待泥将干，将所置之厚泥分为两半，将筐取出，将所开的两半个厚泥仍合在一处，投火燃烧，使成砖质以作模型。造陶器时即涂泥于此模型内，待将干时，将模型的两半分开，则所涂之泥就成了陶坯，将此陶坯投火燃烧即成陶器。（丙）树条不大柔软，编筐不易随意伸缩，因用泥做成实心器物形状，外部用麻布或草叶编成席片蒙住，周围及底部置厚泥，待将干时将所涂的厚泥分为两半，将内部的实心器物取出，因实心器物用麻布等蒙住，不至与所涂的厚泥贴住分离不开。将所涂的厚泥烧作模型，其用法如上。（丁）为美观和转运上不阻碍手皮起见，要将陶器外部的各种印纹去掉，当于模型未投火烧成砖质时，用器将内部印纹刮光，故可作成光面陶器，欲其美观，上施以花彩。（戊）当陶坯从模型中取出，恐有裂痕，因于周围用线缠绕，陶器上有似刀刻纹的线缠纹即由于此。

安特生在河南渑池仰韶村所得的陶器，他以为已受轮盘置造。按轮盘的本身非石器时代所能有，故用轮盘置造陶器当属疑问。我持在山西万泉所得的陶片，请万泉作陶器的工人看过，他说："陶器内部不光平，手指印纹很多，是没有用过轮盘的。"并且说："是用木柴不是用煤炭烧成的。"据此如果渑池陶器确受轮盘置造，当是有了铜器可以置造出轮盘以后，换句话说，仰韶时期在万泉时期之后。

三、石器时代的所有物

石器时代所有物,除上列各器具外,有一碗柄尚可研究。兹分述于左:

(甲)传说

万泉一带在田中工作的人,每天到家中吃三次饭,第一次在上午十点至十一点,第二次在下午二点至三点,三次在日落以后。上午十一点钟过了,田中工作的人尚未回家,其他工作的人回家经过其地时,笑着说:"回吧!迟了摸不着碗杷啦!"我在田间工作常听得这种口号。再细审现在的碗,杷是很短的,是摸不着的,当然是不用摸的,为什么有"摸不着碗杷"的传说?

(乙)遗俗

万泉一带于上年的一年内生了几个孩子或娶过妻,共计添了几口人,于本年的正月初一至初五日内,在这个期间该家必新买几个碗。在这个期间卖碗的必须到各村去一蹓,平日每碗值钱三十文,这时期可卖到百文左右。又他的儿子若不孝时,赶他出门,甚么都不给他,惟给一双筷子一个碗。死了人当棺材出门时,执事人取碗一个摔碎于棺材盖上。这是古代添人添碗,去人去碗,每人一个碗的遗俗尚存。

(丙)发现

在万泉北吴村等地掘出新石器时代的碗很多,皆有柄,形如现在西人用的玻璃杯子,古人叫豆,现在人叫碗,柄俗呼为杷,故碗柄叫"碗杷"。

据上情形,按现在蒙古人每人只有一个碗,邻人或走路的人到他家,适逢吃饭也不让吃,要吃时须得主人吃毕,用主人所用之碗吃;或是自己带着碗,就可以在锅内取到碗内吃了。是以蒙古人身上常带着木碗一个,筷子一双,小刀一把,为备遇饭可吃的缘故。

用上蒙古人的这个故事,就可解释"摸不着碗杷"了。蒙古人每人一碗,万泉添人添碗,去人去碗,可证明万泉的古代人是每人一个碗的。蒙古人带着碗到邻家可以吃饭,没有带着碗到邻家就不得吃饭;但是虽没带着碗,邻家的一个人出外工作未归,亦可借用这个人的碗吃饭的。以此例推,新石器时代的人每人一碗,他若是在外工作,到吃饭时尚不回家吃饭,邻人到他家就借上他的碗吃了饭了。

新石器时代人是穴居的,穴居当没窗子透光,穴内是黑洞洞的,碗在穴内是碗口向下碗柄向上放着。他在外工作,一时回迟,被邻人把他的碗拿去吃饭了,他回来到穴中用手以摸,碗已不在,因摸不着,故说"摸不着碗杷"。按在万泉所得新石器时代遗物甚多,惟碗的形式与现在不同,而传说遗俗尚有可寻,故特为写出。

此外李济之先生在山西夏县西阴村新石器时代土层内,得有蚕茧半个。经专家察验确为蚕茧,并从土层上考察,确非后来窜入新石器时代土层中的。李济之先生以夏县现在造丝工厂很多,但夏县不产丝,不出工人,非销售地,所以有丝工厂的原因,当系古代其地产丝很多,就地设厂置造,相沿至今不改。我对此蚕茧也有相当的补证:

《史记·货殖传》"安邑千树枣",现在山西安邑的北相镇洪芝驿一带枣树甚多,产枣甚好。这种枣树虽非汉代的古物,但其土宜植枣,由汉至今新陈代谢尚未绝迹。《唐风》"集于苞桑",注家苞桑解作"丛桑",现在山西安邑与万泉交界处堰头路旁条桑很多,这种条桑俗叫"桑铺陇"即是"苞桑"。又《魏风》:"十亩之间兮,桑者闲闲兮。"山西南部在古宜桑可知。甲骨文有桑字丝字,殷代有丝是可断定的,殷代去新石器时代不远,当新石器时代已有蚕桑,亦属可能。

山西高平县有一种特别蚕,名"桃色三眼蚕",其蚕三眼,生长较易,适宜于古代天然生存。茧系淡红色,时久当变为暗红色,其色泽与李济之先生所发现的正同。桃色三眼蚕茧小而硬,李济之先生所发现的蚕茧,轮廓甚小,其形正同。普通蚕茧每四百七八十个为一斤,桃色三眼蚕平均为三百七八十个为一斤,质坚而硬,故能于一丈以下的土层中因日光直射不到,存在至今。是以断定李济之先生所发现的蚕茧为"桃色三眼蚕"一种。按高平在夏县东北约一百七八十公里,夏县在中条山北,高平在王屋山北,中条、王屋系一条山随地异名。又山西现在产丝最多的地方，首推高平，次为虞乡，虞乡在夏县西百余里，亦在中条山北，夏县适在高平、虞乡之间。可知黄河下游两岸，为古代产丝区域。

我在万泉新石器时代遗址内，发现许多线缠纹陶片，细审其印纹，似用三十二支头棉纱所印。古代用麻毛葛以手捻线时代（现在甘肃庆阳一带人尚用捻针捻线），绝不会有如三十二支头绵纱那样的细绳出来。是知这种线缠印纹，是丝绳所印的。丝的由来当是从野蚕取得，其用途无非是作细绳绑缠缝纫之用，绝不是用作织绸缎的（新石器时代陶绳印纹多系粗麻布，从未见到细布或绸缎印纹）。

《农政全书》引《淮南王蚕经》说："黄帝之妃嫘祖发明蚕丝。"史家推算黄帝在现在前四千六百余年，距今四千六百余年，正是新石器时代的末期。史家称黄帝的名为"黄帝有熊氏"，"氏"字属于时间性，明认黄帝为一个时代，并非有黄帝其人。是当北方发生黄土层后，人类始离开熊洞在黄土层中凿穴自住；黄土层不是普及的，"有"字属于空间性，是说在某一个时期，有的地方人类离开熊洞在黄土层内凿穴自居，故叫这时期为"黄帝有熊氏"。《越绝书》"宝剑"篇风胡子论剑说："轩辕、神农、赫胥之时以石为兵，黄帝之时以玉为兵，禹之时以铜为兵，当此之时，以铁为兵。"是与西人以旧石器时代（即以石为兵），新石器时代（以玉为兵），铜器时代（以铜为兵），铁器时代（以铁为兵）分期正同。而正以黄帝列在新石器时代。秦汉人的传说黄帝时已有蚕丝，现又在新石器时代遗址中发现蚕茧，是中国于新石器时代人类已利用野蚕的丝作绳线了。

我现在将发现经过的情形发表，希望专家再往调查一次，作一个掘发的工作计画书，再组织团体作大规模的掘发。兹将往山西覆查新石器时代遗址的路程说明于左：

山西新石器时代遗址首推万泉，次为文水，如有专家往勘，当于这两处加以注意。万泉在山西西南部，往万泉时有两条路，一条是乘陇海车到会兴镇（在陕州东三十里）车站下车，过河到山西茅津，坐轿车到运城（茅津距运城九十里），由运城另雇车到万泉（万泉距运城九十里，在运城北）。一条路是从山西太原坐东洋车或长途汽车到侯马汽车站转向西的汽车路走,由稷山县换轿车到万泉(万泉距稷山七十里,在稷山县西南)。或由侯马雇车到万泉(侯马距万泉一百一十里)。时间由会兴镇下火车两天可到万泉,由太原乘汽车四天可到万泉,坐东洋车八天可到万泉。路费由茅津坐轿车车费约五元,由太原坐汽车到侯马汽车费约十六七元,洋车费约八九元,由侯马到万泉车费约二三元。山西每日的生活费普通二元足用。

往文水的路是先到太原,沿西段汽车路走,文水上贤村距太原一百八十里,坐东洋车两天可到。上贤村就在汽车站西,遗址在上贤村西。汾阳花枝村在汾阳西十里,遗址在花枝村西,榆次长凝村在榆次东南三十里,遗址在长凝村南。正太路、陇海路、京汉路、津浦路均有价目表,故其路费不另计。

一七,一一,一五,记于南京古物保存所

《杭州古荡新石器时代遗址之试掘报告》序[①]
(原载于浙江省立西湖博物馆、吴越史地研究会编《杭州古荡新石器时代遗址之试掘报告》,1936年,第1—15页)

江浙是现在中国的文化区域,这是尽人皆知的。但是江浙的古文化,只能上推到春秋时代的吴越,吴越以前的事迹茫无所知。这里因为在现在尚未发现吴越人自己作的历史,所有的系非吴越人在他所著的历史中把吴越的事附带的说到几句,如鲁人作的《春秋》,吴占百分之一,越不及百分之一。晋人作的《左传》,吴占百分之二,越不及百人之一。楚人作的《国语》,吴越都独立成篇,但吴占百分之七有奇,越占百分之五有奇。他人为他自己国作历史,当然记载吴越的事实不详,我们不能因为

[①] 编者案:可与卫聚贤《古荡出土之新石器与吴越文化》一文参读,在该文中,卫聚贤简述吴越以前的文化(以南京栖霞山及杭州古荡出土的石器为根据)、吴越时代的文化(以金山、奄城、越城、乍浦的陶器为根据)、吴越以后的文化(以浙江各地的磁器为根据)。(原载于浙江省立西湖博物馆、吴越史地研究会编:《杭州古荡新石器时代遗址之试探报告》,1936年,第16—18页。)

事实不详,即说其地的文化低落。

《春秋左传》记吴自寿梦,记越自允常,《史记·十二诸侯年表》谱吴亦自寿梦起,只于《国语》只载吴王夫差及越王勾践二人时事,时间则较《春秋左传》为晚。各书记吴越所以晚的原因,因为吴越居于长江下游,北有徐,西北有群舒、六、英,西有楚,陆路多阻,海运不精,故与中原各国少往来。迨至楚人巫臣以罪奔晋,以晋楚正面之争,不如由晋联吴作夹攻之势,晋乃使巫臣至吴,由是吴越始通于上国,中原人知吴越事而为之记。不宜因他人所记之晚,即说其地古无文化。

吴越出土的古物,吴有吴王元剑,吴季子之剑,吴王夫差监,者减钟。越有越王剑,越王矛,越王钟,者污钟,其虺句鑃,姑冯句鑃,作用戈,大王戈,册□带钩。铜器共计十余种。吴越的历史,就书本与古物讲,既少而且晚,故很少有人对于吴越古文化抱着决心去探讨。余于民国十九年在南京栖霞山张家库高家山焦尾巴洞发掘六朝墓时,偶然发现了石器,后以遗址只有一处,于是又在甘夏巷西冈头及土神庙侧,找到两处,掘得石器六七件,陶片四五十块,鼎足七八个,不过其石器如图一到图五的粗劣,是以都不承认为石器。

不信江南在石器时代有人类,此与法人拉克伯里(Lacanperie)所著的《中国太古文明西元论》(Wester Origin to the Chinese Civilization)说中国是从巴比伦迁来的,他唯一的证据,以欧洲有旧石器、新石器,中国没有新石器发现,是中国在新石器时代尚无人类,同一论调。中国无石器吗?春秋时孔子在《国语·鲁语》中说:"石砮,其长尺有咫。"不过孔子所见到的石器,没有保存到现在,无物可证,只得听凭拉式之说。幸而国人努力,在黄河流域如西阴村、荆村、上贤村、小屯村、仰韶等处均发现新石器,在榆林、庆阳均发现旧石器,而且在北平周口店发现世界上最古猿人时代的始石器(Eolithic Age)。拉氏之说,当然推翻。

江南无石器吗? 会稽人袁康于东汉建武二十八年在所著的《越绝书》卷十一《记宝剑》篇说:"时各有使然,轩辕、神农、赫胥之时,以石为兵……至皇帝之时,以玉为兵……禹穴之时,以铜为兵……当此之时作铁兵",所谓玉兵即新石器,因玉的光滑与新石器之磨光相同,并且我们在古荡得到一块石英岩类似玉质的石铲(图一五),玉兵为新石器,石兵当是旧石器了,他用工具画分阶段,与一八三二年丹麦皇家博物院长汤姆生(C. J. Thomsen),以兵器分为石器时代(Steizeit),青铜器时代(Bronzeit),铁器时代(Eisenzeit);至十九世纪中勒波克(J. Lubboek)又分石器为旧石器(Palaeolithic)新石器(Neolithic),所分的阶段同。袁康他说石兵玉兵是"死而龙藏",龙即邱陇的陇字,他认为殉葬物,铜兵铁兵不言"藏",是当时尚使用铜器及铁器的,石兵玉兵当是袁康从地中掘出来的。他所至之地,据《越绝书》则有苏州、无锡、常州、溧阳、吴兴、金山、杭州、余杭、绍兴等处,其石器之发现,当在江浙两省之地。袁康在一千八百八十四年前,明明白白告诉我们江南有石器,而且我在南京得到实物可证,情不甘服江南无石器之说,结果在杭州古荡发现了。

三月间余因事赴南京,到中央研究院看见有何遂先生在杭州古玩商店购到石镞三个,因古玩商人所说的出土地,多靠不住,是以有人疑此石镞是北方出土携至杭州出售的。余因吴越史地研究会事于五月二十四日赴杭,在古玩商店看见两个石镞一个石铲,索价三元,设法探询其出土地,知系在西湖北高峰后老和山下古荡附近建筑第一公墓之地。余乃与周泳先往,至则询之工人有无这样石器,他们说在南方掘土时甚多,以其无用都填在土内了,现在西方掘土比较的少了。如要,应向土中去找,于是有工人找出石铲完整的二,残缺的一,又一工人找到一石镞,以三角钱购得,工人知可售钱,群向土中觅,致使工头大怒出而干涉,因工人找石器而减少其工作。一工人云我们找到时顺便携至门外,你少候出来买,不要使工头看见了。余因在四周观察地层,并在地面上拾到几块破的,出公墓外,工人携一粪箕来,破的完的约三十余件,以一元购得。

古荡发现石器,一方面可证明我六年以前的学说,一方面可将江浙文化拉长,故在上海《时事新报》发表其经过,并于五月三十一日在杭州青年会讲演,并将石器陶器一部分公开展览,是希望江浙人士注意到其他地方有无石器、陶器的发现。古荡的石器系工人掘土时无意之间掘出的,但因系填平公墓,将遗址紊乱了,石器在土中的情形,及与其他古物共存的关系如何？是应知道的,故请金祖同先一日往与周泳先共至西湖博物馆与董馆长、胡主任接洽试掘事,西湖博物馆慨然应允,故于五月三十一日早余与乐嗣炳、金祖同、周泳先及董聿茂馆长、胡行之主任并刘清香、施昕赓、王维黾诸先生等,雇用工人十二名,于公墓内试掘三坑,公墓外南面试掘一坑,共得石器六件,陶片三块,其详有后面试掘记录。

在古荡试掘所得的陶片四块,其花纹与奄城、金山相同。先是在民国十九年我在南京栖霞山石器遗址中,得到陶片四五十块,其上有七八种不同形的几何花纹,余已疑到江浙在古代有独立而很高的文化,不与中原的文化相同,作了一篇《吴越民族》约二万字,于二十年在北平《进展月刊》发表了,但未引起人的注意及反应,直至去年在常州奄城及金山的戚家墩发现与南京栖霞山相同的陶纹,知有注意之必要,乃由陈志良、金祖同编有《奄城、金山访古记》出版,二月余应苏州东吴大学讲演,在苏州石湖旁发现了吴越越城,后又与金祖同、张乃骥、张葱玉、金性尧在苏州七子山(应为七枝山)找到姑苏台,灵岩寺发现馆娃宫,并在平湖的乍浦以及海盐的澉浦均有同样花纹的陶器出土。并因在上海文庙路民众教育馆开展会的结果,知道常熟、溧阳、上虞、绍兴、海盐、南京均有。最近山东图书馆馆长王献唐先生在山东宋城找到同样花纹的陶片寄来,可知这种文化分布之广了。

就陶器花纹观察,较黄河流域新石器时代陶器的条印纹、席印纹、绳印纹为美观,北方固有刻纹及彩陶,但皆粗硬。又吴越铜器上文字,如《吴季子之剑》《越王矛》《越王钟》等文字,与北方如周、秦、晋、鲁钟鼎上刻铸的粗画雄壮的文字比较,江浙的古文化是一种柔性的表现,故代表南方哲学的老子,他是以"柔胜刚,弱胜强。天下之至柔,驰骋天下之至坚。守柔曰强"。《中庸》分析北南民族性是:"宽柔以教,不报无道,南方之强也。衽金革,死而不厌,北方之强也。"因柔性文化、柔性哲学,而形成富于弹性的政策,如吴王夫差以其父阖闾被越战败而死,因而出入警惕,三年乃报越。越王勾践败于吴被俘,卑身事吴乃得释归,而卧薪尝胆,十年生聚,十年教养,二十年乃灭吴,秦始皇杀南越王译吁宋,越人尽教入中山,不肯降秦,乘机夜攻秦人大破之。是有这种文化,乃有这种民族;有这种民族然后在非常时期可以应付一时。

试掘虽得物不多,但可确知古荡之有石器遗址。就民族言,中国遍地皆石器,可知在石器时代,中国之版图,即全为中国人所占领。就文化言,中国在石器时代已有这样美丽的花纹,可以比美于世界。就江浙言,其文化可拉长数千年。若再依袁康所示,石兵为旧石器,在江浙若能找到,则江浙的文化又可拉长数万年。况古荡为新石器时代制造石器的工厂(见另文),是就民族复兴文化复兴言,江浙文化可以拉长言,即就考古的立场言,而能发现制造石器工厂,可知石器之制作情形。故古荡遗址,诚有发掘之必要。发掘费不过数千元,而所收获必甚大。希望各方赞助其发掘之早日成功。

物的比较研究,必需先在古荡作大规模的发掘,求明确的答案。

一九三六,七,九,上海。

中国文化起原于东南发达于西北的探讨(节选)

(原载于《东方杂志》1937年第34卷第7期,第147—157页)①

绪论

我们所谓的文化,是人类的文化,是以先将中国的人类起原于何地?发展于何地?考证明白,中国的文化起源于何地?发达于何地?自然也就明白了。

过去都以人类及文化起源于西北,发达于东南的,就三方面言之于左:

一、传说中古帝王多都于黄河流域

(1)有巢氏在山东,"石楼山在琅琊,昔有巢氏治此山南"(《遁甲开

---

① 原有图若干,因制版未赶得上,图片发表于第9期。

山图》)。

(2) 伏羲氏在陕甘,"伏羲生成起,徙治陈仓"(《遁甲开山图》)。

(3) 神农在河南及山东,"炎帝都于陈,又徙鲁"(《帝王世纪》)。

(4) 黄帝在河北,"邑于涿鹿之阿"(《史记·五帝本纪》)。

(5) 少昊在山东,"少昊……都曲阜"(《帝王世纪》)。

(6) 颛顼在河南,"颛顼……徙商丘"(《帝王世纪》)。

(7) 帝喾在河南,"帝喾……都亳"(《帝王世纪》)。

(8) 尧在山西,"帝尧……都平阳"(《帝王世纪》)。

(9) 舜在山西,"舜……所都或言蒲阪"(《帝王世纪》)。

(10) 禹在山西,"禹……都平阳,或在安邑"(《帝王世纪》)。

二、考古所得的材料多在北方

(A) 始石器发现于河北

河北房山县周口店发现人猿化石,定名为"中国猿人"(Sinanthropus Pekinensis),距今约四十万年,其中除人骨外,尚有人类用石片的器具,并有人类用火烤过的兽骨及烬余的木炭。由民国十五年开始发掘,至今尚未完结。

(B) 旧石器在绥宁发现

河套的鄂尔多斯及陕西的榆林,甘肃的庆阳均有发现,距今约十四万年至四万年。

(C) 新石器在黄河流域均有

河南渑池县仰韶村,辽宁锦西县沙锅屯,甘肃沙井,青海海岸,均为安特生所发现。山西夏县西阴村为李济之所发现,均有专书。在黄河流域新石器遍地皆是,确是事实,就我个人以山西的发掘及调查而言,万泉县有荆村等,文水县有上贤村,榆次县聂店村,祁县梁村,平遥县侯冀村,长子县北高庙等。

(D) 殷墟在河南已发掘

河南安阳县小屯村为殷都,清末其地已有甲骨发现,中央研究院于民国十七年发掘,至今尚未完结。

此外如洛阳、长安、济南、太原，常有殷周古物出土。

三、中国民族有主来自西北说

中国民族的来源，在民国初年研究的兴趣曾为浓厚，多主张来自西北。不过中国民族本为两元，夏民族是自西北来的，殷民族是由东南向西北发展的。向来谈中国民族的来原，多就西北来说加以考证，故其说占有势力。

就以上三证，证明中国文化起原于西北似无疑问。由西北发达于东南，亦有相当的证据，东南在古为吴越二国，兹就有吴越言：

（甲）种族是由西北来的

《史记·吴世家》："太伯之奔荆蛮，自号句吴，荆蛮义之，从而归之者千余家。"《史记·越世家》："夏后、少康之庶子，封于会稽……披草莱而邑焉。"

（乙）文化也由西北传来的

《左传》成公七年："巫臣请使于吴……教吴乘车，教之战阵。"《左传》襄公二十六年："子灵（巫臣）奔晋，通吴于晋，教吴叛楚，教之乘车，射御驱侵。"《国语·楚语上》："申公巫臣……奔晋，晋人用之，实通吴晋，使其子孤庸为行人于吴，而教之射御。"

（丙）东南出土古物不多无从考证

东南出土古物，吴有吴王元剑，吴季子之剑，吴王夫差监，者减钟。越有越王剑，越王矛，越王钟，者汙钟，其虍句鑃，姑冯句鑃，作用戈，大王戈，册□带钩，铜器共计十余件。

黄河流域即有古帝王都地的传说，又有始石器、旧石器、新石器以及殷周的大批古物出土；而吴越人是由西北来的，吴越文化是由西北人教的，书有明文。假使我们要说东南与西北文化是各自起原的，东南文化不是由西北传来的，于书无说，古物太少，也不可为证，难以立说。今拟推翻全局，以中国文化起原于东南发达于西北，其说自然荒谬。不过试做这篇探讨的文字以便研究。

一、研究的动机

民国十九年三月,余长南京古物保存所,在南京栖霞山西北五里的张家库西北高家山焦尾巴洞发掘六朝墓,因墓在半山坡,工人以土向上翻不易,乃于墓前凿隧道土掷山下,在此隧道中发现灰土木灰,余已注意于此,及发现鼎足长七八寸,余以断定为新石器时代遗址,因陶鼎为古人的造饭的锅,锅腿长七八寸,在用柴火而未发明煤炭(《孟子》有"坐于涂炭"战国时已有炭)以前,现在的炒锅腿长不及五分,即因用煤炭之故。但当时参加发掘的人,以江南向未发现过石器,江南在石器时代尚无人类,大为反对,余不顾一切,留意此遗址,不久发现一完整的石斧,其为新石器时代遗址亦可证明,于是停止工作,请地质专家某视察,而某以石器为后代的药铲,又电请某考古家至,以其遗址只有一处不足为证,乃又在甘家巷西岗头上及土神庙侧又得二处,共得石器七八件,陶片数十块,花纹有七八种,全为几何形,而与黄河流域新石器时代遗址中陶器上花纹完全不同,当时疑到吴越民族与吴越的文化,是独立起原的,不是受西北影响的,作了一篇《吴越民族》于二十年发表于北平《进展月刊》中。

《吴越民族》发表后,并未引起人注意,但余仍时留意此问题,于二十四年五月至常州旅行,在常州南二十里之奄城发现大量的几何形花纹,与栖霞山所发现者完全相同,后又在金山卫海滨戚家墩发现,作有《奄城金山访古记》出版(上海西藏路中国书店代售)后又在平湖的乍浦、澉浦,苏州石湖,以至南京、镇江、杭州,杭州发现,知此几何形花纹,确为吴越的文化。

不过在戚家墩、石湖、澉浦有几件石器发现,不是残缺便是锋刃已秃,时反对江南有石器声浪甚高,不敢将此残缺之石器发表。及至于二十五年五月二十四日余在杭州西湖旁北高峰下古荡,发现新石器时代遗址,于五月三十日与西湖博物馆合作试掘其遗址,得有石器四件,陶器三片,以证明确为遗址,出有《杭州古荡新石器时代遗址试探报告》一册,吴越史地研究会与西湖博物馆合编(西湖博物馆出书),于是于二十五年八月三十日在上海成立吴越史地研究会,同时西湖博物馆职员施更昕在杭县,沪江大学商学院秘书慎微之在湖州,浙江财政厅职员何天行在绍兴,均有大批石器发现。

由石器之发现证明,江南文化之古;由陶器花纹之美观,证明江南文化已高,而吴越几何花纹在殷墟有十余种相同,与余前主张殷民族由东南至西北之说合,因而作《中国文化起原于东南发达于西北的探讨》。

二、殷民族由东南发展于西北

世界人种有一元说多元说,余主张多元说,共有三种,一为华种(系苗民、汉人、藏人、缅甸人、暹罗人、马来人,南洋群岛土人以及北冰洋的哀斯极摩人,并美洲的印第安人)。一为阿利安种,一为亚克种。而中华民族为夏殷两种,殷为苗民,夏为蒙古,汉人系夏殷混合种,而夏种族在古屡与高加索种的呼衍族结婚,夏种族有少数的高家索种的血统在内。

殷人为苗民,由东南而西北,其证如左:

甲 殷为南方民族

(子)殷人断发文身

《殷墟书契后编》卷下第十二页盥字,为 ,像人洗脸形,其发端未超过耳,知为断发。而且脸上的二斜画,知为雕题。中央研究院在安阳发掘得石础人,身刻有花纹为文身。

断发义身为热带俗,殷人断发文身,当为靠近热带人种。尤其是石础人,系"抱腿而坐的人像……身后有槽是预备别种立方形的柱子插进去的,抱腿而坐是一种托东西的姿势……这种东西在现在的中国建筑中没有遗留,但在太平洋群岛以东,尚有可以比较的材料,新锡兰岛卯利民族所筑的神屋内外图腾柱下均有人形作柱础"(《安阳发掘报告》第二期)。殷墟与新锡兰岛同用石础人,是殷为南方人种。

《诗·商颂·长发》"有娀方将,帝立子生商,玄王桓发,受小国是达,受大国是达。"《国语·鲁语》"自玄王以及主癸莫若汤",殷人以其始祖为玄王,玄本黑色,可解为黑王,如舜为殷人始祖亦即玄王,而《尸子》云"舜墨"(《御览》七十七引),《文子·自然》云"舜鏊黑",《淮南子·修务训》云"舜徽黑",《楚辞·天问》的"眩弟并淫"指舜与其弟象共妻娥媓事,而以舜为眩,眩亦黑色,又殷人原以🅰为图腾,有释为夒的,《山海经》以夒为"苍色"即黑色,其🅰即狮子,佛家有青狮白象之语。

人类皮肤色黑,是在日光直射下的关系,殷人之祖黑色,其人种当靠近热带。又《左传》宣六年,晋中行桓子疐赤狄与疐戎殷并举,《路史·后记》以赤狄为禀军,是殷人本为南方黑色的蛮族,北上后因受日光旁射而皮肤色淡,由黑而赤,故称赤狄(按春秋时赤狄、潞子婴儿都城于前年被孙殿英军所掘,敦有乳状突起,与苗民铜鼓花纹相同)。

(寅)殷铜器中含锡为多

殷墟铜器,经用显微镜观察,其中刀含锡百分之十五,矢含锡百分之十七,句兵含锡百分之二十,礼器含锡百分之十又二。按锡在中国北方产的很少,湖南产少数,云南产量最多,殷墟铜器即含大量之锡,当系殷人为南方人种,知南方产锡,故都于北方后,向其老家运锡应用。

(卯)以玄鸟及狮子作图腾

《诗·商颂·玄鸟》"天命玄鸟,降而生商",《殷墟书契前篇》卷六第四十四页有"贞惠吉燕",是殷人以燕为图腾。燕在北方冬季因冷而蛰居,在南方则不蛰居,人以雁为例目为候鸟,殷人本南方人种,至北方见其地燕子飞来,故以燕为图腾。是以现在广东人好吃小鸟不吃燕,北方人以家中有燕来巢为吉。

《殷墟书契后编》卷上第二十二页有"壬申,贞,求年于🅰",《前编》卷六第十八页有"燎于🅰六牛",而🅰🅰二字,王静安先生释为帝俊、帝喾、帝夒,杨筠如以喾、契为一人,而俊《山海经》以为是舜,是俊、舜、夒、喾、契本系一人的分化,而俊即《尔雅·释兽》的"狻麑……食虎豹",郭璞注"即师子(狮子)也,出西域"。狻、俊同音,俊、舜音近。云南永昌镇康苗民狮子🉐读为ㄍㄨ,音近营夔。潞江苗民狮子🉐读为ㄕㄧㄝ音近于契,是舜、俊、夔、喾、契,均以狮子作为图腾而名狮子的音转。狮子亦热带物,是殷人为南方民族。

乙　殷人沿海北上

以上证明,殷人原在南方,但由南而北,是由西南北上呢? 抑是由正南北上呢? 还是由东南北上呢? 余以为是由东南沿海北上,以甲骨文昔字言,甲骨文以今日为"今",今日以后为"昱",今日以前为"昔"。昔字的写法是:🉐(《殷墟书契后编》卷下第五页)🉐(《书契菁华》第六页)系日与大水浪合成的字,是殷人以其昔日曾在水中居处或经过大水而造出的字。在传说中夔与相土均殷人之祖,而夔与相土均在海外:"东海中⋯⋯有⋯⋯其名曰夔。"(《山海经·大荒东经》);"相土烈烈,海外有截"(《诗·商颂·长发》)是殷人由东南沿海北上的。

丙　殷与吴

甲骨文上没有"殷"字而有"商"字,商为其都城名非国名及种族名,惟有"衣"字即"殷"字,如《书·康诰》的"殪戎殷",《中庸》作"殪戎衣",甲骨文上衣是:"贞,归衣"(《殷墟书契前编》卷六第二十页)。"庚午,卜,出衣"(同上卷五第十一页)。衣即为殷,而衣、吴、虞古为同音,是殷即吴。

丁、殷与东

《汉书·地理志》信都国有"东昌",注云"莽曰田昌",是东田为一。《左传》云陈完奔齐,《史记》作田完,是陈东田为一。《吕氏春秋·执一》的"商文",《史记·吴起传》作"田文",是商陈东田为一。而东为殷氏族之一,如《逸周书·作雒解》"殷东、徐奄及熊盈以叛"。而东地散见于山西、河北、山东、河南、安徽、江苏、浙江、四川,兹言于左:

山西——现在山西榆次县南三十里有东阳镇,黎城县东二十五里有东阳关。

河北——邯郸有东阳,即"赵胜率东阳之师以追之"(《左传》襄二十三年)。"绝赵之东阳"(《国策·齐策》)。正定亦有东阳即"荀吴略东阳……以息于昔阳之门外遂袭鼓"(《左传》昭二十二年)。

山东——临朐县东有东阳,即"晏弱城东阳以逼之"(《左传》襄二年),费县西南有东阳,即"吴师克东阳而还"(《左传》哀八年)。曲阜有东,即"俾侯于东"(《诗·鲁颂·閟宫》)恩县西北有东阳,即《汉书·地理志》的东阳县。

河南——邓县有东阳,即《后汉书·郡国志》的育阳有东阳聚。

安徽——天长县西北有东阳,即秦二世时陈婴为东阳令史。

江苏——句容县西北有东阳镇,即南朝宋所置的东阳郡。

浙江——浙江上游称东阳江,即三国时吴置的东阳郡。

四川——巴县有东阳,即南齐置的东阳郡。巫山有东阳,即隋置的东阳府。

东为方向,如某山在其东,普通名为东山,而此之"东阳",当指专名之"东山"或"东水"之阳而言。此专名之东,当系东民族到处所留之迹,非如《水经注》所解以清漳为东阳,以清漳为东阳,只能解山西黎城县之东阳关,其他之东何如此之多?

戊　由殷先公名称上考其迁徙

上文东阳有在四川的,兹以《史记·殷本纪》所载殷代的先公名称考之,昭明、相土则在四川。

《殷本纪》"契卒子昭明立,昭明卒子相土立",《华阳国志》"杜宇……曾有水灾,其相开明与杜宇二人决玉垒山,以除水害"。巴蜀的神话,以杜宇与开明治水,当以四川为盆地,其水被太阳蒸发渐渐露出陆地,是杜宇为土地,开明为太阳。昭明即开明,杜宇即相土,系殷人在四川洪水的神话。《殷本纪》"相土卒子昌若立",昌若甲骨文作娥,因我、若同音于义,如《殷墟书契前编》卷五第二十二页有"弗若不我其受又",而"弗若"与"不我"为重复语,即不应我之义。是昌若即娥,娥、鄂音同,《史记·楚世家》楚之祖有一封于鄂,三国时吴于鄂城置武昌郡,是殷人由四川至湖北所留的遗迹。《殷本纪》"昌若卒子曹圉立",曹圉在甲骨文作"王吴",江苏常熟西北有虞山,是殷人由湖北至江苏所留之遗迹。《越绝书》"胥女南小蜀山……去县三十五里"。《殷本纪》"曹圉卒子冥立",《国语》"冥勤其官而水死",是殷人渡江的传说,此即上文昔字殷人之祖从东南沿海北上的传说。《越绝书》"虞山者,巫咸所出也",巫咸为殷人,而出于江苏常熟的虞山,是殷人由江苏迁于河南的遗迹。

三、江苏之吴非周太伯之后

甲 言江苏之吴为周太伯之后者

江苏在春秋时有一吴国,在春秋战国时各书言其吴为周太伯之后:《论语·述而》"君取吴为同姓,谓之吴孟子"。《论语·泰伯》"泰伯其可谓至德也已矣,三以天下让,民无得而称焉"。

《左传》闵元年:"晋士蒍曰:'太子(申生)不得立矣……不如逃之,无使罪至,为吴太伯,不亦可乎,犹有令名。'"《左传》僖五年"晋侯复假道于虞以伐虢,宫之奇谏曰:"太伯虞仲,太王之昭也;太伯不从,是以不嗣。"《左传》昭三十年:"楚子西曰:'吴,周之胄裔也,而弃在海滨,不与姬通,今而始大,比于诸华。'"《左传》定四年:"吴人谓随人曰:'周之子孙,在汉川者,楚实尽之,天诱其衷,致罚于楚,而君又窜之,周室何罪?君若顾报周室,施及寡人,以奖天衷,君之惠也。'"《左传·哀元年》"伍员曰:'姬之衰也,日可俟也,介在蛮夷,而长寇仇,以是求伯,必不行矣。'"《左传》哀七年:"子贡曰'太伯端委,以治周礼,仲雍嗣之,断发文身,臝以为饰,岂礼也哉,有由然也。'"《左传》哀十三年:"黄池之会……吴人曰'于周室我为长'"。《国语·吴语》:"吴……使王孙苟告劳于周……王曰伯父。"《穆天子传》:"太王亶父……封其元子太伯于东吴。"《史记·吴世家》:"太伯、仲雍皆周太王之子而王季历之兄也,季历贤而生圣子昌,太王欲立季历以及昌,于是太伯、仲雍二人乃奔荆蛮;文身断发示不可用,……太伯之奔荆蛮自号句吴,荆蛮义之,从而归之者千余家,主为吴太伯。"

乙 周太伯不能到江苏之理由与事实

根据甲骨文,知道殷人已形成国家,而且成了以男系为中心的社会。但是殷人所俘虏的人作为奴隶则为女性,可知殷人四周的民族尚为母系社会。母系即氏族社会，氏族社会人的道德观，遇见非本国的人不杀就是不道德。而殷人已脱离氏族社会，其祭祀尚有"伐人"若干，殷以外之氏族，其杀人之多可知，而太伯、仲雍二人于殷末穿过了陕西、河南、安徽各小部落，不为所杀，到了江苏为其部落拥戴为酋长，诚非当时社会所能有。

此外如"周人以讳事神，名终将讳之"，吴为周后，当有避讳之风，但依《吴世家》所载，夫概王与吴王夫差为叔侄而同一"夫"字，而柯相与柯卢，烛庸与彊庸，均四世祖孙而同"柯"字"庸"字，此均非周人之俗。

丙 太伯之吴在甘肃

《诗·大雅·皇矣》说"帝作邦作对，自太伯、王季"，是太伯与王季为两个对立的国家，太伯并未逃避。太伯的封国在何处？《皇矣》说"乃眷西顾，此维与宅"，太伯的国在周的以西。周以西的国名吴是靠近岐山的，《禹贡》"导汧及岐"，《汉书·地理志》右扶风汧条下注云"吴山在西，古文以为汧山"。因周吴相距甚近，是以两国互相往来而友善，《皇矣》说"维此王季，因心则友，则友其兄"。

丁 太伯到江苏传说之原因

太伯封于吴，在岐山以西汧山下，向西无大发展，其国事实不闻，惟曾见于秦人的石鼓，第十鼓云："吴人邻极，朝夕警惕，载西载北，勿奄勿伐。"当周太王时周尚为氏族社会，氏族社会风俗，其部落太大了，则分为两个部落，但是其一留少子于本国，封长子出去，其二封出去的为两个酋长，《左传》僖五年："太伯、虞仲，大王之昭也；虢仲、虢叔（虢国二酋长），王季之穆也。"是周太王封长子太伯、虞仲二人于吴国，留少子王季一人于周。

春秋时中原成为封建社会，封建社会的风俗是留长子承继，次子以下均封出去。春秋时人不明社会演变的事实，用着当时封建社会的眼光观察伐纣灭殷的不是太王长子的后裔而是太王季子的后裔武王，怀疑了这个问题，而不得其解（时代所限），于是有太伯出奔的传说。

太伯封吴，传为奔吴，而所封之吴因在西方无闻于时，适巫臣由晋使吴通吴于上国,时吴王阖庐,欲传位于其少子季札,与太伯出奔之传说相符,疑为吴人承其祖法,将东西不相干之吴,因名称同而竟合而为一。

春秋时有尊王攘夷的口号,于是在边地与周无关的国家,也要找出与周曾发生过关系,如北方的赵,西方的秦,云其祖曾为周穆王马夫,南方的楚曾为周文王师,东南的吴苦找不到与周的关系,以适应环境,而中原人误以为吴为周太伯之后,吴人也就自承认了。

四、东南文化之优美及传播于西北之探讨

甲 南方的石器

(子)南方发现石器而无认识力不目为石器者

"楚州刺史崔佽献……雷公石斧,长四寸,阔二寸,无孔,细致如青玉"(《旧唐书·五行志》)。"此物(霹雳铖)伺候震处,掘地三尺得之,其形非一,有似斧刃者,锉刀者,有穴二孔者,一云出雷州,并河东山泽间,因雷震后得者,多似斧,色青黑斑文,至硬如石,或曰是人间石造,纳于天曹,不知事实"(唐陈藏器《本草拾遗》)。"雷州骤雨后,人于野中得石如矕石,谓之雷公墨,扣之铮然,光莹可爱"(刘恂《岭表录》)。"人间往往见细石形如小斧,谓之霹雳斧、霹雳楔"(南唐李石《续博物志》)。"世人有得雷斧雷楔者,云雷神所坠,多与震雷之下得之。元丰中予居随州,夏五月大雷震一木折,其下得一楔,乃石耳,似斧而无孔"(宋沈括《梦溪笔谈》)。"'或世间所得雷斧何物也?'曰:'此犹星陨而为石也,本乎天者气而非形,偶陨乎地则成形矣。'"(周密《齐东野语》)"南方有石器,然可论定其为史前遗迹否?余意尚以为未可,弟意尚以为非史前物,并非铜石并用时物"(张凤《双桥访古纪》——二十四年七月二十七日上海《晨报》)。"药铲四把,非常别致,亦周末时代物,系古代泥地掘药所用"(张凤《鸳湖古物出土地访问记》——二十四年八月十三日上海《时报》)。"石器……仅以为刻饰陶纹之用,则事诚有之"(张凤为《吴越史地研究会上叶誉虎、吴稚晖两先生书》——二十五年三月二十一至二十二日上海《申报》)。

(丑)以南方发现石器据以划分工具阶段者

距今一千八百八十五年有浙江会稽人袁康在其所著《越绝书》卷十一《记宝剑》篇云："时各有使然：轩辕、神农、赫胥之时，以石为兵，断树木为宫室，死而龙藏，夫神圣主使然；至黄帝之时，以玉为兵，以伐树木为宫室，凿地。夫玉亦神物也，又遇圣主使然，死而龙藏；禹穴之时，以铜为兵，以凿伊阙通龙门，决江道河，东注于海，天下通平，沿为宫室，岂非圣主之力哉；当此之时，作铁兵，威服三军，天下闻之，莫敢不服，此亦铁兵之神。"

他将人类使用的工具，分为石、玉、铜、铁四个阶段，反观欧人在十七世纪以前，遇见石器以为是上帝逐击魔鬼所用的武器，直至一八三二年丹麦皇家博物院院长汤姆生(O. J. Thomsen)以兵器分为石器时代(Steinzeit)、青铜器时代(Bronzezeit)、铁器时代(Eisenzeit)，尚未将石器分为旧、新两阶段，其分法尚不及袁康，到了十九世纪中勒波克(J. Lubbock)才分石器为旧石器(Palaeolithic)、新石器(Neolithic)，始与袁康分法同，是欧人实较袁康迟一千八百年。

袁康以石兵玉兵说是"死而龙藏"的，龙即邱陇之陇，言其石器系埋藏在土中，由发掘而得来的，是袁康在一千八百年前，在江浙做过考古发掘的工作，而且得有旧石器、新石器。袁康说玉兵为"凿地"之用，是新石器时代已发明农业。现在言社会史者，以铁器发明始有农业，是独为理想之事，而无考古上的依据。

(寅)东南石器的发现

江浙最近发现石器，已如上述，兹将石器(图见后)的名称及出土地说明于左：

图一为刀，二三为铲，四锛，五戈，六钺，均系杭州古荡出土。七镰，八铲，九斧，均系杭县第二区出土。十及十一与十二为刀，十三及十四矛，十五至二十为镞，均系湖州钱山漾出土。

乙　东南几何纹陶器

江、浙二省发现几何形花纹，已述于上，这种几何形花纹陶器，确为石器时代物，除在南京栖霞山与杭州古荡发掘，其与石器同土层出土外，而《太平御览》引《临海风土志》一条,亦足为本文之证:"夷州(台湾),能作细布,亦斑文刻画,其内有文章,以为好饰也。其地亦出铜铁,唯用鹿骼矛以战,磨砺青石以作矢镞。"他以"其地亦出铜铁"而"用鹿骼矛以战,磨砺青石以作矢镞",是新石器时代现象,他"能作细布,亦斑文刻画,其内有文章,以为好饰也",是这种美术的几何花纹陶器确为新石器时代物。

丙 制陶术由东南传播于西北

黄河流域新石器时代,陶器上印纹只有三种,一为绳印纹,一为席印纹,一为筐印纹,而这三种印纹系自然的,并无美术之意在内,江浙新石器时代,陶器上印纹,除席筐印纹外,而绳印纹有数十种不同的几何形花纹,其花纹甚为精美(看后几何形花纹陶器图)。是在同一新石器时代时期,东南之陶纹优于西北。

黄河流域夏民族的昆吾氏族曾仿犀牛角而作陶壶(见我的《古史研究·第三集》及《中国考古学史》——商务本)名为尧,又号陶唐氏。但夏民族的陶器不善,殷人为之改良:《史记·五帝本纪》"舜陶河滨……器皆不苦窳",《韩非子》云"东夷之陶者,器苦窳,舜往陶焉,朞年而器牢",舜为殷人之祖,而舜改良东夷人之陶器,即东南制陶术传播于西北之故。

又如《荀子》以迁商始于契子昭明,《左传》昭元年已迁商为高辛之子阏伯,《左传》襄九年以陶唐氏之火正阏伯居商丘祀大火,以《史记》考之,相土之前为昭明,是阏伯即昭明,昭明为殷人之祖,而为夏人陶唐氏(制陶者)火正,是夏人制陶之火候以求教于殷人,此外如《左传》以虞遏父(陈之先)为周之陶正,陈为舜之后殷民族,周为夏民族,周用陈为陶正,亦即殷人制陶术高于夏人而且有改良夏人陶器之传说。如夏人将巴比仑绘陶术带来制为彩陶(Painted Pottery),在甘肃时所绘甚粗(见《甘肃考古记》),至河南、山西所绘甚美(如仰韶西阴等),是殷人改良夏人陶器之证。

江、浙新石器时代几何形陶文甚为精致,殷人由东南向西北去时,带去其制陶器,故殷墟中陶器上尚有几何形花纹十余种,不过因受夏人光面陶器之影响,是以殷墟陶器印纹,不如江、浙之美丽了。

丁 殷人为中国文化之传播者

殷民族在江浙时文化已高,由东南至中原时,固然夏民族已先占了黄河流域,夏民族的武力似较殷人为强,但文化方面以殷人为最高。如仰韶西阴荆村均夏民族遗址,但尚无文字发现,安阳殷墟的甲骨文,其文字已很进步,而且甲骨文上的拼音字如文口为吝,鱼口为鲁,力田为男,古女为育,手贝为得之类,注音字如鸟旁注奚为鸡,鹿下注文为麐,鸟旁注几为凤,马旁注利为骊,水旁注商为滴,止下注王为往之类,均与现在的读音相近,可知现在中国文字的读音,大半仍是承受殷人的遗义。

甲骨文上表现,殷人俘虏吉方、土方等夏民族的人使之为奴,而奴从女为女性,是土方等在殷已为男系社会时尚为女系社会。是殷人四周之民族其文化均落后于殷。又如周在太王时将太伯、虞仲二人封于吴,王季时将虢仲、虢叔二人封于虢,是周在太王、王季时尚为氏族社会,至武王灭殷,是武力胜于殷人,而文化则较殷人实低。

中国的文化以殷人文化为最高,而且由殷人传播于夏周,但殷人是由东南向西北的,故余以中国的文化起原于东南而发达于西北为探讨,质诸大雅以为如何?

一九三七年,二,二二记于上海中央银行

浙江石器年代的讨论

(原载于《江苏研究》1937 年第 3 卷第 5—6 期,第 1—5 页)

一、引言

上月二十日本刊披露了三篇关于讨论浙江新石器的文章,一为胡行之先生的《浙江果有新石器时代文化乎》,一为刘之远先生的《石器的形成与地层之探讨》,一为王维黾先生的《浙江石器之兵器观》。胡先生说:"江南一带新石器时代未必有人类居住之可能,那末这些石器也只能看做金石并用时期的物品。……时代亦只可推定到周末为止,而似不能再为提高了。"刘先生说："故西湖为昔日之海湾是不难臆揣的。忆想上更新统时期北方已有人类,迨海水退后,杭市以东冲积平原未造成之前,尚存在海中,人们那时没有舟楫,怎样生存在海边,面海而居,而与海潮作斗呢？而且还能产生这样高深的艺术么。"

《学苑》的编者在卷端有按语为"自杭州古荡、良渚发见石器以来,轰动全国耳目,卫聚贤氏至谓江南文化因此拉长了数千年。这对于研究古代文化的人们应是极感兴味之一事。然而浙江出土的石器,果为历史上之所谓'新石器'乎？浙江在新石器时代,果有人类居住的可能乎？这些问题,仍须待专家细密考察,本期待汇刊关于这方面的专文三篇,以供研究,文字立场,都是不务虚名以提高时代,也不依传统思想只作承袭的说法,是很值得注意的。"

《学苑》的编者,说得最公允,是不应提高时代,也不应承袭旧日的说法,若胡先生、刘先生也有相当的证据,而能言之成理,余本不欲言,但刘先生在标题后有"质卫聚贤先生"一语,使我不得不说。

二、绪论

《学苑》编者云"文字立场,都不是务虚名以提高时代",但我所以说浙江文化之古,是吾为"务虚名"而来？去年我在杭州古荡发现石器,倡为新石器之说,有人问我"北方文化之古,在传说方面,古代帝王多都于黄河流域；在实物方面,周口店有曙石器,河套有旧石器,仰韶等处有新石器,安阳有殷墟,其他如周代铜器,长安及洛阳出土均富；是北方文化之早,自不待论,若南方文化,在传说方面,越以夏少康所封,吴以周太伯所至,最古不出于夏,何况江浙出土的铜器只有十几件,而这十几件铜器最古也不能超过春秋时代,今江浙虽有石器发现,不过为新石器,最早与仰韶时代相当,何言江南文化古于北方,此说也许有用意罢？"我的回答是：第一,国人每多愿说个人本乡的文化古,别人的文化晚；我是山西人,似乎应说北方文化古的,我不是浙江人,何以说浙江的文化反而古呢？第二,我不在考古的机关工作,并非为藉此作我工作的宣传；第三,我现在不在学校教授考古的课程,或藉此作为教授的材料;第四,我做事机关的长官,不是江浙人,我并非藉此以奉承。而所以如此说者,是事实胜于雄辩。因为江浙人所发现的石器,不能不使我断定江浙有新石器时代的遗址,在中央银行有些同乡取笑说,"北方文化古,你现在要说南方文化古,你真是北方的汉奸",这虽则笑话,但可以代表国人一般的心理,如果南方文化不古,我又何苦如此说呢?

发现古物,对于古物及遗址的年代,如有文字审明年号者,可知其绝对的年代,如有文字或花纹,就其文字、花纹的语气、形式等,可以考知其相对的年代。故此,只能有推定的年代。推定的年代,与其说得过晚,不如假定得早。例如安阳发现甲骨文字,罗振玉、王静安先生就其出土地与甲骨文字的本身,考证出系殷代遗址,这不过是相对的年代——若要考定某块甲骨是殷代某帝王某年的遗物,则绝对的年代是很难以确定的。但是章太炎先生初则以甲骨文系古玩商人的伪造,后以中央研究院发掘得甚多,又说系宋朝人伪造埋入土中,假使我们听了章先生的话,以过去出版甲骨文字,均系古玩商人在临安搜集的,当有伪造之嫌,我们不去参考,中央研究院也听了他的话,不去安阳发掘,殷墟遗址的情形不能明了,那么我们讲殷代的历史,只有一篇《殷本纪》为根据了,古荡石器年代,原为推定,并非相对,更说不到绝对的年代。

江南的石器为初次发现,其地域甚广,确知其出土地而且有多数石器出土者为杭州的古荡,与杭县的良渚镇,以及湖州的钱山漾,南京的栖霞山等等,有少数石器出土者为苏州、绍兴、平湖、海盐等处。这些石器,还不曾引起社会的注意。中央研究院注重安阳而不注重江南,上海市博物馆欲去发掘安徽的寿州也不注重江浙,西湖博物馆经费不多,发掘工作难以扩大,因此倘无政府的学术机关,派人到江浙各地调查,在已确知其地的发掘,不能不藉各方个别的发见与调查。

在古物推定的年代,推定的太晚。自然一般人对它减少调查的兴味。但徼幸有年代很古的遗址发现,自然会引起一般人的注意。且如慎微之先生,系上海沪江大学商学院秘书,于数年前在他的家乡湖州钱山漾偶遇到石器,但未注意,后因我在古荡发现石器,引起兴趣,到钱山漾找得到数十件，又如何天行先生，本研究文学及历史，见到江浙发现石器，于公余之暇，到良渚、瓶窑间各地调查，发现石器也不少。

古荡石器的年代，胡先生等系浙江人，又系西湖博物馆文化部主任，并参加古荡试掘，他说石器为周末物，大有如章太炎先生倡甲骨为宋物之势。在我虽浅见寡闻，对于王静安先生自然不敢望其项背，但如振玉氏之说而定甲骨为殷代物，则不能不如此断定的。

古荡石器的年代，系推定的，欲其推之过晚，勿宁推之较早为宜，况"新石器"时期甚长，上而全部用打制而成，只刃部磨光的石器，即旧石器之末期，亦可视为初期的新石器。下而全部磨光的石器刃部不锐者或为殉葬物，在新石器之末，铜器之初，亦得视为新石器，欧人已有先例，非创自余，因此古荡石器为新石器，名古荡石器为"新石器"一点是无不可的。

三、本论

古荡石器，如《杭州古荡新石器时代遗址之试探报告》第九图、第十四图、第二十八图，其圆孔及圆孔的心中石，上面的旋纹甚显著，其为用铜器所钻，已无疑义。即有铜器，这种石器自然时代较晚，胡先生目为金石并用时期，周末之初，似亦不为过。

原石器为殉葬物，远在石器时代，因人活的时候，遇见敌人野兽，拿着他的武器——石器以御敌，若是人死了（古人不以人死了，就算完事，因在梦中遇见其人，仍如生时一样，不过他到另一个世界去了）遇见敌人，岂能空手而战，因而将其所用的武器作为殉葬物，迨铜器发明以后，因铜器锋刃较石器为锐利，故人类的武器乃改为铜，而殉葬物仍为石器，其故有二，一为铜初发明，鍊铜不易，不惜以有用之铜殉葬，故仍用石器，一为埋葬人含有宗教仪式，宗教仪式多保守，殉葬石器既成习惯，不愿轻易更改，不过到了铜器最发达的时期，一方因铜多殉葬一点也好，一方因石器粗笨殉葬不宜，改用玉器。如此推论，玉器之为殉葬物，在铜器发达之期；石器未用锋刃的为殉葬物，在铜器的初期新石器的末期；石器锋刃已秃的为殉葬物，在新石器的中期。

古荡石器，如图九、图十四、图二十九、图三十、图三十一等，一方因用铜钻孔，一方因未开锋刃，当为铜器初期石器末期之殉葬物。但图十六为钺；刃已用秃，柄光滑系用手握久的理象，尤其是图二十七的刀，柄端的凹已磨光，孔为椭圆而不方，且孔的上部已磨光滑，是手握已久，遂有此现象的。这种刀秃柄滑的石器，假定不承认古荡为人类住居的遗址而人类的坟墓所在为殉葬物，也是新石器时代的殉葬物，而不是铜时代周末的殉葬物。

胡先生以古荡石器为"周末"之物，按周共七百余年，西周二百余年，春秋二百余年，战国二百余年，是以西周为周初，春秋为周之中期，战国为周末，胡先生所谓"周末"，当指此石器为战国时物，按吴在春秋末年，南掳越王勾践，西攻楚入郢，北败齐与晋在黄池争长，试问吴尚用石器，以战胜用铜器之国，而称霸乎，必不如此。吴既在春秋末年用铜器，其殉葬物只多用玉，推而前之，西周末年，春秋初年其殉葬当用锋刃本秃的石器，胡先生专就此种用铜钻孔的石器言也为周代中期之物，而非"周末"之物。

刘先生以新石器时人类不能居于海滨，但按欧洲及日本，在海滨发现所谓"贝冢"，其中有陶器、石器、蚌器等，学者多认为新石器初期之物，而皆在滨海之处。若古荡遗址在西湖北高峰后老和山下，较杭市以东钱塘江湾海岸高出约有数丈，并有山为阻，海潮是否能浸其地诚为问题。况新石器时代，普通推定在西元前三千年左右，在西元前三千作左右，中国沿海地质变化是否有如此之激烈？而以地质年代与新石器年代比，是否相宜，亦为问题。固在距今五千年左右，中国地质尚无大变化故也。

海岛上有石器，他不为论，就距江浙较近的台湾言，上有新石器，经中央研究院派林惠祥先生调查过，出有台湾番族之文化一书可据。台湾距海岸数百里，"那时没有舟楫"何以渡海？况新石器时代已有舟楫，即独木舟，将大树身用火烧焚使其中空，日本已有发现。古荡接连大陆，就是"那时没有舟楫"，亦可居人。

周口店的猿人曙石器，已推定距今约四十万年，其遗址在平汉路琉璃河车站西三十里，其东为平原，若以古荡在五千年前为海湾，是在四十万年以前周口店亦为海岸。距今四十万年始石器的猿人可居于周口店之海岸,而距今五千年新石器人何不可居古荡之海湾,周口店始石器的猿人已能钻兽牙为孔,而古荡新石器人,何不能钻石为孔"能产生这样高深的艺术呢"。

台湾居于海中尚有新石器,河南仰韶距古荡较台湾为近,并且无渡海之险,何以古荡"在新石器时代未必有人类"?

只于南方无彩陶之说,可分两种解释,一彩陶系绘画非模印,南方潮湿,绘画于陶器表面上的色彩已被浸蚀故今无留。二彩陶系由巴比仑传入中国黄河流域,及黄河流域人迁入江浙时,已不用彩陶,故其术未传入江浙。

关于第二点,余在本年《东方杂志》春季特大号上已为论及,兹再言之:以中国彩陶系巴比仑传入中国者,为休密特(H. Schmidt)安特生(Andersson)他以阿诺(Anau)特里波里彩(Tripolile)的彩陶与河南仰韶的彩陶相近似,故断为系一来源,于是安特生到青海、甘肃去考古,为的是找寻新石器时代的交通路线。

按彩陶系红色陶器上画一黑花,即《韩非子·十过》所谓禹的祭器为"朱染其内,墨画其外",间有深红色及白色者。甘肃的彩陶,陶的本色为浅红,上画的墨色,亦浅黑色,间有深红色画了几道,但并不鲜红而近于紫色,若河南仰韶,山西西阴村,彩陶红底为鲜红,黑色甚黑,有用深红色画了几道的,而深红与鲜红亦可分得出,是用颜色鲜淡别,河南、山西较甘肃为进步,况河南、山西又有白色花纹为甘肃所未有。并且甘肃彩陶笔画甚粗,不如河南、山西之精细。如果彩陶由巴比仑传来,是经过甘肃的。何以甘肃的彩陶反不如河南、山西进步?余以彩陶由巴比仑传入中国,至甘肃时已失其真。待到了河南、山西,与东南来的专长几何形花纹制陶民族殷人相遇。受了殷人改良之故,是以彩陶在河南、山西为进步。

人种南北之迁徙,由南而北者三,一为殷人由镇江而北,见我的《中国文化起原于东南发达于西北的探讨》;二为吴王夫差北伐齐,越人乘机杀王子友,夫差开信急归,越王勾践待吴兵未全归而灭吴,其伐齐未归者即以国已亡而留居于北;三为汉武帝灭闽越,迁其人于江淮之间。由北而南者亦为三,一为汤伐桀,桀奔于南巢,按《汉志》安徽有厹犹,即智伯伐山西孟县之仇犹,《左传》言洛阳以西之九州,同为夏人以鳄鱼、犀角为图腾,见我《古史研究》第三集。得周公伐奄,山东奄人南下至淮,在淮的厹犹南下至当涂。至周宣王伐淮夷奄人南下至常州,夏人乃越太湖而至绍兴,此相传越为夏禹后之原因。二为东晋,三为南宋。是由南而北者早,由北而南最早在西周末年,时中原人已不用彩陶,故未将彩陶之术传入江浙。是以江浙无彩陶。

六朝墓中少有玉,汉墓有玉,但汉玉已不及周秦墓中之玉美,是春秋战国为埋玉最盛时期,古荡埋石,当在春秋以前。袁康发现此物,何不言为"周末"之物。而要远推于"神农""黄帝"之时,他作《越绝书》是不是"务虚名以提高时代?"

四、余论

民国十九年我在南京古物保存所,在南京栖霞山张家库发掘六朝墓,于无意中遇到新石器时代遗址,当时张凤先生在场(因当时张凤先生在暨南大学,请暨南大学参观),即以江南在新石器时代无人类,这石器是后人用的药铲。当时请地质学家李四光先生至,亦如此说。后打电报在北平请李济之先生来,他以为是石器,但遗址发现了一处不足为信,于是又找,共找到三处,得石器七八件,但人仍不信江南有石器,故遂作了《吴越民族》一文,在上海无从发表,十九年到了北平,在《进展月刊》上发表了,但未引起人注意。

栖霞山发现石器,使人不信及不注意者,原系第一次发现,而且遗址只有栖霞山一处,或为偶然。现在石器在江南,发现地既广,石器又多,尚说"江南一带新石器时代未必有人类居住",实不知其用意何在?

余于民国十九年在南京栖霞山发现石器后,即说江浙文化本亦甚古,虽遭各方反对,但既有初次的实物作为根据,便埋头去找,结果,经过六年之久,终于发现了石器。假使当日栖霞山发现石器后各方均承认为石器,即可引起大多数注意,江浙石器之大宗发现当不自去年始,但经当时人之反对,大多数以为专家既不认为是石器,有何价值之可言,故不注意。迨余于二十一年到暨南大学授课,于旅行之地时为留意。假使我自信力不强,江南石器当不会有这样大宗的发现罢?

现在胡先生等,以博物馆的地位,发表此文,尤为不当。幸而发现者非余一人,恐将如章太炎先生之论甲骨,事实胜于雄辩。希望江浙有志之士,勿以有人推定其时代晚,而致研究乏其兴趣。

吴越考古汇志(节选)

(原载于《说文月刊》1940年第1卷合订本,第394页)

一、江浙石器的初次发现

甲 南京栖霞山

民国十九年我为南京古物保存所主任,在南京京沪铁路经过的栖霞山车站西北五里有甘夏镇,镇北一里有张家库,其村西北有小土阜名焦尾巴洞,有三国时古墓,我发掘这古墓时,在无意中发现了石器。

三国时古墓,墓址在半山中,墓用砖砌成,长约一丈,宽约七尺,发掘时将墓四周的土掘开,掘的深了,工人因土向上翻不易,从墓前开一道,将土向山下翻省力,就在这墓前开道时发现了石器遗址。当开此墓道深约二尺时,发现了土为灰色(原处土为红色),而且有木炭渣在内,知道这里为人类栖息过。再掘有红色含砂质的粗陶片及鼎腿出土。这种陶器以我的经验,在黄河流域只有新石器时代有;而且鼎腿长过一尺,是在未发明使用煤炭而用木柴作燃料时的现象。我就断定这是新石器时代遗址。

当时我将这个情形告诉帮助我发掘的张天方先生等,他们以江南曾未发现过石器,据《史记·吴世家》《越世家》所载,江浙在石器时代尚无人类,都不想信我的话。但我很注意这件事,着工人翻土向上,放在墓的东面,细细的在土中检查,不意工人将一石掷上,视之为石器,将泥土洗去,锋刃露出,是一个很完整的石斧。

我将这石器遗址封闭,报告中央研究院院长蔡孑民先生,他请地质学家李四光先生到遗址处考察,李四光先生也以江南不应有石器为词,这个问题没有解决,打电报到北平请中央研究院考古组主任李济之先生到来,他看了遗址后,以为太少,不足以证明。我就不得不再找,结果又找到了两处。古物埋在土中,如何去找呢?除非遇到掘墓开路建筑飞机场营房,大事翻土的机会不可。我是仿效洛阳盗掘古物的方法,用长柄曲头铁铲,凿地为小圆洞,从曲头铲中带上来的土,看其土色与土中所含的陶片等。整整找了三个月,在甘夏巷西岗头上及土地庙旁,发现了两处。焦尾巴洞、岗头、土地庙三处,共发现石器七件,系石斧三,石锛二,石锤一,石刀一。此外有陶片三百余片,陶片上印有几何形花纹,这些花纹共计有十四五种不同的形状。

我的报告尚未及作,我就离开了南京古物保存所,但恐怕把这发现淹没了,我就作了一篇《吴越民族》,约二万字,并附有栖霞山发现的石器陶片照片十六,但人多目为胡说,在上海等地无处发表。于民国二十年在北平市党部所办的《进展月刊》第一卷第二三期合刊中(自页五九至页七九,系民国二十年十月十五日出版)发表。《吴越民族》发表后,并未引起人注意,不过我在我编的《中国考古小史》中,将南京栖霞山列入发现新石器时代遗址的一章中。直至民国二十四年常州、奄城有大批几何形花纹陶发现后,始重新注意这个问题。

乙 常州奄城

在南京栖霞山发掘三国时古墓,遇到新石器时代遗址时,张天方即是不赞成的其中之一。但到了民国二十四年五月十二日他应常州江上悟先生之约,到奄城游历,遇到在南京栖霞山石器时代遗址中几何形花纹陶片甚多,他旅行回来告诉过我。他以为这些陶器是汉或汉以前物,但他得到一个石球,我认为与石器有关,于是两次前往探视奄城遗址,一在五月十六日,一在十月二十六日。两次所探,除得大批陶器外,没有石器发现。但按《越绝书》卷二载有:"毗陵县(常州——武进县)南城,故淹君地也,东南大冢,淹君子女冢也。去县十八里,吴所葬。"奄城现在的遗址,是无城墙,但城墙的形迹尚在,分为子城、内城、外城三道城,有两道水围绕着,这当是隋末沈发兴所筑的城。我们第二次到奄城探访时,在奄城的子城遗址上,发现了几何形花纹破了一部分的一个陶器,可知沈发兴他是据奄城遗址另建新城的。而且有三个大土墩在内外城之间,与《越绝书》所记相符。

据《左传·昭公九年》云:"蒲姑、商奄,吾东土也。"定四年云:"因商奄之民,命以伯禽。"昭公二十年云:"昔蒲姑氏因之,而后太公因之。"是蒲姑、商奄在周以前及周初为山东的大国,《越绝书》除以奄城为淹君外,又云:"蒲姑大冢,吴王不审冢名,去县(余杭)十里。"是以淹在吴越。而《书序》的"成王东伐淮夷,遂践淹,迁其君于蒲姑山",这恐是作《书序》的人,误读《左传》的"蒲姑、商奄,吾东土也"二句,因误以奄君迁于蒲姑,故以"蒲姑商奄"四字连称。

究竟奄人是由北而南,还是由南而北呢?如果由北而南,奄城遗址至少在春秋以前;如果自南而北,则奄城为史前新石器时代遗址无疑。关于这一点,陈志良先生主张由北而南的,我以为是由南而北,详见另文。奄城遗址经过了两次探访,得到几何形花纹陶片,不同的花纹有五十余种,这种几何形花纹向未为人所注意,有公布的必要,乃由陈志良作了一篇《奄城访古记》。

丙 金山卫戚家墩

奄城古物发现后,张天方先生撰文发表于《上海时报》,并将几何形花纹陶器的拓片,亦为披露。《时报》主笔黄伯惠先生到金山戚家墩勘察他的田地,在田中见陶片甚多,尽为几何形花纹,与《时报》披露的相同,携数片归,赠给张天方先生。张天方、黄伯惠又去探访过一次,带回陶片一麻袋,藏于真如住宅的楼上,久之为余探出,得与古物相睹,要求与张先生等再探访一次。时为民国二十四年九月。

张先生在金山发现了一个小石锛,他认为这是刻陶器用的,并且认此遗址是六朝时代的,我们两方的意见,相距太远,从此在江南考古上,各走了各的路线。

戚家墩在金山嘴西三里，海滨浴场西面，由上海至杭州的汽车路经过的。戚家墩系明代的御倭大将戚继光驻戍处，遗址在海塘内外都有。在海塘内不远处，有国民政府考试院副院长钮永建先生的花园，他在花园南面新凿了一个池，由其地层砌断面看，层次分的很明白，在地面下三尺以上的土层，所含的砖块瓦片，都是近代的，里面也有宋瓷等破片，在三尺以下的为几何形花纹陶器层，有五尺多厚。

钮先生在开凿花园南池塘时，在地面下约一丈深处，发现了一个古井，与南京朝天宫因建筑古物库所发现的相同。现在黄河流域凿井，就在地面向下凿一圆洞，但在南方因地内为泥，凿一圆洞，是不可能的，因泥是软的，凿下去洞的墙壁就挤在一起，是以不能不用砖瓦型的硬的陶质，作井的墙壁。但戚家墩的古井，井的墙壁不用砖瓦砌成，而用陶圈，如北方蒸馒头的笼圈，是用泥作成厚约二寸，高约八寸的圆圈，烧成陶质，一个一个套上去的。就用陶圈言，是在未发明砖及瓦以前的情形。可知戚家墩的古井是很古的。

金山的戚家墩处于钱塘江北岸，有一嘴突出（金山嘴）的地方，在古代也是靠近海岸的，在文献上找不出古的证据来，但根据张先生得到的一个石器，及大批几何形花纹陶器来讲，我们断它为新石器时代遗址。金祖同与我们共同去探访过，他作了一篇《金山访古记》以记其事。

丁　苏州石湖

余于二十五年二月二十九日应苏州东吴大学演讲，乘暇至苏州石湖旁游览，于磨盘山发现吴城，黄壁山发现越城。这是在西元前四八二年六月时，吴王夫差北伐齐，越王勾践乘机由太湖出北向攻吴，时吴王子地居守，吴越乃在越来溪东西两面各筑城相持。这些城的遗址尚在，在城墙的遗址上露出了很多几何形花纹陶器。

三月二十一日余与张乃骥、金祖同等再至石湖，除发现七子山为姑苏山外，在黄壁山得到鹿角一支，石斧一个，不过这个石斧的锋刃是用秃了，本来他们不信江南有石器，这个没有锋刃的石器，而且是一个，故未拿出来作证，保存在张乃骥先生家中。那里知道在九百年以前，苏轼已在那里发现过(见《苏东坡集》后集九)。此外又在苏州木渎的灵岩山下，亦找到了几何形花纹陶器，不过不大多。

戊　杭州古荡

江南之有石器，是可断定的，但无大量的石器出土，不足以取信于人。无奈我只得每于星期六下午出去，星期一早上赶回来办公，在这星期日一天的假期内，沿铁路或汽路不远的地方去找。几何形花纹陶片，是找到了不少，石器呢？却是很少很少的几件。南京正在大兴土木，可以乘翻地皮之际，希望有石器发现，故于假期到南京一行，顺便到中央研究院看看。时立法院委员何遂先生在杭州古玩铺买到三个石箭头及有几何形花纹的完整陶器三件送与中央研究院陈列。中央研究院的友人拿出着我看了，并说"这石箭头，南方不会有的，恐古玩商人从北方带来，假充是南方出土的"。我当时以《左传》《国语》有明文说晋国的巫臣到吴国，始教他们射御的，是在巫臣未到吴以前，吴国是没有箭的，故以友人之话为然，未加注意。

杭州陈万里先生收藏浙江出土唐、宋、元、明瓷器甚多，拟借一部分在上海开个展览会，故于二十五年五月二十四日赴杭，到古玩商店去看，果有石箭头一，石铲一陈列，两件索价三元，我根据在南京中央研究院友人的话，向古玩商店问："这些石器是洛阳出土的，你们收买来假充杭州出土，为的是多赚几个钱。"古玩商人说："确是杭州出的，是古荡建筑公墓掘出的。"我问："古荡在哪里？"他又不说了。我藉取钱买他两件石器之际，出门问我包坐的黄包车夫，知道古荡的所在，由车夫拉去。

时余友人周泳先住在西湖旁，余路过请他一同到古荡去，至则古荡的公墓快建筑成了，我将买来的两件石器取出给工人看，并问他们这里有没有这个东西出土，工人说有的，在靠南面动土时很多，现在在西面掘土时就少了。工人问要这个东西有何用处？我说好玩，要收买的。于是工人就在土中找出石铲完整的两个，残缺的一个，又一工人找到一个石箭头，我共出三角钱买下。工人知可售钱，群向土中去找，致使工头大怒，出而干涉，这是因工人找石器减少他们应作的工作，是不能怪他的。

一个工人告诉我说,你少待一会,到别处兜个圈子,我们找到了,放在筐子内,挑土向前门外倒时,放在门外,你好拿去,省得工头噜哆了。我在公墓内四周一看,在土中拾到几个残缺的石器,不到一个钟头,携一粪箕来,完整的残缺的共三十余件,以一元购得。

我在古荡得到大批石器,以职务关系,匆匆回到上海,将经过的情形,在《时事新报》上发表了。五月三十一日我应杭州青年会讲演之约,与金祖同、乐嗣炳先生同去,并与西湖博物馆商定合作,故同西湖博物馆馆长董聿茂先生及文化部主任胡行之先生,与其职员施昕更、刘清香、王维毡先生等,雇了十二个人,于公墓内试掘了三个坑,公墓外试掘了一个坑,共得到石器六件,陶片三块。

由这次的试掘,知道古荡确是有石器的。但西湖博物馆的经费不多,余又因职务关系不能住在杭州作发掘的工作,故两方同意先出一报告书,希引起多数人的注意,故有《杭州古荡新石器时代遗址之试探报告》出版。

二、江南石器的继续发现

子 湖州钱山漾

在上海《时事新报》发表在杭州古荡发现石器的经过一文,并附有石器照片。引起慎微之先生的注意,因而发现湖州钱山漾的石器。先是,在西元1906年,慎微之先生在他的家乡——浙江湖州府归安县一百二十八庄泗水庵堡,现属吴兴县的双潞乡,离潞村约二里许的钱山漾(小水湖)滩上游玩,拾得一个石箭头,但他不知是石器,后来他又继续拾到过,并未注意,至一九三四年江南大旱,钱山漾水将涸,沿岸露出陶片石器甚多,他在此时也拾到些石器,拾得多了,已知道这些东西是石器,但并未注意与文化上有何关系,迨看到报上我们的照片后,他就赶回去从事大量搜集,共得到石器百余件,几何形花纹陶片若干,带到上海,也照了一个石器照片在《申报》的一种副刊上发表,但未将发现的经过说明。

我看到了这个照片，托人访问，知慎微之先生是沪江大学商学院秘书，由友人介绍去访他，他对于石器向未研究，找我给他分类，审定名称，说明用途。吴越史地研究在青年会开展览会时，他曾将钱山漾的石器也加入展览过。后作了一篇《湖州钱山漾石器之发现与中国文化之起源》，附石器图七张，一并发表于《吴越文化论丛》中。

丑 杭县第二区

我与西湖博物馆合作试掘古荡时，施昕更先生也参加作工作，施先生是研究地质的，在审定所得的石器属于何种石质时，他臆想到在他的家乡也看到过这种东西，次日他赶快回去，果然搜集了石镰刀一，石刀一，石斧一，即《古荡试掘报告》中图三十二至三十四。

他于二十五年十一月又到杭县去搜集，除得到大量石器外，又得到大批几何形花纹陶器破片。他在棋盘坟附近，看见乡人在一个池子抽水灌地，池中水快抽干了，池岸旁露出陶片甚多，其中有黑陶器一二片，当时他未注意，后看了中央研究院城子崖报告书，他以杭县的黑陶与城子崖当有关系，故于十二月间两次探访，第一次共得黑陶器百余件，第二次得到较完整的陶尊、陶鼎等，并有刻纹及符号文字的发现。

他将在杭县第二区试探的结果，于二十六年三月作了一篇《杭县第二区远古文化遗址试掘简录》，发表于《古代文化》及《吴越文化论丛》中。他的详细报告作成付印，在校样时，不意杭州失守，他的印刷终止。去年八月浙江省政府令西湖博物馆将未了的事从速结束，故由浙江教育厅出名将此书在上海另印，名为《良渚》，稿子由我校对过，已印好了，送到浙江去装订，大约不久可以问世。

西湖博物馆经费很少，以浙江境内发现石器与黑陶，而且黑陶上有中国最古的文字，以为给中国古代文化上贡献不少，欲从事发掘，力有不足，乃请中英庚款补助，未得结果！

寅 杭县良渚镇

何天行先生亦杭县人，他对于考古也有兴趣，时在浙江财政厅工作，听到施昕更在杭县良渚发现了黑陶后，他也去搜集过一次，他搜集的结果,有三件可注意的事,一为石钺,一为黑陶文字,一为卵石。他作了一篇报告,名为《杭县良渚镇之石器与黑陶》。

黑陶上符号文字,施昕更先生已有发现,它像甲骨文中的数目字及干支。何天行先生发现的黑陶文字,我曾用甘肃出土彩陶上图象画,及甲骨文、金文作比较,但都不是一个系统的文字,我想它是中国最古的文字,系殷民族所有,追殷民族到了河南,与自西北来的夏民族彩陶文化接触,故另产生了甲骨文,如吴越人的金文,固与中原各国的文字是一个系统,但附加了很多的花纹,名为鸟篆,这或者是吴越用中原通行的文字,加上他们祖先传下来的黑陶文字,成为鸟型的不三不四的文字。

"钺"系可以装长柄的石器,与戈形不同,在黄河流域没有发现过,但在福建武平县及广东海丰县与香港以至南洋群岛均有这种东西发现。石卵形如卵,重有七磅半,这是古代人作神祭祀的石社,在武平及南洋也有。

三、江南考古的扩大

A 福建武平

我们在江南考古,只在江苏、浙江境内,这是我们住在上海,在上海附近作探访的工作便当的缘故。林惠祥先生曾在台湾发现过石器,他对于我在南京发现石器是表赞成的。不过他也恐受人的攻击,故于民国二十年在厦门拾到一个斧头,未为发表。

民国二十六年五月间,福建的武平县(在福建、江西、广东之间)县立中学教导主任梁惠溥在武平县城南小山,发现石斧石箭头及几何形花纹陶器,将其消息披露于报端,时林惠祥在厦大为教授,阅报后与雷泽光绕道汕头至武平,作实地探访。

武平县城南有小山,如小径背、大洋坪、狮形东、画眉山、凤东口等,绵亘十余里,这些小山坡上,露出几何形花纹陶器破片甚多,并有黑陶。陶器上有刻纹,但无彩陶。石器则为石锛、石砺、石杵、石瑗、石凿等。以石箭头为多,石器中有与台湾的石器形状相同的,亦有石钺发现。武平发现石器的经过,曾有简单的记载,发表于厦门的《星光报》。二十六年七月十二日余于《古代文化》第十八期中亦予披露,林先生现避难内地,这种报告,恐尚未整理出来。

B 广东海丰

中国人研究学问,因有种种的关系,也有不及外国人处,但形成了中国人信仰外国人的心理,凡事经外国人作过或赞成的,大家就相信了。因我说了江南有石器,被人大骂,排除在学术界以外;多亏黄河流域的石器,是瑞典人安特生(John Anderson)首先发现的,如果系我先说这话,头也被人打破了。江南出土的石器虽多,但仍有人在那里怀疑着这样想着:"发现的人如慎微之、何天行、施昕更、林惠祥都是中国人,他们都是不是同党,在那里共同欺骗?"那知当我们在江南发现石器时,外国人在海丰、香港也发现了,这是不谋而合,并不是共同作弊。

一九三四年八月,亚部定区立神学学校学生在广东海丰县汕尾发现了一古代陶器,送给芬但尼尔神父(Daniel Finn),因而到海丰从事试掘,有马可昂尼神父(R. Maglioni)所著的《海丰史前遗物发现记》发表于《香港自然科学》杂志八卷三四期中,已译为中文,在我主编的《说文月刊》一卷一期及一卷三期中发表。

C 香港

芬但尼尔神父关于《香港史前遗物发现记》,共作了十三篇论文以纪其事,于一九三二年三卷四期起,至一九三六年七卷四期止,承《香港自然科学》杂志编者汉伍先生将单行本全份见赠,现拟着手译成中文,将于本刊继续发表。香港的发现有石钺、黑陶及黑陶刻文,并有几个形花纹陶器,与我们在江浙一带发现的,完全相同。

四、探访的情形

1. 南京探访三个月,脸皮晒的变颜色

民国十九年我在南京栖霞山、张家库、焦尾巴洞发现新石器时代遗址,当时所谓考古家、地质学家均不相信,我就不得不多找几处,以证实我这话。但是透地镜尚未发明,如何去找呢?仿洛阳盗掘古物的方法,用铁打成一铲,铲为圈桶的一半如月牙形,装一长柄,向地下用力掘,地凿成了一个小圆洞,将铲从圆洞中拿出,用手将铲头内贴的土取下,看土内有无砂质红色陶器及几何形花纹陶片为断,将甘家巷附近的小山,尽凿为小洞,远观像个野蜂窝。在这里工作了三个月。

　　工作时因交通不便,颇感困苦,行的问题,大半从下关乘火车到栖霞山车站下车,步行五里到甘家巷,日以为常。一天在栖霞山车站至甘家巷一段路程中忽遇大雨,在一个小村避雨,雨久不停,泥滑不能前进,因头带竹笠,身佩蓑衣,骑在水牛身上,牵牛的人也不能在路上走,他也骑在另一个牛身上,在前面引路,中途雨更大了,打的气也出不上来。

　　住的问题,是早从南京往,晚归南京城,日以为常,有时住在栖霞山的栖霞寺内,但因特种关系,有几次住在甘家巷小学校内,小学校在破庙中,臭虫蚊虫特别的多,夜间时扰清梦,白天就难工作,真是有苦说不出。

　　吃的问题,在甘家巷小茶馆内,吃几个大饼,有时下碗面吃。他们的这个镇有数十家人,只有一个米店,每天早上用一个小驴子送柴去,晚上从南京驼回几斗米来,这是日以为常,有几次米店有事将米未从南京驼回来,甘家巷全镇发生了食的问题,自然我也在内,不得不跑五六里路赶到栖霞寺去吃饭。在炎暑之下,工作了三个月,本来我的脸就不白,被这炎日所射,脸变得更黑,南京城中的友人看见了都发笑。脸虽变黑,但是脸面没有丢,终在岗头上土地庙旁,又发现了两处石器时代遗址。

　　2. 两访奄城逢大雨,五探金山遇土匪

　　民国二十四年五月二十六日,我们第一次探访奄城,我与金祖同先生,及我的内人黄中英女士等去的,从武进南门外乘武宜长途汽车,行十八里至何留墅社下车,步行五里,方到奄城,我们在武进南门外候车时,天已落雨,于是各备雨伞一柄,草鞋一双,绳子一条(作腰带,将长衣折上绑在腰间),下了汽车雨更大了,但不得不前,行的是地边羊肠小道,上面落雨,下面泥滑,一步一颠,五里路整整走了两个钟头。

第二次探访在同年十月二十六日,增加了陈志良先生等,这次比前便利的多,因为没有遇到雨。民国二十四年九月二十九日,我与张天方先生、金祖同先生,及黄中英女士等乘包的一辆小汽车到金山戚家墩探访,第二次是十月六日,第三次是十月十日,是陈志良先生一个人去的,第四次是十月二十日,是我与金祖同同去的,第五次是二十五年三月十五日,我与金祖同、张叔训,乘张叔训先生的自备汽车去的。

陈志良先生于二十四年十月十日他到金山访古,归时乘的公共汽车,行至金山嘴东北不远处,汽车中一乘客,突然拿出手枪,喝令开车的车夫停车,时路旁有三人亦跃上汽车,共同搜索乘客,陈志良先生的眼镜、手表及钱都被抢去,但是一麻袋古陶片幸而他们没有拿走——送给他们,他们也是不要的,但在我们视为宝贝。

3. 七子山访得实迹,澉浦镇空跑一趟

民国二十五年二月二十九日,余在苏州石湖旁发现吴城、越城,在磨盘山望上方山,因时晚未上去,但疑上方山为姑苏台。三月二十一日余与张乃骥、张珩、金祖同、金性尧到苏州,乘张叔训先生的汽船,先到石湖,在吴城、越城一探,除得陶片及一石器外,尚得一古鹿角,因忆到古诗有麋鹿游姑苏之句,于是对于探访姑苏台遗址的心更切。但上方山上,有一砖砌成的塔,砖上有大宋太平兴国重建的字样,知此不古。乘舟至木渎,他们上了灵岩山,我在山下找到了几何形花纹陶片,他们下来说灵岩山上有古瓦片,但天晚了赶回苏州,次日张氏返沪,我与二金氏乘公共汽车到木渎上灵岩山,果然找到春秋至六朝时瓦片,归途乘公共汽车至西跨塘汽车站,上七子山,山顶有乾元寺,在寺中小息,出外探访,知此山为七枝,音误为七子,山岭上有大小的石堆约百余个,都是用方石砌成,大的高约六七丈宽四五丈,远的相距半里,近的相距数丈,方知此山名姑苏山,此山上的台即姑苏台。其详见我的《姑苏台》(《江苏研究》二卷八期)。

三月十五日我与张乃骥、金祖同乘张氏自备汽车,先到金山戚家墩,再至澉浦,中途在乍浦午餐,在海滩上发现了几何纹陶片甚多,闻澉浦镇海滩有秦始皇欲渡江至绍兴所立的石柱,至则并无所获,不过找到了些几何花纹陶片,一个残石器,在吴侠夫先生家看见了一个完整花纹很好的六朝古砖。

4. 新塍得石鱼,双桥遇古玉

民国二十六年六月十八日在嘉兴开了吴越史地研究会嘉区分会后,于十九日乘嘉区专员公署所备的汽船,到嘉兴西北的新塍镇,镇有许明农先生亦好古,家藏石鱼一条,据云是近日乡人掘地所得,鱼长约尺余,厚约五分,石锈甚多,知此石鱼甚古,脊有洞系穿绳处,以绳穿悬空,鱼头略向上,无击搞之迹,击时声亦不亮,推知此石鱼为吴国人古代崇拜图腾物,因吴字古文即鱼字,吴地尚有黑鱼神话,及不吃黑鱼的遗俗,余将此石鱼列为《吴越文化论丛》的封面图画,许明农先生有《石鱼考》,在《古代文化》第十五期上发表。

从新塍又到双桥,在双桥汽车站北作试掘,共掘二坑,发现了些石器黑陶及几何纹陶器,详见同行探访的陈志良先生的《双桥访古记》,发表于《古代文化》第十六期中。

双桥镇镇长接到县政府的电话,招待我们,本地人以为我们是收买古物的,将很多的古玉携来,向我们出售,其中有石铲,及直径长一尺的璧,据云古玉常有出现的,惟开汽车路,在一处得到这样大的璧共有九十几个,并指出其地点,现在已成农田,一点古迹看不出来,惟有古陶片堆积地面而已。

巴蜀文化[①]

(原载于《说文月刊》1941年第3卷第4期之"巴蜀文化专号",第1—29页)

四川在秦以前有两个大国——巴、蜀。巴国的都城曾在重庆,蜀国的都城则在成都。巴国的古史则有《山海经》《华阳国志》的《巴志》所载,

---

[①] 编者按:卫聚贤后对该文进行增补,发表于《说文月刊》重庆复刊1942年3卷7期,但由于编者所获旧刊中诸多内容漫漶不清,因此只能收录1941年发表的简本《巴蜀文化》。

惟其国靠近楚、秦，故《左传》上尚有段片的记载。蜀国的古史，则有《尚书》《蜀王本纪》（扬雄作，已亡，他书有引）、《蜀论》（来敏本作，《水经注》引）及《华阳国志》的《蜀志》。不过这些古史既不详细且多神话，因而目巴、蜀在古代没有文化可言。

去年四月余在重庆江北培善桥附近发现汉墓多座，曾加发掘，得有明器若干，由其墓的建造、砖上的花纹及文字、其他的俑钱剑等物看来，文化已是很高。不过，这是汉代的汉人文化，与先秦的巴人无干。再就重庆各地的蛮洞子——崖墓而论，固是蛮人的遗物，但是在汉代的汉人在四川也曾以崖墓为葬地。是以巴人的文化，除书本子外，无物可证。

去年八月余到汶川访石纽，闻有石器发现，路过成都参观华西大学博物馆，见有石器甚多，皆川、康境内出土，其形状除一种扇面形外，多与黄河流域同。故知其蜀人文化之古，而不知其蜀人文化之异。陶器在川北，找到彩陶一二片，但块甚小，花纹也看不清。在广汉、太平场则有黑陶，但亦多系碎片，惟有一玉刀，形状特别（见图四十七），并有二尺以上的大石璧，其时代则在石铜之交，已引起我的好奇心，但无他物为证而罢。

今年四月余到成都，在忠烈祠街古董商店中购到兵器一二，其花纹为手与心，但只有一二件，亦未引起余注意。六月余第二次到成都，又购到数件，始注意到这种特异的形状及花纹，在罗希成处见到十三件，唐少波处见到三件，殷静僧处两件，连余自己搜集到十余件，均为照、拓、描，就其花纹，而草成《蜀国文化》一文。

八月余第三次到成都，又搜集到四五件，在赵献集处见到兵器三件，残猎壶一。林名钧先生并指出《华西学报》第五期（二十六年十二月出版）有"錞于图"，其花纹类此，购而读之，知万县、什邡（四川）、慈利（湖北）、长杨（湖北）、峡来亦有此特异的花纹兵器等出土，包括古巴国在内，故又改此文为——《巴蜀文化》。

此种特异花纹的铜器，出于成都城外西北角白马寺附近坛君庙后李洪治等数家地中。其路是出旧西门,不到成灌公路的车站处,向北有一条环城马路,由北巷子走,不及一里有向北一条道,又不及一里有一大河(即洗足河)过木桥,望见东北高处则为黄坟及白马寺,过桥向西北行数十步,为坛君庙,有茶馆二家,买卖砖瓦及瓦窑工人都在此吃茶。

成都北门外,由城东北角方向起,至西北角经过白马寺处,有由东北至西南的一条土埠,高出地面(稻田)五尺至一丈。土埠东北宽而西南窄,宽处有四五里,窄处亦一二里,由东北至西南长约十里左右。因为土埠高出,于是到处有烧瓦窑,藉此取土,使地低下,水可灌溉,以便种稻,而烧瓦窑则以白马寺西为多,共有三十余家,取土既多,古物出土不少。故白马寺出古物,在成都很有名。

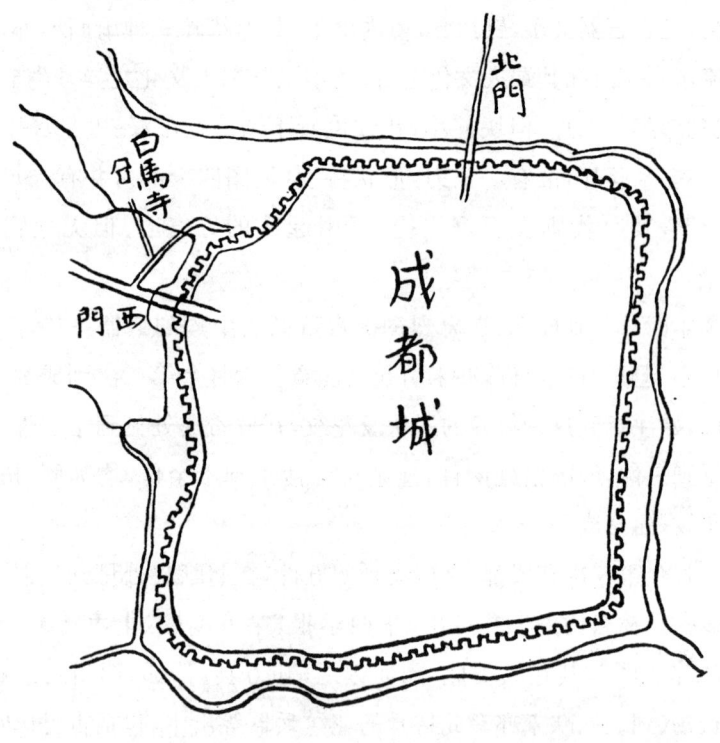

白马寺位置图

白马寺坛君庙后窑工掘土，于民国十年左右，即掘有铜器，以兵器为最多，以其上钳金银花纹者为贵，有花纹者次之，素的最下，在当时上等的一二十元，次等的十元左右，下等的一二元而已，故各收藏家多有此物（闻英国人搜集去的四五百件，四川博物馆有四五十件），但因空袭疏散于乡间，又以兵器不为重要古物，而且不大，都东一件西一件，夹杂在别的古物中，余到各处去借，都一时找不到，兹就其已找到的，加以推论。

《华阳国志·蜀志》云："西南二江有七桥。"今成都北门外及东门外的江名涪江，南门外的江名锦江，是蜀国都城在涪江、锦江之北，城北高出五尺以上的数里长土埠即其遗址。白马寺坛君庙后只有数十亩田中出此兵器，似为蜀国的武库。但曾出二罍坛，一为覃子钧经手买给上海转售外人，一残经罗希成售北平骨董商人。其一为残猎壶，由张文彬从白马寺工人手中购入售给赵献集的（图四十八），并有祭器，似为蜀国的宗庙。

现在坛君庙后，尚有土埠高约六七尺，宽约四五丈，长约八九丈，另两家窑户地界，正在出兵器地的中心，很有发掘的必要。据工人云：夏季多雨，工资也贵，故窑多停止工作，冬季工作时，时有古物出土，有的为忠烈祠街古董商人守候购去，有的亲持到忠烈祠街去卖。今者夏季将过，甚愿成都文化机关组织团体，与窑工合作（因取土作坯，发掘出的土，窑工可省一半力）发掘此土埠，看看蜀国是否有文化？

一民族据有沃土，生活丰裕，文化自高；若退居山地，生活艰难，文化自落。以元朝据有中原与清代的蒙古人作此，正是好例。四川盆地，岷江可溉数十县，所谓"沃野千里"，冬季雾多而霜雪少降，在农业时代，生活很是丰裕，文化自然很高。自秦昭王命张仪、司马错灭巴、蜀，巴、蜀的人民，离开成都平原，散居四面山中，由农业退为游牧，生活日艰，将固有的文化失掉，是以以今日川北的羌民、西康的番人、大凉山的罗罗这些落后的民族的文化看来，当然不相信巴、蜀古有高深的文化，白马寺等处有这样特异花纹的兵器等出土。

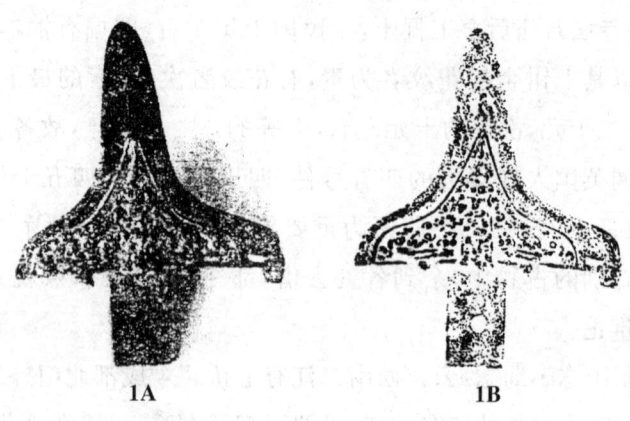

1A　　　　　　1B

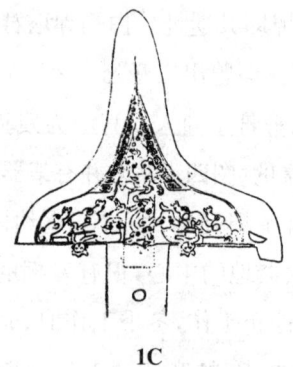

1C

1. 戈，长七寸（以市尺计），其花纹为四条龙。鼻为一龙，头部残缺；戈尖一龙，口衔一兽，左爪抓一蛇，右爪持一火炎物；左一龙口衔一蛇，背负一持矛人；右一龙口未衔物，但舌均伸出，背亦负一持矛人。

一器重要的则用照（A）、拓（B）、描（C）的三种，上下排列，以便对照。

自右至左 2A 3A 4　5

2B

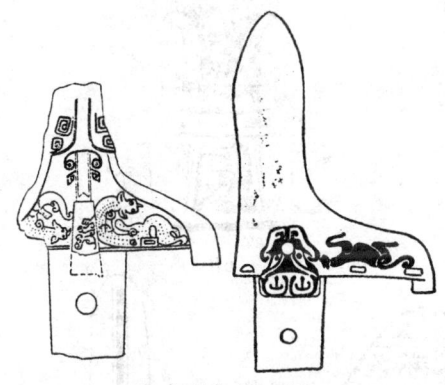

自右至左 2C 3C

2. 戈,长五寸五分,花纹系一吞口(饕餮),及一卷尾兽。

3. 戈,残,残处长四寸,花纹不全,但知为二龙。

4. 戚,长七寸五分,无花纹。

5. 戚,长七寸二分,无花纹。

兵器排列,应以类分,如戈为一类,戚为一类。但原器不在一处,故照相时未按类排列。如欲将照片剪贴成类,但作铜版、锌版甚多,费钱太大,故以照片上的次序为次序。

自右至左 6A 7A 8 9A

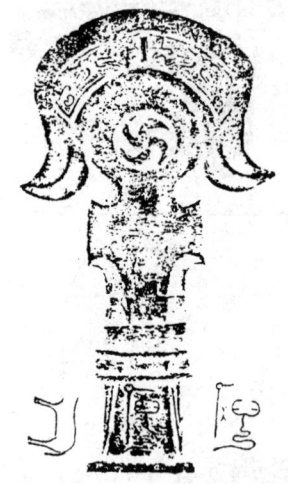

6B

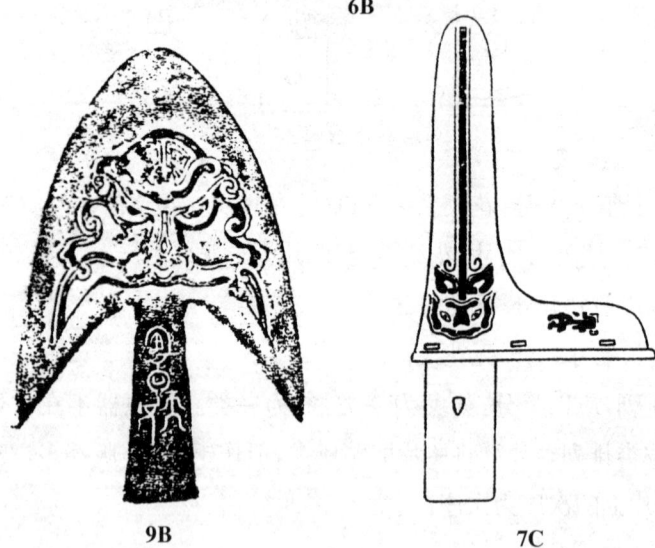

9B　　　　　7C

6. 和,长八寸六分,罗希成藏,据张文彬云:此器出于广汉。和非兵器,系车上向物,因其文字特别,故附于此。

7. 戈,长八寸三分,系罗希成藏,因系钳金,故只照、描,而不能拓。

8. 戚,长六寸三分,无花纹,罗希成藏。

9. 戚,长五寸一分,花纹为吞口,柄有文字,不识,罗希成藏。因拓片已清楚,故不再描。

自右至左 10A　11A　12A　13A

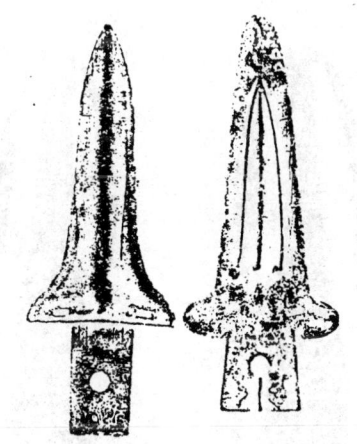

自右至左 11B 12B

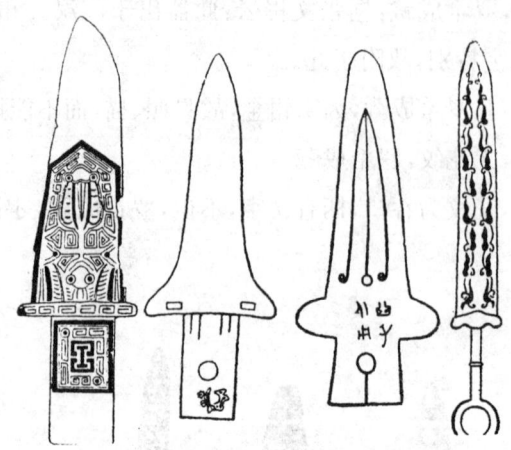

自右至左 10C 11C 12C 13C

10. 匕首,长七寸四分,罗希成藏,系钳金花纹。

11. 戈,长六寸五分,文为"其父永用"四字,系罗希成藏。

12. 戈,长六寸八分,罗希成藏,柄有文字,左为日、月、星,右文不明,类罗罗文字。

13. 戈,长八寸四分,系罗希成藏,系钳金花纹。

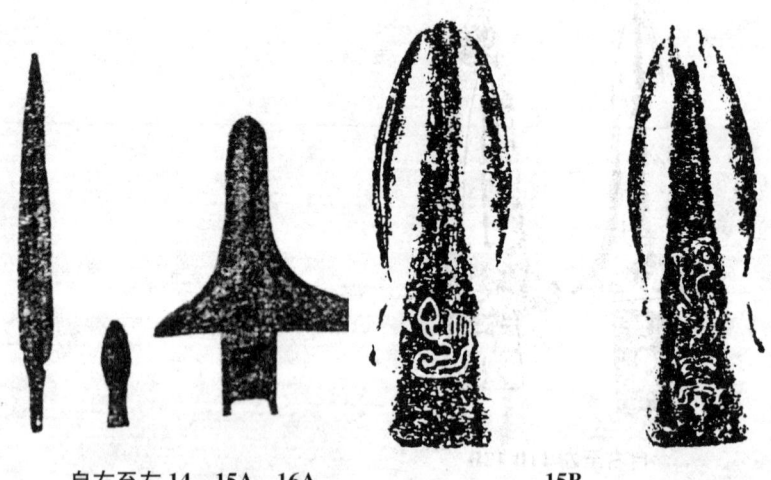

自右至左 14　15A　16A　　　　　　15B

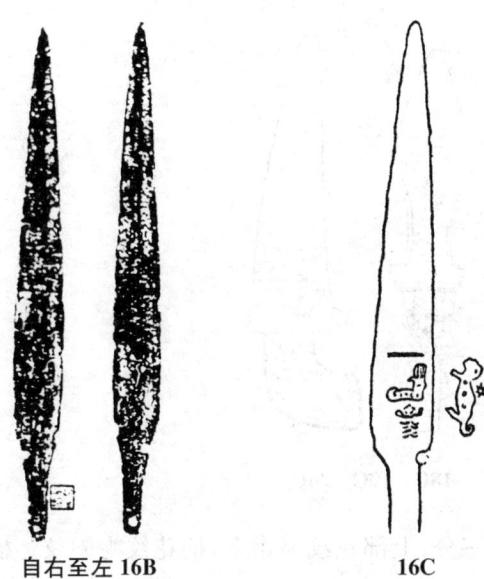

自右至左 16B　　　　16C

14. 戈,长八寸一分,唐少伯藏,花纹不清,故未拓照。

15. 矛,长二寸九分,唐少伯藏,两面有花纹,一为手及心,一为卷尾兽等。

16. 矛,长一尺零二分,唐少伯藏,花纹一面为手等,一面为卷尾兽,兽背有星。

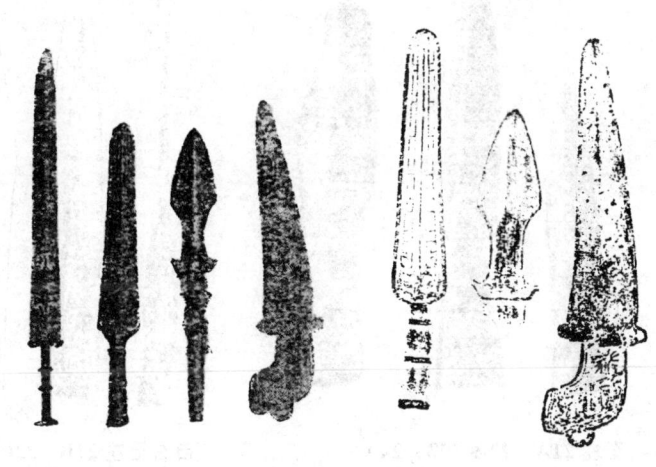

自右至左 17A　18A　19A　20A　　自右至左 17B　18B　19B

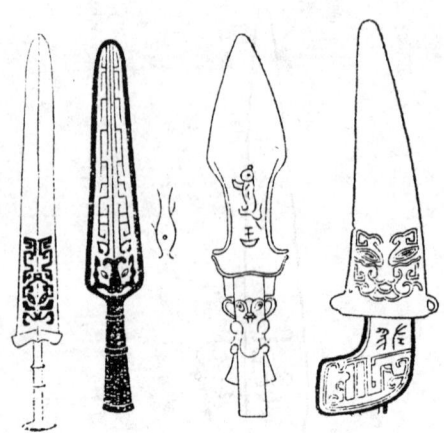

自右至左 17C　18C　19C　20C

17. 戈,长一尺零三分,上部花纹为钳金,柄花纹为阳纹。柄有文字为"㺇",系阳文。罗希成藏。

18. 矛,长九寸,柄为一熊,上有"熊王"二字,反面为鱼纹。

19. 矛,长九寸八分,罗希成藏,柄有字或系"旅"字,在有文字的一面,花纹不清,故拓片上无文字。

20. 剑,长一尺二寸五分,罗希成藏,系钳金花纹,故未拓。

自右至左 21A　22A　23　24A　　　　自右至左 21B　22B　22B

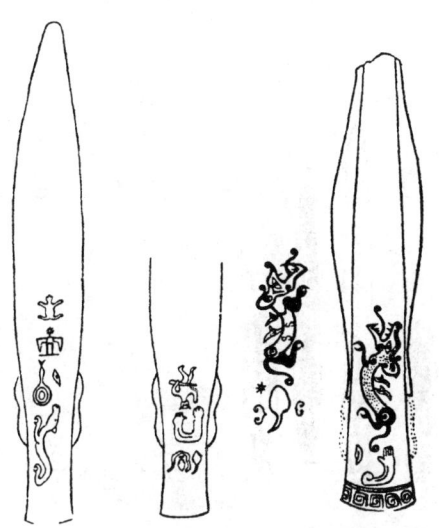

自右至左 21C　21C　22C　22C

21. 矛，长七寸六分，两面花纹，均为卷尾龙，一下为手及月，一下为心及云。

22. 矛，长八寸二分，两面花纹，一为人持矛，在两头手下，并有心及酒壶等，一为蛙、鱼、兽等，兽尾残缺。

23. 矛，长六寸八分，花纹不清。

24. 矛，残，残处长五寸五分，花纹为龙。

自右至左　25A　26A　27A　28A　29A　30A　31A

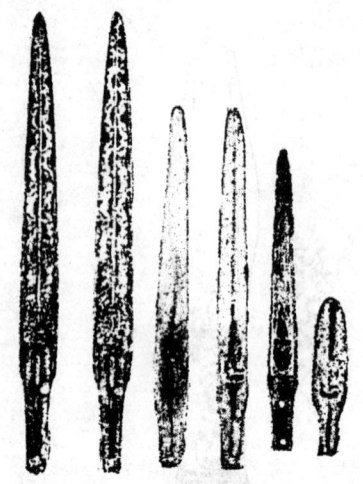

自右至左 25B　26B　27B　28B　29B　30B　30B

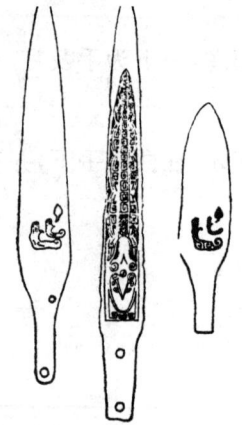

自右至左 25C　26C　28C

25. 矛,长四寸二分,花纹为心及二手。

26. 矛,长七寸九分,花纹为蛇。

27. 矛,长一尺二寸五分,断为二节,花纹不清。

28. 矛,长九寸五分,花纹一面为心及手,一面不清楚。

29. 矛,长九寸,无花纹。

30. 矛,长一尺二寸二分,原系钳金,钳金脱落,花纹不清,照像时以白粉涂其中,使花纹易显。

31. 矛,长八寸八分,失其柄。

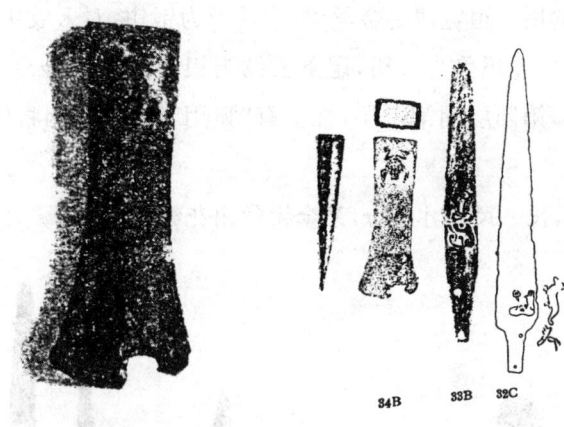

34A　　　　　　　34B　33B　32C

32. 矛,长一尺八寸,罗希成藏,因太长不能与他兵器同列,故未照像。花纹一为心及手,一为二兽。

33. 矛,长七寸,已断为二,花纹为一大头龙。

34. 斤,长三寸八分,上有一蛙,系突起花纹。

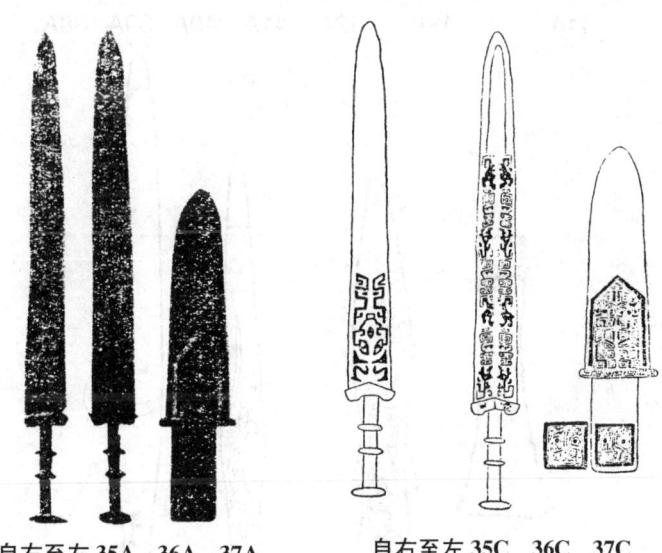

自右至左 35A　36A　37A　　　　自右至左 35C　36C　37C

35. 戈,长八寸五分,系钳金银花纹,赵献集藏。

36. 剑,长一尺二寸五分,系钳金银丝花纹,上层为二卷尾兽,系银丝钳,而眼为金钳,尾下头上的二云纹为金钳,背二点亦为金钳,雷纹为银丝钳,雷纹的周一道宽线为金丝钳,中冂形为银钳,对云纹中的十字亦为银钳。第二层卷尾兽为金钳,尾下云纹为银钳,其雷纹云纹同上。第三层同第一层,第四层同第二层,惟上有"宛用"系后刻,因将红锈刻脱了。系赵献集藏。

37. 剑,长一尺二寸五分,系金银丝钳花纹,赵献集藏。

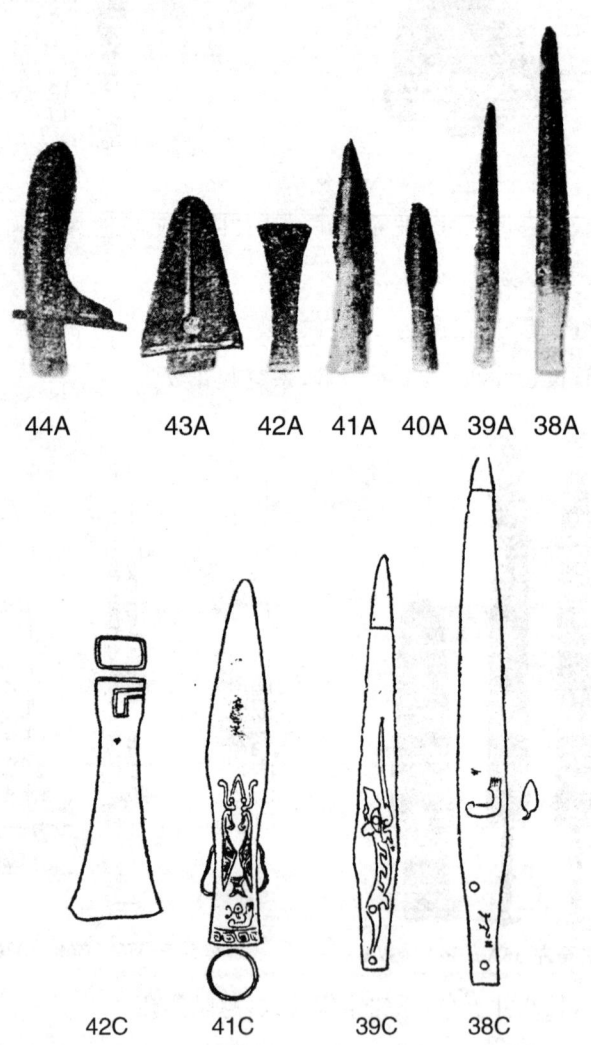

38. 镰枪,长一尺,花纹一面为手,下有一单线刻卷尾兽,下有如"工"字符号,反面为心。

39. 镰枪,长七寸七分,花纹为一长唇纹,肚下有星符号。

40. 矛,长五寸,残,花纹不清。

41. 矛,长六寸七分,断为二节,花纹如蝉,下有手及心,旁有云纹。

42. 斤,长四寸二分。

43. 戚,长五寸,柄断。

44. 戈,长六寸五分,无花纹。

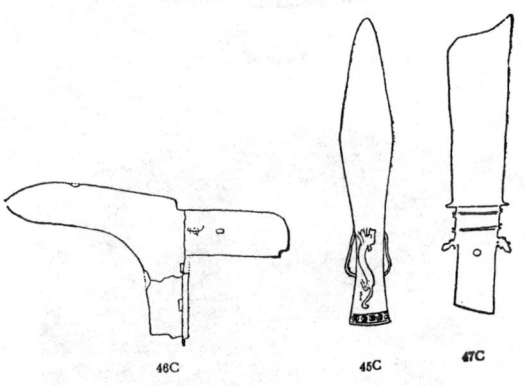

45. 矛,长六寸八分,花纹为卷尾兽。成都少城公园、民众教育馆武器馆藏。

46. 戈,长六寸二分,残,柄一字,后刻,因字处无锈,亦武器馆藏。原为张幼荃赠自白马寺,赠送民教馆。

47. 玉刀,长三九四公厘,宽一〇五公厘,厚五公厘,广汉、太平场出土,华西大学博物馆藏。

上三器,只描,而未照、拓。

残猎壶全部

残猎壶花纹之一部

残猎壶花纹之一面

残猎壶花纹之二面

残猎壶花纹之三面

残猎壶花纹之四面

残猎壶花纹的一面(描)

上七图系一残猎壶，分为若干部分的。此壶赵献集藏，上部残去，由其下部看，推知为壶，由其花纹为狩猎纹，故名为猎壶。

此残猎壶由底至顶残处高五寸七分，上面残处口面宽七寸五分，底圈直径四寸二分。

残部口沿有突起一道宽线，第二道突起宽线下一小条花纹，一周为四段重复而成。其下如莲花瓣者，一周共十三个，底圈有十字花一周七个。

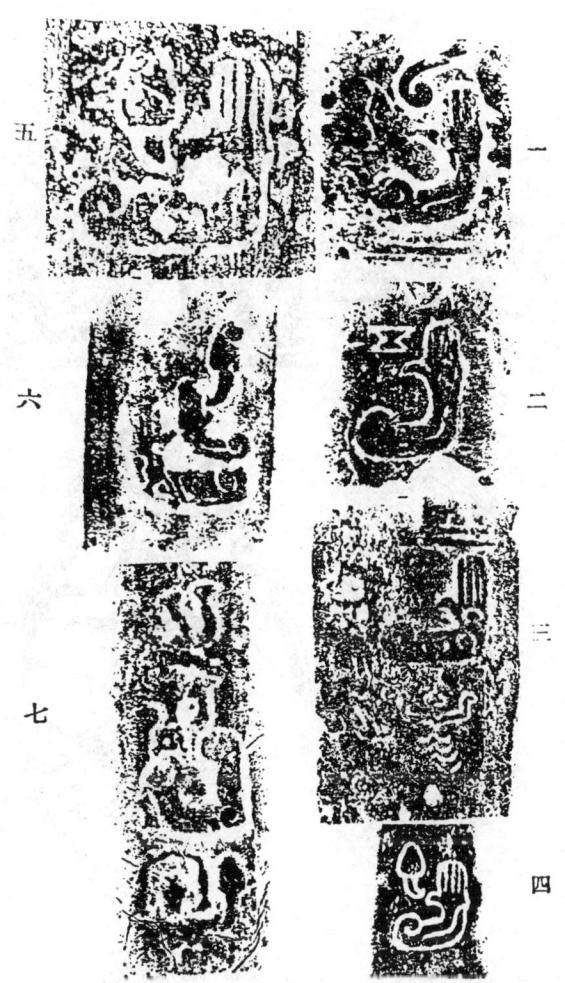

一,即前21器的花纹。

二,系残矛,上为蛇。

三,即16器花纹。

四,即15器花纹。

五,即32器花纹。

六,即28器花纹。

七,即22器花纹。

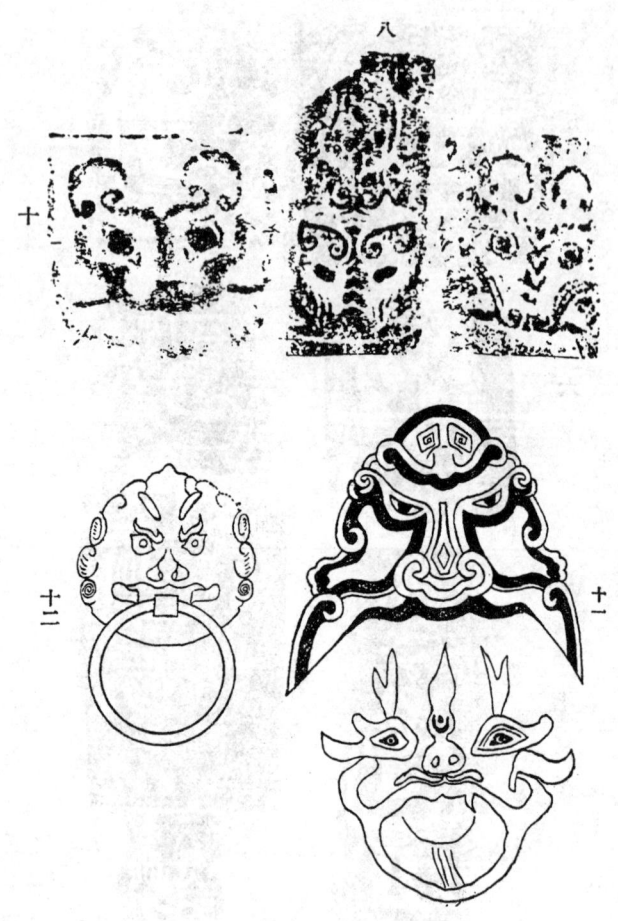

八，残矛，花纹为龙头。

九，残矛，花纹亦龙头。

十，残矛，花纹为吞口。

十一，即前10器花纹。

十二，系鎏金铺首，罗希成藏，其衔环的兽头与汉尊及钫上花纹异。

十三，系汉墓中石刻的吞口，发表于拙作《泰山石敢当》中。（见本刊二卷九期）

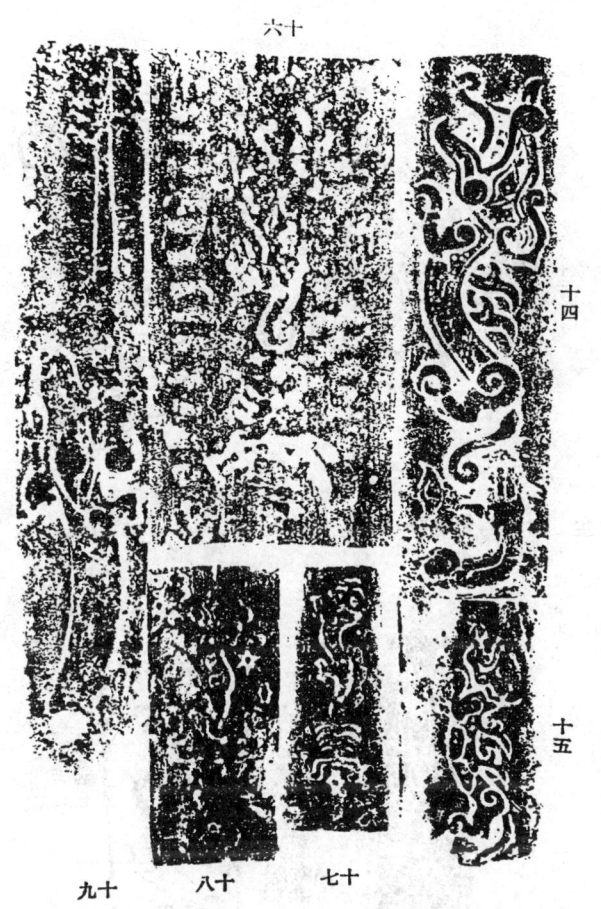

十四，即前 21 器花纹。

十五，残矛上花纹。

十六，即 32 器上花纹。

十七，即 15 器花纹。

十八，即 16 器上花纹。

十九，即 39 器花纹。

二十至二十三，即前一器戈上的花纹。

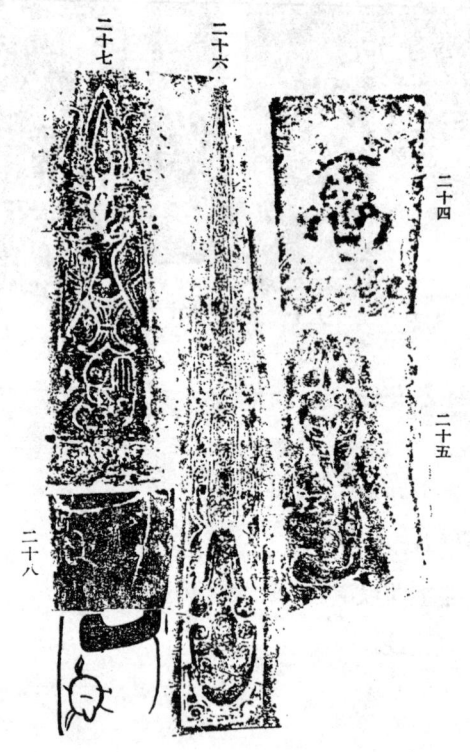

二十四，即前 34 器花纹。

二十五，即手及心的花纹。

二十六，即 26 器花纹。

二十七，即 41 器花纹。

二十八，矛，殷静僧藏，花纹普通，惟下有一鳖。

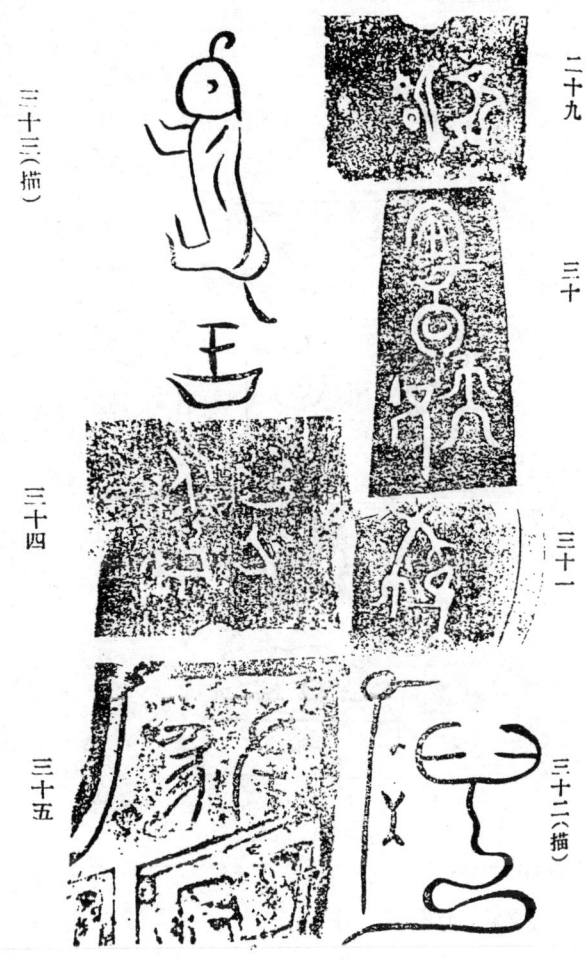

二十九，即 12 器上的文字。

三十，即 10 器上的文字。

三十一,即 19 器上的文字。

三十二,即 6 器上的文字。

三十三,即 18 器上的文字。

三十二,三十三,因只拓了一份,故用描代。

三十四,即 7 器上的文字。

三十五,即 17 器上的文字。

三十六

系殷静僧藏的玉印。

根据以上花纹,分类假定于左:

一、手及心

白马寺出土的兵器,以手及心的花纹为多。此种花纹多在矛上,矛为标枪,于细而长的木柄上加此矛头,用手掷出,以"心手相印"可以"百发百中"的。有的于手旁有月、星、云、工字等形,系其部落或使用人的符号。但按万县出土的錞于,其上花纹亦有手及心,或者此花纹别有用意。

二、吞口

四川现在各地有用木瓢画一怪物头悬在大门上,有用石碑刻"泰山石敢当"五字,碑额上刻一怪兽头,名为"吞口"。图八系龙头,而图九、图十、图十一则近饕餮纹。十三为铺首,系门环,但是与汉代的尊钫上的饕餮头衔环不同。十三系长舌,而二十至二十三的龙均吐长舌,四川的吞口亦系口吐长舌。惟图九、图十一,口的左右有二齿横出,今四川吞口的口中横衔一剑,或者后人以齿误为剑。

吞口原为羌人崇拜的狗图腾,在苗谣中以盘古为龙狗,故白马寺兵器上铸狗(卷尾龙)及狗头(饕餮)为记。殷亦苗人的一部落,由四川沿江而下,由江苏沿海北上,到了殷墟仍持此吞口花纹带去,故殷墟的雕骨有饕餮花纹,惟自西北来的新石器时代的彩陶,则无饕餮花纹的痕迹,可知饕餮(即吞口)为蜀人的花纹。

三、龙

龙系卷尾,与狗相同。图十六、图十七、图十八为兽卷尾则近狗(图二戈上亦为此兽),图十四、图十五亦系卷尾兽,不过头大类龙,有翼可飞。若图十八、图十四、图十五的龙成了爬虫类,但无角,与后世画的龙不同,且身上有云纹,由翼而云,系可升空极快。

前22器上有一人手持矛,图十八、图十九系人持矛骑在龙背上。他是以"矛"为惟一的武器(旧说以矛为苗民酋长蚩尤所发明,矛,北方人俗名锚子,锚、矛音同),可以征天空的龙,则克敌御兽自不待言。

四、蛙及蛇龟

图二十四即器三十四,系一斤上的花纹,花纹突起为蛙,而22器上亦有一蛙。现在成都的大庙屋脊上常有蛙为饰,花盆亦都用蛙。西藏的匾铜壶上亦用蛙为饰,东北的扶余、高丽(均为殷后裔)相传其祖先为金蛙,北方出土的铜器,上都有"天鼋"二字,前人多作"子孙"二字,实亦蜀人的同族,均以蛙为图腾的种族。成都人不吃鳖,故附二十六图(二十四图同)于此。图二十五、图二十六为蛇,《山海经》以巴蛇吞象,可见其蛇之大,而旧乐器的三弦名"蜀国弦",其空首用大蛇皮蒙其上,是蜀地多蛇之证。亦有鱼纹,而三十四的印文,上一字为用叉插三鱼,下一字系一釜,釜有盖,釜中放鱼,釜外有火焰,系捕鱼煮鱼。

五、狩猎

就猎壶上的兽观,固然神话中的兽居多,如双尾、三尾、双角、三角等,但可认识的有鹿、牛、犀、熊、虎、鸟、鳄鱼等。其人、其兽、其鸟肌肉突起,姿态雄壮,将斗争的精神均能表现出来。其人头上有尖而斜(錞于图的人头上亦如此),与现在西康大凉山罗罗以布绕头,以布的一端扭编成角,斜在头上,名为英雄结(古人名为椎髻)同,可知蜀人为罗罗。

六、文字

就白马寺出土兵器上的文字,可分为二类:甲、二十九、三十、三十一、三十三为一类,即先期文字,蜀人自造的文字,类于现在的罗罗文。乙、三十三、三十四、三十五为一类,即晚期文字,系蜀人受了秦、楚等国中原文化而仿中原的文字。蜀人自己的文字,其时期约在春秋以前,蜀人仿中原的文字,则在春秋战国时。三十六图,印文甚奇,故附于此。

七、结论

四川在秦以前，小国甚多，均有文化，以出土的铜器而论，有成都、广汉、什邡、万县，其下有峡来、慈利、长杨，其记载出土地的地名或有不确，而成都白马寺坛君庙后出土此兵器祭器，确系事实，则系蜀国的器物无疑。此文发表系藉知巴蜀古有文化，并希望引起：甲，雾期少空袭，各收藏家将白马寺兵器取出，集而为一，以便在《说文月刊》上出《巴蜀文化再论》。乙，在书本上找材料，民俗中搜集遗风，以便在《说文月刊》上出《巴蜀文化别论》。丙，成都各文化机关组织白马寺发掘团，从事发掘，以便有专刊出版，成为《蜀国文化专论》。丁，依照上列出土地，除成都白马寺外，如广汉太平场等广事发掘，以便出《巴蜀文化论》，在古史上添一笔材料。

余不日有西北之行，故先将此文草成，在《说文月刊》上发表，待余自西北归，路过成都时，此文或已发表了，由沪寄蓉，余将持此，以便与成都文化机关接洽发掘白马寺事，因此文发表，当易引起人的注意！

中华民国三十年八月二十五日，记于成都中央银行

经济史

中国货币演变述略[①]
（原载于《说文月刊》1940年第2卷第4期，第2—6页）

——本校现代经济学会于二十九年五月二十六日上午九时，请卫聚贤先生莅校讲演，兹录其讲词于左

陶大镛记于国立中央大学经济系

今天诸位同学约兄弟讲"中国货币史"，但"中国货币史"不能在这一个钟头的短时间内，将纲要讲完，现在就中国货币的种类及形况略说几句：

一、贝

在人类未发明陶器以前，饮水的器具就是贝，贝太大了拿不动，太小了盛水不多，往来取水甚烦，所以要找一个不大不小的蚌壳，以一次

[①] 编者案：此文后收入卫聚贤、丁福宝编著：《古钱》，重庆：说文社，1942年，第1—28页，但内容有较多扩充和修改。因本书篇幅，故在此收入简本。

盛水可供给一二个人饮为最适宜。但此种贝多产在海及湖边，在内地的人欲饮水，不得不拿一二条牛去换它，是以物字从牛，财字寶字等从贝。

陶器发明了，饮水用不着贝，但陶器是新石器时代方始发明的，人类用贝在始石器及旧石器时代已有，是人类用贝为饮器时间很悠久了，也就是人类用贝作媒介物时间也太长了，突然废贝，有些不忍，因而找到一种名"子安贝"的花纹很好，形状美观，大者约高七八分，长寸余，小者则不及半，就将此贝法定为货币。

贝币初用原贝，继于贝背凿一圆孔，后因器具不良，洞凿不圆，则将背磨平，因一面有齿缝，一面磨平，自然就可穿绳了。到了春秋战国时，靠近南方的楚、吴等国则仿贝用铜铁，名为蚁鼻钱。有的用一铜片仿贝，中裂缝置齿而镀金的。

二、布

布是古货币的名称，不是制衣服的布。新石器时代因为凿地除草，种植作物，将石片磨光名之为铲，有的将石铲上钻一圆孔，是将木棍一端劈开，将石铲衔加进去，在木棍上钻一个圆孔，与石铲圆孔相值，以木塞插入，则柄结实不动。石铲常被敌人侵夺，小部落规定每年送给大部落若干，到了铜器时代则演变为圭，后来成为笏版。

铜器发明，仿石铲作铜铲，惟铲上空以便按柄，铁器时代名之为锹。铜铲为农具，为农人必需品，农人之食粮不足时，可将农具的铜铲换食粮，久之作为媒介物，故铜铲作为货币。在春秋时仿铜铲为之，名为铲币。其柄尚空，是尚存其原形，到了战国时，柄省变成一片铜，是仅存其形，名之为布。在韩、赵、魏各地多使用。

三、刀

刀不是战争用的武器，而是文具上用的器物。现在用铅笔写字，写错了用橡皮搓，古代用毛笔在木片上写字，写错了用刀子刮，《史记》说萧何为刀笔吏,即是用笔写刀刮机关中的一个小书记。这种刀为文人所必需,也可作货币用,战国时齐国用此。

四、钱

新石器时代人类已发明纺织,纺织的器具,其上端是用木枝倒下作钩,其下端用石磨成圆片,中穿一孔,以木枝插入,此石片名为纺织轮。到了铜器时代,纺织轮用铜的,每个妇女均用此纺织轮,因而作为媒介物。后仿此纺织轮而为圆钱,外圆内亦圆,至秦的半两钱变成外圆内方了。秦始皇时统一货币,将贝、布、刀三种废除,而只用圆钱一种。到了王莽复古,仍将贝、布、刀用过一时,后来也不用了。但贝为货币,云南的苗人,至元、明时代尚有使用,不过这只限于一隅了。

五、以形来讲

刀有长而细的柄,容易折断;布有八个棱角,角容易磨损;贝为蚁鼻钱;钱面突起不平,在包装上颇不易,这是秦始皇所以废除的原因。圆钱面平,容易叠在一起,外圆无棱角不易磨去,这是秦始皇所以用圆钱的原因。纺织轮有孔原以插入木棍,圆钱亦有圆孔,固属模仿,但亦为穿绳所需要。但绳系圆的,钱的圆孔正好穿绳,而秦将钱的圆孔改为方孔,有甚么道理,请诸位想想?

现在的银币大洋,其形为圆,而在圆周轮上有一凸一凹的齿,即是使轮廓减轻摩擦的量。银币平面靠边处有凸出的小点环边一周,因彼此都在此凸点,使币面略有不平,减少币与币的摩擦,减轻其量。

根据这个原理,以观方孔的钱,即是货币原有法定价值,如"一金""二金""半两""五钱"等。钱本穿在一起,不愿使钱面与钱面摩擦,乃用方孔,另用木削成方柱,插入方孔内,使五十文或百文为一串,外用布包,如从前用纸包大洋一样。因木柱是方的,钱孔也是方的,木柱插进去,使钱不自动,钱面上自然就减轻摩擦的量。

但是西洋的辅币,有有孔的则为圆孔,中国也有仿造的,如上海电车上用的、山西正太路上用的一分铜币，均为圆孔，尚未想到用方孔，而且辅币价值不大，也用不着费脑力细想。但是中国用方孔钱自有其道理，汉以后钱的量与钱面所铸的数目不相符，已失去用方孔之意义，但仍沿方孔而未改。

六、就币面文字来讲

原始是以实物（刀、铲、贝、纺织轮）换物，后仿实物作币换物，而仿造的比原物减轻其量或缩小其形，此时仿造之权操于政府，各国为信誉起见，各将其造币厂所在地的地名铸在币面上，如上所举刀上的齐字即齐国铸的，圆钱上的垣字即是垣地铸的。

各国各地为省料起见，币愈铸愈轻而愈小，人民因其轻小而减其值，时黄金已为货币，乃用处金本位，而于币面铸法定的价值，如"安邑化一金"或"梁正币当二金"。

"一金"即此币可作黄金一两用，"二金"可作二两用，这时铸地及法定价值均有定了。

到了秦始皇统一中国，造币厂也统一了，故不于钱面上铸名，如清末的铜圆上有"川""鄂""湘"等字，前年政府铸的一分、半分铜辅币，未有地名，就是统一与不统一的缘故。秦只将法定价值的"半两"铸上，即此钱可作黄金半两用。政府为信誉起见，而半两钱的重量正是半两，西汉五铢钱的重量正如其数。

秦用六进位，以二十四铢为一两，半两为十二铢，西汉初年有八铢、六铢、四铢的钱，但中国习惯上多用五进位，故自汉武帝以后改用五铢。

至南朝的宋，将其年号铸在钱上，为"孝建五铢"，可以确定其钱为某时所铸。唐初以开国纪元而铸"开元通宝"，间有铸其年号者，如"贞观通宝"等，"通宝"即通行全国的宝物，至宋每一帝王必需铸钱了。

钱到了清末铜元，将铸地、法定价值、年代三者都全了，如铜元上铸"川"字为四川铸的，上有"光绪丁未"等字样，又有"当制钱十文"。现在因铸币统一，花样先后一致，是以没有地名及年代，只有法定价值一种。

七、金

古货币用铜，金在铜器时代已发明，但在其初不作货币而作装饰品，如鼎上饕餮纹，于其兽眼珠衔之以金，使在红底的铜中显出黄色的金出来。到了战国因楚国产金较多，乃作货币用。如河南南阳及安徽寿州出土的"郢金"，是将黄金作圆饼形，厚约五分，直径约三寸，在饼面打盖图章，上为"郢爰"二字。郢是楚国都城，爰作万解，言黄金一两可值万钱，至两汉时尚维持此兑换数。不过黄金产量不多，而用作首饰的，不是磨小便是殉葬，黄金日缺，魏晋至唐仅作帝王赏赐功臣之用。

八、银及铅、铁、镍

《山海经》上已有银的名称，而且种类及产地均富，《山海经》为战国中年人作，其时银是否为货币，不得而知。惟汉武帝所铸币，上有花纹，是有明文的，其后见于帝王赐赏功臣的金饼、银饼若干。而唐时的银饼，厚约五分，长约七寸，宽约三寸，为椭圆形饼，上铸有"某路进贡"字样，惟宋时称为铤，元改为元宝，至清末尚沿用。

钱原是铜铸的，但王莽时公孙述在四川用铁铸钱，历代亦间有之，亦间有用铅铸的。前年政府铸的辅币则用镍。

九、软币

中国在春秋战国时曾使用"皮币"，《孟子》以为周太王时已用，或时期尚在其前，按物字从牛从勿，勿字为无，或者古用牛皮，于其牛皮上或写或绣使用人的名字，到了用着真牛时，或是到了年底牛犊长大时，持此牛皮换取其牛，故物字从牛即用真牛，而加以勿字，言不必实用真牛。到了汉武帝时曾用白鹿皮刺绣花纹文字作货币用。东汉时用布长约一尺，宽约二寸,于其上书文字作货币。

纸是在东汉始发明的,纸币使用当在东汉以后,而书上有明文的为五代。按魏晋至六朝有枋柜制度,即商人持现钱交易,因交易的数目大,钱太重转交也不易,故商人持钱先存于大寺院中,大寺院盖枋置柜以存此钱,商人持存钱条交易,即将此存钱条交付对方,对方如欲取现钱即向寺院中提取,如不欲取现钱此存钱条仍可作货币用,此时纸已盛行,此当为纸币。

五代时四川商人组织联号,发行纸币,因其时纸张不良,容易腐烂,故规定三年一掉换。宋时因不能兑现而生纠纷,由政府收买,以后即由政府发行,元、明两代全是纸币,清在顺治及咸丰两朝曾为行使。清末大清银行曾为发行。民初各地纸币发行甚滥。二十五年将中、中、交、农四行纸币作为法币。

十、银行

这里附带讲句中国的银行。中国的枋柜及纸币已如上述,而在宋代似有汇兑的制度,即商人将货物运边地出售,由边地军政府出一收据,商人到首都(京城)取钱。然而完备的银行则为山西的票号。

顾炎武、傅山、戴廷栻等为谋推翻满清,在山西组织标局,招收武人,名为保送现银,实为革命的策源地。后以标局运银抽款太重,因而互相拨兑,初则限于亲友及往来商号,总则大行,首创者为山西平遥县人雷履泰,其人为日升昌经理,其后毛鸿翙等仿效,在道光十四五年亦有十家左右,至光绪中年而大盛,共有六十余家,除祁县、太谷、平遥、榆次外,他省亦有仿效的,名为外帮。到了宣统时已衰,至武汉起义,多已歇业了。但在光绪中叶代理国库,发行纸币,在外国银行及中国仿效外国银行的大清银行未成立前,中国的金融全为山西票号所掌握。因此与"中国货币史"有连带的关系,故附带的略讲几句。

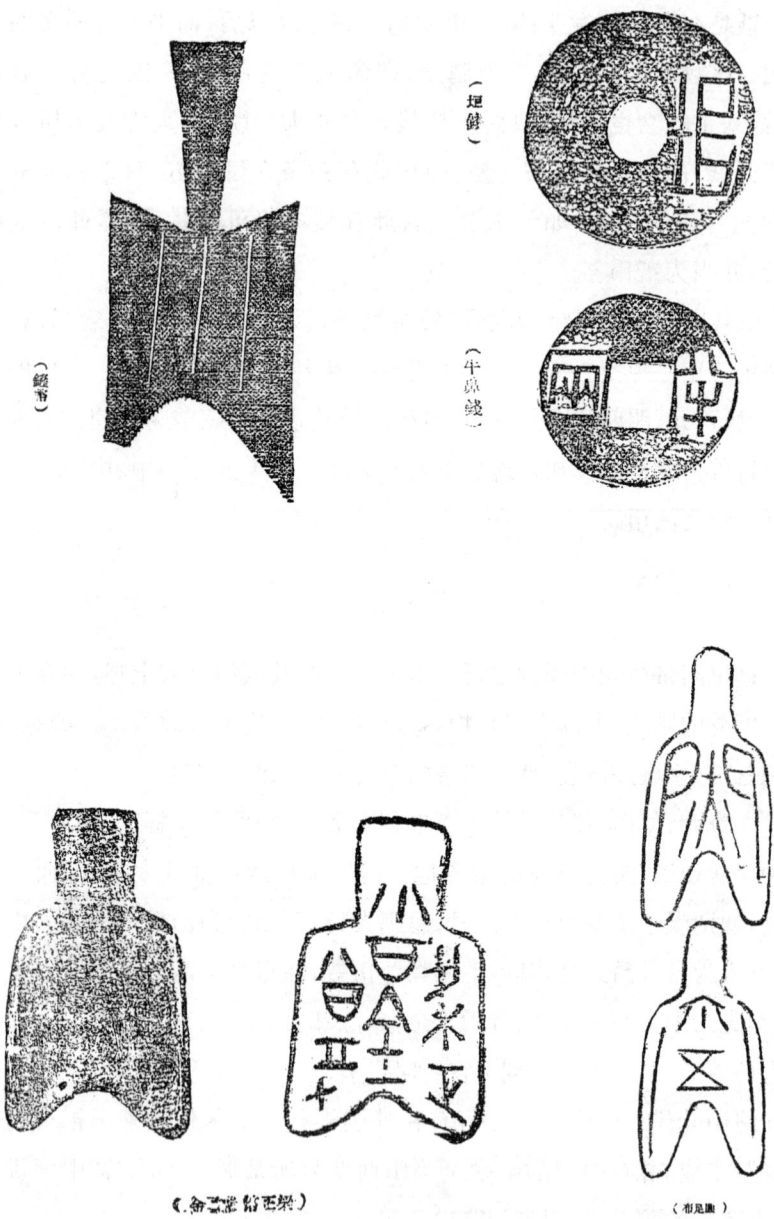

经济史

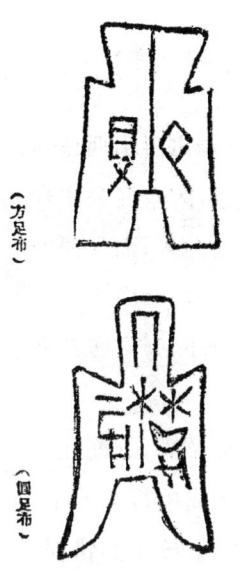
（方足布）
（圆足布）

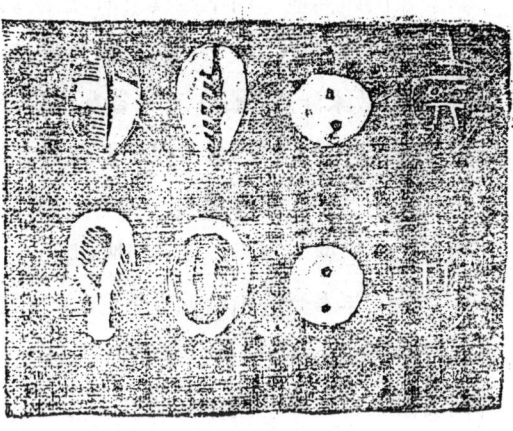
（贝）

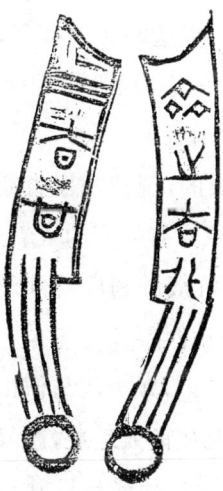

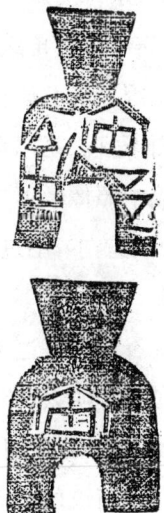
（安邑化一釿）

445

《山西票号史》序与编纂经过

(选自卫聚贤《山西票号史》,重庆:中央银行经济研究处,1944 年)

余在山西商业专门学校读书时,曾听韩业芳及严慎修讲过山西票号故事,但其时票号事业已失败,余以为这是历史上的陈迹,因余时尚未研究经济史,故未注意及此。后各省友人闲谈中,以余为山西人,而又研究历史,也曾研究经济史,故尝以山西票号之故事为问。

尤其是顾炎武发明票号一节,人多乐道之,而与余所闻为雷履泰所发明者异。但孰为票号发明者,则未暇究。

二十五年奉命赴山西调查票号,所得材料甚多,略加整理,分期在中央银行经济研究处出版之《经济月报》中发表,目的是印成单行本若干,寄回山西太谷祁县平遥赠送曾在票号中工作过的人,以求校正其错误,补充其材料。结果因全面抗战,所得补充的材料甚少,于是编成《山西票号史》,分订为上下两册。

《山西票号史》两册,祇有稿本一本,没有副本,跑警报时也要带上跑,怕轰炸了以后再编不起来了。又明知其中遗漏错误甚多,请教别人吧?也是因为祇有原稿本一本,在此轰炸期间不放心。出版吧?又怕遗漏太多而不宜。是以牵延至今,现在才决定出版了。

原稿中照像及汇票等,需要作铜版锌版的,现在一概省略了。这是因为这仍是稿本,不过印上四千本,送对于票号有研究的人看过,加以校正与补充。纸型也多打一付,保存下来,待抗战胜利后,再版若干本,送到山西太谷祁县平遥去,以作我第二次调查山西票号之蓝本。

票号的发明人,传说是顾炎武,经我的考证,顾炎武与傅山及戴廷栻为推翻清室作革命工作而创设标局。标局是代商人运现,票号是抵制标局运费之大而设的。票号是谁发明的?传说是平遥县日升昌颜料庄经理雷履泰,但无直接证据。而山西金融之中心,确系太谷,即以标期而言,山西之标,分为两种,一为太谷标,即太谷一县之标;一为太汾标,即太原府所属之祁县榆次，与汾阳府所属的平遥介休之标。在地域上讲，太谷也不是独偏于东而另划分一区，实系太谷县在当时经济上占大势力，其一县之势力可抵榆次祁县平遥介休等数县，故独为一标。且各路运汇来之现银，先集中太谷；办收交，开利率，悉以太谷为先为准。又省库所收之银，其元宝上有太谷县孟家银炉所印的"孟合"二字，即当作十足银使用而不化验，可知太谷县在当时经济势力之大。票号固以汇兑为业务，而资本不雄厚，则不能运现以接济，余调查票号时，太谷县协成乾票号股东孙培基对余云："票号是太谷先发明的，约在乾隆年间。"其人为举人而善于掌故，其所云不能无因，但究竟如何？尚待第二次之调查。

太谷之领袖票号为志成信协成乾，志成信为最老，协成乾系志成信之伙友分设者。志成信在外设有标局，名曰"志一堂"，系送现银，有账可稽者在道光年间，且该票号在北京仍用志一堂名号。是志成信在太谷票号中为最古。志成信之股东有孔行素堂者，即为行政院副院长兼财政部长中央银行总裁。

孔庸之先生之家也。其家人多有习票业者，咸丰时有孔宪仁先生为志成信之股东兼经理，对志成信业务曾大为扩充也。票号在昔时为最完善之金融机构，孔庸之先生承其家学，而应用于现今之财政，此抗战以来财政之所以有办法者即在此也！故余将山西票号以历史的眼光先编为《山西票号史》一书，至票号中之奥妙，余为门外汉，有待于将来补充本中说明。

中华民国三十三年一月一日，卫聚贤记于说文社之聚贤楼

编纂经过

山西票号兴起于道光初年，失败于民国初年，在这八十年间，对于汇兑通畅，调济各地金融，代理国库，协助政府财政，在银行未成立以前，而有此大规模之金融机构，实为中国经济史上之重要阶段。但尚少有系统的记载，以明究竟。中央银行总裁孔庸之先生，对此特为注意，于民国二十五年冬派贤从事调查山西票号事迹。

当余调查票号时，未有对于票号有系统的书籍出版，以资参考，是以先从访问着手，对于票号的名称，成立及歇业的年月，资本数目，几年一账，普通每股每账开银若干两，最多开过若干两，股东某人，经理某人，系某县某村人，将此概况在商会招集的曾在票号为经理者询问，又到各股东家中去访问。

为证实各票号成立的时期，在太谷祁县平遥各地大庙中将碑文看过，有无票号的名称在上，但是由山西教育厅通令府十县所抄之碑文，多抄其序文，而将布施人未抄，是以查不出票号的名称。

票号的股东及经理已故的，因欲从其生卒年月上知道一点票号的事迹，乃至各家，阅其家谱，看其本主，并搜集其墓志，亲至墓上抄其墓碑。又请其后人或其亲友代为作传。

票号中各种账簿，报告清册，往来信稿，以至汇票执照等，均为票号史中重要材料，乃为搜集。至于票号门首之招牌，多为拍照，印章多为盖过。房屋以及股东经理之住宅，大部分皆照过像。

因无参考资料，余亦非票号中人，故搜集材料时，漫无目标，见到材料就搜集，及将这些材料运到上海从事整理。感觉到需要的未搜集到，不需要的搜集到一大批，乃赶快整理出一部分，先在中央银行《经济月刊》上发表，将发表过的印成单行本，寄到山西太谷祁县平遥各商会转票号股东经理等，请其改正补充。但不久全面抗战事起，邮路不通，故未能得到补充及修正的材料，是以将前次所得的材料，编为山西票号史一书，拟先发表，作为蓝本，待抗战胜利后，再去详细调查，出一较完全的山西票号史。

中华民国二十八年八月一日，卫聚贤记于上海

山西票号的历史

(选自卫聚贤《山西票号史》，重庆：中央银行经济研究处，1944年)

一种事业的产生与消灭，不是凭空出来的，是从环境需要而形成。山西票号，产生于道光初年，失败于民国初年，兹将其产生与失败因果的

关系，列举于左：

一、票号的前身

票号的产生固在道光初年，但其产生的远因，则与中国历代货币制度有关；而近因则系戴、顾等人为民族革命，创设标局，为票号的前身。远因固有货币史，不宜细载，而近因无直接史料，亦不能详述，兹为简略说明如左：

1. 货币的演变

古代以物易物，不用货币，后来为交换便利起见，则有硬货币的产生。硬货币因用贝壳作饮器，而有"贝币"；由贝币用仿造的则名"蚁鼻钱"。因用石铲为农具而有"铲币"；后仿造的名"布"。因用刀割物，则亦以刀为货币，因用石的铜的纺织轮变成环钱，先是内外皆圆，后因币面磨擦，减少其分量，改为方孔，用方木棍穿入其中，古币至秦始皇而废，（王莽时，曾一度用过）惟方孔的环钱，通行至于清末。古货币多铸地名，后加法定价值，至秦汉纯用法定价值，如半两、五铢之类，至刘宋始铸年号，后世的也只铸年号，惟清末铜元上则有将铸地、年号、法定价值三者均列出的，此皆为铜币。虽其间有铁铸、铅铸，但皆名之为钱。若金之用，始自战国，状如饼形，上盖铸地之印。银之使用，较金为后，而形状亦如饼，但为长圆形。宋名为铤，至元代始铸成"元宝式"，约重五十两。清初在新疆铸币约重一两，清中叶，东南沿海多用外国银币，清廷亦自铸，重为七钱一分，广东并铸有二角、一角的辅币。民国以来，铸有袁世凯像、孙中山像等银币，也有一角等辅币。民国二十五年，改用法币，白银收为国有。另铸二角、一角、五分的镍币。一分、半分的辅币。

交易日繁，因硬币产生不易而用软币，春秋战国时有"皮币"，形不可考，惟汉武帝时以鹿皮为之，其性质等于现在的划条。东汉用布为之，六朝则有"枋柜"于大寺院中，存放现款，由寺院开一收条，存款者持此收条交易，交付货款，其性质等于现在的支票。唐时政府于长安东西市设枋柜，存入现钱，而收保存管费，又商人从各地至京师时，将现钱交各道进奏院或诸军使，领取合券，到京师取现，名为飞钱，其性质如现在的汇兑。宋时四川商人王昌懿等十六家，设交子铺，凡商人以现钱交给交子铺，交子铺用同一色纸上印树木人物；以无记名式填入钱数，押字盖章，交给付钱人，远近使用，成为纸币。后由官廷收回自印，因纸张不良，每届三年，以新钞换旧钞。元明两代，甚为通行，清在顺治及咸丰时曾一度使用，至清末，大清、交通银行成立，发行纸币。民国以来，发行纸币之银行甚多，民国二十五年以中央、中国、交通、农民四行的纸币为法币。

山西票号的成立，就是因标局转运硬币不便，改为软币的汇票。其方法当有采取飞钱交子的。

2. 李自成的遗金

山西祁县戴光启，于明末宣抚陕北，仕于河南，但未久致仕而卒。其子戴运昌（止菴）为河南尉氏令。当戴光启巡抚陕北，惩贪奖贤，为人民所爱戴，后因大旱，而贪官污吏，又压迫人民，因而李自成等挺而走险。李自成进兵河南，对戴光启后人戴运昌优待不杀，戴运昌遂降于李自成。李自成进兵山西，惟对于戴光启的家乡祁县，未杀一人。及李自成破北京，亡明社稷，戴止菴以父子仕明，悔降于李自成，因自蔚氏归，羞见家乡父老，未入祁县城，在祁县南麓台山中筑屋自居，卒于康熙六年。"四月三十日，自成西奔。无他伎俩，到处先用贼党，扮作往来客商，四出传布，不杀人，不爱财，不淫，不掠，公买卖，免钱粮，且将富家钱分账穷民，颇爱斯文秀才，迎者先赏银米。山陕秀才，益信为真"（见《明季北略》二十卷之八十八页）。亦可作戴止菴降李自成之旁证。

李自成入北京，将明朝文武诸臣八百余人拷打求金银，及李自成自山海关败归，将所掠及宫中藏的银器等，溶铸成饼，每饼重约千两，共数万饼，用骡车载走，清兵进至定州，李自成败伤，过平定州后，清兵未追。李自成自山西大道上经过时，杀人太多，恐败兵之后，再遇暗算，乃沿南山行走，至祁县南二十里孙家河时，或者曾将现银一部分遗弃，现在祁县尚传说元丰玖票号股东孙郅系孙家河人，其先人曾拾有李自成的弃金。

按孙郅的家谱是：孙高山——旺庵——有龄——陈笏——郅——淑

伦——继先——廷典——步城（现年二十一岁）。孙高山生于康熙十五年，卒于乾隆二十三年，孙家河村西北，有孙高山墓碑云："家道中落，未有厚产……乃走关东、经营产业，渐积万金。"孙家在高时山，"家道中落"，在高山之父或祖，其家道必富，是孙高山之父或祖，有拾李自成遗金之可能，但大宗遗金，则在戴家。

李自成自受伤后，弃马乘轿，见清兵不追，到祁县麓台山，在其故臣戴运昌处休息，感其先人戴光启在陕的功德，又受戴运昌的招待，送给戴运昌的现银不少。戴运昌后将其银交其子戴廷栻，作革命的工作运动。

江苏昆山县人顾炎武，在江南谋革命不成，到山东不能立足，乃至山西与傅山为友，傅山号青主，山西太原人，其祖母系明朝的公主，故与顾炎武、戴廷栻联合革命，戴廷栻在祁县城内建立三间四层楼的"丹枫阁"。丹为红色，枫树到秋天其叶红色，含有"朱洪"二字义，阁与武系音转（如武与物音同，物亦读如窝，窝音近阁），系暗射此为纪念"朱洪武"而设，丹枫阁记言梦见古衣冠人，明指明朝，是丹枫阁为革命策源地，已无疑问。而且有傅青主、傅须男、白居实、胡季子、薛文伯、张中宿、李凤皋、石亮四、黄石齐、马君当、阎古古、顾宁人、汪苕文、杨犹龙、王山长、施愚山、宋牧仲、吴鹿友、唐采臣、王贻上、魏环溪、冯大木、田兼山、朱小晋、李孔德、阎百诗、范彪西等"天下名士，南方多集冒巢氏水绘园。北方则丹枫阁称极盛焉"（戴廷栻墓志铭，见《祁县县志》）。

丹枫阁建筑之宏大，丹枫阁食客之多，而且阁中藏书鼎彝（《丹枫阁记》，见《半可集》）又"丹枫阁藏版，海内共知"（戴廷栻墓志铭），丹枫阁主人戴廷栻财产之富于此可知。而傅山为戴止菴传云"棺外无余物"，其父既如此之穷，其子未经商致任，何以突富？其财富有得自李自成的可能性。

3. 标局的成立

戴廷栻、顾炎武、傅山等均文人，如何能完成革命事业，谋招徕武人为助，但恐清廷注意，利用山西人民长于经商，从保护商人及代替商人转运现金，雇用武人为名入手，于是组织"标局"。

标局是雇用武术高超的人，名为标师傅，腰系标囊，内装飞镖，手持长枪（长矛）于车上或驼轿上插一小旗，旗上写标师傅的姓，沿途强盗，看见标帜上的人，知为某人保标，某人武艺高强，不可侵犯。重在旗标。故名"标局"。标局分春夏秋冬四季运现至山西太谷县名"太谷标"，又运至祁县、平遥、汾阳，名"太汾标"，此时名为标期，又称过标。

标局是甚么时代设立的，《万籁声武术汇宗》（商务本：页257）云"考创设标局之鼻祖，乃系清乾隆时，神力达摩王之老师，山西人神拳无敌张黑五者，请于达摩王，转奏乾隆，领圣旨，开设兴隆标局于北京顺天府前门外大街，嗣由其子怀玉，继以走镖，是为镖局之缟矢，故镖师父走镖时，有'黑五'口号者，即看对方是否为张黑五门下之友朋孙徒也"。按戴廷栻卒于康熙三十年，标局之成立，当不在乾隆时代。

《聊斋异志》作者蒲松龄先生在他作的《磨难曲》第二十二面，有一段关于标局的记载："……那一位山西小举人，便问：'听说贵省大乱，年兄怎么来了？'举人说：'乱处是太原和平阳，小弟来时雇了二十名标枪，送过平原百里外，就好了，我自己就来了。'"这里所谓"标枪"，"标"为"飞镖"，"枪"为"长枪"，是保护行旅的，后时名为保镖即此。《磨难曲》是什么时候作的？《聊斋文集》卷上元配刘孺人行云："松龄年七十，遂归老不复他游，先是五十余，犹不忘进取，孺人止之曰'君须复尔，倘命应通显，今已台阁矣，山林自有乐地，何必以肉鼓吹为快哉！'松龄善其言，顾儿孙入闱，褊心不能无望，往往情见乎词。"

据此，《磨难曲》虽系蒲松龄于五十岁时作。按蒲松龄五十岁为康熙二十八年，正在戴廷栻死前二年。是标局发源于山西（按道光二十四年蔚泰厚京都与苏州八月二十日信稿中云："今伊逢吉动身，跟标车三辆，每辆装标箱八只，共计二十四只，计实合足六万八千六百两，又九九松江银五千四百两，统共合咱平银七万四千两，随开去号码一折，到日查收……随带去盘费银两百五十人，至于车价，每车京钱八千五百文，标兵三人，每人工价银十八两，酒钱在外。"九月十八日信云："咱与日升昌沈标，俱归于志一堂运苏，大约不远，大德玉隆和又有锦标来京，交蔚丰等。"七月初十日信"东口十月标",十二月十五日信"万金号……冬月初九日起信云：月息,春标九厘,秋标七厘,长标无市"。由此可知在道光二十四年时,标局有志一堂(即志成信),运标有标兵,每年标期分为春、夏、秋、冬四期),且在戴廷栻、顾炎武、傅山谋起革命之时。标局为顾炎武等计画而设。后由标局产生票号,故山西人相传票号为顾炎武所计谋,非是。

此外尚有"形意拳"可证,《武术汇宗》四五页云："行意拳法,传于山西白先生,(遗其名)后有郭芸生者,精于此拳……分为十二形,为'龙虎猴马鸡燕龟蛇鹰熊'是也……"按此拳传自戴家,白戴声近,为万君所误听,按戴家世系是：

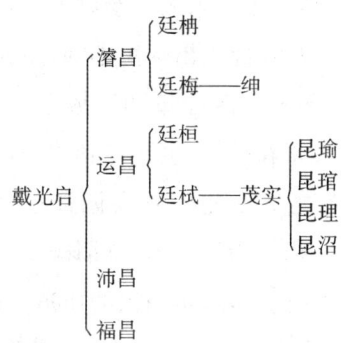

形意拳——祁县传为戴大旅、戴二旅所创,大旅或即廷桓,二旅或即廷栻,云此法从岳飞传下,兄弟二人在河南从老道人中学习,在十家店经商,有一二百土匪抢掠,被兄弟二人赶走,由是出名(《续小五义》中的老西白眉毛徐良,为山西祁县人,是由形意拳出名的),其传授高徒是：

戴二旅……戴良栋

李老农——车二——常友儿——戴逵 / 乔涧溪

现在戴家后人戴某拳术亦精高。戴家之精拳术,文可"以文会友",武也可"以武会友",既非外行,故标局中的标师傅可以请得来。

4. 革命之失败

戴廷栻、顾炎武、傅山在山西成立标局,目的在革命,但不久失败,其失败的原因:

(1) 官廷压迫

戴廷栻在祁县城内建筑丹枫阁,招集四方文人;又设标局于太原,容纳各处武士;这都是表面的,其密聚的地方,则在麓台山戴止菴的隐居处。后来被清廷注意,麓台山的房屋被焚毁,戴廷栻不得已也作了山西闻喜县儒学司训,曲沃县的儒学教谕,表示降服。戴廷栻所著的《半可集》,富有民族思想,至嘉庆再版时,已成残物。因官廷积极压迫,所以革命不能成功。

(2) 人民不敢公然赞助

五代时北汉踞晋阳城抗宋,"宋太宗亲讨不享,城虽被拔,犹且力拒"(吕惠卿《惠明寺碑铭》)以至"薛王出降民不降,屋瓦乱飞如箭簇(元好问《晋阳怀古》),山西太原气之盛可知,但"战争一炬成焦土"(《晋阳怀古》),"诏坏故城,迁其民于新邑"(《惠明寺碑铭》),这是积极的压迫。而"官街十字改丁字,父老至今哭问天"(《晋阳怀古》),他于唐明镇建设现在的太原省城,但将十字街改为丁字街,意谓碰丁子,不使山西太原人有所发达(详见我著《晋祠指南》),这是消极的压迫。故山西太原人经过这次压迫后,多舍仕途到了经商的一条路上去,对于革命事业,不敢公然赞助。

二、票号产生的原因与时代

山西太原人民,自从北宋受压迫以来,弃儒经商,至明末清初,凡是中国的典当业,大半系山西人经理,由蒙古、东三省、新疆以至苏俄,所需红茶,均由山西人在江南采办运往,而且山西人经商,以勤俭为主,是以小学生读书,聪明者入商,次者务农,再次者聪明不足务商,身弱不足务农,方入于求功名之一途,这是山西商业发达的原因。

戴廷栻、顾炎武、傅山成立标局,固为革命,但非山西商人经商足迹之远,不足以促成。

求帮之意，业茶者曰茶帮，业丝者曰丝帮；山西太谷县的票号曰太谷帮，祁县票号名为祁县帮，平遥帮，是帮有伙同之意。按从前商人以带现款往某地购货，中途恐被土匪抢劫，联合当地若干商人，共同前往，名之曰帮。是以小股土匪不敢行动，但遇本领高强或大股土匪，则非商人所能应付（如小说中喽啰看见大批商人过来，速报大王，大王下山，大叫一声，留下买路钱来过去），因而需要标局的标师傅保标。

标局初为保护行旅，继则代运现金，标局之所以成立，系解决商人所带现款之困难。而票号所以成立，系抵制标局转运现金运费之高昂。

票号成立的传说，有：一是乾隆时征大金川小金川用兵有年，需用粮饷甚多，由京解往四川，路远而且不便，适山西平遥日升昌颜料行在四川平遥各地贩卖铜绿，将四川盈余者得由标局运京，乃与管军饷的私人商议，曾作过两相拨兑的生意。二是山西商人在北京开干果店甚多，每至年终，将薪金由标局运往山西，但因运费高昂，与日升昌颜料行是亲友者，交到北京日升昌颜料行，写信到家，家中凭信，到山西平遥县日升昌颜料行取款，因日升昌老号本在平遥，而总号设在北京，各号结账，均得归到北京，是以两相拨兑，均省得一笔标局运费。初则限于亲朋，继则只要有人介绍，同乡亦可，久则因为便利，如需要兑款，可以向外兜揽拨兑，为内贴外贴，视彼此需要而定。

但经营颜料商并非日升昌一家，按平遥达蒲村（即日升昌股东李五典之村）村东梅葛仙庙（现已倾倒）有乾隆五十一年碑云"广募……以京师商人之力居多……数日间积金数百两"，咸丰十年碑共捐银一千三百七十一两六钱五分"京城阁颜料行捐一百二十两"，而日升昌股东"李兰溪捐银四两，李箴视捐银二两四钱"，以达蒲村一村而论，日升昌股东微乎其微。迨其经理雷履泰，由普通拨兑，于道光四年改为票号，已有余利，在道光三十年，已建筑中院（见人事），但尚在其村不称富有。

又按蔚泰厚道光二十四年京都与苏州往来信稿中，常有日升昌在沈来标七八万两运往苏州，多关东宝云云，似日升昌在东三省有相当的金融势力，或者因山西商人在东三省外蒙古经营商业，是以发生拨兑么？

日升昌由颜料改行，据日升昌现任经理梁怀文（现年八十二岁）云："伊于光绪初年到四川时，见日升昌门上尚悬有颜料的招牌。"日升昌何日由颜料行代办汇兑，改为专营汇兑事业呢？据梁怀文云"是道光十年"。但按日升昌内悬有一木匾，上书"怡种养素之轩"，下书"道光四年孟夏"，"七松老人"，图章为李秉礼，或者日升昌就是道光四年改立的。

相传发明票号者为雷履泰，但雷履泰生卒年月不可考，惟平遥县城内文庙道光二十四年碑，有"雷履泰捐银四十两"，是票号之设立，总在道光年间。又相传雷履泰为日升昌大柜，毛鸿翙为日升昌二柜，后毛鸿翙出号入蔚泰厚绸布庄，将蔚泰厚亦改为票号，兹观蔚泰厚于道光二十四年及咸丰元年京都与苏州往来信稿中，尚能看出蔚泰厚对于日升昌的嫉妒及两家争夺生意情形：道光二十四年蔚泰厚苏州分庄京都信稿，四月二十三日信云："再报，苏地大势，功名以及钱店生意，咱号概不能做分文，皆因日升昌、广泰兴等号，今年以来，收揽从九监生，加色曹平，二十二微大些，二十、二十一不等。照此，咱等实无划算，是以只可不做，但不知伊等如何算法。"八月初八日信云："今耳闻日升昌亦往苏起银七八万两，起身日期，亦许在三五天内，报知。"八月二十日信云："跟标车三辆……统共合咱平银七万四千两……至于此次办理，缘三几天，日期甚急，所以银色未免无暇过神，且又偶承光庆日升昌一号俱加利借银，因而即便有工夫时，亦不能顺手挑拣，将此情呈兄知之。"九月初十日信云："志一堂定于二十六七日往苏送银七八万两全是关东宝，日升昌所来之银，亦系出与伊号，报兄知之。"十月二十日信云："今天日升昌往苏起银八万余两，乃系伊昨日由沈来标，想是关东宝多，伊号早几天在京办足赤金千数两，自系一并带苏，至日，可将赤金行市陆续在京沈逾音，以备咱号，适遇再带，虽系预为之计，便中题及一二是妙。"

咸丰元年二月初八日信云："至来信云：'收会海运经费银两之说，实在一言难尽，但去岁于今正月间，晚等即托本府钟大老爷与元和县贾太爷教与咱号揽会，伊等俱是满口应承，云及今年大委员是粮道倪大人，去年存公银两，就是从宝号会去，况今岁海运数目更多，约在二十五六万两,各委员均向藩台恳求,因目下路途甚不宁静,现有西帮二字号,结实可靠评分数号兑去,可保无路途之虞,藩台抚台皆已允准,众人举荐咱号与日升昌贾太爷来号已经说过,是以咱与聚锦定会过京收伊银二万两,不料大委员倪大人次日进省,本府又谈及此事,伊云,别号尚可,惟咱号不教兑会,如由咱号会去伊定不收。故亲自到日升昌会过银七万来两,净共期五十天,下余仍教委员解去。但此海运巨款,咱号分文不能收会,不说耽误生意,未免外人耻笑。此乃已过之事,无须再论,如后手再有会去官场中,或成重之项,望仁台等务宜看事而行。近来生意实属艰难,况行中手稠,你抢我夺,适有一二宗项,不识落于何人之手。彼此各处,务宜作实为要,将此大略,呈仁台知之。'"

蔚泰厚等据其股东侯崇基云,系道光二十四年改,但按蔚泰厚道光二十四年京都与苏州往来信稿,其首为"四月初八日托天成局寄去八十八次信",依信的次数计,蔚泰厚至少在道光二十三年改,又按道光二十四年六月初三日信云"亦非早年可比,近来焉能差许多",有早年近来,当然在二十四年以前数年改的。又八月初五日信云,"倘遇占光,京苏系必拘定限制过账,况限来数,十年间,咱号各处捐项,苏局首一,常局在二",由"十年间"向前推算,蔚泰厚是道光十四年改营票号的。日升昌的专营票号事业,当在道光十四年蔚泰厚改营票号前不远。

三、票号的盛衰

山西票号史可分为四期,在道光四年以前为萌芽期,道光四年至光绪二十六年为长成期,光绪二十六年至光绪三十四年为兴盛期,宣统元年以后为衰亡期,这些事实,在前章都介绍过了,兹将票号的兴盛与衰亡的背影,分言于左。

1. 票号的兴盛

票号营业所得的利,不外下列几项:

(1) 平,过去交易,固有以库平为准的,但各地有各地的平,而又有各号的平,票号每家自特置一平,凡收入银两,约长千分之二三,积小成多,每年也算收入之一。

(2) 色，银的成色不一，而且无绝对的标准，任人估计，票号凡收入银两，总说成色不足，减低千分之五六。

(3) 汇费，汇费视其银根松紧而定。但平时总在千分之十以上。

(4) 小存大放，存户存款于票号，大半是二三厘利息，票号吸收了这笔小利的款子，再放出去（放款则七八厘利息），这其间得益很多。

(5) 捐款，清廷设有捐虚衔一例，票号因与官场有往来，多托票号代捐，代捐亦有手续费，经手的多了，这笔手续费也不在少数。

尚有择垫一种，如先择候补有出官的可能性者，为之垫款运动，俟其挂牌，乃派人随往到任，设立票号分号，将垫款陆续扣除，此中利息很大。

观各家票号，原来资本并不丰裕，而当时定期存款为多，定期存款，始有利息，活期存款虽可随时取款，但等于不提现，因山西商人向重信用，各处与之存款往来者都相信得过；而且所用银两，不是平色上吃亏，即是携带不便，乃将存款换得一存款条，在他处交易，以存款条给付，他人就可作为现金收付。是票号出了汇票，形同发行纸币，票号无形中得到这一笔帮助，对于资本运用上，自然灵动。

以上是普通营业，若要扩大营业，则有下列各条件：

(1) 存入官款，官款原规定在京存户部，在省存藩库，如与官场有深交情，此笔大款存入票号，可以不出利息。

(2) 汇兑官款，人民及商家汇款，究竟不多，而官廷的钱粮关税以及陕甘协饷等，在先是官廷自运，如与官廷有交往，可以由票号代运。

至于捐项一宗，因与官廷往来甚密，由虚衔亦有走到实缺的，是以收入更大。

但与官场往来，不便公开的，亦不是白白可往来的，总得有相当的交际费。直至光绪二十六年，乃由秘密而到了公开的地步。

义和团之乱，八国联军入京，清廷仓皇出走宣化，由大同经太原而长安。当其出走之时，衣物尚不及带，金钱甚为缺乏，路过票号的总号所在地太谷、祁县、平遥这三县，与票号有往来的，虽无汇票等，均可提款。接济了清廷贵臣不少困难,因而到了事平后,对于票号大为信任,国库使之代取,是以赋税存款及汇解,与各省摊派的外债汇解,大宗款项,均归票号,此票号营业在此时期所以兴盛。

票号由光绪二十六年至三十四年,为最发达之期,兹举会通远、大德通两家为例:会通远于同治十三年开设,由同治十三年至光绪三年,除过四五两年,每年股东每份使"俸股银"六百两,光绪十年至十二年,每年为三百两,十三年为八千两,而且有"收入来倍本银"若干,知由同治十三年营业至光绪十三年,共十四年,开账前后共计为一万六千七百两。光绪十四年至十九年,为三百两,二十年至二十二年为六百两,二十三年为一万六千六百两,共十年,开第二次帐,共计一万二千七百两。二十四年至二十六年为六百两,二十七、二十八年末开"俸股银",二十九年为一万四千两,四年一账,共计三万二千两。三十至三十三年为六百两,三十四年为四千两,五年合计六千四百两。宣统元年至三年,每年"俸股银"六百两,再未开账,即为歇业。

大德通于光绪十年开设,光绪十四年开账,每份八百五十两,十八年为三千零四十两,二十二年为三千一百五十两,二十六年为四千零二十四两,三十年为六千八百五十两,三十四年为一万七千两,以至民国十四年方开帐为八千两,十八年为二千两。

兹将两家历年所得红利,作为百分比,画成比较图,红线代表会通远,黑线大德通,横格每格代表二年,纵格每格代表百分的两个数目,兹列其图如下(图略)。

根据会通远、大德通两家的红利,均以光绪二十六年至光绪三十四年为最高峰,可知此时为票号最发达的时期。

2. 票号的衰败

票号的生产,是由于商业发达至相当程度,而交通及货币的本身,尚未能相随俱进,票号乃是这个时代应运而生的金融机构。如果交通及货币等,也随着商业发达而改进,则票号也顺应着环境加以改组;若交通及货币均改进了,而票号仍保守旧规,在商业发达的时代与环境中,自不容组织不完善的票号存在。另有新的金融机构——银行产生,虽无辛亥革命时的大批倒账,也在自然淘汰之例。兹将票号衰败的原因列左:

(1) 货币的改良

中国旧日的银两,则用元宝,携带既成不便,而银色与秤码,不惟易地就要吃亏,就在同一镇市,此家彼家已稍不同。至乾隆嘉庆,我国东南沿海各省,输入外国银元,人民多以方便而用之,清廷虽曾加禁止而无效,迨至光绪末年,此类外国银元,或因本国币制改革及停铸,清廷乃开始仿造,光绪十六年,粤钱局已铸造银元,江西铸造银元制钱局及北洋机器局于光绪二十四年铸造,奉天机器局于光绪二十五年铸造,截至光绪三十一年止,共铸银元为二万余元。

这宗银元,大批的铸造,使票号对于平色的收入大为减少。

(2) 汇票的缺乏

汇票的缺乏的原因,以交通便利与银元的铸造所致。银元携带各地,既不减色,又不少秤,交通有铁路及轮船,小宗款项,可以自带,用不着交票号汇兑。而且邮局已开始作小宗汇兑,外商银行亦作起内地的汇兑,官款的汇兑,亦因大清银行所设之地即归大清银行汇兑,汇兑事业不专为票号所独营了。

(3) 汇票在社会流传日少

大清银行于光绪三十一年,发行纸币,纸币分为银票、银元票、钱票三种,各地可以通行兑换,并且能完赋纳粮,人民自然乐用,将从前所存的票号汇票当作现金使用的,大半改用纸币,票号的汇票发出即为提现,不似从前小额汇票发出后,待若干时日方来提现,在空期中资本可以周转的。

(4) 存款的减少

票号向例活期存款无息,定期存款只有二三厘息,而银行及钱庄则为四五厘息,存款者自然自票号提出存入银行及钱庄了。官款无息,但自大清银行成立,官款即提存大清银行,赔款亦存外商银行。利息方面,票号因存款者日见减少，而自己又无雄厚的资本放出去，故利息的入收自然就减少了。

是以光绪三十四年时，票号中人自己也感觉了，他说："乃自甲午庚子以后，不惟倒欠累累，即官商各界生意，亦日见萧条。推原其故，固由于市面空虚，亦实以户部及各省举行次第成立，夺我权利。而各国银行复接踵而至，出全力与我竞争。默计同行二十余家，其生意减少已十之四五；存款之提取，更十之六七也，即如户部银行所到之处，官款即令其汇兑；我行之向做交库生意者，至此已成束手之势。我行存款至多向不过四厘行息，而银行即可将五六厘，放款者以彼利多，遂提我之款，移于彼处，且彼挟国库藩库之力，资财雄厚，有余则缩减利息，散布市面，我欲不减不得也。不足，则一口吃尽，利息顿长，我欲不增，又不得也。彼实司操纵之权，我时时从人之后，其吃亏容有数乎？至于外商银行，渐将及于内地，所有商家贸易，官绅存款，必将尽为欲夺，外人素习商战，更非我所能敌，试问，我行尚有何事可做乎？此数年来之陈迹，亦以后事势所必至，非晚等之过虑也。"（李宏龄的《山西票商成败记》）

票号失败的原因，既已显著，自己应即改革，以适应环境，但票号自以为在金融界有根深蒂固的历史，是以在光绪二十九年北洋大臣袁世凯请票号加入天津的官银号；光绪三十年，组织户部银行时，亦请票号加入股份，并由票号中人组织银行，票号均为回绝，后来户部银行改由浙江绸缎商筹办，此今日浙江人在金融界上有巨大势力之由来。

票号既失去改组为银行的机会，但在各分庄的经理，目睹营业日艰，自己非改组银行不可，乃由蔚丰厚北京分庄经理李宏龄与三晋源存义公股东渠楚南商议，联合在北京的三帮票号，致函山西总号，一面分函各地分庄征求意见，后来李宏龄将此信稿用石印，名为《山西票商成败记》（见附录）。当时三帮票号，固有二十余家，但以平遥县侯氏的五联号（蔚泰厚、蔚丰厚、新泰厚、蔚盛长、天成亨），势力为大，而五联号中以蔚泰厚经理毛鸿瀚最有权力，他是光绪二十四年为蔚泰厚经理，住在平遥，对于外面的大势，一切不知，而且六十岁以上的老人，精力已衰，意存保守，极力反对由票号改为银行,是以李宏龄等联合信去无效,时他的伙友张石麟亦力争改银行不果而辞退。

银及人未参加到大清银行去,就是票号改成银行,也无大利可图,不过多延长几年,不至于辛亥一受打击,则倒闭随之而生了。

辛亥武昌起义,各省响应,存款的人纷来提款,放出去的一点也收不回来,致使周转不灵,各地分庄,纷向山西总号请拨款接济,但总号存款有限,一时均接济各号,是接济不来的,各分号见总号无钱接济,有的歇业逃归,有的被控入狱,总号之款,既已空虚,迨至民国元二年时,债权人均到山西总号坐索,因股东负无限责任,只得将股东的住宅拍卖,股东早恃其遗产为生,无生活的能力,形成了早为堂皇冠冕的富家翁,晚成饿殍,沿街乞求,多饿死于道途。

票号有一部分因资本较厚,外债偿还,照常营业,但票号既无利可图,此处因纸币的损失,彼处有捐款甚重,总号及分号又养着很多吃饭无事可作的人,开支甚大,年年赔本,因而在民国十年左右歇业了。

现在所存的三家票号,早已改为钱庄,兼营其他商业,名为票号,实质早去。

票号既已失败,欲从事恢复,决不可能,惟票号商人勤苦耐劳,专重信用,以此项人材,用于省县的地方银行,则甚适宜。

文学考证与戏剧类

元代演戏的舞台①

(原载于《中国语文学丛刊》1933年第1期,第11—16页)

一、发现的经过

山西万泉县有几句对于古迹的谚语:张瓮庙,解店楼,四望村台子拔了头,就是说万泉县境内最伟大的古迹建筑物,为:

1. 张瓮庙——在万泉县城西北二十里东张瓮村东的岱岳庙,因其在张瓮村,俗名张瓮庙,有唐代重修碑,建筑宏大。

2. 解店楼——在万泉县城东北十五里解店村岱岳庙前飞云楼,因其在解店村俗名解店楼,有元代重修碑,建筑伟大。

3. 四望村台子——在万泉县城东南二十里四望村后土庙内,因其在四望村,万泉的土语叫演戏的舞台为"台子",是以俗名四望村台子。

漫成此篇,即以质之胡先生,且与海内之好词者共同商榷;庶几东山

---

① 编者案:此文曾发表于《文学月刊》(北平)1931年第2卷第1期,第54—59页。后略作修改,发表于《中国语文学丛刊》。此处收入修改后的版本。

绝业,得以重光,则甚幸矣。

二十二年三月十二日,脱稿于真如暨南村寓舍

拔了头是推为第一的意思,是说张瓮庙解店楼四望村台子古代伟大的建筑物中,当推四望村演戏的舞台为第一。

现在文学中宋元戏曲占一重要部分,但各地古代建筑物因受潮湿的天然摧残和兵灾的人工破坏,是以保存下来的很少。我的家乡既有张瓮庙,解店楼,四望村台子拔了头的谚语,从前我都到过这三处地方,脑筋中印着四望村舞台是建筑的好而且古,于是于十九年自南京返里,到四望村看了一次。

我到四望村后土庙内看演戏的舞台,其舞台的后面上层柱面刻有大明正德……的年号,舞台的台基正面,砖砌的中间含有约宽一尺长一尺五寸的一块花岗岩石(见图八),上刻的是:

本村十弟兄相里记等各发乾心愿

舍己财自倍饭食许到武殿方元压

台石一百三十尺石狮子一对共使钱贰

两工成完备

计开花名于后　　　　牛春牛得仪

　　牛成相里记张隆张景五张爱

　　　相里表张洪牛山相里彪

　正德十五年三月

据上碑文,内有几个错字,乾当为虔,倍当为备,武当为舞,狲当为狮,武殿当为舞殿,就是说建筑这舞殿台基共用了十三丈石条。四望村现在张牛相里三姓仍有。

我到四望村考察,本想找到一个元代的舞台,因为我是受宋元戏曲的影响,当时虽未找到元代,有明代的也算是古的了。同我考察的有四望村一位老先生相里子美(相里是二字姓),他说西景村的戏台子是仿照我村(四望村)的台子作的。于是我就离开四望村向南走了二里,到西景

村岱岳庙内一看，其舞台的形式和木材的腐朽均露出较四望村舞台为古的现象。

西景村岱岳庙系金大定二年建，其舞台系西历一三五四年所建，台基的正中间含宽约二尺五寸高约一尺的一块石版（见图六），上刻的：

施缘功

　施缘功德主本老王二男王九

　同发善心于

　岱岳庙内舞厅周遭

　岱

　　压基台石四面般载

　　施功众村人甘愿各人

　　春安夏泰秋吉冬祥

峕甲午年壬午月甲子日功卑

　　　石匠西胡村费卜

　　景仓官施钞拾两

　　景小侍诏施钞伍两

　　卫庸德施钞二两半

　　柳李二施钞二两半

　　费卜

　　大元国至正十四年五月初三日撰

上第一行施缘功三字因写的太大了，估计全文在原石上刻不完，于是第二行另起施缘功……；写的略小了。第五行岱字因距离太宽了，故又于岱字前面加一行为岱岳庙……。万泉县现有胡村，系原日的西胡村东胡村现成荒地，胡村现无费姓。西景村现以王姓为大户，景姓在民国初年尚有一户，现已灭亡。

二、二次调查

二十年五月我到万泉县孤山东南麓柏林庙，看见南轩东石柱上刻有文字（见图七），其文字是：

盖闻

风伯雨师之殿列宿祠宫起垒基止划除荆棘

展修庙庭抽梁换担移那舞厅并建缠腰开

山拣材琢磨成造刊成之器上凿嵌花龙石

树一对

本社八分为率　　杜村〇分　　杨李村二分

北吴村一分半　　南吴村一分　袁家庄半分

峕大德五年夹钟辛未朔蓂生十有二叶　谨志

安邑县上马村梓匠都料张鼎

本县张户村琢磨匠皇甫安舟马玉胡秀

皇甫村铁匠屈卜解卜

上文八分为率推算,杜村〇分空白当为三宇。现在柏村庙为四社八村,即皇甫村首社一分杨李村高家庄为二社,各半分,东杜村西杜村为三社各半分。北吴村南吴村袁家庄为四社,北吴村半分,南吴村为半分的四分之三,袁家庄为半分的四分之一。此与元代的情形已不同。现安邑县有上马村,上马村有张姓。万泉县有南张户村,北张户村但均无皇甫马胡三姓。皇甫村无屈解二姓。

上文舞厅即为舞台,但现在已成为南轩了,柏林庙献殿内有明嘉靖二十七年碑,碑文有"……撤乐楼作小轩洞开八窗……"现在南轩正有八窗,是于明嘉靖二十七年,(西历一五四八)将元大德五年(西历一三〇一)的舞厅(明名舞楼)改造成小轩,现在名为南轩。又有清康熙四十七年碑云"于轩之下增建舞楼一座……",是元代舞台毁于明嘉靖二十七年,于清康熙四十七(西历一七〇八)另建筑舞台,即现在柏林庙南轩下的舞台。柏林庙东缠腰有元至大二年碑,碑阴有"重修舞停都维那头杨李张德顺"按元大德五年至至大二年(西历一三〇九),相距八年,不应即加修理,是大德五年石柱上的移那舞厅当是大德五年重修,至大二年碑阴的重修舞停……是追叙大德五年的事,都维那头现名社首,是各村值年管庙的人。

由上文考证，柏林庙已毁的舞台系元大德五年重修，在西景村元代舞台前五十三年，其建筑又在大德五年前。

一天我到了万泉县城西二里的桥上村后土庙，其庙献殿下有大宋天禧四年五月十五日（西历一〇二〇）建的一统碑，碑阴第三层有修舞亭都维那头李廷训等，是在宋天禧四年已有舞台了。但考察桥上村后土庙内现存的舞台，就其形式及木材上观察是不古的。其庙廊下有清乾隆四十九年碑，碑云……在献殿之南，山门之北创建戏楼一座，观察现存的舞台正在献殿南山门（大门）北，但宋代的舞台到那里去了？

我在桥上村后土庙内往返考察，看见山门建筑的形式木材均与大殿（景德二年七月三日建——见天禧四年碑阴第四层）相同。又山门分前后两面，前面向南各外，两边塑二大将军，其神像与大殿相仿，后面向北向现在舞台的背面，左右各塑一马，马旁各塑四人，其塑工不及前面二将军远甚，当系后世（非宋代的）所塑。但这山门台基高约五尺，为现在万泉县所有的山门所未有，俗说桥上门下 引 过牛， 引 是穿的意思，即是说桥上村后土庙山门门下的门限甚大，牛都可以走过去的。

细察这山门的台基之高，与现在万泉所谓过路台子相仿。即将舞台建于大道上，台基中间辟为车路，平时可从此经过，到演戏时将辟为路的空处放置木板，演戏的人就站在木板及余的台基上。桥上村后土庙的山门台基不惟高与舞台的台基等，而且台基两旁石上有凹为安置木板所用的，其图如：

系本板，两边有凹，

为 占 ，可以放木板。

是山门系宋代的舞台，后放为山门，遂于山门之北，另建舞台。

三、用途及名称

万泉县袁家庄关帝庙有清乾隆五十一年建筑的舞台，其碑文云：

关帝庙前戏楼碑记

　　义秉乾坤,威震乎华夏。德同日月,泽润乎生民。声灵赫濯,固足令人悚然惕然,而悉生其敬者也。然敬必藉戏以表其心,而戏非楼无以为舞所,戏楼之系岂浅鲜哉。余庄有戏楼三间已创造于康熙四十年,重修于乾隆元年矣。旧日规模实觉可观,但世远年湮疏漏愈甚。再则,院地窄狭,容人无多,村人慨然动念,欲重修整新,移广基址,奈赀财不给,虑以盛事难求,爰于乾隆五十一年七月,众人议定关帝庙有柏树五株买银八十两,又量村中每家之地亩多寡,各出赀财,同心竭力,以求移修舞台之大事。迨厥工竣,刻名于石以垂不朽云。

乾隆五十一年岁次丙午九月吉旦

据上文然敬必藉戏以表其心,是舞台的建筑原为酬神所用,是以山西的舞台依我个人所见到的都建筑在神庙内,神庙大多数是座北向南,舞台是座南向北,正对着神庙正中,神庙与舞台中间相距约十丈左右,演戏时靠近舞台的一半系男性站立听戏的地方,后半靠近神庙系女性用木棹排列坐在木棹听戏的地方。是舞台原为酬神所需,可无疑义。

　　舞台的名称,在我所见到的,似乎名称因时代而不同?兹列举于左:

1. 舞亭——一○二○年——桥上村后土庙宋天禧四年碑阴(见前);
2. 舞停——一三○一年——柏林庙绕腰碑阴(见前);
3. 舞厅——一三○九年——柏林庙南轩东石柱(见前);
   ——一三五四年——西景村岱岳庙台基石刻(见前);
4. 舞殿——一五二○年——四望村后土庙台基石刻(见前);
   ——一七○一年——袁家庄关帝庙舞台上扶基板(注一);
5. 乐楼——一五四八年——柏林庙献殿碑(见前);
6. 舞楼——一七○八年——柏林庙献殿碑(见前);
7. 戏楼——一七八四年——桥上村后土庙廊下碑(见前);
   ——一七八六年——袁庄家关帝庙碑(见前)

据上列七个名称,最初为舞亭、舞停,由用舞字推测,宋元演戏当以舞为主角，唱或次之？由用亭、停字推测，亭为独立四周不靠的小建筑，如现在的亭子，是宋元演戏很简单的。由厅、殿字推测，厅、殿较亭子大，元明演戏较宋元为复杂。由用乐字推测，明代演戏注重乐器。由用戏字推测，清代演戏以戏要为主。由用楼字推测，演戏不独是为听，注重在看，故演员登于高楼之上，使舞台下的人可以看见。

四、舞台的保存

宋元明的舞台，可以保存至现在，有左列的原因：

1. 山西气候干燥和冷，不像南方的湿热，是以建筑物可以保存很久

例如：师大研究院派我到山西万泉县荆村瓦渣斜发掘石器时代遗址，其遗物有三件，可注意的（一）黍粒，系火烧过的，有一部份焦着。（二）绳头，绳头一块，其用毛作的遗痕尚可观。（三）粪，粪一块，破之内有碎骨。这三样系很难保存的，而从新石器时代能保存至今，其原因该物在穴居的灰坑内，其物埋入灰坑时，灰必尚热，将其物水分吸尽。现在将其灰掘出尚干燥，过风飞扬。

2. 万泉县水深为全山西冠，其气候因甚干燥

例如：万泉是唐武德三年从汾阴分出来的，现在万泉境内共有泉九处，最大之泉如柏林庙的双泉可容一千人饮水，是万泉命名，不因泉多而得，系由凿地万尺，而不及泉（见我著的《万学杂志》）所来。俗说：丁樊冯村出了名，油杜村千尺还有零，是说万泉县丁樊村冯村的井深已出名了，而与万泉相连的油杜村井深一千有余尺。我村北吴村井深三百余尺，井绳一个人携不动，须有二个人抬。峨嵋坡下的猗氏安邑人常嘲笑万泉人不洗脸，说是万泉没水，人不洗脸，洗脸时，家人均在阶下排立，家长站在阶上口含水向阶下人脸上喷去，阶下人用手巾以拭，就算完事。其话虽不确实，万泉的水深气候干燥可知。

3. 建筑物即使历代修理，但原形仍然保存

例如：万泉县解店的飞云楼高约十五丈，十九年方修理完竣，修理费共需了一万七千余元，其工程之大可知，但将原形一点未改，即将腐朽的

木材照原样换上,栋梁大木均不动,上面的瓦从新换一次。是只修理其表面而保存其原形。这个原因系山西表里山河,环境上使山西人多保守性,是以仍旧贯的特别多。又山西自宋初焚晋阳城后,历来少大兵灾,是以被焚的建筑物也少,惟近年来为破除迷信,改建学校,把古建筑毁了的甚多。又山西的民房现存明末的很多,民房虽无碑可考,但山西习俗正房梁上正中横置一木板,名扶脊板,将创建及修理的年月均写在上面,因此可以考知。

(注一)扶脊扳,兹录山西万泉县袁家庄关帝庙,舞台上扶脊板为例:

旹大清康熙四十年岁次辛巳四月初十日午时创建舞殿至乾隆元年岁次丙辰三月壬辰重修伏祈阖庄福泽绵长吉祥如意

各处的建筑物扶脊板上文字,大都是这一套,不过年月日及所创建或重修的物件名词不同而已。

我对于戏曲没有发生兴趣,对于建筑物也不懂,不过我家乡有此可宝贵的古代大建筑,特介绍出来,请大家注意!

一九三一,八,四,记于北平师大研究院

周南、召南与邶、鄘、卫的关系

(原载于《教授与作家》1934年第1卷第1期,第1—9页)

一、绪论

诗是从"言"从"寺"。寺字从"止"从"寸",止即"止",甲骨文及金文作形,即足字;"寸",甲骨金文作又形,即手字。是"诗"为"手之舞之,足之蹈之",及口"咏歌之"的一个会意字。

《诗》分三大部,曰《风》、曰《雅》、曰《颂》,《风》是采取各国的歌谣,由此歌谣中,可以观察到风俗的好坏。《雅》为周诗。周为夏民族,雅夏古音同,故《墨子·天志下》称《大雅》为《大夏》,周为夏人,故其诗名《夏(雅)》。《颂》为祭祀其祖先时所歌的颂扬功德的歌。

风亦曰《国风》,《国风》是以国为名,如《郑风》《齐风》《豳风》等,即郑国的诗、齐国的诗、豳国的诗。若《周南》《召南》,何以不名为《周风》《召风》? 而名为《周南》《召南》? 前人对于"南"有两种解释:

1. 以南音为南

《诗·小雅·鼓钟》"以雅以南",《左传》成九年,晋侯与楚囚钟仪琴,"操南音……乐操土风,不忘旧也"。

2. 以南方为南

《左传》襄十八年"晋人闻有楚师,师旷曰:'不害! 吾骤歌北风,又歌南风,南风不竞,多死声。楚必无功"。《吕氏春秋·音初》"禹……巡省南土……实始作南音"。《礼·王制》"南夷之乐曰南"。不管南为南音也好,南方也好,但南上加周字为周南,加召字为召南,其义何解?

《史记·燕世家》索隐云:"《诗》有周、召二南,皆在岐山之阳,故言南也。"若以南指陕西岐山以南,二南中无终南、汉中,而汝水偏在东。《史记·燕世家》云:"自陕以西召公主之,自陕以东周公主之。"陕即河南陇海路经海的陕县。但周初为封建初期,是否有方伯,周、召分治,诚一问题。

《邶》《鄘》《卫》风共三十九篇,《汉书·地理志》云:"河内本殷之旧都,周既灭殷,分其畿内为三国,《诗》风:《邶》《鄘》《卫》是也。"又云:"武王崩,三监叛,周公诛之尽,以其地封弟康叔。号曰孟侯,迁邶、鄘之民于洛邑,故邶、鄘、卫三国之时,相与同风。"

邶、鄘两国系武王灭纣后所封,至成王命周公平三监之叛时,迁其民于洛邑,但在这很短的时期,绝不会产生这十九篇诗。若其诗在成王以后产,但邶、鄘之民已迁洛邑,旧日在殷都附近的邶、鄘之地。全属于卫,地既属卫,在属卫以后所产的诗,应曰卫风,不应仍存邶、鄘之名。

前人对此均不得其解,王静安先生在《北伯鼎跋》主张邶、鄘是有目无诗。他说:"自来说邶国者,虽以为在殷之北,然皆于朝歌左右求之。今则殷之故虚得于洹水,太且、大父、大兄三戈,出于易州。则邶之故地,自不得不更于其北求之,余谓邶即燕,鄘即鲁也。邶之为燕,可以北伯诸器出土之地证之。邶既远在殷北。则鄘亦不当求诸殷之境内。余谓'鄘'与'奄'声近。《书·洛诰》'无若火始焰焰',《汉书·梅福传》引作

'毋若火始庸庸';《左》文十八年传"阎职"。《史记·齐太公世家》《说苑·复恩篇》均作"庸职"。奄之为郮,犹焰、阎之为庸矣。奄地在鲁,《左》襄二十五年传鲁地有弇中,汉初古文《礼经》,出于鲁淹中。皆其证也。邶、鄘去殷虽远,然皆殷之故地,《大荒东经》言王亥托于有易;而泰山之下,亦有相土之东都,自殷未有天下时,已入封域。又《尚书疏》及《史记索隐》皆引《汲冢古文》"盘庚自奄迁于殷"。则奄又尝为殷都,故其后皆为大国,武庚之叛,奄助之尤力。及成王克殷践奄,乃封康叔于卫,封周公子伯禽于鲁,封召公子于燕。而太师采诗之目,尚仍其故名,谓之《邶》《鄘》;然皆有目无诗,季札观鲁乐,为之歌邶、鄘、卫,时犹未分为三,后人以《卫》诗独多,遂分隶于《邶》《鄘》。"(《观堂集林》)

为甚么《邶》《鄘》有目无诗？我以为《邶》《鄘》即《召南》《周南》,《召南》为《邶》,《周南》为《鄘》;《邶》《鄘》原为《召南》《周南》的注,后人误将注列为正文,于是《邶》《鄘》成为有目无诗。但这个问题与西周的史地有关,应先明瞭西周的历史与(地)理。

二、武王占领河南

周民族为夏民族之一,最初发源于山东,后徙至山西翼城高平新绛一带,又迁于陕西韩城富平,及移于陕甘之交常武庆阳的豳。因其地有董子原(在庆阳西峰镇南),宜于农业,每亩平均收麦子在二百斤以上,为北方各省冠,故有"八百里秦川,不如董子半边"之语,陕西的食粮多赖其地(运至永寿县监军镇,再分运于长安、三原等地)。

周民族以新兴的农业民族,东攻已衰落的游牧民族殷,在周文王时已占据临潼及嵩山,即《诗·大雅·皇矣》"与尔临冲(临潼),以伐崇庸(嵩山)"。武王伐纣,由孟津渡河。与纣战于牧野,纣败自杀,但武王尚不能据有殷国,乃封纣子武庚为殷王以缓其冲,于殷都西南封周民族及与周有关的民族以监殷,如：

1. 管在河南郑州

《史记·管蔡世家》"封叔鲜于管"。《汉书·地理志》以河南郡中牟有"筦叔邑",在郑州北二里。

2. 蔡在河南修武

《史记·管蔡世家》"封叔度于蔡",《后汉书·郡国志》以河南郡山阳县有"蔡城,蔡叔邑",在河南修武县西北。

3. 齐在河南济源

河南济源县山谷多野韭,花开如古字的 字,故名其地为齐,其地发源之水名齐水,后人以齐水属水,故于齐加水旁为济,姜太公封于其地,故名曰济。其地多姜太公故迹。

4. 鲁在河南鲁山

河南洛阳南有沙河,产大口鱼(甲骨、金文"鲁"为大口鱼),其北有山名鲁山,《国语》《墨子》名其地为鲁阳,汉置鲁阳县,北周改为鲁山县。其地附近有荆山,楚曾居于其地,《史记·鲁世家》及《蒙恬传》以周公出奔楚,《琴操》以周公出奔鲁,是楚、鲁为邻而混合。周公子伯禽封于鲁山,故名曰鲁。《诗·鲁颂·閟宫》"王曰叔父,建尔元子。俾侯于鲁,大启尔宇,为周室辅"即此。

5. 召在河南郾城

河南郾城县南有山如壶形,名曰召陵(古文召字 ![] 中为酒壶),齐桓公曾会诸侯于此,召公封此故名召,《诗·召南·甘棠》"蔽芾甘棠,勿翦勿伐,召伯所茇",是作《甘棠》诗的人,认他们的地方(召南)附近为召公的封地。金文的《宗周钟》云南夷二十方邦侵召,召王(召公)奔宗周,南夷惧宗周出兵讨,乃与召和,迎召王返国。召与南夷为邻,是召在郾城可知。

三、成王占领山东河北

武王死周公代立,管叔、蔡叔以周早已脱离了游牧时代的兄终弟及制,而实行农业时代的长子承继制,周公不应代武王立,起而反对。周既内哄,殷夏两族不愿受周人的压迫,联合抗周,周公东征,殷夏两族大败,即《逸周书·作雒解》云："周公立，相天子。三叔及殷东徐、奄及熊盈以略……二年，又作师旅，临卫政殷，殷大震溃……凡所征熊盈族十有七国，俘维九邑，俘殷献民，迁于九里。"周既败殷，占有山东河北。而于占有之土地，封以新国，共分两组：

甲 武王时封于河南的国迁封于山东、河北

A 齐由河南济源县迁封于山东临淄县，仍名齐。

B 召由河南郾城县迁封于河北易县，仍名召。后召字讹变为燕，召字原作▨▨形，▨为仿犀牛角作的酒壶，▨为酒壶座，▨为两只手，分为妣祖二字合文，系招集族人祭祖，召为古招字。后将▨讹变为甘，▨及▨讹变为▨，▨讹变为北，田讹变为▨，遂成燕字。

C 鲁由河南鲁山县迁封于山东曲阜县，仍名鲁。

《诗·鲁颂·閟宫》"王曰叔父，建尔元子，俾侯于鲁，大启尔宇，为周室辅"。又云"乃命鲁侯，俾侯于东，锡之山川，土田附庸"。既云"俾侯于鲁"了何又曰"俾侯于东"呢？不是重复吗？所谓"俾侯于鲁"即鲁山，"俾侯于东"即曲阜。曲阜何以称东？古为东国地，《逸周书·作雒解》"殷东徐、奄及熊盈以略"，东为国名。

《左传》襄二十三年"赵胜率东阳之师以追之"，昭二十三年"荀吴略东阳……以息于昔阳之门外，遂袭鼓"。《国策·齐策》"绝赵之东阳"，是东阳在河北邯郸附近。而《左传》襄二年"晏弱城东阳以区之"，在山东临朐县；哀八年"吴师克东阳而还"，在山东费县西南七十里。《汉书·地理志》有东阳县，在山东恩县西北六十里。河北有东，何以山东亦有东？是武王克殷，东迁居奄地，即《诗》所谓"小东大东"，后与奄抗周，失败后成王以东奄地迁封伯禽。

乙 将陕甘的旧国迁封于河南填防

武王伐纣复封于河南的齐周召，移封于最前线的山东河北，而所遗河南的防线，调后方的国填防，其大者如：

A 聃由陕西迁河南

《左传》僖二十四年"管、蔡、成、霍、鲁、卫、毛、聃、郜、雍、曹、滕、毕、原、酆、郇，文王之昭也"。《唐书·宰相世系表》云"文王第十子聃季食采于沈，即汝南平舆沈亭"，《水经·渭水注》"东石桥水即沈水，自京兆郑来，又北径沈阳城北注渭"。是聃初封在陕西华县，后迁封于河南汝南县。

B 焦由陕西迁河南

《左传》襄二十九年"虞、虢、焦、滑、杨、韩、魏，皆姬姓也"。《汉书·地理志》宏农陕郡"有焦城，故焦国"，而《诗·小雅·六月》"整居焦获"，焦又在陕西，是焦原封在陕西，后迁于河南陕县以东。

C 虢由陕西迁河南

虢在河南陕县为晋献公所灭，而《史记·秦本纪》又说"武公十一年灭小虢"，是虢原封在陕西宝鸡县虢镇，后迁封于河南陕县。陕西所留之虢为"小虢"，而新迁于河南的虢当为"大虢"，犹小东之与大东。

四、周宣王占领湖北

A 楚民族之南迁

楚为夏民族昆吾之后，《左传》昭十二年"昔我皇祖昆吾"，《国语·郑语》亦云"楚为昆吾后"。昆吾在卫都附近，《左传》哀十七年"卫侯……见人登昆吾之观"止，故其地有楚丘，《左传》闵二年"封卫于楚丘"，《春秋》僖元年"城楚丘"。《诗·鄘风·定之方中》"升彼虚矣，以望楚矣"。其酋长熊盈（以熊为图腾）与殷东徐、奄抗周失败，乃南迁至许昌，《左传》昭十二年楚灵王说"昔我皇祖昆吾，旧许是宅"。

周宣王欲封申伯于南阳，乃命召虎伐楚，《诗·大雅·崧高》"王命召伯，定申伯之宅，登是南邦，世执其功"。但楚人曾为反抗而失败，《诗·小雅·采芑》"蠢尔蛮荆，大邦为仇；方叔元老，克壮其犹；方叔率止，执讯获丑……蛮荆来威"。在周人宣传将楚起至洞庭湖以南，《诗·大雅·江汉》"江汉之浒，王命召虎，式辟四方，彻我疆土……于疆于理，至于南海（洞庭湖）"。但楚人知他们避在湖北南漳县西的荆山，《左传》昭十二年"昔我先王熊绎，辟在荆山"。

B 周宣王大封同姓于汉阳

1. 随 《左传》桓六年"汉东之国随为大",在湖北随县。
2. 申 《左传》庄六年"楚文王过申",在河南信阳县。
3. 巴 《左传》桓九年"巴子使韩服告于楚",在四川巴县。
4. 江 《春秋》僖二年"齐侯宋公江人黄人盟于贯",在河南息县。
5. 邓 《春秋》桓七年"邓侯吾离来朝",在湖北襄阳县。《史记·楚世家》正义引《晋太康地志》云"周宣王舅所封"。
6. 鄀 《左传》僖二十五年"秦晋伐鄀",在湖北宜城县。
7. 顿 《左传》僖二十五年"楚……纳顿子于顿",在河南商水县。
8. 胡 《左传》定十五年"楚灭……胡",在安徽阜阳县。
9. 夔 《左传》僖二十六年"楚……灭夔",在湖北秭归县。
10. 沈 《春秋》文三年"伐沈,沈溃",在河南固始县。
11. 麇 《春秋》文十一年"楚子伐麇",在湖北郧县。
12. 唐 《左传》宣十一年"从唐侯以为左拒",在湖北随县。
13. 贰轸郧绞、州、蓼 《左传》桓十一年"楚屈瑕将盟贰、轸,郧人军于蒲骚,将与随绞州蓼伐楚师"。贰在湖北应山县,轸在应城县,郧在郧县。州在监利县,绞在郧县。蓼在河南泌源县。
14. 罗 《左传》桓十二年"罗人欲伐之",在湖北宜城县。
15. 权 《左传》庄十八年"楚武王克权",在湖北当阳县。
16. 息 《左传》庄十四年"楚……灭息",在河南息县。
17. 赖 《左传》昭四年"楚……灭赖",在河南息县。
18. 黄 《左传》僖十二年"楚灭黄",在河南潢川县。

此外如聃鄅鄢谷庐戎吕弦宗庸道柏房蒋巢六舒等,均在河南、湖南、湖北、安徽之地,而为楚所灭。

周宣王大封同姓于汉阳,不久周幽王被犬戎此杀,周乃东迁,中央政府无力,汉阳新建之国根基未固,楚乃乘机反攻,《左传》僖二十年云"汉阳诸姬,楚实尽之"。《史记·楚世家》云"楚武王……侵江汉间小国,小国皆畏之"。

五、周南、召南即汉阳诸姬诗

周宣王大封诸姬于汉阳,诸姬当有诗,兹就《周南》《召南》所表现的现象言:

A 就时间言有平王时诗

《召南·何彼秾矣》"平王之孙,齐侯之子",此与《鲁颂·閟宫》的"周公之孙,庄公之子",及《卫风·硕人》的"齐侯之子,卫侯之妻,东宫之妹,邢侯之姨",《大雅·韩奕》的"汾王之甥,蹶父之子",同一文法,而《毛传》训"平,正也;武王女,文王孙。适齐侯之子",他先有"文王之化"的成见在胸,故有此错误。此事见于《春秋》庄元年"单伯送王姬,王姬归于齐",是平王的孙女,嫁给齐僖公的儿子襄公的。是《周南》《召南》所表现的系汉阳诸姬存在时的诗。

B 就空间言系汉阳诸地诗

《周南·汝坟》"遵彼汝坟",汝水在洛阳以南。江汉"汉之广矣",汉广是襄阳以南不是汉中的现象,因汉水在汉中时尚不为广,是汉广指襄阳以南。《汉广》"江之永矣",江在湖北南部。《江有汜》"江有沱",江有沱是四川成都附近的现象,是《周南》《召南》所表现的,系汉阳诸姬所在地产的诗。

六、结论

A 汉阳诸姬诗何以名为周南、召南

楚在鲁僖公四年召陵之盟,已以"方城为城,汉水为池",其地已有南阳,故僖二十八年城濮之战时,晋栾贞子曰"汉阳诸姬,楚实尽之",其随唐虽亡在其后,但在城濮之战前,楚将汉阳诸姬已侵吞了大半。当采诗时,汉阳诸姬所余无几,其国虽亡,其诗尚为人民所歌颂,采诗人不能一一明瞭某诗为某国物,而以国名其诗,于是用总括的名词,说是周公所封的以南,召公所封的以南,即河南鲁山郾城以南,名之为《周南》《召南》。

B 诗的篇目原为召南、周南

《左传》隐三年"《风》有《采蘩》《采蘋》,《雅》有《行苇》《泂酌》",《行苤》《泂酌》在《大雅》,《雅》分为《大雅》《小雅》,就大小的顺序言,《大雅》在前,《小雅》在后,故举《雅》先言《大雅》。而《采蘩》《采蘋》在《召南》中。原当为《召南》《周南》,故举《风》先言《召南》。《墨子·三辩》"周成王自作乐命曰《驺虞》"。《驺虞》为《召南》的最末一篇,《周南》《召南》当为一卷,以一诗为一简,《驺虞》为《召南》的最末一简,墨子非中国人,其文字"旁行",与英文书同,在中国纵行书式下,如《召南》,中国人以《鹊巢》为首篇,《驺虞》为末篇,而在外人横行书式下,如《召南》,外人以《驺虞》为首篇,《鹊巢》为末篇,墨子以《驺虞》篇为成王,是亦误为"文王之化",但举《驺虞》为成王诗的代表,是原目为《召南》《周南》。

C 鲁人改为周南、召南

《论语·泰伯》"师挚之始,《关雎》之乱,洋洋乎盈耳哉",以《关雎》为首,与以《驺虞》为首同,《论语·阳货》"女为《周南》《召南》矣乎"?《仪礼·燕礼》"遂歌乡乐。《周南》:《关雎》《葛覃》《卷耳》,《召南》:《鹊巢》《采蘩》《采蘋》",鲁为周公后,故列《周南》于《召南》前。

A 召南即邶,周南即鄘

邶即燕国,以北伯出土诸器为据,王静安先生亦言之,但燕何以称北,因其国在北方故名北,《诗·大雅·韩奕》"溥彼韩城,燕师所完……奄受北国,因以其伯",以韩亦称北国,犹之楚在南方称南国,《诗·大雅·常武》"惠此南国",《崧高》"式是南邦",《小雅·四月》"滔滔江汉,南国之纪"。鄘即鲁,王静安先生前已言之。

燕原在召陵,后迁封于邶,采诗的人因采诗时,燕已不在召陵而在邶,恐人误会,乃于《召南》下注一"邶"字,说是原日的召南即现在的邶国。当采诗时,鲁已迁于鄘(淹),故于《周南》下注一"鄘"字。说是原日周南即现在的鄘国。其文是:

召南邶

周南鄘

自鲁人将《召南》《周南》次序倒置,其目则成了:

周南

召南

邶

鄘

这即成了王静安先生说的《邶》《鄘》"有目无诗"。后人以卫诗其三十九首,较任何国风为多,乃将《卫》诗分割于《邶》《鄘》之下。

《左传》襄三十一年载卫北宫文子相卫侯入楚说"《卫》诗曰'威仪棣棣,不可选也'",卫人对卫人言《卫》诗当无错误,而今'威仪棣棣,不可选也'二句,不在《卫风》,而《邶风·柏舟》第三章中,可知在鲁襄公三十一年时,《邶》《鄘》尚有目无诗。

《左传》襄二十九年吴季札观乐,"为之歌《周南》《召南》","为之歌《邶》《鄘》《卫》","为之歌《王》",以"《邶》《鄘》《卫》"放在一起歌,是卫诗已隶于《邶》《鄘》下,因其均言卫事,故"《邶》《鄘》《卫》"同时歌。《吴季札观乐》一篇,不惟知晋亡于韩、赵、魏三家,而且歌秦云"夫能夏则大,大之至也",指秦始皇之统一,并且《魏风》之魏,系晋献公已灭之魏,而误为毕万之后韩赵魏之魏。是《吴季札观乐》一篇系毛公窜入《左传》,以为《诗序》张本。

一九三四,五,一五,记于真如李家阁

《杨家将》考证(节选)[①]

(原载于《说文月刊》1944年第4卷合刊本,第827—874页)

引言

一件事实,尤其是关于国家的大事,写在纸上,就失去了一部份真确性,因为有些地方在当时因种种关系不便写出的。后人编成历史,又失

[①] 编者案:1944年1月,出版《〈杨家将〉及其考证》(重庆:说文社),考证部分甚为简略;1944年5月,卫聚贤《〈杨家将〉考》发表于《说文月刊》1944年第4卷合刊本,1944年7月,该文收入《小说考证集》(重庆:说文社),包括引言、宋太祖征上党及太原、宋太宗征太原与杨业降宋、宋太宗征幽州与遗将北征、杨继业的死、杨业的妻子、潘美的子女及其族谱、杨家将传说之盛等内容,此处节选杨业的妻子、潘美的子女及其族谱、杨家将传说之盛等部分内容。

去了一部份真确性,因为有一部份是根据传说的。编成小说,再失去了一部份真确性,因小说描写要使人动听,要故意夸张。演成戏曲,更失去了一部份真确性,因为要配合音乐唱奏等。据此理由,实证杨家将在历史上的真确性,实在太少了!

《杨家将》中的事实不是没有,不过他为要使人动听,将一切的功绩,均归在杨家将身上,以为宋代若无杨家,宋代早已不成为宋代了。除去天门阵的一部分神仙是作旧小说人必需插入外,甚至以灭辽服夏均是杨家干的。因宋代受辽夏的害最深而且久,故归结是要让杨家成功。

民国二十四年,余曾作《〈薛仁贵征东〉考》,自印了三千份,抗战后,为敌人所忌,禁止发售,租界上的巡捕,也奉令取缔,于是改换封面。带来一本,友人借去被炸掉,于是无法在大后方翻印。在《〈薛仁贵征东〉考》中,曾说到不久有《杨家将》《说岳》的考证,因为不久就离开上海,此地书也不多,就停下来了。

近来得到《潘氏世族谱》,并有宋元人的题字,及给潘家作的传,因而引起将《杨家将》与《宋史》对校,看《杨家将》中的确实性有若干,在《宋史》中东抄西抄,抄了这一大篇,因为全抄太长了,有些地方只举其人而省其原文。又因书太少,不能将有关材料搜齐,只好作为引子,以待异日补充!

……

杨业的妻子

甲 杨业妻佘太君

《中国小说史料·杨家将》:"业娶府州永安军节度使折德扆女,今山西保德州折窝村有大中祥符三年折太君碑,即业妻也。西北人读折音如蛇,故稗官家作佘太君。以折窝村为佘家村。"

《宋史》卷二百五十三列传第十二折德扆(子御勋御卿曾孙克行)"折德扆,世居云中,为大族,父从阮,自晋、汉以来,独据府州,控扼西北,中国赖之。仕周至静难军节度使。其镇府州时,署德扆为马步军都校,广顺间，周世宗建府州为永安军，以德扆为节度使……显德中，德扆率师攻下河市镇，斩并军五百余级。入朝，以其弟德愿权总州事，时世宗南征，还次通许桥，德扆迎谒，且请迁内地，世宗以其素得蕃情，不许，厚加赐赉而遣之。……宋初，德扆又破河东沙谷砦，斩首五百级，建隆二年来朝，待遇有加，遣归镇。乾德元年，败太原军于城下，擒其将杨璘。二年，卒，年四十八，赠侍中。子御勋、御卿"，"……御卿，淳化五年，拜永安军节度使。岁余，被病，……卒，年三十八……。"

《（光绪）岢岚州志》卷九"节妇"宋条云："杨业妻折氏，业初名刘继业，仕北汉，任犍为节度使娶折德扆女，后归宋，赐姓杨，折性敏慧，尝佐业立战功，号杨无敌，后业战死于陈家谷，潘美王侁畏罪欲掩其事，折上疏辩夫力战获死之由，遂削二人爵，除名为民。"又《保德州志》卷八人物列女："折太君，宋永安军节度使镇府州折德扆女，代州刺史杨业妻，性警敏，尝佐业立战功，后太平兴国十年，契丹入寇业进兵击之，转战至陈家谷口，以无援兵力屈被擒，与其子延玉偕死焉。太君上书陈夫战没，由王侁遵制争功，上深痛惜，诏赠业太尉，除王侁名。"

乙　杨继业的八个儿子

《宋史·杨业传》说杨业共有七个儿子，长子杨延昭（本名延朗），次子杨延。（《宋史·杨业传》为"次子殿直"而无其名），三子杨延浦，四子杨延训，五子杨延环（《十国春秋》作杨延环），六子杨延贵，七子杨延彬，以及从杨业死的杨延玉，共计八子。

《杨家将》第十六回言杨继业七子，大郎杨渊平，二郎杨延定，三郎杨延安，四郎杨延辉，五郎杨延德，六郎杨延昭，七郎杨延嗣。元曲《昊天搭孟良盗骨》云：大郎杨延平，二郎杨延定，三郎杨延光，四郎杨延昭，五郎杨延朗，六郎杨延景，七郎杨延嗣。

至杨延昭，在《宋史·杨延昭传》云："契丹畏之，目为杨六郎。"或者是以大排行计，杨延昭为行六，以小排行计，杨延昭为长。后人以大排行言，故多目为杨六郎。但按欧阳修的供备库副使杨君墓志铭，言杨继业与杨重勋为兄弟，重勋子为杨光扆，系杨延昭之堂弟，是以大排数，杨延

481

昭亦不居六。但元曲以杨延景居第六为六使镇守三关,大约在元代已有杨六郎的传说,《宋史》偏于元顺帝时,故有"目为杨六郎"之语。其实杨六郎为谁,《宋史》与元曲都弄不明白。

《杨家将》言四郎杨延辉被辽所擒,改名木易,为辽驸马,《宋史》无其事;京戏有四郎探母,以杨延辉令公主盗令箭出关见母,天明即返辽,《杨家将》中无其事。按《辽史·韩延徽传》(七四),言韩延徽为唐使聘辽被留,"居久之,慨然怀其乡里,赋诗见意,遂亡归唐……乃省亲幽州……复走契丹……即命为守政事"。

《通鉴纪事本末》(卷廿八,契丹入寇):"燕刘守先……遣参军韩延徽求援于契丹,契丹主怒其不拜,留之使牧马于野……述律后言于契丹主曰:'延徽能守节不屈,此今之贤者,奈何辱以牧圉,宜礼用之。'……延徽,幽州人……顷之,延徽逃奔晋阳……既省母遂复入契丹,契丹主……曰:'向者何往?'延徽曰:'思母,欲告归,恐不听,故私归耳……'以延徽为相……且曰:'延徽在此,契丹必不南牧。'故终同光之世,契丹不深入为寇,延徽之力也。"或者以韩延辉误为杨延辉,加上为辽驸马事。为盗箭容易之故。

《杨家将》以杨五郎在五台山出家为和尚,此事《宋史》未载。但《宋史·查道传》(二九六)云:"游五台,将落发为僧。"可知宋时有士大夫在五台山出家为僧的。元曲《谢金吾诈拆清风府》第三折王枢密云:"想他哥哥杨五郎,削发为僧,这等怕死,也是有功劳的。"《昊天塔孟良盗骨》第四折"(正末唱——杨五郎)只我在这五台呵又为僧(杨景云)哦!你原来是杨五郎",是元代已有杨五郎在五台山出家的传说。

《杨家将》以杨五郎在五台山为和尚,尚有五百和尚兵,屡助杨家破辽。《宋史·冯行己传》(二八五)云:"皇祐中,五台山寺调厢兵义勇缮葺,为除和籴谷三万。"可知五台山在宋代有"调厢兵义勇缮葺"之事。元曲《昊天塔孟良盗骨》第四折云:"贫僧乃五台山兴国寺长老是也,我这寺里有五百众上堂僧,内有一个和尚姓杨(指杨五郎),此人十八般武艺,无有不拈,无有不会,每日在后山打大虫耍子。"《筹海图编》卷十一《僧兵》

言:"五台之枪,本之杨氏,世所谓杨家枪是也。"以五台山僧善杨家枪,拟调征倭寇,《中国小说史料·续文献通考》使枪之家十七,一曰杨家三十六路花枪。《小知录》云:"枪法之传,始于杨氏,谓之曰梨花枪。"是五台山寺僧与杨家有关。

《元史》卷一百七十六《李元礼传》:"元贞二年有旨建五台山佛寺,皇太后将临幸。"元礼上疏谏曰:"伏闻太后亲临五台,布施金币,广资福利。"或因元代崇拜五台山寺,而推想到辽对五台山僧也不敢为敌。

……

庚 杨宗保与杨文广

《宋史》卷二百七十二《杨延昭传》末云:"录其三子官。……子文广。"其下为文广传云:"文广字仲容,以班行讨贼张海有功,授殿直。范仲淹宣抚陕西,与语奇之,置麾下。从狄青南征、知德顺军,为广西钤辖,知宜、邕二州,累迁左藏库使,带御器械。治平中,议宿卫将,英宗曰:'文广,名将后,且有功。'乃擢成州团练使,龙神卫四厢都指挥使,迁兴州防御使。秦凤,副都总管韩琦使筑筚篥城,文广声言城喷珠,率众急趋筚篥,比暮至其所,部分已定,迟明,敌骑大至,知不可犯而去。遗书曰:'当白国王,以数万精骑逐汝!'文广遣将袭之,斩获甚众。或问其故,文广曰:'先人有夺人之气。此必争之地,彼若知而据之,则未可图也!'诏书褒谕,赐袭衣、带、马,知泾州、镇戎军,为定州路副都总管,迁步军都虞侯。辽人争代州地界,文广献阵图,并取幽燕策,未报而卒。赠同州观察使。"

按辽人于熙宁七年争界,是杨文广死于熙宁七年,是死在杨业死后六十七年,死在杨延昭死后四十六年。其子何人? 史未书。《宋史·杨延昭传》云:"卒……录其三子……子文广。"杨文广有传,《杨家将》第三十七回言:"柴太郡在天门阵中生子名文广。"第五十回云:"以百花公主配杨文广为室,时杨文广一十五岁也……惟有令婆恩典,直待文广征服南方而后受封。"按《杨文广传》有:"从狄青南征,知德顺军,为广西钤辖,知宜、邕二州"。以杨宗保之弟杨文广出名,而杨宗保反不见《宋史》,或为"录其三子"的三子中之一子。而杨文广字仲容,仲为行二,或者有其兄杨宗保。史未录。

《杨家将》第四十六回为"西夏国议举伐宋",第五十回"杨宗保征伏西夏",按《杨文广传》有"文广遣将袭之,斩获甚众",是将文广混为宗保。但按《欧阳文忠公集·镇潼军节度观察留后李公墓志铭》云:"女四人,长适皇侄右屯卫大将军吉州团练使建安郡公宗保。"是宋仁宗有族弟赵宗保,其时正是杨宗保时,或因与宗室同名,将杨宗保改为杨文广,《杨家将》不明其故,而作为两人。

……

癸 杨宗保之妻穆桂英

杨宗保之妻穆桂英,于史无征,而山西《保德县志》云:杨文广之妻为慕容氏,系保德县慕塔村人。或者杨宗保即杨文广,慕容则误为穆桂英,因"慕"与"穆"同音,"桂英"的拼音近"容"。但其堂弟杨琪亦娶慕容氏,究何为是?当甚难考。惟慕容为鲜卑族,杨为羌人,均在陕北,两大族常结婚,穆桂英之武艺高强似为慕容氏。

按云南丽江的么些,其酋长称本天王,所派出治人民的官吏名木瓜,戏剧中辕门斩子穆桂英来救宗保时木瓜随从相符,或者杨文广征广西时娶么些的女子为妻,亦未可知。

潘美的子女及其族谱

1. 潘美的子女

《杨家将》第四回以呼延赞在太行山为寇,宋太祖征上党归,呼延赞拦住车驾,潘仁美的儿子潘昭亮为前锋副将,与呼延赞战,被呼延赞打死。

《宋史》卷二百五十八《潘美传》,说潘美有五个儿子:惟德——至宫苑使,惟固——西上閤门使,惟正——西京作坊使,惟清——崇仪使,惟熙——娶秦王女,平州刺史。此外尚有惟吉——美从子,累资为天雄军驻泊都监。

王鞏《随手杂录》言宋太祖以柴荣之子给潘美养为侄。又言潘美每赴镇,留妻子,止携数妾往,或有子,即遣其妾与子归家,仍具奏乞陛下特照管之。是为避宋太祖之忌。

据上所载,没有潘昭亮。再以写的《潘氏世族谱》言,潘美亦为五子,是:

美				
惟德	惟固	惟正	惟清	惟熙
衮	襄	充	允	夙

也没有潘昭亮。潘美的女,在《宋史》上有记载:《宋史》卷二百四十二《后妃列传上》:"真宗章怀潘皇后,大名人,忠武军节度美第八女,真宗在韩邸,太宗为聘之,封莒国夫人。端拱二年五月薨,年二十二。真宗即位,追册为皇后,谥庄怀,葬永昌陵之侧,陵名保泰。神主享于别庙。旧制后谥冠以帝谥。庆历中,礼官言孝字连太祖谥,德字连太宗谥,遂改庄为章,以连真宗谥云。"按《潘美传》中云:"子……惟熙娶秦王女,平州刺史,惟熙女,即章怀皇后也。美后追封郑王,以章怀故也。"究竟章怀潘皇后为潘美的第八女,抑系潘美的孙女,《宋史》是自相矛盾的。

《宋史·张昭允传》(二七九)"潘美妻以女",是潘美有女。但章怀是否为潘美第八女;按章怀潘皇后卒于端拱二年,即西历九八九年,卒年二十二岁。潘美卒于雍熙四年,即西历九八七年,卒年六十七岁。宋真宗卒于乾兴元年,即西历一○二二年,卒年五十五岁。以章怀潘皇后与宋真宗为同庚。潘美死时章怀潘皇后年二十岁,是潘美于四十七岁生章怀潘皇后。以潘美有五子八女共以十三人计,由潘美于二十岁生子女始,二年生一,至四十六岁亦可生章怀潘皇后的。又以潘美于二十岁始生长子惟德,于三十岁生五子惟熙,惟熙于二十岁生女章怀潘皇后,则潘美死时,章怀潘皇后年十五岁,与史不符。若以潘美二十岁生子惟德,一年生一子,以二十五岁生五子惟熙,惟熙于二十岁生章怀潘皇后,年岁相符。但潘美与惟熙不见得都是二十岁生子,每年生一子,其中未有子女间于其中！故以章怀潘皇后为潘美第八女,较惟熙女为确。

……

3. 潘美的族谱

余得有《潘氏世谱图》,系写的卷子,由一世至四十世。以潘美为二十五世在北宋初年,潘良贵为三十一世,在南宋初年(死绍兴中)每世以二十五年计,则一世当在六朝,第四十世则在元末明初。另有明刻的《荥阳潘氏宗谱》一本。据写本及刻本,均言潘氏于唐末及五代,一支迁于闽南泉州,一支迁于皖南婺。至宋元丰时一支迁鄂东黄冈。

但据刻本《荥阳潘氏宗谱·凡例》云:"一、别谱自毕公传岳公,未几三世。今依闽谱更考史,悉精详之。一、别谱有文纪公生英芳,而英生孟仲季节,孟迁坑头上宅。芳生春满园林,春迁孔村。以此观之,则孟与春乃同祖之兄弟也。今遵闽谱,宗穆公迁婺桃溪杉树湾,三世传通、逢、逸,通还闽,逢居桃湾,逸徙浮。而文纪及逢公之幼子也,次有兄□同文善。又考逢公下八世,有一公始迁北村。以此观之,则他谱俱为一时鹭利之徒作也。"

据上,潘氏在明代已将其豫、皖、闽三支迁徙之人闹不清楚,故写本之谱也不纯粹可靠。况《宋史》以潘美有从子惟吉,写本谱无惟吉。写本谱有潘夙为惟熙子,而《宋史》为潘美从孙,《宋史》潘慎修有二子为汝士汝砺,而写本谱慎修一子为协。此外潘良贵有从子潘时,潘时有从子潘友贵,写本均无。是写本谱与《宋史》不合,则写本谱当另有据,换句话说,写本不是根据《宋史》伪造的。

《潘氏世谱图》,横幅,兹为排印不占地位起见,则改直,括弧内的某子,为其所承。

一世,瀋,中郎将军。二世,誉尹,临沂县尹。三世,弘都,中郎将司马,大中大夫,东苑广陵太守。四世,畿,国子祭酒,散骑常侍;辈,光禄大夫(畿、辇均弘都子)。五世,文台(畿子);叔台(辇子)。六世,璋,右军将军(文台子);琳(叔台子)太子洗马,一子。七世,骠(璋子),二子;骑(琳子)引直禁省,子一。八世,综(琦子),承昌□□;绶、继(均骠子)九世,仪(绶子)亿(继子)。十世,靖之(仪子)、腾之(亿子)。治书御史。十一世,岳(靖之子),中书令□(腾之子)。十二世,尼(岳子),太常卿,封安国公,三子,履(□子)。十三世,孔阳,光禄勋晋;孔春、孔文、(均尼子);孔连(履子)。十四世,思模(孔阳子)汝阴太守,护军将军;思范(孔文子),思筠(孔春子),思□(孔建子)。十五世,克伸(思模子)赵州功曹;克化(思筠子),克佩(思篮子)。十六世,孟简(克伸子),麟趾学士;孟箴(克化子),孟签(克佩子)。十七世,彻(孟简子);衡(孟箴子),衍(孟签子)。十八世,昌起,起居中书舍人;昌祯(均彻子),新(衡子)沂,(衍子)。十九世,尚宾(昌祯子),文林馆司徒禄事;用宾(昌祯子);益(新子),盛(沂子)。二十世,君雅(尚宾子),太常卿;伯瞻(益子),伯聪(盛子)。二十一世,文蕴、文绎(均君雅子);晋(伯瞻子),晋、普(均伯聪子)。二十二世,季随(文蕴子),太常卿;季明、季筠,太仆卿;彦正,五经博士,迁建安;德馨、德香、德成(均文绎子)。二十三世,匡郎、匡密,太子文学,匡赞(均季随子);好礼,邠王府长史,迁裕州刺史,逢辰,上书阙下不报,黄巢乱避地黄敦,后迁桃溪(均季筠子);承祐(彦正子),嘉(德香子)。吉(德成子)。二十四世,克准,镇西墨曹(匡密子),孟阳、盐铁转运副使(匡赞子)。——璘,进爵太师,进封武惠王(好礼子)。初复(逢辰子),慎修(承祐子),直(嘉子)真(吉子)。二十五世,玠(克准子);——美、仕周以功迁客省使,仕宋至忠武节度使,平章事,封代国公,谥武惠王。汝翼、汝明(均初复子),协(慎修子)翰、乾、斡(均直子)。朝(真子)。二十六世,撋、银青光禄大夫(玠子),惟德、宛苑使,惟固、西上阁门使,惟正、西京作坊使,惟清、崇仪使,惟熙、平州刺史,枻(汝明子),怀(协子),延龄(翰子),余龄(乾子),斌(朝子)。二十七世,万春,相东王右常侍(撋子)、充(惟德子)、襄(惟固子),充(惟正子)、允(惟清子)、夙(惟熙子)。明(枻子)、峩(怀子)、奇、竟、至(均翰子),秉(试子)。二十八世,行可、郡工曹(万春子),以忠、以和(均衮子),以升(襄子),以平、以道、以德(均惟正子),以正(允子)、以隆、以惠(均夙子)、松年(明子)、凯(峩子)、砺(竟子)、硕(立子)、轼、轲(均斌子)。二十九世,应得、尹京兆(可行子),梗(以忠子)、机(以升子)、权(以平子)、朴(以正子)、杞(以隆子)、本、奎(均松年子);成古、学古、从古、尚古(均凯子)、刚中(砺子)兼权兵部侍郎,除太府寺丞,文彩、文彬(均轲子)。三十世,思鲁(应阳子)、工曹从事,言(梗子)、召、启(权子)、咨、校书郎(杞子)、大临、宗正卿、(本子),裕(成古子)、祔(学古子)、钟秀(刚中子)、朝卿(文彩子)、丞事郎。三十一世,光哲(思鲁子),悦(言子)、恺(启子)、恫、恻(均启子)、睿(大临子)、良贵、中书舍人;良器、兵部员外郎(均裕子);良坚(祔子)、英(钟秀子)、雷焕(朝卿子)、知衢州常山县事。三十二世,耀、辉、知光化县(均光哲子)、高、亨(均悦子)、京(恺子)、豪(恻子)、顺(睿子)、钲(良贵子)、钺(良器子)、钰(良空子)、载(英子)、法刚、顺也、蕲老(均雷焕子)。三十三世,存一、恒一(均辉子)聘(亨子)、聪(京子)、瞻(豪子)正字□□,厘(顺子)、俊民(钲子)谦、右侍郎、让(均载子),养浩(法刚子)。三十四世,友闻(存一子),□卿尉,友直、友仁(均瞻子)、冕(垢子)、凌、维岳、维嵒(均俊民子)、维□(让子)、勤(养浩子)。三十五世,登、誊、太学生(均友闻子),祭(友仁子),传(冕子),袁州通判摄州事,章甫(凌子)、右司郎,梦撅(维嵒子),介夫(勤子)。三十五世,应麒、应麟(均誊子),应蛟(祭子),春、泰(均传子)节(章甫子),志、思(均梦撅子)。三十六世,放、赦(均应麒子),致(应麟子),敬(应蛟子),三省(春子),与嗣(节子),冲(志子)。三十七世,继光(放子),继元、继先(均敬子),阳(三省子),照、目封郎,杰(均兴嗣子)荣、莹(均冲子)。三十八世,虎司业,(继光子)、庆(继先子)、昶、旭、承事郎(均阳子)、通、达、迁(均照子)、遇(杰子)、允绳、允绶(均荣子)、允经、允纶、允纪(均莹子)。三十九世,秉德、秉彝(均虎子),秉仁(庆子)敏中、饶州推官(昶子)、和中(昶子)、观、觐(均通子)岘(遇子)、世科、太学生(允绳子)、世元、世魁(均允绶子)、世德(允纶子)。四十世,霖(秉彝子)、霈(秉仁子)、珠、潘(均敏中子)、瑀(和中子)、象(观子)、景岳、安福州判(世科子)、景和、景扬(均世魁子)。按景岳下有:"四子"二字,是此谱尚未完。

谱为原绵纸,帘纹细。

每世以二十五年计,四十世约一千年,第一世当在魏晋,第四十世当在明朝初叶。现在将潘美的九世表列左:

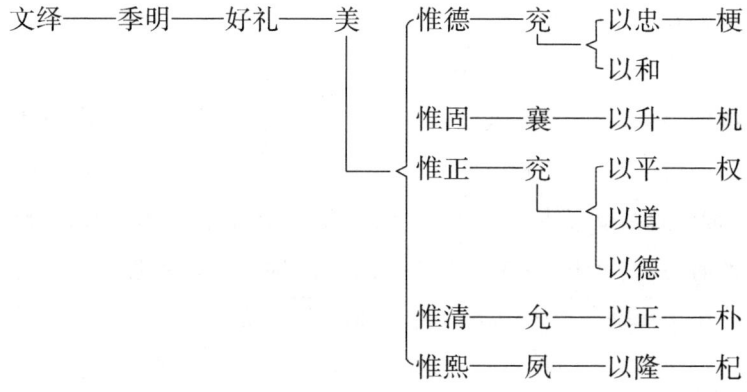

……

17. 潘氏后裔挖改梅挚《李公传》为《潘公传》

宋镇漳节度观察留后□公传

公讳端懿字元伯龙西元靖王讳崇矩之曾孙也连州刺史赠太师讳继昌之孙驸马都尚书令讳遵勖之子也母曰齐国献穆大长公主

太宗之女

真宗之妹

今天子之姑李氏之盛受宠

三朝而天下之士不移其荣而乐道其德

公为冢子于其家法习见安行不待教□

少笃学问,长而孝友,喜为诗,工书画。至于阴阳医术星经地理,无所不通。七岁,为如京副使,历文思副使,供备库使,洛苑使,新州刺史,康怀二州团练使,洛州防御使,知冀州,降授单州团练使,改滑州兵马铃辖,迁汝州防御使,蔡州观察使,徙华州观察使。为镇国军节度观察留后,拜镇潼军节度观察留后,累阶金紫光禄大夫,勋上柱国,爵开国公,食邑四千四百户,实封九百户,赠感德军节度使,公享年四十有八,娶郭氏子,五人,长曰诜供备库副使。次曰諲曰询,皆右侍禁。次曰谆曰诉。熙宁六年二月望太常少卿礼部侍郎梅挚撰。

纸为簿绵纸,印文为"柱国文臣"。

梅挚字公仪,新繁人,以进士通判苏州,庆历中擢御史。李用和以帝舅除宣徽使,挚上言不宜以名器滥受无功,又言张尧佐由宫掖以进,恐累圣德,帝称其言事有体。累迁右谏议大夫,知州史府,卒。《宋史》卷二百九十八有传。按《宋史》卷二百四十八《公主传》中太宗七女云:"荆国大长公主……真宗即位……下嫁驸马都尉李遵勖……遵勖出守许州……皇祐三年薨,年六十四。……追封齐国大长公主,谥献穆……。"

又欧阳修《欧阳文忠公集》有《镇潼军节度观察留后李公墓志铭》,兹抄于左:"嘉祐五年八月某日,镇潼军节度观察留后、知澶州军州事陇西李公得暴疾,薨于州之正寝,其以疾闻也,上方宴禁中,为止乐,命中贵人驰国医往视,未及行而以薨闻。诏辍视朝一日,赐其家黄金三百两,赠公感德军节度使,已而又赠兼侍中。太常谥曰'某',即以其年某月某日,葬于开封府开封县襃亲乡先茔之次。公讳端懿,字元伯,开封人也。右千牛卫将军、赠太师、尚书令兼中书令、谥和文公讳遵勖之子,母曰'齐国献穆大长公主',太宗之女,真宗之妹,今天子之姑。属亲而尊,礼秩崇显,其淑德美问彰于内外,而和文公好学不倦,折节下士,喜交名公卿,一时翕然,号称贤尉。故李氏之盛,受宠三朝,而天下之士,不侈其荣,而乐道其德。公为冢子,于其家法,习见安行,不待教告。少笃学问,长而孝友,喜为诗,工书画,至于阴阳、医术、星经、地理,无所不通。七岁为如京副使,历文思副使,供备库使,洛苑使,新州刺史,康怀二州团练使,济州防御使。坐知冀州失捕妖人,降授单州团练使,知均州。未行,改滑州兵马铃辖,居岁中,迁汝州防御使,蔡州观察使。天子祀明堂,推恩,徙华州观察使。献穆大长公主薨,起复为镇国军节度观察留后,公泣血辞让,愿终丧制,上不许其让,许其终丧,给以全俸。服除,拜镇潼军节度观察留后。累阶金紫光禄大夫,勋上柱国,爵开国公,食邑四千四百尺、实封九百户……及其薨也,遂赠感德军节度使。公享年四十有八,娶郭氏,封仁寿郡君,先公九年卒,赠太原郡夫人,西京左藏库使、昌州团练使中和之女。

子,男五人,长曰铣,供备库副使。次曰谭曰询,皆右侍禁。次曰谆曰诉,尚幼。女四人,长适……次适……次适……次适……。"

据上梅挚所作的为《李公传》,并非《潘公传》,而潘氏后裔所以挖"李"字补"潘"字的原因有二:

一、戏剧中称杨延昭为六使,不如潘家的十使

元曲《谢金吾诈诉清风府》云:"(杨六郎领卒上)某受六使之职,是那六使?边关里外点检使,界河两岸巡绰使,关西五路廉访使,淮浙两场催运使,幽汾二州防御使,河北三十六处救应使。"梅挚此传有:"如京副使,历文思副使,供备库使,洛苑使,…康怀二州团练使,济州防御使……单州团练使,…汝州防御使,蔡州观察使,华州观察使。"共计十使。李端懿为十使,当比杨延昭六使大,故将梅挚的《李公传》改为《潘公传》,目的是在压倒杨家。

二、皇亲是潘家不是杨家

元曲《谢金吾诈诉清风府》,正旦(杨延昭的丈母)云:"兀那厮!你听着!我是太祖皇帝的妹妹,太宗皇帝的姐姐,真宗皇帝的姑姑。"正与这梅挚的"母……太宗之女,真宗之妹,今天子之姑"相仿。

说这皇亲是潘家不是杨家。潘氏后裔为甚么要这样作?

在当时的戏剧中有:"老夫杨令公是也!因与北番韩延寿交战,被他围在虎口交牙峪,里无粮草,外无救军,这个是我第七个孩儿杨延嗣,他为搭救我,被潘仁美攒箭射死,老夫不能得脱。撞李陵碑而亡。""(七郎云)只恨那潘仁美这个奸贼,逼的俺父子并丧番地。""(寇准云)杨令公功劳最大,父与子保驾勤王。潘仁美贼臣奸计,陷忠良不得还乡,李陵碑汝父撞死,连七郎并命身亡。……杨延景全忠全孝,舍性命苦战沙场。"以上是元曲《昊天塔孟良盗骨》杂剧中的文。

元代的戏剧即攻击潘仁美,称为"奸贼",对对方的杨家杨继业等称为"全忠"。戏剧在社会上宣传力量甚大,潘氏后裔为免乡间人讥笑其祖先,乃找相仿的《李公传》挖改为《潘公传》。意以戏剧中所言完全与事实相反,即是戏剧中所言潘仁美为奸贼也是相反的。

这固然是潘氏后裔为免除社会上一般人的攻击而改李、潘公传。但此传系梅挚所书,为李氏作的,即是非后人伪造的。如伪造何不另造一个,而要挖此"李"字呢?

《杨家将》传说之盛

《宋史·太宗本纪》:"刘继元降……尽徙余民于新城,遣使督之,既出,即命纵火。丁酉……隳其城。"《通鉴辑览》"诏毁太原旧城,改为平晋县,以榆次县为并州,遣使分部徙太原民居之。纵火焚太原庐舍,老幼趋城门不及,焚死者甚众。"

元好问《遗山诗集·过普阳故城书事》:"薛王出降民不降,屋瓦乱飞如箭镞……不论民居与官府,仙佛所庐余百所,鬼役天财千万古,争教一炬成焦土……南人鬼巫好机祥,万夫畚锸开连冈,官街十字改丁字,钉破并州渠亦亡。"

欧阳修《欧文忠公集·赠太子太傅胡公墓志》:"自宋兴,平僭伪,并最后服,太宗削之,不使列于方镇,八十年矣。"

《宋史·礼志》(一〇九)"神御殿"条云:"自并州平七十七年,故城父老不入新城。宜宽其赋输,缓其徭役,以除其患,使河东之民,不忘太宗之德。"

元好问《过晋阳故城书事》:"至今父老哭向天,死恨河南往来苦"。

据上,是宋太宗平北汉,将晋阳城内人民杀戮太多,人民结怨于宋。加之如依杨业计划,则北方的人民可以安然迁入内地,不幸杨业之死,使宋丧地失人。于是对前者在山西的演戏中有骂殿。在后者即有《杨家将》的小说产生了。

鲁迅《中国小说史略》第十五篇《元明传来之讲史》末段云:"其于武勇,则有叙唐之薛家(《征东征西全传》),宋之杨家(《杨家将全传》),及狄青辈(《五虎平西平南传》)者,文意并拙,然盛行于里巷。……今不复道。"指《杨家将》为明代人作。

《端节》序言

(署名"卫大法师",选自《端节:三幕短剧》,重庆:说文社,1947年)

三种短剧——雄黄酒,粽子,钟馗捉鬼。

端节在民间有三个故事,一为雄黄酒,一为粽子,一为捉鬼。雄黄酒的故事,放在白素贞身上,说她在端节吃了雄黄酒,现了白蛇原形。是以在端节饮雄黄酒,以防毒蛇等。粽子的故事,放在屈原身上,说屈原在端节这天跳湘江死的,后人以粽子抛入水中祭他。捉鬼的故事,放在钟馗身上,以钟馗能捉鬼,各家在端节那天画他的像悬挂以辟邪。

雄黄酒的故事,我已经编成雄黄酒独幕剧,说是白素贞在酒后吐真言,将许仙气死了;不是现了白蛇原形吓死许仙的,而且白素贞根本不是甚么蛇精,而是一个青年女子,这剧曾经在重庆各地上演过。粽子与屈原无干,是官庭于端节检验船夫的操舟技术,船夫以芦叶裹米为食,便于携带,名为粽子。至于屈原,本无其人,"屈原"二字是贾谊以其自己"屈冤"而假托的。《离骚》一篇是汉淮南王刘安作,原名鹿藻,我曾有《楚词研究》,详细说过,现在也把他编成独幕剧。

钟馗捉鬼事,相传他是一进士,在南山终遇一道人,教他捉鬼法。唐明皇病了,梦他捉鬼吃了,唐明皇病就好了,着吴道子照梦中所见,画了他的像,到宋元以后,家家都于端节画他的像悬挂。在这个年头,有冤也无处诉,只好借此谈鬼了!我把他编成四幕短剧。

现距端节不远,特编此三种短剧,以便在端节排演。

中国民国三十六年五月五日卫大法师记

社会文化与民俗

《中国帮会》改版序

(选自卫聚贤《帮》(改版),重庆:说文社,1947年12月新五版)

　　外国人笑中国人没有组织,但不知中国的上层组织为党,下层的组织有帮。党为使人信仰他的主义与办法,各在宣传,出书甚多,余亦有综合性的《党》一书出版。而帮因系秘密组织,帮内人不向外宣传,帮外人很少知道;即使是帮内人,因系口传,记载甚少,而正确的历史也难明了。

　　帮的起源甚早,可以追溯到距今二千三百年以前,为战国初年的墨子所创立。其后历代的豪侠即奉行其道。但豪侠多为有勇力的武人,到明末的李三才以东林党加入,复社继之,士大夫与豪侠合作,而成为完善的帮会。自满清入主中原,郑成功据有台湾,作"反清复明"民族英雄事业,完全变为秘密组织。其在运河者,因李三才督河之故,帮会早已活动,又因旗丁的督运,乃有翁钱潘三氏,一家,中间因太平天国占南京,攻击在运河之帮会,彼此乃分立。今者中国新社会事业建设协会成立,已有合作及合并之趋势。尚有理门在清代亦作"反清复明"工作,亦为帮会之一,但至晚清及民国以来,以静坐及不吸烟不饮酒为号召,近于宗教,故理门之叙述为少。

秦汉以来之豪侠,既系武人,而且多作违法犯禁之举,其中详情,自己未曾记下来,他人除司马迁、班固有历史的特识作游侠传外,也没有人替他记载。清代以来成为秘密组织,所记的为入会仪式与神前赞词,历史部分多为假托。是要用些考古的方法,历史的叙述,方能有其系统,使一般人知其有光荣的历史。

余既出《党》一书,友人促其编《帮》,余因有上海之行,而要赶旧历五月十三日单刀会之需要,故仓卒出此一书。后在南京、上海、杭州以及成都、重庆并北平西安,得到新的材料不少。今《帮》虽已八版,而不能不毁版从新另排。希多指正并供给材料,以便再版时修正!

中华民国三十六年七月七日,卫大法师记

(1947年新五版)

石纽探访记

(原载于《说文月刊》1940年第2卷第6—7期,第495—501页)

一、动因

禹在中国的传说中,有两件很大的事,一为治平洪水,一为家天下(封建的开始)。但治水的传说特别古,而且这传说也特别的广大。即就禹的生地、都地、葬地而言,也是传说不一。

禹与夏是有关系的,而夏的地名,在阿富汗、新疆、甘肃、陕西、绥远、山西、河北、山东、河南均有,并有西夏、东夏、中夏等名称,合起来谓之"诸夏",这些地方都在黄河流域,是禹亦为黄河流域人物,似为当然之事,是以有禹都于山西安邑之说。而且治水以凿龙门开伊阙为最盛。

而就四川为禹的生地言,其地为石纽乡或石纽山的剐儿坪,固然这石纽有说在汶川的,有说在北川(石泉县)的,要之禹与羌民发生了关系。此事向不为人所注意,庄学本先生曾至汶川一带调查,将传说与志书上所载的材料汇集,陈志良先生据此而作《禹生石纽考》,接着孔令谷先生又作一篇《禹生石纽与禹为上帝辨》。

这些文章分别发表在本刊第一卷第十二期及第二卷第二期上，于右任先生看了，根据这些材料，故有往汶川探访之行。但是石纽村有在石泉之说，而庄学本似未去过北川县，故其材料集中于汶川，于先生因而亦有汶川之行。自汶川归来，于先生拟再往北川探访，余以独到汶川不到北川，似乎有袒石纽在汶川之嫌。但即到北川，而石纽究在何处，仍然不能决定。因先作为探访记，对于石纽的所在地，暂不下结论。

二、途中

八月十五日从重庆动身，当日宿内江，次日到成都，住一日于次日到灌县，十九日从灌县动身，宿于其北三十里的龙溪镇，次日宿于兴文坪，二十一日至汶川县住一日，二十三日返，宿于银兴坪，次日仍宿龙溪镇，于二十五日抵灌县，这是我们的行程，以后于先生即将返渝，余将往川西川北考察。

同行者，由渝至蓉系于先生与于望德（于先生的大公子）并杨副官万春与余四人。由蓉至灌加入了林少和先生与严谷声先生，到了灌县加入陈之宜先生，并摄影家盛学明先生。

由渝至灌乘的最小汽车，匆匆而过，笔难尽述。由灌至汶往返均乘滑杆，故有闲暇时间注目四望，兹就所忆所见者述之于左：

灌县的离堆传为秦李冰父子所凿，这事放在后面再讲，其北有二郎庙，二郎神有的说是玉皇的外甥，有人说即是封神榜上的杨戬，但他为三只眼，似为蚕丛，即是开明有一只狗又似为盘古，不过我想我小时，我们的乡间有二郎庙，有一老学究作碑序，他对于二郎考证得很好，他说"二郎者，老郎之子，大郎之弟，三郎之兄也。庙前有大槐一株，人以为树在庙前，而我独以为庙在树后，是为序"。

再北则有索桥，用竹皮编绳名篾，河中立数柱，篾绳系于上，平铺木板作路,两边高出篾绳数道作墙,再北轿夫抬我们从另一索桥过,走过很有些摇闪。及至汶川,由北门外过索桥往瓦寺土司处,我是步行过索桥的,初则尚好,行至中间,闻下面水声甚大,向下一看,水流甚急,似乎桥摇得很厉害,不免有些害怕,静了一时,才走过桥(索桥见图)。

到了兴文坪南首有溜索:即用净篾丝为绳一条,两头系于两岸,又用坚木裁长一尺,直径约五六寸,剖为两半,内中挖空,留约一寸厚的弧形壳。渡时,将索加在壳内,另用麻绳在胯及腰系住,一头绑在壳上,留一双曲绳头挂石头上,即悬在空中,两手握索向前而过(溜索见图)。

至于古的东西,在汶川闻其河西向南十里簇头村汪二喜曾在其地拾得石斧一个,见过的人很多,因余带有一石斧作标本,他们看了才说起。但汪二喜坚说石斧已遗失了,即托县党部书记孟如言详为调查。并闻其地半山中有崖墓(俗名蛮洞子),不久曾有陶鸡、陶犬、陶俑发现,而陶俑高约一尺,其地人名为小人国人的墓。行至龙溪镇第二区署,有沙石宽约一尺,厚约三寸,长约八尺五寸,上正中刻有"大唐……",右角下有"汶川卡元"四字,右角上亦有字不显,左角上有横刻"刘凤……"字样,惜其被磨刀磨去了字迹，现作凳子用。

此行将我的晒脸红了，林少和先生作一诗云："考古大家卫聚贤，目如电溜口河悬，乘危远迈羌夷寨，到处逢人问石棺。"于先生看了戏改其诗云："考古大家卫聚贤，手持石斧到岷山，仰天远迈夷羌寨，脸晒通红似姓关。"因我坐的滑杆太仰，而且上高山到涂禹山去，将脸晒得如关公了。

此外听得轿夫术语，有些韵文，兹录几条于左：

1 遇见路滑——前："把紧"，后："站稳"。

2 遇见抖坡——前："越下越抖"，后："下去就好走"。前："抖下连抬"，后："你去我也来"。

3 两面有石夹路——前："两靠"，后："逢中对节"。

4 路旁一大石——前："左（或右）手一个大石包"，后："不请石匠不能搞"。

5 路上有水——前："天上明晃晃"，后："地下水荡荡"，或："玻璃放在大路上"。

6 路上有树枝——前："天上一根虹"，后："地下一条棒"。又前："撑高",后:"拘腰"。或:"四川英雄豪杰数马超"。又前:"左(右)手立木",后:"后来对出"。

7 路上有茨——前:"青蓬绕顶",后:"抬官过省"。

8 干树枝——前:"右(左)手一个霸王镖",后:"打得下来作柴烧"。

9 路有沟缺——前:"右(左)手一个缺",后:"新官把印接"。

10 路有横水流——前:"当中一道河",后:"过河好洗脚"。

11 沟太深——前:"前头倒挂金",后:"风调风顺好年份"。

12 将上坡——前:"山神土地",后:"各打主意"。

13 下慢坡——前:"二流坡",后:"带到梭"。

14 房子角——前:"右手屋檐过",后:"卖了房子睡崖角"。

15 石板桥——前:"两边合一缝",后:"踩雨边没踩洞洞"。

16 木棍桥——前:"朽木烂桥",后:"鲁班功劳"。

17 独桥木——前:"丹田一根线",后:"跑得马来使得箭"。

18 桥下有水——前:"人望桥上过",后:"水向海中流"。

19 牛粪——前:"天上鸡子飞",后:"地下牛屎一大堆"。

20 马粪——前:"前头有个点子花",后:"拾得吃了不发痧"。

21 排担子——前:"右手两靠",后:"老板赏号"又"一人拿一吊"。

22 挑担子多了——前:"右手站一排",后:"从头一二数起来"。

23 街上小孩当路——前:"天上一朵云",后:"地下有个人"。

24 猪当道——前:"前头一个毛攻地",后:"打个连环高挂起"。

25 小猪当道——前:"前头毛攻地",后:"卖了买得到二合半米"。

26 牛当道——前:"右手力大",后:"让他说不出来话",或:"剥皮好上架",或:"打二两烧酒好来下"。

27 马当道——前:"右手力大",后:"皮子不值价",或:"肉也不值价"。

28 狗当道——前:"有蹄有咬",后:"唤掌柜娘娘拿个绳子拴好"。

他们因抬轿子,前面抬的人看见要注意的地方,要报告后面抬的人(后面抬的人因轿子遮住看不见前面),后面抬的人答应一声,说他知道了,故一唱一答就成了韵语了。

三、涂禹瓦寺山土司的探访

涂禹山据《汶川县志》讲是禹娶于涂山氏的,涂山氏地,当有探访的必要,其地出汶川北门,过索桥,北行里余,即北上很高的大山,到了山巅,就是涂禹山,但禹王的遗迹及涂山氏的遗迹,一点也找不到,只有瓦寺土司的衙署及其村人二十六家在一处,全村共二十六家,为索姓六家,王姓四家,马姓四家,张姓二家,曾姓二家,苟姓二家,刘姓一家,姜姓一家,江姓一家,尤姓一家,明姓一家,陈姓一家。(土民本无姓,后指所住的房子为姓,今所有的十二姓,是仿汉人的姓),计口一百四十二(连雇工在内),保长为索颖之。

他们原是藏人,故用藏文,但是涂禹山全村只有一个六十九岁的索龙苏会写藏文,其余的都用汉文,从前是有私塾的,自民国二十四年共军过后即停止,今年拟设初级小学校一所。番语懂的人很少(其他各寨多懂番语)惟传号(如传达)苟联青尚懂得些。

涂禹山寨门楼上有木刻的大像,为鸟嘴人身,而足为鸟爪,两手持大蛇一条,两爪各抓蛋一枚。相传此鸟共生三蛋,一蛋为瓦寺土司之祖,一蛋为初斯甲(系清化县管,一大土司),一蛋为单东土司(在川西北距汶川甚远,)故三土司为兄弟三人,各据一方的。

瓦寺是因其寺房屋上有瓦(其地多用树皮及茅草为屋),土司下设五大总管,总管下为寨首,寨首下为乡约,乡约下为平民。瓦寺土司共管二十八寨,其地不尽在汶川,有的在茂县及懋功的。瓦寺土司自明至今常为国家出身征讨,至民国元年即改为村落,现在又编为联保,但在行政方面,大部分尚要经过土司的。土司索海飘于今年病故,其子索国光年九岁(即涂禹山土人,见图)。去时我带了些礼物送去,承招待"杀鸡温蜀(米蜀)而食之"。

其历史有光绪二年索世番刻的《瓦寺宣慰司功勋纪略》,其文大意是:

"一世祖讳雍中罗洛思,其先原籍乌斯藏加温人也。伯世祖琼布思

社会文化与民俗

六本三郎纳思霸,倾诚区夏,归化遐方,进献真经二百四十部,并贡土宜各物,召见特赉予甚厚,……奉旨驰驿回藏,永绥南荒。正统六年,威茂汶保生番跳梁,即今孟董九子黑虎隆溪等寨也。屡征不服,州县戒严,旋有命调我伯世祖统兵出藏,相机进剿等语。伯世祖因年老多疾,恐负朝廷委任,故遣我一世祖亲领头目四十三名,番兵三千一百五十余人,分路进剿……奉旨留驻汶川县之涂禹山,控制西沟北路羌夷及威茂保灌等处地方,钦颁宣慰使司银印一颗,重四十八两,诰命一道……。"

原印未见,嘉庆元年黔省苗叛,奉调出师两载,屡立战功,于嘉庆七年四次朝贡,赐铜印一颗现尚存,侧面有"嘉庆九年四月日",其一侧为"嘉字四百六十八号",背面有"瓦寺宣慰司印",另行有"礼部造"三字,对方有满文两行,正面的篆文见图。至民国二年改为木印,比铜印大些,其篆文为"大汉四川西昌宣慰使司宣慰使印",至今尚用之。原姓桑郎至乾隆五十五年三次朝贡时,赐姓索诺木,今缩其音为姓索。

其世系是:

一,雍中罗洛思,二,克罗俄坚灿,三,直巴箭什,四,满葛喇,五,舍纳容中,六,占叫加,七,喃葛,八,亦舍雍中,九,甲思巴,十,南吉儿甲思巴,十一,南吉二朋,十二,舍躬,十三,山查儿加,十四,曲沃太(在明崇祯末

年),十五,曲翊伸,十六,坦朋卜吉,十七,桑郎愠恺,十八,桑郎容中,十九,桑郎荣宗(赐姓索诺木,改名为索诺木荣宗),二十,衍传,二十一,索世番,二十二,索怀仁,二十三,索季皋,二十四,索海馼,二十五,索国光。而索季皋系索怀仁之弟,应作二十四世计。

他们的语言是:

1. 家庭称呼

父亲ㄍㄥ,ㄓㄜ。母亲ㄚ,ㄇㄚ。祖父ㄚ,ㄅㄚ。祖母ㄚ,ㄉㄚ。兄ㄚ,一。大哥ㄚ,一,ㄥ,ㄉ一。弟ㄦㄞ,ㄐ。姐ㄚ,ㄖㄞ。妹ㄆ,ㄙ,ㄉㄣ。子ㄣ,ㄐㄝ。女ㄣ,ㄇ一。舅ㄚ,ㄅㄜ。舅母ㄚ,ㄦ,ㄣㄨ。姨母ㄚ,ㄉ一。

2. 用具及食物

房子ㄅ,ㄐㄣ。衣ㄉㄡ,ㄨㄟ。裤ㄇㄣ,ㄗㄤ。裹脚(无袜子)ㄖㄢ,ㄉ一。鞋ㄉ,ㄍ,ㄗㄚ,耳环ㄉㄚ,ㄉㄣ。镯ㄖㄍ,ㄉㄚ。戒子一ㄚ,ㄍㄟ。箱ㄍㄣ,ㄅㄨ。棹ㄉㄚ,ㄖㄡ。橙(无番语,名板橙)。ㄉㄇㄨ,ㄦ,ㄗㄚ。筷子ㄉㄚ,ㄖㄡ。杯子(盅子)碗ㄍㄟ。锅ㄉㄚ,一ㄤ。锄ㄍㄚ。犁ㄇㄨ,ㄉ一。包谷一,ㄇㄚ(或即玉麦之音转)。麦ㄉ。豆ㄉㄚ,ㄙ,ㄉㄜ。荞麦ㄉ,ㄉㄡ。

大麦(名青稞)ㄕㄞ。松ㄉㄚ,ㄊㄜ。青油ㄇㄞ,ㄦ,ㄋㄚ。盐ㄑㄞ。酒ㄉㄢ。

3. 禽兽

鼠ㄅㄞ。牛ㄉㄣ,ㄨㄟ。虎ㄍㄣ。兔ㄍㄚ,ㄉㄚ。龙ㄉㄚ,ㄦ,ㄇㄨ。蛇ㄍㄛ,ㄉㄧ。马ㄇㄨ,ㄉㄡ。羊ㄍㄞ,ㄙㄡ。猴ㄍㄞ,ㄐ。鸡ㄅㄞ。狗ㄍㄟ。猪ㄅㄚ。獐ㄐㄝ。鹿ㄍㄚ,ㄦ,ㄗㄚ。白熊(瓦寺土司所管之地多出白熊——即熊猫,政府禁止打猎,因世界只此地有)ㄉㄣ。野猪ㄇㄚ,ㄦ,ㄋㄚ(ㄦ,ㄋㄚ即野)。野牛ㄉㄣ,ㄨㄟ,ㄦ,ㄋㄚ。

4 成语

你贵姓　ㄉㄟ,ㄍㄞ,ㄉㄞ,ㄏ,ㄖㄣ。

我姓索　ㄦㄛ,ㄙㄛ(我索)ㄍㄞ,ㄉㄚ,ㄖㄣ。

你今年多大年纪　ㄋㄡ,ㄉㄧ,ㄉㄚ,ㄙ,ㄉㄧ,ㄍㄚ,ㄐㄧ。

你到那里去　ㄍㄞ,ㄉㄟ,ㄗㄢ。

我上街去　ㄓㄤ,ㄉㄞ,ㄉㄧ,ㄧㄤ。

请到家中坐　ㄦㄛ,ㄍㄞ,ㄉㄧ,ㄍ,ㄅㄨ,ㄉㄞ,ㄋㄞ。

你吃了饭没有ㄋㄧ,ㄖㄚ,ㄋㄚ,ㄉㄨ。

早饭　ㄙㄚ,ㄙㄧ。午饭ㄉㄣ,ㄓㄛ。晚饭ㄉㄚ,ㄅㄨ,ㄉㄧ。

我已吃过饭了　ㄖㄨㄚ,ㄋㄚ,ㄉㄨ。

我还没有吃过饭　ㄉㄢ,ㄉㄨ。

四、刳儿坪羌民的探访

汶川县南十里,河的东岸有山峰突出,有人题为石纽乡,其东山上名刳儿坪,原路在刳儿坪,后以山高路远,于山下突出之峰开凿新路,因其峰当江,并正对山口,故风甚大,尤其是在下午一二点时风更大,故名为飞沙关,刳儿坪上原有一寨,住人数十户,因路改在山下,现在上面仅有二户,并东岳庙一所,其庙有一八十三岁的老道士姓曹。

刳儿坪附近都是羌民,刳儿坪上土地不多,庙中的地产不足以维持老道士,每年由附近羌民送些米麦等。山上与山下少往来,故路荒芜而且险窄,同人步行上下,次日都喊腿酸。于先生也把胡子挂脱了十余根,庙

503

中人及其二家人吃水，是从山沟中背上去的。居民都以玉麦为食，〔灌县以上都产玉麦，（包谷）玉麦亦名玉蜀黍，因其原产蜀地而名〕，而野猪当玉麦熟时，每夜偷食，居民每夜持枪追击。

剜儿坪上的东岳庙，有铁香炉为乾隆十八年物，有铁钟为光绪十三年造，居人掘地得一石虎（见图），其物长约尺余，高约六七寸，以其雕刻观之，似为唐宋时物？除此而外再无古可考。曹道士云禹的故事，听他师父说："夏禹王的母亲是个丫头子（女子），到了灌县修河堰，同伴的男子看见她肚皮大了，都要拿刀开她肚皮，看肚内是男孩是女孩；他母亲吓得跑了，到剜儿坪生下禹，长到几岁时，他母亲又带他去修河堰，别人都打他，因为他不能作工吃闲饭，他就到庙里找老道士当徒弟，这时老道士已有九个弟子，收他共为十人。但是他的九个师兄每日都打他。一天老道士说他要上山去，问他愿不愿随上去，他说愿意去。到了山上，老道士问他胆大胆小，他说胆大，老道士给了他一口剑，使他到庙中杀他九个师兄，这九个师兄是九条孽龙，后来他才能治河的。"

此外羌民说，剜儿坪俗名打儿坪，羌语为ㄉㄛ，ㄉㄛ，ㄍㄛ。神叫丫，ㄆㄚ，ㄙㄟ。祖先叫丫，ㄆㄚ，老祖。对于夏禹无特别名词。有年老的羌民说："汉人不应当叫我们叫蛮子，大禹王也是羌人，是不应叫大禹王叫蛮子的。"我问："大禹王是羌人，有何证据？"他说："古老传言如此。"剜儿坪之访禹迹亦仅如此。

他们的风俗，病了或家中不祥，就请端公（巫，四川的端公自名道士为汉人，蛮端公为羌民）。端公穿黄色方袍，带猴皮帽子，帽有三角向上，手持响盘或羊皮，与甘肃庆阳跳神相同。所谓独脚鬼为害使人病了，请端公将羊或狗，用不同的方法将羊或狗致死（如枪打，石打等），是将独脚鬼送去了，病就好了。血光鬼为害，使人皮破血流，由端公杀鸡祈祷。毒药鬼（蛊）为害使人得大肚子病，用铧烧红，穿在端公脚上，踏病人肚上而过。如病沉重，将锅烧红，端公背病人放红锅内打一转，病人不觉得热。此外于门顶上，用木瓢画有颜色的一大头，或石刻一人面，大眼大耳大口，头有角舌吐出甚长，口衔一长剑或刀，下有长石柱，上刻"泰山石敢当"五字，立在大门前，此名为吐吞神，在四川为多，尤其是在羌民传说中为最灵。余疑此为羌民神，以其神最厉害，惟有"大山上的石头，可以堵当"，故于大山石上雕刻此神，汉人写为"泰山石敢当"，后人有误"石敢当"为人名，现在四川的汉人，合二为一，而为现在的吐吞神了。

他们的语言，（未有文字）与汉不同，亦不与瓦寺土人同：

1. 家庭称呼

父亲丫，一丫。母亲丫，ㄇㄚ。祖父丫，ㄅㄛ，祖母丫，ㄅㄛ。兄丫，ㄅㄛ。弟ㄉㄡ，ㄗㄡ。姐丫，ㄐㄝ。妹丫，ㄙㄛ。子ㄗ，女ㄐㄝ。舅ㄨㄞ，ㄍㄨ。舅母丫，广ㄤ。

2. 用具及食物

房子ㄐㄧ。衣ㄆㄨ。裤ㄖㄛ，ㄉㄧ。裹脚一ㄣ，ㄐㄧ。鞋子ㄇㄞ，ㄗ。耳环一，ㄇㄚ。镯一，ㄙㄞ。戒子ㄉㄡ，ㄇㄚ。刀子ㄙ一，ㄉㄟ。筷子丫，ㄊㄨ。杯子ㄓㄚ，ㄗ。碗ㄨㄛ。锅ㄗㄚ，ㄘㄚ。锄ㄍㄚ。犁ㄉㄛ，ㄍㄢ。包谷ㄒㄩ。麦ㄉㄞ（麦来古声同，甲骨文来麦同字，又有代羌之文，或殷代羌人种麦，殷人借其音名麦）。豆一ㄟ。荞麦ㄖㄚ，ㄍㄚ。青油ㄔ，一ㄡ。盐ㄔ。酒ㄑㄚ。

3. 禽兽

鼠ㄖㄞ，ㄍㄞ。牛兀ㄛ。虎ㄇㄞ，广ㄡ。蛇ㄇ一ㄝ。马ㄇㄡ，ㄖㄛ。羊ㄊㄞ。猴ㄨㄚ，ㄙㄚ。鸡一。狗ㄍㄞ。猪ㄅ一，丫。

4. 成语

你贵姓　ㄇㄞ，一，ㄇㄢ。

我姓○　ㄖ，ㄒㄝ。

你今年多大年纪　ㄋㄡ，一丫，ㄙㄞ。

你到那里去　ㄚ,ㄉㄚ,一ㄣ。

我上街去　ㄏ,ㄚ,ㄙㄡ,ㄍㄞ,ㄐㄩ。

你从那里来　ㄚ,ㄉㄚ,一,ㄐㄛ,ㄍㄞ。

请到家中坐　ㄐ,ㄍㄣ,ㄨ,ㄏㄡ。

你吃了饭没有　ㄥㄡ,ㄓ,ㄍㄞ,ㄙㄞ,ㄇㄞ。

早饭ㄓㄚ,ㄑㄡ。午饭ㄉㄚ,ㄑㄡ。晚饭ㄖㄟ,ㄉ一。

我已吃过饭了　ㄓㄐ,ㄑㄡ,ㄓ,ㄍㄞ,ㄙㄞ。

我还没有吃过饭　ㄓㄚ,ㄑㄡ,ㄇㄞ,ㄗㄟ,一ㄚ。

羌民穿的是用土麻作的粗布衣,用布缠头,于先生与曹道士在刳儿坪合摄一影(见图),我们与羌民在刳儿坪合摄一影(见图)。不过他们在河东因交通方便多汉语,羌语说来反而生了,在河西的多用羌语。其房屋上有一部分平顶为晒台,内有楼,每层甚低,房屋多为两座为一院落,成为丁字形,屋下有两层,最下者为牛房,次者为猪狗羊的共同住所。人则居于其上的一二层中。

五、记载与传说

禹与羌人发生关系,在西汉是已有此说,如:

"大禹出于西羌"——《新语·术事》;

"禹兴于西羌"——《史记·六国年表序》;

"大禹兴于西羌"——《后汉书·戴良传》。

不过在春秋时已有此传说,鲁僖公时齐桓公西伐大夏,秦穆公也随行,将姜戎俘虏回来,无地安置,时晋惠公归国,秦即以姜戎送晋,晋惠公置于晋献公所灭虞虢的空地(虞虢之人迁于太原),世为晋人的先锋。

《左传》襄十四年:"来!姜戎氏,昔秦人迫逐乃祖吾离于瓜州。……我伯父惠公归自秦而诱以来……。"而《水经·伊水注》云:"伊水又东北径伏流岭东,岭上有昆仑祠,民犹祈焉……潇潇之水……出陆浑县之西南王母涧,涧北山上有王母……七谷水……出女几山之南七溪山,上有西王母祠。"

洛阳附近之有昆仑山王母祠,实因姜戎从西北方面带来的。故《荀子·大略篇》云"禹学于西王国",《孟子》亦云"禹生石纽,西夷人也"(今本《孟子》无此文,见《史记·六国年表》集解引皇甫谧所引)。《随巢子》云"禹产于砠石"即其证。

此外如《随巢子》有"夏禹娶涂山,治鸿水,至轩辕山,化为熊,涂山氏见之,惭而去,至嵩高山下,化为石,禹曰'归我子',石破北方而生启",《汉书·武帝纪》元封元年"至于岳中……见夏后启母石",颜师古注"启,夏禹子也,其母涂山氏女也"。这是姜戎将禹及其子启生于石纽的传说带到洛阳的。

羌字从羊从人,是牧羊之人;而姜字从羊从女,是女子牧羊者。母系社会在父系社会之前,故姜字古于羌字。甲骨文有伐姜的记载,按其地望在今河南南阳,即春秋以前的姜姓申吕之国,周初的姜太公即此族人物。其一支在陕甘之交,即《诗》所谓姜嫄履大人迹而生后稷者。其一支西出甘青之交,即所谓西王母之国。按羌本三苗之后,而姜姓为神农之后，苗民本居南方，神农亦为苗民中共同的宗神(《孟子》亦有"有为神农之言者许行，自楚至滕"，亦为神农出于南方之证)。是羌人应由南而北。如此，禹生于石纽的传说，在春秋时固由甘肃传至河南洛阳；而在春秋以前，当由四川传至甘肃的，即羌人由四川迁徙至甘肃时，将此传说带去的。如《孟子》《荀子》之所载，均在秦灭巴蜀以前，绝不是秦灭巴蜀后其说方传至中原。

至于禹的生地，指出在四川的"汶山即广柔县"，这固然是见于四川人扬雄作的《蜀王本纪》，而《孟子》已有禹生石纽的记载。

北方治水法为修堤。而灌县治水的方法，其堰用竹篾编成很粗很稀的大袋，将石块编入其中，名曰笼石，水从石缝中流出，减其压力，而竹篾在水中亦可耐久，是此竹篾(见图)即是石纽。

按在战国中年作成的《山海经》，竟误灌县的岷江为长江的江源。而战国末年的《禹贡》直云"岷山导江，东别为沱"，以外江为江，以内江为沱，内沱古音相同。是灌县离堆之凿，则在秦用张仪司马错灭巴蜀以前，不然，张仪不能指他当时或其后一点的人凿离堆，假为禹导作成《禹贡》。(见《〈禹贡〉的研究》)以欺人。(《禹贡》以东别为沱为禹导，而《水经注》以东别为沱为开明所凿。)

蜀地神话杜宇王时有洪水,其相开明治平洪水,杜宇让王位于开明,见于《蜀本纪》及《华阳国志》。余疑杜宇之与夏禹有些音同。开明之与启(汉代以启为开,如《山海经》的大荒经以夏后启作夏后开),有些意同。杜宇之与开明或即禹之与启。而杜宇开明之禅让,或即成为尧舜禹禅让故事的来源。这固然出乎本题以外,而四川的洪水之治,在秦以前,亦有与禹发生关系的传说的可能。

现在成都一带,标明为"专修河堰,包打水井"的工人,都是羌人,而且灌县的修堰亦多用羌人,羌人之善于治水,或自古而然(按羌人现住山上,本无治水的必要,或古代羌人居四川盆地,因环境关系善于治水,至今尚保有其旧法),禹传为中国第一治水的能手,自然传为禹是羌人,以其羌人治水惟一的方法用石纽,故说禹生于石纽。

"禹生于石",亦见于《淮南子》,而石不破则不能出,故禹有"拆胸而出"及"剖胁而产"的传说,故俗名刳儿坪,坪与坝是四川土语,言小平原之意。刳儿即刳腹生儿之谓。

六、归结

禹与羌人发生关系,在春秋战国时已有此传说,而其传说自西方的姜戎中传出的。禹生石纽,《孟子》已言之,而治水用石纽以灌县为显著,扬雄乃直指为灌县上游之汶川。

这次我们为解决此问题而往,结果则用《论语》上原句作结束:

一、"巍巍乎大哉"刳儿坪及其附近之山也;

二、到刳儿坪访问禹迹,则为"民无能名焉";

三、于是我对于禹,成了"吾无间然矣"了。

中华民国二十九年八月二十六日,记于灌县中央银行

数目字

(原载于《说文月刊》1944年第3卷第12期,第93—101页)

数目字的来源如何?兹先以一、二、三、四、五、六、七、八、九、十,就其形、声、义三者中推求其起源:

数目字的一、二、三、四、五、六、七、八、九、十是由手势变来的。在人类未有语言以前,一切动作以手势为最要。上列的三行手势,第一行为殷代的手势,第二行为汉代的手势,第三行为现代的手势。但殷代、汉代的手势不存,就其字形与现代的手势作比较研究而推知的。

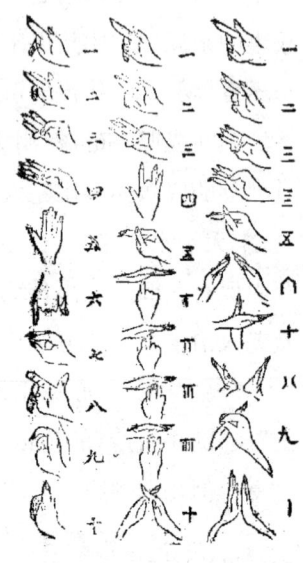

甲 现代手势

现代的手势,一——即竖一个手指头,二——即竖二个手指头,三——即竖三个手指头,四——即竖四个手指头,五——即竖五个手指头,若六至十在汉代殷代均用两只手作手势,现代是用一只手作手势,当是为简单而进步。六——将大指与小指伸出向下,而大指与小指向下即像"六"字下面的两点。七——是殷代五数变形,殷代的七数十数均用两只手,现代用一只手作十字形,就成了如殷代手势的五了。八——手势与殷代近,不过殷代为两只手,现代用一只手作势,只好以大指与食指抻出如八字形。九——为食指伸出作钩形,与殷代的九形相近。十——十的手势与殷代的十相近,故将其大指伸出以示其形。

乙 汉代的手势

汉代的手势,除一二三上与殷代下及现代相同外,四——是两指分开,但易与二及八的手势混,乃将中指缩回,将食指与无名指伸出,再加上大指与小指也伸出作为边沿,如四字去掉上面的一平画如四即像其手势了。但四字在金文上已如此写，是知四的手势在周代已如此，不自汉始了。五——留在殷代再讲。六、七、八、九、十是用两只手作势的，按王莽的货币其布货十品，第六为"中布丁百"，第七为"壮布 𠕋百"，第八为"弟布 𠕋百"，第九为"次布 𠕋百"，由此六七八九的四个字形，推知汉代的六，上一横为一只手代表五，因一只手为五个指头，下加一个指头为六，再加一个为七，加三为八，加四为九，两手为十。

丙 殷代的手势

手势是表意，殷代的一、二、三、四是用手指作势，是不成问题的，不过在未有数目字以前即有手势，这种手势是另有所表，待数目字观念有了，乃借用于数目字，不是最初即用手势表数目字的。

一——形是竖一个手指头。音与衣字同，殷人自名为衣，亦称为虞及□，是一与虞同音。义呢？殷人的第一人称为余，不是我，我为诺字的假借，如"不我弗若"，即不答应的意思；余字的形与今字金字同，因殷人首先发明铜，以铜作箭头，故金字在古文字上即像箭形，今字像箭头，以古为酒壶，今为铜；余即以我是发明金的人。故用一个手指头向自己指着，发出"阿"的声音，后音变为虞为余为衣为一了。久之，则一即代表余。

二——形是竖二个手指头。音与你同，亦与尔同。殷人的第二人称为"乃"，后改为"厥"，又改为"汝"。乃即奶字，以女子有奶；汝即俘字，山西万泉人读水如弗，故汝以水为声，女即被俘的人。奶亦名乳，乳与汝音同。汝亦称伊，伊与你音近。厥与女子生殖器音近（北方人读如别）；彼亦为汝，彼与妣音近，妣从比声，殷代的女性用匕表示，如牝□等，匕即女子生殖器的音。殷时殷人已形成男系社会了，四周的部落尚为母系社会，故用二手指竖起如两条腿，用以表示女子。以自己为一，第二人称为二了。

三——形是竖三个手指头。音，在山西万泉读三如丧，丧在古文字从亡声，亡在甲骨有"亡它"，亡字像一人持杖而行，像个盲人。古以俘虏刺瞎其目，如臣字系刺目不重的，民字眼珠突出，是刺目重的，即顺从的刺一目为臣使管其民，不顺从的重刺二目为盲为氓为眠。这些部落尚未征服，为第三人称。既有一为己，二为你，三就是他了。

四——落后民族的数目，以一至三为一阶段，四五为一阶段，六、七、八、九为一阶段，十为另一阶段。是四的起因不与一、二、三同。四与撕音同，系以手掌打人，即四指拼拢，大指缩回，手向下速伸，表示用刀杀砍的意思。

五——形如握拳，音同把握的握，握从屋声，屋声近五。是表示抓获，与四表示杀戮意相反。

六——形如房屋，音同流水的流。六亦读如鱼，绿色山西万泉读为玉色，与居字音近，言可以居住的屋。

七——山西万泉读去如七，意即为去。以竖手代表人，以横手向竖手上一推，表示为人去。

八——形如两手分开，音读如捌开的捌，义亦表示分开。

九——形如手，音读如肘，古以臂为枕（"曲肱而枕之"），以右拳代头，以左手代枕，表示睡眠。

殷代的男系分为四级，即祖、父、兄、子，凡已死的男子为祖，凡持斧的男子为父（酋长），凡已戴帽子的为兄，凡不能打杀敌人或猛兽，不能举行加冠礼，不认为国民一份子，不能为兄，与俘虏是一个阶级，称其为子（子字即俘字）。母系分为三级，妣、母、女，凡已死的女子为妣，凡有奶吃的为母，从他部落俘虏来的缚其两手的为女。是殷代子（俘）女（俘）为一阶级。

女子囚于西牢（妻西同音），男子囚于东牢（男东古音同），父查西牢（女子从他部落俘虏来，恐易逃走，要酋长亲查），兄查东牢。西牢查过后，西牢的女子向东牢男子作手势，如左：

六（房屋中），七（人去了），八（门开启），九（来睡眠）。

由我你他打握房去开睡的手势，因为是常常使用，依着次序就代表了一、二、三、四、五、六、七、八、九数目字的应用。

十是后起的（亚刺伯数目字无十），以两手相合为十，这是有了一、二、三、四、五、六、七、八、九，加十是专为数目而设的。

社会文化与民俗

一、二、三、四、五、六、七、八、九、十的数目字起源说明了，再说百千万：

上文第一行百，第二行为千，第三行为万。

第一行第一字为白字；第二字为百字，即一百；第三字为五百二字合文。第二行第一字为一千，第二字为三千，第三字为五千。第三行第一字为万，第二字为一万。

白——即百，白即帛，用帛包物为百，百包字同。这是古义。

白音同缶又同逼，畐字如福富为酒壶，即陶器的釜錇，用以盛货币，《孟子·公孙丑》篇言兼金若干镒，益字从皿。《墨子·贵义》有"五百益"之文，王氏《读书杂志》云益当作盆，是以陶器盛货币的为百。

千——千即串字贯字，直画为绳，一横为细木棍，即于绳的他端系一细木棍，将贝壳钻洞穿在绳上，穿满一串，下面打结，使掉不下去，横木上有一串的为串或贯，如有两串的为朋。

万——万字是蝎子，因蝎子生子甚多，表示多意，蝎子尾巴是弯曲的，后人于蝎尾画一弯的符号为一万。

数目字的百千字说过了，再说度量衡的起源：

寸——寸字在古文字中为手字，即一手为一寸，即是大指的指尖，与食指的指尖两者的距离为寸。古人以此处名寸口。

尺——《说文》："尺：……皆以人体为法。"按尸即人字，尺字比尸字多的一捺，即六书中的指示，指此为尺，即是以小腿为尺，古人席地而坐，以足根至膝的长短为尺，英文的FOOT为尺亦为腿，其起源相同。

丈——像手持杖。

二寸为尺，因为小腿的长，正是大指与食尖的二倍。二尺为丈，因为杖只有二尺长，英文名STICK（斯地克），这是手按杖可以支持其力。此种长二尺的手杖如斯地克的，在敦煌石室藏经洞的唐画已如此。若以杖从丈，长为一丈（十尺），比人高一倍，携带不方便，老年人持上更不方便。又古文字中的支枝丈是一个字，即以树的横枝可支持手擎而为丈（杖），

513

如此则横枝握在手中擎于地上,则杖绝不是一丈高。

按《博古图》所载周代铜鸠杖,其杖固失只留其杖头的铜鸠,而此铜鸠背上即手握之处,如果其下之柄有一丈长,则人手如何握得住鸠背,可知古杖高约二尺,如此则古是以二尺为丈的。

《国语·鲁语》云古防风氏,"今为大人……长十丈",而《孟子》言汤九尺,文王一丈,曹交九尺四寸,战国时尺比现在小,一尺约六七寸,而一丈约合今尺六七尺,比现在人高,但以一丈高的人,对十丈高的人,等于现五寸高的人对我们这五尺高的人,如何以一丈高的禹而能杀十丈高的防风氏?余疑防风氏十丈,指古尺言,古以二尺为丈,即高二丈,战国时人高一丈,系以今尺言,今尺是以十尺为丈的。如此,防风氏的大人,以及春秋时的长狄,均不过身体高大,比常人高一倍就是了。反过来说,侏儒焦侥短三尺,比战国时人短三分之一,犹如现在有一尺六七寸的人,非洲人虽小,也不至此,不过言有短为三尺,言其长为十丈(实际为二丈),形容高矮,非指实数。要之,由此知古以二尺为丈,故防风氏高十丈,等于比普通人高一倍的。

升——以音求之,与斤音同,以一升重约一斤。

斗——斗形像锅铲,容量不多,可容一口,故斗口同声。廉颇食斗酒斗面,可知战国时斗并不大。余在山西万泉得战国瓦钟,上有"二斗"字,其容约二升。

石——古以瓦器的釜钟为量,釜钟名为罐,古音为石,以一百斤可以挑一担的名为担。

斤——斤字在古货币上的文字与化字为一字,化字即货字,有加金旁作鈋的。最初作化字用,后以一化有一定的重量,《管子·山权数》言"黄金一斤",即黄金一化,安邑币文作"安邑化一金",即安邑货一金,即安邑金一斤。一斤即等于秦的一两,因秦的"半两"钱二枚,等于金一斤。

两——两字洽如天平秤,巾字像中间上下的针,上一横为天板以悬上针,门像担子及垂绳,二人字像两个相等的物。

铢——铢原为朱字,朱为珠字,像珠子穿在绳上。重字亦是穿珠子,因为重怕脱,绳两头各打两个结。

古代的两没有一定的重量,用秤称时,是彼此两相比较,其重相等即可。珠子发光为很好的装饰品,其大者贵,除特殊外,以二十四颗珠子的共重为一两,因那时的秤至大能称二十四颗珠子,再重了就支持不住了。后来因黄金作货币,货币的重量也要称,与二十四颗珠子相等的为一两,故名黄一块为一化,或为一斤。

长沙出土战国时冥钱泥版的"郢爰",同时有"一两"的泥版,每饼是十六方,即一大方块上有十六个"郢爰"或"一两"的印文。这是许行在楚国施行的井田,他是"方里而井,井九百亩,其中为公田,八家皆私百亩",后来将公田的一百亩也分配给八家种了,八家纳十二之税,楚地产金,每家应纳"郢爰"二两,八家共纳"郢爰"一饼,一饼成了一化(一货),就是一斤,因为是盖着十六个印子,每盖印子的重一两,就成了一斤为十六两了。

秦钱文曰"半两",其重即一两的二分之一,亦即十二铢。汉初有用一两的三分之一为八铢的,也有用一两四分之一为六铢的,也有一两六分之一为四铢的。但中原人以五进位为习惯了,故汉武帝铸"五铢"钱,以至隋时尚盛行。但经过两汉六朝,名为五铢,其钱的重量尚有不及一二铢的,名为鸡目鹅眼。到唐代以钱面铸年号不铸重量,其重量规定一个钱为一两的十分之一,后来即以一两的十分之一为一钱。即成十六两为斤,十钱为两,十分为钱了。

中国人以十进位,即十个十为百,十个百为千,十个千为万,这是原来用两只手计算,因两只手为十个指头。法国以二十进位,即五个二十为一百,九十他名为四个二十加十,这是原来用两只手及两只共同计算的缘故。我在上海电车上看见欧洲妇女在手中数铜元买车票时,以两个两个数,即十个铜元数五次,与中国的五个五个数不同,中国以十个数目数两次。秦及匈奴以六进位,这是以有的用单数数,有的用双数数,以三个二为六,是奇数偶数并用。英人的一磅十二两,一尺十二寸,是六的二倍。苏俄以四进位,是二的倍数。

与数目字有关的为干支:

甲乙丙丁戊己庚辛壬癸——天干

子丑寅卯辰巳午未申酉戌亥——地支

以六个天干与五个地支相配合,恰为六十而一周,殷代用以记日,即甲子乙丑等,殷代不用初一初二或一日二日十五日二十三日等的数目字记日。

天干的起源如何？兹列表于左：

日月斤星戈启纲风工雷

甲乙丙丁戊己庚辛壬癸

十九八七六五四三二一

甲——以形言,甲字与日字及十字,在古代为一个字,音亦相近。

乙——以形言,九与乙近,月形亦近。音的方面,曰从乙声。

丙——形如斧斤,丙斤音同。

丁——丁星音同,星形如日,故丁可同甲,七戈古文亦近十。

戊——戊为兵器之一种,后人以其属戈类而加戈。其形上尖如房顶形,故与六字形近。

己——与启音近,启在甲骨戈上无下面的口字,作晴字用,甲骨文多卜晴雨。以天晴无云为启,故"无""五"音同。启字原作手持户使开,户五音亦近。

庚——庚像鱼网与甲骨文上毕字形近,楷书多以网字写为罒字,如罗字上为网非罒。庚网古音同。

辛——风辛音近,三为参音亦近风。甲骨文上的风字为凤字,凤为孔雀,头上有一撮毛,故辛字上面即像其头上突出之毛。因孔雀羽毛美观,百鸟争随,百鸟飞过如吹风,故以凤为风。

壬——壬字在甲骨文如工字,工字在甲骨上作攻,即钻木取火者,像双手捧两头有尖的钻子。壬工音近,为二亦为两,两江音近,江从工声。

癸——癸雷音近而形同,如铜器楚公钟的雷字形近癸字。

古人以雷风晴为常变的天象,以日月星为不变的天象,以斤戈为兵器,以网工为人工,这都是必需,故以一日祭雷,二日祭钻木取火,三日祭风,四日祭网,五日祭晴,六日祭戈,七日祭星,八日祭斤,九日祭月,十日祭日。以一三五七九单数祭天象,以二四六八偶数祭人事,以最后一天祭最重要(热冷)的日。甲骨文有十日为旬,《左传》所谓"天有十日"即此。这是靠近黄河流域的人用此记数。

地支的起源呢?

鼠、牛、虎、兔、龙、蛇、马、羊、猴、鸡、狗、猪。

子、丑、寅、卯、辰、巳、午、未、申、酉、戌、亥。

一、二、三、四、五、六、七、八、九、十、十一、十二。

子——子字的读音与老鼠叫的声音近,老鼠只吃人家现成的饭,如家中的小儿子一样——古人的看法。正月老鼠乱跑寻交尾。俗以正月初十日名老鼠嫁女日。

丑——丑即扭字,以家牛可扭耳牵走。丑与牛又同声。

寅——寅字形近狮字的 ⿱, 狮名狻猊,狻寅音近。后因中国境内少狮子而换为虎,如《国策·楚策》以狐假虎威,在印度则为狐假狮威。

卯——卯像兔耳,柳树叶像兔耳,柳刘兔音近。四月兔为正在生儿子。

辰——辰即蜃,水中动物,古人以为是龙,以蜃壳作耕具而为农。五月可下水捕蜃。

巳——巳形如蛇,六月蛇正毒。

午——午与马形甚远,但甲骨文中的"御"字,像人持鞭赶马,而马字写成午字。午马音近。七月马正肥(所谓秋高马肥)。

未——未与羊字似不相近,但甲骨文羊字只写其头,未字与牛字形近,实即是羊。羊叫声与未音近。八月羊味正浓。

申——申即神字,亦即电字,以电闪甚神速,猴子在树枝上,跳来跳去,有如闪电。猴亦名猨,猨申音近。九月猴生子。

酉——酉为酒壶,鸡酒音近,古人以饮酒如牛饮者易醉,如鸡饮者不醉,故仿鸡造彝为酒器。十月鸡能叫辰。

戌——系人持戈守夜,先用狗守夜,后换为人。十一月要守火。此时生的狗儿长大猛勇。

亥——形音与猪均相近,十二月生的猪儿易肥。腊月的猪肉也好醃。

他是以动物在某月有特别表显,即以某动物作某月的记号,现在的苗民尚存此风。

南方记月的与北方记日的配合起来,就成为甲子了。

一天分为四时,以日出为东(以日尚在东方林中),以正午为南(南为用草编测日影的器物),以日落为西(西为鸟栖于木),以半夜为北(北为两人靠背坐着眠)。后一天为十二时,今一天为二十四小时。

一月在殷代分为三旬,即十日为旬,以十天为一周,这是用天干的甲乙丙丁戊己庚辛壬癸的。《山海经》有日居于扶桑,九日居枝下,一日居枝上,这是以一个太阳天天由东海到西山。未免太苦了,以有十个太阳轮流值班,即初一日十一日二十一是一个太阳,即一个太阳除小月外,都要值三天班。以由东海上时慢,西面下山时快,故以入西山后就很快的到东海中与九个未值班的太阳在一块儿休息。

一月在周代分为四周,以七天为一周,与西洋的星期相等。这是以初一日为朔,即月亮尚如在女子的肚中怀胎一样。月终为晦,是整夜是黑的,晦黑音同。十五日为望,以日出时尚能望见月,日落东亦可望见月,故名为望。除此而外,以中间用四分,以有日为吉(夜中不黑暗),初二为初吉,初二至初八都名为初吉。月到初八成了圆的一半,故以初八日为既生半,亦名既生霸或既生魄,半霸魄均同音相假,十六日既望了,故十六至二十二日均名既望。月到二十三日已少去了一半,故名既死半,亦名既死霸,如为月小只除晦一天,月大则除晦望各一天,余分四分了。一年为五十二星期尚多一天。

一年分为四时,春古为屯字,即草生芽出土时为春。夏为躶体,夔与夏均为人形,夔头上多个帽子,两面的"北"字为两袖,夏字无帽无袖为躶体人。以人裸体为夏。火烧木为秋,以禾的穗割掉,余干用火烧;或是有龟蟹之类上禾吃穗为□。冬为一年之终,冬的父为足,冫为冰,以脚到冰上为冬。

一年为分二十四节,这是以黄河流域的农业为标准,如芒种即种麦,小雪大雪均黄河流域现象,民国十八年教育部改历书加霉雨一节,这是指南京上海一隅而言。

一年分为十二月,这是以草木生落一次,要经过十二个月亮的圆缺。阳历日以二十八日三十日三十一日,不随月的圆缺。而一年十二个月仍是未离了月。

三十年为一世,在以男子为社会中心时,规定男子三十而娶,娶妻生子,已三十年了,再三十年生孙,要到九十孙能看见孙,因为能活到九十岁的人不多,故孙的儿子不特立名,仍用孙字加曾以别为曾孙。如此,应规定每三十年县修县志,省修省志,国史馆出版国史一次。如以一百年为一世纪,一百年修一次,有些史料就遗失了。

时间上冠"维"字,甲骨文上有"维王二祀"等,铜器上铭文常有"维王有十三年"或"维二月"等。维字是画着一只鸟,这只鸟是鸡,因为鸡能按时叫鸣,故加鸡于时间的数目上,以表示这数目是时间的。因为那时是天天祭神祭祖,殷代以祀为年,如云"王二祀",人容易误会是王祭祀过二次,加维为王二年了。周代以禾为年,如云"王二禾",容易误会王持了二株田禾,加维为王二年了。不过到了现在作祭文的人,在开首(年代放在开首,尚存周、秦、汉、魏风)写"维中华民国三十三年",这纯粹是模仿。祭文之首"维"字应改为"时"字,如"时中华民国某年某月某日"。

年月日的倒写为日月年,在西洋的文字上是如此,在甲骨文上也如此。甲骨文上所以如此写,他是由无时间,加上时间以限制,故成为日月年了。

古人迷信,凡事问卜,如问风雨,问明天或明天以后的雨,叫做"翌日雨",例如:"贞翌戊辰其雨"(《殷墟书契续编》卷四第二十一页第九块);"翌日壬辛归,有大雨"(《后编》卷上第三十一页第五块)。如在"翌日"没有下雨,占卜的巫可以借口推诿,因天天有个"翌日"的。于是加日以限制,例如:"壬申卜鼓翌甲戌其雨"(《续编》卷四第十七页第三块)。"乙亥卜贞丁丑其不雨"(同上第四块)。

有日的限制,就不能赖了,即是说如初一日卜,明日雨,当然是初二日雨。但是卦不灵时,占卜的人又有赖了,因为古代不用初一初二,十一十二的数目记日,是用干支的甲子乙丑记日,甲子乙丑是每六十天有一次重复的,他可以说甲子卜明日雨,即乙丑日雨,但不是这一个甲子,是再一个甲子,一年有六七个甲子,当然总有应验的一天,因为他赖,于是加月以限制,例如:"贞其莘雨,一月"(《续编》卷四第十四页第十一块);"癸亥卜鼓贞旬亡戾,己子雨,十一月"(同上第八页第二块)。

如果再不灵时,又要推到明年去了,因为每年均有十二个月。他可以说不是今年一月甲子的明日雨,是明年一月甲子的明日雨,于是加年以限制,例如:"癸未王卜贞,旬亡戾,在九月,在上昆□,二十祀"(《前编》卷二第二十四页第一块);"癸未王卜贞,酒,彤日,自上甲至子多后衣,亡它自戾,在四日,惟王二祀"(同上卷二第二十七页第七块)。

系某年某月某日的明日雨,如不灵验,不能再推了,因古代换一个帝王,即换一个巫,即不能赖在未来的一个帝王几年了。因帝王在位的年无期限,不能预言其快死,新王将即位,从新王某年计算的。

这个年月日倒写为日月年,是因占卜的限制。到了其注重时间时,则以大时间在小时间前,是使注意力由大而小的。这是历史长久的民族的文化。我们长久历史的文化,时间为年月日,不必再反回去仿历史短促的文化,写为日月年。

周代就将时间放在开首,使之注意,周代彝器上铭文如:"惟王元年,五月初吉甲寅"(师兑敦);"惟王二十又七年,正月既望,丁亥"(伊敦)。

将时放在开首,由周至隋尚如此。到了隋唐以后,将年月日放在文末,如隋唐以来的墓志碑文,以及现在的约据公文等均如此。这是以时间为附属。因为历史太长久了,时间的注意力太集中了则不宜,故而将时间降为附属品,是作为备考的意思。

由日月年想到大地名在小地名后,在中国书中除《穆天子传》上有数处外(详《古史研究》第二集),余不多见,这是地域狭小的民族,只知有小的地名,待走的远了,地方多了,慢慢的加上去以作补充。若地域大的民族,一来就是若干大的区域,交通又在频繁时,当然先书大地名使人注意,在邮局送信上大地名在小地名前较为方便。

根据以上的事项,将来我国的数目字应:

1. 数数目时,以五以五的数,如二五为十,三五为十五等。
2. 数目以十进位,十两为一斤。
3. 以三十年为一世纪。
4. 大地名在小地名前。
5. 时间的叙述为年月日。

这不是"我爱其礼"的要保存国风,是实际上方便。而且也是进化的,不可盲目的改。

傩(节选)①

(原载于《说文月刊》1940年第1卷,第587—598页)

傩在春秋时为民间酬神事,见于《论语》,但其仪式如何,已不可考。麻阳俗信霄神,以木刻首及手足,穿布衣裤与鞋,高约一尺,俗名小神,以其最灵,如得罪小神则家中器物多被搬走或损坏;若为许愿,每三年酬傩两次,则其家平安。此与山西人信狐仙,甘肃人信猫嘴神类似,原属迷信,事无可取,但本"我爱其礼"之义,又以麻阳居湘西群山中,保存古风为多,或者麻阳之傩,尚有古傩仪式之一部故为之记。

所祀的神

上层(椁上之一层)祀东山尊主尊皇君爷爷及南山圣母龙凤娘娘,均用木雕首及足,穿布衣及裤鞋,东山尊主为红脸黑须。中层(椁上)祀五岳,系用纸画像,五岳并排坐。又中下层祀五师(元始天尊、张天师、真武、李真人、龙树王菩萨)系用纸画像,亦并排座。下层(椁底下)祀土神,系纸画像。

所用器物

面具　木刻面具六种,用木雕刻,内凹外凸,内穿绳可戴在面上,外部涂颜色并油漆。其像一为八郎,头上有发髻,一为九郎,露齿无下腭,

---

① 编者案:原文后附巫师的榜文若干条,在此省略。

均姓满,系杀愿猪的人,从桃源洞来。一为开山,姓张,系开财门人,额顶有二小角,长约二寸,脸为花脸,二牙外露。一为十洲和尚,亦名小和尚,额有一点红,系侍奉龙神土地的人。一为梁山土地,姓萧,系送阳春(谷类物)的人。一为判官,姓崔,系钩愿的人。又有修路郎君,打报郎君,均用九郎的面具。又有白旗先锋,系用果装女像,不戴面具。

用具　柳巾,用红或黑或蓝或花各色布,缝成上宽约一寸五分,下宽约二寸,长约一尺五寸,下为尖形,上写"信人○○○同室人○○○因为○○○身高命贵关煞太重夫妻合发虔心施巾○条",背写"太岁○○年○月○吉日敬献"字样,约数十至百余条,缝在一长约一尺五寸的木上,巫师作法背在肩上,有因放炮竹时用打灭炮竹在身上之火星。令牌,用木长约八寸,宽约一寸五分,厚约八分,下方上圆,一面刻字,为"奉敕令雷雷雷雷雷霹耳煞",在每雷字下两面向外向上一抛,中有三环,耳字下向左向上一挑,中有三点,以为符箓。师刀,系用铁作成直径约五寸,一环,一处突出长约五寸,为一矛形,环上套有小铁环七个,以作声响。筊,系用木削成如牛角,从中剖开为两半,长约三寸,宽下约一升二分,内横刻数道,如竹笋劈开形。牛角,系用水牛角,将角端削去少许,钻成凹锥圆洞,再钻一小孔通内,可以吹响,如号筒喇叭声。笏,俗名朝板。木斧,斧头如安南出土的铜斧。此外尚有锣鼓钹的乐器。

巫师

巫师与道士不同,巫师吃荤,其术可家传,但必称其父为师,系师徒传授,巫师头戴红巾,遇重大祭祀,则头戴五师神像冠,如僧人冠,身穿大红袍,袖口及襟叉均缝五寸黑边,领为圆领,系蓝色,领口亦五寸宽,背有补服一方。作法祀神时,手舞,用手作法,口中念念有词,有时出声唱词。巫师俗称老师传。请师娘在贵州恩南府,或者古为女巫。

祀神仪式

装坛:将各神像陈列　如前举所祀的神,名为装坛。

封禁:巫师在神前念咒放砲竹,封人的口,免得出事惹祸,名为封禁。

竖回桿:将大竹一柱栽于空地,再一小竹桿(均活竹,上稍带枝条及叶)绑在大竹桿上,小竹桿上悬一灯笼。时放砲竹,作乐,巫师念咒,吹牛角。(每逢作乐必吹牛角)。因系招集鬼魂回来,故名回桿。

札土地:委任本地方土地神,条护本宅,不使野兽来侵,巫师向土地神(在住宅外,本街行中)庙神前念咒。

发文书:系请一切神灵,先发文书通知,在宅外空地烧文书(见后),放砲竹,作乐,巫师念咒。

回瘟火:因时有瘟疫流行,巫师念咒,可将瘟疫驱回。在坛前祀神,放砲竹,作乐。

札灶:因人吃荤,故向灶神告罪,巫师向灶神前念咒。

解秽:在坛前向神解秽,因人未沐浴干净,故向神告罪,作乐念咒。

造桥:巫师有阴兵指挥,故造桥渡兵,在坛前作乐念咒。

请神:前所发文书通知请神,故此时请神下马,在坛前祀神,放砲竹,作乐,巫师念咒时跳,故又名跳傩。

劝酒:在坛前请神饮酒,巫师跪中,主人一面跪一,巫师将酒杯(小杯)酒呈上,侍者将小杯酒灌入神棹上大碗内,放砲竹,作乐,念咒。

悬幡:于前所竖竹桿上,悬一长旗,宽约一尺,长约丈余,上画一条龙,名为龙幡,为超度孤魂,放砲竹,作乐,念咒。

禳星:因怕本宅有疾病,故禳本宅之星,在坛前祀神,放砲竹,作乐念咒,又有禳星拜斗。

开戏洞:开桃园戏洞,因十二种戏神均住在桃园洞中,故为开洞,在坛前放砲竹,作乐,念咒。

开霄洞:开霄神洞,因霄神住于洞中,将洞开放请霄神降临,在坛前,放砲竹,作乐,念咒。

和上棹霄:因霄神居于上中下三洞,每洞霄神坐一棹上,(因霄神爱欢乐,故和)先和上棹,在坛前,放砲竹(放砲竹要放在巫师身上),作乐,念咒,唱和神戏,主人亦拜神。

和中棹霄:其仪式同上。

上表:上表要择吉时,其次序不定列在此。将方棹两张叠起,上棹放皇帝牌位，陈设干果，下棹亦陈设干果，为奉传达表文之神，主人跪读表文，放砲竹，作乐，念咒，表文送宅外空地焚化。以本宅主人表白酬神之意。

呈牲：在坛前杀猪一口，杀羊一头，杀时猪牛羊头要向神前，杀毕陈设神前，放砲竹，作乐，念咒。

打八郎九郎：八郎九郎原系杀愿猪神，将猪神上放八郎九郎面具，敬神毕，有二人戴八郎面具，在神前唱。

赈孤：因孤魂无依，赈济孤魂，于回桿下设祭，施食（将米粒散空中，将米粑抛散，三十六个，小儿抢食），将幡收回。放砲竹，作乐，念咒。

修路：系桃源洞中故事，在坛前演，一人戴九郎面具，手持镰刀，表演修路，因将路修开，使神易行。

打报：以主人酬神，神给主人送报喜事，一人穿古装背一县印，背一马鞭，背一笏，唱吉利语。

扫殿：一男一女，打扫神殿，在神前演唱。

先锋：白衣先锋为侍神的神，系一女装，在神前唱演。

采香：一男一女在神前五岳殿前采香，唱五岳故事。

上寿：将猪羊煮熟一块，敬神，放砲竹，作乐，念咒。

搬师娘：师娘系贵州思南府人，师娘即巫师的夫人，因开山时一把斧失于东海，算卦的算到失落地，要许愿方能收得此斧。还愿时要思南府的师娘方能还此愿。在神前二女一男演唱。

和下棹霄：如前和上中棹霄。

奠上：谢龙神。巫师在神前念咒。

搬土地：二人一装土地公，（戴面具）一装土地婆，在神前演唱，给主人送些谷物等。

搬判官：一人戴判官面具，钩去已还之愿，在神前演唱。

送神：送神归位，在神前面放砲竹，作乐，念咒，焚纸，将神像扯离。

安家神：因各神到主人宅，主人的家神让位，各神既去，故安神，巫师念咒。

榜文（编者按：此处省略）

史学研究方法

应用统计的方法整理国学

(原载于《东方杂志》1929年第26卷第14号,第73—84页)
中国公学大学部中国文学系月讲 刘宇、朱兆新记

兄弟今天和诸位同学在这里讨论的问题,是"应用统计的方法整理国学",分:一,导言;二,前人应用统计方法整理过国学的举例;三,用统计方法整理国学的效用;四,制造统计图表的方法;五,由统计结果推求变化原因。现在就依这分段说起。

一、导言

研究学问应有三个条件即理论、证据、方法。但是,理论要圆通,证据要确凿,方法要精密。"理论圆通"是第一步工夫,因为发表言论,若是理论不圆通,自己就站不住脚步,不待他人辩驳就会倒的。"证据确凿"是第二步工夫,因为发表言论,理论再说的圆通,若是没有证据,总不足取信于人的。"方法精密"是第三步工夫,因为发表言论,理论也圆通了,证据也确凿了,但方法不精密,不足以作定论。

近来"用科学方法整理国故"的话,常常听着,但是实际工作这种工作的人很少,因为只有"用科学方法整理国故"的提案,并没有计划书和标准案使我们去实行。

"用科学方法整理国故"的方法很多,统计学也是其中的一个。兄弟对于统计学没有研究,不过兄弟曾毕业于山西商业专门学校,商业学校有统计学一门功课,兄弟的脑筋中受了这一点统计学的影响,后来到了清华大学研究院,就采用统计学整理国学。兄弟试用的结果,觉得整理国学有应用统计学方法的必要,是以兄弟将"应用统计方法整理国学"贡献诸位同学,有不对的地方,请诸位同学指教。

二、前人应用统计方法整理过国学的举例

甲 关于政治方面

中国当春秋战国时代,各国的诸侯对外竞争的很激烈,对内的整理当然不能置诸缓图。如户口,物产,财政,交通,疆域险要等,都非作一种详细的调查,有系统的记载,大规模的计画不可。学者对于这种调查记载规画,作深刻的研究,统计学自然就产生了。

1.《逸周书·职方解》

《逸周书·职方解》对于各州人口的记载,是"扬州二男五女,荆州一男二女,豫州二男三女,青州二男三女,兖州二男三女,雍州三男二女,幽州一男三女,冀州五男二女,并州二男三女"。这当是作过人口的调查,将各州调查得的总数,用最小公约数计算而出的。

2.《尚书·禹贡》

《禹贡》对于各州田级的记载,是"冀州厥田惟中中,兖州厥田惟中下,青州厥田惟上下,徐州厥田惟上中,扬州厥田惟下下,荆州厥田惟下中,豫州厥田惟中上,梁州厥田惟下上,雍州厥田惟上上"。《禹贡》的田级当是经过统计而得的。

《禹贡》的级数以甚么为标准呢?它当系以田的生产力大小而定。但各州的面积很大,生产力当不平均,它当是以各州的田分为等级而决

定的。今假定：

一，河流经过不加人力可以灌溉的田——上等；

二，平原的田——中等；

三，高原易受旱灾或河畔易受水患的田——下等。

又依这三等田，假定它的产量：

一，上等田每亩三石；

二，中等田每亩二石；

三，下等田每亩一石。

这三等田的产量平均数是：

3+2+1=6

6÷3=2　每亩两石。

今假定每级价格为一〇〇元，兹依《禹贡》的等级化为元数是：

价格	500	400	700	800	100	200	600	300	900
地别	冀州	兖州	青州	徐州	扬州	荆州	豫州	梁州	雍州

上表数目，把它排列整齐是：

价格	900	800	700	600	500	400	300	200	100
地别	雍州	徐州	青州	豫州	冀州	兖州	梁州	荆州	扬州

《禹贡》"上上""下下"等，它当是由排列整齐数表划分的，推测它的划分法是：

等级	上			中			下		
	上	中	下	上	中	下	上	中	下
量数	900	800	700	600	500	400	300	200	100

《禹贡》是分为三大段，每段又分为三小段。按它有"上上""下下"，没有"上""中""下"字样，它的表列式是：

等级	上上	上中	上下	中上	中中	中下	下上	下中	下下
州别	雍州	徐州	青州	豫州	冀州	兖州	梁州	荆州	扬州

这种表列式在统计中叫做"粗细线并用法"。这种表内又有"州别"

"等级"两项,在统计学中叫做"二重表列式"。是知《禹贡》确作过统计的,不过它是统计表不是统计图。

前边是举《逸周书》和《禹贡》为例,《逸周书》是魏襄王时(约西元前三一九年)魏国学者的作品。《禹贡》是秦武王时(约西元前三一六——二九九年)秦国学者的作品。是我国于西元前三〇〇年左右政治上已经应用过统计了。

乙 关于学术方法

1.《史记·十二诸侯年表》

学术上采用统计学是西元前三一四年以后事。按《史记·十二诸侯年表》序说:"表见《春秋》《国语》",《春秋》《国语》就是《国语》。国语是分国记事的,这一国的国语和那一国的国语不能互相连贯,必待这表接连,使人看了就容易明白。兹按《史记·十二诸侯年表》首尾数年是:

	周	鲁真公浑	齐武公寿	晋靖侯宜臼	秦秦仲	楚熊勇	宋釐公举	卫釐侯	陈幽公宁	蔡武侯	曹夷伯	郑	燕惠侯	吴
庚申	共和元年以宣王少大臣共和行政	十五年一云十四年	十年	十八年	四年	七年	十八年	十四年	十四年	二十三年	二十四年		二十四年	
	二 厉王子居召公宫是为宣王	十六	十一	釐侯司徒元年	五	八	十九	十五	十五	二十四	二十五		二十五	
	四十二	十七	三	三十四	十三	十一	三十九	三 庄公辱戎州人戎州人与赵简子攻庄公出奔	十三	二十三		十五		十八 楚败我
甲子	四十三 敬王崩	十八 二十七卒	四 二十五卒	三十五 三十六卒	十四 卒子厉公立	十二	四十 五十七卒	卫居起元年石傅逐起出辄复入	十四 十九卒	二十四	十六 二十八卒		十九 二十三卒	

要知这一个诸侯的元年为那一个诸侯的几年,先要检查《世家》,《世家》有时记载的不明瞭,还要推算,这有多么的麻烦呢?今把《十二诸侯年表》检起一看就明白了,是这个表在学术上很有帮忙,是以各史多采用表。

《国语》一书,除《越语下》系西汉末年人附加外,《郑语》一篇最晚是西元前三一四年以后的作品。《国语》上的《十二诸侯年表》当是《国语》全部告成,学者以各国的年代相互的关系不大明瞭,造这表以便检查。但这表不算是统计表,不过向统计这一条路上走去了。

2.《春秋大事表》

《春秋大事表》是将《左传》全部拆散,另用表格填入。不管它本书的价值如何?用统计表整理古籍,它算是一个。

三、用统计方法整理国学的效用

甲 表的方面

统计学分表和图两大部分,兹先就表的部分说起:

统计表系将漫无系统的事实,依所定的项目,按其性质的异同,分别排列,使成系统,以便考察。其功用在便于考察,比较,记忆,总计,及减少重复的说明等。例如:

1. 介词用"于""於"升降表

介词用"于""於"升降表

书别	于	於
甲骨文	14	
金文	25	1
尚书	377	2
诗经	316	13
春秋	395	
左传	768	875
国语	210	843
论语	6	161
孟子	5	481
庄子	1	849

从这个表看来，《春秋》以前的书，如《尚书》《诗经》《春秋》都用"于"字，《论语》《孟子》都用"於"字，《左传》《国语》"于""於"并用。这种现象不仅书本子上是这样——书本子恐有后人传写错误的。甲骨文、金文都是这样，惟铜器中的"陈财敦"有"孝於叔皇"一句，是用"於"字作介词的，但它是战国中年的物品。用这表大量的观察，可知春秋以前的介词都用"于"字的，到了战国初年"于""於"并用，战国末年习惯上都用成"於"字了。

又如：

2. 诸侯卒表

诸侯卒表

国别	春秋	史记	比较
周	8	13	少7
鲁	11	12	全
齐	14	14	全
晋	11	17	少6
秦	6	15	少9
楚	8	13	少5
宋	11	13	少2
卫	11	17	少5
陈	11	12	少1
蔡	9	12	少3
曹	11	15	少4
郑	12	17	少5
吴	6	7	少1

这表中记载最多的是齐，最少的是秦，以采用史料近详远略的例子推来，可知《春秋》的作地距齐近离秦远。

乙 图的方面

前边说的是表列法的功用，再说图示法的功用：

通常用以表显事实的方法，是文字、表格、图形三种。用文字说明事实，过于繁长了，既不便于比较，又易使人误解，不若表格用数目字记载的简赅真确。但表格中全系数目字，使人看了干燥无味，不若图形的表

显事实,彰明昭著,并且一看就容易了解。例如:

3.《春秋》《国语》《左传》分国记事详简比较图

1. 周;2. 鲁;3. 齐;4. 晋;5. 郑;6. 楚;7. 吴;8. 秦;9. 宋;10. 卫;11. 陈;12. 曹;13. 越;14. 蔡;15. 邾;16. 滕;17. 许;18. 薛;19. 纪;20. 小邾;21. 杞;22. 莒;23. 微国。

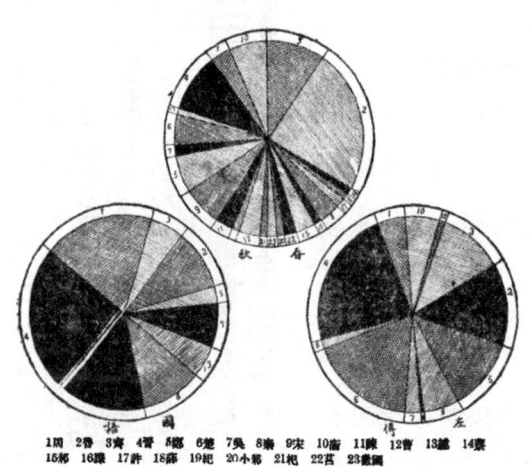

图一 《春秋》《国语》《左传》分图记事详简比较图

说明:上为单圆图不是多圆图,多圆图是几个圆图的本身大小不同,与这几个面积相等的圆图有别。

按图一《春秋》的图内滕、薛、邾、莒的小国有百分之一二的地位,秦、越大国尚不及百分之一,可知《春秋》的作地距滕、薛、邾、莒近,离秦、越远。《国语》的图内有吴、越无秦,可知《国语》的作地距吴、越近,离秦远。《左传》的图内有秦无越(越附在吴),可知《左传》的作地距秦近,离越远。

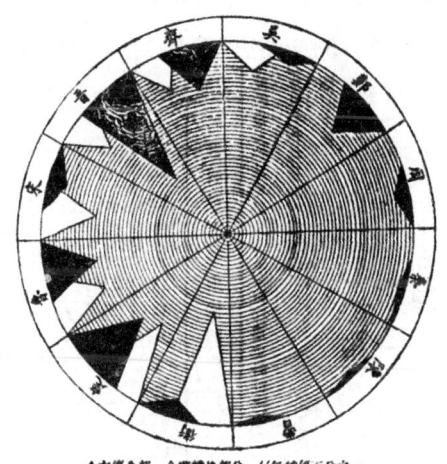

4.《左传》全部与获麟后部分记载各国详简比较图

按图二《左传》全部晋居第一,卫居第六;获麟后卫居第一,晋居第五。《左传》与《春秋》很有关系,《左传》可说依《春秋》而走,获麟后《春秋》绝笔,《左传》的作者可自由采取材料了。卫以小国位居第一,以搜集史料近详远略的例证,《左传》的作者是卫国人了。

5.《国语》《左传》分国记事起止比较图

复式直线图以两道或两道以上直条并列为一组代表某事物的一大项目,以每组中的一直条代表大项目中的一细项目,由直条的长短,以比较各细目数值

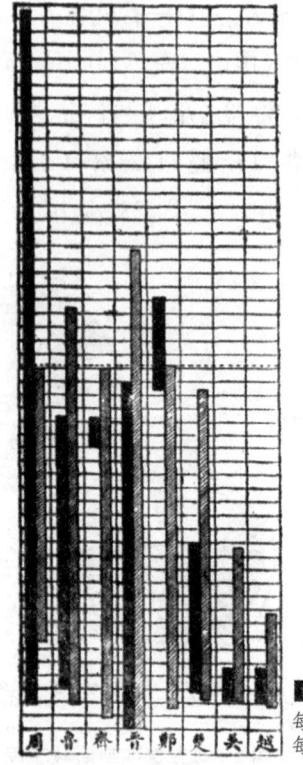

■国语 ▨左传
每横格代表一国,每纵格代表十年。

图三　《国语》《左传》分国记事起止比较图

的大小。例如图三《左传》记各国的起止无多大出入,《国语》就忽长忽短,可知《国语》的记事远不如《左传》了。

6.《春秋》《左传》记事详简比例图

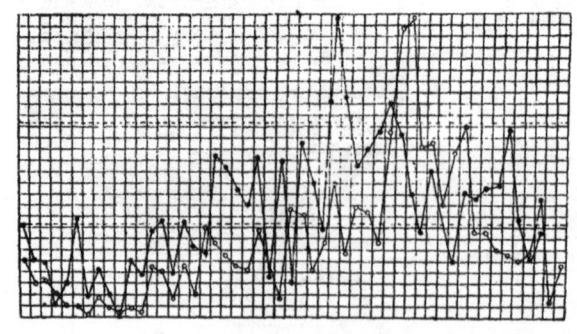

• 代表《春秋》字数
○ 代表《左传》字数

横格一格代表五年。
纵格一格代表《左传》450字,代表《春秋》18字。

图四　《春秋》《左传》记事详简比例图

图四分《春秋》《左传》两部分,先以《春秋》来说:《春秋》第一期短,第二期平,第三期高,第四期平;记事近详远略是一个通例,是第一期短第二期平第三期高,第四期应当更高。今《春秋》为甚么第三期为最高?按古人的习惯是人死后才把生平的事迹公布。孔子作《春秋》时根据比他大一二十岁的人,或同年的人,死后公布的史料,是以他的《春秋》第三期为最高,高点在他作《春秋》时前九十年。《左传》的趋向与《春秋》正同,其理解亦一。前由《春秋》最高点向后数九十年为《春秋》的作期,今依此例,在《左传》的最高点向后数九十年,也就知道《左传》的作期了。

四、制造统计图表的方法

甲 表列法

统计的图表制造,是先制表而后制图的,是以先就表的方面说:

表的种类很多,通常分为原始表与总表两大类。原始表是将固有的事实,详加记载,保存其实在的情形,以备作详细研究时的资料。总表是将原始表的事实,合并缩减作简赅的记载,并利用分析法以作各种比较观。

制造表的手续,第一先搜集材料,第二整理材料,第三预备制表。制表是要计画表的名称,表的项目,表的格线,数字列法,以及表的布置等。

(子)材料搜集

我们试举一个例子制造一表。假设我们要研究历代各地产生学者的多寡,是要在二十五史的《儒林传》,和梁任公先生的《清代学术概论》上搜集材料。搜集材料法,兄弟先举《史记》《汉书》为例:

《史记·儒林传》里记的是:申公者,鲁人也;辕固生者,齐人也;韩生者,燕人也;伏生者,济南人也;董仲舒,广川人也;胡母生,齐人也;瑕丘江生。

《汉书·儒林传》记的是:杨何;丁宽……梁人也;施仇……沛人也;孟喜……东海兰陵人也;梁丘贺……琅邪诸人也;京房、费直……东莱人也;高相……沛人也;伏生……济南人也;欧阳生……千乘人也;林尊……济南人也;夏侯胜、周堪……齐人也;张山拊……平陵人也;申公鲁人也;王式……东平新桃人也;辕固,齐人也;韩婴,燕人也;赵子,河内人也;毛公,赵人也;孟卿,东海人也;胡母生……齐人也;严彭祖……东海下邳人也;颜安乐……鲁国薛人;瑕丘江公、房凤……不其人也。

(丑)材料整理

我们研究这个题目,不必以史为单位,应当以朝代为单位。今作西汉学者籍贯的研究,是宜将《史记》《汉书》合并。按《史记·儒林传》共记七人,除董仲舒外,均见于《汉书》,是宜根据《汉书·儒林传》。《汉书·儒林传》共记二十六人,除四人籍贯无考外,为二十二人,再加上董仲舒一人,西汉学者共二十三人。这二十三人的籍贯,在《汉书·地理志》上检查,大地名有"梁国、沛郡、东海郡、琅邪郡、东莱郡、济南郡、千乘郡、齐郡、鲁国、东平国、河内郡、赵国"。小地名平陵在右扶风,不其在琅邪郡,广川在信都国。

广川等地究在现在那省呢?应从《辞源》上查检,《辞源》寅二一二"广川"条"前汉王国,治信都。见信都条"。再检子二〇五"信都"条"郡名,汉置,本广川国。有直隶旧冀州、深州、景州等地"。是知道广川在今河北省了。依此一一查清,试制一原始表。这表因为按时代制造,现制造的是西汉,应标名为"西汉学者籍贯表"。

(寅)原始表的表列

(按表的标题,务须简赅、明了、完善,使看的人不必参看表格,就可以了解表中所表的事实。)

表列法是:

表一　西汉学者籍贯表

姓名	原在地	现地名
董仲舒	广川	河北
丁宽	梁	河南
施仇	沛	江苏

续表

姓名	原在地	现地名
孟喜	东海兰陵	山东
梁丘贺	琅邪诸	山东
费直	东莱	山东
高相	沛	江苏
伏生	济南	山东
欧阳生	千乘	山东
林尊	济南	山东
周堪	齐	山东
张山拊	平陵	陕西
申公	鲁	山东
王式	东平新桃	山东
辕固	齐	山东
韩婴	燕	河北
赵子	河内	河南
毛公	赵	河北
孟卿	东海	山东
胡母生	齐	山东
严彭祖	东海下邳	山东
颜安乐	鲁国薛	山东
房凤	不其	山东

依这原始表作一总表是：

表二 西汉学者籍贯表

地别	人数
山东	15
河北	3
河南	2
江苏	2
陕西	1
总计	23

依前表将各时代填好，制成各时代总表后，再作一总表是：

历代学者籍贯总表

地别	西汉	东汉	三国	晋	六朝	隋	……	总计
山东	13							
河北	3							
河南	2							
山西								
陕西	1							
甘肃								
江苏	2							
安徽								
湖北								
四川								
浙江								
江西								
湖南								
云南								
福建								
广东								
广西								
贵州								
热察绥								
东三省								
蒙新青藏								
其他								
总计	23							

这表有两个总计，底部的总计是计一个时代的总数，右端的总计是计一个省的总数。由底部的总计可以知某时代的人数，由右端的总计可以知某地历代的人数。

乙　图示法

我们把表制造好了，再依表制图。图的形状大约分圆形图、方形图、直条图、曲线图、组织图、分布图、形像图七类。

A 圆形图

例如我们要将西汉学者的籍贯制造一圆形图的单圆图。普通圆周作三百六十度,我们研究国学,应把圆周作成一百度,看某地的人占百分之几,百分之几的观念,比较熟悉一点。制这单圆图,先要求出它的百分比,求百分比有个公式是:

例如有三个本数为甲乙丙,则总和＝甲＋乙＋丙。

(1) 求百比法

假设本数的本分率为X,依次的比例式:

总和:本数＝100:X

$$\therefore X=\frac{本数\times 100}{总和}$$

例题以西汉学者的籍贯,依此公式,求百比法,是:

15＋3＋2＋2＋1＝23

23:15＝100:X

$$X=\frac{15\times 100}{23}=65.2\cdots 山东占百分之六十五有奇$$

23:3＝100:X

$$X=\frac{3\times 100}{23}=13\cdots 河北占百分之十三有奇$$

23:2＝100:X

$$X=\frac{2\times 100}{23}=8.7\cdots 河南江苏均占百分之八有奇$$

23:1＝100:X

$$X=\frac{1\times 100}{23}=4.3\cdots 陕西占百分之四有奇$$

我们既然求出每省应占的百分数,但制造单圆图时,先要求出角度度数才能依度数去画。求角度的公式是:

(2) 求角度法

假设本数的角数为X,则得的比例式是:

总和:本数＝360°:X

$$\therefore X=\frac{本数\times 360°}{总和}$$

我们依这公式把角度都求出，用几何画器具，绘成如前边所举的图一的单圆图形。

在这里兄弟附带的报告：兄弟作《〈左传〉的研究》时，制造前边所举的图一"《春秋》《国语》《左传》分国记事详简比较图"，整理材料很感困难。《国语》是分国记事的，不用说是把各国的字数加起来就完了；《春秋》是根据李琪《春秋列国世纪编》，它把各国都分配好了，是以也把各国的字数加起来算完事；《左传》就感困难，因为凌斗隑的《左氏节萃》，它把《左传》分列各国和《国语》一样，但它的《序》说是十二国，书内只有十国，而且《左传》末几十年的晋、周各国事，均没有列上，兄弟以为兄弟的《左氏节萃》恐少了两本，遍访北平琉璃厂各书局的《左氏节萃》，都是如此。知道这《左氏节萃》书未完成，是以不能根据它计算字数。于是到商务印书馆买了一部《白文左传》，把《左氏节萃》与《白文左传》对照，例如鲁国事《白文左传》在《左氏节萃》上有的，把《白文左传》这一段用红笔抹了，从这样作下去，鲁国作完了，作晋国时绿笔，作楚国用黄笔。结果抹的剩下的，看它应属于那一国，把它剪下贴在《左氏节萃》那一国后边，然后再把字数加起，制成这图。

我们研究国学制造一图很不容易，就是兄弟刚才所说的那个图，就用了两三星期的工夫。在我们试作统计图时，也不敢决定作成了就有用，例如兄弟前将《晋语》也作过曲线图，援照《春秋》《左传》作期的例子推求，是不能用，这不是白牺牲了工夫。后来求它因为甚么不能用？《晋语》是根据《左传》的，而且作《晋语》的人不是注重在事实，注重在礼学上面，故他抄录《左传》时与他气味合的他就多抄上些，不合就少抄上些，或者也许不抄。是以《晋语》曲线图是第一期短，第二期最高，第三期平，第四期高。与《春秋》《左传》的第一期短，第二期平，第三期高，第四期平完全不同。

B 方形图

C 曲线图

若是再根据"西汉学者籍贯表"，作曲线图时，横格作五格——因为它只是五省有人,每格代表一省。纵格作八格——因为人数最大的数为十五,每格代表一人,画出来图太高了不好看,故作每格代表二人。纵横格画好了,底部多画一格把省名填上,再依各省的地置致点于格内,例如山东十五人,每格二人,应于山东项内由下向上数第八格中间(因十五不足十六,故只点在八格中间,不点八格顶端)画上个圆点。再于河北项第二格中间画一圆点,又于河南江苏两项在第一格顶端各画一圆点。又在陕西项内第一格中间画一圆点。画完将这一点与那一点画一直线引线,以便连贯,如前边所举的曲线图是。

D 直条图

若是要画成直条图,仍如上法,不过将点与点间,不画直线引线,从点上起画一垂直线引到底,这种垂直线应该特别粗,点的上端半圆改成双角,如前边所举的直条图是。

E 分布图

若是要制成分布图时,绘一地图,就是将山东、江苏、河北、山西(山西虽无人,但不能空过不画)、河南、陕西六省绘成一幅图。山东是十五人,应于山东图上画十五个圆黑点,陕西是一人,应于陕西图上画一圆黑点,如此画完就成了。使人一看某省黑点多,就知道某省人数多;某省黑点少,就知道某省人数少;某省没黑点,就知道某省没人。但这黑点须要画圆,不宜随意点上,使与字上的点分不清楚。再点的大小各省应一律,也要看地图的大小再决定大小,假如山东为一百五十人,就要点一百五十个点,陕西一人,只点一点;若是陕西,点太大了,在陕西的图内无关紧要,与陕西同样大的一百五十个点,点到山东,把山东图全点黑了,这便不好。反过来说,点若是过于多了,图画大些,假使山东因为要点一百五十个点,点儿小了,同样的点点在陕西图上只一下,人就容易忽略看不见。是分布图,点的大小应为注意。

F 形像图

若是要制造形像图时,假定统计的结果,十个学者中研究经的六人,史的一人,子的二人,集的一人。我们就画大小相同十个人,一并排站着,其中六个人完全画成黑衣服,是完全黑色代表研究经书的人。两个人画成空白,是完全空白色代表研究子书的人,一个人画成上身是空白,下身是黑的,是以上白下黑代表研究文集的人。一个人画成上身黑下身空白,是以上黑下白代表研究史书的。这种用颜色代表某种人,原无一定,不过形像图下面,总得有说明,注明某色代表某种人,使人一看就明白了。

G 组织图

五、由统计结果推求变化原因

兄弟是举《史记》《汉书》为例,敢请同学诸君,组织一个团体,每人担任一部书。例如甲同学担任作《后汉书》,乙同学担任作《三国志》,把各时代的学者籍贯表都作成了,再依各表把兄弟前边所举历代学者籍贯总表填好,再依总表制造各种图形。表图都制好了,结论也得了,然后再就它所以然,假如结果是山东在两汉学者最多,江苏在明清学者最多,山西在唐明两代学者最多,求它一个地方为甚么古时学者多,现在学者少呢?又为甚么古时学者少,现在学者多呢?又为甚么学者在某时代忽多,在某时代又忽少,到了现在又慢慢的多起来呢?推求它所以然,不是可以凭空而定的,要请诸位同学各人就各人所担任的史书,细看一次,是不是因为:(一)官厅因特种关系而重用某地方人,因而某地方人以有机会可乘,是以学者增加;(二)学者在某地方讲学时间很长,因而引起某地方人的求学心,是以学者增加;(三)某地方因富庶,或交通便利,或距都城较近,因而学者增加;(四)官厅因特种关系压迫某地方人,某地方人以无机会可乘,是以学者减少;(五)某地曾无学者去讲学,因而引不起某地方人的求学心,是以学者减少;(六)某地方因天灾兵变人民穷苦,或交通不便,或距都城太远,是以学者减少。

统计学是整理既往,推测将来,假使我们不是这样作起,其他同志在那里作革命事业,我们在这里是"非先王之服不服,非先王之言不言",开着倒车走,有甚么兴趣呢!

《历史统计学》自序

（选自卫聚贤《历史统计学》，上海：商务印书馆，1934年）

"自然科学要实验，社会科学要统计"，这是现在研究科学的人都承认的。

社会学所以需要统计，由于社会是复杂的；以这样复杂的社会，我们只知道了一小部分，举其一端以例一切，是不可能的。举一端以例一切既不可，而欲将复杂的社会，一目了然，是要从统计上着手；如人口的调查，工厂的调查等；凡事经过调查，加以整理，类列起来，就容易看了；如再用表格，示以数目字，看时更容易了；若再画成各种图形，由图以表示事实，我们对于这类事实的概念，就很清楚了。

社会学需要统计，是大家都知道的；而历史学需用统计，向来没人注意；虽有人常喊着："用科学方法整理国学"的口号，但是作的人很少。丁文江曾用统计学作《历史人物与地理的关系》一文，发表于《科学》第八卷第二号。梁任公因此作《历史统计学》一文，发表于《晨报副镌》及《时事新报》《学灯》十一年十一月份。《历史统计学》始有其名。

余曾毕业于山西省立商业专门学校，在商校时学过统计，及至清华研究院，即应用统计的方法整理国学。至国民政府教育部工作时，上海中国公学大学部文学系，曾约我讲演，我即以"应用统计学整理国学"为讲题，后发表其讲演词于《东方杂志》第二十六卷第二十四号。二十年度第二学期，暨南大学约我讲授"历史统计学"，我费了二三个月时间，将《历史统计学讲义》作成，寄至暨大，因图表甚多，先行印刷，以免授课时没有讲义；不料日人侵沪，其稿毁于火，诚令人痛心！

本年为持志学院教授"历史研究法"，而研究历史的方法很多，用统计学研究，也是其方法之一；除已将其他研究历史的方法讲授外，兹从新再编《历史统计学》，以为历史研究法之一。

我所授的这"历史统计学"，不注重高深的方法统计，而注重一般使用的应用统计；而应用统计除将学理解释外，注重在练习；即是欲各位同学会作统计表及统计图，使用于欲所统计的事实上去。不过，统计学是一门干燥的课程，没有趣味，但应用甚大，希各同学耐心为荷。

统计的图表，均系自左向右，其文以横排为便。但本讲义后附有"中国统计史"一章，而中国旧有的图表则为自右而左，故用纵排。

一九三三，一二，八，记于上海真茹李家阁

本书自在持志学院印为讲义后，承金国宝及刘大钧先生指正，盛俊及胡朴安先生作序，蔡正雅先生介绍出版，这是我一并感谢的。

一九三四，八，五，记于真茹杨家桥福庄

其 他

《十三经概论》序与总论（节选）

（选自卫聚贤《十三经概论》，上海：开明书店，1935年）

序

中国经学，自民国以来，时兴时废，究竟经学的价值安在？按《史记·秦本纪》载秦穆公问由余曰："中国以《诗》《书》《礼》《乐》法度为政，然尚时乱。今戎夷无此，何以为治？"由余笑曰："此乃中国所以乱也。"秦穆公站在封建社会立场上，以封建社会不用《诗》《书》《礼》《乐》法度为政，不足以维持社会治安。由余站在氏族社会（由余的戎国尚为游牧社会）的立场上，以氏族社会用《诗》《书》《礼》《乐》法度为政，适足以乱。秦穆公与由余所处的社会背景不同，于是各是其是，而各非其非。

现在中国一般的青年，说经学根本没用。其实经学在中国的封建社会中，的确有它的价值，不应一笔抹杀。近有人提倡读经，各大学间有开经学概论一课的，但多聘老先生依旧法讲授，使青年听了没明其妙，于是我将在持志学院所授的《中国经学史》修改为《十三经概论》问世。

一九三四，一〇，一〇，记于上海真如杨家桥福庄

中国近来研究古史的人

(原载于《众生》(半月刊)1939年第2卷第6期,第187页)

中国近来研究古史的人,可分为四派,这四派人对于研究中国古史的结论不同,于是各用各派的主观来批评他派。在我个人的批评,这四派人,因为所处的环境不同,形成性情的个别,因而有各种的主观,其结论就彼此互异。

一、议论平庸派

世代书香的子弟,因为读书方便,自然所读的书广博。有钱人的子弟,因为交游甚广,须应酬各方面的人,故不能不读各方面的书,因是有钱的子弟所读的书有时也很广博。但读书广博的人,易为各家的学说所拘束,是以发出的议论,是平庸的。所以议论平庸的人,是由于家庭富有及世代书香的环境所造成。这派的人以陈汉章和柳翼谋几位先生作代表。

二、研究深刻派

家庭贫寒的子弟,少有读书的机会,如遇有读书的机会,为将来实用起见,对于书读的熟,对于研究一个问题来的深刻,而且多从一个一个小题目上着手。所以研究深刻的人,是由于家庭贫寒的环境所造成。这派的人以王静安先生等可作代表。

三、破坏派

中国过去封建社会的家庭,是以礼教为维护符。礼教的书多产于儒家,对于家庭不满意的人,因为以儒家所说的话是天经地义的,不敢反对的。及至见了外人资本主义社会的家庭,与中国的家庭不同,而外国的伦理学,也与儒家不同,于是怀疑儒家学说。在同一环境下的人,见了这种学说大喜,于是将中国古史中一切都加以破坏。可知这派的人,由于不满意家庭的环境所造成。这派以胡适、顾颉刚几位先生作代表。

四、建设派

建设古史另一个新的系统的人，是由于不满社会及政治环境所造成。

对于社会及政治不满的人，没有机会或力量去改造，因而推想古代社会及国家应是如何如何的建设，有托古改制的成分在内。这派的人，以康有为和郭沫若几位先生作代表。

以上四派，因生活方式不同，影响到主观的差异，是以对于古史研究的结论各别。假使把他的生活方式改变了，他的主观也会改变。

我个人是穷家子弟，既不满家庭，又不满社会，因此我对于第二第三和第四派都同意，但反对第一派。第一派的人，读书广博，很可作我的友谊顾问，是以我对于第一派，尚有相当友谊。

别人对于我个人的古史主张，有一部分同意的，是因为我的环境有一部分与他相同；不完全同意我的，是因为他们的环境不完全与我的相同。就是对于我一部分同意的人，到了他的生活方式改变，也就对我同意的一部分也不同意了。例如我对于古史的怀疑而作破坏的工作，与顾颉刚先生这一点是相同的，是顾颉刚先生在七八年以前是同意与我的。到了我的《古史研究·第二集》出版，因顾颉刚先生有了一部分的主张与我不同，顾颉刚先生对于我就有了一部分的不同意。近五六年来，顾颉刚先生的生活优越了，有人谈到《古史辨·第一集》内的问题时他就不作声了。他对于他的学生说"多找材料少说话"，他停止对于古史作破坏的工作。我还是有一部分在作破坏的工作，是以对于我将从前同意的一部分也不同意了，因而说到我时，用"荒唐"二字作批评。

因为各人的生活不同，形成各人的个性；因为各人的个性不同，遂成不同的主观。各就各的主观作文，各就各形成各人的主观批评。究竟孰是孰非，只好用上海一句俗语"天晓得"作结论。

《字源》的编纂计划(节选)

(原载于《说文月刊》1940年第1卷,第1—2页)

人类的智识,由其口授,远不如从书本子上求来的快而且博。但是中国现在的文字——楷书,以量言,《集韵》有五万多字,《康熙字典》有四万多字,以教育部公布的《国音常用字汇》而论,也有八千八百余字,普通的应用,是减半计,也要认识五千字。以质言,这一个字,为甚么写成这样?为甚么读成这音?为甚么这样解释?使人莫名其妙。非用脑子将一个一个字死记不可。

人类在一二岁时学习说话,到入学时期,普通的话都会说了。欧美的国家,用字母拼音为文字,他们的学童入学,死记了几十个字母,学会些拼音的方法,对于书就会读了。再把他所说的话,用字音写出,就成了文。是以欧美的学童,专注重在求智识方面,文字方面是不要费大力的。我国的文字与语言成为两件事,儿童到了求学时期,话是会说了,字是不认识,要以五千字够普通用,就得死记这五千字,将求学时每日大半的时间,费在认字的方面,求智识的方面自然就减少了。

中国文字认识不容易,足以妨碍文化进步,有多数感到了这个问题,没有方法可以补救,于是提倡拉丁化。以拉丁字有几十个字母,容易记;拼法也简单,容易学;以拉丁字母写中国话的书,很容易写;以拉丁字母写成中国话的书,也容易读。用两三个月的时间,学拉丁化,普通应用的,写读都会了。若是以楷书的五千字为普通用,要写读都会,非专用二三年或者还多的时间不可,其费力超过拉丁化十倍以上。

不过也有人反对汉字拉丁化,其理由是:楷书方块字,在美术方面,某种情形之下,纵横都可排列,比拉丁字宜横不宜纵,来的美观。又以拉丁化形成各地方言,于统一国音上发生障碍。再汉字拉丁化有音无形,在同音的字或词,容易误会到别的意义上。是以中央宣传部,以"因其足以妨碍国语统一运动,通令所属取缔汉字拉丁化"(见二十七年四月六日《大美晚报》)。

究竟中国的文字,用汉字?用拉丁化或是改良汉字?在我的脑子中常常想着。先是二十五年,我有个学生教民众识字,民众识字学校的学生多成年人,成年人有了理智,他对于文字就发生了问题。他们问教员,人字为什么写成"人"?写成"大"字,不是头身臂腿都全了吗?写成"人"把两条臂放到甚么地方去了?又人字为甚么读成"人",不读成狗马牛呢?教员回答不出。他们来问我,我到各书局将各种民众识字的读物买来看过,对于这个问题,仍是没法解决。于是想要解决这样的难题,才有《字源》之编。在那时已经着手了一部分。

"八·一三"以来,有些朋友失了业,我除办公外,以苦闷无聊,乃正式作此《字源》的工作。除几个朋友外,又请了几位作搜集整理及书写的工作。这种工作不久就可完成,现在乘《说文月刊》刊行之际,将我的《字源》编纂计划,介绍如左:中国的字书,过去分为三类,以形为主的,由《说文》以至《康熙字典》等。以音为主的,由《玉篇》以至《广韵》等。以义为主的,由《尔雅》以至《方言》等,这三类各有各的系统,没有方法把它归纳在一起。是以《字源》也分为字形、字音、字义三篇,排印亦拟以三部独立,为三册,另印总检字一册,再另印一册新字。

《说文月刊》一九四零年合订本序
(原载于《说文月刊》1940年第1卷,第1—4页)

俗语说"天下本无事,庸人自扰之",我常想把它改为"天下本有事,庸人不理之"。俗语这种说法及我自己的改法,均有其背景在。过惯舒服的日子及身体孱弱的人,自然不愿多动;在恶劣环境中奋斗及身体强健的人,自然好动。

我本是一个好动的人(其背景可参考本书第八一九页《鲁智深传》),在八一三后集合了几个朋友作《字源》,目的是在解决中国识字问题,如何使中国文字(方块字)容易认识?这个工作很繁杂,结果找出了字根若干字。其书自印,没有这一笔印刷费,送到书局去,怕碰钉子回来。于是出了一种刊物,目的是在自我宣传,使《字源》得为一般大众所注意。

近数年来,编杂志的人有个时髦病,每种杂志好用古书的名字,我这个刊物不能免俗也就取名《说文》,但因其中讨论文字音韵的文章多,有人疑此刊物为专讲小学(文字学)的。不研究文字学的人也就不注意此刊物,不作文字学文章的人也就不愿投文章在这刊物上。我想将这刊物名字改了,但一时想不到相当的名字,于是在封面上标出为经济、语文、历史、考古,专攻刊物。现在出了一年多了,《说文月刊》的名字及内容,人知道的多了,也就用不着去改它了。

我出这《说文月刊》,目的在宣传《字源》,编纂《字源》是我私人拿出的钱,《说文》出版也是我拿出的钱;我的钱是有限的,于是将《字源》的编纂费移作《说文月刊》的印刷费。但是到了第八期已出版,第九期已排好时,中央银行调我到渝工作,同时沪上纸张及排工印工等都大涨,《说文月刊》有继续不下去之势。于是呈请中央银行总裁,将此刊物作为中央银行经济研究处特种刊物之一,才得继续出下去。但是中间隔了几个月未出,因而脱期很多。

第一卷的第一期已再版三版,二期已再版过,其他各期也有再版之势,欲其每期再版,不如整个的出一个合订本。将旧有的纸版整理,以类相列,另编号码,合计有八百余页。其中有几篇未完全发表的,把它取掉。是以合订本不惟与原来的次序不同,而且篇幅也不同。

学术讨论,犹如议会的提案,凡出席会议的人,都有提案的义务。提案的人对于某一事提出应办或不应办,或提案人主张用甲种办法,另一提案人主张用乙种办法,或争论甚久另有人主张用丙种办法。议案通过与否,是对事言而不是对人言。但是往往提案人以为通过他的提案就是表示赞成他自己,以不通过他的提案就是表示反对他自己;而赞成及反对的亦多以人为对象不以事为对象。这是根本错误应知所避免的。

学术的讨论,何尝不然。学人提出的意见如果能成为讨论问题,讨论很久,结果这意见成立,则是解决了一个学术上的问题,不是解决了提出这问题的本人的一己问题;提出的问题,如果讨论了好久,不能成立,是这学术上问题尚待解决,并不是推翻提出问题人本人的一己问题。我主张学术应自由讨论,不宜强人以从己,亦不宜抑己以附人。

我对于学术上有几个问题提出,一为春秋战国时中国学术受有外来的影响,一为文化起于东南,一为中国汉高祖以前历史年代应拉长。除第一外,其余都是在《说文月刊》继续讨论过的。又如中国的文字是有字根的,中国的古韵是可互相通转的,甲骨文在秦汉时已有发现,中国人在古代已移殖至美洲,中国古代是有图腾的,这些问题对于我国文化都有非常重大的关系,应请国内外学者予以注意而有所决定的。

本刊提出问题供学者研讨外,其所表现,主张证据多而议论少,不问其结论是否正确,而反对泛泛的空论及颠之倒之的将几句老话说了又说。更反对将谄谀的文字及不相干的捧场的无聊信件登载上去,空占篇幅。本刊物为自由发表国学论文集,不是树党互相标榜的自吹集。这是读者们所应予以认识的。

本刊过去有缺点,或现在有歧误,是十分欢迎批评的,其批评的文字除有意谩骂者外,能投本刊发表,更所欢迎。

本刊的目的是在自由讨论中国的学术,而不及其他,希望投稿者及阅读者,赞护本刊物,使本刊得源源继续与诸君相见,鲁智深是个心地坦白的人,不愿自尽,也不受人恶意攻讦,而轻变立场。这是我所抱的治学态度,是欲与读者们互相勉力的。

天热如蒸,拉杂书此,以当闲话,我们对于我国文化的诸般见解有本册所刊的文字在,兹不赘叙。

中华民国二十九年七月于重庆

《良渚》校后记

(原载于《说文月刊》1940年第1卷,第768页)

我对于中国的前途是抱着乐观的。就文化方面讲,近年来日在进步中。例如历史,单就有史以来书本子上的记载,是不够的,不得不就考古所得的实物加以研究。尤其是江浙文化,在书本子上所记载的,只能远到《春秋》;再古在西周初年时,尚是蛮荒区域,是以考古上更得努力探索,施昕更先生在杭县良渚发现黑陶遗址,是对研究江浙古文化上一个贡献。

先是,余于民国十九年在南京栖霞山发掘六朝墓时,偶尔遇到了新石器时代的石器,后以出土不多,无人注意。以至奄城金山的陶器,杭州古荡的石器,大批出土以来,引起西湖博物馆诸执事的兴趣,遂与吴越史地研究会合作,试掘古荡遗址。当时施昕更先生参加工作,他遂注意到他的家乡杭县良渚镇一带的石器,从事探索,终于发现了大批石器,并发现了黑陶遗址。

余曾言殷民族从江浙沿海北上至中原(见《古史研究》第三集——商务本,《吴越文化论丛》——吴越史地研究会本),今得施先生良渚黑陶之发现为其确据。按殷人以玄鸟为图腾,以玄王为始祖,玄为黑色,而江浙又多黑鱼神话,且不食黑鱼,亦其佐证。黑陶之发现地,在良渚,以南有海丰、香港,以北有日照、安阳,是良渚黑陶为黑陶文化的中心。彩陶是外来的,黑陶是中国的本位文化,施先生在良渚将黑陶发源地发现,对于中国文化供献甚大。

良渚沦陷,人民流离死亡殆尽(施先生家属,已无音信),而良渚夷为平地,埋藏在地下的文化物质,同遭损毁;其报告书在此非常时期出版(报告书早已付印,因杭州失守,不及携出,兹由浙江教育厅拨款重印),文化精华尚为保存,总算是施先生的努力有了结果。余受施先生之托,在沪就近校对,校后记此数语,以作纪念!

中华民国二十七年九月一日　留于孤岛上的卫聚贤记

由著作人协会讨论稿费问题说到说文社出版部的困难

(署名"卫大法师",原载于《现代中国(重庆)》1944年第1卷第2期,第29—30页)

中国著作人协会在渝开成立会时,我也出席,被推为主席团主席之一，行礼如仪后，再开始讨论，为发言便利起见，除一位主席在台上外，余都下了台，坐在第一排上。当讨论到稿费及版税时，多以出版界吃著作人，同排坐的人，以开玩笑的形式，低声着叫我起来讲话，说明出版界的困难。但说文社仅出了几种书，抽版税的纸有二三种，不足以代表出版界，自然不能说话，而且是开著作人协会，我站起来说出版界困难，成了站在相对的地位，我一个人如何可与多数人争辩，出版界的困难问题，在这单面的会上，也不宜多说，故我对此问题没有发言。

退而思之，我是著作人，我是出版人，我是印刷人，固然都微乎其微，但有了这三重资格，对于著作人的困难，出版界的困难，印刷界的困难，我都知道一点，混而言之，当无偏袒。

著作人大多数不能自己出版，将稿子送到杂志上发表，及书店里出版，在著作人方面希望稿费多，版税常能拿得到。在出版界，一方面因为销路不好，一方面因为印刷费太大。而印刷界也有他的困难，不能不把印刷费提高，成本高了，结果就影响到书的销路与稿费版税上去了。

现在要解决著作人的困难，应先从解决印刷的困难入手！

印刷界所受的一般困难，为纸、煤、铅、油墨等，市价一天一天的高涨，而私办的印刷所很少能得到官价的必需品，自然印价要提高！

印刷界特殊的困难问题有二：

一、官办的印刷所，职工的薪资米贷金等全由公家发给，其资本也是公家的，而且不上税，反而在市面上以低价兜揽生意。私人的印刷所如何能与竞争！于是有的紧缩裁员工，有的顶佃给别人做，更惨的竟将机器生财变卖了停业，这种例子，在最近也很多。

更矛盾的如某官办印刷所，对外接价特别便宜，使商办的印刷所无法与之竞争；对工友的工资也特别出得高，工友们都到他那里去做工，因此往往发生跳厂等事件，管理上遭遇到更大的困难。

二、除皮包生意，转包图利，系非法生意，应在取缔外，小印刷所只有一二部圆盘机，占一间大房间，备上少数铅字，就可接做杂件生意，其资本不过一二十万元，而因杂件排工简单，第一天接下生意，第二天可印，十万元的生意,十天可交货。而做书版的印刷,铅字多,垫的资本亦多,而且占的地方大,排工纸型浇版印装订等,比杂件手续麻烦的多,十万元的生意,与作杂件用同等的人力,时间要多出十倍,迟得货款的大一分利息也属可观。况利益方面,书版生意是呆板的,多数人都会算,尤其是私营的出版业。而杂件多因种类及用纸等不同,虽不能说每件都是特殊,但特殊的机会多,印的人往往不容易将成本算出,就由印刷所开价了,如购盐证在未公开投标之下,其红利为百分之六十,而购米证在公开投标之下,其红利为百分之四十。如此,虽都抢印杂件而不作书版生意,抢不到杂件印,自然要将书版生意印价提高,这就影响到书的成本与销路及版税了。

现在要解决此问题,是:

一、官办的印刷所,只准印自己机关的印刷,不能向外兜揽生意。

二、印刷应由印刷业公会统一办理,凡印若干元杂件者,得搭印若干书版,使苦乐平均!

一般的印刷问题,我的意见如上,现在说到说文社的本身了。

说文社既非官办,当无官办的待遇,又无教科书的收入作后盾,各机关的公报等书版生意多找说文社印,而遇有杂件就找别家印了!

为何杂件找别家印呢?杂件上的文字少,多不要印者校对,交□一次就完事。书版得自己校一次,又要看样子等,要去几次印刷所方能印出。而能印书版的印刷厂多在南岸,化龙桥,小龙坎等处,过江的轮渡可以报账,而上坡的轿子无法报账;乘公共汽车可报账,而等候公共汽车的时间无法报账。说文社出版部在中一路,交通便利,自然印书版的都来了。

说文社出版部在市中心区,当然在轰炸时危险性大,故而保兵险保火险的费用大,而且因在市中心区,下午五点以后不准用电,不能开夜工,减少三分之一工作。说文社这样为各机关方便,然而杂件一宗也作不到,把五个圆盘机在那里白放着!(不知生产局能注意到机器白放的问题否?)

在目下的书版生意,说文社出版部实在接的太多了,出版部多拒绝不收,而机关的负责人多找到我写条子去着帮忙印,我如不写就得罪人。如果说文社出版部有一天宣布不接外面书版生意,专作本版书,当然得罪人不少!而又直接影响到出版与著作人的利益!

说文社出版部亦算尽了文化的责任,故将困难写出,希望著作人见谅!

中华民国三十三年十二月九日　记于重庆说文社聚贤楼

《中国人发现美洲》序
(香港:巨轮出版社,1969年)

我是学历史的,于民国十五年在北平清华大学研究院读书时,受到王静安、梁任公、陈寅恪、李济之诸先生的指导,对于中国上古史及考古学作过深刻的研究。

我在上海暨南大学授课时,著《古史研究》共分三集,由商务印书馆出版。第一集是讨论古史的年代,第二集是中外文化交流,第三集是中国古代社会的探讨。

我以每一个民族如果孤立起来,文化不会发扬光大的。我国在战国时代,学术特别发达,当有外来的文化参入。我是由这个构想才慢慢的注重到事实。

我初以为中国与印度,在春秋战国时代已有交通,后以近东也拉入在内,我把这些论文列入在《古史研究》第二集中。

我在香港又著了一本《中国古史中的上帝观》包括《十字架在中国》,由香港基督教文艺出版社出版。我以上帝的"帝"字,是从巴比伦及埃及文翻来,在中国环境中不能产生的。在南京的六朝的贵族墓上竖立若干石刻的"十字架"是以又附了一篇《十字架在中国》。

我在香港时,又著《中国人发现澳洲》,系我自己出版,现由香港集成公司代售。我以中国在战国时代于太行山北部出现袋鼠,是燕昭王从澳洲运来的。《楚词》上有"何所冬暖？何所夏寒?"及《外国图》的"其地草木，夏死而冬生"，均是指南半球现象，而澳洲距中国最近。又以《春秋》上记载着两次"日食"，据天文家推算，在澳洲境内才能看到。但因引证中国古书太多，澳洲一家书店欲翻成英文出版，因找不到能译的人而停止。

我在香港时，因我的小孩看《儿童乐园》的儿童图画书，上印了一页蜂鸟在扶桑花内吸花蜜图，它在上面有两句文字说："蜂鸟会退飞，只有美洲有。"我在《春秋》这部书上，看到有"六鹢退飞过宋都"一句，我以"鹢"就是蜂鸟，才着手考证。

我是在香港出版的杂志和报纸上，凡有关于美洲的故事我都把它剪下来，在中国古书找类似的材料。再在香港美国领事馆新闻处的图书馆，它因我研究这个问题，特将关于报道印第安人的书，多所陈列，我在这些书中采了若干图。

我回到台湾后，只在中央图书馆元代人著作的《食物本草》中，找到了"落花生"一条记载。又在故宫博物院的刊物上，在明代初年的磁壶上，绘画着蒙古人持长烟管舞蹈图。郑天杰先生又寄给我美洲印第安人的器物图若干张，使我在《大扇》中又增加了大伞一项。

我这本书共分十类：

第一类　美洲发现中国文字
第二类　美洲发现中国特有的花纹
第三类　美洲发现中国特有的古物
第四类　美洲特产的植物为中国人所知者
第五类　美洲特产的动物为中国人所知者
第六类　美洲特产的矿物为中国人所知者
第七类　美洲特俗为中国古人所知者
第八类　美洲地理为中国人所知者
第九类　美洲土人系由中国迁移者
第十类　中国人知道及到过美洲者

以上十类共约三百多万字,能排三千多页,我一时凑不出这样多的出版费,乃分三期出版:

第一册:《中国人发现美洲》

这一册,系由前第一类至第六类,共计一〇五八页,作为第一册。

第二册:《中国古代移民美洲》

这一册,是将第九类为主干,把第七类作附录。

第三册:《中国人知道及到过美洲》

这一册,把第十类作主题,将第八类作附录,后附印度等地人到美洲。

现在先将第一册出版,待筹足第二册出版费时再出版第二册。

附录一：卫聚贤自传

清华研究院

（选自卫聚贤《政学系与我的恩怨》，台北：张天然出版社印行，1987年，第12—18页）

北平，清华研究院，成立于民国十四年，至抗战初期结束，毕业者共七十二人，教授是：王国维先生、梁启超先生、陈寅恪先生、李济先生、赵元任五位。作者是学生之一，也是海内外唯一的独存者，把我的记忆写在这里，作为学术的资料。

清华研究院共办了三班，在第二班毕业后，王静安先生自杀，梁任公因政治而移居于天津，第三班是后三位主持，第三班毕业就停止招生，但因保留经费，每年只招一人，由大学部历史系国文系教授指导，因研究院的三位也离开了。

罗香林就是在每年一人中的一个。在台湾的尚有一位蓝文征同学，他和我同班，系立法委员，东海大学教授，于三年前死了。罗香林在两年前死于香港。

我是山西省万泉县人，山西省在西北，在全国比起来教育落后，万泉县是三等县而又是山县,文化教育也更落后,在民国初年县内只有一间小学,我是在十八岁入的小学,小学毕业考入师范学校(在山西省运城)。读未满一年,五四运动当学生代表,被学校开除,隔了一年考入山西省省立商业专门学校(在太原)。

商业专门学校隔邻是文庙,也是山西省立图书馆,我在不上课时就在此图书馆看书(因学校无图书馆)。因我学校采商务出版的《商业史》,我嫌它太简略,在书本上找材料补充,在读书的四年时间中,就看了不少的书,在毕业时我自己出版了两本书:

一、《一得录》,系四篇论文合成,一为《中国民族西来南来说》,二为《齐桓公西伐大夏考》,三为《汾水西流南流的问题》,四为《介之推隐地考》,共约五万多字。

一、《〈春秋〉图考》,清代的学者把《春秋》时代的地理考证的很详,但认为其中错误很多。我用绿、红、黑三色套印了二十四张地图,绿色画水,黑色为现代地名,红色为古代地名,考证放在后方,是用十六开本印的。

考清华研究院,要有著作方可报名,我就是用上列二书才报到名。

我在大学读了四年商科。毕业后到北平考师范大学研究所,但他在这一年因外校学生投考多,影响了他本学校学生录取额,这年停止招不是他本校毕业者,我除在师范大学旁听外,在一间私立"新闻大学"读了近一年。

我考清华研究院,被录取为"备取"。因有一位考取的检查体格不及格,才把我补入。

研究院在清华学校内大门附近,形如"凵"字形,我搬进居住在最后一间。

我研究的题目是《春秋战国经济史》,归王静安先生指导,他问:"你根据什么材料?"我说:"《左传》《国语》及先秦诸子!"他说:"《左传》是有问题的,有人说'左丘明'作,他是孔子时人,材料尚可用;有人说它是'刘歆'作,时代在西汉末年,材料可取的不多。"

我说:"还有人说是刘歆作吗?"他说:"你不知,你把《左传》去考一考!"

别的同学多是"书香子弟"带了很多书来,我是一本书都没有,就向图书馆借《左传》,管理的人说:"《左传》,被你们同学都借走了,只剩一本商务出版的《白文左传》。"——多亏我是借没有注解的这一本,如果我借到的是《十三经注疏》本,有"注"有"疏",只能跟着别人说的走,成为"人云亦云"了!

我把《左传》看了几回,找不出头绪——看不出系何人作?但我在大学读商科时上过《统计学》这门科,脑海中有统计常识,我看了全部《左传》,何以前部分是一页载几年?后部是几页载一年?到末尾又简了?于是就用"统计学"方法研究。

我就借了一架"算盘"打数目——后来同学告诉我:在停读后,他们串门子,看见我一个人在"打算盘",以为今年招了一位商人在"算账"。

《春秋》共计二百四十二年,画统计图,一年一格太长,十年一格太短,我把它五年的记录加在一起,表列出来:第一期低,第二期平,第三期高,第四期平。求它的所以然:第一期久远材料少故"低",向后材料渐多,就由"平"而"高",最后一期又"平"者,因在孔子作《春秋》时,有些材料尚未公布,有些他怕得罪人不敢多写?

《左传》我也用此方法统计的结果,也是一期低,二期平,三期高,四期平。但《春秋》的"高"点向后九十年是孔子死,用"已知数求未知数"的方法,由《左传》的"高点"向后九十年,当是左传作者的年代。

《左传》的"高点"向后九十年是"周威烈王元年"。我是假定《左传》是周威烈王元年时的作品。《左传》列的"算卦"很多,但在"周烈王元年"以前的"卦"都"应"了,"周威烈王元年"以后的"卦"都"不应"。这是作《左传》的人,把他看到的事,故弄玄虚,就是早已算出——等于"天定",非人力所能改。但是他把周威烈王元年以后的事,也点缀了几个卦,问题就出在这里,他不知在两千多年后,出了一位——卫大法师,用"统计学"破了此"无头命案"。

《〈左传〉的年代》作成后,王静安先生因他儿子丧事到上海去了,我就拿去请梁任公先生看。我是订了一个小本子,梁先生说:"你的文章长,一时无法答复,你明天这时来,我再告诉你!"

梁先生名气大,第二天我到时,同学已经围了他一圈。他见我来了,他忙说:"卫先生请坐。你说是'周威烈王元年时人作',说的很对!但它是何人作的?"我说:"是卜夏子作?"他说:"你有甚么证据?"我说:"我想如此?"他说:"你不能想!快去考一考!"

我又用"统计"方法,把《春秋》中分国纪事加在一起,《左传》的分国纪事也加在一起,《国语》已经是分国记载,我又把它作"百分比"。

《春秋》记载的多寡,鲁国占第一,在鲁国附近的小国,如滕薛邹莒也占百分之二—三,但秦及吴越的大国占不到百分之一。可知《春秋》的作者离滕薛邹莒山东省近,而离陕西省及江浙省远。

《国语》有"吴语""越语"而无"秦语",可知《国语》的作地离吴越近秦国为远。

《左传》呢?晋国占第一,鲁国齐国占第二,秦国占百分之二,吴越占不到百分之一。可知《左传》的作地离秦国近离吴越远。

春秋时代把已死的国君称"先君",在叙事文中把本国称"先君",把外国要在上面加一个国名。但《左传》在叙事文中,把卫国称"先君"不称"卫先君",这可证《左传》为"卫国"人作。

《左传》是跟着《春秋》走,但在《春秋》以后,卫国的记事又占了第一,这也是《左传》为卫国人作之一证。

卜夏子就是"卫国人"。

卜夏子作《左传》,我是用"社会学"的法则证的,因为它有:

一、《左传》中文学很好,梁任公先生在《历史研究法续集》中赞扬左传叙述"战事"清楚而有条理。——《论语》说"文学——子游、子夏"。

二、文人叙事不免有偏好,《国语》在《郑语》中,把楚国的祖上叙述到史前——我在《〈国语〉的研究》中,说出《国语》系齐人"左丘明"的子孙"左人郢"(孔子学生)在楚国作,当然他把楚国历史拉长。晋国在东周初年为"曲沃"那一支所代取,即《左传》叙述"晋国"事也把"曲沃"的"晋"加上史前。——是《左传》作者亦与晋国有关。

三、文人著作有所祖护,《左传》叙鲁国事,大捧鲁国"季氏",而《论语》载"子夏为莒父宰",他当"莒父"县的县长是鲁国当权的"季氏"之力。《左传》叙述晋国事,大捧"魏氏",而卜子夏"为魏文侯师"。

四、《左传》中的"占卜"很多,而且推理也有道理。"子夏"是姓"卜"名"商"字"子夏"。他的姓"卜"当是他祖先当过"卜官"。是以他才对占卜有特长。

五、《左传》中叙述战争很清楚,《孟子》书上记"子夏似北宫黝"的勇士,《说苑》这书又记"子夏"在魏文侯前"论武"事。

以上是"内证",在"外证"方面:

一、《韩非子》在《奸劫弑臣》篇载"楚王子围"和"齐崔舒"事与《左传》同,而说是"《春秋》记之曰",即把"左传"叫"春秋"。

二、《春秋繁露》在《俞序》篇,记"宋襄公与楚人战于泓"事,说孔子主"仁义",而"子夏言《春秋》"不主仁义,正是《左传》借宋人"子鱼"的话。那么,"子夏"的《春秋》就是《左传》。

此外,《春秋三传》,《左传》原名《左氏春秋》,《公羊》叫《公羊春秋》,《谷梁传》叫《谷梁春秋》。后改为《春秋左氏传》,《春秋公羊传》,《春秋谷梁传》。再后把"春秋"二字去掉,叫"左氏传""公羊传""谷梁传"。杜预注《左传》去"氏"只是《左传》。

有的书上说:子夏把《左传》传给"吴起",吴起传给他儿子"吴期"。按"吴起"是"卫国"的"左氏"人,是书以地名传。

我把《〈左传〉的研究》作成,王静安先生看过后,他曾对我同学刘节、谢国桢说:"卫聚贤有些地方说得很对,有些地方就差些。"梁任公先生有一次在燕京大学讲演《历史研究的方法》,那天讲的是以《左传》作举例,梁先生在讲演中,特别说出:"清华同学卫聚贤说……"把我列的证据一一举出。

归途中同学以当天梁先生对我特别赞美,就不把当"商人"看待了。

同学作的"论文"得不到"结论",着我看!我说:"应如何说……。"他们说:"梁先生王先生没有这样说过,就连胡先生(胡适)也没有这样说过!"我说:"不管张三李四说过没说过,照你的证据,是应如此说的。"结果,王先生梁先生都赞成这样的说法。同学才赞我"想象力高"。——因我的脑海是清白的,没有受到学说"污染",是以才有一生的"胡说巴道"。如果我是"书香子弟",而大学又读的是"文学院"的话,那就一无所成了。

我在清华研究院读书时,陈寅恪先生和我们同学开玩笑,送了我们同学一付对联是:南海圣人再传弟子,大清皇帝同学少年。康有为是广东省南海县人,人称他为"康南海"。民国初年人称他为"圣人",是以叫"南海圣人"。梁任公是康有为的学生,我们同学是梁任公的学生,就是康南海的"再传弟子"。第二句是指王静安先生为满清逊帝"溥仪"(宣统)的老师,那吗,我们同学与"大清皇帝"也是"同学"了。那时溥仪只有二十岁左右,我们同学都在二十岁以上,就把溥仪称"少年"。

我在辅仁大学授课时,把上联说出后,我另写成:南海圣人三传弟子,大清皇帝同窗学生。我说:"把这付对联送给你们。"我并不是"卖老资格",我在战前商务印书馆出版过六本书,开明出版过一本,新月出版过一本,我自己也出版一本。战时在重庆,中央银行出版过两本,我自己也出版过三本。在香港我自己出版过十一本,基督教文艺出版社出版过一本。回到台湾,我自己出版过七本,新竹社教馆出过两本,山西同乡会出版过一本,黎明文化出版事业公司出版过一本。尚有近四百万字未出版,我现仍不停的在写。固然我尽是"胡说巴道",但我的"证据"占"理论"在百分之八十以上。

虽则如我"不卖老资格"凭着"实学",但被压迫和排挤的喘不过气来!

卫聚贤的生活

(原载于《新中国》1934年第1卷第6期,第80—83页)

《新中国》第五期要出作家生活专号,索文于余。我非作家,而不能不应。我是喜欢考据的，但我的生活没有日记记载下来，从详考证既不能而且不必，只说个大略就是了。

卫聚贤生于甘肃，长于山西，系清光绪二十五年出世，截止民国二十三年，共年三十六岁。七岁入私塾，第一年读了一本《三字经》，第二年读了一本《百家姓》，第三年读了一本《弟子规》，至出私塾时，生书读到《诗经》第一册。因记忆力太差，背诵非其所长，故于每日下午读生书五行（约八十余字），晚间在家中再读，次早又读，总是背不过，罚跪打手板成为家常事。至今有时梦到先生着背书，就大生恐慌。记得在山西第二师范学校读书时，国文教员在学期结束时，问我们大家每人读会文章若干篇，自书其篇名，以便抽背，大约都是书数十篇，我写了五个短的篇名，教员批评我说："你的文章不像只读会五篇作的。"实际我连一篇都背不过。但是先生所讲过的文章，大意我都知道，要着一字背的不错，那我就难了。因此，我现在作文，多翻阅原书凭脑筋记忆的，只是个大概，不翻原书，往往将原文引错。记忆力小，想象力就大，故我作的文章，往往想入非非。

十五岁离开私塾，到甘肃经商，但性情不宜于商，经过了一年管理账簿的工作，在甘肃庆阳西峰镇初级小学校读书，但白天读书，晚间仍回到铺内管账。

十八岁在山西万泉县第一高小学校读书，读了一年，因经济压迫，到太原入警察教练所，半年后又回到万泉高小读书，卒业后为小学教员数月，考入运城山西省立第二师范学校，时年二十一岁。

在师范学校第一年很用功，至五四运动，山西以河东二师为激烈，我为外交之一，到各县商会订限期卖完日货，约暑假后当局开除学生会长胡三余，乃以我为学生代表到太原谒当局请收回成命，无果，二师亦将我开除了。

我是短于文学，长于图画、数学、物理、机械的，自二师开除后本欲投考山西工业专门学校，但以报纸常披露姓名为学生代表，工业学校当局拒不许入校。到万泉第三高小为教员半年，暑假到太原投考，又欲入法政专门而被拒,不已乃入商业专门学校。第一年很用功,第二年因学生会事,山西在太原的学生,多有南路北路界限之分,南路为何东道,北路为雁门道及冀宁道,两派分立,北路为姜焕章,南路为我。因政治的关系,我失败了。

我自从学生会失败后,乃埋头读书,因山西省立图书馆与商校为邻,故每日必往。因学商业,乃阅《史记·货殖传》,又阅《齐太公世家》并《大宛传》,这是受了商业史的影响,迨看了《齐世家》的齐桓公西伐大夏,又见《大宛传》有张骞所到的大夏,这两个大夏是否一地?考证的结果为一。名为《齐桓公西伐大夏考》,后并作《介子推隐居于万泉考》及《古汾水南流西流的问题》等,出一书名曰《一得录》。

当《齐桓公西伐大夏考》文章作成,疑中国在春秋战国时,疆域究有何大?作了一部《〈春秋〉图考》,有图二十余幅,其考除说明内地各地外,中国的疆域很大,几乎包有欧亚二洲。在这个时代的我,觉着作辩伪工作的人无味,古人为甚么要作伪?以为我所引的证据都是古人说的,而古人的话是对的,如《韩非子》《山海经》说尧舜禹疆域南北至某某,东西至某某,我即以为尧舜时的疆域真这样的大。到了北平清华研究院,专作辩伪工作,考证古书多伪,在这个时代的我觉着我过去盲从古人是不对的。自从到了上海,现在的我,觉得过去辩伪以为其书内容等非其时代者均系伪物,而无价值,是错误的。故对于神话传说,求其时代社会的背影,而产生此神话及传说的所以然。由商校以至上海我在学术思想上已有三变,将来如何不得而知。故我现在不说我作文章的是,亦不说我作的文章就非。以现在的眼光说为是,安知将来我又不以为非?

商校毕业后,到北平入私立新闻大学,同时在师大研究所旁听,半年后返万泉,至暑假而考入清华研究院,即年二十八岁,民国十五年。

考清华研究院时由备取补入正额,他人入校书籍数箱,而我除一卷破烂铺盖外无他物。时我欲研究春秋战国时社会经济状况,由王静安先生审题,他说:"你根据甚么书?"我说:"根据《春秋》《左传》《国语》《孟子》等。"他说:"《左传》有人说是左邱明作,有人说是刘歆作,史料不先审定,作出来的文章不大可靠。"于是我就作《〈左传〉之研究》,分为作期作者两部分,作期我应用统计学,因我在商校是学过统计的,数《左传》各年及国的字数,用珠算乒乓的打,有时同学到我房间,问我过去入过甚么大学,又问从那位老先生学过,我一一答无,同学有的暗中笑说:"今年招生招下了一个商人,每日在那里算账。"

《〈左传〉之研究》作成投在《国学论丛》,至暑假毕业时,学校索论文,乃作《〈春秋〉的研究》以应。《〈左传〉之研究》尚用文言,作成与陆侃如合译《〈左传〉真伪考》,乃用白话,至今未改。暑假返里,遇母丧,冬季仍欲至清华,因战事路不通行,在太原私立兴贤大学作事,作《〈国语〉的研究》,后在新月出版的《古史研究》即《〈春秋〉的研究》《〈左传〉的研究》《〈国语〉的研究》三篇。

我绕道上海至北平,路过南京,友人云:"读书为解决生活问题,生活问题解决再读书亦可,现国民政府方成立,用人甚多,何不谋一职?"余以不惯政治生活辞,友人乃设法介绍至大学院工作,为一科员,北伐克复北平,特派为接收北平教育文化机关,返宁改为教育部,为教育部编审兼南京古物保存所所长,十九年离开南京返里。

在古物保存所除收集古物拓片照片外,发掘明故宫,在栖霞山发掘六朝墓及石器时代遗址,自以为功多;及二十年自山西到北平,师大聘为研究员,在山西万泉县发掘新石器时代遗址,又以师大不出一钱,而得到大批古物,又自以为功多;不意竟以此去。住闲半年,奔走不得其道,在北平无饭得吃,故于二十一年春季到太原,在国民师范授课,二十一年暑假后至上海暨南大学。因受过去穷困的经验,及观近日环境的恶劣,锐气日消,人格日降。但在学术上的主张,仍崛强如昔。

《古史研究》新月曾为出版,后又作《国语》《历代建都于南京的货币》《明故宫发掘的报告》《古史研究·第一集》《古史研究·第二集》,均由商务承印,而毁于日火。除将《古史研究·第一集》改为《春秋》《左传》《国语》《穆天子传》,已出版《古史研究·第二集》为十六篇已付印外,商务又出版了一本《中国考古小史》。在持志学院授课,其讲义

《中国史学史》已加印三百份由女子书店代售，《历史统计学》快要印出。

我研究中国上古史，比较内行一点，我对于中国上古史的主张，在春秋以前，非用社会学、考古学不可，在战国时中国学术突然发达，当有受外来的影响，这个我在《古史研究·第二集》详为讨论，其总目是：

《〈山海经〉的研究》	卫聚贤
《墨子学辩》	胡怀琛
《墨子为回教徒考》	金祖同
《〈墨子〉文法研究》	陈良盛
《〈墨子〉引书考》	卫聚贤
《〈墨子〉各篇的作期及其派别》	卫聚贤
《墨子小传》	卫聚贤
《战国时中国所受印度的影响》	［德］ 孔拉第
《中国神话考》	［日本］ 藤田丰八
《中国石刻的由来》	［日本］ 藤田丰八
《天地开辟及洪水传说》	［日本］ 小川琢治
《昆仑与西王母》	［日本］ 小川琢治
《老子是云南的苗民》	卫聚贤
《扁鹊医术来自印度》	卫聚贤
《古代中西的交通》	卫聚贤
《天地开辟与盘古传说的探源》	卫聚贤

文约四十万字。至春秋以前用考古学、社会学解释，我有《中国古代社会研究之一》的一稿，约十余万字，尚未找到发表的地方。

我对《中国通史》在《东方杂志》二十二年新年号个人计画中，说于三年内作成三百万字的《中国通史》其体例不主张用朝代划分，仿纪事本末体，以一类为一史，拟题如左：

《史学史》

《史籍目录及解题》

《历史研究法》

《历史概念》

《社会史》

《工具史》

《生活史》

《民族史》

《文化史》

《政治史》

等,现《史学史》已作成,尚待修改。《历史研究法》作成一部分,即《历史统计学》。《历史概念》作成一部分,为暨大的讲义。《社会史》我也主张以类分,《母系时代》已在《明日》发表,《奴隶社会》已在《新中国》发表。《氏族社会》《新中国》允在第五期发表。

时间已一年了,而工作尚未及计画之半,由于生活未为安定的缘故。二十二年开始计划工作,不意内人韩雪梅女士病故。过去的痛伤,未来的追求,光阴如箭的度过暑假,与黄中英女士结婚。现在学校的暗潮仍烈,必不安定,作文因而迟滞,愁的是下半年吃饭的问题。恐将来的工作自难如期完成。

我对于研究古史有了兴趣,是以对现代的政治及主义就不明了,故对于政治的设施,主义的好坏,我是没法批评的,每天从早到晚专做学问。我不主张空论而主张充实内容,故每篇文章,文长数万字,因直接的找证据,又要考证其材料,故往往数月方作成。

在北平时其刊物均被学阀把持,无处发表,现在我将我所作的文章,只要有发表的地方,尽量的发表,因为发表了,大家就注意了这个问题,再慢慢的找证据补充修正,不是以发表就成为定说。有的人以为发表了有错处被人驳倒,以为与个人的面子不好看,我是不顾虑这一点,驳倒了另来,只要在学术上能成问题,不管是卫聚贤说的也好,不是卫聚贤说的也好。就是我自己现在说的话,不久有新证据发现,我自己也要驳我自己的。

一九三三,三,一,记于上海真如李家阁

鲁智深传

(署名"韦大发痴",原载于《说文月刊》1940年第1卷,第819—831页)

《水浒传》第二回是"史大郎夜走华阴县,鲁提辖拳打镇关西",将鲁智深说起,他在《水浒传》中占了重要的脚色。按《宋史》只有宋江等三十六人,没有将鲁智深的名字写出,是鲁智深有无其人不得而知。不过《水浒传》中多理想人物,就以鲁智深而论,他姓鲁莽的鲁,而名通达的达,这明是指一个粗中有细的理想人物,法名智深,更是表明这个意思。

既有理想的人物写之于前,当有性情相近的人模仿于后;是以模仿的人也自名鲁智深,按上海《文汇报》于二十八年四月二十一日批评模仿鲁智深的人是"他的外貌很粗鲁,然而文章很精细",洽与《水浒传》中的鲁智深人物相合;是模仿鲁智深的也不愧自名为鲁智深了。

从前的鲁智深是理想中人物,没有法子可考的;而现在的鲁智深与大发痴形影相交,知之甚切,故为文考之于左:

甲 家世

距今七十年以前,回族乱于陕甘,一部分围困住甘肃庆阳县苏家嘴的堡子,堡子内的老百姓因食粮已尽,开门出降,都被杀死,留下几个十几岁的小孩子,给他们作些工役。其中有一个姓苏的,兄弟五人,他是最小的一个,没有被杀掉,作牧马的工作。回族败逃新疆时,要带他们走,他们在中途藏匿,回归本土,原来的村乡有几百户人家,后连邻村算起,只剩下十几个小孩子,以草根树叶为食,又恢复了古代"耦而耕"的制度,维持他们生活。

几年后,有逃难归回及远处移来的,人口渐渐的多起来了,距苏家嘴五十里路的西峰镇也有了镇市;人少地多,只要肯出苦力,生活较前就优越了。

生活既安定,年纪也大了,就找起对偶来,但是当地女子绝少,因而一群人到环县边境未遭过回乱的地方去找，苏某找到了一个牧牛羊的女子，回到苏家嘴居住，生了三男三女，因她是大脚走路走得来，故在西峰镇北街开了一座店，兼为人磨面，将其长女春梅许配西峰镇西街安某，安某亦小本商人，兄弟三人，父去世母尚在，结婚后生一男孩，因其亲戚中秀才，取名考娃，至一八九九年正月三十日申时又生一子，其时亲戚又有一人中秀才，取名双考，此即鲁智深是也。

鲁智深命甚不佳，生了不久，其父死去，继遭饥年，饿死人甚多，其二叔父自杀，三叔父逃出，只留鲁智深的祖母、母亲及兄四人，无以为生。适有山西万泉县北吴村卫某，以得到本族遗产，致遭村人引诱入赌，一夜将家产输完，乃逃至甘肃庆阳县西峰镇魁盛林杂货商号为伙友，因其勤俭过人，积了些钱加入股本，后兼经理。在西峰镇先娶一妻，生了一女孩后自杀，继娶又自杀，闻苏春梅寡居，央人议婚，苏姓亲友反对，因卫某性情不好，但她因年老的婆婆及幼子无以糊口，只得允婚，议定以次子作为卫氏后；婚后其三叔父归将婚钱用完，祖母饿死，其兄无依亦归卫氏。后读书至卫灵公奚而不丧，有祝它、王孙贾等相扶，乃名聚贤，初号助臣，继改耀德，以入商专时借怀彬的文凭，乃改为怀彬。父母均已去世，"鲁智深"现年四十一岁，长女灵芝在抗大卒业，到前线去了；次子月望在民族大学读书，三女三芝在山西，四子韦及五女苇凤六女苇鸳均在湖南。

乙 求学

"鲁智深"于五岁时迁居山西，七岁入私塾，以至十五岁时，才读了《三字经》《弟子规》《百家姓》《论语》《大学》《中庸》《孟子》，《诗经》是读到第一册。因为"鲁智深"的记忆力太差，是以生书总是背不过，常被殴责，连在家庭被打，及失业，至今为三恶梦之一。十五岁离了山西到甘肃在魁盛林内学商，因为是少柜而为帮账，三六九日逢会，一天要写流水账四五十页，夜里又要存钱过账，发育未全，担此重任，是以鲁智深的身躯十五岁就长这样高，后来再未长，不然的话，他的舅父表弟均大汉，鲁智深虽不算矮，但也不高。

在经商时一面又入了庆阳县立第二高等小学校的附属小学校，白天读书，夜里过账，逢会时不去读书管账，有时也在北街姨母家住食。到了十八岁回到山西入了万泉县的第一高级小学校。次年入太原警察教练所，六个月后，以仍无出路，回到万泉在原班上课，毕业后考入山西省立第二师范学校，以挽回五四运动被开除的学生，亦被开除。在万泉第二高级小学校为教员半年，考入山西省立商业专门学校。

"鲁智深"性近工业，当考入工专时以曾当过学生代表而不收。其时不论考入何校，非有中学毕业文凭不可，乃借了安邑县卫怀彬的中学文凭考入商学。因学生会事失败，才看古书，对于国学发生兴趣，毕业后拟入北平师大研究所，但以不收外校学生而不获入，一面在师大旁听，一面入私立新闻大学，次年考入清华大学研究院，专门研究国学。

考入清华时拟题为"春秋战国时代之经济"，入校后向王静安先生请示，王先生云："你根据何项材料？"鲁智深以《左传》《国语》等为对，王先生以这书在时代上是有问题的，于是乃作《左传》研究，但从何处研究起？因鲁智深学过统计，每日用算盘在打数目字，同学看了就问"甚么大学毕业，随那一位老先生读书"，鲁智深均不能对，同学暗笑着说"今年招生招了个商人，每日在打算盘"。迨《〈左传〉研究》作成一部分，适王静安先生因事到上海，请梁任公先生看过，梁先生赞美过几次，同学始以另眼看待。

丙 家境困难

"鲁智深"的家庭原着"鲁智深"经商，不过能兼读书不妨碍经商，在高级小学校毕了业，在当时目高级小学校毕业与旧日秀才相当，想藉此撑掌门面。后来"鲁智深"到山西万泉读书，不能兼营商业，是以就不供给学费。"鲁智深"入警察教练所，是要想条出路，结果没有打得通。仍回原校读书，但欠了灶房的饭费，故毕业后即在西解村小学校为教员，将旧债偿还了一部分，贪图第二师范每月有两元津贴，方敢考入，后被开除，乃在万泉三高为教员，一面还债，一面积了些路费考入太原商专，"鲁智深"的母亲暗中补助一点,以至商专读书四年,每年约用八十元,前几年往来八百余里路程,是负着衣服包裹步行,后来买了一辆脚踏车,行走较便。

鲁智深在商校读书的次年,其父病故,鲁智深的哥哥也不愿每年用去七八十元学费,鲁智深从事借贷,有无息的,有一二分息的,也有三四分息的,由息上加息,积年累月,数目可观,直至二十五年鲁智深奉中央银行令赴山西调查票号时,始将旧债出息的都偿还了,还有些无息的因是友谊的关系,尚未偿还,不过常常问心不安,但是以朋友不在面前来催讨,故有余钱就作文化事业,把还钱的事就忘记了。

在学校读书常穿学校的制服,以遮盖破旧的衣服,吃饭在冬天利用校炉自作,春夏秋吃的最便宜的吃饭,是以现在鲁智深在银行中工作,月薪二百余元,亦算不少,而在他人看来,吃无好吃,穿未好穿,住也没好住,不知把钱作甚么?因"鲁智深"吃的多素菜而且要生的,每次只有二三菜,肉有时吃些牛羊肉,猪与鱼则不大吃,有人以为他太俭朴了,鲁智深说"生活简单了,可以使脑筋简单;脑筋简单了,对事业学问要认真负责。若是吃饭菜的样子太多,调和的味太重,使脑筋复杂,多方顾虑;平时为滑头,遇难则想两方面吊膀子。现在这个大自然时代,要那脑筋简单的,如云嫁鸡从鸡,嫁狗从狗,生为某家人,死为某家鬼,不宜朝三暮四的在那里美其名曰转变"。

"鲁智深"因用纸的困难,不能练习字,是以字写的很小很细。有人开玩笑说"人大而字小,人胖而字瘦,两不相乘"。这正是因为穷的缘故,现在写信固不在乎几张信纸,但很少写过两张信纸的信。

丁村乡事业

万泉县居于高土岭上,以"凿地万尺而不及泉"的水深出名,故村中多凿池凿井储水,井是私人的,池是村中公有的。池是用红卢土订的,年久树根将订的土顶破,池中水就排漏了。北吴村的池已修了八十余年了,池水早储不住,但工程甚大,村人无敢动工,鲁智深在二十岁时,即动工修理,经了三四月之久,方修理完竣。村中旧有势力的人,见而生忌,时加咒骂与破坏,甚至离间家庭,使鲁智深不是加以鞭楚,或是禁不得食,或是赶出门去。在他人放假回家,必然心喜,鲁智深遇了放假多不回家,不得已回家也只好徘徊村外,至晚方归;若遇开学,出门急奔,如遇大赦。

村人已分为两派,不多事的好人多赞成鲁智深,但不敢出来主张公道,一派则附势与鲁智深为难。但在村中管理粮簿的人,总是他们二三人,名曰公举,实为私受,多将自己的粮分割在他人的名下,"鲁智深"争管理了一次,将旧弊揭开,才将反对的打倒,自后鲁智深成无形的村长了。

万泉孤山东有柏林庙,由北吴村等八个村子管理。这庙原为介子推祠改为汾阴后土祠,于每年清明及六月二十三日县知事必去降香,庙有楼名南轩,知县常座此楼观戏,中门从楼下过,迎神赛社的神驾也从中门过,神驾过时楼上人要避开,在清末时有一知县未回避,被乡人辱骂,知县未理,于是大胆,到民国六年因巡警在楼未下被打,而公安局长藉此乱抓各村的人,罚了数百两银。各村管庙的各社首,会议时,以从前敢骂知县,现在打巡警,就有了祸,有的说县上学堂的学生敢打巡警,此庙设一学堂,巡警来时打他一顿,好报此仇,不意此种闲谈,被一社首赵素汉以有机可乘,即聘其亲戚董某为教员不逐,董某亦一绅士,将此庙存款报告县署被提去了,各村人多不满社首所为,于是各村另举一学董办理设学校事,时鲁智深在太原警察教练所,闻讯极赞成此事,回县后即帮助各学董办理。

社首虽名选举,因庙在山上距各村路远,少有人应此职,各村由一二人包办,山上柏树成林,每年出售千元数百元不等,除迎神唱戏外,多入社首私囊,每年账簿借口向神表白,在神前焚毁。社首以有学董办学校,他们无法染指,扬言洋学堂不信神,立了学堂就搬除神像,村人迷信,信以为真,出而捣乱,县署成全其事,学校已开学,学生有四五十人,而社首中之一吴某与万泉大绅李道行为亲戚,攒动此人,藉势毁了此校。

李道行为晋南首富，又为留学生省议员，在县上横行一切，他与河东道道尹马某为友，马某在晋南杀了革命志士甚多，人目为刽子手，听了李道行的话，着社首上告到道署，将学董叫去，为首的数人，每人打数百板子，送交安邑县欲置之死地，由万泉安邑猗氏数县村长保出，罚款了事，学校也下令取消。鲁智深经此打击，乡人见了都呼他为二鬼子，其实"鲁智深"并未信教。

戊 乡县的奋斗

万泉县在几十年来都是阎景村李家的势力，后来畅联晋虽独树一帜，但东南两乡不惟在县内地方上的公务人员无一个，就在东乡的第二高小，在南乡的三高的校长均西乡人，大一点村庄的小学教员也是西北乡人，在县的权利不能享，而摊派款项则东南乡独重，鲁智深就住在这被压迫的东南乡，因柏林庙设立学校事失败，以地域论减除李家的势力，以老少派分化李家的党羽，虽终达到目的，但也费了些气力。

第三高小校长及教员都西乡人，以对于侵吞校款控告县署，县署虽查出属实，但因彼方势大，持为两可，适县中演戏，万泉学友会开会，三高校长藉观戏为名，率领学生到县包围会场，时会场在一高不好打进去，乃由学生联名向县署控告鲁智深，派了两个学生为代表，当面送呈文给县长，余生在署前示威，时学生已有地域观念，代表二人将控"鲁智深"的呈文换为控校长的呈文当面送上，县长看了不信，差人到署前去看有学生示威，要求速办，县长就立批扯换，代表二人出告同学说事办妥了，大家快回，学生各自回家，及公事出来，校长招集学生也来不及，只得交卸。第二高小靠近北乡有畅家为助，也未费大力把校长换了。

万泉在外有旅京（北京）同乡会、旅省同乡会、旅运旅绛学友会等，组织了个万泉学友会为总会，举鲁智深为会长。在民国六年时陕匪扰晋攻破万泉县城，财务机关人员将公款侵占，其中有公债票于事后出售被人查出，捕获一人，供出保管人刘寅甫等，县署对此事不大追究，由万泉学友会控告，县署乃判决着赔偿公款四千余元，彼等不服上诉山西高等法院第二分院,推事受贿,判决无罪,学友会乃在北京司法部将该推事告的撤换了,但不能不上诉三审。而上诉的讼费等因绅士从中捣乱,县上不给公款。时保晋公司的万泉公股的股票失遗多年,利息无人去领,由学友会补票领利款四百八十余元,作上诉费用等,当判决时革命军北伐,北平的判决作为无效,后南京的最高法院亦宣判被告无罪,而县绅反向县署控讨保晋公司利息四百八十余元,不得已由鲁智深私人垫还此款。

绅士是乘势凌人包揽词讼,以人民对于县中一切不大明了,由绅士信口说去,学友会乃出版一本《万学杂志》,分为会务、行政、财政、教育、实业、赋税、司法等十栏,将各机关的预算决算及各种有关于地方上收税章程与纳粮的手续等,不惟详加记载,而且详为解释,共印一千册。各村长及学董教员等各一册,又照上写了一个简略的印了三千册,分送给各高级小学校,都是鲁智深私人的款子。人民对地方上有了常识,绅士就不容易欺骗,于是怀恨鲁智深欲置之死地而后快,遂于民国十六年绅士捏报鲁智深在周家庄讲演抗税,与公安局长说通欲加逮捕,县署主慎重,行文区署调查,区署连夜通知着鲁智深离开家乡,区署以"事出有因,查无实据"呈报,鲁智深才能从容筹得路费离县赴省。

鲁智深为学友会会长时,又兼旅京同乡会长,遇县上各学校开观摩会时,由两团体及私人购铜墨盒纸尺等为奖品,上刻标语,大部分是"万泉县目前应急办的四件事:一,男孩不要念四书;二,女孩不要缠脚;三,组织村长联合会;四,练习保卫团"。又逢演戏时登台讲演,在村中讲演大半是批评村长不好;到村长开联合会时大半讲的是绅士不好;绅士聚会时讲县长及公务人员不好。因此全县闻名,一天鲁智深到西乡去路过丁樊村,在小店前休息,闻闲坐的十余人谈论李大绅士的不端行为,鲁智深说"你们何不告他闹他"?那些人说"除非县东某人,谁敢惹他",鲁智深说"某人有何本领敢惹大绅",那些人说"某人很厉害,大绅及他的党羽都害怕"。鲁智深说"我就是某人,你们看有何害怕",众人不信,拿出名片看了,众人都围集来问县中长短,闹个不休。

鲁智深虽离开万泉,但其友朋继续对绅士反抗,故县上时起纠纷,在山西因晋南人民为土匪，而以夏县、万泉、芮城三县的官最难坐，十九不是好走的。二十五年鲁智深回家一次，在县上请了八九棹客，将老绅与友人都请了，把过去为县上公益结下的仇怨，一笔勾销。

己 作事的经过

清华大学研究院毕业论文作完，接家中电报，以母病重速归，至家不久，母病故了，葬后鲁智深到太原欲仍到北平继续读书，时阎锡山与张学良战，路被隔断，乃在与友人合办的兴贤大学中为副学监，月薪二十元，住了半年，绕道南京赴北平，由薛笃弼先生介绍在大学院为科员，北伐到北平，大学院派往接收学术文化机关，大学院改为教育部后，兼教育部编审，审查历史教科书；又兼南京古物保存所所长，在南京明故宫发掘明故宫工部遗址，栖霞山发掘六朝墓，发掘出的古物，虽不大多，因在首都参观者众，报纸上也有宣传，国府要人参观了也为赞美，引起另一方面的忌妒，乃借派往山西调查古迹为名，无形中解除职务。

鲁智深到山西万泉发掘了汉汾阴后土祠，又试掘了新石器时代遗址，将古物一部分带到北平，师大研究院欲大事发掘，恐山西不准将古物运出，乃聘鲁智深为研究员，与山西省立图书馆订立合同，以在山西发掘得古物，运到北平整理，一年以内运回山西陈列，山西恐师大不能践约，由鲁智深担保，鲁智深乃到万泉县荆村瓦渣斜发掘新石器时代遗址毕，运古物到了北平，师大将鲁智深解约，而古物未发还山西，报告书亦未出版。

鲁智深在北平失了业，找几点钟课代找不到，杂志上投稿也没有人要。不久上海暨南大学聘鲁智深授课，但一·二八事起，鲁智深不得已回到山西，在山西十年建设委员会为委员，共得车马费一百元。又在国民师范学校授课，月薪二十余元，欲在山西大学及教育学院找几点钟课，都被拒绝。到了民国二十一年暑假后始到上海暨大授课。

国民政府成立以来，对于学生资格限制甚严，而且对于自然科学极力提倡，是以文学院学生的程度较低，用不着有研究的人为教授，教授就随着校长的存废为转易。加之政界上失败的人也攒入学界,学校成了争夺饭碗地,因之鲁智深于民国二十三年离了暨大,在中国公学持志学院正始中学授课,后为审计部科长兼驻外稽察,未几到中央银行经济研究处工作。公余作吴越史地研究会事,在江南发现了多处新石器时代古物。八·一三后未离开上海,编了一部《字源》,并出了一种《说文月刊》,现在出到第八期。

庚 研究上的转变

山西分为晋南(河南道)晋北两派,常有些意见发生,尤其是在学生中最为显著,商专校学生有一部分势力的是教育厅长马骏的亲戚,专与鲁智深的一部分人作对,形成为两个团体,因晋南学生少,鲁智深失败了,是以在与商校为邻的省立图书馆看书作解闷。

鲁智深幼好史地的课程,在商校对于商业史一门听得有趣,在图书馆中就看关于这一类的书。看了《史记·齐世家》有齐桓公西伐大夏的记载,看《大宛传》有张骞通西域至大夏,但不知这两个大夏是否一个?于是作了一篇《齐桓公西伐大夏考》,证明为一。又作了一篇《介子推隐地考》,证明介子推隐地即汉汾阴后土祠,也就是前面所说的柏林庙,结果在民国二十一年将遗址发掘出来了。又作汾水西流南流问题,以解释太原盆地的昭馀祁,灵石南关的与汾阳西的山道开凿。并加《中国人种的由来》,这四篇约四五万字,合印为《一得录》。这是鲁智深的最初著作。

因作《齐桓公西伐大夏》,对于中国古代的边界发生疑问,而作《春秋图考》,有石印地图二十一张,铅印考释四五万字。对于中国的国界认为很古就是很大的,不是后来开辟的。其时对于古书的真伪不为注意,只要是古书上说的,都是材料。

到了清华研究院后,由信古而变为疑古,不过是不作笼统的疑,而是将每一书的作期(即作书的时代)、作地(作书人的地方)、作者、辩伪(有无后人加进去的)。在清华先作《〈左传〉研究》,毕业论文为《〈春秋〉研究》,在兴贤大学作了《〈国语〉研究》,此三篇先在新月出版为《古史研究》,在商务加了《穆天子传》一篇,为《古史研究》第一集。在南京古物保存所作了《山海经》《穆天子传》《禹贡研究》三篇,为商务的《古史研究》第二集,但刚印好一·二八毁于火,后将《穆天子传》列入第一集,《禹贡》一篇以至最近从上海友声旅行团图书馆借出原本《古史研究》第二集抄出加以修正,在《说文月刊》第七期中发表了。又将《山海经》修改,加入了《墨子》等十余篇,合为《古史研究》第二集,分为上、下二册。

在北平失业后对于研究唯物史观的朋友往来日繁,到上海暨大授课,乃采取唯物史观作了几篇《母系时代》《奴隶社会》等,合为《古史研究》第三集。不过鲁智深对于材料方面搜集为多,空论很少,而且对于唯物史观的名词采的也不多,但是他自以为是很合乎唯物史观的精神的。

他对研究上的三转变,是在山西信古,在北平南京疑古,在上海为有信有疑。

辛 学术上的三提案

学术的研究犹如开会议一样,一个问题等于一个提案,提出后,多数认为对的通过,认为不对的通不过,提案的人目的在对事,通过通不过与提案人本身无关;但多感情用事,以提案是要通过,以赞成此案的就成了帮助此提案人。而学术上研究更甚一层,提出问题者自以为是,赞成此问题者自以为羞,反对此问题者自以为得意。况在这资本主义之下,唯钱是独,凡是某人得直接或间接能给一碗饭吃的,某人的学说就是;甚至给他饭吃的人与其他的人学说不同,或私人感情有不洽时,就赞给他吃饭的人拼命骂对方,在现在关于学术上捧与骂,均不足轻重的。

鲁智深对于学术上提案有三个:

一、历史年代拉长　鲁智深自研究社会史以来,对于中国社会演变的阶段,多以殷以前为原始社会,殷为氏族社会,殷以下至现为封建社会。但原始社会的时期比氏族社会长,氏族社会的时期比封建社会长,这是确定的事实;而以普通所定的历史年代而论,周初至现在为二千二百余年,殷代本身为四百余年,殷以前至周口店的猿人时代为四十万年;如此以论社会阶段,封建社会为二千年,氏族社会应在二千年以上,但为四百年,比封建社会短了四倍;而原始社会又为三十九万余年;原始社会固长,但也长不了这样多?故"鲁智深"根据了工具的演变、社会的演变、生活的演变,以至象犀的南迁,殷周的脱代,古书纪各朝年代的纷岐,从新估定中国史的年代,以西周为一万年,西周初年至现在为一万二千年,殷初至现在为五万年。此文曾在《中山文化教育馆季刊》上发表过,但无人注意,"鲁智深"又加修改,发表于《说文月刊》第五、六期合刊中。

二、中国文化起于东南沿海　中国东南沿海,在春秋战国为吴越二国,据古书所载,吴国是周太伯开辟的,越国是夏少康的庶子开辟的,是东南文化不如中原古,而且在黄河流域有始石器、旧石器、新石器以及殷墟发现。东南上尚无发现春秋以前的古物,是以都不想在东南找远古的史料。民国十九年鲁智深在南京栖霞山发掘六朝墓,无意中发现了新石器时代遗址,当时参与发掘的人,都不信是石器。鲁智深又发现遗址两处,并有几何花纹陶片,是以作了一篇《吴越民族》,以吴越与南洋土人是一个民族,但未引起人注意。到了民国二十四年在常州的奄城,金山的戚家墩,苏州的石湖,都发现了,当时反对的人多而且甚。及至二十五年杭州古荡大批石器发现,而且继续的有湖州钱山漾、杭县良渚、福建武平、广东的海丰与香港,都有大批发现,才确定了江南有石器。而"鲁智深"以殷墟古物与东南古物多同,进一步认殷与吴越为同一民族,在吴越时文化已高,将这高度的文化带到黄河流域去。有吴越史地研究会出版的各书可参考。

三、春秋战国时的文化受有外来的影响　文化本有独立起源与传播说两种。就传播说起,而分为民族迁徙期、商业交易期、遣使交涉与战争期。在前二期已有文化的接触,到了后一期始有正史的记载;故中国谈起中外交通,则自汉始。鲁智深因研究《穆天子传》,证明它是战国时中山国人西游的记录,中国人根据这种记录有了西北的地理智识。而《山海经》的记载则有在中国疆域以外,同时它的神怪与文法均非中国所能有,而与热带尤其是印度多相同,故断为系印度人随巢子的游记。时胡怀琛研究佛经,并编辑儿童刊物,将古书上的故事与佛经上比较,多是相同,而《墨经》更怪,是以他以墨子为印度人,"鲁智深"很赞成此说。又从墨子文法与思想等加以考证。并加入老子扁鹊,又译了外人关于这种论文的几篇,合为《古史研究》第二集,亦名为《春秋战国时代东西文化沟通的探讨》。

自大是人类所不免的,鲁智深等以墨子为印度人,大犯中国一般人的忌讳。而中国学术文化界的领袖是由机会得来的,但仍有学者的排头,有时也写几句平凡的文章,在他手下吃饭的人要捧他,不在他手下吃饭的人也不能作与他不同调的文章,鲁智深自有他的环境造成他的不同调的论调,他人就以墨子为印度人作口实,大加毁骂,但终以鲁智深的证据理论充实,无法驳倒,乃用消极的抵制,不许鲁智深在文化学术上工作,不许鲁智深在他主编或有关的杂志上发表文章,他们的文章中将鲁智深名字也不提,万不得已而引用鲁智深的文章,则写成"有人云"。甚至北平某大学的学生试卷教授给以零分,学生去质问,该教授云"因你的文章中引了鲁智深的一句话,并且标明鲁智深说的,故给零分,以儆效尤",北平传为佳话。

壬　方法与态度

"鲁智深"研究学问的方法,是采用统计学及文法比较,近来因编《字源》,始采用音韵学。取材除书本子外,则于考古上材料与民俗的材料,都为采用。

引书不注出处的已落伍了,而将材料一条一条的排列着,现在还时髦,而将这些材料装入表格中的,已属难能可贵,若将他化成数目字,排为统计表作成统计图,在鲁智深以前很少人用过。固然是鲁智深商校毕业学过统计,而他人即使会统计也不应用,因画一个表或一个图,费材料太多,有作这个表或图的材料把它排列起来,多出十倍以上,就可显出他的材料丰富。鲁智深在清华时已采用统计,后综合讲演于中国公学,发表于《东方杂志》，又编成书，名为《历史统计学》，由商务出版。

一个时代一个地方及一个人，都有自成一种的作风，尤其是文法用比较的研究，是很容易看得出的。鲁智深在《〈春秋〉研究》中，则有于与於的使用，自某至于某，及自某以至于某的演变，并数目字中又字的有无。在《〈国语〉研究》则用布局排列等法作比较。对于《山海经》将每一问题，分为一、《山海经》现象，二、中国现象（分为《山海经》以前及《山海经》以后的两种），三、中国以外的现象，四、《山海经》有此现象的由来，注意它的产生环境原因与时代。又提出《山海经》与《墨子》的文法多与中国的文法不合，而同于非中国的文法。

书本子上材料，有的在类书中抄，有的从日人书中译，而鲁智深多采用原文，即作一篇文章，则看一次书，将应用的材料一条一条的抄出来。因为类书的编辑自有它的目的，故其材料的取舍是要合乎它的胃口，间接引来作自己的证据，但是看了原文，而适与自己的目的相反，况且有多少材料埋在内面，非详加推究不能明了；前人编辑类书，多雇佣书记抄，是找到明显的材料，隐晦的非亲自找不可。

研究考古的少有研究历史的，研究历史的亦少有研究考古的。鲁智深在他编的《中国考古学史》中说"不懂考古学的发掘古物是毁坏古物，不懂社会学的发掘古物是埋没古物"，而且考古的人自为得到密宝，不肯将材料发表，总要在他自己的研究的文章中引用几个，着人都引用他的结论。鲁智深对于这种报告发生怀疑，故常亲自作古物的调查与发掘。鲁智深本是研究中国上古史的，对于考古是取材中之一种，人多以此目鲁智深为考古家，可知中国的考古家少而且杂。

民俗中保存了不少的古代材料，不过在你如何解释和如何利用。鲁智深以江浙人吃鱼有许多讲究，对黑鱼有很多神话，则以古代的吴是以鱼为图腾。以山西人家中福蛇，黄河中大王，则以夏人用龙作图腾。但是要将一书本上记载，二古物或文字的象形，三现存的民俗，三者对比相合而采用，不是只民俗一项而推断的。并且落后的民族一举一动，也映着古代社会的影子，是以鲁智深则采取莫尔根的《古代社会》，及《南荒民族》与西康青海各民族的记载照像及实物，以至从电影中看到非洲土人、南洋土人、哀斯基摩人、印第安人的生活，均作参考。甚至听到一句"焦尾巴"，推知南京栖霞山焦尾巴洞府近有石器遗址。

鲁智深对于研究学问的态度是很坚强的，很少说骑墙滑头的话。在北平失了业，有一个同学警告他："你如果以后作文，说的不奇怪与大家相同，敢保你在学术上有饭吃。"鲁智深问道："大家是谁？是非以何作标准！现在人研究的问题，古人都注意过了，何必要现在人再重复说一句；大家既已说过，又何必再要我说第三次？"鲁智深明知学术界上成了主管的人说一声是，大家都喊声"是"；主管的人说一声不是，大家就喊一声不是；在这种条件下才有饭吃，鲁智深的个性太强，终不屈服，是以终无饭吃，终得离开北平，终被摈于学术以外。就是现在主编《说文月刊》也有人忌妒而加以种种压迫，详见《说文月刊》七期第六页的《疑难》。

鲁智深初到清华作文首列各家学说，逐家辩驳，然后才说出自己的主张，请王静安先生看了，他说"你自己说你的，何必管人家的"。鲁智深说"不把他人驳倒，我自己的学说站立不住"。王先生说"你说对了，他们的不驳自然就倒了"。鲁智深初以为不然，后愈想愈对，故研究学术的文中，很少辩驳他人的，只把自己的说出。也不轻易作批评人的文章。

癸 环境与学术

研究学问方法的精密，则在乎身体的强健，而现在所谓信古与疑古，全是取巧的方法。信古的以为凡是古的都是真的，明知有些靠不住的，他是古人造的假，不关他的事，于是说神农黄帝时已是如何如何。疑古的凡是古的都是假的，明知有些真的，还要加考证与说明，于是将古代的一段，一笔消去，从后代说起。看了商务出版的"文化史丛书"，可以看出有很多的是两种不同的取巧法。鲁智深的身体比较强健，是以作文找原材料，他的文章是十分之七为证据十分之一为标题，议论的地方只有十分之二，而且其中有很多统计图表吃力的工作。不像他人以只有几条证据，翻来覆去的推论，如果鲁智深照这样作，《古史研究》已出到十期以上,以著作多吓吓人。

鲁智深曾作《中国近来研究古史》的一文,发表于《众生》上,大意分作:

一、博学派　书香子弟,因为他家的书多,是以看的书多,而有钱人家子弟固有钱买书,而因为亲朋各方面均有,不得不看各方面的书;是以形成博学。但博学派则多信古,而且少有主张。

二、谨严派　穷家子弟没有读书机会,有了机会则因购书不易,故将一部书读的熟,研究起来很谨严。但是多从一个一个小题目上着手,少有大刀阔斧大著作。

三、疑古派　不满意家庭的人,在礼教压迫之下,不敢反抗。一旦遇外来的哲学和资本社会下的家庭组织,方悟到礼教的书是欺骗压迫人的手段,不是天经地义的书,从此点出发而怀疑了一切。

四、建设派　不满意政治或社会的人,常想加以改造,但很少机会或力量,因而想到古代已是如何如何,成为托古改制,有些理想在内,不见得古代真是如此。

以上这四派,都由环境造成。鲁智深本穷家子,又不满意家庭与社会,是以鲁智深同情于谨严、疑古、建设这三派,因而鲁智深的文章,有谨严的、有疑古的,也有理想建设的。有一部环境的,则能造成一部分学问;有全部环境的,则能造成全部学问;但博学派与谨严派的造成是相反的,故鲁智深有了后三部分,对于博学一门,实在是太少。

又因气候风土食料的关系,北方很少文学家,尤其是鲁智深对于文学兴趣很少,在高级小学校时将历史、地理、算学、理化、手工、图画常在九十分以上,但国文多不及格,鲁智深幼读四书,只顺着先生讲,到高级小学因听讲了一次《管蔡论》,才知文章可翻案,到了二师读书,国文常贴堂,但批改的看不清楚,得誊清另改过,这是遇着一位李经邦教员爱此翻案文章的意思,而改去不通的句子。其时练习作文,每日作一篇,因无纸不起草稿,是以到现在作文甚快,作成就算,很少修改。

现实的环境对于学术影响为小,而时代的环境对于学术的影响则甚大。鲁智深在北平时,于友人家遇一老先生,友人介绍此老先生一生专研究《易经》,因而谈起,鲁智深说"《易》开首为'元亨利贞'四字,注以'元者,某亨者,某利者,某贞者,某',四字分开解;但按《易经》中有小亨、大亨,则'元亨'二字应为一名词;有利于某贞,不利于某贞,则'利贞'二字为一名词,古人何以分开解?"那位老先生大怒,说:"古人就不如你聪明,数千年来没有人这样说过,你有多大学问,就敢如此说!"鲁智深说:"自秦汉至今为封建社会,因为数千年来不能翻案;近来资本主义思想到了中国,以资本主义思想看封建社会的书,处处就发生疑问;况以唯物史观的眼光看封建社会的书,其疑更大。倘若早生一百年,此话当然不敢说,而且也就想不到这样说。"是以鲁智深在《十三经概论》的序文中,对于时代的环境有些理论的发挥。

鲁智深的十大罪状暴露如上,攻击者可以借此取材,同情者亦知一点过去的大概。是以大发痴不辞炎热,一气写成此文,时为中华民国二十八年八月十三日也。

我的"胡说"

(原载于台湾《传记文学》28卷2期,1976年2月。后收入夏晓虹、吴令华编《清华同学与学术薪传》,生活·读书·新知三联书店2009年版,第293—302页)

小引

我的"胡说",有三次和人接触露面。

第一次露面在上海。

第二次大战前,我在上海中央银行经济研究处工作,因为编纂《右文字源》,就用了几位学生,并雇了二十几位书记,编录统计。在写字间的书柜玻璃被打掉,露出白木板不雅观,有人主张在上面悬挂一条字画把它遮住。我写了"胡说大王处,巴道山集团"二行字在上面。客人看见了说"'巴道'应作'霸道'。你写成'巴道',真是名符其实的'胡说霸道'"。

我说:现在就说"经"。把"书"叫"经",始于墨子的《墨经》,继起的为《山海经》。儒家因自名其书为"经";道家也称其书为经,把《老子》叫《道德经》,《庄子》叫《南华经》。佛教徒也称其书为经,则有《华严经》《金刚经》。回教亦名其书为《可兰经》,耶教名其书为《圣经》。

汉代尊儒,站在儒家立场上,认为那些书不是"正经"。("正经"二字始于《诗谱序》。《论语·为政》:"攻乎异端",邢疏:"人若不学正经善道,而治乎异端之书,斯则为害之甚也。")是以俗话有:你不作正经事,专是胡闹蛮干;你不说正经话,专是胡说巴道。《左传》载周室人说:"肃慎燕亳,吾北土也;巴濮楚邓,吾南土也。"以肃慎在北,燕在中,亳在南;又以邓在河南省南阳,濮在鄂西川东,巴在四川重庆。都是由远而近的说。这是古人以"巴"为南方最远处的地方。"蛮干"可对"巴道",而不可对"霸道"。因《孟子》上有"王道""霸道","霸道"和"巴道"音同,就误为"霸道"了!

第二次露面在重庆。第二次大战期间,山西同乡会在重庆开会,大家着我讲故事。我说:人多骂我是"胡说巴道"。我的"胡说巴道"是地理环境所造成。

山西省和绥远省原来是一个省。绥远省在内蒙古,蒙古在古代为胡人地,我是山西人,我在山西同乡会说话,因此我的话就是"胡说"。重庆是古代巴国的都城,今天山西同乡会在重庆开年会,我在重庆的山西同乡会说话,是以我的话就是"巴道"。

第三次露面在台湾。

我于去年三月五日由香港回到台湾定居,孔达生(德成)先生请我吃饭,他在席间说:"人都说你是'胡说巴道'。"

我说:"我曾看过别人的文章,他在中间引了别人一段书,但是他把引的书放在后面。我看了他引的书中所说,是'胡说巴道'。看完这段后,才看到他所引的书是我著作的书。"

我也不知道我当日为何这样的"胡说巴道"。大的"胡说巴道",细想一想,还能找出来龙去脉;小的"胡说巴道"就想不起来了,可以说是"信口开河"。我过去是"胡说巴道",我现在仍然是"胡说巴道",我将来仍旧是"胡说巴道"。——我是不会改的。

我的"胡说巴道"不一定就对?我主张把问题都提出来,对不对是另一个问题。如不提出就没有人注意,就对于这个问题不生疑问,永远相传下去。或者已认为有问题,而永远找不到解决的途径。

我在抗战以前在上海暨南大学授课时,曾作了一篇《老子为云南人考》,不久云南省就把"老子"作为云南省的古人物之一。

第二次大战起,我仍留在上海出版我编的《说文月刊》,汉奸以为我替政府在上海联络文化人。杨宽给我寄了一粒手枪子弹,书中夹一纸条,限我三天离开上海。我向法租界巡捕房报告,调查后认为严重,派了三个巡捕守卫保护,但每天要十元小账,我就给重庆总行打电报说:"上海环境不宜,请调渝工作。"我就乘船绕香港、越南到云南,在昆明云南大学几位师生来见我。我说:我作《老子为云南人考》时,梦想不到我会到云南的。

我现在作的《中国人发现美洲》,约两百五十万字,正在找钱出版。我并不是以为《中国人发现美洲》出版后,美国人就把移民放宽,让我作为美国的移民。

我的"胡说巴道"是论事而不是为人。

有些人的文章,我看了觉得有些地方欠妥,我和他谈话时指出,他也承认他错了。不过他说:"老卫!我们是朋友,你不能作文章骂我!"我说:"我向来不作文章反驳人的,我是提倡'胡说巴道'的,说错了让别人更正吧,别人附带地骂我几句,我也愿意接受。因为他所骂的是我作的这篇文章,而不是骂我所作某一件事。'文''事''人'三个应当分开的,不是'你和我是朋友,你反对我的文章,就是对不起我'。如果要人不反对,只有一个方法,就是你一生不作一篇文章。"

我曾经看到一个人著作了一本古文字书,我就写了一首打油诗作批评:

述而不作孔子言(见《论语》),照样葫芦画多年(陶谷的故事,见《清异录》)。早知不中俗人眼,一瓶浆糊一把剪。

你如作剪贴的工作,不加自己的意见,也不会挨骂的。

话又说回来,台湾在近十年来生活安定,中年人作了许多好书,青年人也很用功,"胡说"也应拿出一些证据来!

但我"胡说"惯了,有时就说出外行话——不懂科学谈科学。例如我最近着手作"中文电脑",又给台湾省政府农林厅建议:用音波助植物生长——使谷类、水果、蔬菜丰收。我是一个喜欢用头脑幻想的人,不是写就是想,不能让它(手脑)闲着"自腐化"。

一、我的"胡说"的由来

甲 先天的

子 血统远

《左传》僖公二十三年:"男女同姓,其生不蕃。"《国语·晋语》:"同姓不婚,惧不殖也。"是在两千六百年前,中国人已经知道血统远生下孩子聪明。

我于清光绪二十五年生于甘肃省庆阳县西峰镇安宅。

我的外祖家在西峰镇以东四十里苏家嘴,回人占陕甘杀汉人甚多,同治八年我的外祖父年约十二三岁,回人未杀而使之放马遛马,回人失败时,他们十余小孩藏在草中而脱。

庆阳地既荒,蒙人南下而为牧地,当我外祖父十六七岁时,蒙人有兄妹二人到接近苏家嘴地区牧放,群儿攻其兄夺其羊,我外祖父攻其妹掳以为妻。我外祖母共生十五胎,成人者七,四女三男,我母亲是其长女。

我是衔有蒙古人的血统。

我的外祖父、舅父、表弟,身体均高大强健,我也受其遗传,使我身体可以支持我的幻想,而产生了很多"胡说巴道"。

丑 吃蛋黄

蛋黄和碘对于婴儿很有补脑作用。妇女在怀孕时,每天吃一只鸡蛋,或者海水鱼虾及海带等含碘质的食物,生下小孩就很聪明。

我未生时,我家有一位祖母、父亲、二位叔父,四个人吸鸦片烟,由我母亲一人做包子、卤肉、卤鸡蛋,由两位叔父背上在赌场卖。

我母亲忙得下午做一笼,晚上再做一笼,忙得无时间吃饭,就把卤鸡蛋吃一枚充饥,使我的脑筋发达,而不断产生这"胡说巴道"出来。

乙 环境的

子 家庭及乡村

卖包子可以维持一家人生活,但我父亲死后,适遇光绪二十七年北方旱灾,赌场收档,家庭陷于绝境,二叔父自杀,我母亲就改嫁于山西省万泉县北吴村卫氏。

卫家本来也穷,本家有一妇人无子过继给她。她在绛州有一家商号,而她在中途被狼咬死,卫家的继父被邻人所诱赌博,在一夜间把得来的家产输完,他逃到甘肃经商。他的脾气很不好,使先后两位太太都自杀,留下一位女孩。

我母亲嫁给他后,把我带给卫氏,我尚有一位哥哥,因安家不能生活,也归于卫氏。我五岁时回到山西居住,十五岁时又到甘肃在商店当学徒。

在我的环境不是不可能读书的。当卫氏继父逃走时,夜间在村南沟边一个小庙住了一夜。庙已破烂,他许愿说:他有一天能回家,将此庙改建为新庙。

在我回家的第二年,他把庙新建了,依例在房脊上书上年月日某某建字样,他就写上"卫世隆建",村人把他的名字刮掉,填上"北吴村建"。

当我在甘肃做学徒时,对门商店经理的儿子在"注音字母班"读了三个月毕业,门上粘"报单"放炮烛。别人告诉他,现在不考秀才了,在小学读上三年毕业,就等于秀才(因那时小学毕业也有"红纸报单",中学毕业是"黄纸报单"),有报单粘。

他为报村人刮他名字的恨,着我在西峰镇高级小学读书,由初小读到高小,回到山西再考入高小。

丑 县和省

万泉县后来增加了四个高小,即于每一乡设立一间高级小学。而县上的第一高小有教员六、七人,东南乡只有一人,而东南乡两间高小的校长都是西北乡人,而且带了一位西北乡籍的教员来。东南乡大村庄的初小教员,都为西北乡人所据有。

我常代表我村的村长出席县上的会议,散会后西北乡的村长在县上机关中吃饭,东南乡的村长都是自带馒头坐在街边吃饭。东南乡人自然不平,我就组织村长联合会。当我在大学及研究院读书时,我又组织"校友联合会"。

时西乡阎景村李姓兄弟二人,家本富有,都系英国留学生,大的为京议员当过道尹,二的为省议员当过县长,但二的是一位劣绅,县人畏之如虎。当我放假回家,在县上开会,他知道有我出席,他就托故不到。

我在山西省立商业学校毕业后,可以入"育才馆"受训两年,才能派为县上的财政科长。当时山西有两句谚语:会说五台话,就把洋刀挎。政治上以五台县人占优先,我是南路人(河东道人),在政治上是在被排斥之列,故未入仕途。

丙 我"胡说"的开始

子 小学、中学和大学时期

我幼年读过四书,也学的作过"八股"文章,以为古人如何说,我也就得跟着如何说。

在小学时,先生讲过一篇《管蔡论》,他说:管叔和蔡叔,他的父亲、母亲、哥哥、弟弟都是圣人,不应他们二人是坏蛋。我才知道文章可翻案,从那时起我就一直作翻案的文章。

在中学读书时,学校规定每星期要作一篇文章。我作的都是翻案文章,遇到那位国文教员也喜欢此调,把我的作文批改后,着另行誊清,他再批改,每次把考卷粘堂。

在中学读了快一年,五四运动起,我是班代表。在开会时我知道商人的艰苦,主张和缓,但其中十位主张积极烧毁日货。于是派我到各县与商会订约,以不准再买进日货。在下学年开学时,校长奉督军兼省长阎锡山的命令,把十位同学开除。同学乃推举我到太原请求收回成命,事未达到目的,学校以"久假不归,理应开除"了事。

我在我县的第三高小教了半年书,暑假到太原,才考入省立商业专门学校。学校的旁边就是省立图书馆,我在课余就去看书。

我在小学时,历史、地理、数学、理化、图画、手工都是一百分,而国文、唱歌、体操则仅及格。是以我就喜欢历史。因为商专有《商业史》,我嫌原书太简,在图书馆看书补充其材料。《商业史》上说到齐太公的"九府环皮",又说到张骞到大夏看见蜀布邛竹杖。我在看《史记·齐世家》时,看到齐桓公西伐大夏的记载,我就考证这两个"大夏"是不是在一个地方,而作了一篇《齐桓公西伐大夏考》。说齐桓公所伐的大夏在今阿富汗。

我看《左传》时,认为介子推的隐地在万泉县,而有的书上说在界休县,两地相去约六百里,我就作了一篇《介子推隐地考》,附带地考汉武帝的汾阴后土祠在万泉县柏林庙附近。

我看《山海经》,以汾水南流到灵石县向西,何以晋南也有汾水?而作了一篇《汾水南流西流考》。又作了一篇《中国人种西来南来说》。

我合这四篇论文,约有五万字,而自己出版名为《一得录》。我又以《左传》上地理,被后人考证的不确,而作了一篇《春秋图考》,前面加了二十四页地图,水道用绿色,古地名用红色,今地名用黑色,系石印套印的,也是我自己出版的。

丑 研究院的读书时期

我在山西省立商专毕业后,到北平拟考师范大学研究所,但是它那一年不招校外生。我就在师范大学旁听,同时也在一间私立的新闻大学上课。第二年才考上北平清华大学的国学研究院,这已是第二期招生,时为民国十五年。

我到清华研究院研究的题目是"中国古代商业史",归王静安(国维)先生指导。他问我:"你根据一些什么材料?"我说:"《左传》《国语》《国策》及先秦各书。"他说:"《左传》就有问题的。如系左丘明作,他是孔子时代人,材料尚可用。如为刘歆作,时代很晚,材料就不能用。"

我说:"还有人说:是刘歆作的吗?"他说:"你不知吗?你去考一考。"

我向图书馆借《左传》，他说："都被你们同学借走了。只有商务出版的一部《白文左传》，是没有'注解'的书。"我占了这个便宜。如有注解的话，就得跟着前人走，成为"人云亦云"，没有新见解——胡说巴道。

我把《左传》看了几回，看不出它是在什么时代为何人所作。但是我在商业学校学过统计，我有统计观念和常识。看《左传》为何前面是一页记数年的事？中后期成为数年一页？

我借了一个"算盘"，先把《春秋》每五年的字数相加，列了一个统计图。分为四期：第一期低，第二期平，第三期高，第四期平。

我推求其原因，照道理初期时间古，材料少，应当低平，愈到后来应当愈高，何以第四期不高而平呢？

我是知道《春秋》为孔子作，其第四期的高点在孔子死前九十年，孔子活了七十三岁，在他作《春秋》时，有些人尚未死，有些人他的子孙尚在当权，其材料不容易搜集或不敢多搜集，是以第四期低。

《春秋》记载多寡的原因既求出，我用"已知数推求未知数"的方法，也把《左传》每五年的记载加在一起，作了如上的图表。它也是第一期低，第二期平，第三期高，第四期平。《春秋》统计的结果，其高点在其作者死前九十年；那么，由《左传》的高点向后九十年，就是《左传》作的日期。

统计的结果，《左传》的高点后九十年为周威烈王元年。再看《左传》上多预言，凡是在周威烈王元年以前的都应了，周威烈王六年以后的都没有应。就断定《左传》的作期在周威烈王元年。

我又用统计方法，将《春秋》《左传》《国语》，所记各国的字数作百分比，《春秋》自然以鲁国占的篇幅为第一，而在鲁国周围的山国，如滕、薛、邹、莒都占百分之二或三，但秦、楚、吴大国占的并不太多。《左传》是以晋国占第一（鲁国占的虽多，但多"解经"语，系刘歆后加的，不是史料）。秦比吴、越为多。《国语》有《越语》而无秦语。足以证明：《春秋》的作地在滕、邹、莒附近，《国语》的作地近越而远秦，《左传》的作地近秦而远吴。

我又将《春秋》以后《左传》所记的材料统计，而卫占第一，它在叙述文中对卫国的先公不加"卫"字而直称"先君"，这是卫国人所作。

当我把《〈左传〉年代》一部分作成时,王静安先生因为他的大儿子死,他到上海料理去了,我就请梁任公先生看。他说:"你认为《左传》是谁作?"我说:"是卜子夏。"他说:"你去查清楚了再拿来。"

我又以《左传》中袒护鲁国季氏、晋国魏氏。以其《左传》中表现作者特长于:文学、军事、占卜及诗。这只有子夏有此长技,乃断为子夏作。

梁任公先生看了,在燕京大学演讲时就大捧我这篇论文(他的讲演词收在《历史研究法续编》)。

在由燕京大学听讲后回校途中,清华研究院的同学对我说:"我们在休课后熄灯前,到各同学房中逛,看见你拿算盘打,我们私下议论,今年招生为什么招到一位商人,在那里算账?不知你是用算盘打数字作统计!"

我在清华研究院毕业后,仍不停地在"胡说巴道"。友人从北平到上海,到暨南大学看我时说:北平有一个关于我们(的)故事出现过:一间大学的学生考卷,教授给了一个"0"分,学生以为他平日功课很好,何以这次为零分,就去问那位教授,那位教授说:"你为何引卫聚贤的话!你引他的话,就给你零分。"学生问:"卫聚贤的话何以不能引?"那位教授说:"他在著作中,用了很多圈圈点点。"

他不懂"统计图",而认为是"圈圈点点",不该用。

我在上海暨南大学授"历史研究法",我就把它编成《历史统计学》一书,由商务印书馆出版。现在台中的东海大学就采用我这本书为课本。

时地不同,我的"胡说巴道"成了有幸有不幸。

我在这里的"胡说巴道"也太多了,就此结束。有机会再说"我的考古"。

六五(一九七六)年一月五日,记于新竹市

胡说巴道

(选自卫聚贤《政学系与我的恩怨》,台北:张天然出版社印行,1987年,第63—67页)

俗话说:"你这个人,不作正经事,胡闹蛮干;不讲正经话,胡说巴道。"

中国古书不叫"经",自从"墨子"把他的书叫"经"(墨子有《经上》《经下》《经说上》《经说下》篇)以来。道家把《老子》叫《道德经》,《庄子》叫《南华经》,佛教叫其书为《华严经》《长阿含经》,耶教叫其书为《圣经》,回教叫其书为《可兰经》。在战国时把中外地理书叫《山海经》,汉代尚有《相马经》。但这些"经"都不是"正经",只有儒家的"十三经"才算"正经"。根据"十三经"中所规定的去作才叫"正经事"。

"胡说巴道",有的写成"胡说霸道",也有人写成"胡说八道"的。以"胡闹蛮干"为例,而"胡"在北方,"蛮"在南方,是应作"巴道"的。——《左传》在昭公十九年说:"肃慎燕亳,吾北土也;巴濮楚邓,吾南土也",按"肃慎"在东北,"燕"在河北省易县,"亳"在河北省与河南省之间。"巴"在四川省巴县(重庆),濮在洞庭湖周围(详我的《蝙蝠洞考古与台湾山胞》),"楚"在湖北省南漳县荆山,是以叫做"荆楚","邓"在河南省邓县。北方是由远而近,南方也是由远而近,换句话说:春秋时代的人,以"巴"为中国最南方的国。"胡"是中国人指古匈奴族,"蛮"是南方的蛮族。那么,"巴"应是指国名,而不是"霸"字或"八"字!

第二次大战时,山西省同乡会在重庆开会,大家着我讲笑话,我说:"山西省过去和绥远省是一省,绥远省为古胡人地。重庆对岸是巴县,为古巴国首都。我今天所说的话,是地道的胡说巴道。"

胡适之先生曾主张:"大胆假设,小心求证。"

先立"假设",就有了"先入为主"的成见。在"求证"时,把合乎自己"假设"的材料录出,不合乎自己假设的材料不录,这样的"结论"是有问题的。

我作的文章,人多骂我是"胡说巴道",但我在大学时读的是商科,商科有"统计学"这门课,我是受过统计训练的。统计,是把正反的材料都列出作一比较,看那一方面比例高,那方面的可靠性就大。我作文曾使用统计方法的(详《天然》杂志第十四期《清华研究院》)是以我在搜集材料时,把正反两方面材料都录出,我把正方面的文章作好,再用相反的材料作一篇反驳,看两者那一个理由充足,并且把两者之间何以有矛盾的原因求出,才把相反的方面放弃,有几次我把相反的材料也写出,反对我的人不自找材料,就拿我列的材料来骂我,是以我以后把相反的材料放弃,要骂我的人,自己费一些时间找材料去。——战前我在上海时,有人说:"你的结论,打死我我都不相信;但着我反对你则不可能,因你的证据相当的多,反对你的证据要比你原来的证据多一倍以上。要找这样多的证据得费很长的时间。我有这时间我自己作一本书,何必反对你呢!"

有人曾说:"我有一条证据,就说一句话。"是他的证据和理论各占百分之五十。我的学术论文,证据则在百分之八十以上,我以为把证据列出,大家就看懂了,很少反覆加以说明的。

我找的证据,除书本上外,兼采考古学、古文字学、民俗学上的材料。就以书本上而言,我又用社会学推求它;在甚么时代,在甚么环境下,才能有这个现象?即是不是看见材料就录,不管材料的来源和真假。

我的"胡说巴道"是以"证据"来支持。

不"胡说巴道"的人,我给他一个"懒"字作评语。

以中国上古史而言,分为信古派和疑古派。信古派,凡是古的都是真的,明知有些靠不住,以为:这是古人说的,又不是我伪造的。懒的怕作考证,依照旧说抄讲。疑古派,凡是古的都是假的,《古史辩》是其代表;台湾各大学讲"上古史"的人从"殷代"讲起,殷以前一字不提,这也是由于"懒"字当头。

以中国文学而言,在华侨环境不需要下,对华文不感兴趣,就不理中国文化,使爱祖国的志愿日减这应当是当前急务之一!而解释文字的人,抱着《说文》这部书不放,愈说愈离题远,华侨子弟愈是不能接受。

不"胡说巴道"的人,是他的老师太老师是秀才举人,没有科学常识,使他们中毒已深。在读过小学、中学、大学——受过科学教育的人,在将来退休后,不甘自堕落,看了中国古书,觉得我卫大法师的"胡说巴道"尚有些道理,他们也试作若干"胡说巴道"的论文,但中毒太深的人尚有存在,怕用自己的名字发表——挨骂,就假托"胡说巴道"的"卫大法师"名字出版,那个时候我如死后有灵,真是哭笑不得!

"胡说巴道"是件不容易的事,除下苦工找材料外,尚得有先天的和后天的。

我的先天有四:

第一,我的外祖母是蒙古人,她生过十五胞胎,只有三男四女成人。我母亲是其长女,我的三位舅父都是大汉,我的身材中等,因我十五岁到甘肃省庆阳县西峰镇商店当学徒,在逢会日(三、六、九逢会集)每天要写流水账(日记账)一百页,夜间要把它过到底账(分户账)上。非逢会日要到小学读书赶三天中空了一天的功课——发育未全而受此压力,是以身材不高。但我把材料找好,写文章每天可写一万字左右。我现在满八十二岁了,每逢星期二到台北辅仁大学授课,日校、夜校都有,回到新竹已经夜里十一点多了——这是我外祖母为蒙古人,使我有此体力能支持我的"胡说巴道"。

第二,我母亲怀孕我时每天吃一颗鸡蛋,蛋黄和碘补脑,怀孕的妇女常吃蛋黄和含碘的海产动植物,生下小孩就聪明。我家境穷,我母亲蒸包子作卤肉卤蛋,由我父亲和叔父背着卖,我母亲在饿了先吃一只卤蛋(在甘肃省难吃到海带)。——我的想象力丰富就在于此。

第三,我是排行老二。《拾穗》杂志上发表了一篇《老大、老二、老三》,它说老大负责,老二捣蛋(老二压迫太甚,可以造反),老三善良。我是排行老二,长于"捣蛋","胡说巴道"也是捣蛋之一部分。我在读小学时,先生讲了一篇《管蔡论》,说管叔、蔡叔的父亲文王、母亲太姒、哥哥武王、弟弟周公都是圣人,何以管叔、蔡叔是坏蛋? 这是后人曲解! 我才知道文章可以翻案,从那时起,我作的都是胡说巴道的翻案文章,已有六十多年了!

第四,我是O血型。O血型的人热心是一阵子,是以我的嗜好方面多,使研究的方面特别广。

后天方面有二:

第一,不满环境,我五岁时由甘肃省回到山西省,因语言小异,被小学同学歧视,在反抗之下,先整理村,后整理县(详我在《说文月刊》第二卷合订本《鲁智深传》)。在山西省立商业专门学校毕业后,因不满山西的政治上歧视我为南路人(河东道人),才考入北平清华大学研究院。但是清华研究院同学没有政治背景,就没有人当校长、院长、系主任,我当了多年孤立无援的教授。在第二次大战在重庆为中央银行秘书,孔祥熙先生待我不错,但受到他的"铭贤学校"学生的气也不少。

第二,未加入党派。这点,我在《天然》杂志第十五期《香港》中已报导了。我回到台湾后,该派系最近更加围攻我。我是"老二"长于捣蛋,也就要开始反攻了。

我在《大同篇注释及考证》的空白处,列的《卫大法师自警语》有"处处留心皆学问,事事如意非丈夫"。

"胡说巴道"备着先天的后天的,不是随便能学来的!因为"处处留心皆学问,事事如意非丈夫",两者合二而为一本难,加之宁愿"不丈夫",不愿"事事不如意"——由"事事不如意"才有反抗,迫出"胡说巴道"的!

附录二：卫聚贤年谱简编[①]

1899年3月11日（旧历：正月三十日）申时，生于甘肃省庆阳县西峰镇安宅。

《鲁智深传》云"至一八九九年正月三十日申时又生一子，其时亲戚又有一人中秀才，取名双考"，即卫聚贤。《捣蛋》(《政学系与我的恩怨》，第78—86页)云："我生在甘肃省庆阳县西峰镇。"《卫聚贤的生活》云："生于甘肃，长于山西，系清光绪二十五年出世，截止民国二十三年，共年三十六岁。"

《我的"胡说"》云："我的外祖父在西峰镇以东四十里苏家嘴，回人占陕甘杀汉人甚多，同治八年我的外祖父年约十二三岁，回人未杀而使之放马遛马，回人失败时，他们十余小孩藏在草中而脱。庆阳地既荒，蒙人南下而为牧地，当我外祖父十六七岁时，蒙人有兄妹二人到接近苏家嘴地区放牧，群儿攻其兄夺其羊，我外祖父攻其妹掳以为妻。我外祖母共生十五胎，成人者七，四女三男，我母亲是其长女。"

《鲁智深传》云："苏某找到了一个牧牛羊的女子，回到苏家嘴居住，

[①] 案：文中所引文章出处，见附录三"卫聚贤学术论著简目"。若"附录三"中不能直接见到的析出文献，或他人所撰文章，首次出现时会注明出处。

生了三男三女,因她是大脚走路走得来,故在西峰镇北街开了一座店,兼为人磨面,将其长女春梅许配西峰镇西街安某,安某亦小本商人,兄弟三人,父去世母尚在,结婚后生一男孩,因其亲戚中秀才,取名考娃,至一八九九年正月三十日申时又生一子,其时亲戚又有一人中秀才,取名双考。"

1901年,三岁。 父亲安氏病故,兄弟二人随母寡居,因母改嫁卫氏,改姓"卫"。

《我的"胡说"》云:"我父亲死后,适遇光绪二十七年北方旱灾,赌场收档,家庭陷于绝境,二叔父自杀,我母亲就改嫁于山西省万泉县北吴村卫氏。卫家本来也穷,本家有一妇人无子过继给她。她在绛州有一家商号,而她在中途被狼咬死,卫家的继父被邻人所诱赌博,在一夜间把得来的家产输完,他逃到甘肃经商。他的脾气很不好,使先后两位太太都自杀,留下一位女孩。我母亲嫁给他后,把我带给卫氏,我尚有一位哥哥,因安家不能生活,也归于卫氏。"

《鲁智深传》云:"鲁智深命甚不佳,生了不久,其父死去,继遭饥年,饿死人甚多,其二叔父自杀,三叔父逃出,只留鲁智深的祖母、母亲及兄四人,无以为生。适有山西万泉北吴村卫某,以得到本族遗产,致遭村人引诱入赌,一夜将家产输完,乃逃至甘肃庆阳县西峰镇魁盛林杂货商号当伙友,因其勤俭过人,积了些钱入股本,后兼经理。在西峰镇先娶一妻,生了一女孩后自杀,继娶又自杀,闻苏春梅寡居,央人议婚,苏姓亲友反对,因卫某性情不好,但她因年老的婆婆及幼子无以糊口,只得允婚,议定以次子作为卫氏后;婚后其三叔将婚钱用完,祖母饿死,其兄无依亦归卫氏。后读书至卫灵公薨而不丧,有祝它、王孙贾等相扶,乃名'聚贤',初号'助臣',继改'耀德'。"

1903年,五岁。 随继父至山西省万泉县北吴村。

《鲁智深传》云:"五岁时迁居山西。"《我的"胡说"》云:"我五岁时回到山西居住。"《捣蛋》云:"五岁回到山西省万泉县北吴村。"卫月望《卫聚贤传略》(夏晓虹、吴令华编:《清华同学与学术薪传》,北京:生活·读书·新知三联书店 2009 年,第 293—302 页)云:"四岁回万泉北吴村,七岁入私塾。"①

1905 年,七岁。入私塾学习。

《卫聚贤的生活》云:"七岁入私塾,第一年读了一本《三字经》,第二年读了一本《百家姓》,第三年读了一本《弟子规》,至出私塾时,生书读到了《诗经》第一册。"《鲁智深传》云:"七岁入私塾,以至十五岁时,才读了《三字经》《弟子规》《百家姓》《论语》《大学》《中庸》《孟子》,《诗经》是读到第一册。"

1913 年,十五岁。随继父至甘肃,在魁盛林学商。次年,入庆阳县立第二高等小学校的附属小学校念书。

《鲁智深传》云:"十五岁离了山西到甘肃在魁盛林内学商。……在经商时一面又入了庆阳县立第二高等小学校的附属小学校,白天读书,夜里过账,逢会时不去读书管账,有时也在北街姨母家住食。"《反共杂录》"历史自传"云:"入庆阳第二初级小学校,为半商半读。乃取《论语》上说卫灵公以'仲叔圉治宾客,祝鮀治宗庙,王孙贾治军旅'的'奚其丧',希望多交些好朋友,故学名为'聚贤'。后读《左传·襄公二十九年》有'卫多君子'也可为取名的补注。"

1916 年,十八岁。再回山西,与继父关系破裂,自力更生以求学,念完高小。1918 年考入山西运城省立第二师范学校。期间,积极倡导乡村自治。

《卫聚贤的生活》云:"十八岁在山西万泉县第一高小学校读书,读了一年,因经济压迫,到太原入警察教练所,半年后又回到万泉高小读书,卒业后为小学教员数月,考入运城山西省立第二师范学校,时年二十一岁。"②《鲁智深传》云:"到了十八岁回到山西入了县的第一高级小学校。次年入太原警察教练所,六个月后,以仍无出路,回到万泉在原班上课,

---

① 案:应为五岁回万泉北吴村。
② 案:综合各篇自传文献,又依据卫聚贤入学清华研究院为 1926 年二十八岁,判断卫聚贤在这里的表述有误,考入运城山西省立第二师范学校的年龄应为二十岁。

毕业后考入山西省立第二师范学校。"

《卫聚贤传略》云:"十八岁再返故里万泉北吴村,他本想留在家乡上学,但他的继父不仅不答应,而且以断绝经济相威胁。卫聚贤多次请求,并遭到打骂,时常被锁在西屋,不给饭吃。卫聚贤生母哀悯其子,常常背着继父偷偷送饭给他,他愤不受嗟来之食,竟破门而出,只身孤影逃出家门去求学;继父大怒,称其为'逆子'。从此以后,他靠自力奋斗,边上学边工作,家中没给一分钱,一直念到清华大学研究院毕业。……破门逃出后,他先到万泉县城里的高小读书,因自谋生活费临时在本县一村中当小学教员半年;后来知道运城的省立第二师范是公费,高小毕业即考入运城师范。"

卫聚贤十九岁时,"尚在县城内读小学,暑假期间当了村中的'书手'管理'粮簿'"。自荐为村公所管理"粮簿"。具体"政绩"详见《捣蛋》。

1919 年,二十一岁。在运城山西省立第二师范,因支持五·四运动中被开除的同学,亦被开除。

《卫聚贤的生活》云:"在师范学校第一年很用功,至五四运动,山西以河东二师为激烈,我为外交之一,到各县商会订限期卖完日货约,暑假后当局开除学生会长胡三余,乃以我为学生代表到太原谒当局请收回成命,无果,二师亦将我开除了。"

《我的"胡说"》云:"在中学读了快一年,五四运动起,我是班代表。在开会时我知道商人的艰苦,主张和缓,但其中十位主张积极烧毁日货。于是派我到各县与商会订约,以不准再买进日货。在下学年开学时,校长奉督军兼省长阎锡山的命令,把十位同学开除。同学乃推举我到太原请求收回成命,事未达到目的,学校以'久假不归,理应开除'了事。"

1920 年,二十二岁。借用安邑县卫怀彬的中学文凭考入太原商业专科学校,开始对史学研究产生兴趣,作《一得录》《春秋图考》等。

《卫聚贤的生活》云:"自二师开除后本欲投考山西工业专门学校,但以报纸常披露姓名为学生代表,工业学校当局拒不许入校。到万泉第三高小为教员半年,暑假到太原投考,又欲入法政专门而被拒,不已乃入商业专门学校。"《鲁智深传》云:"鲁智深性近工业,当考入工专时以曾当过学生代表而不收。其时不论考入何校,非有中学毕业文凭不可,乃借了安邑县卫怀彬的中学文凭考入商学。"

《捣蛋》云:"我在南乡第三高小为教员一年,到太原已考入工业专科学校,发榜后查出我当选过学生代表,借口教室座位已满,不准我入学。我乃考入商业专科学校。——我性格喜欢工业,讨厌商业(因在当学徒时受气),只好在商业专科学校读了四年毕业。"

《我的"胡说"》云:"学校的旁边就是省立图书馆,我在课余就去看书。"在商专求学时,卫聚贤喜欢历史,作了《齐桓公西伐大夏考》《介之推隐地考》《汾水南流西流考》《中国人种西来南来说》,合约五万字,遂汇集出版《一得录》,后又自己出版《春秋图考》。

《卫聚贤传略》:"(被开除后)他想继续出外求学,但既无路费,又无文凭,经介绍与安邑县卫怀彬商量,借他的文凭考学校,毕业后的文凭归卫怀彬所有。他在万泉第三高小当临时教员半年准备好路费,遂冒名顶替考入太原商业专科学校功读。"

1921 年,二十三岁。继父病故,靠借贷支持学业,在校生活艰苦,吃饭在冬天利用校炉自作,用度甚俭。

《鲁智深传》云:"其父病故,鲁智深的哥哥也不愿每年用去七八十元学费,鲁智深从事借贷,有无息的,有一二分息的,也有三四分息的,由息上加息,积年累月,数目可观,直至二十五年鲁智深奉中央银行令赴山西调查票号时,始将旧债出息的都偿还了。"

1926 年,二十八岁。考入北平清华研究院,归王静安先生指导,得梁启超先生的鼓励,用统计学方法研究《左传》《春秋》。

《卫聚贤的生活》云:"商校毕业后,到北平入私立新闻大学,同时在师大研究所旁听,半年后返万泉,至暑假而考入清华研究院,即年二十八岁,民国十五年。考清华研究院时由备取入正额。"

《鲁智深传》云:"因学生会事失败,才看古书,对于国学发生兴趣,毕业后拟入北平师大研究所,但以不收外校学生而不获入,一面在师大旁听,一面入私立新闻大学,次年考入清华大学研究院,专门研究国学。"

《清华研究院》云:"考清华研究院,要有著作方可报名,我就是用上列二书(编者注:《一得录》《春秋图考》)才报到名。……我考清华研究院,被录取为'备取'。因有一位考取的检查体格不及格,才把我补入。"

卫聚贤考入清华研究院,最初拟作经济史论题,后转向古史考证,利用统计学知识,考证《左传》《春秋》。《我的"胡说"》云:"我到清华研究院研究的题目是'中国古代商业史',归王静安(国维)先生指导。"《鲁智深传》云:"考入清华时拟题为《春秋战国时代之经济》,入校后向王静安先生请示,王先生云'你根据何项材料',鲁智深以《左传》《国语》等为对,王先生以这书在时代上是有问题的,于是乃作《左传》研究,但从何处研究起?因鲁智深学过统计,每日用算盘在打数目字……迨《〈左传〉研究》作成一部分,适王静安先生因事到上海,请梁任公先生看过,梁先生赞美过几次,同学始以另眼相看。"

1927年,二十九岁。在家乡发掘新石器时代遗址,与陆侃如合译高本汉《论〈左传〉之真伪及其性质》,从清华国学研究院毕业,因母病返里,葬母后,在山西省与友人合办的私立兴贤大学任副学监,作《〈国语〉的研究》。

1月10日,参加清华国学研究院召开的欢迎会,庆祝李济成功发掘山西西阴村新石器时代遗址。该欢迎会的参与者还有教务长梅贻琦,导师梁启超、王国维、陈寅恪、赵元任及全体助教、研究生。欢迎会上,李济介绍了发掘西阴村遗址的情况,并展示实物。随即,清华举办西阴村考古发掘公开展览。卫聚贤由此开始关注考古与新石器时代文化。

2月,归家,携带李济先生掘得的陶片三种作为标准,发现新石器时代遗址若干处。

6月1日,参加在清华"工字厅"举办的师生叙别会。席间,建议王国维先生前往山西避难。2日,原打算陪同陆侃如请先生为陆书写书签,但未找到先生,追到颐和园,得知先生已自沉昆明湖。本月,在清华学校研究院编的《国学月刊》上发表《〈左传〉的研究》及续,并完成《〈春秋〉的研究》。

7月6日,在清华国学研究院撰《释家补证》,采李济等提供的考古知识释"家"。

9月,在《北京大学研究所国学门月刊》上发表与陆侃如合作译文《论〈左传〉之真伪及其性质》,此文系珂罗倔伦(B. Karlgren),即"高本汉"著,译文在上半年完成,6月20日,卫聚贤为译文作跋。高本汉曾于1926年将该书赠给赵元任数册,赵元任转赠李济。卫聚贤因正研究《左传》,在李济先生处见了该书急欲一读,但外文不好,时常请教陆侃如,遂两人合译。译毕,赵元任曾校正,并将自己曾翻译的一部分内容交给卫聚贤对正。(见《跋〈左传〉之真伪考》,《北京大学研究所国学门月刊》1927年第1卷第7—8期,第740—741)

11月,在清华研究院完成《〈左传〉的研究》。

本年,遭遇母丧。《我的母亲》(苏雪林、陈秀喜、林焕彰等《我的母亲》,台北:巨人出版社,1976年,第1页)云:"我的母亲是民国十六年,因得水鼓症死的,死年五十五岁。"《鲁智深传》云:"清华大学研究院毕业论文作完,接家中电报,以母病重速归,至家不久,母病故了,葬后鲁智深到太原欲仍到北平继续读书,时阎锡山与张学良战,路被隔断,乃在与友人合办的兴贤大学中为副学监。"

1928年,三十岁。在南京担任大学院科员,北伐结束后,被派往北平接收北洋军阀政府的教育部,大学院改为教育部,出任教育部编审兼南京古物保存所所长,出版《古史研究·第一集》。

2月22日,在太原兴贤大学完成《〈国语〉的研究》。

上半年,被派带领一个小组途经上海,前往北平接收北洋军阀政府的教育部,大学院改为教育部,卫聚贤担任该部编审兼南京古物保存所所长之职。《战前和战时》(《政学系与我的恩怨》,第19—23页)云:"我在清华大学研究院毕业后,在山西省私立'兴贤大学'为副训导,第二年到南京,由薛笃弼介绍见蔡元培先生,到大学院(教育部前身)为科员,继兼南京文物保存所所长兼编审。"《我的"胡说"》云:"北伐战争结束后,于一九二八年八月,被派带领一个小组途经上海,前往北平去接收北洋军阀政府的教育部。嗣后大学院改为教育部，卫任该部编审，兼南京古物保存所所长之职。"①《再谈毛公鼎的真伪问题》(《政学系与我的恩怨》，第5页）提及在南京"大学院"(教育部前身)时，"政府收复北京，派高鲁、齐如山和我三人接收北京的教育文化机构，我是接收清华大学、午门历史博物馆、故宫"，"我在清华研究院读书时，曾经到故宫参观过，不过是走马看花而已！我在接收故宫时，他们知道我是'南京古物保存所所长'，当然喜看古物，该主管就把我带到陈列铜器的地方细看"。

6月9日，修改《〈春秋〉的研究》于上海寓次。15日，致信曾为清华国学研究院同学与助教、后在中山大学语言历史学研究所任职的余永梁，谈及他在山西、河南发现新石器时代遗迹十五处，拟与傅斯年等接洽下半年组织大学院、古物保管委员会、广东中山大学研究所、北大、清华五个机关在山西作大规模的发掘。

7月14日，在北平大学院特派员办公室修正《〈国语〉的研究》。出差结束后，返回山西途中，路过洛阳，目睹用洛阳铲盗墓事，返京始设法禁止其事。

9月，由新月书店出版《古史研究·第一集》，蔡元培封面题款。

10月18日，何定生来函，讨论古代文法等问题。本月，在山西兴贤大学学监室修正《〈左传〉的研究》。

12月6日，致信余永梁，谈及对《金縢》《山海经》《穆天子传》的研究，拟将研究成果编为《古史研究·第二集》。26日，致信余永梁，谈到胡怀琛发表墨子是印度人，"这点弟很赞成。但他说墨子是佛教徒，弟觉得不妥，是以修函请教"，又言"发明固属必要，模仿亦是必需。中国人的性情，对西洋每一种科学发明，往往就附会到古籍相似的一点，说是我们中国从早就有了。日本人不是这样，他是完全模仿西洋，故成为二等文明国，中国人的排外性太大，至今还不安受科学智识，故成为一个弱国。弟以

---

① 案：卫聚贤在六月与余永梁通信时曾谈到联合几个文物机构发掘新石器时代遗址计划，以及七月曾在北平特派员办公室撰稿等，说明此处卫聚贤提及被派遣至北平接收教育文化机构在当年八月应不确。

为外货可抵制,科学可实行,不宜把学术与货物并在一起谈。胡怀琛先生说墨子是印度人,人多反对,弟今说老子是印度人,当更多反对了"(见《国立中山大学语言历史学研究所周刊》1929年第6卷第69期,第52页)。

在初任大学院(教育部)编审兼南京古物保存所所长时,曾由时任商务印书馆编辑的陆侃如陪同,到上海极司非尔路拜访胡适,"他一见我,看了看说'我想象中的你,年青,穿的西装;不是你这个暮气沉沉的像一位老先生的燕子,因为你的文章激烈,我才作如此想象的'"(《政学系与我的恩怨》,第69页)。

1929年,三十一岁。主持发掘南京明故宫遗址等,拟汉汾阴后土祠遗址的发掘计划,参与墨子国籍等论战,出版《古史研究·第二集》。

3月16日,在南京古物保存所,撰《古史研究·第二集》序言。21日,与顾颉刚在宝华楼吃点、剃头,同到商务馆访王云五、陆侃如等(见《顾颉刚日记》)。

5月9日,致信曾为清华国学院同学、接替余永梁编辑《中山大学语言历史研究所周刊》的杨筠如,言"因古物保存所古物太少,特派弟到山西、河南去搜掘古物",并讲述了此行考古收获。

6月12日,撰《汉汾阴后土祠遗址的发现》,发表于该年《东方杂志》,文中附一份发掘计划,包括在山西万泉、太原,河南洛阳,陕西咸阳组织发掘的安排与费用预估,以及预期收获等。13日,在西湖广化寺,为胡怀琛的《墨子辨》撰序,赞赏胡怀琛大胆提出新说的勇气,支持墨子是外国人的主张,参与墨子国籍的论战。17日,参加西湖博览会(于6月6日开幕),并撰文回应钟国楼在《读卫聚贤〈禹贡考〉》中的质疑。

7月,上海述学社出版《古史研究·第二集》,包括《穆天子传》《山海经》《禹贡》的研究,封面有蒋梦麟的题款。25日,在《东方杂志》发表《应用统计的方法整理国学》。

9月4日,在《国立中山大学语言历史学研究所周刊》发表《〈墨子辨〉序》。本月,主持发掘明故宫遗址,卫聚贤推测为工部所在,除砖木外,得碗十余只,龙瓦数片,上横书"工部"的木牌二,及北宋古钱等四十一枚。

10月1日,在南京古物保存所修正《〈穆天子传〉的研究》。

11月25日,南京《民生报》登载与记者关于南京明故宫发掘事的谈话。

12月25日,致信《民俗》杂志的编辑刘万章,谈及民俗调查等问题,并寄送崔盈科《河东一带之歌谣集》。

1930年,三十二岁。发掘南京栖霞山焦尾巴洞、甘家巷六朝墓等,无意中发现新石器时代遗址,与美国弗利尔艺术馆合作,在山西万泉县发掘汉汾阴后土祠遗址。

2月3日,撰成《古史研究·第二集》修正稿,仍作《穆天子传》《山海经》《禹贡》的考证,但内容上有所增加。6日,致信《民俗》编辑刘万章,提及蒙古、西藏民话很有价值,并就如何收集民俗资料出谋划策(《民俗》1930年第102期,第58—59页)。

3月22日,在南京栖霞山附近甘夏巷组织发掘六朝古墓,参加者还有刘福泰、裴晓氏、董光新、叶恭绰、吴敬恒、蒋梦麟、杨杏佛,以及中山大学与暨南大学的学生,无意中发现新石器时代遗址,得有石斧及几何花纹陶器等。"在栖霞山附近发掘六朝古墓,于张家库、高家山发掘时,因墓址在半山,墓前掘方一丈土向上出不易,改在墓前向前再掘一丈,土出于山下较易。在开此一丈时,无意中发现新石器时代遗址。初见灰土一层,继在灰土层中得陶鼎腿七八件,残片数十件,石斧一(尚完整未破)。陶片上有印纹,与甘肃、陕西、河南所得花形不同。现已停止发掘,拟于四月十五日,作大规模发掘工作。新石器时代遗址在长江下游发现为第一次,于中国民族上文化上发生很大的变化"(《南京发现新石器时代遗址》,《东方杂志》1930年第27卷第1号,第65页)。卫聚贤曾将发现石器遗址事报告中央研究院院长蔡元培,他请地质学家李四光到遗址考察,李四光以江南不应有石器。卫聚贤又打电话到北平请中央研究院考古组主任李济来考察,但李济认为发现物太少,不足以证明(事见卫聚贤《吴越考古汇志》,第365页)。

6月15日,在国民政府教育部编审处撰商务印书馆版《古史研究·第一集》序。

8月20日,在北平首善公寓修正完《吴越民族》文。

返回山西,首次调查四望村古代演戏的舞台。《鲁智深传》云:"在南京明故宫发掘故宫工部遗址,栖霞山发掘六朝墓,发掘出的古物,虽不大多,因在首都参观者众,报纸上也有宣传,国府要人参观了也为赞美,引起另一方面的忌妒,乃借派往山西调查古迹为名,无形中解除职务。"《元代演戏的舞台》云:"脑筋中印着四望村舞台是建筑的好而且古,于是于十九年自南京返里,到四望村看了一次。"

10月30日至11月8日,在山西万泉发掘汉汾阴后土祠遗址,考古参加者还有董光忠、张蔚然、聂光甫。由美国华盛顿弗利尔美术馆陈列部与山西省立图书馆合作发掘。签约规定发掘标本归山西省立图书馆,发掘报告由两家署名,用中英文双语发表,发掘经费和出版经费由美方负责。次年,发掘报告由董光忠撰写出版。

1931年,三十三岁。自山西至北平,担任女子师范大学研究所研究员兼图书馆主任,主持发掘山西省万泉县荆村新石器时代遗址。结束后不久被解聘,出版新版《古史研究》第一集、第二集。

4月1日至5月15日,主持山西万泉县荆村新石器时代遗址的发掘,董光忠参加。该项目是由山西省立图书馆附设博物馆、北平女子师范大学研究所、美国弗利尔艺术陈列馆三方合作,发现圆形窖穴、炉灶等,得各类石器、骨器、粗印纹陶器,以及早期乐器"陶埙"等。《卫聚贤的生活》云:"二十年自山西到北平,师大聘为研究员,在山西万泉县发掘新石器时代遗址,又以师大不出一钱,而得到大批古物,又自以为功多;不意竟以此去。"《鲁智深传》云:"师大研究院欲大事发掘(编者注:山西万泉县荆村新石器时代遗址),恐山西不准将古物运出,乃聘鲁智深为研究员,与山西省立图书馆订立合同,以在山西发掘得古物,运到北平整理,一年以内运回山西陈列,山西恐师大不能践约,由鲁智深担保,鲁智深乃到万泉县荆村瓦渣斜发掘新石器时代遗址毕,运古物到了北平,师大将鲁智深解约,而古物未发还山西,报告书亦未出版。"

5月,对万泉县村落元代演戏的舞台展开二次调查。后将西景村的舞台作成模型，在北平师范大学研究院陈列。

7月15日，访顾颉刚。

8月4日，在北平师范大学研究院，撰成《元代演戏的舞台》。

被师大解聘后，住在北平山西蒲州会馆，因思想激进，受人排挤，工作无着，待业期间，结合摩尔根《古代社会》等书研究中国社会发展史，撰成《母系时代》《奴隶社会》等篇，编为《古史研究·第三集》。

10月15日，在《进展月刊》上发表《吴越民族》，判断吴越民族与文化是独立起源，非受西北的影响。因材料不够充分，更多是一种假说，曾被多次拒稿，未引起学界注意。

11月，商务印书馆出版新版《古史研究》第一集、第二集。20日，李济为卫聚贤的《中国考古小史》撰序。

12月29日，在北平后百户庙住宅撰《中国考古小史》自序。

1932年，三十四岁。任山西十年建设委员会委员，在国民师范学校授课，暑假后到上海暨南大学任教。

《鲁智深传》云："不久上海暨南大学聘鲁智深授课，但一·二八事起，鲁智深不得已回到山西，在山西十年建设委员会为委员，共得车马费一百元。又在国民师范学校授课，月薪二十余元，欲在山西大学及教育学院找几点钟课，都被拒绝。"又，"到了民国二十一年暑假后始到上海暨大授课"。在暨南大学讲授"中国上古史"，部分讲义如"中国民族的来源"等收入《古史研究·第三集》。

10月10日，在暨南大学撰写《中国考古小史》"附白"，谈及上海战事中曾交付商务印书馆的书稿，有《古史研究》第一、二集，《明故宫发掘的报告》《历代建都于南京的货币》等，毁于国难。14日，在暨南大学撰写《〈山海经〉的研究》之序言。

年底，《东方杂志》向全国各界知名人士征集"梦想的中国""梦想的个人生活"。卫聚贤梦想的中国是"一教育：学自然科学的占百分之七十，学社会科学的占百分之二十九，学国学的占百分之一。二军事：内战发生，掘战壕时，小心古物。国家应如建筑塔的形势，一县人民好了，县政府就不敢为恶；各县的人民好了，省政府就不敢为恶；各省人民好了，中央政府就不敢为恶；从下层一层层的建筑上去，如人民—县—省—中央，最上层的中央政府权最小，最下一层的人民权最大。不要成了倒塔式，如中央—省—县—人民，根基太小，自然会倒，若遇着大风，当然是立不稳的，在那里动摇"。卫聚贤梦想的个人生活：一是生活安定，三年内完成百万字《中国通史》；二是到西北考古，作发掘工作；三是到南洋、印度旅行，从缅甸、云南、广西、广东、福建回，考察先秦时代中印文化沟通之迹；四是如在教育界不能生活，则作左列工作之一：A、入山为僧，研究有机生物哲学。B、回家练民团，铲除"包而不离"的学阀。（《东方杂志》1933年第30卷第1号）又，《卫聚贤的生活》云《中国通史》"其体例不主张用朝代划分，仿纪事本末体，以一类为一史，如《史学史》《史籍目录及解题》、《历史研究法》《历史概念》等"。

1933年，三十五岁。出版《中国考古小史》，发表《中国通史》写作计划，内人韩雪梅病逝，续弦黄中英女士。

3月3日，卫聚贤致信丁迪豪，提及近有《古代社会研究》一书，已由神州承印，分上、下二篇，上篇为尧典、皋陶谟、禹贡、甘誓，下篇为尧舜禹的探讨，请为作跋。

5月，担任"中国考古会"属下的调查委员会委员。

10月23日，在上海李家阁，撰写《扁鹊的医术来自印度》文。

11月12日，在上海李家阁，撰成《天地开辟与盘古传说的探源》。

12月8日，在上海李家阁，撰写《历史统计学》序。该月，由商务印书馆出版中国第一本考古学史著作——《中国考古小史》。

本年，曾受暨南大学的委托，再次回到万泉西杜村发掘"汉汾阴后土祠"遗址。

1934年，三十六岁。离开暨南大学，在上海中国公学担任商学系主任，并同时在持志学院正始中学授"中国经学史""考古学小史"等课程，出版《古史研究·第二集》两册、《历史统计学》。

1月1日，在上海真茹李家阁撰毕《历史统计学》。22日，撰《老子是云南人》。本月,王伯平对卫聚贤提出的民族起源等问题提出商榷。

2月7日,在上海李家阁,作《〈墨子〉文法研究提要》。23日,在暨南大学撰成《古史研究·第二集》1934年版总序,篇目做了较大的调整,将《〈穆天子传〉考》收入第一集,《〈禹贡〉考》收入第三集。

7月25日,在上海"国立暨南大学",成《〈墨子〉引书考》。

8月5日,在上海真如杨家桥福庄为《历史统计学》序补记。

10月10日,在上海真如杨宗桥福庄撰《十三经概论》序。本月,商务印书馆出版《古史研究·第二集》,分上、下册,副标题为"先秦时代中印文化沟通的探讨"。

11月,商务印书馆出版《历史统计学》,前有盛俊及胡朴安先生作序。

本年,卫聚贤离开暨南大学,在上海中国公学任商学系主任,并同时在持志学院任教,讲授并出版了《中国财政史》和《中国商业史》,受聘为监察院审计部科长兼驻外稽查,后又出版了《持志学院考古小史讲义》和《历史统计学》两书。卫聚贤《十三经概论》序云:"我将在持志学院所授的《中国经学史》修改为《十三经概论》问世。"①又,《墨子研究》(五篇)由上海商务印书馆出版,该书后收入任继愈主编《墨子大全》第四十册(北京图书馆出版社,2002年)。具体内容包括:《墨子为回教徒考》《〈墨子〉文法研究》《〈墨子〉引书考》《〈墨子〉各篇的作期及其派别》《墨子小传》。

1935年,三十七岁。参与发起"中外文化协会",出任上海中央银行经济研究处专员和协纂,试探常州古奄城遗址、金山卫戚家墩,得新石器时代遗物,出版《十三经概论》。

《卫聚贤传略》云:"一九三五年受聘到中央银行担任经济研究处专员和协纂之职。"

1月10日、5月10日在《行素》杂志发表《中国的氏族社会》。1月,在上海参与发起"中外文化协会"。

---

① 案:《卫聚贤传略》说"卫氏被聘到上海暨南大学任教。用新的观点讲授《十三经概论》并出版了该书",疑误。

4月,在《中山文化教育馆季刊》(夏季号)发表《中国史的年代》,14日下午两点参加在上海八仙桥青年会举办的"中外文化协会"成立大会,担任学术主任、中匈委员会委员。

5月,上海开明书店出版《十三经概论》。12日,常州江上梧、陈松茂两先生探访疑似古国奄城遗址(武进城南二十里许),受他们的邀请,蒋大沂、陈志良、郭维屏、张凤等作奄城访古旅行,得大批陶片,印有几何花纹三十余种,推测为汉代之物;并得石球一枚,疑与新石器有关,引起卫聚贤的注意。5月26日、10月26日卫聚贤携内人黄中英,与金祖同等探访奄城,得数百陶片,疑似新石器石物三四件等。调查成果由陈志良整理为《奄城访古纪》,在12月由秀洲学会出版。

8月14日,研究张凤等前往金山卫戚家墩考察捡回陶片,判断为汉代以前的遗物。9月29日,遂与张天方、黄中英、蒋大沂,上午六时半由真如乘汽车动身,八时半到达,在柘林之南的一片海滩上,得古物陶片,铁熔渣及宋元瓷片,"卫聚贤先生虽曾在南京栖霞山发现过,总不能使人尽信,这一次却又发现了一小件,腰径有绳形,口似曾磨光,确是一件用具,正使人疑惑不解了,难道新石器时代,此间已有人类居住吗?""金山卫的发现,不但可以探吴越民族播迁的史迹,且开南方考古一新纪元"(金祖同:《金山卫访古闲话》,《唯美》1935年第8期,第17—19页)。此后,受金祖同之邀,于10月20日再次前往调查。成果由金祖同整理为《金山卫访古记纲要》,在12月由秀洲学会出版。

12月16日,在《前途》杂志发表《从两〈唐书〉校正〈薛仁贵征东〉》。

1936年,三十八岁。发起成立"吴越史地研究会",试掘杭州古荡新石器时代遗址,写成《中国考古学史》,奉派前往山西考察票号情况。

2月15日、16日,在常州奄城、松江金山两地发现的古物陶片,于上海文庙路民众教育馆展览,市长吴铁城等二千余人参加。23日,在古泉学会召开成立大会时,与吴稚晖、叶玉甫等商谈,设立"吴越史地研究会",草拟简章,由在座诸先生签名。29日,游苏州石湖,偶然发现吴城、越城,在磨盘山南望上方山,疑上方山为姑苏台,遂搜集姑苏台材料。

3月1日,应苏州东吴大学演讲《古代文化起于东吴》,同日,又应苏州国学会演讲《研究国学应注重古物》。15日,与金祖同、张叔训探访金山戚家墩,再至澉浦,中途在乍浦午餐,在海滩上发现几何纹陶片甚多。21日,与张乃骥、金祖同、张珩、金性尧等到苏州,先到石湖,探吴城、越城,得陶片及一石器外,尚得一古鹿角,因忆到古诗有麋鹿游姑苏之句,于是探访姑苏台遗址的心更切。22日,继续与金祖同等向南上七子山,知七子应为七枝,考察姑苏台遗址,探访姑苏庙,提出姑苏台在横山。

4月,在南京,与张乃骥、陈志良等,招待滕固、李济、何遂、柳翼谋、胡小石、朱希祖、缪凤林、董作宾、裴善元、罗香林等三十余人,商讨"吴越史地研究会"开展方法。

5月31日下午三点,应杭州青年会之邀演讲《古荡出土之新石器与吴越文化》,并陈列石器陶器等古物,参观者数百人。同日,由于建筑第一公墓发现石器,判断为新石器时代遗物,遂由西湖博物馆与吴越史地研究会在古荡作试掘,计掘三坑,得石器六件,陶器陶片三件等。

6月1日,演讲"古荡出土新石器与吴越文化"。本月,由浙江省立西湖博物馆、吴越史地研究会合编,出版《杭州古荡新石器时代遗址之试探报告》,包括胡行之《古荡新石器时代遗址试掘报告》《古荡石器出土在东南文化上之价值》、刘清香《古荡附近地质》、卫聚贤《古荡为制造石器工厂之推测》、乐嗣炳《古荡考古的前途》;图版五十幅。后附卫聚贤之《古荡出土之新石器与吴越文化》及《江苏古文化时期之重新估定》二文。

7月2日,在镇江省党部演讲《江苏古文化时期之重新估定》,陈列石器、陶器等古物三十余件。13日,在上海中央银行经济研究处,撰写《古史研究·第三集》序。

8月30日,在上海八仙桥青年会参加吴越史地研究会成立大会,担任总干事。同日,在上海八仙桥青年会雪庚堂举办石器、陶器、磁器等古物展览。

9月11日,在上海中央银行经济研究处,撰成《中国考古学史》序。

冬,受时任中央银行总裁的孔祥熙派遣,调查山西票号事迹。

1937年，三十九岁。出版《古史研究·第三集》《中国考古学史》《吴越文化论丛》等，开始编辑《字源》。

2月1日，在《中外文化》1937年创刊号上发表《中外文化接触最早之时期》《伊索即尹喜》。本月，由商务印书馆出版《中国考古学史》。

4月，与孙次舟书信讨论周人开国等问题，由商务印书馆出版《古史研究·第三集》。由上海秀州书店代售初版《〈薛仁贵征东〉考》。

6月12日，在上海八仙桥青年会作学术讲演，讲演者共五人，包括胡朴安《考古与疑古》、吕思勉《吴越古文化》、张凤《江南的古物》、慎微之《从湖州钱山漾发现石器说起》、卫聚贤《江南出土古物的经过及感想》，从下午一点半至五点，每人讲25分钟。胡朴安、慎微之、卫聚贤的演讲词发表于上海《时事新报》6月23日副刊《古代文化》第14期。18日，嘉兴成立"吴越史地研究会嘉区分会"，展览嘉区等地出土石器、骨器、陶器等，演讲《吴越史地与现代文化和民族关系的重要性》（次日发表于《嘉区民国日报》）、张凤演讲《嘉兴古史》、陈志良演讲《陶器研究》。听讲者，包括吴越史地研究会嘉兴分会会员、学界人士，以及中学生两千余人。19日，乘嘉区专员公署所备的汽船，到嘉兴西北的新塍镇，在许明农家观石鱼，推测为吴国人古代崇拜的图腾物，将此石鱼列为《吴越文化论丛》封面图画。又在双桥汽车站北作试掘，得石器黑陶及几何纹陶器。

7月，在《吴越文化论丛》中发表《吴越释名》《太伯之封在西吴》《殷民族由江浙迁于河南》《中原民族之开发东北》《中国古文化由东南传播于黄河流域》《纪念考古学家袁康》《浙江石器年代的讨论》《吴越民族》等论文，主张江南自有文明程度较高的古文化，认为中国文化起源于东南发达与西北。苏越人在章氏国学讲习会发行的《制言》杂志上发表对卫聚贤"扁鹊医术来自印度"论的质疑文章。

8月1日，在上海撰写《山西票号史》编纂经过，述及汇总山西票号调查的成果（包括陆续在《中央银行月报》发表的调查成果等）为"山西票号史"蓝本，拟抗战胜利后，再详细调查补充，正式出版《山西票号史》。

本年，日军侵华，上海闸北被焚，退住在法租界金神父路花园坊，分租出房屋,收租金百余元,又开设了一间织袜厂,所入甚丰。于是,雇佣书记十余人,编辑《字源》。

1938 年,四十岁。合作出版《楚词研究》,提出屈原之名为贾谊伪造。

6 月 15 日,与何天行、丁迪豪合作出版《楚词研究》,在《〈离骚〉的作者——屈原与刘安》文中提出屈原之名为贾谊伪造。

9 月 1 日,为施昕更《良渚》写校后记。

1939 年,四十一岁。创办发行《说文月刊》,发表《山西票号史》。

1 月,在上海创办并出版《说文月刊》第一卷,至太平洋战事起出至三卷六期而停刊。自印改版的《〈薛仁贵征东〉考》,由上海秀州书店代售。

2 月 16 日,在《众生》杂志发表《中国近来研究古史的人》,将彼时古史研究者分为博学派、谨严派、疑古派、建设派。

4 月 21 日,上海《文汇报》刊登李丹撰《考古家:鲁智深——正着手编辑〈字源〉》。

6 月 30 日《中国艺坛画报》登载,新华公司欲拍古装影片《开天辟地》,受导演张善琨邀请,担任该片顾问。

7 月,在《中央银行月报》发表《山西票号史》。

8 月 13 日,撰成自传《鲁智深传》。

9 月 1 日,在《新中医刊》连载《广部文字历史观》《广部文字注释史》等至次年,提及编写《字源》的计划。

10 月,在《中央银行月报》发表《最近上海行使的辅币代价券》。1 日,在《新中医刊》发表《扁鹊的医术来自印度》,1947 年又发表于《华西医药杂志》,卢觉非有文商榷。

12 月,整理湘西麻阳一带的民俗,在《说文月刊》发表《婚礼存古》《傩》。

本年,夏秋之际。因受汉奸恐吓,申请调往重庆。"抗战时我仍留在上海整理'山西票号',我并作有《右文字源》(声部字典),在我出版的《说文月刊》上陆续发表,汉奸以我出版《说文月刊》,是在上海为政府联络文化人,给我寄了一粒手枪子弹,限我三天离去,我报告法租界巡捕房调查属实,我电请重庆中央银行以'环境不宜,请调渝工作',第三天得回电,由巡捕保护上船,路过香港住了三天,在香港大学演讲江南古文化。由越南海防登岸,在河内住了三天,参观博物馆,到昆明住了三天,由贵阳到湖南省麻阳探亲,再返贵阳到重庆。在重庆升为中央银行秘书,兼管事务、储备两科领导。"(《政学系与我的恩怨》,第20页。)[①]又,卫聚贤还曾提到由上海到重庆,途经安南,在河内博物馆参观数次,购了些图片,并作成《安南河内博物馆参观记》,稿件随身带至贵阳,因汽车站被焚,三件行李,俱为灰烬(《华西大学博物馆参观记》)。

1940年,四十二岁。升任中央银行秘书处秘书,组织筹划成立"巴蜀史地研究会",与郭沫若共同主持发掘重庆江北墓葬,与于右任等探访汶川,出版《说文月刊》第一卷合订本。

3月,与友人温泉公园主任邓少琴、北碚前辞典馆长杨家骆,中大教授程仰之、常任侠等,在温泉公园发掘古墓,洗温泉浴,并议及仿"吴越史地研究会"成立"巴蜀史地研究会"。

4月,成立巴蜀史地研究会,成员有卫聚贤、郭沫若、沈尹默、马衡、金静庵、缪凤林、常任侠、杨家骆、蒙文通等数十人,会址设在重庆北碚温泉公园。7日,卫聚贤与郭沫若游江北董家溪,在墙脚下见有古砖,循此以往,见一厕所墙壁全用古砖做成;10日,与郭沫若、马叔平、常任侠又前往,目的是与房主交涉,将厕所拆除,以新砖换旧砖,房主云后面某院内,有此花砖甚多,又知其平地时曾发现古墓,此砖即在古墓上取下。同日,发表《编纂中国经济史的组织计划》。14日,联合中大教授金静庵、胡小石等试掘。又于附近防空洞下掘得古墓,得大批五铢钱、一把铁剑和数

[①] 案:卫聚贤曾多次提及被恐吓之事,仅笔统言"抗战以后",依据《说文月刊》开刊与麻阳一带风俗调查文章的时间等,推测申请调往重庆的时间为1939年。卫聚贤在《我的"胡说"》中提及"恐吓者"名为"杨宽"。卫聚贤长女卫零的说法不同:父亲曾在上海自办的《说文月刊》上透露"我的女儿在延安,我的儿子在民族大学"。此信息被我们家惟一的一位房客获悉,这个房客是山东人,名叫黄素封,后投降日本,当了汉奸,他就给我父亲接连写了两封恐吓信,信中装着两颗子弹。父亲急忙一面将情况告诉我,一面向当时他所在的中央银行申请,不久他就从上海去了重庆。(转自董大中《卫聚贤传》,第410页。)

件陶器。① 试掘结束后，尽出所得，在墓傍之竹庐公开展览，参观人数达两千以上，参观者包括中央研究院任鸿隽、欧美苏联人士等。4月25日、5月1日，由于试掘汉墓被阻止，先后致函内政部、古物委员会，申诉发掘汉墓的理由等。

5月5日，上午九时至十时，与郭沫若一起受邀，在中央大学历史学会讲"江北汉墓试掘的理由"。15日、6月15日，根据对吴越文化的最新研究对《史记·越世家》作注，发表在《说文月刊》。5月26日上午九时，受国立中央大学经济系现代经济学会邀请，作"中国货币演变述略"的演讲，后7月15日发表于同年《说文月刊》第2卷第4期。

7月，在重庆，为《说文月刊》第一卷合订本撰序，言明兴办《说文月刊》之旨趣等，发表《秦汉时发表甲骨文说》等。

8月15日—25日，与于右任、于德望（于先生的大公子）、摄影家盛学明等前往汶川，探访石纽。返回后，在林名钧指导下参观华西大学博物馆，得知在川康境内发现新旧石器甚多，以华西大学迁居西陲，以其成绩有关华西文化，而且为解决中国古文化中必要参考材料之一，详细记录并撰成《华西大学博物馆参观记》，同年11月在《说文月刊》发表。

9月16日中秋节，游览新都县桂湖，在桂湖公园至文庙的马路两旁发现雕有狗头的石碑。因而致信常任侠索要其《饕餮终葵神荼郁磊石敢当考》文，但认为并不能解决疑问，故撰《泰山石敢当》文，提出四川在汉代以前的居人是以狗为图腾。

在任职中央银行秘书处秘书期间，总共检举了五宗贪污案，徐柏园一宗是较大的。（《捣蛋》，《政学系与我的恩怨》，第82页。）

1941年，四十三岁。首次提出"巴蜀文化"的命题，与于右任等同行，探访西北。②

3月15日，发表对商承祚著《长沙古物见闻记》的读后感于《说文月

---

① 卫聚贤：《复古物保管委员会函》，《说文月刊》1941年第3卷第4期，第121页。
② 案：据卫聚贤女卫零回忆，本年曾请卫聚贤前往延安而未成，卫聚贤亲自找到重庆八路军办事处主任林伯渠交涉，林以目前延安不具备考古条件予以回绝。（转自《卫聚贤传》，第419页。）

刊》。24日,为中国影像人类学的先驱庄学本在重庆的摄影展题字"古史在西康",意谓西康民俗与中原上古的风俗类似,据影展照片考证古史,撰成《古史在西康》。

5月8日,顾颉刚来访。

7月20日,送刘节稿费二百元,约月底交稿。

8月15日、9月15日、11月15日,在《说文月刊》连载《〈史记·吴世家〉注》。

8月25日,在成都中央银行完成《巴蜀文化》初文。

9月18日—12月15日,考察西北。"由渝乘机飞兰州,换乘汽车经武威、张掖、酒泉,出嘉峪关经玉门安西而至敦煌,在敦煌石室住三日,返西安南至榆林窟,循原路至兰州,再至西宁,又返兰州,经平凉至西安,由西安经汉中、广元、成都,于十二月十五日返渝。行期三个月,行程万余里。沿途在兰州甘肃学院、西安教育厅、城固西北大学及师范学院,成都华西大学,对于敦煌石室都有演讲……到重庆后在政治部文化工作委员会及中央大学历史系讲演共三次"(《敦煌石室》)。"第二次大战时期,我和于右任先生到西北(他是考察政治,我是观察中央银行西北的行务)"(《台湾山胞与越闽关系》,第127页)。

10月15日,刊发《说文月刊》"巴蜀文化专号"。"编后记"中提及与郭沫若试掘重庆汉墓遭遇的风波,"因发掘的权限问题不免与正统派的考古者有了龃龉,根据吾们在吴越研究的经验,可以知道这不过是一种'文人相轻'的积习,和嫉视而已。在真正的学术研究上是毫无道理可言的。本期是结集所有在发掘汉墓时的报告和经过,在巴蜀文化研究方才开始发轫的时候,我们是并不菲薄这些文字的,虽然是那末的简单"。在这期专号中,正式发表《巴蜀文化》,首次提出"巴蜀文化"的概念,主张巴蜀地区有着与中原不同的古文明。29日,自西宁至兰州,夜住原系五代李克用后裔李赏哥墓前祭祀的享堂,民国时为汽车站,从民和县李宝奇处抄录李克用后裔世系谱。

11月1日,上午八时,与参议会张维、甘肃学院孙恪等,前往西果园之曹家嘴发掘新石器时代遗址。卫氏言及,此次来甘考察,在各地所得之古物甚多,汉砖唐人写经及新石器时代之陶器,均极名贵。此项古物,即将运渝。下午二时,应甘肃学院之邀请,在该院大礼堂,作"甘肃考古"的学术演讲。

12月15日,返重庆。24日,访顾颉刚。

1942年,四十四岁。出版《古钱》,《说文月刊》在重庆复刊,发表《巴蜀文化》扩充修订版。

1月,因上海遭日军入侵,《说文月刊》停刊。

4月29日,顾颉刚来访。

5月4日,由重庆说文社出版《古钱》,书末有《七国年号索引》,曾抽出单行。

6月11日,在中央政治学校演讲"中国的软币"。

8月15日,《说文月刊》在重庆复刊,发表《巴蜀文化》扩充修订版。陆续推出"巴蜀文化""史蠹""水利""西北文化"四期专刊。

1943年,四十五岁。被推举为中国史学会常务理事,发起成立"说文社",开"聚贤楼"。

1月15日,发表《石纽探访记》《二郎》《秦汉时发现甲骨说补证》(署名"卫大法师")于《说文月刊》"水利"专号。

3月,为激发国民民族意识,在重庆主办展览民族女英杰秦良玉遗物。22日,在重庆文华图书馆学专科学校演讲"从石器时代谈起",述及考古学者对历史的分期,以及近代以来考古学的重大发现与成就。24日,参加中国史学会成立大会,被推举为常务理事,同担此职者还有傅斯年、顾颉刚、朱希祖、沈刚伯、缪凤林和黎东方等。26日,参加史学会成立会晚宴,同席者有顾颉刚、吴其昌、刘子健等人。28日,夫妇二人与顾颉刚、吴其昌等人同车至城,共用午餐。

4月17日,《雷峰塔:六幕剧》完稿。18日,召开"说文社"发起人座谈会,与商承祚、罗香林、傅振伦、黄芝冈等被推举为筹备委员,拟具草章二十七条,征得会员百余人。

5月15日,发表《李克用后裔的族谱》《敦煌石室》于《说文月刊》"西北文化"专号,记录探访西北的收获等。16日下午三时,在中央图书馆召开"说文社成立大会",担任会议主席,吴敬恒、顾实、程仰之、丁山、潘公展等四十余人参加。在《新中华》上发表《中华民族发祥于重庆:可能性之推测》。

7月20日,在《国民公报》发表《为太平海命名质中国地理学会》。

11月12日,在《说文月刊》发表《册封琉球图》。

12月,在朝天门附近开设"聚贤楼",可俯瞰长江,吴稚晖题"聚贤楼"三字匾,郭沫若、罗根泽、蓝文征、常任侠等有赠联。"朝天门一个小巷,经过过街楼、小天井,是社长个人的撰写室,室内陈设着古董玩器,以备稽考古籍的东西,琳琅满目","正中是郭厅长为卫聚贤画的像,虽不是随类赋采的画面,而只勾了几根肥头长耳的线条,卫社长亦愉快地裱背装框长期悬挂。"(廖集云《回忆在陪都展出民族女英杰秦良玉遗物前前后后》,载政协石柱土家族自治县委员会编《文史资料》第3辑,1986年。)

1944年,四十六岁。组织重庆古物展览,发表小说考证系列文章,出版《山西票号史》。

1月,出版《〈杨家将〉及其考证》《山西票号史》。8日、9日,说文社组织在重庆小十字沧白路(旧炮台街)沧白纪念堂展出历代磁器,包括说文社藏品,以及陈越庵、胡子谦等私藏等。

2月15日,发表《数目字》《古物出国展览》《说文社第一公磁器展览会说明》于《说文月刊》,根据国民政府公布的文化运动纲领中"联合各种国际性之文化团体,并经常将我国之古物、图书、雕刻及其他艺术品,运往国外展览"的要求,草拟中国古物出国展览计划,公开征集私人收藏古物出国展览。

3月24日,撰写《古史在西康》。

5月,出版《说文月刊》"吴稚晖先生八十大庆纪念专号",刊登涵盖考古、文字与音韵、史地、哲学、文学等领域的八十篇研究论文,包括卫聚贤撰详细版《〈杨家将〉考证》文。

6月25日,恰逢端午节,出版《雷峰塔:六幕剧》。

7月,编辑出版《小说考证集》,除收入卫聚贤的《〈杨家将〉考证》外,还包括朱希祖、郭沫若、方豪等人的小说考证文章。

9月,出版《诸葛亮征八莫》。

10月23日,发表《重庆的古迹与历代抗战的故事》,此文原为英译重庆指南而作,因恰逢社会教育扩大运动周,《民教导报》出特刊,遂撰成一部分,先送发表。本月,出版《〈薛仁贵征东〉考》。

11月5日,参加潘公展、张道藩等发起的"中国著作人协会"成立大会。9日,在重庆说文社聚贤楼,撰《著作、出版与印刷》文,谈到参加著作人协会成立大会,论及提高稿费和版税的争议。被聘为三台草堂国学专科学校校董,该校最初由内迁至四川三台县的东北大学教授、说文社社友丁山、高亨、孔德等创建。

12月9日,在重庆说文社聚贤楼,撰《由著作人协会讨论稿费问题说到说文社出版部的困难》。23日—26日,在重庆道门口银社隔壁四行人员训导处,说文社与重庆市立民众教育馆主办古今货币展。编辑出版《古今货币》,撰《古今货币谈》,并收入解毓才、慕寿祺、谭彼岸等人的文章。

1945年,四十七岁。出版《唐代征东与青年军》,联合重庆市民教馆举办"宗教与民俗"展览。

说文社出版《唐代征东与青年军》。青年节,在说文社,撰写"后感"中写道"倭寇移民于朝鲜之梦,于三百年后实现。今者朝鲜爱国志士在渝成立朝鲜临时政府,此书刊印,正可以上报三百五十年前之旧恨,下复近五十年来之新仇"以为鼓舞。

2月16日—18日,在公园路青年会民众学校,与重庆市民教馆联合举办"宗教与民俗"展览,希望唤起民众抗战必胜、建国必成的新信仰。展览物包括佛教、道教、耶稣、回教的法物,江北汉墓物,成都、张掖、西安汉墓物,敦煌写经、各地门神及藏族唐卡等。

4月22日,与陈志良等访顾颉刚。

8月,发表《〈周易〉研究》《〈包公案〉及其考证》于《说文月刊》。

本年,在重庆歌乐山林园后吴家大洞子附近,发现猿人,于次年发掘,证明已有使用火的遗迹,并且有牙齿数十枚,但未经研究,其材料二十余箱,运往南京,不知下落。

1946年,四十八岁。

4月,在重庆说文社聚贤楼,撰《党:中国各党各派现状》序。

本年,出版《帮:中国帮会·青红汉留》《党:中国各党各派现况》《红帮汉留人物故事》。

1947年,四十九岁。

4月15日,在《华西医药杂志》发表旧文《扁鹊的医术来自印度》。出版《江湖话》。

5月5日,撰《端节:三幕短剧》序。

1948年,五十岁。

4月25日,撰《〈孟子〉新注序》,言"孟子是反对战事,主张薄赋税,与民同乐,以民为贵。其学说可行于中国现阶段社会中,余故为之作此新注"。

6月15日,在《华西医药杂志》发表《肺病治疗特法》,谈及大蒜对于治疗肺病的好处。20日,收集整理"九年不食的杨妹"事件资料,撰写序言,由说文社出版,7月再版。

7月,在《东方杂志》发表《彭公案考》。15日,在说文社,撰《〈大学〉〈中庸〉新注序》,言及这两篇文章的精神适用于彼时中国,故作新注,与《〈论语〉新注》《〈孟子〉新注》并列,名为《〈四书〉新注》。

9月15日,在《华西医药杂志》发表《扁鹊的医术来自印度的答辩》,回应卢觉非的质疑文章并介绍自己的著作,分考古类、古史类、经济类、小说考证类、戏剧类、哲学类、现代史类等。

本年,曾前往四川南川县调查森林,欲设立造纸厂,但计划未成。

1949年,五十一岁。

据卫聚贤女卫零回忆,卫聚贤曾将全部收藏装成47大箱,无偿捐献给西南军政委与会文教部。在渝期间所收的古籍善本,也都无偿捐出。

次年，在南京曾以"卫聚贤考古展品"的名义作专场展出。1951年春，又在北京故宫博物院展出卫聚贤在重庆捐献的古物。长子卫月望由四川前往内蒙古时，途经北京，见到这次展览。①

1950年，五十二岁。

12月18日，在重庆石桥铺胜利村农会内被罚跪一小时。(《反共杂录》，第68页。)

1951年，五十三岁。抵达香港，出版"说文社中兴丛书"，在珠海书院授课。

1月30日到达香港。由内地进入香港之经过，在《三十年前的今天》《香港》《政学系与我的恩怨》，第24—30页)等文中有详细记录。

3月7日，作《中国预言序》，署名"卫大法师"。该书由香港说文社以"说文社中兴丛书"五种的第五种出版，其他包括：《北京人的下落》《黎明的前夕》《互助与斗争》《反共杂录》等。

4月13日，在香港中英文化协会演讲"中国西南之考古"。14日，香港《工商日报》刊登演讲词，并介绍说"中外听众数百人，会后复纷纷询问，至七点半始散"。

7月，将发表于各报章杂志的文章，收入《我为甚么反对共产党》一书，由自由出版社发行。暑假后，在珠海书院授课，月薪港币八十元，迁居于筲箕湾富斗窟村山头上木屋内，遂用笔名"斗箕之人"。后，又至联合书院、华夏书院任教。

1952年，五十四岁。任职于香港大学东方文化研究院。

2月，任教香港大学东方文化研究院研究员，月薪港币八百元，迁至学校附近般含道，加之，常用"卫大法师""卫聚贤"的名字发表文章，有些杂志、报纸要求用假姓名，遂用"班汉道"等笔名在报纸撰写文章。

3月27日，在香港"斗筲之人"室为《"北京人"的下落》撰序。

---

① 转载自董大中：《卫聚贤传》，第424—425页。案：关于捐献一事，在卫聚贤的多篇自传文中提及似非出自本人意愿。

4月7日,"说文社中兴丛书五种"第二版出版。15日,在香港,作《反共杂录·序》。

本年,《智慧创造世界》编成。

1953年,五十五岁。

1月31日,《智慧创造世界》由香港说文社作为"说文社中兴丛书"第七种出版,末尾题签曰:"癸巳年一月三十一日初版"。

12月18日,在"半憨道人"室撰成《智慧创造世界》序。

本年,在香港用道林纸照相石印翻印五百本《么些文字典》。

1956年,五十八岁。

孪生子龙凤胎卫港生、卫香生出世。

本年,在《自由学人》第1卷第2期上发表《甲骨文在古代曾经发现的推测》。

1960年,六十二岁。

8月1日,在香港半憨道人室,撰《中国社会史序》。

本年,在香港出版《中国人发现澳洲:论古代中国人的世界观》《〈封神榜〉故事探源》。

1961年,六十三岁。出版《中国人发现澳洲》,任教于崇基书院社会系。

3月7日,撰《文字学》书序。该书是卫聚贤在香港联合书院授课时编写的讲义。

夏初,偶然间看到《春秋》上有"六鹢退飞过宋都",认为会退飞的鸟只有蜂鸟,蜂鸟只有美洲有,于是以此为对象开始研究中国古代与美洲的交通的问题。

本年开始,在崇基书院社会系任课。

1962年,六十四岁。

在联大书院的《联大特刊》上介绍撰写中国古代与美洲交通考的情况。

1963年,六十五岁。

在香港联合书院任教,此时港府欲合并联合、新亚、崇基三书院成立中文大学,联合书院设立"史地系",被任命为"系主任"。但是暑假时,因为未能招生,加之代任中文系系主任时学生成绩不合格等问题,被辞,失业。因为被辞,状告崇基书院。

1964 年,六十六岁。

应聘珠海书院失败,继续失业。又因李祖法经济纠葛,被李氏污为"抢劫",曾入警察局,事后证明清白。

1965 年,六十七岁。

撰成四十万字,由华夏书院印出《哥伦布以前中国与美洲的交通——提要》。

1967 年,六十九岁。

9月18日,在"香港般含道62号A地下",撰成《如何认识中国文字》一书的《作者弁言》。

11月,《如何认识中国文字》由香港说文社书局出版发行。后1968年3月12日再版。

1969 年,七十一岁。出版《中国人发现美洲》。

12月,由巨轮出版社出版《中国人发现美洲初考及提要》(为销路,出版社将原命名"哥伦布以前中国与美洲的交通"改成"中国人发现美洲"),颇引起学术界惊异。(李立明:《考古学家卫聚贤》,载于《香港作家怀旧(第一集)》,香港:科华图书出版公司,2000年,第195页)

1970 年,七十二岁。发表中国人发现美洲等演说。

1月11日下午五时,应联合国香港协会邀请,在香港大会堂演讲《中国人发现美洲的经过》。在这次演讲中,卫聚贤提及"至于如要把这个问题证实,是需要在美洲的'考古'上找材料。如能在美洲找出出土的中国文字,才能证实我这个假设"。24日,珠海书院文史研究所图书室举办美国印第安大学哲学博士、纽约州立大学教授刘敦励教授"中国文化对美洲古代文化发源之影响"演讲,其中谈到美洲发现中国文字,并出示在美洲出土陶器等上有中国文字的照片四张,卫聚贤认为把自己之前的假设证实了。(《秘鲁发现中国文字》提要,第5页。)

10月29日,在香港撰成《中国古代与美洲的交通考》总序。

1971年,七十三岁。

因生活快到了无法维持的地步,向香港西区福利机构申请救济,获准由1971年11月起,每月发给港币150元,暂以三个月为限。由是,撰《救济金的感谢》发表于《华侨日报》。

1973年,七十四岁。

1月,在香港,撰《如何认识中国文字》第三版的《补记》。同时,由说文社推出该书第三版。相对于第一版而言,此次增加:《中国文字构造法》,还加入埃及文、么些文,附录在中国古文字之后。本月,发表《〈"北京人"的下落〉序》于《文化旗》。

1974年,七十六岁。

6月12日,在华夏书院聆听在近东作考古的戈登(Cyrvs H, Gordon)教授演讲,其观点是在哥伦布以前,亚洲人、欧洲人、非洲人都到过美洲。

8月,在香港(般含道)正街英华台11号4楼,撰成《美洲发现中国文字——总汇》,述及研究缘起和经过,最新动态等。提到奥国 Kvno Knobl 和丹麦人美国人等,八位组织了一个探险队,在香港仿广州出土汉代的陶船形状,制造了一只帆船,取名"太极号",于6月18日起航,横渡太平洋(预计该年十月可到美洲),以证中国人在两千年以前,到过美洲的可能性。他们提出和卫聚贤合作,得到材料请他加以考证。

1975年,七十七岁。定居台湾,与阔别多年的女儿卫灵均相聚,苏雪林从台南赶往欢迎,任职辅仁大学。

3月5日,前往台北定居。《尧舜禹出现于甲骨文考》(台北:山西文献社,第62—63页)云:"余于民国六十四年三月五日,由香港回到祖国定居,山西同乡会于三月二十七日在台北市中山堂开欢迎会,当时送给我几本'山西文献'。"15日,在台湾再版《中国社会史》。同日,在台湾再版《中国人发现美洲初考——文字及花纹》,该书印刷费得大溪地侨领及文化界捐助,香港华夏书院捐助港币600元,饶宗颐先生捐助港币二百元等。

4月,在台湾新竹市东大路396巷32号寓所撰《〈文字学〉再版序》。

5月4日,在台湾新竹东大路396巷32号寓所,撰《〈七国年号索引〉在台重版序》。该书由台北石室出版社列为《石室丛书》之一印行。据该书附录的出版广告,可知同时还出版"卫聚贤教授"如下著作:《中国人发现美洲初考——文字及花纹》《中国人发现澳洲提要》《中国社会史》《智慧创造世界》《文字学》《如何认识中国文字》《七国年号索引》《中国预言集》《黎明前夕集》《十字架在中国》(中英对照)、《钱的故事》等著作。其中《如何认识中国文字》当是第四版,台湾初版。同日,由石室出版社出版《文字学》。

8月2日,在新竹市东大路396巷32号,撰《评顾氏》①云:"当新文化运动时期,顾颉刚氏提出'禹'为'虫'而无其人,把古史推翻了很多。但他只有破坏,而无建设。就是经过了五十年的时间,考古上材料出土甚多,而没有人把'中国上古史'建立起来,这真是学术上一件怪事。顾氏的主张应当与否,暂不批评,他应当是一贯其主张。但他在抗战时期,工程师学会在重庆成立时,他在《道藏》这部书中找了一个'禹的生日',作为'工程师学会成立的日子',这不是学者所当有。顾氏除打倒'禹'外,对于古书多怀疑为'伪'。但顾氏成名后,所有顾颉刚出版的书及论文,都是他的学生作的,因为在书局容易出版,而且稿费多。他是明知而不过问。待童书业等在上海用他的名义拥护敌伪时,他才在重庆登报否认。不出事不过问,出了事才登报否认,这更非学者所应为。研究学问,第一是方法,第二是材料,第三是见解。我们虽不能给学术上开一条好路,但不应当在学术上开一条坏路,如顾氏之所为。顾颉刚氏与余为友,在抗战期间,他的女儿在重庆出嫁,是在我家出嫁的。我所作此文,以甲骨文现存在中央研究院,而今天台湾讲上古时的人,从殷朝讲起。我因应'山西文献社'的要求,作此《尧舜禹出现在甲骨文考》,乃附带论及此

---

① 案:该文附于《尧舜禹出现于甲骨文考》末,台北:山西文献社,1976年,第62—63页。

事。我这一篇文章,应与'山西文献'第七期《尧舜禹出现于甲骨文说》参看。因彼文是补此文之不足。"

10月28日,"我率领辅仁大学文学研究所学生及历史系学生,到台北历史博物馆参观,再到台湾省立博物馆参观,在省立博物馆二楼上橱柜内看到陈列一件台湾山胞的'钺',使我联想到它和'越'有关。乃作了一篇《台湾高山族为越民考》,在《春秋》杂志第三十三卷第六期页十四至二十二上发表"(《台湾山胞与越闽关系》序,第7页)。

11月7日,到大甲镇乡间,"看到他们织席的情况,拍了几张照片"(《台湾山胞与越闽关系》,第94页)。16日,"我带辅仁大学学生于六十四年十一月十六日到台湾大学,考古人类学系陈列室参观"(《台湾山胞与越闽关系》,第130页)。

12月16日,"我又率领学生到中央研究院及台湾大学考古人类学系参观,见的更多,乃扩充成《台湾山胞与越闽关系》"(《台湾山胞与越闽关系》序,第7页)。

本年,发表《宗教与人格》《中华民国考》《台湾高山族为越民考》等文章。

1976年,七十八岁。

1月5日,在新竹撰《我的"胡说"》文。本月,发表《尧舜禹出现于甲骨文说》《罪犯解》。

2月6日,到凌纯声家拜年,询问其《台湾高山族为越民考》一文的具体情况。(《台湾山胞与越闽关系》,第146页)本月,发表《我的"胡说"》《五刑解》。

3月,发表《封神中的神仙妖怪》《宪法解》《中国文字源流:中国文字的好处》。

4月20日,在台湾新竹市东大路396巷32号,作《台湾山胞与越闽关系》一书《校后语》。本月,发表《诉讼解》。

5月27日,在台中逢甲工商学院演讲(《台湾山胞由华西迁来》,第9页)。28日,在日月潭中学演讲(《台湾山胞由华西迁来》,第30页)。本月,发表《数目字及干支起源考》。

6月11日,由新竹政府秘书季德芳等人陪同,到新竹县五峰乡采风,探访退休山胞老乡长赵旺华先生(《台湾山胞由华西迁来》,第33页)。本月,发表《道德、法律、宗教》。

7月、12月,发表《中国文字制造方法》。

本年,由台湾省立博物馆出版《龙年谈龙》,撰写散文《我的母亲》。

1977年,七十九岁。

1月1日,在台湾新竹市东大路396巷32号,完成《台湾山胞由华西迁来》(《台湾山胞由华西迁来》,第57页)。5日,参加"中国文艺界联谊会"于中山堂举办"新年聚餐会",并发表名为"台湾山胞的发源地"的演讲。

本年,发表《中华民族团结史(姓氏、通婚)》《由复音语变为单音语举例》《图画与象形文字(上)》《人权(字形、字义解说)》《极权的形成(字形、字义的解说)》《货币解(字形、字义解说)》等文章。

1978年,八十岁。

台湾《中央日报》第四版报导卫聚贤考古收获,在关西蝙蝠洞内,挖掘出一个宋朝铜钱,成为历年来考古学家首次在台湾发现的宋朝古币铜钱。本年,发表《中华民族团结史(考试、语言文字)》《甘誓考》《新竹县蝙蝠洞考古》等文章。

1979年,八十一岁。

2月,台湾黎明文化有限公司出版《文字学》。

1980年,八十二岁,考察台东卑南古墓群、长滨的八仙洞等,提出卑南文化的发掘计划,设立文物馆等计划。

7月15日,至台东长滨的八仙洞考察。7月16日上午,考察卑南考古现场,第一次是社教馆张光寅馆长陪同、中视华视等媒体前往。第二次是县政府陪往。23日,撰《给林洋港主席的一封公开信》,述及发掘台东卑南乡古墓及设山胞生态陈列馆计划。

12月7日,率辅仁大学夜间部历史系学生参观故宫博物院。10日,撰成《再谈毛公鼎的真伪问题》。25日,撰成《〈诗经〉试释》,言不是站在文学立场上释诗,而是站在历史立场上释诗,是以只能释其大义,也就是由其诗句中所表现的"地区性",而推求其"时代性",以研究古史的人,引诗证史。

本年,发表《墨子为回教徒考》《中秋与端午》《台东的古迹和古物》《毛公鼎的真假问题》《建立我国文字的新形象》等文章。

1981年,八十三岁。

1月23日,在新竹撰成《吴国与日本》文,述及吴国与日本的往来,日本语中有"吴音"等问题。31日,《致故宫博物院蒋复璁院长的两封公开信》,恳请将故宫博物院化验毛公鼎的情形函告,以解毛公鼎真伪问题的争论。

在台湾参加清华大学"七十年校庆",聊起王力、谢国桢等同学。提及"辅大每周两小时,月薪两千七百二十元,又系兼任教授,八月份无薪资"。

本年,发表《再谈毛公鼎的真伪问题》《吴国与日本》《〈诗经〉试释》《台湾名称的由来》《中文计算机首腰尾345输入出法》《十字架在中国——十字架于公历三至六世纪在中国贵族坟墓下竖立》等文章。

1982年,八十四岁。出版《政学系与我的恩怨》。

1月30日,在台湾新竹东大路396巷67号,撰成《政学系与我的恩怨》序。

5月1日,《政学系与我的恩怨》由台湾张天然出版社出版。该书收录《毛公鼎的真假问题》《清华研究院》《战前和战时》《香港》《陈寅恪先生之死》《政学系与我的恩怨》《卫大法师》《捣蛋》《中国帮会的复兴》《常用字解序》《吴国与日本》等曾经发表于《天然》杂志的文章共40余篇,叙述自己一生的行迹及与政学系人物的恩怨。

本年,发表《〈论语〉注释》《〈尧典〉考》等文章。

1984年,八十六岁。

5月22日,致信王国维先生之子王东明,谈到亲历王国维先生自沉昆明湖事件。

6月3日,致王东明信件发表于《中国时报》(台湾)。

1985年,八十七岁。

6月4日,《中央日报》报导台湾新竹县关西镇黄阿清挖掘出一块怪石,卫聚贤判断应为有着千万年历史的蜂巢化石,得到黄阿清同意后,卫聚贤将它与其他化石送往新竹社教馆公开展览。

1989年,九十一岁。离世。

11月16日,病逝于台湾新竹。据卫聚贤女卫零《补遗卫聚贤先生生平史料》,"1989年,我去台湾探亲,父亲一再关心故乡北吴村沟北的桥修宽了没有。他说他死后要回老家。不久,父亲病逝,月望弟把父亲的遗骨拾回几块埋在了北吴村",又,"父亲生前与陈立夫交往甚密。父亲去世后,陈立夫出两千元台币作为丧礼,并亲临现场为挚友送行,赠自编挽联一副,以示哀悼"。①

---

① 转载自董大中:《卫聚贤传》,第434页。

附录三：卫聚贤学术论著简目

【著作】

《一得录》，自印，1920年。

《春秋图考》，自印，1920年。

《古史研究·第一集》，上海：新月书店，1928年；上海：商务印书馆，1931年新版；上海：商务印书馆，1934年新再版。

《古史研究·第二集》，上海：述学社，1929年；上海：商务印书馆，1931年再版；上海：商务印书馆1934年新初版。

《持志学院〈考古学小史讲义〉》，自印，1932年。增益为《中国考古小史》，上海：商务印书馆，1933年初版，1934年再版，1947年三版。

《新中国史》，太原：山西国民师范学校出版，1932年。

《中国史学史》，上海：暨南大学，1933年。收入王传编校《中国史学史未刊讲义四种》，上海：上海古籍出版社，2016年。

《历史统计学》，上海：商务印书馆，1934年。

《十三经概论》，上海：开明书店，1935年。收入"民国时期经学丛书"，台中：文听阁图书公司，2009年。

《中国考古学史》，收入"中国文化史丛书"第一辑，上海：商务印书馆,1937年。后上海书店1984年出版;1991年,收入"民国丛书"第三编,上海:上海书店。2015年由北京中国文史出版社收入"民国名家史学典藏文库"出版;另有,团结出版社,2005年、2010年版。

《古史研究·第三集》,上海:商务印书馆,1937年。

《吴越文化论丛》(主编),上海:吴越史地研究会,1937年。

《楚词研究》(与何天行、丁迪豪合著),上海:吴越史地研究会,1938年。收入吴平、回达强主编《楚辞文献集成》(第二十八册),扬州:广陵书社,2008年。

《〈薛仁贵征东〉考》,上海:秀州书店,1939年。1944年重庆说文社再版,内容有变。

《古钱》(与丁福保合作),重庆:中央银行经济研究处,1942年。

《古钱年号索引》,重庆:中央银行经济研究处,1942年。

《古今货币》,重庆:说文社,1944年。

《〈杨家将〉及其考证》,重庆:说文社,1943年初版。1944年再版。

《诸葛亮征八莫》,重庆:说文社,1944年。

《勾践》,"中国历代名贤故事集"第二辑"历代贤豪",重庆:胜利出版社,1944年。

《山西票号史》,重庆:中央银行经济研究处,1944年。收入"晋商研究经典文库",北京:经济管理出版社,2008年。

《雷峰塔:六幕剧》,重庆:说文社,1944年初版,1945年再版。

《唐代征东与青年军》(附明代征倭援韩),重庆:说文社,1945年。

《古今货币的展览》,重庆:说文社,1946年。

《帮:中国帮会·青红汉留》(署名"卫大法师"),重庆:说文社,1946年5月初版,到8月4版。1946年12月新一版(前有改版序),1947年12月新五版,内容上增加了"第三篇、青帮"的内容。列入"民国丛书"第四编,上海:上海书店影印;题名为"中国帮会",列入"民俗、民间文学影印资料之五十五",上海:上海文艺出版社影印,1991年。又,收入《中国秘密社会史》,上海:上海书店,1992年。

《党:中国各党各派现况》(沪版),重庆:说文社,1946年。

《红帮汉留人物故事》(署名"卫大法师"),重庆:说文社,1946年。

《袍哥入门》(署名"卫大法师"),重庆:说文社,1947年。

《端节:三幕短剧》(署名"卫大法师"),重庆:说文社,1947年。

《武王伐纣》(署名"卫大法师"),重庆:说文社,1947年。

《江湖话》(署名"卫大法师"),重庆:说文社,1948年。

《九年不食的杨妹》,重庆:说文社,1948年。

《四书新注》,重庆:说文社,1949年。

《识字与作文》,重庆:说文社,1949年。

《中国旧预言》(署名:卫大法师),重庆:说文社,1949年。

《文物门神年画展览目录说明》(署名:卫大法师),重庆:说文社,1949年。

《我为什么反对共产党》,香港:自由出版社,1951年。

《"北京人"的下落》,香港:东南印务出版社,1952年。

《黎明的前夕》,香港:东南印务出版社,1952年。又,台北:石室出版社,1975年。

《互助与斗争》,香港:自印,1952年。

《反共杂录》,香港:自印,1952年。

《中国预言》,香港:自印,1952年。又,《中国预言集》,台北:石室出版社,1975年。

《水牢》,香港:自印,1952年。

《龙与舞龙》,香港:自印,1953年。

《么些文字典》,香港:自印,1953年。

《智慧创造世界》,香港:自印,1953年。又,台北:石室出版社,1975年。

《〈封神榜〉故事探源》,香港:自印,1960年。

《中国人发现澳洲:论古代中国人的世界观》,香港:集成图书公司,1960年。

《哥伦布以前中国与美洲的交通:提要》,香港:华夏书院,1965年。

《中国人发现美洲》,香港:巨轮出版社,1969年。

《中国古代与美洲交通考》第一册"美洲发现的中国文字",香港:说文社,1970年。

《中国社会史》,香港:自印,1960年。又,台北:石室出版社,1975年。

《文字学讲义》,香港:自印,1961年。又,台北:石室出版社,1975年;台北:黎明文化事业公司,1979年。

《中国古代与美洲交通考》第二册"美洲发现中国特有的花纹",香港:说文社,1971年。

《中国古史中的上帝观》,香港:基督教文艺出版社,1971年。

《中国历代钱币史:附香港钱币史》,香港:波文书局,1972年。

《钱的故事》(署名:卫大法师),香港:自印,1972年。又,台北:石室出版社,1975年。

《火的故事》,香港:亚洲书店,出版年不详。

《中国人发现美洲初考:文字及花纹》,台北:石室出版社,1975年。

《如何认识中国文字》,新竹:说文社,1975年。

《十字架在中国》,台北:石室出版社,1975年。又,台北:辅仁大学,1982年。

《台湾山胞与越闽关系》,新竹:自印,1976年。

《龙年谈龙》,台北:台湾省立博物馆,1976年。

《尧舜禹出现于甲骨文说》,台北:山西文献社,1976年。

《古器物学》,新竹:说文社,1977年。

《台湾山胞由华西迁来》,新竹:说文社,1977年。

《蝙蝠洞古物发掘工作报告》,新竹:台湾省立新竹社会教育馆,1979年。

《蝙蝠洞考古与台湾山胞》,新竹:台湾省立新竹社会教育馆,1979年。

《〈大同篇〉注释及考证》,新竹:说文书店,1979年。

《火与火药》,新竹:说文书店,1979年。

《政学系与我的恩怨》,新竹:张天然出版社,1982年。

《咬文嚼字》,台北:黎明文化事业公司,1982年。

《中国人发现美洲》,新竹:说文书店,1982年。

《"巨人化石"?》,新竹:自印,1985年。

《罗通扫北考》,重庆:说文社,年代不详。

《施公案》,重庆:说文社,年代不详。

《中华民国解》,台北:自印,年代不详。

《〈明史·秦良玉传〉注补》,出版地、年代不详,藏于重庆图书馆。

《说文月刊》(卫聚贤主编),香港:明石文化国际出版有限公司,2004年。

《墨子研究》(五篇),收入任继愈主编《墨子大全》(第二编第四十册),北京:国家图书馆出版社,2003年。

【文章】

《汉蒙之关系》,《绥远月刊》1925年第1卷第5期。

《齐桓公西伐大夏的所在地》,《国学辑林》1926年第1期。

《读吴桂华说豳》,《北京大学研究所国学门月刊》1926年第1卷第5期。

《跋》,《北京大学研究所国学门月刊》1926年第1卷第5期。

《季札观乐辩》,《北京大学研究所国学门月刊》1927年第1卷第6期。

《论〈左传〉之真伪及其性质》,高本汉著,陆侃如、卫聚贤译,《北京大学研究所国学门月刊》1927年第1卷第6期、7—8期。

《跋〈〈左传〉之真伪考〉》,《北京大学研究所国学门月刊》1927年第1卷第7—8期。

《〈春秋〉的研究》,《国学月报》1927年第2卷第6期。

《〈释家〉补证》,《国学月报》1927年第2卷第11期。

《万泉卫氏考》，《国学月报》1927年第2卷第4期。

《〈春秋〉的研究（续）》，《国学月报》1927年第2卷第7期。

《〈金縢〉辩伪》，《国学月报》1927年第2卷第12期。

《〈左传〉之研究》，《国学论丛》1927年第1卷第1期。

《〈左传〉之研究（续）》，《国学论丛》1927年第1卷第2期。

《通讯》，《清华周刊》1927年第27卷第4期。

《晋惠公卒年考》，《国学月报》1927年第2卷第2期。

《评林语堂先生的〈左传真伪与上古方音〉》，《新月》1928年第1卷第7期。

《读论〈左传〉与〈国语〉异点以后》，《新月》1928年第1卷第9期。

《〈凯风〉的我见》，《国立中山大学语言历史学研究所周刊》1928年第3卷第33期。

《〈禹贡〉考》，《国立中山大学语言历史学研究所周刊》1928年第4卷第38期。

《〈古史研究〉自序》，《国立中山大学语言历史学研究所周刊》1928年第4卷第39期。

《〈史记〉残卷校》，《国立中山大学语言历史学研究所周刊》1928年第5卷第53—54期。

《晋文公生年考》，《清华周刊》1928年第30卷第7期。

《答读〈禹贡考〉的钟先生》，《国立中山大学语言历史学研究所周刊》1929年第8卷第91期

《〈墨子辨〉序》，《国立中山大学语言历史学研究所周刊》1929年第9卷第97期。

《墨子、老子是印度人的考证》，《认识周报》第1卷第2期。

《〈穆天子传〉研究》，《国立中山大学语言历史学研究所周刊》1929年第9卷第100期。

《新石器时代遗址发现的经过和见解》，《东方杂志》1929年第26卷第4号。

《应用统计的方法整理国学》,《东方杂志》1929年第26卷第14号。

《汉汾阴后土祠遗址的发现》,《东方杂志》1929年第26卷第19号。

《南京发现新石器时代遗址》,《东方杂志》1930年第27卷第1号。

《〈古史研究·第二集〉自序》,《国立中山大学语言历史学研究所周刊》1930年第10卷第117期。

《〈梁墓考〉序》,《国立中山大学语言历史学研究所周刊》1930年第10卷第118期。

《〈尧典〉的研究》,《史学年报》1930年第2期。

《元代演剧的舞台》,《文学月刊》第2卷第1期,1931年12月15日;后又载于《中国语文学丛刊》1933年第1期。

《关于山西河东一带之歌谣集:两封信》,李藻、卫聚贤《礼俗》1931年第6—7期。

《吴越民族》,《进展月刊》1931年第1卷第2—3期。又见《江苏研究》1937年第3卷第5—6期。

《周民族占领陕甘时的略历》,《新西北(上海)》1932年第1卷第3—4期。

《老子与扁鹊的年代及籍贯考》,《史社季刊》1933年创刊号。

《中国的奴隶社会(未完)》,《新中国》1933年第1卷第1期。

《中国的母系时代(待续)》,《明日》1933年第1卷第1期。

《中国的母系时代(续)》,《明日》1933年第1卷第2期。

《尧舜禅让与禹治洪水的探讨》,《文史春秋》1933年第1期。

《中国民族的来源》,《史地丛刊(上海)》1933年第1期。

《中国古代社会新论:史地讲座讲稿之一》,《史地丛刊(上海)》1933年第1期。

《中国民族前途之史的观察》,《前途》1933年第1卷第10期。同时收入刘炳藜编《民族革命文选》,南京:前途书局,1933年。

《中国初次征服安南考序》,《新亚细亚》1933年第6卷第1期。

《〈墨子〉引书考》,《大学(上海)》1933年第1卷第2期。

《战国时中国所受的印度影响》(翻译德国孔拉第),《大学(上海)》1933年第1卷第3期。

《读殷商民族发源地质疑后》,《学术月刊》1933年第1卷第2—3期。

《古代中西的交通》,《大学(上海)》1933年第1卷第4期。

《古代中西的交通(续)》,《大学(上海)》1933年第1卷第5期。

《中国古代社会新论》,《史地丛刊》1933年第1卷第2期。

《大小雅考》,《持志年刊》1933年第8期。

《尧舜故事的探源》,《行素》1934年第1卷第3期。

《卫聚贤的生活》,《新中国》1934年第1卷第6期。

《天地开辟与盘古传说的探源》,《学艺》(日本)1934年第13卷第1期。

《经学的价值》,《大学(上海)》1934年第2卷第6期。

《我国考古的四大时期》,《商务印书馆出版周刊》1934年新第96期。

《周南、召南与邶鄘卫的关系》,《教授与作家》1934年第1卷第1期。

《中国的奴隶社会(续)》,《新中国》1934年第1卷第2期。

《社会调查:中国的奴隶社会(二续)》,《新中国》1934年第1卷第3期。

《中国社会史出研究:中国的奴隶社会(续完)》,《新中国》1934年第1卷第4期。

《中国社会史出研究:中国的氏族社会(未完)》,《新中国》1934年第1卷第5期。

《中国社会史出研究:中国的氏族社会(一续)》,《新中国》1934年第1卷第6期。

《〈南洋热带医药史话〉序》(1935年),黄素封编著《南洋热带医药史话》,上海:商务印书馆,1936年。

《中国的氏族社会》,《行素》1935年第1卷第5—6期。

《中国的氏族社会》,《行素》1935年第1卷第7—8期。

《井田的材料》,《学艺》(日本)1935年第14卷第4期。

《中国史的年代》,《中山文化教育馆季刊》1935 年第 2 卷第 2 期。

《中国商业史》,《天南》1935 年第 4 卷。

《民族与文学》,《建国月刊(上海)》1935 年第 12 卷第 1 期。

《老子是云南人》,《滇声》1935 年第 2 期。

《从两唐书校正薛仁贵征东》,《前途》1935 年第 3 卷第 12 期。

《井田的材料》,《学艺》1935 年第 14 卷第 4 期。

《山西票号之起源》,《中央银行月报》1935 年第 4 卷第 6 期。

《蔡琰诗书后》(署名"鲁智深"),《崇实季刊》1935 年第 19 期。

《苏州石湖旁之吴越营垒》,《文艺捃华》1936 年第 3 卷第 2 期。

《吴越史地研究会》,《江苏研究》1936 年第 2 卷第 7—8 期。

《论考古的工作:奄城金山访古纪序》,《唯美》1936 年第 14 期。

《纪念考古家袁康》,《浙江新闻》1936 年 10 月。后又发表于《江苏研究》1937 年第 3 卷第 5—6 期。

《陶器上的花纹》,《唯美》1936 年第 15 期。

《中国最古的货币——贝壳》,《古泉学》1936 年第 1 卷第 2 期;又见《中央银行月报》1936 年第 5 卷第 4 期。

《姑苏台》,《江苏研究》1936 年第 2 卷第 7—8 期。

《元代行使法币的状况》,《中央银行月报》1936 年第 5 卷第 1 期。

《新辅币币面所铸之布形及其文字》,《中央银行月报》1936 年第 5 卷第 4—7 期。

《江苏古文化时期之重新估定》,《时事新报》1936 年 7 月 3 日;又见浙江省立西湖博物馆、吴越史地研究会编:《杭州古荡新石器时代遗址之试探报告》1936 年;又见《正风》1936 年第 2 卷第 11 期。

《〈杭州古荡新石器时代遗址之试探报告〉序》,浙江省立西湖博物馆、吴越史地研究会编:《杭州古荡新石器时代遗址之试探报告》1936 年。

《古荡出土之新石器与吴越文化》,浙江省立西湖博物馆、吴越史地研究会编:《杭州古荡新石器时代遗址之试探报告》1936 年。

《墓志的整理及改良》,《卫星》1937 年第 1 卷第 1 期。

《中原民族之开发东北》,《江苏研究》1937年第3卷第5—6期。

《殷民族由江浙迁于河南》,《江苏研究》1937年第3卷第5—6期。

《浙江石器年代的讨论》,《江苏研究》1937年第3卷第5—6期。

《吴越释名》,《江苏研究》1937年第3卷第5—6期。

《吴越文化传播于黄河流域的说明》,《东方杂志》1937年第34卷第10号。

《中国东南沿海古代文化遗迹之探讨》(A Search the Civlized Ruins of Pre-history in the South-East Coast of China),《自然界》(Hong Kong Naturalist)1937年第9卷第4期。

《伊索即尹喜》,《中外文化》1937年创刊号。

《中外文化接触最早之时期》,《中外文化》1937年创刊号。

《吴越两省史地研究》,《中外文化》1937年第1卷第3期。

《中国文化起原于东南发达于西北的探讨》,《东方杂志》1937年第34卷第7期。(附图刊登在本卷第9期)

《中国古文化由东南传播于黄河流域》,《江苏研究》1937年第3卷第5—6期。

《太伯之封在西吴》,《江苏研究》1937年第3卷第5—6期。

《中原民族之开发东北》,《江苏研究》1937年第3卷第5—6期。

《诗经中的恋爱观(未完)》,《绸缪月刊》1937年第3卷第7期。

《范蠡经商术的探源》,《绸缪月刊》1937年第3卷第11期。

《汉武帝对于战时财政之处置》,《中央银行月报》1937年第6卷第9—10期。

《山西票号之最近调查(一)》,《中央银行月报》1937年第6卷第3期。

《山西票号之最近调查(二)》,《中央银行月报》1937年第6卷第4期。

《山西票号之最近调查(三)》,《中央银行月报》1937年第6卷第5期。

《山西票号之最近调查（四）》，《中央银行月报》1937 年第 6 卷第 6 期。

《山西票号之最近调查（五）》，《中央银行月报》1937 年第 6 卷第 7 期。

《山西票号之最近调查（六）》，《中央银行月报》1937 年第 6 卷第 11 期。

《山西票号之最近调查（续）》，《中央银行月报》1937 年第 6 卷第 12 期。

《山西票号之最近调查（续）》，《中央银行月报》1938 年第 7 卷第 1 期。

《山西票号之最近调查（续）》，《中央银行月报》1938 年第 7 卷第 2 期。

《汉代战时财政会议》，《中央银行月报》1938 年第 7 卷第 5 期。

《春秋战国时代战时国际经济关系》，《中央银行月报》1938 年第 7 卷第 8 期。

《山西票号史》，《中央银行月报》1939 年第 8 卷第 7 期。

《古经济家陶朱公》，《中央银行月报》1939 年第 8 卷第 9 期。

《最近上海行使的辅币代价券》，《中央银行月报》1939 年第 8 卷第 10 期。

《江浙关于鱼的故事》，《鲁迅风》1939 年第 4 期。

《家庭称呼的来源（杂考）》，《鲁迅风》1939 年第 6 期。

《海派与京派产生的背景》（署名：魏京伯），《鲁迅风》1939 年第 16 期。

《中国古代与南洋的关系》，《南国少年》1939 年第 2 期。

《中国近来研究古史的人》，《众生》1939 年第 2 卷第 6 期。

《扩部文字历史观》，《新中医刊》1939 年第 2 卷第 4 期。

《扁鹊的医术来自印度》，《新中医刊》1939 年第 2 卷第 5 期。

《病部文字注释史（续）》，《新中医刊》1939 年第 2 卷第 5 期。

《扩部文字注释史(续)》,《新中医刊》1939年第2卷第6期。
《扩部文字注释史(续)》,《新中医刊》1939年第2卷第7期。
《婚礼存古》,《说文月刊》1939年第1卷第12期。
《傩》,《说文月刊》1939年第1卷第12期。
《读"责善"后想到两点》,《责善半月刊》1940年第1卷第14期。
《编纂中国经济史的组织计划》,《说文月刊》1940年第2卷第1期。
《〈史记·越世家〉注(续)》,《说文月刊》1940年第2卷第3期。
《涪陵名称的由来》(署名"鲁智深"),《说文月刊》1940年第2卷第4期。又见《说文月刊》1941年第3卷第4期。
《〈史记·伍子胥传〉传注》,《说文月刊》1940年第2卷第5期。
《黔水》(署名"鲁智深"),《说文月刊》1940年第2卷第5期。
《石纽探访记》(附图),《说文月刊》1940年第2卷第6—7期;又见《说文月刊》1943年第3卷第9期。
《中国古史形成的方式》,《说文月刊》1940年第2卷第9期。
《泰山石敢当》,《说文月刊》1940年第2卷第9期。
《扩部文字注释史(续)》,《新中医刊》1940年第2卷第8期。
《扩部文字注释史(续)》,《新中医刊》1940年第2卷第9期。
《扩部文字注释史(续)》,《新中医刊》1940年第2卷第10期。
《扩部文字注释史(续)》,《新中医刊》1940年第3卷第2期。
《重庆江北发掘汉墓所获五铢》,《泉币》1940年第1期。
《病中领感》(署名"卫大法师"),《说文月刊》1940年第1卷。
《疑难》(署名"卫大法师"),《说文月刊》1940年第1卷。
《狸猫与黎苗》(署名"卫大法师"),《说文月刊》1940年第1卷。
《鲁智深传》(署名"韦大发痴"),《说文月刊》1940年第1卷。
《中国古史的年代》,《说文月刊》1940年第1卷。
《读〈本草纲目〉杂记》,《说文月刊》1940年第1卷。
《昆仑与陆浑》,《说文月刊》1940年第1卷。
《豳风是战国中年西周武公时的诗》,《说文月刊》1940年第1卷。

《秦汉时发现甲骨文说》,《说文月刊》1940年第1卷。

《〈古史研究·第二集〉自序》,《说文月刊》1940年第1卷。

《红苗见闻录:种族、风俗》,《说文月刊》1940年第1卷。

《〈良渚〉校后记》,《说文月刊》1940年第1卷。

《夏民族起于西北补证》,《说文月刊》1940年第1卷。

《傩在春秋时为民间酬神事》,《说文月刊》1940年第1卷。

《戏剧中角色净丑生旦的起源》,《说文月刊》1940年第1卷。

《五霸考》,《说文月刊》1940年第1卷。

《范蠡事迹考》,《说文月刊》1940年第1卷。

《字源的编纂计划》,《说文月刊》1940年第1卷。

《汉左表墓石画说明书》,《说文月刊》1940年第1卷。

《三正考》,《说文月刊》1940年第1卷。

《吴越考古汇志》,《说文月刊》1940年第1卷。

《洞》,《说文月刊》1940年第2卷第1期。

《史记越世家注:越王勾践世家第十一》,《说文月刊》1940年第2卷第2期。

《函皇父储器考释》,《说文月刊》1940年第2卷第3期。

《中国货币演变述略》,《说文月刊》1940年第2卷第4期。

《介子推隐地考》,《说文月刊》1940年第2卷第6—7期。

《华西人学博物馆参观记》,《说文月刊》1940年第2卷第8期。

《鱼翅海参效用与牛蹄筋相同》,《新中医刊》1940年第2卷第10期。

《广部文字注释史(续)》,《新中医刊》1940年第1卷第11—12期。

《广部文字注释史(续)》,《新中医刊》1940年第3卷第1期。

《广部文字注释史(续)》,《新中医刊》1940年第3卷第3期。

《广部文字注释史(续)》,《新中医刊》1941年第3卷第4期。

《广部文字注释史(续)》,《新中医刊》1941年第3卷第5期。

《广部文字注释史(续)》,《新中医刊》1941年第3卷第7—8期。

《古史在西康》,《说文月刊》1941年第2卷第11期。

《〈史记·孙武传〉注、孙子〈吴起列传〉第五》,《说文月刊》1941年第2卷第12期。

《长沙古物见闻记的介绍和感想》,《说文月刊》1941年第2卷第12期。

《论皇父》,《说文月刊》1941年第2卷第10期。

《汉代的重庆》,《说文月刊》1941年第3卷第4期。

《〈史记·吴世家〉注(一)》,《说文月刊》1941年第3卷第1期。

《〈史记·吴世家〉注(二)》,《说文月刊》1941年第3卷第2—3期。

《复古物保管委员会函》,《说文月刊》1941年第3卷第4期。

《巴蜀文化》,《说文月刊》1941年第3卷第4期。

《温泉浴》(署名"卫大法师"),《说文月刊》1941年第3卷第4期。

《〈史记·吴世家〉注(三)》,《说文月刊》1941年第3卷第5期。

《长沙出土楚盦彩绘人物说明》,《半月文萃》1942年第1卷第2期。

《为代印刊物的印刷所呼吁》,《文化先锋》1942年第1卷第4期。

《戏及舞台》,《黄白丹青公演特刊》1942年12月。

《巴蜀文化》,《说文月刊》1942年第3卷第7期。

《史的史》,《说文月刊》1942年第3卷第8期。

《从石器时代谈起》,《今文月刊》1943年第2卷第6—7期。

《秦汉时发现甲骨说补证》(署名"卫大法师"),《说文月刊》1943年第3卷第9期。

《二郎》,《说文月刊》1943年第3卷第9期。

《敦煌石室》,《说文月刊》1943年第3卷第10期。

《李克用后裔的族谱》,《说文月刊》1943年第3卷第10期。

《说文社筹备经过》,《说文月刊》1943年第3卷第11期。

《为太平海命名质中国地理学会》,《说文月刊》1943年第3卷第11期。

《二江疏奏》,《说文月刊》1943年第3卷第11期。

《册封琉球图》,《说文月刊》1943年第3卷第11期。

《中华民族发祥于重庆:可能性之推测》,《新中华》1943年5月。

《著作、出版与印刷》,《出版界》1944年第1卷第11—12期。

《数目字》,《说文月刊》1944年第3卷第12期。

《古物出国展览》,《说文月刊》1944年第3卷第12期。

《说文社第一公磁器展览会说明》,《说文月刊》1944年第3卷第12期。

《〈杨家将〉考证》,《说文月刊》1944年第4卷。

《聚贤楼》(署名"卫大法师"),《说文月刊》1944年第4卷。

《五月渡泸深入不毛考》,《说文月刊》1944年第5卷第1—2期合刊。

《重庆的古迹与历代抗战的故事》,《民教导报》1944年第3期。

《古今货币展览》,《民教导报》1944年第4期。

《戏剧中人物应取何种名字》(署名"卫大法师"),《现代中国(重庆)》1944年创刊号。

《由著作人协会讨论稿费问题说到说文社出版部的困难》(署名"卫大法师"),《现代中国(重庆)》1944年第1卷第2期。

《重庆的汉墓》(署名"卫大法师"),《旅行杂志》1945年第19卷第1期。

《〈周易〉研究》,《说文月刊》1945年第5卷第3—4期合刊。

《〈包公案〉及其考证》,《说文月刊》1945年第5卷第3—4期合刊。

《宗教与民俗》,《民教导报》1945年第6期。

《闲话"太太"》(署名"鲁智深"),《风光》1946年第17期。

《汉口接收一团糟》(署名"鲁智深"),《新上海》1946年第33期。

《春秋时代贵族间之称呼》,《说文月刊》1947年第5卷第5—6期合刊。

《〈山海经〉中的医药》,《华西医药杂志》1947年第1卷第10期。

《扁鹊的医术来自印度》,《华西医药杂志》1947年第2卷第1期。

《陪都志的编纂》,《新重庆》1947年创刊号。

《重庆古物之一:汉砖》,《新重庆》1947年创刊号。

《〈彭公案〉考》,《东方杂志》1948年第44卷第7期。

《肺病治疗特法》,《华西医药杂志》1948年第3卷第1—3期。

《扁鹊医术来自印度的答辩》,《华西医药杂志》1948年第3卷第4—6期。

《中国西南之考古》,《工商日报》(香港)1951年4月14日。

《中国认识方法》,《自由学人》(香港)第1卷第3期,1956年10月。

《哥伦布以前中国与美洲的交通》,《明报月刊》(香港)第3卷第7期,1968年7月。

《东方的特种禽鸟——蜂鸟》(署名"班汉道"),《时代批评》(香港)1969年8月。

《〈大同篇〉的解释》(笔名:班汉道),《新动力》1969年11月,又发表于《时代批评》1969年11月。

《宗教的需要》(笔名:班汉道),《时代批评》1969年11月。

《庆祝圣诞恭贺新禧的古文原义》(署名"班汉道"),《时代批评》1970年1月。

《武当山》(笔名:班汉道),《时代批评》1970年3月。

《公共关系社会福利古文古义》(署名"班汉道"),《时代批评》1970年9月。

《翠玉的历史》,《经济时报》(香港)第4期,1970年12月3日。

《翠玉的琢磨和认识》,《经济时报》(香港)第5期,1970年12月10日。

《钻石在中国作为饰物的历史》,《经济时报》(香港)第5期,1970年12月17日。

《钻石用于工业上的历史》,《经济时报》(香港)第7期,1970年12月24日。

《"画展"古字古义》(署名"班汉道"),《时代批评》(香港)1971年6月。

《救济金的感谢》,《华侨日报》(香港)1971年12月20日。

《〈"北京人"的下落〉序》,《文化旗》1973年1月。

《中国人最早到南中国海考》,《明报月刊》(香港)第9卷第3期,1974年3月。

《美洲发现中国文字——总汇》,《明报月刊》(香港)第9卷第9期,1974年9月。

《于右任先生的胡子》,《明报月刊》(香港)第9卷第10期,1974年10月。

《宋版书上的美洲地图》,《明报月刊》(香港)第9卷第11期,1974年11月。

《宗教与人格》,《道风》1975年第41卷。

《从宗教论鬼神与迷信》,《道风》1975年第43卷。

《中国人发现美洲》,《史学会刊》(台湾)第4卷,1975年6月。

《法律解》,《法律世界》(台湾)第6卷,1975年6月。

《规则解》,《法律世界》(台湾)第6卷,1975年8月。

《监狱解》,《法律世界》(台湾)第9卷,1975年9月。

《中华民国考(上、中、下)》,《春秋》(台湾)1975年9月至11月。

《双方解》,《法律世界》(台湾)第10卷,1975年10月。

《双方解》,《法律世界》(台湾)第11卷,1975年11月。

《台湾高山族为越民考》,《春秋》(台湾)1975年12月。

《刑法解》,《法律世界》(台湾)第12卷,1975年12月。

《罪犯解》,《法律世界》(台湾)第13卷,1976年1月。

《我的"胡说"》,《传记文学》(台湾)1976年2月。后收入夏晓虹、吴令华编:《清华同学与学术薪传》,上海:生活·读书·新知三联书店,2009年,第293—302页。

《五刑解》,《法律世界》(台湾)第14卷,1976年2月。

《封神中的神仙妖怪》,《春秋》(台湾)1976年3月。

《宪法解》,《法律世界》(台湾)第15卷,1976年3月。

《中国文字源流:中国文字的好处》,《中央月刊》(台湾)1976年3月。

《诉讼解》,《法律世界》(台湾)第16卷,1976年4月。

《数目字及干支起源考》,《人文学报(辅大)》(台湾)1976年5月。

《道德、法律、宗教》,《法律世界》(台湾)第18卷,1976年6月。

《春秋》(笔名:卫大法师),《春秋》(台湾)1975年6月。

《第一二三四五六七八十百千万条》(上、中、下),《法律世界》(台湾)第19卷至21卷,1976年7月至9月。

《繁象文字》,《中央月刊》(台湾)1976年9月。

《中国文字制造方法》,《中央月刊》(台湾)1976年7月。

《中国文字制造方法》,《中央月刊》(台湾)1976年12月。

《我的母亲》,苏雪林、陈秀喜、林焕彰等:《我的母亲》,台北:巨人出版社,1976年。

《中华民族团结史——姓氏》,《中山学术文化集刊》(台湾)1977年3月。

《中国文字的制造方法》,《中央月刊》(台湾)1977年5月。

《由复音语变为单音语举例》,《人文学报(辅大)》(台湾)1977年6月。

《谈医(字形字义解说及单方介绍)》(署名"卫大法师"),《今日中国》(台湾)1977年7月。

《图画与象形文字(上)》,《国教世纪》(台湾)1977年8月。

《人权(字形、字义解说)》(署名"卫大法师"),《法论月刊》(台湾)第4卷,1977年8月。

《极权的形成(字形、字义的解说)》(署名"卫大法师"),《法论月刊》(台湾)第6卷,1977年10月。

《中华民族团结史(2)——通婚》,《中山学术文化集刊》(台湾)1977年11月。

《货币解(字形字义解说)》,《华银月刊》(台湾)1977年12月。

《中华民族团结史(3)——考试》,《中山学术文化集刊》(台湾)1978年3月。

《〈甘誓〉考》,《人文学报(辅大)》(台湾)1978年6月。

《中华民族团结史(4)——语言文字》,《中山学术文化集刊》(台湾)1978年11月。

《新竹县蝙蝠洞考古》,《国教世纪》(台湾)1978年12月。

《鸿范考》,《辅仁学志(文学院之部)》(台湾)1979年6月。

《三"最"教授在香港》(署名:班汉道),《南北极》(香港)1980年1月16日。

《大同篇考证(1—4)》,《天然》(台湾)1980年2月至5月。

《文字漫谈》,《辅仁学志(文学院之部)》(台湾)1980年6月。

《墨子为回教徒考(1—3)》,《天然》(台湾)1980年6月至8月。

《中秋与端午》,《国魂》(台湾)1980年8月。

《台东的古迹和古物》,《天然》(台湾)1980年9月。

《毛公鼎的真假问题》,《天然》(台湾)1980年10月。

《车》,《国魂》(台湾)1980年11月。

《墨子与犹太教》,《天然》1980年11月。

《建立我国文字的新形象》,《国魂》(台湾)1980年11月。

《宗教的需要》,《天然》(台湾)1980年12月。

《苗栗潘氏之根序》,《中华民国宗亲谱系学会年刊》(台湾)1981年1月。

《常用字解序》,《天然》(台湾)1981年1月。

《再谈毛公鼎的真伪问题》,《天然》(台湾)1981年2月。

《吴国与日本》,《天然》(台湾)1981年3月。

《〈诗经〉试释》,《辅仁学志(文学院之部)》(台湾)1981年6月。

《台湾名称的由来》,《天然》(台湾)1981年11月。

《中文计算机首腰尾345输入出法》,《天然》(台湾)1981年12月。

《十字架在中国——十字架于公历三至六世纪在中国贵族坟墓下竖立》,《天然》(台湾)1981年12月。

《〈论语〉注释》,《孔孟月刊》(台湾)1982年9月。

《〈尧典〉考(上)》,《辅仁学志(文学院之部)》(台湾)1982年6月。

《〈尧典〉考(下)》,《辅仁学志(文学院之部)》(台湾)1983年6月。

《上帝由西方来》,《辅仁学志(文学院之部)》(台湾)1984年6月。

《王(国维)先生的死因,我知道一些》,《中国时报》(台湾)1984年6月。

启　　事

　　20世纪初短暂存在过的清华国学院，已成为令后学仰视与神往的学术丰碑。而三年前本院浴火重生，继续秉承"独立之精神，自由之思想"，且更强调"中国主体"与"世界眼光"的平衡，亦广受海内外关注与首肯。

　　本院从复建之日起，即以"清华国学书系"为"院史工程"，亟欲缀集早期院友之研究成果，通过分册整理，真切展示昔年历程之艰辛与辉煌。现据手头之不完备资料，本套"书系"中分册出版文存四十九种，以整理下述前贤之著述：

　　梁启超、王国维、陈寅恪、赵元任、李济、吴宓、梁漱溟、钢和泰、马衡、林志钧、梁廷灿、赵万里、浦江清、杨时逢、蒋善国、王力、姜亮夫、高亨、徐中舒、陆侃如、刘盼遂、谢国桢、吴其昌、刘节、罗根泽、蓝文徵、姚名达、朱芳圃、王静如、戴家祥、周传儒、蒋天枢、王庸、冯永轩、徐景贤、卫聚贤、吴金鼎、杨筠如、冯国瑞、杨鸿烈、黄淬伯、裴学海、储皖峰、方壮猷、杜钢百、程憬、王耘庄、何士骥。

　　本"书系"拟另辟汇编本两册，收录章昭煌、余永梁、张昌圻、汪吟龙、黄绶、门启明、刘纪泽、颜虚心、闻惕生、王竞、赵邦彦、王镜第、朱右白、陈守实等先贤之著述。

　　本"书系"已被列入国家"十二五"重点出版规划。为使其中收入的每部文存,皆成为有关该作者的"最佳一卷本",除本院同仁将殚精竭虑外,亦深盼各界同好与贤达,不吝惠赐"书系"所涉之资料、线索,尤其是迄未付梓或散落民间的文字资料、照片、遗物等。此外,亦望有缘并有志之士,能够以各种灵活之形式,加入此项工程,主动承担某部文存的汇集与研究。如此,则不光是清华国学院之幸,更会是中国学术文化之幸。

惟望本"书系"能继先贤之绝学,传大师之薪火,为创造中国文化的现代形态,收到守先待后之功。

清华大学国学研究院
2012 年 8 月 11 日